Adventgemeinde Stralsund

1903 – 2020

Erinnerungen und Einsichten

Dr. med. Heinz Wietrichowski

Impressum

Danksagung

Ein herzliches Dankeschön an alle Freunde, Bekannten und Glaubensgeschwister, die mir beim Zusammentragen und Teilen vieler Erinnerungen geholfen haben. Ein ganz besonderer Dank geht an Nicole Küchler aus Rostock, die Frau meines Enkels Friedrich Küchler, die sich in exzellenter Weise um die Umschlaggestaltung und das Layout dieser Chronik gekümmert hat. Danken möchte ich auch meinem Sohn Jörg aus Bad Lausick, der in den letzten Monaten viel Zeit und Mühe in das Projekt investiert hat.

Alle Erlöse aus dem Verkauf dieses Buches werden dem „Förderverein Gemeindezentrum Rügen e. V." zur Verfügung gestellt.
Mehr über den Förderverein kann auf dessen Homepage nachgelesen werden: **http://www.sta-bergen.de/foerderverein/**

Bibliografische Information der Deutschen Nationalbibliothek:
Die Deutsche Nationalbibliothek verzeichnet diese Publikation in der Deutschen Nationalbibliografie; detaillierte bibliografische Daten sind im Internet über http://dnb.dnb.de abrufbar.

Lektorat: Nicole Küchler (Rostock) und Jörg U. Wietrichowski (Bad Lausick)
Umschlaggestaltung und Layout: Nicole Küchler
Bildnachweis: wenn nicht anders vermerkt, privat
Verlag: Wartberg Verlag GmbH, Gudensberg
Herstellung: BoD - Books on Demand, Norderstedt
ISBN: 978-3-8313-3399-8

Inhalt

Vorwort

Das Anliegen dieser Schrift ist der Versuch, Zeitgeschichte zu erinnern und festzuhalten, dadurch unseren Nachfahren zu dienen und das Lob unseres Gottes zu mehren, der die Adventgemeinde Stralsund durch Jahrzehnte erhalten und gesegnet hat. Ich möchte das Leben und Wirken einer Ortsgemeinde der Freikirche der Siebenten-Tags-Adventisten würdigen, die unter fünf politischen Regimen wirken durfte und bis heute besteht. Es ist meine Gemeinde, in die ich 1955 mit 17 Jahren hineingetauft wurde und die ich liebe. Ich möchte Gott mit diesem Bericht ehren und Personen, die in der Gemeinde Stralsund (und Umgebung) gelebt haben oder noch leben, ein Denkmal setzen und sie vor dem Vergessen bewahren. Ich verwende als Material vor allem vorhandene Jahreschroniken, wie sie Jahr für Jahr in der Jahresschlussandacht verlesen wurden/werden, und die seit 1974 fast lückenlos vorliegen. Zusätzlich verwende ich an einigen Stellen einige markante Protokolle oder andere Schriftsätze aus dem Gemeindeleben.

In dieser Schrift benutze ich die deutsche Sprache so, wie ich sie in der Schule gelernt habe. Ich setze voraus, dass jeder Leser weiß, dass manche Substantive, die Personen im Plural bezeichnen, zwar männlich klingen (z. B. Leser, Teilnehmer, Rentner) aber deshalb nie nur das Maskulinum meinen. Ob dabei Männer, Frauen oder beide gemeint sind, ergibt sich aus dem Zusammenhang. Ich halte es für überflüssig, bei der Verwendung z. B. des Plurals „die Leser" zu argwöhnen, dass Leserinnen darunter nicht gemeint sind. Deshalb verzichte ich auch auf Wortungetüme wie beispielsweise „Leser/Innen" oder „Leser*Innen". Ich verwende die Bezeichnungen Jesus und Christus so, wie ich sie seit den Jahren, in denen ich im Kindergottesdienst gesessen habe, kenne. Ich benutze die Genitiv-Form der beiden Namen in der Form, wie sie auch meine Lutherübersetzung 1984 benutzt, z. B. Matth. 27, 58: „... Josef war auch ein Jünger Jesu." , oder Röm. 1,1: „Paulus, ein Knecht Jesu Christi ..." Der Leser verzeihe, dass ich mich nicht an moderne Übersetzungen, die über die Jünger von Jesus oder die Erlösungstat von Christus sprechen, gewöhnen kann.

Ich nenne viele Eigennamen. Wollte ich darauf verzichten, wäre diese Chronik wesentlich informationsärmer, ja blutleer. Da es sich fast ausnahmslos um Personen meiner Kirche handelt, von denen ich keine Proteste gegen ihre Namensnennung befürchte, und weil keine Person in einem ehrenrührigen Zusammenhang genannt wird, verwende ich in den allermeisten Fällen ihre bürgerlichen Namen. In Zweifelsfällen habe ich neben Vornamen nur den Anfangsbuchstaben des Nachnamens angeführt. Die Bezeichnung Bruder (Brd.) bzw. Schwester (Schw.) ersetzt unter adventistischen Gemeindegliedern die Anrede „Herr" oder „Frau". Sie ist bei der Anrede grundsätzlich mit dem Du verbunden. Ich verwende sie in dieser Schrift bei unbekanntem Vornamen zur Kennzeichnung des Geschlechts. Die Anrede „Bruder" und „Schwester" hat in den letzten Jahrzehnten immer mehr der Verwendung von Vornamen Platz gemacht. Die Bezeichnungen Prediger oder Pastor haben eine identische Bedeutung und meinen den hauptamtlichen geistlichen Leiter einer Ortsgemeinde, der zu diesem Dienst von der Freikirche gerufen wird.

1. Geschichte und Theologie

Am Beginn des 19. Jahrhunderts gab es in Europa und in den Vereinigten Staaten von Nordamerika außerhalb der etablierten Kirchen religiöse Bewegungen, in denen Menschen jenseits von kirchlichen Routinen einen persönlichen Glauben an Jesus Christus suchten. Viele Menschen waren unzufrieden mit den Angeboten ihrer Kirchen. Besonders in Nordamerika sehnten sich nicht wenige Menschen nach geistlichem Aufbruch und nach innigerer Gemeinschaft untereinander und mit Gott. Um 1840 kam es in den USA zu einer Steigerung dieser Entwicklung. Heute nennt man diese Bewegung die „Große Erweckung". Eine besondere Rolle spielte dabei die feste Überzeugung, dass die Wiederkunft Christi unmittelbar bevorstünde. Auch in anderen Teilen der Welt wurden diese Erwartungen geteilt. So berechnete der deutsche Prälat Albrecht Bengel (1687-1752) die Wiederkunft Christi für das Jahr 1836. In den USA erwartete der Baptisten-Pastor William Miller (1782-1849) dieses Ereignis für das Jahr 1843. Als die ersehnte Wiederkunft Christi nicht eintrat, waren die Gläubigen vielfachem Spott ausgesetzt. Die „Große Erweckung" brach zusammen.

Aber aus der Miller-Bewegung formierte sich eine Gruppe von Gläubigen, die die Erkenntnisse der „Großen Erweckung" nicht einfach verwarf, sondern kritisch sichtete. Sie organisierte sich 1863 als „Seventh-day Adventist Church" und gab sich die Form einer Freikirche. Die Siebenten-Tags-Adventisten besannen sich auf Jesu Weisung, dass man niemals ein Datum für die Wiederkunft Christi errechnen sollte (Matth. 24,36), und sie wollten hinfort der Aufforderung Jesu folgen, jederzeit wachsam zu sein und auf ihn zu warten. Sie studierten die prophetischen Aussagen der Heiligen Schrift und begannen, sie neu zu verstehen. Darüber hinaus sahen sie sich als Erben der Reformation. Allein die Schrift sollte Grundlage des Glaubens sein. Mit diesem Grundsatz machten sie ernst. Einerseits wurden Lehren verworfen, die aus nicht-christlichen Quellen in die christliche Kirche eingedrungen waren. Zum anderen aber wurden biblische Lehren wiederentdeckt, die in den Jahrhunderten der Kirchengeschichte verlorengegangen waren. Das bekannteste Beispiel dafür ist die Wiederentdeckung des Sabbats, den die Israeliten, die Juden und Jesus heiligten. Man begriff, dass nicht der erste Tag, sondern der siebente Tag der Woche Gottes geheiligter Tag ist. Die Freikirche der Siebenten-Tags-Adventisten trägt diese beiden Kennzeichen (Sabbat und Adventhoffnung) in ihrem Namen. Daneben verkündet sie die Botschaft der „Drei Engel" aus Offb. 14,6-13 als göttliches Entscheidungsangebot für unsere Zeit. Sie sieht sich als reformatorische Endzeitgemeinde, deren Mitte Jesus Christus ist, fühlt sich aber auch zu praktischer Nächstenliebe, zu medizinischer Hilfe gegenüber Menschen aller Schichten und Weltanschauungen und einer praxisorientierten Erziehungs- und Bildungsarbeit gerufen. Sie ist als Kirche weltweit organisiert und besitzt eine gesunde finanzielle Grundlage, die sie vom Staat unabhängig macht.

William Miller (Wikipedia)

Der erste Missionar, den die junge Kirche von den USA aussandte, John Nevins Andrews (1829 -1883), brachte die Adventbotschaft im Jahre 1874 in die Schweiz.

Von dort breitete sie sich für damalige Verhältnisse sehr rasch über ganz Europa aus, woran Jakob Heinrich Erzberger (1843 - 1920) und Carl Ludwig Conradi (1856 - 1939) einen wesentlichen Anteil hatten. Im Jahre 1900 gab es unter den etwa 1,5 Mrd. Menschen der Welt ca. 62.000 Adventisten, heute (2020) sind es etwa 20 Millionen getaufte Mitglieder unter ca. 7,7 Mrd. Erdbewohnern. Auch andere Freikirchen englisch-amerikanischen Ursprungs, so Apostoliker, Baptisten, Methodisten, Mennoniten hatten um die Jahrhundertwende einen großen Zulauf. Im Jahre 1910 gab es in Deutschland in allen Freikirchen zusammen knapp 180.000 Mitglieder - noch im Jahre 1890 waren es nur rund 83.000 *(Christoph Ribbat „Religiöse Erregung -Protestantische Schwärmer im Kaiserreich" Campus-Verlag Frankfurt/New York 1996).*

Um die Jahrhundertwende erreichte die Adventbotschaft auch den Norden und Osten Deutschlands. Das volkskirchlich-evangelisch orientierte Pommern galt bei den adventistischen „Kolporteuren" als hartes Pflaster. Am 5.2.1903 folgte der Prediger Emil Eduard Frauchiger (1865-1947), der als Missionar in verschiedenen Teilen Europas unterwegs war und damals wohl in Berlin wohnte, einer Einladung einer Familie Völzke, die in Stralsund missionierte. Er fand „eine volle Stube interessierter Seelen vor" („Zions-Wächter" 20.7.1903). (Lt. Adressbuch der Stadt Stralsund von 1902/03 lebte ein Reinhold Völzke in Stralsund, Barther Str. 22.) Obwohl die Gemeindezeitungen jener Jahre kein ausdrückliches Gründungsjahr der Gemeinde Stralsund nennen, ist der „Adventbote" vom 1.12.1928 sehr aufschlussreich: „Am 13. Oktober feierte die Gemeinde Stralsund ihr 25-jähriges Bestehen. Zu dieser Feier ... war Brd. Janert, unser Vorsteher von der Vereinigung (in Stettin) erschienen."

Die Zahl der Gemeindeglieder Stralsunds stieg bald an. Drei Stralsunder Zeitungen warnten anlässlich der vom 12.-16. Februar 1913 nach Stralsund einberufenen 2. Konferenz der Odervereinigung vor der „Heerschau der Adventisten" („Zions-Wächter" 3.3.1913). Während dieser Konferenz wurde eine Gruppe Pramort (Halbinsel Zingst) mit zehn Gliedern dem Stralsunder Bezirk zugeordnet (siehe Landkarte S. 36).

Die intensive Erwartungshaltung des Kommens Christi in der Zeit um 1844, in deren Ergebnis sich die Kirche gründete, hat sich in den folgenden Jahrzehnten abgekühlt. Dazu trug ein neu gewonnenes Verständnis über den sogenannten himmlischen Heiligtumsdienst Jesu bei. Als Christus 1844 nicht gekommen war, begriffen die Wartenden, dass 1844 nicht die Ankunft Jesu auf dieser Erde geschehen konnte, sondern dass Christus im Himmel einen besonderen Dienst zugunsten seiner Nachfolger begonnen hat.

Viele Adventisten gingen in den folgenden Jahren und Jahrzehnten zu einer pragmatischen Haltung über nach dem Motto: „Christus kommt bald, aber möglich ist es, dass mein individuelles Ende eher erfolgt als Sein Kommen in den Wolken des Himmels." In der Zeit, die dem Menschen zugemessen ist, sollte er sein Leben in Ordnung bringen und in seiner Umgebung für Christus wirken. In meiner Jugendzeit gab es Gemeindeglieder, die fest davon überzeugt waren, dass sie Christi Kommen erleben würden. Die sich verzögernde Wiederkunft war für manchen Adventisten eine Belastung und ein Anlass zum Zweifel. Mir ist aber nicht bekannt, dass jemand deswegen die Gemeinde verlassen hätte.

Ellen Gould While
(Adventist Digital Library)

Die Bedeutung und Rolle der Mitbegründerin der Kirche Ellen G. White (1827-1915) wird von den heutigen Adventisten unterschiedlich bewertet. Viele Adventisten damals und heute sehen in Ellen Gould White das direkte Sprachrohr Gottes („Geist der Weissagung") und verleihen ihr damit gleichsam einen Heiligenschein. Andererseits weist sie selbst darauf hin, dass sie nur ein „kleines Licht" ist, das auf das „große Licht" (die Bibel) hinweisen wollte. Aus ihrer Feder stammt so viel Schrifttum, dass ein Einzelner es selbst bei gutem Willen kaum lesen könnte. Ihre bekanntesten Werke „Der große Kampf" (heute: „Vom Schatten zum Licht"), „Erfahrungen und Gesichte", „Patriarchen und Propheten", „Auf den Fußspuren des großen Arztes" und „Der Weg zu Christo" (auch bekannt als: „Der Eine" oder „Der Messias") kennen viele Gemeindeglieder. Auch Nicht-STA äußern sich immer wieder beeindruckt. Aber keiner unserer Glaubenssätze entstammt der Urheberschaft von E. G. White. Kritiker bezweifeln insbesondere die göttliche Urheberschaft ihrer Visionen. Diese hatten bezüglich unserer Glaubenslehren immer nur bestätigenden Charakter. Auf der Generalkonferenz in Minneapolis 1888 stellte sich E. G. White auf die Seite derjenigen, die als Grund und Ursache der „Gerechtigkeit, die vor Gott gilt" (Röm. 3,21 ff) das Gnadengeschenk Gottes in Jesus Christus betonten. Die altgedienten Adventisten der ersten Stunde verteidigten damals einen Standpunkt, nach dem das Halten der Gebote die Bedingung und Voraussetzung für die Gabe des ewigen Lebens sei. Ellen Whites Parteinahme verhinderte das Abdriften der jungen Freikirche in die Richtung einer Gesetzesreligion. In der Gemeinde Stralsund gab es wegen E. G. White niemals Kontroversen. Eher konservativ denkende Adventisten sagen oder schreiben gerne: „E. G. White hat gesagt ...". Viele junge Glieder unserer Kirche wissen leider wenig oder kaum etwas über diese Frau, die ganz sicher eine geisterfüllte Prophetin war und uns auch heute noch viel zu sagen hat.

Vor einigen Jahrzehnten haben einige Stralsunder Glieder die Gemeinde verlassen, weil sie sich mit dem von der Kirche seit 1931 offiziell vertretenen Trinitätsdogma nicht (mehr) identifizieren konnten. Tatsächlich ist es so, dass noch in meiner Kindheit und Jugend in Predigten und anderen Verlautbarungen der Heilige Geist eher als göttlicher Einfluss oder Kraft gesehen wurde, weniger als Person. Wer biblische Begründungen für den einen oder den anderen Standpunkt finden will, wird sie finden. Im Zuge der Annäherung an die Evangelische Allianz (örtliche Mitgliedschaften) bzw. die Arbeitsgemeinschaft Christlicher Kirchen (ACK) erfolgte seitens unserer Freikirche eine stärkere Positionierung in Richtung auf die altkirchlichen Bekenntnisse, zu denen auch das Trinitätsdogma gehört. Wären wir ohne das Ja zu dieser Lehre von den anderen Kirchen als vollwertige Christen anerkannt worden?

Im praktischen Gemeindeleben von Stralsund und Bergen spielt der Trinitätsgedanke keine Rolle. Predigten zum Thema hört man kaum. Niemand betet bei uns zum Heiligen Geist. Liedstrophen, die ihn als Gott preisen, werden von manchen Gemeindegliedern nicht mitgesungen. Der interessierte Leser vergleiche zu diesem Thema die 25 „Glaubenspunkte" in der Fassung von 1872 mit dem Wortlaut der Fassung von 2005 am Ende dieses Buches. (siehe ab S. 304)

Die Gemeinde hat sich daran gewöhnt, dass auch Frauen predigen. Nur wenige Gemeindeglieder haben damit Probleme. Die Ordination von adventistischen Theologiestudentinnen zu Pastorinnen wurde in unseren Breiten seit der Gemeinschaftsgründung geübt. Seit kurzer Zeit gibt es seitens der obersten Kirchenleitung (Generalkonferenz) Bestrebungen, diese Praxis zu beenden. Sie folgt darin der Mehrheit der Adventisten in der südlichen und östlichen Welt. Inzwischen drohen sogar Reglementierungen. Wie diese Kontroverse ausgeht, ist momentan (2020) noch nicht abzusehen. Die Aktivität weiblicher Gemeindeglieder im Gottesdienst kann unterschiedlich beurteilt werden. Wenn „die Frauen (in der Gemeinde) schweigen sollen", wie Paulus es empfiehlt (1. Kor. 14,34), würde das Gemeindeleben in manchen kleinen Gemeinden zum Erliegen kommen. Die Meinungen und Aussagen unserer weiblichen Gemeindeglieder in den Bibelgesprächsgruppen, in Gemeindeversammlungen und Gemeinderatssitzungen, als Delegierte in Delegierten-Versammlungen auf Landes-, Bundes- oder noch höherer Ebene sind wichtig und wertvoll. Sie werden nicht brüskiert, weil sie von Frauen kommen. Jedoch jeder Feminismus oder gar Gendertrend liegt nicht in unserem Sinn. Möglicherweise sind Frauenquoten, auf die in bestimmten Gremien geachtet wird, unnötig.

Zions-Wächter.
„Mache dich auf, Zion; ziehe deine Stärke an." Jes. 52, 1.
20. Jahrg. Hamburg, 6. April 1914. Nr. 7.
Zur sorgfältigen Beachtung.

„Zions-Wächter" vom 06.04.1914

Wohl jede christliche Denomination besitzt eine Gemeinde- oder Kirchenzeitung. In Deutschland begann es einmal mit dem „Zions-Wächter" als zentraler Gemeindezeitschrift. Es folgte im Jahre 1922 „Der Adventbote", dessen Herausgabe kurz nach Beginn des Zweiten Weltkrieges eingestellt wurde. Erst 1949 wurde der „Adventbote" in Westdeutschland wieder gedruckt. In den Jahren des Sozialismus haben wir in der DDR lange auf eine Gemeindezeitschrift verzichten müssen.

Erst 1980 kam die Monatszeitschrift „Adventgemeinde", die im Jahre 2010 von dem jetzigen Zentralorgan „Adventisten heute" abgelöst wurde. Dieses wird kostenlos abgegeben und enthält in seinem Mittelteil seit September 2005 die weltweit verbreitete „Adventist World" in der jeweiligen Landessprache. Der für uns im deutschsprachigen Bereich bestimmte Teil (etwa die Hälfte der insgesamt 60 Seiten der Monatsausgabe) wird von einer deutschen Redaktion beim Adventverlag in Lüneburg redigiert.

Am 12. Oktober 1903 wurde in Stralsund eine Ortsgemeinde der Gemeinschaft der Siebenten-Tags-Adventisten (STA) gegründet. Stralsund war um die Wende zum 20. Jh. Sitz eines preußischen Regierungsbezirks. Zu ihm gehörten die Landkreise Stralsund-Land, Franzburg, Grimmen, Greifswald und Rügen. In 14 Städten, 191 Dörfern und auf 668 Gütern lebten damals 216.340 Menschen. In Stralsund selbst wohnten im Jahre 1900 31.150 Bürger. Städtisches Eigentum waren die Güter Grünhufe, Grünthal, Langendorf, Lüssow und Prohn. Die Stadt war bis 1872 durch ihren Festungsgürtel eingeschnürt. Durch eine großzügige „Entfestung" wurde ihr ein Wachstum nach draußen ermöglicht. Leider ging das nicht ohne eine Zerstörung großer Teile der Stadtmauern, Stadttore und Festungswerke. Der Stralsunder Bahnhof existierte schon. Von Süden kommende Züge wurden über den Strelasund und weiter nach Schweden trajektiert. Durch die Barther Straße dampfte die Kleinbahn von und nach Barth. Die größten Industriebetriebe der Stadt waren die Zuckerfabrik, die Pommersche Eisengießerei und Maschinenfabrik AG und die Vereinigte Stralsunder Spielkarten-Fabriken-AG. Stadtgas wurde seit 1894 in die Haushalte geliefert. Seit 1895 wurde elektrischer Strom erzeugt. Zwar gab es in Stralsund einen traditionellen Schiffbau, aber die Stralsunder Werft baute und reparierte nur Holzboote. Immerhin waren in Stralsund zu dieser Zeit noch 5,7% der preußischen Handelsflotte zu Hause. Stralsund wurde seinerzeit von einer großen Anzahl von Gutsbesitzern, Lehrern, Ärzten, Beamten und Offizieren bewohnt. Das Militär machte 5% der Bevölkerung aus. Die Stadt besaß damals 600 Handwerks- und kleine Gewerbebetriebe (139 Schuhmacher, 54 Schneider, 53 Friseure, 48 Fleischer und 42 Bäcker). Vor den Küsten der Stadt erwarben 124 Fischer ihren Lebensunterhalt. Ihre Zeesboote lagen an der Hafeninsel, die damals noch nicht die markanten großen Speicher trug, welche heute Teil der Stadtsilhouette sind. Politisch gesehen war Stralsund ein Zentrum der Sozialdemokratie. Die Arbeitsbedingungen in den Stralsunder Fabriken waren katastrophal. Es wurde 12 Stunden und mehr gearbeitet. Die Tagelöhne der Männer betrugen 1,70 Mark, die der Frauen unter 1 Mark.

Barther Straße 22

Hier hielt der Prediger Frauchiger einer Familie Balfanz Bibelstunden. Er schreibt im „Zions-Wächter" von 1903: „In derselben Nacht, als ich dort war, starb das Kind der Geschwister Völske im Alter von zwei Monaten; wenn auch nicht ohne Schmerz, so gaben sie es williglich dem Herrn, der es gegeben hat, in der Hoffnung, es bald wiedersehen zu dürfen." Brd. Frauchiger schickte den Reiseprediger W. Schwenecke in die Stadt, um die Arbeit fortzusetzen. Ab 12.4.1903 hielt dieser öffentliche Vorträge in der Stadt. Am 29.6. wurde im Ergebnis dieser Arbeit ein Ehepaar Däbritz getauft. Am 12.10. folgten Schw. Balfanz, Mutter Benzmann und Schw. Lemke. Diese sieben Geschwister wurden durch Brd. Frauchiger als Gruppe organisiert. Dieser Tag gilt deshalb als Gründungstermin der Stralsunder Adventgemeinde. Aus dieser Zeit gibt es eine Anfrage des Stralsunder Polizeipräsidenten an die höhere Dienststelle in Hamburg, was denn Adventisten für Leute seien. Man muss wissen, dass die Etablierung von Religionsgemeinschaften ausserhalb der beiden Großkirchen fast unmöglich war. Deshalb organisierte man sich damals als „eingetragener Verein". Die Gottesdienste mußten ein wenig die Form von Vereinsversammlungen besitzen. Es sei daran erinnert, dass erst mit der Reichsverfassung von 1918 die Rechtsstellung der Religionsgemeinschaften in Deutschland begründet wurde, deren Artikel 4 die Freiheit des Glaubens, des religiösen und weltanschaulichen Bekenntnisses sowie der ungestörten Religionsausübung garantiert. Vor 1918 war die Gemeinde gezwungen, sich den Status eines eingetragenen Vereins zu geben, um eine erträgliche soziale und gesetzeskonforme Akzeptanz zu erlangen. Die Gottesdienste trugen deshalb bis 1918 den Charakter von „Mitgliederversammlungen". Aus dieser Zeit stammte die über Jahrzehnte gepflegte Gewohnheit, in jedem Gottesdienst einen „Bericht" über die vergangene „Versammlung" zu verlesen. Diese Sitte verschwand erst etwa 1970. Heute ist unsere Freikirche eine Körperschaft des öffentlichen Rechts und genießt die damit verbundenen Rechte und Pflichten.

Bei einer Taufe (1903) in der Ostsee bei Wieck/Greifswald waren fünf weitere Stralsunder dabei: Schw. Buchholz, Brd. Balfanz, Schw. Wruch und das Ehepaar Carl und Frieda Jäckel. Am 10.1.1904 wurde in Stralsund das erste Abendmahl gefeiert. Ein Jahr nach Gründung der Gruppe gab es damit zwölf Stralsunder Adventgläubige. Diese Gruppe schrumpfte jedoch in den folgenden Jahren arg zusammen. Geschw. Völzke zogen nach Grimmen (evtl. aus missionarischen Gründen?), Schw. Lemke nach Barth, Schw. Balfanz nach Greifswald (war ihr Mann verstorben?) und Brd. Däbritz ging nach Afrika. Neben Greifswald waren auch in Demmin, Anklam, Pasewalk und Ducherow inzwischen Gemeinden entstanden. Schw. Benzmann verstarb 1928. Ihr Name blieb noch Jahrzehnte in der Stralsunder Gemeindeliste. Eine Schwiegertochter ihres Enkels ist bei der 50-Jahrfeier dabei gewesen. Sie war zu dieser Zeit mit ihren Töchtern nach Leipzig verzogen und nahm von dort noch viele Jahre lebhaften Anteil am Stralsunder Gemeindeleben. Auch die 75-jährige Schw. Balfanz war 1953 noch als Ehrengast dabei.

Schw. Iduna Schröder, die Ehefrau des späteren langjährigen Ältesten der Gemeinde Stralsund erinnerte sich, dass sie 1909 in Stralsund zur Gemeinde kam. Damals sei nur eine kleine Gruppe von vier Geschwistern vorhanden gewesen. Der erste hauptamtliche Prediger in Stralsund dürfte Brd. Amelung ab 1907 gewesen sein. Er wird im „Zions-Wächter" vom Februar 1908 als Prediger in Barth und Stralsund genannt. In kurzer Folge werden als Prediger sodann G. W. Schubert (1909), die Brüder Rohne und Erzberger sowie Brd. Minck (1910) erwähnt. 1909 versammelte sich die Gruppe in einem kleinen Stübchen bei einer Schw. Hoffmann im Katharinenberg, sodann in weiteren Privatwohnungen in der Mühlen- und Fährstraße. Im Winter 1910/11 hielt Brd. Minck Vorträge in Stralsund. Die „Arbeit erregte den heftigsten Widerstand von seiten der Geistlichkeit, doch hat der Herr die Arbeit in Pommern auch reichlich gesegnet („Zions-Wächter" von 1910)." Interessant ist, dass schon damals die Vortragsarbeit durch Lichtbilder unterstützt wurde. Seinen Seelsorgebezirk nannte Brd. Minck „Greifswald-Stralsund-Anklam". Die Vortragsarbeit wurde durch die Bibelarbeiterin Hermine Ehehalt (siehe Foto S. 18) unterstützt. Sie schreibt im „Zions-Wächter" von 1910, dass „bei gutem Besuch der Vorträge bald 15 Seelen getauft werden konnten. Auch wurde ... ein neues Lokal eingerichtet." Von der Einweihung am 4.10.1912 berichtet Brd. Fr. Hambrock im „Zions-Wächter", dass „70 Personen in einem herrlich geschmückten Saal zugegen waren" (Alter Markt 5). Auch ein „Jugendbundfest" am 22.12.1912 fand statt. Bis zu seinem Weggang wohnte Brd. Hambrock in der Ravensberger Straße 2. Im Jahre 1911 ist die Mutter von Brd. Friedrich-Karl Zinow im Strelasund getauft worden. Sie hatte die Adventbotschaft von einem Ehepaar Hoffmann, das in der Marienstraße im „Kaland" wohnte, kennengelernt. Gemeindeältester war zu dieser Zeit Brd. Gollasch. Brd. Hambrock erinnerte sich 1973 noch an eine Schw. Beier mit Tochter, einen Brd.

Hermann Schmidt, der Harmonium spielte und später Prediger und Lehrer auf dem Gymnasium Marienhöhe in Darmstadt gewesen ist.

Gehörte damals die Gemeinde Stralsund zum Seelsorgebezirk Rostock? Brd. Hambrock nennt in einem Brief an die Stralsunder Jubiläumsgemeinde im Jahre 1978 den Rostocker Prediger Willi Hoffmann seinen „Bezirksältesten". Die Gemeinde Stralsund gehörte damals zur „Oder-Vereinigung" mit den Regierungsbezirken Stettin, der Uckermark, der Priegnitz, Mecklenburg-Strelitz und Mecklenburg-Schwerin. Vereinigungsvorsteher war Brd. J. Seefried mit Büro in Stettin.

Interessante Einzelheiten vermittelt der Grußbrief eines ehemaligen Stralsunder Gemeindemitglieds mit Namen Walter Schmidt. Dieser Bruder gehörte von 1911 bis 1916 zur Gemeinde Stralsund, wohnte aber in Sellin. Er erinnert sich, dass er nur alle Vierteljahre zum Abendmahl in Stralsund sein konnte oder „wenn die Jugend eine Feierstunde hatte". Er erwähnt als weitere Gemeindeglieder die Brüder Spaude, Böttcher, Seltrecht, Lehmann und Schröder. Brd. Seltrecht war viele Jahre Ältester der Gemeinde.

Vom 24. - 28.1.1912 gab Brd. J. Seefried auf der ersten Konferenz der Oder-Vereinigung in Cottbus bekannt, dass nach Taufe von 138 Seelen gegenwärtig 700 Gemeindeglieder in 31 Gemeinden und Gruppen zur Vereinigung zählen. Zur 2. Konferenz der Oder-Vereinigung vom 12. - 16.2.1913 in Stralsund kamen 138 Delegierte. Die drei Stralsunder Zeitungen hatten eine Warnung vor der „Heerschau der Adventisten" *(„Zions-Wächter" 3. März 1913)* gebracht! Am Sabbat wurde die „Sabbatschule" in 21 Klassen gehalten. Die Gaben betrugen 84,49 Mark. Während dieser Konferenz wurde eine Gruppe Pramort (Halbinsel Zingst) mit 10 Gliedern dem Stralsunder Bezirk zugeordnet (siehe Landkarte auf S. 36).

Nichts wissen wir über einen von 1913 bis 1916 in Stralsund wirkenden Prediger Brd. Selle.

1916 übernahm Brd. Kapitz den Stralsunder Bezirk. Schw. Margarete Hermann, die 1894 geboren wurde, ist von ihm 1919 getauft worden. Sie, ihre Schw. Irma Rosenmeyer und die Mutter der beiden, besuchten die öffentlichen Vorträge von Brd. Kapitz in der Mönchstraße, die sehr gut besucht waren. Neben den dreien wurden am gleichen Tage noch Schw. Kaßburg, Brd. Heuck, Schw. Eichmann und Schw. Hoth getauft. In der Zeit der Wirksamkeit von Brd. Kapitz erfolgte die Abtrennung der Gruppen Pramort und Saßnitz. Nur kurze Zeit (1921/22) wirkte in Stralsund ein Brd. Näther. 1922 übernahm Brd. Derlath die Gemeinde. Ab diesem Jahr bekam die Gemeinde in der Bleistraße 6 einen neuen Gemeindesaal. Er befand sich über einem Automobilgeschäft und war über eine Außentreppe erreichbar. Als Kuriosum aus dieser Zeit ist zu vermerken, dass ein Brd. Otto Schmidt an einem Sabbat während des Gottesdienstes durch ein im Fußboden befindliches Fenster in den darunter liegenden Automobilverkaufsraum gefallen ist. Er landete unversehrt auf einem Autodach.

Bleistraße 6, Haus mit Torweg

Im Predigtamt folgte 1928 Brd. Jäger. Er gab 1928 für den „Adventboten" vom 1.12.1928 einen Bericht anläßlich des 25. Gemeindejubiläums, wonach die Feier am 13.10.1928 in „unserem festlich geschmückten Versammlungsraum" begangen wurde. Von der Vereinigung in Stettin war Brd. Janert erschienen. Die Gliederzahl wird in diesem Zeitungsbericht mit 117 angegeben. Brd. Jäger standen der Buchevangelist Schwabe, der Gemeindeälteste Brd. Schröder, die Bibelarbeiterin Schw. Soyk und der Hilfsprediger Brd. Meier zur Seite. Brd. Jäger hat auch in Barth und Zingst öffentliche Vorträge gehalten. Er war dazu von der Besitzerin des Zentral-Hotels in Zingst aufgefordert worden. In den dreißiger Jahren mag es gewesen sein, dass Stralsunder Geschwister mit adventistischen Traktaten auf Gütern des Landkreises, aber auch in der Eisenbahn missioniert haben (so berichtet von Schw. M. Hermann).

von rechts: G. Spaude, Möller, ?, ?, Schmidt, M. Hermann, I. Rosenmeyer, Wulf (ca. 1925)

2. Adventgemeinde in der Zeit des Nationalsozialismus

„Nach dem schnellen Verbot der Gemeinschaft am 26.11.1933 und der kurz darauf am 6.12.1933 erfolgten Verbotsaufhebung war die Gemeinschaftsleitung peinlich bemüht, auf allen erdenklichen Wegen weiteres Konfliktpotential mit dem Staat zu vermeiden und diesem seine uneingeschränkte, treue Ergebenheit deutlich zu machen, um der Gefahr eines erneuten Verbotes entgegenzuwirken. Hatte man sich anfangs mit politischen Stellungnahmen sehr zurückgehalten, so veröffentlichten adventistische Zeitschriften in Deutschland nun häufiger Artikel zum Nationalsozialismus, die wiederum von einem durchweg positiven Tenor geprägt waren." *(M. Scheel in „Schuldverarbeitung und Schuldbekenntnisse der Freikirchen nach dem Dritten Reich", 2007)*

In den zwölf Jahren seiner Herrschaft betrachtete der NS-Staat die christlichen Kirchen und Gemeinden zunehmend mit Misstrauen, lief doch die Lebensphilosophie der Christen derjenigen des Nationalsozialismus diametral entgegen. Dennoch waren die meisten Deutschen damals Hitler gegenüber loyal, kritische Geister beugten sich als gehorsame Staatsbürger unter alle behördlichen Maßnahmen. Der Hitlergruß wurde zumindest in der Öffentlichkeit geleistet. In der Wohnung meiner Kindheit hing eine Hitlerbüste. Ob Gemeindeglieder zugleich Mitglieder der NSDAP gewesen sind, kann ich nicht sagen. Der Einziehung zum Militärdienst mussten die jungen Männer folgen. Es gab eine kleine Gruppe von sogenannten „Reformadventisten", die sich dem Wehrdienst widersetzten und bereit waren, dafür Martyrium zu erdulden. Zu ihnen gehörten z. B. die Eltern bzw. Großeltern der Geschw. Warkenthin aus Duvendiek bei Stralsund.

Im Jahre 1933 kam Brd. Wilhelm Gauger mit seiner Frau Hanna nach Stralsund. Er wohnte zunächst in der Tribseer-Siedlung und bezog später diejenige Wohnung im Tribseer-Damm 67, die bis 1971 von Stralsunder Predigern bewohnt wurde.

Schwedenschanze Stralsund, ca. 1935
v. re.: P. Hermann, Schwabe, Möller, Kaßburg, Roge;
oben v. li.: G. F. Schröder, ?, Günter Schmidt;
Mitte v. re.: H. Gauger, M. Hermann, ?, I. Rosenmeyer, Spaude

Brd. Helmut Lingel wirkte als „Außenschüler" des Friedensauer Seminars von 1934 bis 1936 in Stralsund.

Helmut Lingel

1939 kam Brd. Fritz Leskin als Prediger in unsere Stadt. Zu seiner Zeit wurde nach der Taufe der Rügener Geschw. Knaak und Draak die Gemeinde Bergen selbstständig. Brd. Leskin hat der Gemeinde Stralsund bis 1952 gedient. Während seiner Dienstzeit bei der Wehrmacht und in der Gefangenschaft hat Schw. Leskin segensreich an Stelle ihres Mannes in der Gemeinde gearbeitet. Die Frau des Ältesten, Schw. Iduna Schröder erinnerte sich: „Es war zu Hitlers Zeit, da wollte uns der Böse einen Streich spielen. An einem Sabbatnachmittag kam ein Geheimpolizist zu uns und brachte uns die Nachricht, dass wir uns nicht mehr versammeln dürften. Wir mussten ihm die Gemeindebücher und -gelder mitgeben. Aber der Teufel war auch hier wie immer der Dumme, denn wo der Herr ist, da ist auch der Sieg. Wir beteten ernstlich, und ehe der nächste Sabbat kam, hatten wir die Bücher und Gelder wieder zurück und auch die Erlaubnis, unsere Versammlungen wieder abzuhalten."

Elisabeth und Fritz Leskin

Im Oktober 1940 ging uns der Saal Bleistraße 6 durch nationalsozialistische Beschlagnahmung verloren. Zwischenzeitlich bezog die Gemeinde ein Domizil in den Räumen der früheren Guttemplerloge im „Hotel Bismarck" (Mühlenstraße), später als Klubhaus „John Schehr" besser bekannt. Brd. Leskin schreibt in einem Brief, dass „die Gemeinde sich dort allerdings nicht recht heimisch fühlte". Auch dieser Raum wurde uns von den Nazis weggenommen. Die Gemeinde war gezwungen, sich in drei Gruppen zu versammeln. Das geschah in den Wohnungen von Schw. Leskin, bei Geschw. Schröder in der damaligen Tribseerschulstraße 6a (jetzt Wolfgang-Heinze-Straße)

Mühlenstraße 44, v. re.: P. und M. Hermann, 5 von links: evtl. Prediger Brandt

und bei Geschw. Hermann in der Mühlenstraße 44. Die Wortverkündigung wurde in dieser Zeit von den Brüdern Rooks, Rebensburg und W. Müller (Stettin) sichergestellt. Der damals erst seit kurzer Zeit verfügbare Rundfunkempfang war für die Nazis ein willkommenes Mittel der Propaganda. Während der Kriegsjahre wurden jedoch auch von meiner Mutter manchmal „Feindsender" gehört. Der Verdunkelungspflicht der Fenster in der Nacht kamen selbstverständlich alle nach. Bei Bombenalarm begab man sich in die zugewiesenen Schutzräume. Hatte das eigene Wohnhaus keine Kellerräume, so waren entsprechende Schutzräume in Nachbarhäusern zugewiesen.

ca. 1941 v. li.: E. Leskien, ?, Soldat Prediger Räcker, vorn: A. Wietrzichowski mit Sohn Heinz, dahinter M. & P. Hermann/I. Rosenmeyer (Hindenburg-Ufer)

Fliegeralarm kündigte sich an durch einen an- und abschwellenden Sirenenton. Glücklicherweise waren in Stralsund fast alle Alarme nicht von Bombenabwürfen gefolgt. Aber selbst die in großer Höhe einfliegenden feindlichen Flugzeugstaffeln, die ihr Ziel weiter im Inland aufsuchten, wurden als potenzielle Gefahr gemeldet und gefürchtet. Mein Vater war im Jahre 1941 zusammen mit anderen Männern der Gemeinde als Soldat eingezogen worden. Nicht Soldat zu werden brauchte Paul Hermann, von dem ich Fotos gesehen habe, die ihn in der Uniform eines Schutzpolizisten zeigen. Mein Vater war zuerst Mitglied der Technischen Nothilfe, später dann Sanitäter. Seine Einsatzgebiete waren Frankreich, später Südosteuropa, die Ukraine und zuletzt Norditalien, wo er dann in Gefangenschaft geriet. Von Einbindung in direkte Kampfhandlungen berichtete er auf seinen Fronturlauben und nach seiner Heimkehr nichts. Noch im Alter war mein Vater davon überzeugt, dass Hitler nicht den Krieg begonnen hatte, sondern dass Deutschland von den Russen, Franzosen und Engländern überfallen worden war. Ob den Mitgliedern der

Stralsunder Gemeinde die Existenz von Konzentrations- und Vernichtungslagern bekannt war, entzieht sich meiner Kenntnis. Mir ist auch nicht bekannt, ob es in der Stralsunder Gemeinde getaufte Juden gegeben hat.

Stralsund nach dem Bombenangriff vom 6.10.1944 (Ostsee-Zeitung)

Der verheerende Bombenangriff am 6.10.1944 auf unsere Stadt wurde von mir als Kind schon bewusst miterlebt. Obwohl unser damaliger Wohnort (Spielhagenstraße 17) von Frankenvorstadt und Stadtzentrum, wo die meisten Bomben fielen, etwa einen Kilometer entfernt lag, empfand ich die Einschläge als entsetzlich laut und die Situation grauenvoll. In unserer Stadt wurden etwa 700 Todesopfer gezählt und mehr als 14.000 Frauen, Männer, Kinder wurden binnen einer Nacht obdachlos. Aus der Gemeinde kamen Berta Kracht (Kleiner Plauderberg 12) sowie das Ehepaar Carl und Frieda Jäckel (Mühlenstraße 12), die Schwiegereltern meines Onkels Walter, ums Leben. Das in der Tischlerwerkstatt von Walter Wietrzichowski in der Heilgeiststraße zwischengelagerte Gemeindeinventar verbrannte. Nur das Klavier bei Geschw. Schröder und das Harmonium bei Schw. Leskin blieben erhalten. Im März 1946 kam Brd. Leskin gesund aus der Gefangenschaft zurück. Auch alle anderen Brüder kehrten gesund wieder, lediglich Brd. Braun blieb vermisst.

Nach 1945 hätte die Gemeinde den verlorengegangenen Raum in der Bleistraße zurückverlangen können. Schließlich waren wir ja „Opfer des Nationalsozialismus". Das wurde versäumt. Durch die Bemühungen von Brd. W. Müller (Stettin) gelang es, bei der Baptistengemeinde in der Frankenstraße 41 Gastrecht zu finden. Das war ab dem 7.4.1945 der Fall. Im Juni 1949 bekamen die Baptisten einen größeren Versammlungsraum in der Langenstraße. Es bereitete große Probleme, als Hauptmieter in der Frankenstraße zu bleiben, aber am 23. 7. 1949 wurde der Saal nach intensiver Renovierung eingeweiht. Dabei hat sich der damalige Erste Diakon Brd. Wevers sehr verdient gemacht. Während der achtwöchigen Bauphase versammelte sich die Gemeinde in der Gaststätte „Heinzelmanns Garten" im Carl-Heydemann-Ring 1. Am 19.12.1948 verstarb der langjährige Älteste Brd. G. F. Schröder im 83. Lebensjahr. Er war 1920 in diesen Dienst gewählt und 1928 eingesegnet worden. Sein Nachfolger im Ältestenamt wurde Brd. Willi Schmidt. 1949 wurden erstmalig nach dem Krieg öffentlichen Vorträge gehalten. Voraussetzung war, dass es gelang, „einen kleinen Ofen für den Saal zu kaufen". Dieser wurde vor Beginn von Veranstaltungen durch Schw. Kaßburg (siehe Foto S. 13) geheizt. Mit einem langen Schlepprohr erwärmte er den schlauchförmigen Saal notdürftig.

G. F. Schröder

3. Rückblicke ehemaliger Prediger & Pastoren

Um das Gemeindeleben in den vergangenen Jahrzehnten zu beschreiben, lassen sich Erinnerungen von Pastoren verwenden, die in Stralsund Dienst getan haben und die zu besonderen Anlässen (meist Jubiläen) der Gemeinde Grüße sandten. Zusätzlich füge ich manchen Jahren einige zeitnahe Einzelheiten ein. Die Begriffe „Prediger" und „Pastor" haben grundsätzlich dieselbe Bedeutung. In den ersten Jahrzehnten des 20. Jahrhunderts sprach man in den Adventgemeinden grundsätzlich von „Predigern", später dann immer häufiger von „Pastoren", was (gewollt oder ungewollt?) eine gewisse Imageverbesserung darstellte.

Emil Frauchiger (E. G. White Estate)

Emil Frauchiger (1903 - 1907) erinnerte sich: „*... am 5. Februar 1903 kam ich zum ersten Mal nach Stralsund auf Einladung der Geschw. Völzke, die für jenen Abend eine ganze Anzahl Leute zu einer Bibelstunde eingeladen hatten ... Hierauf bestellte ich Brd. Schwenecke von Greifswald nach Stralsund zu kommen, der dann mit Vorträgen begann, wobei ich ihm ... geholfen habe. In meiner Korrespondenz finde ich, dass ich dem Brd. Däbritz am 8. Juni gratuliert habe, dass er den Mut hatte, den Anfang zu machen, dem Herrn in seinen Geboten nachzuwandeln. Er meldete sich für die Kolportage an. Im Monat Juli ist er wohl getauft worden. Es war dies eine Taufe mit nicht wenig Hindernissen ... Die Frau, die zuerst dafür war, stellte sich nun, wie er ernst machte, ganz entschieden dagegen. Sie versteckte ihm Hut und Kleider, womit sie ihm die Taufe verunmöglichen wollte. Nach langem Warten kam Brd. Däbritz ohne dieselben. Wir halfen ihm damit aus. Er hatte aber einen schweren Kampf mit seiner Frau zu bestehen. Er war Direktor für landwirtschaftliche Güter ... Aus dem Tagebuch entnehme ich noch, dass ich am 10. Januar 1904 in Stralsund & Greifswald das Abendmahl hielt, und am 7. Mai 1904 habe ich fünf Seelen in Wieck bei Greifswald in der Ostsee getauft; darunter waren die Geschw. Carl und Frieda Jäckel, Brd. Balfanz, Bertha Buchholz und Frieda Wruch ... Wie groß würde wohl unser Volk sein, wenn alle, die den Bund eines guten Gewissens mit Gott gemacht haben, treu geblieben wären! ... Euer Bruder im Herrn E. Frauchiger, 5.10.1928*"

Der „Adventbote" (S. 361) berichtete über die „Gemeindegedenkfeier in Stralsund" vom 13.10.1928, bei der Vereinigungsvorsteher Brd. Janert aus Stettin besonderer Gast war: „*Brd. Frauchiger, der damals als eingesegneter Prediger diesen Bezirk bediente ... organisierte die erste Gruppe von sieben Seelen.*" Die Ostdeutsche Vereinigung wurde 1912 umgebildet zur Oder-Vereinigung mit ihrem neuen Vorsteher Johannes Seefried. Im Jahre 1920 wurde daraus die Pommersche Vereinigung, die zeitweise auch brandenburgische und östlich der Oder gelegene Gemeinden verwaltete. Der letzte Vorsteher der Pommerschen Vereinigung war F. Rebensburg. 1948 wurde die Mecklenburgische Vereinigung gegründet, deren erster Vorsteher Otto Haase war. Josef Schor und Bruno Schulz folgten im Amt. Die Mecklenburgische Vereinigung bestand bis 1992.

1. v. li. hinten: Bibelarbeiterin Schw. H. Ehehalt,
3. und 4. v. re.: Iduna & G. F. Schröder

Es folgten als Ortsprediger **Brd. Amelung (1907 - 1909)**, **Brd. G. W. Schubert**, **Brd. Erzberger (1909 - 1910)**, die Bibelarbeiterin **Schw. Hermine Ehehalt**, **Brd. Adolf Minck** und der Missionshelfer **Rohne (1910 - 1913)**.

Adolf Minck (1910 - 1911) schrieb uns: „... *Über meine Tätigkeit in Stralsund ist nicht viel zu sagen, denn ich habe nur kurze Zeit die Botschaft dort verkündigt und der Gemeinde gedient. Mit dem Wohnsitz in Greifswald hielt ich im Herbst und Winter 1910/11 auch in Stralsund öffentliche Vorträge. Sie waren ... recht gut besucht. Zu meinen ständigen aufmerksamen Besuchern gehörte der damalige Postsekretär Schröder, der später dem Beispiel seiner Frau folgte und sich taufen ließ. Viele Jahre hat Brd. Schröder dann später der Gemeinde als Ältester in großem Segen gedient. - Vor meiner Tätigkeit in Stralsund hatte die Bibelarbeiterin Schw. Ehehalt eine gute und erfolgreiche Arbeit getan, durch die eine Anzahl Seelen der Gemeinde hinzugetan werden konnte, ... Bereits im Winter 1911 vertauschte ich meinen Wirkungskreis Stralsund- Greifswald-Anklam mit Swinemünde-Ducherow-Wolgast. Die Arbeit und Pflege der Gemeinde in Stralsund wurde von dem dort wohnenden Missionshelfer Brd. Rohne fortgeführt ... A. Minck, 30. August 1953".*

Fritz Hambrock (1912 - 1913): „... *Du hast recht, dass ich vom August 1912 bis Juni 1913 in Stralsund und Greifswald gearbeitet habe ... Ich besinne mich nur darauf, dass wir damals den Gemeindesaal Am Markt, es war wohl Nr. 5 (siehe Foto), einrichteten.*

In der Gemeinde haben wir versucht, geistliches Leben und geschwisterliche Gemeinschaft zu pflegen, und ich denke, dass es uns auch gelungen ist. Dabei (ge)denke ich gern des rührigen Ältesten Brd. Gollasch, seiner Familie, wie auch (der) Familie Schröder und anderer lieber Geschwister ... Euer Bruder im Herrn F. Hambrock, 28.9.1953".

Am Markt 5

Brd. Selle (1913 - 1916): Aus seinen Wirkungsjahren sind mir keine Berichte oder Einzelheiten bekannt.

Brd. Kapitz (1916 - 1921): Weil wir aus seiner Hand keine Angaben über sein Wirken in Stralsund besitzen, sei folgender handschriftlicher Bericht des Gemeindegliedes M. Hermann (1894 - 1999) hier zitiert; er wirft einiges Licht auf diese Zeit: *„Ein Streiflicht, wie wir Drei (die Schwestern Irma und Margarete Rosenmeyer sowie ihre Mutter) Adventisten wurden: In der Zeitung waren zwei Vorträge angekündigt, einer vom (evangelischen) Pastor Wittenberg, ein anderer von Pastor Kapitz, am selben Tage. Beide wollten wir hören, aber wie? Wir einigten uns: Einer geht in die Kirche, der andere zum Hotel „Brandenburg" (Mönchstraße): „Throne rollen, Tyrannen stürzen"... drei interessante Vorträge. Am nächsten Tag meldete die Zeitung „Pastor Wittenberg erkrankt. Der Vortrag wird später gehalten." Nun konnten wir alle zu Pastor Kapitz gehen. Der Saal konnte nicht alle Hörer fassen. Wie die Vorträge zu Ende waren, wurden wir ... in die Wasserstraße geladen. Dort waren (zu)erst wenige Hörer. Brd. Seltrecht war damals Ältester (der Stralsunder Gemeinde in der Marienstraße 5). Brd. Kapitz gab uns dann Bibelunterricht bis zur Taufe, die am 19.3.1919 in Greifswald stattfand. Wir waren sieben Täuflinge - sechs Frauen und ein Mann. Wir waren gute Kirchen-Christen, aber auch mit den Spiritisten bekannt. Der Gegner wollte die Taufe von mir verhindern, doch der liebe Gott verhinderte das Teufelswerk, indem ein Axtschlag ins Leere traf - nicht meinen Kopf. Der Mann, der seine unbedeckte Axt über seine Schulter warf, hätte mich genau über den Kopf getroffen. Ich sprang zur Seite. Meine Mutter sagte: „Nun hätte es dich beinahe getroffen!" Brd. Leskin erzählte mal, als er einen Vortrag gegen die Spiritisten gehalten hatte, dass er, als nach Hause kam und seinen Hut ablegte, dieser paarmal auf der Ablage getanzt habe."*

Irma Rosenmeyer/Margarete Hermann 1955

W. Derlath (1922 - 1928) schrieb an Prediger Bruno Schulz: *„... im Herbst 1922 übernahm ich den Bezirk Stralsund, und im Sommer 1928 wurde ich nach Stolp versetzt, in dieser Zeit konnte ich mit Gottes Hilfe 128 liebe Seelen taufen und aufnehmen, davon allein 48 liebe Seelen in Stralsund. In der Zeit konnten wir nach harten Kämpfen einen neuen Saal mit Jugendheim ausbauen. Wir verlebten gemeinsam mit der Gemeinde, Jugend und Kinderschule segensreiche Stunden, die heute noch lebhaft in meiner Erinnerung sind. Dein Brd. im Herrn W. Derlath Freiberg/Sachsen, 9. 10. 1953"*

W. Derlath

Der „1. Europäische Kongress der Adventjugend" fand 1928 in Chemnitz unter dem Motto „Gerettet, um zu dienen" mit etwa 2.000 Jugendlichen aus ganz Europa statt. Stimmen von damals berichten: „... In einer Zeit wachsender politischer und wirtschaftlicher Spannungen demonstrierten sie christliche Einheit." Ein Chemnitzer Journalist notierte, beeindruckt vom großen Waldgottesdienst und der Parade durch die Innenstadt: ‚Jedem Anwesenden drängte sich unwillkürlich die Erkenntnis auf: Hier sind Menschenkinder versammelt, verschieden durch Sprache, Sitte und Abstammung, aber vereint durch gleiche Weltanschauung, Arbeit und gleiches Lebensziel.' (*Gemeinschaft der STA, 2004: Chronik der Siebenten-Tags-Adventisten: Vom Beginn in Deutschland bis zur Gegenwart 1875 - 2004. Hamburg: Grindeldruck, S. 51*) Die Stralsunder Jugendlichen (siehe rechts) brachten zu diesem Anlaß eine Spende in Höhe von 25 Reichsmark mit, die sie durch Verkauf von Erntedank-Zeitschriften eingenommen hatten, eine kostete damals 0,50 RM. Vom zur Stralsunder Delegation gehörenden Instrumentenbauer und Fotografen Paul Hermann stammt höchstwahrscheinlich nebenstehendes Foto. 1933 heiratete Paul Hermann seine zehn Jahre ältere Margarete Rosenmeyer. Sie wurden im Gemeindesaal in der Bleistraße 6 von Prediger Kapitz getraut.

Margarete und Paul Hermann, ca. 1950

Emil Jäger

Emil Jäger (1928 - 1933) schrieb: „*... auf die Feier des 25-jährigen Jubiläums der Gemeinde Stralsund kann ich mich nicht mehr genau besinnen. Meine Tätigkeit im Stralsunder Bezirk erstreckte sich über einen Zeitraum von 4 Jahren, und zwar von 1928 - 1933. Die Gemeinden Stralsund, Greifswald, Saßnitz und Pramort waren zu betreuen ... G. F. Schröder war Gemeindeältester (siehe Foto S. 16), er war ein guter Hirte. Brd. Schwabe (siehe Foto S. 13) tat als Buchevangelist seine Pflicht. Eine Versammlungsbesucherin brachte uns eines Tages den bösen Geist in die Gemeinde. Brd. Götting, unser Jugendsekretär, und ich, wir versuchten, den unsauberen Geist aus der Frau auszutreiben, jedoch ohne Erfolg; aber ich bekam seine Macht zu spüren. Bei Gelegenheit unserer Bezirksversammlung in Stralsund, als ich einen Lichtbildervortrag halten sollte, ließ mich mein Gedächtnis im Stich. Es war mir gerade, als wenn ein eiserner Ring um meine Stirn gezogen wäre, und ich blieb vollständig machtlos. Auf dem Nachhauseweg, 1 Std. später, wurde ich von dem Druck frei und konnte wieder klar denken. Zugegen waren bei dieser Versammlung: die Oberin der Schwesternschaft in Berlin, Elfriede Schröder, die langjährige Oberschwester in Liechtenstein, sowie die ganze Stralsunder Gemeinde und viele auswärtige Geschwister. Der Gemeindeälteste G. F. Schröder hat mir in allen diesen Schwierigkeiten treu zur Seite gestanden, er gab vor der Gemeinde später eine Erklärung ab, und das Vertrauen war*

Ausflug ca. 1927 v. li.: I. Rosenmeyer (2), Emil Wietrzichowski(3), M. Hermann (6), Schw. Möller (8), 3. von rechts W. Derlath

1. Europäischer Jugendkongress 1928 in Chemnitz

Stralsunder Delegation in Chemnitz, unten v. li.: Irma & Margarete Rosenmeyer (2)/(3), Brd. W. Derlath (6)

wiederhergestellt ... In Stralsund hat es der Herr an seinem Segen nicht fehlen lassen. Schw. Soyk hat mir in der Bibelarbeit treu zur Seite gestanden; später wurde Brd. Meier mein Mitarbeiter. Euer Bruder in Christo Emil Jäger und Familie, Herbst 1953." Die Gliederzahl der Stralsunder Gemeinde betrug 1928 117 Seelen („Adventbote" vom 1.12.1928).

Über die Dienstjahre von **Hilfsprediger Brandt (1933 - 1935)** sind mir keine Einzelheiten bekannt. Von **1934 bis 1936** wurde die Gemeinde durch den Hilfsprediger **Helmut Lingel** unterstützt (siehe Foto S. 14). Er war 1978 als Gast bei der 75-Jahrfeier zugegen.

Wohlfahrtssammlung 1929 Frankfurt/Main

Zu missionarischen Zwecken verkauften Adventisten damals in Gaststätten Briefmarken. Auch Hanna Gauger, Frau von Wilhelm Gauger, Prediger in Stralsund 1933 - 1939, beteiligte sich. Schriften wurden in D-Zügen, die von Skandinavien über Stralsund nach Deutschland kamen, angeboten. Eine Missionsschrift kostete 3 Reichsmark oder 1 Schwedische Krone. Beteiligt war auch Schw. Gertrud Spaude, geb. Rittaler.

Wilhelm Gauger mit Frau Hanna und den Söhnen Konrad und Berthold

Wilhelm Gauger (1935 - 1939) bezog als erster die Wohnung Tribseer Damm 67, in der nach ihm alle Stralsunder Prediger bis 1971 wohnten. Es war eine Drei-Zimmer-Wohnung ohne Bad aber mit Innen-WC. Sie lag im Parterre an der verkehrsreichen Straße Tribseer Damm. W. Gauger grüßte die Gemeinde Stralsund zum 50. Jubiläum: *„... obwohl zwischen dem Strelasund und den Thüringer Bergen (hier Wartburg) eine große Strecke liegt, wird sie doch vom*

Erntedankfest, ca. 1936 in der Bleistraße 6, li.: Schw. H. Gauger mit Sohn Berthold, Brd. W. Gauger hi. mittig, re. hi.: Brd. H. Lingel, li. daneben I. Rosenmeyer

Geiste überbrückt. Darum gedenke ich im Geist an die Gemeinde, in deren Mitte ich vier Jahre weilen konnte. Gedenke all der lieben Geschwister und vor allem auch der schönen geselligen Stunden öffentlich und sonderlich ... Noch einmal fünfzig Jahre weiter werden wir wohl nicht kommen, dann mag schon längst ein anderes Jubelfest in der himmlischen Heimat stattgefunden haben. In herzlicher Verbundenheit, H. u. W. Gauger, 16.11.53."

Fritz Leskin, 1939

Fritz Leskin (1939 - 1952): Er war der Ortsprediger mit der längsten Wirkungszeit in unserer Stadt. Verheiratet war er mit Elisabeth Leskin (siehe Foto S. 14). Das Ehepaar war kinderlos. Fritz Leskin schrieb: *„Am 1. April 1939 kam ich nach Stralsund. Der Gemeindesaal befand sich damals in der Bleistraße 6. Er war geräumig, jedoch schwer heizbar, und da der Winter ´39 recht kalt war, versammelte sich die Gemeinde im anschließenden kleinen Saal, der sich leicht erwärmen ließ. Diesen schönen Raum verlor die Gemeinde durch die NSDAP, die ihn beschlagnahmte. So war die Gemeinde gezwungen, einen anderen Raum zu suchen und fand ihn in der früheren Guttemplerloge in der Mühlenstraße ... als auch dieser Raum beschlagnahmt wurde, wurde die Gemeinde zum Gottesdienst in drei Gruppen geteilt. Eine Gruppe kam in der Wohnung des Predigers, Tribseerdamm 67 zusammen, die zweite bei Geschw. Hermann in der Mühlenstraße 44 und die dritte beim Ältesten der Gemeinde, G. F. Schröder in der Tribseerschulstraße 6a ... Durch die Bemühungen von Brd. W. Müller, damals Stettin, gelang es nach Kriegsende, bei der Baptistengemeinde Unterkunft zu finden. Nachdem diese für sich einen größeren Raum herrichten konnte, übernahm unsere Gemeinde deren Gottesdienstraum in der Frankenstraße 41. Dank der Hilfe des Verbandes konnte der jetzige Raum entsprechend hergerichtet werden, sodass die Gemeinde heute ihren schönen Gottesdienstraum besitzt. Im Juli 1949 konnte er eingeweiht werden, nachdem die Gemeinde sich für ein Vierteljahr mit einem Saal bei Heinzelmann (Gasthaus C. Heydemann-Ring) behelfen konnte ... 1940 verlor die Gemeinde nicht nur den Saal, sondern auch den Prediger durch Einberufung zum Heeresdienst. Der fast 80-jährige Älteste stand nun allein da, bis der Prediger Br. Rooks aus Stettin die Gemeinde bediente ... Mit herzlichem Gruß, Dein Fritz (Leskin), 1953."*

Im März 1946 kehrte Fritz Leskin aus der Gefangenschaft zurück und diente der Gemeinde bis in den Sommer 1952. Er wirkte also 13 Jahre in Stralsund. Er wurde während seiner Stralsunder Zeit durch den Ältesten G. F. Schröder unterstützt, der der Gemeinde fast 30 Jahre lang mit großer Treue gedient hat.

Zum 70-jährigen Bestehen der Gemeinde Stralsund schrieb Elisabeth Leskin folgenden Gruß: *„Zu Eurem Festtag möchte ich im Namen meines 1958 verstorbenen Mannes recht herzliche Grüße übermitteln. In den 13 Jahren unseres dortigen Wirkens von 1939 bis 1952 haben wir schöne und auch schwere Jahre zusammen mit der Gemeinde durchlebt. Durch den zweiten Weltkrieg musste die Gemeinde für 6 Jahre ihren Hirten hergeben, dazu auch den Gemeindesaal, auch drei Glieder der Gemeinde durch den Bombenangriff, und ein Bruder blieb im Kriege. Dankbaren Herzens gedenke ich all der Seelen, die durch Gottes Segen in den 13 Jahren der Gemeinde zugetan werden konnten. Möge die Gemeinde in Stralsund, vom Wasser umgeben, noch mancher Seele Wegweiser zum Lebenswasser sein! In herzlicher Verbundenheit, Eure Schw. in Christo Elisabeth Leskin."*

Fritz Leskin hat in der Zeit seines Wirkens in Stralsund 43 Täuflinge in die Gemeinde geführt.

Schwedenschanze, v. li.: Karl Kruse, Wilhelm Kracht (Vater von R. Wendler), Emil Wietzichowski, Irma Rosenmeyer, Brd. Schwabe, Magdalene Kracht, Irene Schmidt, Schw. Roge; v. re.: G. F. Schröder, Willi Schmidt (4), M. Hermann (6)

ca. 1975 Minna & Willi Schmidt

1948 starb der Gemeindeälteste G. F. Schröder. Sein Nachfolger wurde Willi Schmidt (Foto links mit Frau).

Heinz Starke

Reinhold Paul

Im Jahre 1940 wurde die Gruppe Bergen als selbständige Gemeinde organisiert und damit von der Gemeinde Stralsund abgetrennt. Die Betreuung der Gemeinde Stralsund (mit den Gruppen Franzburg, Barth, Pramort, Trent, Bergen, Saßnitz) war aufwendig. Sie wurde in der Dienstzeit des nächsten Predigers **Bruno Schulz (1952 - 1958)** leichter, dem die Hilfsprediger **Siegfried Wixwat**, **Reinhold Paul** und **1957 Heinz Starke** zur Seite gestellt waren.

Bruno Karl Schulz kam mit Ehefrau Inge und den Kindern Wolfgang, Renate und Ursula aus Eberswalde zu uns. Er besaß ein Motorrad Marke „Fichtl & Sachs", mit dem er beweglich war. Er geigte, Tochter Uschi auch, Renate und Wolfgang spielten Klavier. In Stralsund begann eine Zeit der Kammermusik. Auf allen Gemeindeveranstaltungen wurde Musik gemacht. Der damalige Jugendsekretär der Vereinigung, Karl

Götzinger, unterstützte diese Arbeit sehr. Das Ehepaar Schulz öffnete sein Heim in vorbildlicher Weise der damaligen Jugendgruppe; jahrelang fand die Jugendstunde am Samstagnachmittag in der Predigerwohnung Tribseer Damm 67 statt. Die Dienstzeit von Prediger Schulz war auch gekennzeichnet durch die Gestaltung von vielen Jugend- und Kinderbibelwochen und anderen Veranstaltungen, so in Groß Stresow (Rügen), Drönnewitz bei Demmin und Grabowhöfe bei Waren. Ich selbst wurde 1955 von Bruno Schulz in Greifswald getauft (Gemeindesaal Wollweberstraße). Bruno Schulz wurde im Jahre 1958 nach Rostock versetzt. Zur 70. Jubiläumsfeier 1973 war er als Gast anwesend. Er verstarb 1994.

Bruno Schulz links unten, Siegfried Wixwat rechts unten

Siegfried Wixwat schrieb: „... *Wir fühlten uns unter Euch recht wie zu Hause, ganz gleich, ob im großen oder kleinen Kreis, wie in der Wohnung unseres Bezirksältesten oder im Hause Mühlenstraße 44 oder sonst wo bei Geschwistern. Viel Liebe habt Ihr uns entgegengebracht und mir als Anfänger im Predigtdienst hilfreich zur Seite gestanden und Geduld bewiesen. Auch als Prediger im Bezirk hatten wir untereinander und mit den Brüdern der Nachbarbezirke ein sehr herzliches Verhältnis. Ich denke noch besonders gern an unsere Jugendbibelwoche in Groß-Stresow (Rügen), die Kinderbibelwochen in Drönnewitz und unsere evangelistischen Unternehmungen in Franzburg und auf Rügen ... In herzlicher Verbundenheit grüßen Euch Eure Geschwister in Christo Marlene und Siegfried Wixwat und Kinder, Pirna, 30.10.1973.*"

Berthold Gauger 4.7.1963

Berthold Gauger (1958 - 1964) erinnerte sich: „*Stralsund weckt besondere Erinnerungen in mir. Einen Teil meiner Kindheit verlebte ich hier, 1935 - 1939. Meine Schulzeit begann in der Tribseer Straße. In der Gemeinde war Tante Rosenmeyer unsere liebe Kindertante. Vater war hier Prediger. Zunächst wohnten wir in der Tetzlaw-Straße, später auf dem Tribseer Damm. Auch meiner Frau war von Kindheit an Stralsund vertraut durch Besuche bei den Großeltern Geschw. Carl Jäckel. Einige Jahre wohnten sie in Pramort, anschließend bis zum Luftangriff auf Stralsund (6.10.1944) in der Mühlenstraße 12 gegenüber von Geschw. Hermann. Als wir dann 1958 nach Stralsund versetzt wurden, kamen wir also in eine uns lieb gewordene Stadt. Wir zogen sogar in die ehemalige Wohnung meiner Eltern auf dem Tribseer Damm. Zum Seelsorgebezirk gehörten damals die Gemeinden Stralsund, Bergen, Saßnitz und Zingst sowie die Gruppen Trent und Richtenberg/Franzburg. Schon am Freitag fuhr ich mit dem Bus nach Trent. Nach dem abendlichen Gottesdienst ging es am nächsten Morgen mit der Bimmelbahn nach Bergen. Besonders im Winter war dies ein Abenteuer. In den Abteilen standen Kanonenöfen, die während der Fahrt mit Kohlen oder Holz gefüttert werden mussten. Die Fahrt dauerte lange, denn an vielen Haltepunkten wurden Milchkannen für die*

Molkerei in Bergen zugeladen. Vormittags Gottesdienst in Bergen, nachmittags in Saßnitz und abends dann die Heimfahrt. Stralsund war eine missionsfreudige Gemeinde. Zur Tradition gehörte es auch, nach dem Bezirksgottesdienst am Sonntag gemeinsam an den Strand nach Binz zu fahren. Dort verlebten wir auch mit den Gastrednern frohe Stunden. In der Stralsunder Zeit konnte ich mein erstes Auto, einen Trabant 500, erwerben. Für den Religionsunterricht konnte ich nun die Kinder einsammeln und nach Duvendiek mitnehmen. Dazu gehörten: Elke und Franz Schreiber, Maritta Hübner, Martin Zinow, Günther Kohls und Gunter Gauger. Es war eine fröhliche Fuhre. Nachdem Brd. Alfred Mietz in der Frankenstraße 41 das Taufbecken wiederhergestellt hatte, konnten wir in vertrauter Umgebung Taufen feiern. Sechs Jahre waren wir in Stralsund, und es war eine schöne Zeit, an die wir gerne zurückdenken."

Berthold und Ingrid Gauger leben in Ludwigsfelde.

Konrad Edel mit Sohn Matthias

Konrad Edel (1964 - 1971): *„1964 wurde ich von Radeberg nach Stralsund versetzt. Wir zogen in eine Parterre-Wohnung im Tribseer Damm, die uns wegen des Verkehrslärms allerdings keine Freude machte. Erst 1971, als meine Versetzung nach Schwerin feststand, konnten wir eine Wohnung im Diebsteig eintauschen, indem wir zwei Wohnungen zum Tausch anboten. Das war möglich, weil Schw. Ising ins Altersheim nach Friedensau aufgenommen wurde. In der Gemeinde Stralsund haben wir uns sehr wohl gefühlt. Die öffentlichen Vorträge im Frühjahr und im Herbst in unserem Saal in der Frankenstraße 41 waren Höhepunkte - die Gemeinde stets rege beteiligt. Gern erinnere ich mich an den Bibelkreis mit den Schw. Ida Gromm und Christel Mommertz und an den Bibelkreis in Kummerow-Heide. Schön waren auch die Ausflüge an die See, die wir als Geschwister hin und wieder unternahmen. Stralsund sehe ich immer noch in Verbindung mit der Insel Rügen. Dort*

Vgg.-Konferenz Schwerin 1968 v. li.: G. Spaude, I. Rosenmeyer, L., Timm, M. Hermann, I. Gromm, Brigitte B., Schw. Rettkowski sen., Schw. Zinow, C. Mommertz, E. Rettkowski, F. Zinow, P. Rettkowksi, L. Straßburg, F. & A. Wietrzichowski, G. Singer

begann der Gottesdienst für mich Freitagabend in Trent. Ich übernachtete bei der alten Schw. Wosseng und wurde morgens von ihrer Haushälterin mit den Worten geweckt: „Herr Pastor, de Klock schlägt halb acht." Sabbatvormittags war dann Gottesdienst in Bergen und am Nachmittag in der Gruppe Saßnitz. Damals gab es in vielen Teilen Rügens noch keine festen Straßen. Einmal blieb ich mit dem Motorrad stecken und brach die Fußraste ab. Als ich einen Trabant hatte, ließ ich ihn an der Straße stehen, zog Gummistiefel an, und ging übers Feld zum Religionsunterricht nach Lüßmitz, weil der Ort nur mit Traktoren, aber nicht mit meinem Fahrzeug zu erreichen war. Rügen war in jeder Beziehung Romantik pur. Als der Prediger in Greifswald ausfiel, war ich für eine Zeit „Pastor" beider Inseln: Rügen und Usedom. Schon weil zwei unserer Kinder in Stralsund geboren wurden, werden wir diese interessante Stadt nicht vergessen." K. Edel war noch unser lieber Gast beim Gemeindejubiläum 2003. Er verstarb 2010; seine Frau Ursel (88) lebt in Berlin und wir sind in Kontakt.

Hermann und Hanna Beier, Renate W.

Hermann Beier (1971 - 1980): Hermann und Hanna Beier folgten mit ihren vier Töchtern Heidrun, Helga, Hannelore und Heike im Jahre 1971. Auch sie haben in ihrer Wirkungszeit die Gemeinden Stralsund, Bergen und Barth geprägt. Gemeindeausflüge, Evangelisationsvorträge in Stralsund, Greifswald und Neubrandenburg, Kinderfeste in Barth, die Tierparkeinsätze und viel Pflege von Geselligkeit waren Kennzeichen der neun Jahre Dienstzeit von Familie Beier. Hanna Beier gründete einen Gemeindechor. Hermann Beier hatte als Erster die Vision von einem neuen, würdigeren Gemeindestandort. Er war es, der im Jahr 1972 die Gepflogenheit der jährlichen Gemeindechroniken eingeführt hat. Ihr Vorhandensein erleichterte bzw. ermöglichte das Zustandekommen der vorliegenden Publikation. Er schrieb uns anlässlich des 100-Jahr-Jubiläums:

„Unsere Dienstzeit als Predigerehepaar im Seelsorgebezirk Stralsund mit den Gemeinden Barth und Bergen betrug neun Jahre. Mit Jubel kamen wir nicht an die Ostsee. Der Grund dafür war, dass unsere Mütter und Großmütter damals im Harz und in Südthüringen wohnten. Das war die längste Entfernung, die es in der DDR gab. Im Rückblick aber möchten wir sagen, es war die schönste Zeit, die wir in einem Arbeitsgebiet erlebt haben. Die harmonische Atmosphäre in den Gemeinden, das Gefühl des Angenommenseins und die gute Zusammenarbeit mit den Gemeinden haben wir stets wohltuend empfunden, und zuletzt fiel uns der Abschied von Stralsund sehr schwer. Unsere Töchter wuchsen in die Kinder- und Jugendgruppe hinein und wurden auch Glieder der Gemeinde.

Es gab in den neun Jahren im Gemeindeleben viele Höhepunkte. Sie alle zu nennen, ist nicht nötig, zumal wir keinen Tätigkeitsbericht schreiben wollen. Wir erinnern uns gern an die Taufgottesdienste im Gemeindesaal, in der Ostsee bei Sellin, Zingst und an der Wittower Fähre, an die jährlichen Kinderfeste in Barth, an den Besuch des farbigen Predigers Brd. Henry von der Generalkonferenz, an die sechs Trauungsgottesdienste im Bezirk, an die regelmäßigen

Arbeitseinsätze im Tierpark, an die Gemeindeausflüge, Jugend- und Kinderfahrten und manch andere Veranstaltungen. Auch die über 30 Beerdigungen von Glaubensgeschwistern und Freunden müssen erwähnt werden. Am Ende der neunjährigen Dienstzeit blieb nur ein trauriges Empfinden zurück: Es war trotz vieler Bemühungen nicht gelungen, einen besseren Gottesdienstraum zu finden bzw. eine Kapelle zu bauen.

Als Resümee unserer „neun Jahre Stralsund" bekennen wir: Wir sind Gott sehr dankbar, dass wir wunderschöne Jahre am Strelasund verleben konnten, den Gemeinden dienen durften und als Familie viel Freude hatten. Dafür sagen wir ... ein herzliches Dankeschön. Eure Hanna und Hermann Beier, 2003" (Anmerkung: Hanna verstarb 2015, Hermann 2017.)

Ute und Helmut Bianzer

Helmut Binanzer (1980 - 1992): *„Am Donnerstag, dem 3.7.1980 rollte unser Möbelwagen in Stralsund, Diebsteig 1, ein. Nach dem Ausladen fuhren wir als Familie noch über den Rügendamm und zurück, um einen ersten Eindruck von Wind und Wasser zu bekommen, ehe wir müde und kaputt auf unsere Matratzen fielen. Am Sabbat hatte ich meinen ersten Dienst - Vorbereitung, Bibelschule und Predigt. Dann folgte herzliche Einladung von Familie Wietrichowski und ein erholsamer Sabbatnachmittag. Am Sonntag wurde die Etagenheizung eingebaut, später zwei Fenster, die Elektroleitungen unter Putz gelegt und vier Kachelöfen abgetragen. Wir haben alles gut überlebt, dank liebevoller Hilfe von Geschwistern und der Kraft, die uns unser himmlischer Vater schenkte. Die eigentliche Gemeindearbeit begann nach dem Urlaub mit Religionsunterricht und Bibelstunden, von Br. Hermann Beier übernommen, Erntedankgottesdiensten, Besuchen usw. Wir waren bald wieder »zu Hause«.*

Eine Chronik dieser zwölf Jahre zu geben, ist nicht meine Absicht. Ich möchte aber an zwei Dinge erinnern: Eins der wichtigen Projekte der Gemeinde Stralsund während meiner Zeit begann mit einer Jugendevangelisation mit Andreas Schuchardt im November 1982. Im Anschluss daran wagten wir die Einrichtung einer „Tee-Stube" am Montagabend, wobei der Begriff sehr hoch gegriffen war. Im schlichten Gemeindesaal hatten wir mit Leporello-Wänden und Postern einen begrenzten Raum geschaffen, in dem wir uns an Tischen bei Tee und Gebäck mit jungen Leuten über alle aktuellen und geistlichen Themen unterhielten. Jeden Abend hatten wir Gäste, und trotz mancher Schwierigkeiten konnten wir diese Arbeit über einen sehr langen Zeitraum fortsetzen. Aus dieser Arbeit heraus entschieden sich 12 junge Menschen zur Taufe. Gott sei Dank! Ihr Bekenntnis zu Jesus hat auch der Gemeinde gut getan und sie geöffnet für die Bedürfnisse unserer Mitmenschen. Dass auch 10 Jugendliche aus der Gemeinde den Bund mit Jesus schlossen, ist ein Zeugnis für die offene und liebevolle Glaubenshaltung der Gemeinde. Dazu fanden noch 4 Freunde den Weg zu Jesus, so dass wir auf 26 Taufen in dieser Zeit zurückblicken dürfen.

Das zweite, an das ich mich gern erinnere, ist der „Tipp" von Schw. Mietz, doch mal in der Richtenberger Straße 39 nachzufragen, was mit dem Grundstück und der zerfallenden Scheune gedacht ist. Dass die vielen Wege und Verhandlungen zu einem glücklichen Ende führten, könnt ihr ja alle sehen. Mit Stralsund verbindet sich aber auch eine sehr persönliche Erfahrung der Liebe Gottes. Die schwere Erkrankung meiner Ute, die Operation in Wittenberg und die Bestrahlung in Greifswald waren für uns schwere und angstvolle Belastungen. Aber die liebevolle, betende Begleitung der Gemeinde haben Ute, mir und unseren damals noch schulpflichtigen Kindern so gutgetan, und wir sehen es immer wieder als ein Wunder Gottes an, dass es Ute gut geht ... Helmut und Ute Binanzer 2003". Kurz vor Ende seiner Stralsunder Zeit gelang es H. Binanzer, das Grundstück Alte Richtenberger Straße 39/41 für die Gemeinde zu erwerben, auf dem sich ein baufälliges Bauernhaus befand, in dem eine Frau Mau gewohnt hatte. Heute leben Geschw. Binanzer im Ruhestand in Dresden.

Alte Richtenberger Straße 39/41

Joachim und Annerose Lang

Joachim Lang (1992 - 2002): Im Jahre 1992 kamen Joachim und Annerose Lang mit drei Kindern André, Kathrin und Henryk nach Stralsund. Ihr Sohn Martin wurde in Stralsund geboren. Nachdem die Familie zunächst in Rostock wohnen blieb, konnte sie bald eine komfortable Wohnung im Carl-Heydemann-Ring mieten. Unter der organisatorischen und geistlichen Leitung von Jo Lang entstand in der Alten Richtenberger Straße 41 im Jahre 1994 der lang ersehnte Kapellenneubau. Er wurde von der Grundstücksverwaltung der Freikirche finanziert. Jo Lang erinnerte sich: *„Es war Sabbat, der 12. September 1992. Zu verschiedenen Anlässen war ich bereits in Stralsund gewesen. Dies war der Sabbat, an dem Helmut Binanzer in der Gemeinde offiziell verabschiedet und meine Frau und ich als neues Predigerehepaar begrüßt wurden. Viele gute und wichtige Worte wurden damals gesprochen. Ging es doch auch um den Bau der neuen Kapelle.*

Heute, bald 11 Jahre danach, kann ich mich an das Gesagte nicht mehr erinnern, aber eins bleibt mir unvergesslich: der Maurerhammer, der mir überreicht wurde. Sicher, er ist ein gutes Bild dafür, Gemeinde zu bauen, aber mit dem Hammer verband sich für mich mehr die Aufgabe, die mich in Stralsund erwartete, nämlich dieses neue Gemeindezentrum zu bauen. Mehr als 10 Jahre stand die Gemeinde damals schon dafür in den Startlöchern, und nun sollte es endlich losgehen! Über Sitzungen und Planungen will ich hier nicht schreiben. Darüber kann die Stralsunder Gemeinde-Chronik viel besser informieren. Es ist eine Begebenheit, die mir als erste einfiel, als ich die Aufgabe bekam, ein paar Zeilen aus meiner Stralsunder Zeit zu schreiben. Als Gemeinde hatten wir uns dazu bereit erklärt, in Eigenleistung die Außenanlagen zu gestalten. Die Gemeinde ging auch mit viel Begeisterung ans Werk. Viel Wildwuchs und Müll mussten beseitigt werden. Eine Menge Erde, Steine, Kies und Beton-

Arbeitseinsatz 6.11.1994

Palisaden mussten bewegt werden. Bei einem der ersten Arbeitseinsätze kam es zu Zwistigkeiten, die die Freude beim Bauen und die Gemeinschaft in der Gemeinde trübten. Die Ursache dafür war, dass Geschwister bei einem Arbeitseinsatz nicht anwesend waren, weil sie für diesen Tag etwas anderes geplant hatten. Denkt man heute darüber nach, lächelt man vielleicht darüber oder wundert sich, wie kleinkariert wir manchmal sein können. Nicht der Vorfall als solcher ist es, woran ich mich gern erinnere, sondern der Weg, wie wir aus dieser Krise herausgekommen sind. Nachdem viel über diesen Vorfall geredet worden war, nicht ohne Emotionen, das versteht sich, fanden wir zu einer Einigung, die sich aus drei Punkten zusammensetzte:

1. *Jedes Gemeindeglied arbeitet nach Kräften bei den Arbeitseinsätzen mit.*
2. *Keiner schreibt dem andern vor, wieviel er mitzuarbeiten hat.*
3. *Niemand macht einem den Platz in der neuen Kapelle streitig, weil dieser nicht oder nur wenig mitgearbeitet hat.*

Einmütig stimmten alle diesen Punkten zu. Damit war das Problem aus der Welt geschafft, der Frieden und die Begeisterung wiederhergestellt. Während der Monate unserer Arbeitseinsätze kam es nie wieder zu einem solchen oder ähnlichen Vorfall. Das hat mich beeindruckt, und ich denke gerne an dieses kleine Ereignis zurück ... Danke für diese Erfahrung! Joachim Lang, 2003."

Das Ehepaar Lang lebt im Ruhestand in Hamburg.

Andreas Schmidt

Andreas Schmidt (2001 - 2006) kam als Praktikant und ging als Pastor. Er wohnte mit seiner Familie in Brandshagen und lässt uns hier an seinen Erinnerungen teilhaben:

„Wenn ich an meine wunderbare Zeit als Praktikant in Stralsund, Greifswald, Eggesin und Heringsdorf denke, kann ich nur danken und staunen. Diese Zeit war geprägt von einer herrlich gediegenen Küstenlandschaft, ehrlichen und aufrichtigen Menschen, und einem vielseitigen Arbeitsfeld, in welchem ich schon schnell eigenverantwortlich wirken durfte.

In Stralsund wurde mir von meinem Mentor Joachim Lang schwerpunktmäßig die Pfadfinder- und Jugendarbeit angetragen. Also raus aus dem schönen Anzug und rein in das Abenteuer. Ein altes Militär-Übungsgelände auf der sogenannten „Höhe 23" war das ideale Terrain für Geländespiele, Naturkunde und Lagerfeuer.

Viel Sport und Spaß hatten wir in der Turnhalle Andershof, welche ich samstags von 19.00 - 22.00 Uhr beim Amt für Kultur und Sport angemietet hatte. Hier fanden Alt und Jung auch kirchenübergreifend zusammen und so mancher Gast wurde mitgebracht. Doch vor dem Spaß kamen die Leibesertüchtigungsübungen mit Peter Küchler, der die ganze Truppe auf allen Vieren durch die Halle striezte, bis sich sein Leitspruch: „Erst die Arbeit, dann das Vergnügen" pädagogisch wertvoll in die Gemüter brannte.

Von meinem Arbeitgeber wurde mir die überregionale Jugendarbeit in Meck-Pomm-Ost ans Herz gelegt. Die ließ sich aufgrund der weiten Fläche nur als Jugendwochenenden (JuWo's) organisieren, welche wir monatlich in Neubrandenburg, Gülzow und Stralsund durchführten. Höhepunkt der Jugendarbeit in Stralsund war die Jugendevangelisation „Link2Life". Sie wurde im ganzen deutschsprachigen Raum vom 11.10. - 7.12.2002 ausgestrahlt. Redner war der Schweizer Jugendpastor Stefan Sigg. Für uns als Stralsunder Jugend waren das drei ereignisreiche und aufregende Wochenenden, angefüllt mit Verantwortung, Initiative, Spannung und Erwartung. Schon bei der Planung im Vorfeld wurde jedem klar, dass ohne Eigenverantwortung und persönlichem Einsatz hinsichtlich der Fülle von Aufgaben hier nur wenig auszurichten wäre. So wurde eine Cocktail-Bar entworfen und gebaut, die Räume dekoriert, Straßeneinsätze geplant, Werbung in der Stadt verteilt. Besonders überrascht hat dabei die große Bereitschaft der Jugendgruppe, an Straßenaktionen teilzunehmen und aktiv für die Abendveranstaltungen zu werben. Dies taten wir auf eine recht lustige Weise. So luden wir in der Fußgängerzone zum „Schaumkussschießen" ein, d. h. wir sprachen junge Passanten an, mit einem Ball auf eine Zielscheibe zu werfen, die im Falle eines Treffers einen Hebel auslöste, wodurch dem überraschten Schützen ein Schaumkuss entgegenflog, den es nun aufzufangen galt. Zuweilen bildeten sich an der Abschusslinie rechte Knoten junger Leute, die nun auch per Handzettel auf die Veranstaltungen aufmerksam gemacht wurden. Parallel dazu lief ein Trupp von vier „Froschmännern & Frauen" als echte „Hingucker" durch die Innenstadt und verteilten ebenso Handzettel an die Passanten. Umso größer war die Spannung am Abend. Werden einige der angesprochenen Personen der Einladung folgen? Wie werden die Veranstaltungen ankommen? Gott sei's gedankt, wir wurden echt beschenkt und ermutigt. Von 60 Besuchern waren 18 Gäste. Darunter auch einige bekannte Gesichter von der Straße. Leider konnten die Erwartungen gerade der „Gäste von der Straße" nicht immer erfüllt werden, was mitunter dazu führte, dass sie den Raum verließen. Gott sei Dank, gab es draußen die Cocktailbar, welche mit entspannter Atmosphäre zum Bleiben einlud, sowie den Gebetskreis einzelner Geschwister (parallel zur Veranstaltung), dessen Wirkung nicht verkannt bleiben darf. Galt es auch noch diesen und jenen Rückschlag hinzunehmen, so bleiben uns doch - neben acht Interessenten an weiteren Veranstaltungen - tiefe geistliche Eindrücke einer tollen Verkündigung, viele gemeinsame Erlebnisse und geistliche Erfahrungen als Jugendgruppe und Gemeinde.

„Link2Life"-Schaumkussmaschine

Straßenaktionen am „Löw'schen Palais"

Abschließend möchte ich noch von unserem Segel-JuWo berichten. Als Praktikant an der „Waterkant" boten sich mir ungeahnte Möglichkeiten, ein Teil dieses Abenteuers zu werden. Besonders die segelbegeisterte Familie Küchler war ein stetiger Motivator, den Sportboot-Führerschein „Binnen" und „See" abzulegen, welche auch mit einigem Glück bestanden wurden. Der Ehemann von Schw. Hübner wiederum lockte, den Fischereischein abzulegen und sich von ihm in die hohen Künste der Heringsangeleiund verarbeitung einweisen zu lassen. So ausgerüstet,

Jugendgruppe Stralsund Ausflug Palmer Ort

starteten wir als Adventjugend Stralsund zu einem Jugend-Segel-Wochenende mit drei Jollen, einem Kutter und einer Segelyacht in Richtung Hiddensee, welches mir unvergesslich bleiben wird. Nur drei Segelstunden von Stralsund entfernt lockte ein Ort namens „Palmer Ort". Angeheuert hatten 23 Jugendliche, Familie Küchler als erfahrene Skipper sowie meine Wenigkeit. Als wir gegen 19.00 Uhr endlich in See stechen konnten, waren die Erwartungen ähnlich groß wie die Kühle, welche auf offener See schnell über uns hereinbrach. Nur noch kurz brach die Abendsonne zwischen einer schwarzen Wolkendecke hervor, bevor sie am Horizont verschwand und auch noch die letzte Brise Wind mit sich nahm. Kapitän Peter Küchler war um Rat und Tat nicht verlegen und nahm kurzum die ganze Regatta ins Schlepptau, was seinen kleinen Außenborder zum Glühen brachte.

v. h. l.: Andreas Schmidt(1), Peter(6), Kathrin(7) und Bernhard Küchler;(8); v. m.r.: Udo Brünner(2)
v. m. l.: Konrad(1) und Margarete Küchler(2), Susanne Hornung(3), Doreen Brünner(4); v. u. l: Friedrich Küchler(1), Heiko Dyck(2)

Nach elf Stunden wurde dann auch endlich das Ziel „Palmer Ort" erreicht. Statt Palmen besäumte ein Streifen aus übelriechendem Seegras den Strand, der uns nun für zwei Tage als Aufenthaltsort dienen sollte. Doch schon am nächsten Tag erlebten wir bei herrlichem Sonnenschein alle Vorzüge dieses beschaulichen Fleckchens Erde. Bibelarbeit, Lobpreis, Spiele und Picknick ließen uns den Sabbat in vollen Zügen genießen. Anders am Sonntag. Kapitän und Verantwortungsträger Peter Küchler schaut stirnrunzelnd in die hohen Pappeln und mahnt zum zügigen Aufbruch. Ihm war der aufkommende böige Wind nicht entgangen. Kaum hatten wir abgelegt, nahm der Wind stetig zu. Eine Jolle mit drei Mann Besatzung unter dem Kommando von Konrad Küchler geriet in Seenot. Bei Windstärke 6 brach das Ruder und eine Landzunge versperrte den anderen Booten die Sicht auf das Unglück. Gott sei Dank wurde ein Hilferuf über die Landzunge hinweg gehört, so dass wir den Verunglückten zu Hilfe kommen konnten. Nun zeigte der Nordwind aber erst sein wahres Gesicht und peitschte uns über den bedenklich flachen Sund. Als eine besonders starke Windböe unseren

Kutter fast zum Kentern brachte, schrie Obergefreiter Friedrich Küchler zu mir: „Fock looooos!" Ich hatte den Tampen in der Hand, konnte Friedrich aufgrund des starken Sturmes aber nicht hören. Die bleichen Gesichter von Markus Hornung und Udo Brünner werde ich nicht vergessen, nachdem das Wasser schon gewaltig über die Reling schoss. Als ich es endlich begriffen hatte und die Fock los war, richtete sich der betagte Kahn wieder etwas auf, die größte Gefahr war gebannt. Nun musste der nicht mehr ganz so stolze Sportboot-Führerschein-Inhaber erst einmal lenzen, d. h. den Schiffsraum leer pumpen. Auch die Wasserpolizei hatte gegenüber unseren Segelkünsten Misstrauen geschöpft und eskortierte uns geduldig aus der Gefahrenzone. Als wir dann alle wieder gesund auf dem Holzsteg am Hafen in der Sonne saßen, eine heiße Nudelsuppe genossen und die Ersten schon wieder zu kessen Späßen aufgelegt waren, schien unsere Not schnell wieder vergessen. Ein wunderbares Bild für unser Leben: „Not lehrt beten" sagt der Volksmund; kaum ist sie überstanden, versanden die Gebete und das sorglose Leben kann weitergehen.

Brigitta und Hugo Tornow

Hugo Tornow (2002-2010) mit Ehefrau Brigitta und den Töchtern Christiana, Cordula und Cornelia war derjenige Prediger, der bei Dienstende nicht fortzog, sondern in Stralsund wohnhaft blieb. Er erinnert sich: *„Aus einer umfangreichen und sehr gesegneten Arbeit im Seelsorgebezirk Lübeck kam der Versetzungsbescheid nach Stralsund. Da es in Stralsund keine Predigerwohnung gab, haben wir uns ein Haus gekauft, das aber noch nicht gebaut war. Da der Umzug für Juli 2002 geplant war, mussten wir erst einmal in ein Musterhaus ziehen und konnten unseren Hausbau im Abstand von 200 m beobachten. Geplant war der Umzug vom Mistelweg 1 in den Rosmarinweg 1 Ende Oktober 2002. Tatsächlich wurde es aber erst Ende Dezember 2002, ein denkbar anstrengender Umzug, da alles Baugelände war. Ich sprach zur Jahresschlussandacht 2002 über den Text aus 1. Kor. 15,10 „Durch Gottes Gnade bin ich, was ich bin. Und seine Gnade an mir ist nicht vergeblich gewesen." Das erste Halbjahr in Stralsund brachte mich an die Grenzen: Die Gruppe Gülzow, die zu Demmin gehörte, war desolat, das Gemeindehaus Bergen sollte gegen den Willen der sechs Geschwister auf Rügen verkauft werden, unser Hausbau zog sich in die Länge, und die Finanzen waren aufgebraucht, obwohl unser Grundstück noch keinen Zaun, keine Treppe, keinen Carport und keinen Schuppen hatte.*

Das Jahr 2003 fand mich also im Burnout, und deshalb war ich sieben Wochen bis über Ostern in Oberursel in der Hohen Mark. Diese Einrichtung hat mir sehr gutgetan und mir bestätigt: „Du sollst mein Prediger bleiben". Während der Zeit auf der Hohen Mark ist mir von der Vereinigungsleitung noch die Gemeinde Teterow übertragen worden, die sich später, bis auf einen Hauskreis, zugunsten der Gemeinde „Rostock Lichtblick" auflöste.

2003 stand für die Gemeinde Stralsund das 100-jährige Jubiläum an. Von der Gemeindechronik bis zu den Einladungen hat mir Heinz Wietrichowski viel Arbeit abgenommen. Mein Höhepunkt bei dem Jubiläum waren die ersten beiden Taufen im neuen Seelsorgebezirk, Susanne Hornung und André Hinz. Für mich war es ein zusagendes Zeichen von Gott, denn ich erbat von ihm, nie ein Dienstjahr ohne Taufen erleben zu müssen. 2002 hatte ich noch acht Taufen in Lübeck und nun auch Taufen im neuen Bezirk trotz aller

Anfechtung. 2004 waren es sieben Taufen, 2005 dann drei Taufen, wobei Heiko Dyck damals noch zur Demminer Gemeinde gehörte, sowie weitere Täuflinge, die dann später, als die Gemeinde Bergen gegründet wurde, zur Gemeinde Bergen gehörten.

Nach der Gründung des Fördervereins Gemeindezentrum Rügen e. V. 2004 war die Neugründung der Gemeinde Bergen im Januar 2010 mit 16 Gliedern ein wirklicher Höhepunkt meines Dienstes. Bergen fühlt sich weiter als Tochtergemeinde von Stralsund, wird aber immer „erwachsener".

Am 10.10.2010 ging ich in den „Ruhestand", dankbar, denn als Vereinsvorsitzender und als Gemeindeleiter von Bergen kann ich der Gemeinde nun weiterhin helfen. Ich denke an viele verschiedene Familienfeste, Bezirksgottesdienste, Gemeindeausfahrten, an Seniorentreffen und Jahreswechsel. Da Brigitta und ich gemeinsam weiterhin im Haus Rosmarinweg 1 wohnen, kann ich sagen, Stralsund und Rügen sind uns zur Heimat geworden."

Markus Voß

Von **2011 bis 2013** betreute **Markus Voß** die Gemeinden Greifswald, Stralsund, Demmin und Bergen. Er war alleinstehend, wohnte in Greifswald und engagierte sich besonders in der Jugendarbeit der genannten Gemeinden.

Ralf Gelke

Von **2014 bis 2018** war **Ralf Gelke** der Pastor für Bergen und Stralsund. Er blieb in Broderstorf bei Rostock wohnhaft. *„Arbeiten, wo andere Urlaub machen. Eigentlich müsste man Prediger beneiden. Sie dürfen mitunter dort arbeiten, wo andere Urlaub machen. Meine Jahre im Norden seit 1996 kannten Höhen und Tiefen. Die Zeit in Stralsund und Rügen, wie dann später auch noch in Greifswald und Usedom gehörte zu Hochzeiten. Hier durfte ich den dienstlichen Staffelstab von meinem jüngeren Kollegen Markus Voß übernehmen. Es fiel mir nicht ganz leicht, den stark strukturierten Arbeitstil von Markus fortzusetzen. In diesen 3 Gemeinden traf ich auf liebenswerte und engagierte Schwestern und Brüder, junge Familien und treue Geschwister, die im Glauben alt geworden waren. Das machte den Neubeginn leicht und die mit dem eine Autostunde entfernten Wohnort verbundene Fahrerei in jedem Falle lohnenswert. In besonderer Weise beeindruckte mich die kontinuierliche Arbeit des Stralsunder Seniorenkreises. Ein Ausflug mit dem Raddampfer von Zingst aus ist mir noch in lebhafter Erinnerung. Die Zeit der Gemeindechöre in MV schien der Vergangenheit anzugehören, bis ich im Chor der Sänger von Stralsund und Greifwald mitsingen durfte. Ein lobenswertes Engagement mit dem jährlichen Höhepunkt zum Beginn der Adventszeit. Stralsund, Bergen und Greifswald wurden Standorte der Lebensschule. Ein Brand zerstörte das Gemeindehaus in Greifswald, noch nicht so alt, dass man es auf diese Weise hätte beseitigen müssen. Für die Gemeinde eine schwere Zeit, reduziert auf die übergangsweise genutzten Räume im E-Werk. Die Einweihung des neuen Hauses in Greiswald lag dann aber schon in den Händen des nach* *mir gekommenen Kollegen René Cornelius. Die Geschwister in Bergen denken vielleicht noch gern an das gemeinsame Seminarwochenende in Poggenhof. Über die Erfüllung ihres Traumes, eine neue Kapelle einweihen zu dürfen, freute ich mich sehr, auch wenn ich das nicht selbst erleben durfte. Im Frühjahr 2018 trat ich dann meinen Dienst in Schwerin und den Gemeinden in Südwestmecklenburg an. Seit April 2012 genieße ich einen vorgezogenen Ruhestand und denke doch gern an die gemeinsamen Jahre in Stralsund, Bergen und Greifswald zurück."*

In lebhafter Erinnerung dürften noch manchem von uns die von ihm geführten Seniorenausflüge in den Vogelpark Marlow (siehe S. 269) oder zum Kummerower See sein sowie die im Stil von Workshops gehaltenen offenen Abende unter der Überschrift „Lebensschule".

René Cornelius

René Cornelius hat seit dem 1. März 2018 die Verantwortung für die Gemeinden Greifswald, Stralsund, Bergen und Demmin übernommen. Unser Pastor kam aus Erfurt. Zuvor war er in Berlin und im Cottbuser Raum tätig. Seinen Wohnsitz hatte er zunächst in Greifswald genommen. Er ist verheiratet und hat drei Töchter Xenia, Cynthia, Celia und einen Sohn, von denen Celia (8) und Kilian (16) den Umzug nach Greifswald mitgemacht haben. Zwei Töchter leben in Leipzig und Berlin. Pastor René Cornelius hat in Friedensau Theologie studiert, nachdem er zuvor einige Jahre in einem Beruf und einem berufsbegleitenden Studium tätig war. Im Jahre 2019 zog er von Greifswald nach Stralsund um. Das Foto zeigt René anlässlich der am 6.3.2020 stattgefundenen Grundsteinlegung des Kapellenbauprojekts Bergen. Pastor Cornelius trug bislang die Hauptlast der Corona-Pandemie und der damit verbundenen Behinderungen und Irritationen, die das Gemeindeleben auf Rügen, in Stralsund, in Demmin und in Greifswald betrafen. Wir wünschen ihm Gottes Segen und viel Kraft für die Zukunft.

v. re.: R. Cornelius, P. Saupe, P. Schmidt, Bürgermeisterin Frau R., H. Tornow, R. Wietrichowski, B. Tornow

4. Nachbargemeinden

4.1 Bergen/Rügen

Gemeindehaus Bergen 11.12.2020

Die Gemeinde Stralsund ist mit keiner anderen Nachbargemeinde enger verbunden gewesen als mit Bergen auf Rügen. Deshalb soll Bergen bei der Beschreibung unserer Nachbargemeinden an erster Stelle genannt werden. Seit wann es auf der Insel Rügen Adventisten gegeben hat, ist mir nicht bekannt. Im Jahr 1940 wurde die Gemeinde Bergen gegründet und von der Gemeinde Stralsund abgetrennt. Nach 1945 gelangten Zehntausende Deutsche aus den Gebieten östlich von Oder und Neiße in die Gebiete westlich der Oder. Unter ihnen gab es auch Adventisten, die auf der Insel Rügen eine neue Heimat fanden. Entsprechend wuchs die Zahl von ansässigen Adventgläubigen auf der Insel. Im Jahr 1953 konnte der Jungprediger Siegfried Wixwat, der in Saßnitz wohnte, in Bergen ein altes Bauernhaus in der Calandstraße 5 erwerben. Damit gab es nun für die Gemeindeglieder, die in elf verschiedenen Orten Rügens wohnten, eine zentrale

Gruppenbild Adventgemeinde Bergen ca. 1980

Versammlungsstätte. Zuvor fanden sich in Trent einige Gemeindeglieder zusammen, unter ihnen das Ehepaar Franz und Hanna Weise (sie verzogen 1953 nach Bernau, Hanna Weise verstarb 2002 in Friedensau), Frieda Borowka (ging später in die BRD), Anna Wenzel aus Stargard (geb. 1881, gest. 1963 in Trent), Frieda Wosseng (langjährige Gemeindeschwester in Trent). In ihrer Wohnung pflegte sie etwa sechs Monate lang den Prediger Heinz Starke, der 1956 auf Rügen einen schweren

Motorradunfall erlitten hatte. In Udars gab es eine Schw. Mörke. In Trent lebte der Ostpreuße Alfons Reichert, der hier seine Frau Hanni Nützmann heiratete und mit ihr die Kinder Ingo (1944), Klaus (1946) und Petra (1954) hatte. Petra heiratete im Jahre 1974 den Bausoldaten Gunthardt Saupe. Beide leben heute mit ihrem Sohn Nico (verh. Hesemann) in Schaprode OT Poggenhof. Familie Hesemann hat vier Kinder: Till, Tony, Thea und Talia.

Gottesdienst war in Trent stets am Freitagabend. Der Prediger aus Stralsund fuhr (bevor wir das Haus Calandstraße 5 besaßen) am Freitag nach Trent, hielt dort Gottesdienst, übernachtete und hielt weiterhin am Samstag in Bergen Gottesdienst und am Samstagnachmittag in Saßnitz. Dort versammelten sich Schw. Lander, Schw. Schröder, Herta Springer, Schw. Weirich, Schw. Böttcher, Schw. Kaczies in einem Raum, der am 5.12.1953 als „Saal" eingeweiht wurde. In einer Gemeindeliste der Bergener Gemeinde finden sich 16 Namen, unter ihnen auch eine Schwester Woywod.

Wahrscheinlich ab dem Jahre 1953 fanden die Gottesdienste nur noch in der Calandstraße 5 in Bergen sowie in Saßnitz statt. Weitere Namen von Rüganern sind Schw. Draak, Schw. Walleiks, Helga Lange, Schw. Milkereit mit Sohn Harry und den Enkeln Bärbel und Ilona, Leonie Sprenger, Schw. Marquardt und Frieda Grayczyk. Leonie Sprenger kam 1946 nach Rügen. Sie erinnerte sich an die ersten Gottesdienste mit Fritz Leskin in Trent. Sie selbst ging zu Fuß von Kuckelvitz (westlich von Bergen) bis nach Bergen zum Gottesdienst. Ihre letzten Lebensjahre brachte sie in Zirkow/Rügen zu. Infolge von Mitgliederschwund wurde die Gemeinde Bergen am 23.10.1999 aufgelöst. Aber es kamen in jedem Sommer adventistische Urlauber auf die Insel, die in gewohnter Weise am Sabbat einen Gottesdienstort vorfinden wollten! Aus diesem Grunde wurden von Mai bis September weiterhin Gottesdienste angeboten, während sich in den Wintermonaten die Geschwister der

von links: Talia, Nico, Grete, Tony, Thea und Till Hesemann, Gunthardt und Petra Saupe
hintere Reihe v. l.: Eitel Redmer, Maritta Rosner, Jürgen Prüfe, Rosi Götz, Monika Kelm, Peter Schmidt, Evelin und Lisanne Kopp
vordere Reihe von links: Susanne Musser, René Cornelius, Brigitta und Hugo Tornow, Jared Kopp

Insel nach Stralsund orientierten. Die Grundstücksverwaltung in Hannover drängte auf den Verkauf des etwa 1750 gebauten Bauernhauses in der Calandstraße 5. Auch die Hansa-Vereinigung wünschte die Standortaufgabe. In dieser Situation wurde Hugo Tornow 2002 nach Stralsund versetzt. Ihm ist es zu verdanken, dass das Gemeindehaus in Bergen nicht aufgegeben wurde, obwohl zu diesem Zeitpunkt in Bergen kein einziger Adventist mehr wohnte. Hugo Tornow hatte die Idee, einen Förderverein Gemeindezentrum Rügen e. V. zu gründen, was 2004 geschah. Der Verein verhandelte mit der Grundstücksverwaltung und erwarb das Gebäude 2006. Das Haus wurde saniert und für Übernachtungen eingerichtet.

Gott gab damals drei unterstützende Zeichen, dass er Gemeinde will. Harry M., der vor etwa 30 Jahren die Gemeinde verlassen hatte, wollte wieder bei uns aufgenommen werden, das adventistische Ehepaar Wolfgang und Evelin Kopp mit ihrer vierjährigen Tochter Lisanne plante die Niederlassung in einer allgemeinmedizinischen Arztpraxis in Sagard, und Gott schenkte die Möglichkeit, in Bergen einen Hauskreis zu gründen. Am 16.1.2010 wurde die Gemeinde Bergen mit 16 Gliedern neu gegründet. Heute (2021) stehen 25 Namen in der Bergener Gemeindeliste - davon sind 14 auf Rügen wohnhaft. 2011 kaufte der Förderverein von der Sana-Klinik Bergen das Nachbargrundstück neben unserem Versammlungsort und gewann dadurch ausreichende Parkmöglichkeiten sowie Raum für künftige Erweiterungen.

Je mehr die Gemeinde Bergen wuchs, und je mehr Urlauber in den Gottesdiensten erschienen, um so dringender stellte sich die Raumfrage. Nachdem der Förderverein vergeblich versucht hatte, andere Räumlichkeiten in Bergen oder im nahen Umfeld zu gewinnen, konzentrierte sich das Interesse von Verein und Ortsgemeinde immer mehr auf einen Neubau auf eigenem Grund und Boden. Dieser Neubau wurde im Jahre 2019 geplant, 2020 durchgeführt und 2021 abgeschlossen (siehe Foto links und Bau-Chronik S. 294).

Gemeindehaus Bergen 11.12.2020

Brd. Gunthard Saupe aus Schaprode, OT Poggenhof, schreibt dazu voller Dankbarkeit und Staunen: „Wir haben viele Wunder mit unserem Gott erlebt. Allein die Finanzierung ist eigentlich unfassbar. Das Haus ist fertig und wir haben keine Schulden oder Verbindlichkeiten gegen irgendjemanden. Wir haben bis dato 336.000 € Spenden erhalten und 369.000 € an nicht rückzahlbaren Fördermitteln."

4.2 Pramort und Barth

von links: Frieda Jäckel, 3x?, Edda Schmidt, ?, Hedwig Jäckel, ?, Otto Jäckel, Irene Schmidt, Andreas Schmidt, Marie Schmidt, vorn: Bernhard Schmidt & Frau

Pramort ist der Name einer winzigen Siedlung am äußersten Ostzipfel der Halbinsel Zingst. Sie wurde in der „Schwedenzeit" (1648 - 1815) gegründet. Per Luftlinie ist der Ort etwa 20 km von Stralsund entfernt, per Straße über Zingst und Barth etwa 75 km. Im Sommer 1910 gelangte die Adventbotschaft in diesen Ort. Martha Schmidt aus Pramort (später Martha Spaude, Stralsund) besuchte ihren Brd.

Taufe von Hertha Schmidt ca. 1939 in Zingst, von links: F. Leskin, Brd. Schwabe, 11.: G. F. Schröder, Hertha Schmidt (geb. 1925), Marie Schmidt, Berta Kracht, ?, Schw. Roge (R. Wendler)

Karl Schmidt in Berlin. Beide lernten in Berlin über das Hören von Vorträgen des Predigers Paul Drinhaus die Adventbotschaft kennen. Auch ein weiterer Verwandter der Familie Schmidt mit Namen Erich Schwerke hatte die Vorträge von Paul Drinhaus besucht und war Adventist geworden. Martha Schmidt und Erich Schwerke kamen nach Pramort. Der nächste Adventist war Bernhard Schmidt, der spätere Patriarch der Gemeinde. Dieser war in jungen Jahren als Steuermann zur See gefahren und hatte sich bei den Baptisten taufen lassen. Er und weitere acht Familienangehörige sowie andere Personen (Fam. Graumann aus Sundische Wiese) gründeten in Pramort eine „Gruppe" der Adventgemeinde Stralsund („Zions-Wächter" von 1912), die eine Stärke von 10 Personen hatte. Spätere Namen sind Hirschfeldt und Schütt. Die Gründung selbst erfolgte durch Fritz Hambrock und Brd. Hoffmann aus Rostock. Die Anzahl der Gemeindeglieder erhöhte sich bis auf 17. Zum Ältesten wurde Bernhard Schmidt gewählt. Als 1937 der Ort Teil eines Schießplatzes der Wehrmacht wurde, musste die Bevölkerung eine Umsiedlung erdulden. Die Gemeinde bestand hinfort lediglich als Gruppe weiter. Der Volkssturm-Mann Andreas Schmidt (Fam. Schmidt) hatte 1945 angesichts der anrückenden Roten Armee den Mut, die von der Wehrmacht zur Sprengung vorbereitete Eisenbahn-Straßen-Brücke über den Meiningenstrom nicht zu zerstören. Da hatte sich die Militärgarnison von Barth schon längst über Zingst nach Dänemark abgesetzt. Nach Kriegsende war der Ort Pramort zunächst wieder bewohnt, jedoch richtete auch die NVA im Jahre 1956 auf dem Ostzipfel der Halbinsel Zingst ein Übungsgebiet ein. Ein Teil der Bevölkerung verblieb bis in die 1960er Jahre im Ort. Als letzte Zivilisten verließen Ehepaar Schmidt sen. die Halbinsel, als sie nach Zingst in die Neue Reihe 12 zogen und dort mit der Tochterfamilie Kruse lebten. Schmidts starben etwa 1980/81. Nach der Aufgabe des Gemeindestandorts Pramort versammelten sich die Geschwister zu Gottesdiensten in Zingst bei Fam. Kruse (Neue Reihe 12) oder auch bei Elsa Jürß in Zingst (Am Rämel 14).

Als 1971 Fam. Hermann Beier nach Stralsund kam, versammelten sich die Adventisten aus Barth und Zingst bei O. Petrischkeit in der Barther Waldstraße 27. Auch Ehekreise, Kinderfeste und Adventsfeiern fanden im Hause von Inge und Otto Petrischkeit statt. Am 11.2.1977 trafen die Barther Baptisten-Gemeinde und die Adventgemeinde eine Vereinbarung, in deren Ergebnis wir hinfort den Gemeinderaum der Baptisten-Gemeinde in der August-Bebel-Straße nutzen durften. Da das Umland von Barth mit den Urlaubergebieten Fischland, Darß und Zingst in jeder Urlaubssaison von Gemeindegliedern aus ganz Deutschland aufgesucht wurde, war auch für diese der Gottesdienstraum in Barth der naheliegende Versammlungsort. Als uns 1993 der Raum gekündigt wurde, fuhren die Gemeindeglieder aus Barth und Umgebung nach Stralsund zum Gottesdienst. Als 1994 die Stralsunder Kapelle eingeweiht wurde, übernahmen wir für eine Interimsphase die alten Stühle von Barth.

4.3 Greifswald

Die Gemeinde Greifswald wurde 1904 durch Brd. Frauchiger gegründet. Bis 1996 versammelte sie sich in einem gemieteten mittelgroßen Raum in der Wollweberstraße. Die Universitätsstadt Greifswald befindet sich nur 33 km von Stralsund entfernt. Die Beziehung zwischen den Gemeinden Stralsund und Greifswald war von Beginn an eng und liebevoll. Predigthelfer aus den Gemeinden besuchten und besuchen bis heute die Nachbargemeinde, um am Sabbat mit der Predigt zu dienen. Viele Jahre hindurch wurden Stralsunder in Greifswald getauft.

Das Baugeschehen beim Greifswalder Kapellenbau wurde von den Stralsundern wohlwollend begleitet. Am 11.12.1995 wurde das Greifswalder Haus eingeweiht. Letztlich entstanden in Stralsund und Greifswald zwei fast identische Kirchenbauten. Leider fiel das Greifswalder Haus am 29.7.2014 einem Feuerschaden zum Opfer. Böse Menschen hatten das Feuer mit Hilfe eines Papiercontainers in Gang gebracht. Zwar ist das Gebäude nicht völlig zerstört worden, aber die Versicherungsgesellschaft ordnete Abriss und Neubau an! Die etwa 55 Greifswalder Gemeindeglieder versammelten sich für etwa acht Wochen im Kirchgebäude der Baptisten in der Brüggstraße, wechselten danach jedoch in das Versammlungshaus der Freien Evangelischen Gemeinde in der Marienstraße.

Adventgemeinde Greifswald 2021 (R. Cornelius)

Inzwischen ist eine neue Kapelle auf dem früheren Standort entstanden und im Sommer des Jahres 2018 wieder in Besitz genommen worden. Auch die im Gebäude befindliche Wohnung wurde vermietet. Die feierliche Einweihung des Hauses erfolgte am 14.9.2019.

Die Gemeinde Greifswald wurde bis etwa 1990 von eigenen Ortspredigern betreut. In den 70ern war Prediger Lehmann mit seiner Frau für Greifswald zuständig (siehe Foto S. 87). Nach ihm kam Torsten Bretschneider. Als dieser versetzt wurde, wirkte Joachim Lang in Stralsund und betreute Greifswald mit. Auch Hugo Tornow war für beide Gemeinden zuständig. Als er 2010 in den Ruhestand ging, kam Markus Voß zu uns in den Norden. Jetzt geschah Gegenteiliges. Markus Voß wurde der Pastor für Greifswald und betreute Stralsund als Filialgemeinde mit - das war für die Gemeinde Stralsund eine neue Situation. René Cornelius als zuständiger Pastor für Greifswald, Bergen, Demmin und Stralsund, kam 2018. Er wohnte zuerst in Greifswald, verlegte aber seinen Wohnsitz im Sommer 2019 nach Stralsund.

4.4 Demmin, Franzburg, Heringsdorf

In den Jahren nach dem Krieg gab es in **Drönnewitz**, einem Dorf vor den Toren Demmins, zwei adventistische Bauern-Familien. In ihren Heimstätten versammelten sich andere Adventisten, sodass man vor 1957 von einer Gemeinde Drönnewitz sprechen könnte, obwohl es eine solche offiziell nicht gab. Manteuffels und Reinheimers öffneten ihre Häuser gerne für Kinder und Jugendliche aus der Region. Ich erinnere mich an fröhliche Jugendtreffen und Silvesterfeiern in Drönnewitz. Als die Zwangskollektivierung im Jahre 1960 auch Drönnewitz erreichte, verließen die beiden Familien ihre Höfe und die Republik. Damit war Drönnewitz für uns Jugendliche kein Anlaufpunkt mehr.

Brd. Polchow 2020 (98 Jahre)

Im Jahre 1957 errichtete eine adventistische Baubrigade unter Prediger Rolf Winkler in der Mühlenstraße in **Demmin** ein eigenes Gemeindehaus. Dieses diente bis 2014 als Versammlungsort für die etwa 15 Glieder der Gemeinde. Bis zur Wende war Demmin eine Filialgemeinde von Neubrandenburg. Die Demminer Gottesdienste wurden durch Kräfte aus Stralsund und Greifswald nicht zuständigkeitshalber, sondern wegen der räumlichen Nähe mit dem Predigtwort bedient. Langjährige Gemeindeleiterin war Gerda Dornemann (siehe S. 272), die seit 2014 als Seniorin bei Hamburg lebt, aber immer noch Anteil am Ergehen der Gemeinde Demmin nimmt. Nachdem das Haus, in dem auch eine Mietpartei lebt, von der Grundstücksverwaltung verkauft wurde, versammelt sich die Demminer Gemeinde von sieben Gliedern in den Räumen einer Freien Evangelischen Gemeinde. Zuständiger Pastor ist René Cornelius.

Auch die Gruppe **Franzburg** wurde von Stralsund aus betreut. Ich erinnere mich, dass ich schon in meinen Studienjahren (1960 - 66) mit dem Motorroller oder mit meines Vaters Trabant nach Franzburg gefahren bin, um mit den dortigen Gemeindegliedern in einer Wohnung Gottesdienst zu feiern. Das war dann stets an einem Samstagnachmittag. Namen von Franzburger Geschwistern waren Edith Kerkau, Margarete Möller, Elisabeth Krüger, Hermine Schowannek, Ella Benzmann mit ihren beiden Töchtern Evamaria und Hanneliese, Gertrud Stelke (die Mutter von Margarete Möller) und Martha Mähl. Von den Genannten lebt meines Wissens heute nur noch M. Möller, die mir auch beim Zusammentragen der Namen geholfen hat.

von links: Jürgen Bachmann, Edeltraut Jung, Brd. Standar, R. Wietrichowski, Jürgen Neumann

Über Jahrzehnte fanden in dem beliebten Urlaubsort **Heringsdorf** auf der Insel Usedom Gottesdienste in der Wohnung von Hanna Sommermeier in der Labahnstraße statt. Hanna war im Berufsleben Gemeindeschwester gewesen und hatte einige Jahre auch in Friedensau die Funktion der „Hausmutter" im Altersheim ausgefüllt. Zu den Gottesdiensten versammelten sich Gemeindeglieder, die in verschiedenen Orten der Insel lebten. Auch Urlauber kannten die Adresse in Heringsdorf. Zur Gruppe zählten Mutter Jung und ihre Tochter Edeltraud Jung, der blinde Brd. Jürgen Neumann aus Ahlbeck, Ehepaar Kirchhübel, Ehepaar Standar und andere. Nach dem Tode von Hanna Sommermeier wurden die Gottesdienste in der Wohnung von Edeltraud Jung abgehalten. Solange ich zurückdenken kann, kamen auch Nichtgemeindeglieder zum Gottesdienst. Die Predigten wurden durch Greifswalder und Stralsunder gehalten. Wenn im Sommer die Wohnung von Schw. Jung nicht alle Besucher fassen konnte, durften wir im Gemeindesaal der Evangelischen Kirche Gottesdienst abhalten. Inzwischen kann Edeltraud die Gastgeberfunktion nicht mehr ausfüllen. Meines Wissens treffen sich einige frühere Gottesdienstbesucher immer noch regelmäßig.

5. Als Adventistenkind an einer sozialistischen Schule

Dieser Bericht hat mit der Gemeinde Stralsund nicht direkt etwas zu tun, aber er soll die Situation in der DDR aufzeigen, in der sich die Gemeinde seinerzeit besonders in Bezug auf Sabbatheiligung und Schulbesuch der Kinder an den Sonnabenden befand. In der Sowjetischen Besatzungszone und ab 1949 in der DDR bestand Schulpflicht von Montag bis Sonnabend. Privatschulen oder gar konfessionell ausgerichtete Schulen gab es nicht. Der Staat hatte das Schulmonopol, und er gedachte, es mit niemandem zu teilen. So mussten christlich erzogene Kinder damals mit ungläubigen und andersgläubigen Kindern in einer Bank sitzen. Ich glaube nicht, dass das jemandem geschadet hat. Es war eine gute Vorbereitung auf das Leben, in dem jeder von uns auch nicht getrennt von Menschen mit anderen Weltanschauungen leben kann. Ich selbst wurde 1945 eingeschult. Damals existierte die DDR zwar noch nicht, die Prinzipien der schulischen Bildung und Erziehung waren aber schon die gleichen wie nach 1949. Dennoch: meine Mutter war eine mutige Frau; und so ging sie zum Direktor der Schule und erbat Schulbefreiung für ihren Sohn an den Sonnabenden. Diese wurde gewährt, wobei der Direktor meine Mutter belehrte und auf die persönliche Verantwortung bezüglich meiner Lernleistungen hinwies. Die Lehrer und Schulkameraden gewöhnten sich daran, dass ich an den Sonnabenden fast niemals im Unterricht anwesend war. Das Lernen fiel mir leicht. Probleme ergaben sich nicht. Erst ab der siebenten Klasse hatte ich nicht mehr durchgängig am Sabbat frei.

Im Jahre 1953 - ich war jetzt am Ende der 8. Klasse - wechselte ich an die damalige Oberschule (spätere Erweiterte Oberschule), die zum Abitur führte. Die Auswahl traf der Klassenlehrer nach Begabung und Leistung. Einen entsprechenden Antrag mussten meine Eltern nicht stellen. Auf der Oberschule, die dem heutigen Gymnasium entsprach, hatte ich sonnabends wieder frei, wobei ich nicht mehr genau sagen kann, wie meine Eltern das damals erreicht haben. Ich bekam erstmals Schwierigkeiten, als ich merkte, dass ich mich um den versäumten Stoff etwas intensiver kümmern musste. Ein- oder zweimal fiel ich mächtig rein, wusste am Montag nicht über den Stoff des vergangenen Sonnabends Bescheid. Ich schämte mich sehr, und es passierte mir nicht wieder.

Während einzelner Prüfungen in der 10. Klasse, die am Samstag stattfanden, machte ich mit schlechtem Gewissen eine Ausnahme von meinem Vorrecht. Ich ging zur Prüfung. Heute denke ich, dass ich eine besondere Erfahrung, die Gott mir schenken wollte, versäumt habe.

Als meine drei Kinder in die Schule kamen (1971, 1972 und 1975), wehte der weltanschauliche Wind etwas schärfer als in meiner Kindheit. Meine Bitte um Unterrichtsfreiheit an den Sonnabenden für die Kinder wurde vom Direktor der Lambert-Steinwich-Schule (POS) rundweg abgewiesen. Obwohl andere Adventistenkinder in der Stadt an anderen Schulen den Sabbat frei hatten, verwies ich nicht auf diesen Umstand, denn ich wollte deren Status nicht gefährden. Ich nahm mir aber vor, den Kampf neu aufzunehmen, sobald die Kinder von sich aus die Sabbatfreiheit wünschen würden. Wir hofften nichts sehnlicher, als dass sie schon bald spürten, wie ihnen der Sabbat und der Gottesdienst fehlten. In einer Art Trotzreaktion verweigerte ich meinen Kindern den Eintritt in die „Jungen Pioniere", der staatlichen Kinderorganisation der DDR.

Einschulung von Kathrin Wietrichowski 1972 mit Geschwistern Anett & Jörg

Als meine Tochter Kathrin 1979 beim Übergang in die 8. Klasse bat, auch am Sabbat schulfrei zu haben, sah ich die Stunde für gekommen an, diesen Wunsch für sie durchzusetzen. Diesmal verweigerte sich der Schuldirektor von vornherein einem Gespräch und verwies mich an den Schulrat. Dieser gewährte mir zwei längere Unterredungen. Ich merkte, dass er mir explizit nie Sabbatfreiheit für die Tochter zugestehen würde, dass er aber wahrscheinlich auch keine Repressalien in Gang setzen wollte, würde ich mir das Recht auf verfassungsgemäße freie Religionsausübung einfach selbst nehmen. Mit diesem Eindruck im Hinterkopf teilte ich dem Schulrat schriftlich und per Durchschlag auch dem Direktor der Schule mit, dass meine Tochter hinfort am Sonnabend dem Unterricht fernbleiben würde. So geschah es. Es passierte nichts, weder bekam ich auf diesen Brief eine Bestätigung noch eine Ablehnung oder Zustimmung.

Hansa-EOS Stralsund

Wenig später äußerten auch meine beiden anderen Kinder Jörg und Anett den Wunsch, es ihrer Schwester gleichzutun. Jörg besuchte 1981 die 11. Klasse der „Erweiterten Oberschule" (Gymnasium) und Anett die 7. Klasse der Polytechnischen Oberschule. Ich setzte mich hin und schrieb an den Schulrat erneut einen Brief, in dem ich ihm mitteilte, dass ich auch diese beiden Kinder fortan am Sonnabend nicht mehr zur Schule schicken würde. Auch dieser Brief wurde nicht bestätigt. Lernprobleme hatten unsere Kinder nicht. Die Fachlehrer verhielten sich überwiegend tolerant. Unser Sohn war beim Übergang in die EOS in die „Freie Deutsche Jugend", den DDR-Jugendverband eingetreten, allerdings ohne die Jugendweihe, das entsprechende Aufnahmeritual. Wegen des Angebots der „Gesellschaft für Sport und Technik" (GST), dort auf schnellem Wege einen Motorradführerschein zu erhalten, war er auch in diese vormilitärische Jugendorganisation eingetreten. Unsere Jüngste ging ab der 7. Klasse am Sonnabend nicht zum Unterricht. Meine Frau musste das „Elternaktiv", eine Art Elternvertretung verlassen. Das war der einzige Nachteil, den wir hinnehmen mussten. Mit der Klassenlehrerin von Jörg hatten wir ein persönliches Gespräch geführt. Frau L. äußerte ihr Unverständnis und warnte uns. Vielleicht musste sie auch eine schulische Anweisung ausführen? Unser Sohn blieb am Sabbat dem Unterricht fern, und es passierte nichts. War es ein Übermittlungsfehler zwischen Schulrat und Schule, oder ein Versehen an der Schule? Zu diesem Zeitpunkt existierte bereits eine Übereinkunft zwischen unserer Gemeinschaftsleitung und dem Staat, wonach Kindern von Adventisten die Unterrichtsbefreiung am Sabbat ermöglicht wurde. Diese Regelung bezog jedoch die EOS (Gymnasium) nicht mit ein. Deshalb waren wir sehr froh, dass die Schule scheinbar keine Notiz von unserer Entscheidung nahm.

Zur Eskalation kam es 1982, kurz vor Beendigung von Jörgs 11. Klasse. Wenige Tage vor seiner Musterung zur „Nationalen Volksarmee" beim Wehrkreiskommando, bei der sich Jörg zu den Bausoldaten (Dienst ohne Waffe) melden wollte, wurde im Rahmen einer Übung der „Zivilverteidigung", eine Art paramilitärischer Katastrophenschutz, Schießunterricht während des Sportunterrichts angekündigt. Um mit seiner geplanten Entscheidung für den Dienst ohne Waffe nicht unglaubwürdig zu sein, verweigerte Jörg als Einziger an der Schule die Teilnahme. Als Reaktion darauf erhielt er eine Fünf und wurde aus der GST ausgeschlossen. Er wiederum trat aus der FDJ aus, was sich als nicht ganz so einfach herausstellte, da man offiziell scheinbar nicht austreten, sondern nur ausgeschlossen werden konnte. Jetzt war aus der Sicht der Hansa-EOS die Schmerzgrenze erreicht. Ich wurde zum Direktor der EOS, Herrn N. bestellt. Dieser teilte mir lapidar mit, dass mein Sohn mit sofortiger Wirkung von der Oberschule „relegiert" sei, aber bis zu einer endgültigen Entscheidung durch das Volksbildungsministerium weiter „besuchsweise" am Unterricht teilnehmen dürfe. Sein Tonfall war kalt und überheblich. „Sie mögen sich auf Religionsfreiheit berufen und diese an der POS (Polytechnische Oberschule = Realschule bis zur 10. Klasse) in Anspruch nehmen. Aber wer an einer Erweiterten Oberschule unseres Staates die Hochschulreife erwirbt, das entscheiden wir!" Wen er mit „wir" meinte, war klar. Ich vermute, dass die Schießverweigerung unseres Sohnes, die als direkte Unterrichtsverweigerung gewertet wurde, für den Direktor ein willkommener Anlass war, das Problem eines am Sonnabend dem Unterricht fernbleibenden Schülers gleich mit zu „entsorgen". Nach der politischen Wende erschien Herr N., jetzt Pensionär, regelmäßig in meiner Praxis, um Rezepte für seine Frau abzuholen. Wie mag er sich dabei gefühlt haben? Ich habe ihn nicht auf sein damaliges Verhalten angesprochen.

Sohn Jörg (Mitte) auf der 1.-Mai-Demo 1980

Wir vermuteten, dass zwischen dem Antrag der Schule auf Relegierung und der Entscheidung des Ministeriums für Volksbildung Zeit vergehen würde. Die wollten wir nutzen. Zum wiederholten Male legten wir das Problem Gott vor. Auch sprach ich mit dem Jugendabteilungsleiter unserer Kirchenleitung in Rostock, Bernd R., der mir allerdings wenig Hoffnung machte. Es gäbe zum damaligen Zeitpunkt in der gesamten DDR für keinen Adventisten an einer EOS Sabbatfreiheit, lautete seine Auskunft. Wie ich inzwischen weiß, irrte er. Zum Dritten schrieben wir einen Brief an den Bezirksschulrat, in dem wir klarlegten, dass wir keine Staatsfeinde seien, sondern lediglich das Recht auf Bildung und freie Religionsausübung einforderten. Der Briefeingang wurde bestätigt. Die Angelegenheit sei an die Volksbildungsministerin Margot Honecker (1963 bis 1989) weitergeleitet worden, und deren Entscheidung müsse abgewartet werden.

Margot Honecker (Wikipedia)

Die Monate vergingen. Das 11. Schuljahr ging zu Ende. Jörg bekam sein Zeugnis mit den entsprechend entschuldigten (!) Fehltagen. Die Sommerferien gingen dahin, und die 12. Klasse begann. Unser Sohn ging weiterhin „besuchsweise" zur Schule. Weder wurde die ausgesprochene Relegierung zurückgenommen noch durchgesetzt. Jörg war jeden Sabbat im Gottesdienst. Im Jahre 1984 machte er ein gutes Abitur, nur eine Bewerbung zum Studium der Biochemie wurde abgelehnt. Gegen seine anschließende Bewerbung für einen Studienplatz der Theologie konnte nichts unternommen werden, da es sich beim Theologischen Seminar Friedensau bei Magdeburg um eine kirchliche und keine staatliche Ausbildungsstätte handelte.

6. Gemeindeleben einst und jetzt

Ich möchte im Folgenden beschreiben, wie sich Gemeindeleben früher gestaltete. Vieles ist scheinbar unzerstörbar, manches aber änderte sich. Ich liebe meine Gemeinde, und es liegt mir fern, negativ über sie zu reden. Aber als ein in der Gemeinde alt Gewordener sei es mir erlaubt, Vergleiche anzustellen. Es ist die Schwäche aber auch das Vorrecht der Alten, Vergangenheit und Gegenwart zu vergleichen. Wer anders sollte das tun? Diejenigen, die heute jung sind, dürfen das später auch.

Die Gemeinde war für ihre Mitglieder in meiner Jugend- und Kinderzeit wie eine Mutter für ihre Kinder. Sie gewährte Schutz und ermöglichte Beistand, sie lehrte einen christlichen Lebensstil, sie war Begegnungsort Gleichgesinnter. In der sozialistischen Zeit erzeugte sie den Schutz und das Wir-Gefühl eines Ghettos. In den Gottesdiensten erfuhren die Anwesenden Belehrung und geistliche Zurüstung. Sie fielen praktisch nie aus. Ein adventistischer **Gottesdienst** dauert in der Regel zwei Stunden. Er besteht aus zwei Teilen, dem Bibelgespräch in Gruppen von bis zu 12 Personen in der ersten Stunde, sowie der Predigt im zweiten Teil des Gottesdienstes. In meiner Jugendzeit begann die Lehrveranstaltung **„Bibelschule"** (auch „Lektion" genannt) mit dem schon genannten „Bericht" und einer sogenannten „Wiederholung". Das war eine Zusammenfassung des Inhalts der Bibelgespräche der Vorwoche, die frontal vom Podium gehalten wurde. Sie ist inzwischen weggefallen. Der aktuelle Lehrstoff wurde/wird mit den Anwesenden in der ersten Stunde des Gottesdienstes diskutiert. Dabei gehörten früher immer zwei bis drei Stuhlreihen zu einer Gruppe. Das Gruppengespräch im Kreis, wie es heute geübt wird, gab es in der Frankenstraße 41 noch nicht; die Lehrervorbereitung fand auf dem Podium „hinter dem Vorhang" statt. Das war ein durch einen Stoffvorhang abgetrennter Teil des recht tiefen Podium-Traktes. Soweit ich zurückdenken kann, waren diese Vorbereitungen üblich, bei denen die Gesprächsleiter vorbereitend den Stoff der Tagesbetrachtung besprachen. Ihren didaktischen und geistlichen Wert erachte ich als sehr hoch. In vielen anderen Gemeinden gibt es solche Helfervorbereitungen nicht mehr. Die Besprechung des wöchentlich wechselnden Stoffes füllte die erste Stunde des Gottesdienstes. Gäste, die so etwas nicht kennen, staunen manchmal und beteiligen sich gerne. In der Regel wird in einem Vierteljahr ein biblisches Buch diskutiert, und im nächsten Quartal kommt ein Querschnittsthema dran, z. B. „Familie" oder „Gesundheit und Krankheit". Jedes Gemeindeglied besitzt eine gedruckte Studienanleitung („Lektion") und ist gehalten, den Stoff der Woche zu Hause durchzuarbeiten. Dazu liest man angegebene Fragen durch, schlägt dazugehörige Bibeltexte auf und macht sich im Lehrheft schriftliche Notizen. Natürlich ist das freiwillig und wird nicht kontrolliert. Die Gesprächszeit dauert etwa 30 bis 40 Minuten. Am Ende der Gruppengespräche

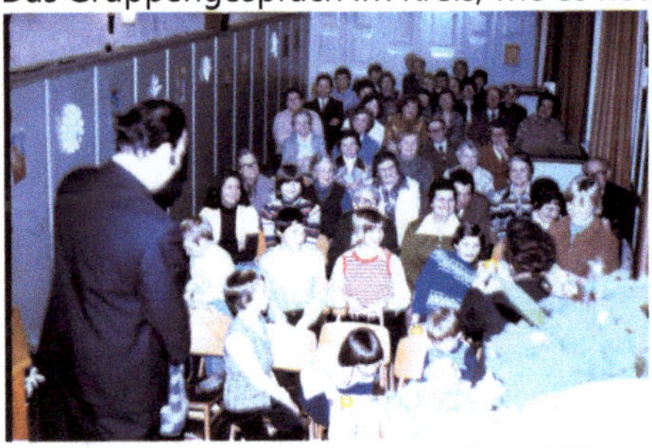
Gottesdienst in der Frankenstraße 41, 1978

wurde früher für Missionszwecke eine sogenannte „erste Kollekte" eingesammelt. Heute verzichten wir auf diese Form der Sammlung. Ein Kästchen an der Ausgangstür ersetzt die damalige Sitte. Auch werden heute nicht mehr, wie früher üblich, die Namen der Gesprächsteilnehmer notiert. Das Gespräch im Kreis hat gegenüber dem früheren „Zwei-Stuhlreihen"-Gespräch eindeutige Vorteile. Der Anschein einer „Schulung" wird vermieden. Kritiker haben unsere Bibelgespräche als „Gehirnwäsche" bezeichnet, aber unsere Gesprächsleiter bemühen sich durchaus, jede Meinung zu respektieren und niemanden niederzudiskutieren. Durch die Beschäftigung mit dem Wochenthema des Lehrheftes erfährt jeder Teilnehmer nicht nur geistliche Zurüstung, sondern auch geistiges Training. Wer wöchentlich mit dem Kugelschreiber in der Hand seine „Lektion" durcharbeitet, übt sich im Bibeltextaufschlagen und trainiert seine Handschrift. In meiner Jugendzeit stellte ein Prediger einmal die Frage, wann denn der Stoff einer „Lektion" wirklich ausreichend gelernt sei. Es kamen verschiedene Antworten. Zum Schluss gab er seine: Wenn aus dem „Lernen" des Stoffes ein Gebetsanliegen geworden ist! Begonnen haben die Adventisten mit dieser Form des kontinuierlichen Bibelstudiums, als sie noch vor dem 1. Weltkrieg anfingen, die „Bibellesungen für den Familienkreis" herauszugeben. Diese waren anfangs speziell für Kinder gedacht. Die wöchentlich gehaltenen **Predigten** in den Gottesdiensten hielten neben dem Prediger fähige Gemeindeglieder, die früher fast immer männlich waren - ich kann mich aus meiner Jugendzeit an keine Frauen am Predigtpult erinnern. Für die Predigt waren/sind etwa 45 min Zeit eingeräumt. Dauert es mal länger, so wird das hingenommen. Früher waren auch die Gottesdienste in Barth, Demmin, Franzburg, Saßnitz, Heringsdorf, Trent und Bergen zu bedienen. Heute fahren Stralsunder Laienprediger in der Regel nur noch nach Bergen, Greifswald und Demmin. Unsere Gemeindeglieder stellen in der Regel hohe Ansprüche an die Qualität der Predigten. Sie sind es gewohnt, auch theologisch tiefgründige Themen zu hören. Es gibt keine zentrale Vorgabe von Predigttexten.

Gerne werden auch die **Kinder** in die Gottesdienste einbezogen: Sie erfüllen kleine Dienste wie das Sammeln der Kollekte. Manche Prediger rufen vor dem eigentlichen Predigtbeginn die anwesenden Kinder auch zu einer kleinen kindgemäßen Ansprache in die erste Reihe des Gottesdienstraumes. Nach den Minuten dieser „Kinderpredigt" gehen die Kleinen wieder zu ihren Eltern.

Lärm und Unruhe durch Kinder während der Gottesdienste wurden/werden in der Regel toleriert. Während der Gruppengesprächszeit in der ersten Stunde werden die Kinder (unter Berücksichtigung des Alters in Gruppen) von sogenannten Kinderdiakonen betreut, wobei es nicht immer einfach ist, fähige und willige „Kindertanten" (beiderlei Geschlechts) zu finden. Sie versuchen, biblische Wissensvermittlung, kindgerechte Beschäftigung und individuelle Glaubensgründung zu bewirken. Für diesen Dienst wird Lehrmaterial angeboten und verwendet.

Potluck 2008

Das **gemeinsame Mittagessen nach dem Gottesdienst** in der Gemeinde

Stralsund halte ich für einen angenehmen Qualitätssprung im Beziehungsgefüge unserer Gemeinde. Potluck wurde zunächst unregelmäßig, wird jedoch ab 2015 regelmäßig an jedem Sabbat nach dem Gottesdienst angeboten. Es funktioniert spontan, also ohne Plan oder Einteilung. Fast alle Gemeindeglieder nehmen daran teil. Wo gibt es eine bessere Gelegenheit, miteinander zu reden, als bei einer Mahlzeit? Auch unsere Gottesdienstgäste lassen sich gerne zu dieser Tischgemeinschaft einladen. Speisen werden zu Hause vorbereitet und mitgebracht. Jeder bedient sich selbst. Dieses Mittagsbuffet ist an jedem Sabbat ein schöner Abschluss des Gottesdienstes. Die Zusammensetzung des Angebots hängt von den Möglichkeiten und Vorlieben des Spenders ab. Es gibt schließlich Vegetarier, Veganer und Allesesser unter uns. Jeder darf und mag essen oder meiden, was er möchte. Viele Adventisten gehören zur Fraktion der Wenig-Fleisch-Esser, die neben Gerichten mit maßvollem Fleischanteil auch Fisch, Eierspeisen sowie Milch-, Quark-, Käse-Zubereitungen auf den Tisch des Hauses bringen. An das Gebot, unreine Speisen nach 3. Mose 11 zu meiden, dürften sich nach meinem Wissen die meisten Gemeindeglieder halten. Zurzeit (2020) ist der Potluck wegen der Corona-Pandemie leider ausgesetzt.

Seit etlichen Jahren verzichten wir in Stralsund auf den sogenannten „Missionsbericht" im Gottesdienst. Es handelte sich dabei um zentral vorgegebene Texte mit einem interessanten Einzelfall aus dem Erleben eines Gläubigen oder einer Gemeinde in irgendeinem Teil der Welt. Der Missionsbericht wurde in jedem Gottesdienst meist von einem Jugendlichen oder einem Kind vorgelesen. Wir ersetzten den Missionsbericht vor einigen Jahren durch den Gottesdienstteil **„Lebendige Gemeinde"**. In einer dafür freigehaltenen Zeit von etwa zehn Minuten wird jedem Gottesdienstbesucher die Möglichkeit eingeräumt, persönliche Nöte oder angenehme eigene Erlebnisse und Erfahrungen öffentlich zu machen. Gemeindeglieder und auch Gäste machen gerne von dieser Möglichkeit Gebrauch. Es besteht allerdings das Risiko, dass die „Lebendige Gemeinde" zu einer Bühne für Privates oder Fernliegendes wird. Wir haben uns entschlossen, das auszuhalten und Toleranz zu üben. In einem Fürbittegebet werden die genannten Anliegen anschließend vor Gott gebracht.

Drei- oder viermal im Jahr wird ein **Abendmahlsgottesdienst** gefeiert. An einem solchen Sabbat sind „Wein" (Traubensaft) und „Brot" (ohne Treibmittel flach ausgerollter und gebackener, gesalzener Mürbeteig) vorbereitet. Zuerst hört die Gemeinde die Abendmahlspredigt, danach folgt die eigentliche Abendmahlshandlung. Vor der Darreichung von Brot und Wein erfolgt nach biblischem Vorbild die gegenseitige **„Fußwaschung"**. Nach Geschlechtern getrennt waschen sich je zwei Partner gegenseitig die Füße und trocknen sie mit einem Handtuch. Natürlich ist das eine rein kultische Handlung ohne Reinigungsabsichten. Nach der Zeremonie wünschen sich alle Beteiligten Gottes Segen oder wechseln ein persönliches, aufbauendes Wort. Danach kommen Frauen und Männer wieder zusammen und genießen Brot und Wein. Der Pastor und bei Bedarf zusätzlich ein eingesegneter Ältester oder Diakon der Gemeinde gehen durch die Reihen und bieten zuerst die Brotstückchen, die im Stehen entgegengenommen und gegessen werden, danach den Abendmahlswein. Dieser wurde früher grundsätzlich von allen Teilnehmern aus einem Pokal getrunken, heute wird er wahlweise auch aus separaten

Gläschen angeboten. Der Abendmahlsgottesdienst endet bei uns in den letzten Jahren mit einem gesungenen „Vaterunser", bei dem alle Anwesenden in einem Kreis stehen und sich an den Händen halten. Gemeindeglieder, die krankheitshalber nicht am Abendmahl teilnehmen konnten, werden auf Wunsch durch den Pastor mit einem **Heimabendmahl** bedacht. Früher wurde das Abendmahl einschließlich der Fußwaschung Gästen nicht gewährt. Inzwischen sind wir zu einem „offenen" Abendmahl übergegangen und überlassen die Entscheidung zur Teilnahme der jeweiligen Person unabhängig von ihrer Kirchenzugehörigkeit. Ebenfalls früher mehr als heute waren die Gemeindeglieder gehalten, Differenzen oder Verletzungen durch Aussprache und Vergebung zu bereinigen und erst danach am Abendmahl teilzunehmen. Heute kommt es vor, dass gerade bei einem Abendmahl das eine oder andere Gemeindeglied fehlt, vielleicht weil es eine notwendige Aussprache und Vergebungsgewährung oder -bitte noch nicht vollzogen hat?

Der persönliche **Frömmigkeitsstil** unserer Gemeindeglieder ist unterschiedlich ausgeprägt. Von meinen Eltern, Großeltern und anderen STA-Familien übernahm ich die Gepflogenheit des **Gebets** vor dem Essen. Bei allen mir bekannten Gemeindegliedern wird es gepflegt. Sind Kinder am Tisch, dürfen auch sie mitunter das Gebet sprechen; auch wird manchmal statt eines Gebets ein Tischlied gesungen. Sitten wie Morgen- und Abendandacht im häuslichen Kreis befinden sich nach meiner Beobachtung auf dem Rückzug. Am ehesten hat sich noch die **Sabbatanfangs- bzw. -schlussandacht** erhalten, die aus einer kurzen Lesung aus der Bibel oder einem erbaulichen Buch, gemeinsamem Singen und einem Gebet besteht. Über das persönliche Gebetsleben meiner Glaubensgeschwister will ich hier nichts sagen. In so mancher Predigt wird es zum Thema gemacht. Letztlich ist es eine private Sache zwischen dem Einzelnen und seinem Gott. In vielen adventistischen Familien wird täglich das **Andachtswort** aus dem zentralen Andachtskalender gelesen. Dieser Kalender existierte seit den 20er Jahren des vorigen Jahrhunderts in Deutschland, in der DDR mit separaten Texten allerdings erst ab 1964. Seit der Wende wurde er dann einheitlich. Es gibt ihn als Abreißkalender und in Buchform. Die Inhalte werden von kompetenten und schreibwilligen Gemeindegliedern sowie Pastoren gestaltet, die ihre Texte dem Adventverlag anbieten. Das Lesen unseres Andachtswortes ist keine Pflicht, in manchen Häusern wird ein Wort zum Tage auch aus nichtadventistischen Quellen gewählt. Der genannte Verlag hat eine umfangreiche Palette an Literatur aus adventistischer Feder im Angebot. Er wirbt auch für eine Mitgliedschaft im sogenannten **„Leserkreis"**. Als Mitglied verpflichtet man sich, alle Neuerscheinungen zu einem kostendeckenden Preis zu erwerben. Auf diese Weise können preiswerte Neuproduktionen ermöglicht werden.

Außergottesdienstliche Veranstaltungen waren seinerzeit häufiger und anderer Art als heute. Einmal jährlich feierten wir in DDR-Zeiten in allen Bezirksgemeinden die sogenannten **Bezirksgottesdienste**. Die Bezeichnung bedeutete, dass alle Gemeindeglieder aus dem „Bezirk" der Hauptgemeinde zu einem besonderen Wochenende eingeladen wurden. Der Stralsunder Bezirk umfasste außer der Gemeinde Stralsund auch Bergen, Barth, Demmin, Franzburg und Pramort. Zu einem Bezirksgottesdienst (in Mecklenburg gab es ca. 23 Gemeindebezirke) kamen grundsätzlich ein bis zwei leitende Brüder aus dem Vereinigungssitz Rostock zur

Wortverkündigung. Begonnen wurde Freitagabend, fortgesetzt mit dem normalen Sabbatgottesdienst einschließlich des Nachmittags und manchmal des Abends. Am Sonntag folgte danach viele Jahre hindurch ein Ausflug nach Binz. Da in der DDR-Zeit die wenigsten ein Auto hatten, fuhr man mit dem Personenzug bzw. dem „Rasenden Roland" (Kleinbahn), über Bergen und Putbus bis Binz. Dort verbrachten nach meinen Erinnerungen sodann 20 oder mehr Erwachsene und Kinder einen wunderbaren Strandtag. Bemerkenswert ist, wie die Bezirksgottesdienste in Quantität und Qualität „abschmolzen". Zuerst verschwand die Stunde am Sonntagvormittag, dann die Freitagabend-Versammlung, schließlich gab es auch keine Sonntagsausflüge mehr. Heute sind an die Stelle der Bezirksgottesdienste die **Regionalgottesdienste** getreten, die nur über den Samstag dauern und in einer größeren (und entsprechend entfernten) Gemeinde begangen werden. Zu ihnen sind alle umliegenden Gemeinden aus der Region eingeladen.

Unabhängig von den beschriebenen Fahrten nach Binz hat die Gemeinde Stralsund auch mehrtägige **Gemeindeausflüge** veranstaltet. Ich erinnere mich an Örtlichkeiten wie Grzybowo bei Kolberg/Polen, an Drewoldke auf Rügen, an Turow bei Grimmen, an Kamminke auf Usedom und Zingst auf dem Darß. Der Ausflug nach Drewoldke (2008) führte die Gemeinden Bad Düben (Sachsen) und Stralsund zusammen. Ein erster Versuch, nach

Gemeindeausflug Neubrandenburg 16.11.1974

Oben v. l.: Elsa Jürß, Schw. Ahrens, ?, Anna Schmidt, Inge Petrischkeit, Lotte Straßburg, Hanna Beier, Petra Saupe, Hanni Reichert, Karl-Heinz Kruse; 2. Reihe v. l.: Karin und Wernfried Rieckmann, Schw. Kruse; 3. Reihe v. l.: Elke Schreiber, Bernd und Marion Warkenthin, Lisbeth Timm, Fritz und Tina Wietrzichowski; 4. Reihe v. l.: Irma Rosenmeyer, Christel Mommertz, Edith und Marlies Rettkowski; erste Reihe vorn von links: Otto Petrischkeit, Margarete Hermann, Gunter Petrischkeit, Paul Hermann, ?, Frieda Mietz, Ralf Petrischkeit, Waltraut Zichel

Kriegsende wieder Beziehungspflege über Gemeindegrenzen hinweg anzuregen, erfolgte 1947 oder 1948, als die übergeordnete Kirchenleitung junge Erwachsene zu einer Rüstzeit nach Staphel (Rügen, Kleiner Jasmunder Bodden) einlud. Meine Eltern waren damals in den Dreißigern und wollten dabei sein. Ich kann nicht mehr sagen, wo und wie die Teilnehmer in Staphel untergebracht und verköstigt werden sollten, zumal ich die Geschichte nur vom Erzählen kenne. Jedenfalls kam das Ereignis nicht zustande, weil die Polizei einschritt und alle Angereisten nach Hause schickte. Ob das reine Willkür war oder ob vom Veranstalter Genehmigungsschritte versäumt worden sind, weiß ich nicht. Da das Heimfahren am Abend nicht mehr möglich war, nächtigten alle auf Stühlen bzw. dem Fußboden des Stralsunder Gemeindesaals in der Frankenstraße 41, bevor sie dann am nächsten Tag enttäuscht wieder abreisten.

Auf der Ebene der Mecklenburger Vereinigung wurde für alle Gemeinden zu einem jährlich stattfindenden **Vereinigungsgottesdienst** eingeladen. Die entsprechende Veranstaltung fand meistens in Schwerin statt, weil der dort befindliche Gemeindesaal neu und groß genug war. Um den Festgottesdienst am Sabbat, an dem gegebenenfalls auch eine Ordination eines oder mehrerer Jungprediger stattfand, gruppierten sich weitere Angebote wie Referate, musikalische Darbietungen etc. Die eingeladenen Gastreferenten kamen meist von den höheren Dienststellen (Division, Verband, Seminar Friedensau). Ich erinnere mich, dass aus dem Gemeindebezirk Stralsund bis zu 25 Gemeindeglieder nach Schwerin fuhren. Die Vereinigungsgottesdienste wurden inzwischen durch die **„Landesgottesdienste"** ersetzt. Das sind besondere Festgottesdienste, zu denen die Geschwister aus den zur Hansa-Vereinigung gehörenden Ländern Hamburg, Schleswig-Holstein und Mecklenburg-Vorpommern eingeladen sind. Nach meiner Beobachtung finden sie nicht die Resonanz wie früher die Vereinigungsgottesdienste. Und mir scheint, dass es von der Leitungsebene eher ungern gesehen wird, wenn zeitgleich in den einzelnen Gemeinden parallele Gottesdienste abgehalten werden. Auch wir in Stralsund machen das so, weil wir so für Daheimbleiber wie für Urlaubergäste auch einen Gottesdienst anbieten wollen.

Stralsunder Delegation Vgg.-Konferenz 1982: G. Petrischkeit, V. Hornung, A. Wietrichowski. P. & G. Saupe, L. & R. Straßburg, R. Wendler, U. Binanzer, A. Burmeister, R. & K. Wietrichowski, S. & C. Binanzer, K. Sollmann, H. & J. Wietrichowski, H. Binanzer

Ein- oder zweimal im Jahr hielt früher der Ortsprediger oder ein geladener Gastreferent eine über mehrere Abende reichende Vortragsfolge. Diese sogenannten **Evangelisationen** hatten verschiedene Themen im Angebot. Es wurde zu theologischen, geschichtlichen, archäologischen, völkerkundlichen, medizinischen und psychologischen Fragen Stellung bezogen. Stets wurde der zugehörige biblische Kontext besprochen. Die Gemeindeglieder luden Freunde und Bekannte ein. In der Zeit, als es noch kein Fernsehen gab, waren solche Angebote attraktiver als heute. Im Laufe der Jahre kam auch etwas Technik dazu: Flanelldarstellungen, Lichtbilder und Tonband.

Beliebt waren in DDR-Zeiten die „AIBUT"-Serien (**„Adventgemeinde in Bild und Ton"**), die in der „Friedensauer Bild- und Tonstelle" (1955 gegründet) produziert wurden. Das waren Lichtbildserien, mit Ton vom Spulentonband untermalt, die aus dem örtlichen oder globalen Gemeindeleben berichteten. „AIBUT" ersetzte die nicht vorhandene Gemeindezeitschrift und die fehlenden Kontakte nach „draußen". Ganz selten kam ein 16mm-Projektor zum Einsatz, mit dem Filme mit bildendem und/oder religiösen Inhalten gezeigt wurden. Sehr beliebt waren Filme des „Moody-Instituts für Wissenschaften". Das war ein westliches evangelikales Unternehmen, das naturwissenschaftliche und religiöse Themen interessant ins Bild setzte. Jedoch nur das Vereinigungsbüro in Rostock besaß ein solches Gerät und dieses Filmmaterial. Die „Friedensauer Bild- und Tonstelle" gibt es seit 1992 nicht mehr.

Sehr lebendig war in meiner Jugendzeit (ab 1952) die **Jugendgruppe**. Sie bestand aus etwa 6 bis 10 Jugendlichen (siehe Foto unten). Jeden Sabbatnachmittag fand eine **Jugendstunde** statt. Ein Jugendlicher hatte das „Thema", das als Referat gehalten

ca. 1958, von links: Renate Schulz, Anita, Wolfgang Schulz, Brigitte B., Uschi Schulz, Helmut Singer, Jürgen Naumann, Bärbel Kohls, Horst N., Heinz Wietrichowski

wurde, ein anderer leitete eine Diskussion anhand der Texte der „Morgenwache" der vergangenen Woche. Letztere war eine Art Jahreskalender mit Bibeltexten für jeden Tag. Jeder Jugendliche war gehalten, dieses Bibelwort an jedem Morgen zu sich sprechen zu lassen. Nach der „Morgenwache" sprach ein Dritter 5 min über ein selbstgewähltes Thema. Das konnte eine Zeitungsmeldung, ein persönliches Erlebnis oder etwas anderes Interessantes sein. Nach der Jugendstunde gingen wir nicht etwa nach Hause, sondern flanierten durch die Innenstadt, badeten im Strelasund oder setzten unser Beisammensein in einer Wohnung fort. Die Jugendlichen hatten darüber hinaus viele Möglichkeiten besonderer Begegnungen: Pfingstjugendgottesdienste oder besondere Jugendveranstaltungen in Grabowhöfe bei Waren, in Drönnewitz bei Demmin, in Groß-Stresow auf Rügen. Dazu kamen Treffen, um Musik zu machen (Rostock, Schwerin), Fahrten zu Bibelwochen. Andererseits bieten die Vereinigungen bzw. der Norddeutsche Verband heute Fahrten nach Norwegen, Portugal, Italien und anderen Ländern an.

Zeltwoche der Jugendgruppe 1982 in Göhren
v.l. : Kathrin Wietrichowski, Anett Burmeister, Simone Binanzer, (?), Carola Binanzer, Kerstin Retzlaff, Gunter Petrischkeit, Anett Wietrichowski, Regina, Ute und Helmut Binanzer, Burkhard Kopp

Die Möglichkeit, Jugendgruppenarbeit zu pflegen, hängt weitgehend von der Demografie einer Gemeinde ab. Es geht nicht ohne das Vorhandensein von Jugendlichen in der Gemeinde bzw. im Freundeskreis - allerdings auch nicht einfach nur deshalb, weil Jugendliche vorhanden sind! Lobenswerter Weise hat Familie Peter und Kathrin Küchler aus Stralsund sehr häufig aus dem eigenen Segel-Hobby ein Angebot für Kinder und Jugendliche gemacht: Teilnehmer im Kinder- und Jugendalter konnten schon einige Male etliche Tage auf dem Wasser zubringen. Sie wurden z. B. nach Hiddensee gesegelt und erfuhren an Bord der Boote die Vermittlung von Bibelwissen und lernten soziales Verhalten (siehe der Bericht von Andreas Schmidt S. 30).

Auch Christliche **Pfadfinderarbeit** kann nur betrieben werden, wenn Kinder im Pfadfinderalter vorhanden sind. In den Neunzigern gab es bei uns die

Pfadfindergruppe „Sundläufer", in der ersten Dekade des Jahrhunderts hatten wir eine Pfadi-Gruppe mit Namen „Die kleinen Elche". Pastor J. Lang, Jörn Kindler, Lars Wendler und Frank Seiffert waren diejenigen, die die Gruppe leiteten, auch Peter Küchler war beteiligt.

Besondere Höhepunkte für die Kinder der sechziger und siebziger Jahre waren **Kinderfeste** in Barth, die im Garten des Hauses von Otto und Inge Petrischkeit stattfanden. Diese wurden besonders vom Predigerehepaar Beier aber auch von nachfolgenden Pastoren organisiert. Hermann Beier initiierte ab 1979 gemeindliche **Arbeitseinsätze** im **Stralsunder Tierpark** (siehe Foto). Das waren im örtlichen

Tierparkeinsatz 6.5.1979 Stralsund
v. o. l. : Jörgen Wendler, Renate Wietrichowski, Hanna Beier, Jörg Wietrichowski, Anett Burmeister, Wernfried Rieckmann, Gunter Warkenthin, Karin Rieckmann, Heinz Wietrichowski, Bernd Warkenthin;
v. m. l. : Sieglinde und Christa Mietz, Heidrun Beier;
v. u. l. : Hannelore, Helga, Heike Beier, Kathrin Wietrichowski, Lars Wendler

Tierpark geleistete Einsätze von Freiwilligen aus der Gemeinde. Zehn bis Zwanzig junge und ältere Gemeindeglieder arbeiteten im Frühling oder Sommer an einem Sonntagvormittag nach Anweisung des Tierparkdirektors Hartmut O. in der beliebten städtischen Freizeiteinrichtung. Die Gemeinde bewies damit den staatlichen Stellen, dass sie für Stadt und Gesellschaft etwas tun wollte. Diese Einsätze fanden bis 1984 statt.

Und dann die **Bausoldaten**! Im Frühjahr 1965 tauchten erstmals Bausoldaten in Stralsund auf. Nach der Einführung der Wehrpflicht in der DDR 1962 wurde zwei Jahre später für Wehrdienstverweigerer ein Wehrersatzdienst eingeführt. Von dieser Möglichkeit des waffenlosen Dienstes machten fast alle gemusterten jungen Adventisten Gebrauch. Der Begriff „Bausoldat" war jedoch eine abfällige Bezeichnung, denn „richtige" Soldaten sprachen herablassend auch von „Spatensoldaten",

Schulterstück vom Bausoldat
Schäfer-Hartmann - Eigenes Werk, CC BY-SA 4.0

weil die Wehrersatzdienst-Soldaten auf dem Schulterstück als Erkennungszeichen einen silbernen Spaten trugen. Beförderungen gab es bei den Bausoldaten nicht. Zu den Spatensoldaten meldeten sich neben frommen Waffenverweigerern und ökologisch angehauchten jungen Leuten auch Menschen, die mit diesem Schritt ihre Opposition gegenüber dem Staat demonstrieren wollten. Junge Adventisten hatten auch bei dieser Truppe immer noch das Problem, sich den freien Sabbat erkämpfen zu müssen. Meistens schafften sie es. Die Vorgesetzten waren den Eingezogenen oft intellektuell unterlegen und hatten deswegen vielfach einen schweren Stand. In unserer Region waren Bausoldaten in Stralsund, Saßnitz und Prora stationiert. Die Realisierung verschiedenster Bauvorhaben war ihre Aufgabe; so wurde z. B. in Groß Mohrdorf, einem Dorf nördlich von Stralsund, mitten in einem Wald, jahrelang ein Flugplatz gebaut. Als er fast fertig war, kam das Ende der DDR. Die Bausoldaten erschienen gerne im Gottesdienst. Sie wurden auch nachmittags in Familien mitgenommen, abends mit dem Trabant wieder ins „Objekt" gefahren. In Duvendiek bei Familie Warkenthin zogen sie sich gerne Zivilsachen an, weil sie zumeist illegal ihren Ausgangsbereich verlassen hatten und deshalb für Militärstreifen unerkannt bleiben konnten. Gegen Ende der DDR-Zeit gab es auch vereinzelte Fälle, in denen Bausoldaten recht große Freiheiten genießen konnten, so ist mir ein junger Adventist in Erinnerung, der es während seiner 18monatigen Bausoldatenzeit in den 1980er Jahren auf Rügen, wo er als Hausmeister in einem NVA-Objekt eingesetzt war, geschafft hatte, Orgelunterricht bei einem Stralsunder Kantor zu nehmen.

Im November 1982 fand in Stralsund eine Jugend-Vortragsserie mit Prediger Andreas Schuchardt statt (siehe S. 110). Im Anschluss daran wurde der Gedanke der Gründung einer **Teestube** geboren. Die Idee nahm festere Formen an, als eine zweite **Jugendevangelisation** mit Prediger Wolfgang Wurl sich Anfang Dezember 1983 anschloss, zu der je Abend bis zu dreiundzwanzig Gäste erschienen. An meinen Sohn Jörg schrieb ich am 22. Januar 1984 nach Friedensau: „Die Stralsunder Teestube funktioniert ... Am letzten Montag, dem 16.1., hatte ich das Thema. Kathrin und Bummi gingen auf die Straße einladen. Es kamen sieben (!) fremde Jungen im Lehrlingsalter. Ich sprach über das Thema »Aberglauben«. Mit dreien haben wir noch bis 21.45 Uhr diskutiert. Obwohl sie dem Glauben gegenüber skeptisch sind, wollen sie unbedingt wiederkommen. Es sind Greifswalder, die hier als Maurerlehrlinge im Internat sind ... Der wichtigste Inventargegenstand der Teestube sind ... der Enthusiasmus und Optimismus, man kann auch sagen, die Missionsfreudigkeit der Jugendlichen. Und letzteres ist bei unserer Jugendgruppe vorhanden, zumindest bei einem »harten Kern« ... Am folgenden Montag waren wir sogar siebzehn Freunde und neun eigene Teilnehmer!" Die Teestubenzeit währte bis 1992. Danach war sie zu Ende - warum? Anderen Teestuben in Ost und West ging es ebenso.

Im Jahre 1987 führten Helmut Binanzer als Theologe und ich als Arzt in unserem Gemeindesaal (Frankenstraße) einen 5-tägigen **Raucherentwöhnungskurs**

(„Fünf-Tage-Plan") durch. Die Kurse wurden 1997 (zwei Kurse á 9 Abende), sowie im Jahr 2000 mit Jo Lang (7 Abende) wiederholt. Die Teilnehmerzahlen lagen bei drei bis sieben pro Kurs, die Erfolgsquoten betrugen etwa 50%, wobei uns die Spätresultate unbekannt blieben.

Am 19. April 1993 gründete sich der **Gebetskreis** der Gemeinde neu (auch im alten Versammlungsraum Frankenstraße 41 hatte schon einer bestanden). Unsere ältesten Aufzeichnungen reichen bis 1996 zurück. Er trifft sich wöchentlich einmal. Leider sind es immer nur dieselben Teilnehmer, die zusammenkommen. Wir haben in all den Jahren Tagebuch geführt und die Gebetsanliegen aufgezeichnet, die uns bewegten. Auch Bibellese gehört dazu. Neben Bibelstudium und Gebet werden stets ausführliche Gespräche geführt und Sorgen geteilt. Die Atmosphäre ist locker, fast immer gibt es auch Grund zur Fröhlichkeit. Zurzeit (2020) ist der Gebetskreis nur unter den Bedingungen des Seuchenschutzes möglich. Er kommt mehr oder weniger holprig als WhatsApp-Gruppe zusammen.

Anfang der 2000er gründeten einige junge Frauen aus der Gemeinde Stralsund (Grit Gräske, Anke Schmidt, Birgit Seifert, Anett Kindler, Kathrin Küchler) einen **Bastelkreis** für eigene Gemeindekinder und Kinder aus der Nachbarschaft. Die Kinder kamen alle vierzehn Tage in die Kapelle, um sich kreativ zu betätigen. Zu Weihnachten 2001 führten die Kinder das Anspiel von den „Drei Bäumchen" auf. Der Kreis bestand bis 2002. Noch heute grüßen manche Personen und sagen: „Frau Küchler, kennen Sie mich noch? Ich war mal in Ihrem Bastelkreis!"

Tschernobyl-Tag 9.7.2015

Seit 2000 ist die Adventgemeinde Stralsund in jedem Juli an einem Mittwochnachmittag Gastgeber für etwa 40 weißrussische Kinder aus der Region um Tschernobyl. In Stralsund existiert ein **„Tschernobyl-Hilfe-Verein e. V."**, den Frau Regina Deutscher gegründet hat. Sie und einige Helfer sammeln gebrauchte Kleidung und sonstige Materialien für Haushalt und Pflege. Einmal im Jahr fährt Frau Deutscher nach Weißrussland, nimmt Kontakt zu Schulen und Behörden auf und sucht mit deren Hilfe 40 bedürftige Kinder im Alter von 6 bis 17 Jahren aus, denen der Verein einen vierwöchigen Ferienaufenthalt in Stralsund finanziert. Auch Pflegeheime besucht sie und verteilt die mitgebrachten Altkleider und Hilfsmittel an dankbare Empfänger. Ihre Schilderungen der dort anzutreffenden Armut und Bedürftigkeit gehen zu Herzen. Aber die Menschen sind dankbar und freuen sich über die Hilfe aus Deutschland. Die Auswahl der Kinder sowie etlicher Betreuerinnen nimmt Frau Deutscher selbst vor. Der Bustransport im Sommer muss inzwischen nicht mehr von ihr begleitet werden. In Stralsund sind die Kinder auf dem Gelände des Berufsförderungswerkes Schwedenschanze in Zelten, aber auch in festen Unterkünften untergebracht. Vier Wochen lang werden sie mit Unterstützung von Stralsunder Institutionen und privaten Trägern „bespaßt". An einem Nachmittag kommen sie zu uns in die Stralsunder Adventkapelle, werden mit Kuchen und Getränken gesättigt und mit Spiel und Sport beschäftigt. Sie bedanken sich mit der Darbietung eines kleinen kulturellen Programms. Frau Deutscher ist kein

Gemeindeglied, sie leistet die beschriebene Arbeit aus humanitären Gründen. Die Finanzierung erfolgt ausschließlich über Spenden. In den Jahren 2020/2021 kamen wegen der Pandemie erstmals keine Tschernobyl-Tage zustande.

Ich gestatte mir, einen Blick auf die **Außenwirksamkeit** der Stralsunder Adventgemeinde zu werfen. Jede Adventgemeinde weiß sich dem Missionsauftrag Jesu verpflichtet, wie er im Matthäusevangelium 28,19.20 formuliert ist. Die Umsetzung erfolgt im privaten Bereich jedes einzelnen Gemeindegliedes, wobei keine Kontrolle der persönlichen Aktivitäten erfolgt; die Ortsgemeinde ist ebenfalls gehalten, Öffentlichkeitsarbeit zu betreiben. Das geschah in Stralsund, wie ich weiter oben schon beschrieben habe, von Anfang an durch evangelistische Vorträge in der Form informativer Bibelauslegung verbunden mit dem Angebot, Jesus Christus als persönlichen Retter anzunehmen. Menschen, die sich für die Botschaft des Evangeliums interessierten, wurden betreut und zur Taufentscheidung geführt. Die Vorträge und Bibelstunden werden vorrangig durch den Ortsprediger (Pastor) oder kompetente Gemeindeglieder gehalten. Im Jahre 2004 hielt auch der Autor fünf Vorträge in Stralsund unter dem Gesamtthema „Glücklichsein - wie macht man das?", die 2005 und 2006 in Demmin wiederholt wurden.

In den Jahren vor 1933 wurde eine heute fast völlig vergessene Arbeit betrieben: Gemeindeglieder verteilten in Eisenbahnzügen sogenannte „Traktate" an die Fahrgäste. Diese Vorgehensweise wurde z. B. durch das Ehepaar Hermann sowie Irma Rosenmeyer (getauft 1919) betrieben. Auch wurden Gutsbesitzer der erreichbaren Dörfer mit Lesestoff angesprochen. Eine besondere Außenwerbung erfolgt bis in die jüngste Zeit durch **Buchevangelisten**, die an den Türen Lesestoff in Form von Büchern und Traktaten zu verkaufen versuchen. Buchevangelisten arbeiten hauptberuflich und leben von der Gewinnspanne. Erst in jüngster Zeit verliert ihr Dienst an Attraktivität. Grund ist wahrscheinlich die Übersättigung der modernen Zeitgenossen durch schriftliches Werbematerial und die immer geringer werdende Bereitschaft vieler Menschen, überhaupt noch zu lesen. In der Gemeinde Stralsund gab es in den zwanziger Jahren des letzten Jahrhunderts den Buchevangelisten Brd. Schwabe (siehe Foto S. 13). Er dürfte noch in den Vierzigern gelebt haben, denn ich erinnere mich der Nennung seines Namens. Das Stralsunder Gemeindeglied Ida Gromm (1898 - 1998, siehe Foto S. 178) wählte in den 50er und 60er Jahren folgende Form, um mit Menschen ins Gespräch zu kommen: Ida ging mit einem **„Bauchladen"** über die Dörfer und bot von Haus zu Haus Kleinmaterial wie Schnürsenkel, Näh- und Strickbedarf, Küchenkleingerät und Reinigungsmittel an. Dabei konnte sie den einen oder anderen Kunden für christlichen Lesestoff interessieren. Auf diese Weise sind in Kummerow-Heide bei Stralsund in den sechziger Jahren etwa zehn Menschen mit der Adventbotschaft in Berührung gekommen und in die Gemeinde getauft worden. Heute wohnt in Kummerow-Heide noch das Gemeindeglied Edith Rettkowski.

Über die **Teestubenzeit** ist schon berichtet worden. Sie währte von 1982 bis 1992. Außer biblischen und theologischen Themen wurden damals vermehrt Umweltschutz („Frieden - Gerechtigkeit - Bewahrung der Schöpfung"), Militärdienst und New Age-Ideologie diskutiert. An etwa 500 Montagen hat die Stralsunder Teestube stattgefunden. Helmut Binanzer hat in seinen persönlichen Erinnerungen das Phänomen Teestube gewürdigt (siehe S. 28).

Mit der **Satelliten-Evangelisation** „Online mit Gott - die Freundschaft hält" im Jahre 1998 begann eine neue Form der Öffentlichkeitsarbeit. Vorträge des US-amerikanischen Predigers Dwigt Nelson wurden übersetzt und in verschiedenen Ländern zum Empfang angeboten. Die Gemeinde Stralsund beteiligte sich ebenfalls. Bis zu 26 Gäste nahmen neben eigenen Gemeindegliedern an den abendlichen Übertragungen teil. Der Empfang per Satelliten-Schüssel und die Wiedergabe über eine Großleinwand gelangen störungsfrei. Auch 1999 bot die Gemeinde per Satellitenübertragung eine Reihe von Evangelisationsabenden an. Johann Gerhardt von der Theologischen Hochschule Friedensau predigte an zehn Abenden zum Thema „Leben wagen". Der abendliche Durchschnittsbesuch lag bei 46, unter ihnen waren bis 18 Gäste. Im Jahre 2001 gab es „NET 2001" mit 15 Vorträgen von Matthias Müller vom „Hope Channel". Im Jahr 2002 sprach Stefan Sigg (Schweiz) eine jugendorientierte „Link2Life"-Satelliten-Reihe (siehe S. 31). Eine für 2003 mit Hans Gerhardt geplante Übertragungsreihe fiel wegen Krankheit des Sprechers aus. In den Jahren 2006 und 2007 wurden vom Norddeutschen Verband **Gesundheitsvorträge** über Hörkassetten angeboten. Ich erinnere mich, dass wir sie im Speiseraum der Kapelle in kleiner Runde angehört haben. Besondere Aktivitäten mit Außenwirkung waren auch die Charterung eines **„Bibelbusses"**, der auf dem Grundstück Alte Richtenberger Straße 41 stand (1999) sowie eine **Bibelausstellung** in unseren Räumen (2000). Beides waren Ideen des damaligen Ortspastors Jo Lang.

Schaukasten Stralsund

Zur Außenwirksamkeit trägt nach wie vor unser **Schaukasten** bei, den wir seit den 1960er Jahren haben und nutzen. Etwa 1964 wagten wir es, ohne staatliche Genehmigung an der Straßenfront des Mietshauses Frankenstraße 41 (siehe S. 87), in dem sich damals im Hinterhof unser Versammlungsraum befand, einen Schaukasten aufzuhängen. Aus heutiger Sicht wundere ich mich, dass dessen Existenz sowohl vom Hausbesitzer als auch von den damaligen Behörden toleriert wurde. Der Schaukasten hat die Zeiten überdauert. Er ist heute beleuchtet und verglast, seine Ausstattung und Aktualisierung aber kostet Mühe und Zeit. Seit Jahren wird er durch Kathrin Küchler gepflegt.

Seit 1997 wird ein wöchentlicher **„Gemeindebrief"** erstellt, der an fehlende, aber auch an gemeindeferne interessierte Empfänger gesandt wird, die meisten per email, andere per Briefpost. Jeder Interessent kann den Brief auch über die **Internetpräsenz** der Adventgemeinde Stralsund (**www.sta-stralsund.de**) herunterladen und lesen. Diese Webseite wie auch die der Gemeinde Bergen wird durch Brd. Nico Hesemann, geb. Saupe, aus Trent betreut.

In den Jahren 2001 und 2002 wurde eine wöchentliche **Gemeindesportstunde** angeboten. Wir bekamen dafür Hallenkapazität in der Sporthalle Andershof. Leiter war Peter Küchler, beteiligt waren hauptsächlich Kinder und Jugendliche. Diese Aktivität schlief nach ein oder zwei Jahren wieder ein. Mehr Resonanz hatte die im Jahre 2013 ins Leben gerufene wöchentliche **Seniorensportstunde**. Sie wird von bis zu 14 Teilnehmern, darunter auch Nichtgemeindegliedern aus der Nachbarschaft, wahrgenommen. Leiterin ist unser Gemeindeglied Ute Beyer, eine Ergotherapeutin. Leider kann diese wöchentliche Sportstunde unter Pandemiebedingungen (2020/2021) nicht stattfinden.

Brd. Felix Beyer, einer unserer beiden Gemeindeältesten, versuchte in den vergangenen Jahren, einmal pro Woche für zwei Stunden eine **„offene Gemeinde"** für Gäste anzubieten. Leider war das Interesse daran gering, so dass dieser Dienst wieder beendet wurde. Ebenfalls unter Leitung von Felix Beyer werden Gemeindeglieder und Freunde ein- oder zweimal im Jahr zu einem Bowling-Abend eingeladen. Eine jährliche Radtour für alle Interessenten geht ebenfalls auf Initiative von ihm zurück.

In der Wirkungszeit von Ralf Gelke wurde versucht, mit der sogenannten **„Lebensschule"** Gemeindeglieder und Gäste anzusprechen. Dabei wurden 2016 und 2017 mit Vortrag und Bildpräsentation überwiegend Themen aus den Bereichen Lebensbewältigung, Ehe, Kindererziehung und Beziehungspflege angeboten. Der Charakter der Abende, die monatlich angesetzt waren, ähnelt eher dem, was man als „Workshop" benennen könnte. Auch die Zuhörer kommen zu Wort. Die Themen wurden zeitversetzt in Stralsund und Bergen gehalten. Der evangelistische Anspruch der „Lebensschule" ist eher verhalten. René Cornelius hat diese Arbeit in Greifswald inzwischen (2020) begonnen. Sie wurde dort von Jens Ackermann, einem Allgemeinmediziner, fortgesetzt.

Zur Betrachtung des Gemeindelebens gehört auch ein Blick auf den Umgang mit den **Finanzen**. Wie finanziert sich eine freikirchliche Gemeinde? Jedes adventistische Gemeindemitglied trägt mit dem sogenannten **„Zehnten"** nach biblischem Vorbild zum Erhalt der Kirche bei. Vom eigenen Bruttoverdienst wird der Anteil von 10% an die Kirche gespendet. Entsprechend biblischem Rat aus dem Propheten Maleachi sind wir davon überzeugt, dass Gott dieses Finanzierungsmodell gutheißt und segnet. Die Zehntentreue wird nicht kontrolliert. Niemand außer Schatzmeister und Pastor weiß, ob und wie genau jemand seinen „Zehnten" gibt. Daneben hatten wir zu DDR-Zeiten vier zusätzliche Gabensammlungen im Jahr: im Frühjahr für Mission, im Juni für Kinder/Jugendarbeit, im Herbst die Erntedankgaben und zum Jahresende die Gaben anlässlich der Gebetswoche. „Zehnten" und Sondersammlungen werden zentral verwaltet. Diese vier Gabensammlungen waren nach meinem Empfinden besondere Ereignisse: Die Gaben wurden anonym eingesammelt, die einzelnen Beträge aber laut nach dem Gottesdienst verlesen. Die Unterhaltung des eigenen Hauses, das wir von der Grundstücksverwaltung gemietet haben, sowie örtlicher Aktivitäten werden durch eine eigene sogenannte „zweite" Sammlung, die in jedem Gottesdienst erfolgt, gesichert. Als vor einigen Jahren der Finanzbedarf zur Unterhaltung der Kapellen und Gemeindehäuser anstieg, wurden wir gebeten, unseren wöchentlichen Obolus zu erhöhen. Das geschah, und wir verfügten weiterhin über einen ausgeglichenen Haushalt.

Im November findet in jedem Jahr eine sogenannte **Gebetswoche** statt, in der sich Gemeindeglieder zusammenfinden, vorgegebene Texte lesen und Gott in einer Gebetsgemeinschaft (spontanes Gebet in einer Gruppe) Lob, Dank und Bitte darbringen. Zum Schluss freuten sich alle an der Gesamtsumme. Das Ganze trug einen feierlichen Charakter. Heute gibt es Sondersammlungen zu 12 oder 13

Anlässen im Jahr. Sie werden angesagt, die Gabe wird erbeten, aber alles vollzieht sich im anonymen Bereich. Manche legen einen Gaben-Umschlag in den Gabenteller, andere überweisen ihre Gaben.

Nach der politischen Wende im Jahre 1989 wurde in vielen Institutionen, Vereinen, Betrieben und auch Kirchen und Gemeinschaften die Frage gestellt, ob und wieweit einzelne Personen sich durch „informelle Mitarbeiterschaft" (IM) für die **Staatssicherheit** schuldig gemacht hatten. Es wurde von einzelnen Gemeindegliedern die Frage gestellt, ob auch bei uns IM´s Spitzeldienste geleistet haben könnten. Bekenntnisse in dieser Frage wurden in der Adventgemeinde Stralsund nicht geleistet, auch Enttarnungen gab es nicht. Ich habe meine Stasi-Akte zweimal in der Hand gehabt, konnte aber keine bekannten Namen aus dem gemeindlichen Umfeld feststellen. Mir ist erzählt worden, dass die Stasi stets wusste, was bei uns gepredigt wurde. Es mag sein, zu beweisen ist es nicht.

7. Demografie der Gemeinden Stralsund und Bergen

Die folgende Aufzählung nennt Namen von Gemeindegliedern beider Gemeinden, die aus der Zeit ab 1930 stammen: Abram, Abshagen, Ahrens, *Allwardt*, Altus, *Becker*, Behrendt, Beier, Benzmann Berkati, Betcher, Bevernis, *Beyer*, Biedermann, Binanzer, Blohm, Brünner, *Brünner*, *Burmeister*, Burwitz, Degler, *Deichsel*, Dorn, Dose, Draak, Drews, Duchow, *Dyck*, Edel, Elbert, *Engels*, Ertl, Ewert, *Fischer*, Främmig, Frieberg, Gauger, Gelke, Giertz, Globke, *Goll*, Gollasch, Görs, *Götz*, Gräske, Grayczyk, Gromm, Haß, *Hahn*, Held, Henk, *Hentschel*, Hermann, *Herzberg*, *Hesemann*, *Hinkeldey*, Hirsch, Hirschfeldt, Hitzke, *Hornung*, *Hornung-Behm*, Hoth, Hövel, Hübner, Ising, Jäckel, *Jagusch*, John, Jürß, Jurewitz, Kaczies, Kaßburg, *Kelm*, Kerkau, *Kindler*, Koblitz, Kohl, *Kopp*, Kosanowski, Knoll, Kracht, Krietlow, *Krüger*, *Kruse*, *Küchler*, Kuhlow, *Labentz*, Lang, *Lange*, Lappe, Laß, Lattmann, Lechleitner, Leplow, Leskin, Lewe, *Lorenz*, Lück, Mähl, Marquardt, Martens, Mietz, Milkereit, *Möller*, Mommertz, Mörke, *Musser*, Nagel, *Nerlich*, Neuenfeldt, Neumann, *Neumeister*, Neurath, Nützmann, Osterode, Pagels, Petrischkeit, *Petrischkeit*, Plonsky, *Prüfe*, Rähmer, *Redmer*, Reichert, *Reinholz*, Reischel, *Rettkowski*, Rieckmann, Ritter, Roge, Röhm, Rosenmeyer, *Rosner*, Runge, Schatz, Schmidt, *Schmidt*, Schowannek, Schreiber, Schröder, Schubert, Schütt, Schuldt, Schulz, Schwarz, Seiffert, Singer, Sollmann, Spaude, Sprenger, Stadler, Steiner, Steinicke, Steinkamp, Stelke, Straßburg, Tabbert, Timm, Völschow, Vogel, *Voß*, Walleiks, *Warkenthin*, Weber, Wevers, Weigel, Weise, Wende, *Wendler*, Wenzel, Wesener, Wilk, *Wietrichowski*, Wietrzichowski, Witteschus, Wixwat, Wodtke, Wolff, Wosseng, Woywod, Zacharias, Zichel, Ziehlke, Zinow.

Die kursiv gedruckten Namen entstammen den aktuellen Gemeindelisten. Die Aufzählung erhebt keinen Anspruch auf Vollständigkeit. Wenn ich eine noch vorhandene Gemeindeliste von 1978 mit dem Gliederstand von heute vergleiche, ergibt sich Folgendes (Stralsund + Rügen):

Im Jahr 1978 betrug unsere **Gliederzahl** 67 (51 weiblich, 16 männlich). Heute (2020) sind wir 77 getaufte Glieder (43 weiblich, 34 männlich). Es befinden sich nur noch fünf Gemeindeglieder unter uns, die schon 1978 in der Gemeindeliste standen. Leider gibt es damals wie heute Gemeindeglieder, die an Gottesdienst und Gemeindeleben praktisch nicht (mehr) teilnehmen. Es handelt sich um Personen, die aus gesundheitlichen oder Altersgründen nicht mehr im Gottesdienst erscheinen können oder die den Wohnort gewechselt haben; manche halten sich aus unbekannten Gründen von der Gemeinde fern. Ich denke hier immerhin an zwölf bzw. vier Geschwister aus Stralsund und Bergen. Umgekehrt besuchen auch zwei oder drei getaufte Gemeindeglieder unsere Gottesdienste, die in den Verzeichnissen anderer Ortsgemeinden stehen. Teilweise sind es Glaubensgeschwister, die lebhaft am Gemeindeleben teilnehmen und manchmal sogar frischen Wind in die Gemeinde bringen. Spricht man sie an, sich doch um eine Aufnahme in unsere Gemeinde zu bemühen, so antworten sie entweder ausweichend oder gar nicht. Sie kommen und gehen, sie erscheinen und verschwinden; an Diensten beteiligen sie sich kaum. Zur Erklärung: Wenn ein getauftes Gemeindeglied umzieht, so teilt es diese Absicht seiner Heimatgemeinde mit und bittet sie, den „Gemeindebrief" an die künftige Gemeinde zu schicken. Dieser Gemeindebrief ist eine schriftliche Vollzugsmitteilung, mittels derer ein Verwaltungsakt dokumentiert wird. Kommt der **Gemeindebrief** in der neuen Gemeinde an, so kann der Betreffende in einem Gottesdienst oder in einer Gemeindestunde als neues Gemeindeglied offiziell begrüßt werden. Es ist auch vorgekommen, dass Einzelpersonen oder Familien zwar zuzogen, uns aber längere Zeit unbekannt blieben, weil sie in keinem Gottesdienst erschienen. Andere Glieder verziehen in eine andere Stadt, bleiben aber dennoch über Jahre ein Name in unserer Gemeindeliste.

In der Zeit von 1972 bis heute haben 16 Gemeindeglieder die Gemeinde verlassen (Austritt oder Ausschluss). Heute (2020) sind wir 77 Glieder.

Ich wage eine Einschätzung der **gemeindlichen Aktivität** und **Dienstbereitschaft**. Aktive Personen sind nicht nur Funktionsträger, sondern auch Glieder, die stets bereit sind, Aufgaben zu übernehmen sowie seelsorgerlich und diakonisch wirksam zu sein. Die Häufigkeit der Gottesdienstteilnahme lasse ich dabei außen vor. Der Vergleich wertet nicht den geistlichen Stand des Einzelnen. Wie Gott wertet, wissen wir nicht. Wenn ich die Gemeindeliste des Jahres 1978 ansehe, kann ich 15 weibliche und 11 männliche Gemeindeglieder als aktiv bezeichnen (39%). Heute (2019) würde ich 20 Frauen und 11 Männer als aktiv bezeichnen (40%). Der Unterschied ist nicht signifikant.

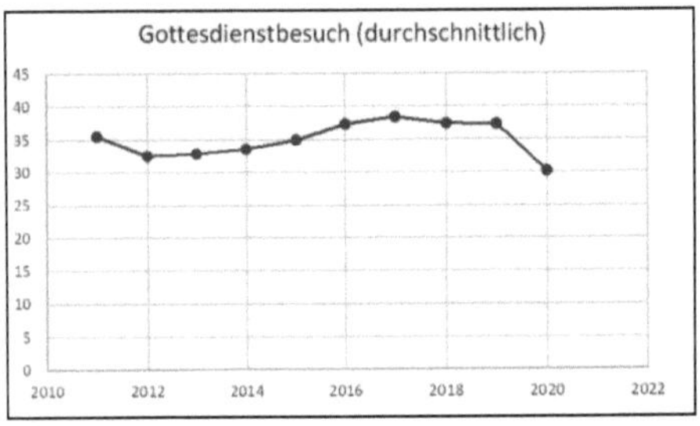

Der **Durchschnittsbesuch** unserer Gottesdienste in Stralsund und Bergen hat sich seit 2011 folgendermaßen entwickelt (nur getaufte Mitglieder), wobei anzumerken ist, dass 2020 pandemiebedingt nur 43 Gottesdienste stattfanden und dass Kinder wie auch Jugendliche bei dieser Zählung nicht erfasst werden.

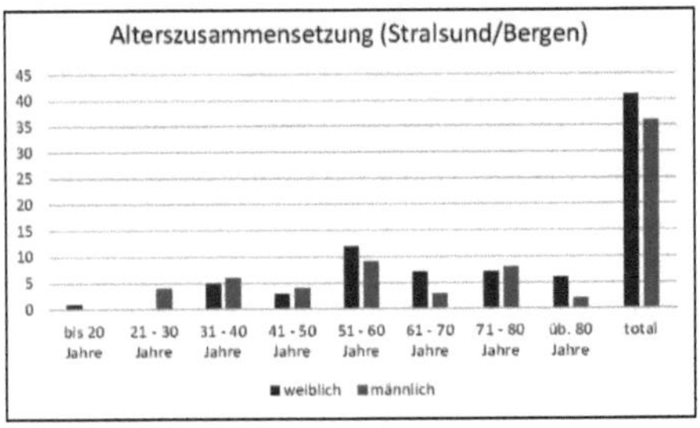

Gestattet sei auch eine Betrachtung der **Alterszusammensetzung** der Gemeinden Stralsund und Bergen, wie sie sich Ende 2020 ergibt. Die 77 Namen in der Gemeindeliste (Bergen und Stralsund) verteilen sich auf 41 Frauen und 36 Männer. Die Anteile in den jeweiligen Altersgruppen sind aus nebenstehender Grafik ablesbar.

8. Adventistischer Lebensstil und Modefragen

Adventisten werden äußerlich daran erkannt, dass sie die Arbeit bzw. Schule am Sonnabend meiden, ebenfalls daran, dass sie besondere Essgewohnheiten haben, und daran, dass sie nicht rauchen und keinen Alkohol trinken.

Wir Adventisten entnehmen der Bibel, dass es der Wunsch Gottes ist und seinem Gesetz entspricht, dass wir nach seinem Beispiel am „**Sabbat**", also am siebenten Tag der Woche, ruhen sollen.

Dieses „Ruhen" bedeutet, dass Erwachsene am Sonnabend nicht zur Arbeit gehen und Kinder nicht in die Schule. Wir kaufen auch nicht ein oder erledigen irgendwelche Geldgeschäfte. Wir berufen uns hierbei auf den Schöpfungsbericht sowie auf den Wortlaut des vierten Gebotes: „Gedenke des Sabbattages, dass du ihn heiligest ..." (2. Mose 20). Gott hat auf die Heiligung des Sabbattages seinen besonderen Segen gelegt. In einer Welt, die nahezu ausnahmslos den Sonntag als wöchentlichen Feiertag ansieht (von Heiligen oder auch nur Halten kann vielfach kaum noch die Rede sein), ist das nicht so einfach. Wenn man das vierte Gebot nicht verletzen will, ergeben sich folgende Möglichkeiten:

1. Man handelt auf persönlicher Ebene mit dem Arbeitgeber Arbeitsfreiheit am Sonnabend aus. Manche Chefs bieten dann das Arbeiten am Sonntag als Ausgleich an.
2. Man weicht in die Selbständigkeit aus, wo man sich als eigener Herr den arbeitsfreien Sonnabend einfach nehmen kann (Bauern, Gewerbetreibende, Handwerker u. ä.)
3. Man wählt eine Tätigkeit, von der man weiß oder annimmt, dass ihre Verrichtung auch am Sabbat lebensnotwendig ist (medizinische oder andere soziale Tätigkeiten).

Theoretisch gäbe es noch die Variante, nach Israel auszuwandern, wo am Sonnabend grundsätzlich Arbeitsruhe herrscht. Die Einhaltung der Sabbatruhe wurde nach meinem Eindruck früher von den Gemeindegliedern strenger gehandhabt als heute. Wer meinte, dieses „Opfer" nicht bringen zu können, wurde eben erst gar nicht Adventist.

Während meines Medizinstudiums (1960 - 1966) war ich bereit, mein Studium aufzugeben, als im zweiten Studienjahr eine bestimmte Vorlesung am Sonnabend stattfinden sollte. Ich handelte mit dem zuständigen Professor einen Kompromiss aus. Als ich später als Allgemeinarzt arbeitete, hatte ich in der Regel am Sonnabend keinen Dienst. Nur in den nächtlichen oder feiertäglichen Bereitschaftsdiensten kam ich genau wie jeder andere Kollege laut Plan manchmal am Sonnabend dran. Ich machte diese Dienste, wollte an ihnen aber kein Geld verdient haben. Ich errechnete den entsprechenden Anteil und spendete diese Beträge der Gemeinde. Auch heute gibt es Gemeindeglieder, die im sozialen Bereich, z. B. im Gesundheitswesen oder in der Pflege auch am Sonnabend arbeiten müssen.

Es gibt auch andere Tätigkeiten, die im Dienst der Gesellschaft am Samstag geleistet werden müssen. Man kann selbstverständlich solche Verantwortungen zu meiden versuchen, muss sich dann aber darüber im Klaren sein, dass dann „dein Knecht" (2. Mo 20,10) für uns Postzustellung, Energie- und Wasserversorgung, Verkehrswesen, öffentliche Sicherheit u. a. aufrechterhalten muss. Auch in einer adventistischen Hochschule oder Gesundheitseinrichtung müssen am Sabbat Dienste verrichtet werden. Unsere Pastoren und die Laienprediger fahren am Sabbat eventuell mit einem öffentlichen Verkehrsmittel zum Predigtort. Auch im alttestamentlichen Heiligtum taten die Priester am Sabbat „Dienst". Jesus gestattete die Rettung eines Schafes, das am Sabbat in einen Brunnen gefallen ist. Wir sind der Meinung, dass das Ruhen am Sabbat ein Zeugnis für den Schöpfergott ist, der den Sabbat eingesetzt hat. Der Ruhende wird gesegnet, aber der Sabbat ist nicht ein zu erbringendes Werk, das Belohnung erwartet. In unseren Urlauben sind wir als Familie oder gemeinsam mit Freunden am Sonnabend stets in den nächsten Gottesdienst unserer Kirche gegangen. Wir haben gemeinsam mit unseren Freunden Gunthardt und Petra Saupe in Kanada und Norwegen an so manchem Sabbat besonders beeindruckende Begegnungen und Sabbaterlebnisse gehabt. So habe ich auch meine Kinder erzogen. Im Urlaub am Sabbat den Gottesdienst zu versäumen, ist uns nie in den Sinn gekommen.

In allen Kirchen und Gemeinden wird **Gemeindegesang** gepflegt. Wir verdanken diese schöne Sitte wahrscheinlich dem Reformator Martin Luther. Als ich Kind war, sangen die Adventgemeinden Deutschlands in den Gottesdiensten aus einem „alten" von 1907, später aus einem „neuen" Zionslieder-Buch (in der DDR als Lizenzausgabe des westdeutschen Adventverlages 1961). Im Jahre 1983 wurde es abgelöst durch die deutschlandweite Ausgabe von „Wir loben Gott" und im Jahre 2004 kam das Zusatzbuch „Leben aus der Quelle" mit neueren, frischeren Rhythmen und Weisen. Im Jahr 2016 wurde wieder ein neues Liederbuch „Glauben-Hoffen-Singen" eingeführt. Es vereint Lieder aus „Wir loben Gott" und „Leben aus der Quelle", besitzt aber auch völlig neues Liedgut. Manch frühere Lieder sind verschwunden. Etliche Texte bekannter Lieder wurden gering verändert. Ich habe die Einführung sowohl des „Wir loben Gott" als auch der „Quelle" und des jüngsten Buches „Glauben-Hoffen-Singen" erlebt. Bei jedem Wechsel gab es in den Gemeinden Diskussionen und Proteste. Manchmal höre ich, dass mancherorts aus dem „neuen" Buch nicht gesungen wird. Man stößt sich an Autoren-Namen und Komponisten und oft einfach an jüngeren Dichtern oder dem für kritikwürdig gehaltenen Hintergrund eines Liedes. Auch in Stralsund beobachte ich, dass manche Gottesdienstbesucher bestimmte Lieder nicht mitsingen.

Etwa im Jahre 2003 gründeten Jugendliche der Stralsunder Gemeinde zusammen mit Freunden eine „**Band**" mit Gitarren, Schlagzeug und Gesang. Dieses Projekt setzte sich aber nicht durch, worüber manche Gemeindeglieder froh waren. Auch mit sogenannter „Lobpreismusik" haben wir es nicht so. Unser Gemeindegesang wird von Orgel oder - inzwischen immer häufiger - Klavier begleitet, manchmal zusätzlich dezent auch von einer Gitarre und einem Rhythmusinstrument (Cajon). Zurzeit (2020) ist unser Gemeindegesang unter Corona-Bedingungen ziemlich leise geworden.

Die sechziger und siebziger Jahre waren in unseren Gemeinden die Zeit der **Kammermusik**. Sie wurde besonders gefördert durch den Stralsunder Prediger Bruno Schulz, der selbst geigte, sowie durch den damaligen Abteilungsleiter in Rostock Brd. Karl Götzinger, in dessen Familie ebenfalls Geige und Cello gespielt wurden. Entsprechend wurde in vielen Gottesdiensten und bei besonderen Anlässen gegeigt (und in anderen Gemeinden geblasen).

Tragen „fromme" Leute eine andere **Kleidung** als die Mitmenschen in der „Welt"? Im Alltag oder Beruf sicher nicht, aber in den Gottesdienst kamen in meiner Kindheit die Männer grundsätzlich in einem schwarzen oder zumindest dunklen Anzug, geschmückt mit einer Krawatte und einem steifen Hut. Die Damen trugen entweder lange Kleider oder weite Kostüme, darüber lange Mäntel und Hüte. Man hielt sich vor fünfzig und mehr Jahren noch an einen Schicklichkeitsstil, wie er auch von Schw. E. G. White propagiert wurde: „Es ist unser Vorrecht, durch unsere Kleidung ... unserem Schöpfer die Ehre zu geben ... Unser äußeres Erscheinungsbild sollte in jeder Hinsicht gekennzeichnet sein durch Ordentlichkeit und Sauberkeit, Bescheidenheit und Sittsamkeit sowie Unverdorbenheit ... Es ist richtig, gutes Material zu kaufen und dieses mit Sorgfalt verarbeiten zu lassen ... Was allerdings nicht gebraucht wird, das ist üppiger Schnickschnack in Form von aufwändigen Verzierungen ..." (E. G. White: „The Faith I Live by"). In meiner Jugendzeit war dieser Stil zunehmend „unmodern", aber die jungen Leute der Sechziger und Siebziger erschienen immerhin noch mit weißem Hemd, Jackett, Mantel und langer Hose mit Bügelfalte. Verstieß jemand gegen diesen Dress-Code, so wurde er von Vertretern der älteren Generation manchmal streng getadelt. Diese Generation hatte jedoch schon vergessen, dass der dunkle Ausgehanzug in ihrer Jugendzeit ebenfalls zu einer Protestkleiderordnung gehörte, mit der die damals Jungen gegen den Smoking, die Hemdbrust mit Vatermörder-Kragen sowie den Zylinder der Väter-Generation aufbegehrt hatten. Ich beobachte heute, dass sich die Unterschiede zwischen Alltags- und Gottesdienstkleidung mehr und mehr verwischen. Immer häufiger kommen Gemeindeglieder in Blue-Jeans in den Gottesdienst, oben mit einem Pullover oder bunten Hemd bekleidet. Vielleicht würden sie betonen, dass es ja ihre „gute" Jeans sei. Selbst auf dem Sprechpult stehen manche Wortverkünder heute im Hemd oder Pullover ohne Schlips. Kaum jemand hält ein solches Verhalten noch für anstößig. Die Entgegnung eines sehr salopp Gekleideten würde wahrscheinlich lauten: „Es kommt doch nicht auf Äußerlichkeiten an, sondern auf die inneren Werte!" Das Argument ist unwiderlegbar, dennoch ist das oft sehr alltäglich wirkende Äußerliche mancher Gottesdienstbesucher in meinen Augen kein gutes Beispiel für andere.

Der Hosenanzug für Frauen kam erst in den 60er Jahren in Mode; er wurde in Gottesdiensten noch deutlich später toleriert. Parallel dazu wurden die Röcke der Damen kürzer und enger, und auch in Gottesdiensten wurde immer mehr Bein gezeigt. Während jede männliche Kopfbedeckung mit der Oberbekleidung im Vorraum bzw. Garderobe abgelegt wurde (und wird), durften (oder mussten) in meiner Kindheit die Damen noch ihre Hüte im Gottesdienst aufbehalten. Einzelne tun es heute noch. Ich habe mir erzählen lassen, dass es noch in der Mitte des vorigen Jahrhunderts in adventistischen Gottesdiensten Australiens bei den Damen üblich war, mit immer prächtigeren, größeren und übermäßig geschmückten Hüten einander auszustechen bzw. zu übertrumpfen. Dabei gilt doch für alle frommen Gottesdienstbesucher eigentlich laut dem Neuen Testament eine schickliche, wenig auffallende und bescheidene Kleidung (1. Petrus 3,3)!

Und die **Haare**? Der Bubikopf und die Dauerwelle als Beispiel einer aufmüpfigen Haartracht der Damen galten vor 50 Jahren noch als gewagt. Wer als Frau besonders fromm sein (oder erscheinen) wollte, ließ die Haare nicht schneiden oder gar färben, sondern trug einen frommen „Dutt" (Haarknoten). Solche Verweigerungen gibt es, wenn auch selten, auch heute noch. Selbst ein gepflegtes Make-up der Damen und eine dezente Maniküre sowie Kettchen und Ohrgehänge wären in meiner Jugendzeit noch ein Aufreger gewesen. Manche unserer Jugendlichen machen mit auffälligen Haartrachten zeitweise auf „cool". Als ich jung war, waren meine Eltern ziemlich irritiert, als ich mir einen „Brechtschnitt" zulegte, also die Haare statt nach hinten nach vorn kämmte. Männer, die mit langem Haar (Zopf oder ähnlichem) im Gottesdienst erscheinen, haben wir momentan nicht. Ich denke, wir würden sie ertragen. Der zu beobachtende Trend auch in unseren Gemeinden war und ist der, dass nach und nach vieles auch bei uns gebräuchlich wird, was die „Welt" vormacht - nur etwas später.

Wir fallen auch mit bestimmten **Essgewohnheiten** auf. Adventisten essen entsprechend biblischer Anweisung (3. Mose 11) keine „unreinen" Speisen. Das sind bestimmte Fleischsorten, wie z. B. Schwein, Kaninchen, Aal, Krebse, Muscheln, Schnecken. Auch der Blutgenuss ist nach der Bibel untersagt. Es ergibt sich heute und in unserem Lebensbereich eigentlich kein Problem bei der Einhaltung dieses Gebotes. In einer Gaststätte kann ich wählen, was ich essen möchte, und im eigenen Hause kommt sowieso nur das auf den Tisch, was man selbst eingekauft hat. Hin und wieder entsteht Erklärungsbedarf gegenüber Anders- oder Ungläubigen. Wie tiefschürfend dann Auskunft gegeben wird, ist jedem selbst überlassen. Manche Gemeindeglieder meiden auch Lebensmittel, die Gelatine enthalten, die eventuell aus Schweinefleisch gewonnen wurde. Wie bereits schon erwähnt, gibt es auch Vegetarier und Veganer in unseren Reihen. Sie sind in Stralsund und Bergen allerdings eher selten. Argumente für eine solche Haltung können nicht biblisch belegt werden. Hier haben beide Seiten Gelegenheit, Toleranz zu üben. Früher mehr als heute fiel ein Adventist auch damit auf, dass er keinen **Alkohol** trank. In DDR-Zeiten galt es auf der Arbeitsstelle noch als peinliche Unhöflichkeit, sich einem Toast beim Geburtstag des Chefs zu entziehen. Heute ist es völlig normal geworden, sich einen Orangensaft eingießen zu lassen. Die meisten Gemeindeglieder dürften eine absolute Alkoholabstinenz einhalten. Von anderen weiß oder vermute ich, dass sie sich Ausnahmen gestatten. Gesprochen wird über dieses Thema kaum. Letztlich ist hier jeder allein Gott verantwortlich. Zwar kennt die Bibel kein absolutes Alkoholverbot, aber der Begriff des „Heiligseins" passt nicht mit Alkoholmissbrauch zusammen. In einer Gesellschaft, in der Millionen Bürger alkoholkrank sind und täglich Verkehrsteilnehmer wegen alkoholbedingter Fahruntüchtigkeit (eigener sowie der anderer) ums Leben kommen, sind wir Adventisten für Kinder, Jugendliche und Mitbürger ein Beispiel, das mehr und mehr Achtung und Respekt abnötigt.

Adventisten rauchen nicht. Die **Nikotinsucht** gab es in der Antike noch nicht, entsprechend findet man in der Bibel auch keine Beurteilung dieses Verhaltens. Heute ist das Rauchen zu einer der häufigsten und schlimmsten Krankheitsursachen geworden. Wie beim Alkohol ist die Suchtgefahr das Heimtückische. Die Zigarette wieder loszuwerden, sei schwerer als das „Trockenwerden" bei der Alkoholsucht, sagten mir Patienten. Als Nichtraucher verdient(e) man sich früher wie heute die Achtung der Mitbürger. Als Christ ist man nicht in der Verlegenheit, hier eine fromme Begründung konstruieren zu müssen.

Die **Abhängigkeit** von anderen Substanzen, die Spielsucht sowie den Konsum von Pornofilmen erwähne ich hier nur der Vollständigkeit halber. Die beiden letzteren lassen sich wahrscheinlich am leichtesten verheimlichen, da sie nachts im Casino oder vor dem heimischen PC befriedigt werden. Fälle aus unseren Gemeinden sind mir nicht bekannt.

Ein **Tattoo** zu tragen oder mit Nasenring daherzukommen, ist bei Gemeindegliedern nach meiner Beobachtung zurzeit noch unüblich. Eine Tätowierung war früher in unseren Breiten nur unter Seeleuten oder Gefängnisinsassen gebräuchlich. Die Bibel sagt kaum etwas zum Thema. Sich „wund zu ritzen" gehörte in manchen heidnischen Kulturen zu Trauerriten oder Anbetungsformen (5. Mo 14,1). Heute versuchen immer mehr vornehmlich junge Leute, mit klein- und großflächigen Tattoos Botschaften zu vermitteln oder Aufmerksamkeit zu erregen. Es wird geschätzt, dass jeder Fünfte in unserem Land sich ein Tattoo stechen lässt. Sollte jemand in unserem Gottesdienst mit Tattoo oder **Piercing** erscheinen, würde ich persönlich das kommentarlos ertragen, womit dem vermutlichen Demonstrationsbedürfnis einer solchen Person am ehesten die Spitze abgebrochen wäre. Über das Tragen von modischen Ketten, Broschen und Ohrgehängen habe ich weiter oben schon gesprochen. Nach meiner Beobachtung geschieht es maßvoll.

Am schwersten fällt mir die **Toleranz** gegenüber Kaugummi kauenden oder Handy spielenden Gottesdienstbesuchern. Die von dieser Unsitte ausgehende Botschaft ist für jemanden, der sich im Gottesdienst vor dem Angesicht Gottes fühlt, nur schwer auszuhalten. Ob sich diese Personen auch bei einem Empfang beim Bundespräsidenten so verhalten würden?

Die **Scheidung** einer Ehe, in der beide Partner Gemeindeglied waren, hat es in unseren beiden Ortsgemeinden nach meinem Wissen zweimal gegeben. In einem der beiden Fälle war die Ehefrau wegen Untreue mit nachfolgendem Ehezerbruch nach einer Zeit der sogenannten „korrigierenden Seelsorge" aus der Gemeinde ausgeschlossen worden. Der Ehemann hatte die Scheidung verlangt und war in eine ferne deutsche Stadt verzogen; er blieb Gemeindeglied, ist aber inzwischen verstorben. Die Ehefrau hat trotz ihrer Streichung in der Gemeindeliste weiter die Gottesdienste besucht und am Gemeindeleben teilgenommen. Sie ist inzwischen wieder in die Gemeinde aufgenommen worden und wiederverheiratet. Sie gehört zu den aktiven Gliedern der Gemeinde. In dem anderen Fall erfolgte nach Scheidung ebenfalls eine Wiederverheiratung. Beide Personen sind inzwischen nicht mehr Glieder der Gemeinde Stralsund. Etwa acht Gemeindeglieder haben vor ihrer Taufe Scheidungen erlebt. Es gibt fünf „Mischehen" - das sind Ehen, wo ein Ehepartner Glied der Gemeinde ist, der andere aber nicht. Die Nichtgemeinde-Ehepartner machen ihren Ehepartnern nach meiner Beobachtung keine Schwierigkeiten, ihren Glauben zu leben.

Das „**Zusammenleben**" junger Leute **ohne Trauschein** hat es in unseren beiden Ortsgemeinden nach meinem Wissen nur zweimal gegeben. Solche Fälle können und sollten seelsorgerlich behandelt werden. Heute hört und liest man immer häufiger von **Kindesmissbrauch**, sogar im christlichen Umfeld. In Stralsund und den Nachbargemeinden hat es nach meinem Wissen nie Anlass gegeben, einem solchen Verdacht nachzugehen. Noch vor einigen Jahrzehnten hätte ich dieses Thema für den kirchlichen Bereich als unmöglich angesehen. Heute möchte ich mich da nicht mehr festlegen.

9. Wir und die anderen

Das Verhältnis der Adventgemeinde Stralsunds zu anderen Kirchen und Freikirchen der Stadt kann ich nur so weit einschätzen, wie ich es erlebt habe. Die Stralsunder Evangelisch-Freikirchliche Gemeinschaft (Baptisten) bot nach Kriegsende den Adventisten die eigene Versammlungsstätte in der Frankenstraße 41 zur Nutzung in Untermiete an. Dafür waren wir sehr dankbar. Ich kann mich erinnern, dass in dem schlauchförmigen Raum vorne über dem Podium mit Sprechpult und Musikinstrument eine Holztafel angebracht worden war mit dem Bibelwort „Ein Herr, ein Glaube, eine Taufe" (Eph. 4,5). Die Glaubenstaufe Erwachsener durch Untertauchen wird bekanntlich in beiden Freikirchen praktiziert, und unter dem Podium befand sich ein Taufbecken, worüber wir sehr dankbar waren. Es war allerdings nicht immer funktionsfähig (siehe Foto). Ich erinnere mich, dass die damaligen Gemeindepastoren beider Kirchen sehr kollegial und brüderlich miteinander umgegangen sind. Als die Baptisten in der Langen Straße einen größeren und komfortableren Raum beziehen konnten, wurden wir in der Frankenstraße 41 (siehe Foto) alleiniger Mieter. Das war 1949 (siehe Seite 11). Später mühten sich die Baptisten um den Ausbau und die Herrichtung des gotischen Giebelhauses in der Fährstraße, in welchem sie heute noch zu Hause sind. Unser 90. Gemeindejubiläum im Jahre 1993 konnten wir in diesem schönen Haus begehen (siehe Seite 147). Im Jahre 2001 durfte ich bei den Stralsunder Baptisten in der Fährstraße einen Vortrag mit dem Thema „Eine kritische Auseinandersetzung mit dem Okkultismus in der Medizin" halten. Das Publikum war sehr aufmerksam. Ähnlich enge Beziehungen zu anderen Gemeinschaften und Kirchen bestanden nach meiner Erinnerung nicht. Die Katholische Kirche war zwar in der Frankenstraße fast direkt unser Nachbar, jedoch weiß ich von keinen seinerzeit angestrebten oder erfolgten Beziehungen. Die Evangelische Landeskirche mit ihren ca. sechs bis sieben Predigtstätten in den großen Kirchen der Stadt (sowie zwei oder drei kleinen) war uns theologisch zwar näher als die Katholiken, aber nach meinem Gefühl schauten die evangelischen Pastoren doch immer etwas kritisch-herablassend auf die „Sekten" herab.

Taufe von Iduna Zinow durch H. Beier am 2.7.1977 in der Frankenstr. 41

Frankenstraße 41

Als ich meine Frau Renate kennenlernte, besuchten wir eine Zeit lang einen Kreis junger Erwachsener, der im Pfarrhaus von Pastor N. stattfand. Aus dieser Zeit blieb eine Freundschaft zur Pastorenwitwe Ingelotte N. Sie verschaffte uns Im Februar des Jahres 1971 eine Einladung zu Herrn Pastor W. In einem exklusiven Kreis (Gemeindehaus Diebsteig) stand das Thema zur Debatte: „Die Bibel als Schrittmacher bei der Säkularisierung". In der Diskussion, in der ich tüchtig mitmischte, ging es um die Rolle der christlichen Religion beim Fortschritt der Menschheit. Die Bibel hülfe bei der „Entzauberung der Welt"! Wenn ich auch weiß, was gemeint war, so denke ich, förderten solche Themen und Diskussionen damals wie heute eher eine „Entzauberung" der Bibel. Auch die Stellung des Christen im sozialistischen Staat stand zur Debatte. Bei der Verabschiedung sagte der Hausherr, wir seien eine große Bereicherung für den Abend gewesen.

Auch als Student ging ich in Rostock einige Male zu Abenden der Jungen Gemeinde. Ich wunderte mich, dass die jungen Christen dort die „theistische Evolution" verteidigten, nach der Gott den schöpferischen Anstoß zur Entstehung der Welt gab und sie danach den evolutionären Mechanismen überließ.

Als Renate und ich heirateten, fassten wir den Entschluss, einmal die Gottesdienste aller anderen Kirchen und Gemeinschaften in Stralsund zu besuchen: so waren wir bei den Neu-Apostolischen, bei der Elim-Gemeinde, bei den Methodisten, in einem Gottesdienst der Christengemeinschaft und der Evangelischen Landeskirche, bei den Baptisten und in einer katholischen Messe. Die Zeugen Jehovas waren nicht dabei, aber vielleicht gab es sie 1963 noch nicht in Stralsund. Unsere Eindrücke waren unterschiedlich.

An den jährlichen Gebetswochen der Evangelischen Allianz beteiligen wir uns seit 2001. Diese haben zu einer angenehmen Annäherung der teilnehmenden Freikirchen und Gemeinden geführt. Bei so manchem dieser Gebetsabende war ich von der innigen Art anderer Christen zu beten berührt, die ich ihnen ursprünglich so nicht zugetraut hatte. Die Stralsunder Adventgemeinde ist Mitglied in der örtlichen Evangelischen Allianz, was einige von uns missbilligen, für die meisten aber unproblematisch ist. Derzeit gewähren wir einer Gruppe von Alt-Lutheranern (SELK) sowie der „Father´s House Church" Gastrecht zum Abhalten eigener Gottesdienste in unserer Kapelle.

10. Chronologie der Adventgemeinde Stralsund

10.1 Predigerfamilie Hermann und Hanna Beier (1971 - 1980)

1972: Taufe in Sellin - Bausoldatenzeit

Vor 366 Tagen waren wir als Gemeinde auch zur Jahresschlussandacht beisammen. Wir hielten Rückschau, und wir schauten voraus auf das kommende Jahr, das dunkel vor uns lag. Wir stellten uns im vergangenen Jahr unter das Losungswort „Unser Glaube ist der Sieg." (1. Joh. 5,4). Wollen wir auf das Jahr zurückblicken, das für uns jetzt nicht mehr dunkel ist wie am Anfang des Jahres. Dieser Rückblick soll in der Form einer Jahreschronik geschehen. Wir wollen uns aber nicht in chronologischer Reihenfolge von Januar bis zum Dezember die einzelnen Gemeindeereignisse ins Gedächtnis rufen, sondern in drei Komplexen die Gemeindearbeit des vergangenen Jahres lebendig werden lassen.

1. Höhepunkte, die uns im Gemeindeleben bewegten.
2. An die Höhepunkte der Jugend wollen wir erinnern.
3. Besondere Erlebnisse, die unsere Kinder hatten.

Wir haben im vergangenen Jahr viel Segen von unserem himmlischen Vater durch Jesus Christus empfangen, sodass wir allen Grund haben, herzlich zu danken. Den Dank bringen wir durch den Bibelvers Psalm 65 zum Ausdruck (nach Zink).

Gemeindeereignisse

Eine besondere Freude erlebten alle, die am 16. Juni am Taufgottesdienst in Sellin teilnahmen, und besonders für die Täuflinge wird es ein unvergessliches Erlebnis gewesen sein. Wir wünschen den Glaubensschwestern Maritta Hübner, Karin Warkenthin und Petra Reichert nochmals Gottes Segen, und dass ihr Bündnis mit Jesus für immer währen möge. Ebenso gern erinnern wir uns des Taufgottesdienstes hier im Saal am 18. November. Auch Schw. Hass und Schw. Kirchner wünschen wir von Herzen Gottes Segen weiterhin. Beim Abendmahlsgottesdienst in Bergen am 29. November konnte Schw. Markwardt wieder in die Gemeinde aufgenommen werden.

Die Gemeinden des Bezirks erlebten den geistlichen Höhepunkt des Jahres am 9. - 10. Juni, als wir unseren Bezirksgottesdienst hatten. Neben den Brüdern von der Vereinigung Georg Richter und Manfred Gelke diente uns als Gast mit dem Wort Gottes Felix Schönfeld, der Schulleiter des Missionsseminars. Vom 29. April bis 7. Mai hatten wir unsere Frühjahrsevangelisation. Das Thema lautete: „Fünf Glaubensfragen und die Antworten der Bibel". Noch gut in der Erinnerung dürften uns die Themen der Herbstevangelisation sein: „Unter der Kraftwirkung des Gebets" lautete das Hauptthema, und die Bitten des Vaterunsers wurden besprochen (Referent war der Ortsprediger Hermann Beier). Wir wollen nicht vergessen, dass Ende April der Wechsel bei den Bausoldaten war ... Ich denke, wir haben die Brüder, die bei den Bausoldaten ihren Dienst leisten, immer gerne in unserer Mitte gehabt. Ein herzliches Dankeschön gilt den Brüdern Heinz Wietrichowski, Jörgen Wendler und Otto Petrischkeit, die immer wieder der Gemeinde mit dem Wort dienten. Erinnern möchte ich an folgende Brüder, die im Laufe des Jahres innerhalb ihres Urlaubs hier eine Predigt hielten: Egon Hennig, Brd. Lehmann aus Glauchau, Brd. Zimmermann, Lehrer in Friedensau, Werner Schulz, Mitarbeiter in der Abteilung Bibellehrbriefe in Friedensau, Jörgen Zschunke, Prediger im Erzgebirge, Brd. Drejnar aus Prag, auch Hugo Tornow und Ernst Filter, beide Bausoldaten, haben der Gemeinde gedient. Auch in diesem Jahr blieb die Gemeinde nicht von Leid verschont ... Es verstarben Wilhelm Weber am 18.5.,

Minna Neuenfeld am 7.12., Frieda Grayczyk am 10.8. (Bergen) und Hanna Dau am 2.6. (Barth).

Abteilung Jugendseelsorge

Das erste besondere Ereignis, das unsere Jugend betraf, war der Gottesdienst am 25. März. Zwei unserer Jungfreunde konnten in den Gemeindejugenddienst aufgenommen werden. Es waren Sieglinde Mietz und Iduna Zinow. Wir wünschen ihnen Gottes Segen, und dass sie sich in der Jugendgruppe wohlfühlen und an reger Mitarbeit Freude haben. In diesem Jahr hat sich ein guter Kontakt zwischen den Jugendgruppen Greifswald und Stralsund entwickelt. Am 17.6. war die Greifswalder Jugend bei uns zu Gast, und am 21.10. folgten wir einer Einladung nach Greifswald. Jugend liebt frohes Beisammensein. Im Anfang des Jahres waren wir zu einem „Bunten Abend" zu Ehepaar Heinz und Renate Wietrichowski eingeladen, und am 16. Dezember waren alle Teilnehmer an der Jugendstunde im Haus von Hanna und Hermann Beier. Die „reifere Jugend" traf sich zu drei Gesprächsabenden in den Heimen von H. und R. Wietrichowski, Edith und Paul Rettkowski und bei Beiers. Es wurden Gedanken und Meinungen zu den Fragen „Was ist Toleranz?", „Worin besteht der Sinn des Lebens?" und „Was ist Freiheit?" ausgetauscht.

Abteilung Kinderseelsorge

Außer in der Ferienzeit wurden unsere Stralsunder Kinder regelmäßig am Sonntagvormittag im Kindergottesdienst und in biblischer Unterweisung betreut. Wir erinnern uns, dass uns zum Bezirksgottesdienst die große Kinderschar des Bezirks durch ein Rätselspiel die Bitte antrug „Betet für uns!" Am 3.6. fand hier im Gemeindesaal ein Kinderfrühlingsfest statt. Durch ihre Darbietungen - Gedichte, Lieder, Musikstücke - erfreuten die Kinder die Gemeinde. Eine besondere Freude hatten unsere Kinder, als sie am 18.6. zu einem Kinderfest in das Heim von Inge und Otto Petrischkeit nach Barth eingeladen wurden. Besondere Überraschungen waren für sie vorbereitet. Es war für das leibliche Wohl gut gesorgt. Es gab Mittagessen, und bei Kaffee und Kuchen waren die Kinder froh beisammen, und bei den vorbereiteten Wettspielen konnten viele Preise gewonnen werden. Sicherlich denken die Kinder heute noch gern an diesen Tag.

Auch eine Kinderevangelisation wurde im Rahmen der sonntäglichen Kindergottesdienste durchgeführt. Das Thema der Evangelisation lautete: „Jesus kann alles!" Sechs Begebenheiten aus dem Leben Jesu wurden den Kindern nahegebracht und durch Flanellbilder veranschaulicht. Eine besondere Freude war es, dass auch Gästekinder zugegen waren. Sieben Kinder unseres Bezirks waren vom 23. bis 31.7. in Goosfeld zu einer Kinderbibelwoche. Voller Begeisterung kehrten alle in die Elternhäuser zurück und versicherten, im nächsten Jahr wieder dabei sein zu wollen.

Noch sehr gut haben wir die Adventsfeierstunde am 23.12. in Erinnerung. Zuerst bereiteten die Kinder durch ihre Darbietungen den Erwachsenen Freude, und dann konnte den Kindern durch Geschenkpakete und -tüten eine Freude gemacht werden ...

1973: 70 Jahre Gemeinde Stralsund – zu Gast war Bruno Schulz

Das Gemeindeleben stand im Jahre 1973 unter dem Losungswort „Ihr werdet meine Zeugen sein." Insbesondere für die Missionsarbeit hatten wir uns unter das

Wort „Ergreife das ewige Leben!" gestellt. Nun wollen wir in dieser Jahreschronik Rückschau auf Begegnungen mit unserem Gott, auf gemeinsame Freuden und Erlebnisse und auf Ernstes und Heiteres im Gemeindeleben halten. Wie im vergangenen Jahr erinnern wir uns zuerst an Erlebnisse, Ereignisse und Höhepunkte in der Gemeindearbeit, dann an Erlebnisse im Kinder- und Jugenddienst. Zunächst bringen wir unseren Dank Gott gegenüber mit den Worten aus 1. Chron. 10,8.12 zum Ausdruck: „Danket dem Herrn, predigt Seinen Namen, tut kund unter den Völkern sein Tun! Gedenket seiner Wunder, die er getan hat, seiner Zeichen und der Urteile seines Mundes."

Gemeindeereignisse

Am Abend des 20.1., an einem Sabbat, besuchte uns Manfred Böttcher, unser Verbandsvorsteher, und berichtete ausführlich über seinen sechswöchigen Aufenthalt auf unserer Missionsschule in England, dem Newbold-College, wo er an einem theologischen Lehrgang teilgenommen hatte. Dann zeigte er uns Lichtbilder von einigen Besichtigungen, die er in England machen konnte.

Im Monat darauf, am 9.2., war Manfred Gelke aus Rostock in einer Abendveranstaltung in unserer Gemeinde. Er war mit einem Filmvorführgerät gekommen und zeigte uns einen Film von der Großen Jugendbibelwoche 1972 in Friedensau. Er verstand es, uns durch treffende und anschauliche Schilderungen einen lebendigen Eindruck von diesem großen Jugendtreffen zu vermitteln.

Im schönen Monat Mai fanden sich die Geschwister unseres Bezirks in unserem Gemeindesaal zum diesjährigen Bezirksgottesdienst ein. Als besonderen Gast durften wir Heinz Starke begrüßen. Er diente uns mit der Predigt, außerdem hielt er drei Bibelstunden, die er durch Flanellbilder sehr anschaulich gestaltete. Natürlich waren auch die Brüder von der Vereinigung anwesend: Manfred Gelke und Georg Richter. Viele Geschwister der Gemeinde folgten einer Einladung der Vereinigung und fuhren zur Vereinigungskonferenz nach Schwerin (siehe umseitiges Foto). Dort gab es manche freudige Begegnung mit Geschwistern aus anderen Gemeinden. Aber besonders wurden wir gesegnet durch die Predigt, eine geistliche Feierstunde, die Einsegnungsfeier und die Bibelstunden der Brüder Jean Zürcher von der Division (Schweiz), M. Böttcher, G. Mager, E. Hennig vom Verband und H. Zimmermann, Lehrer in Friedensau. Eine Woche später (28.6. - 1.7.) fand in Friedensau die Verbandskonferenz statt. Leider konnten wegen Platzmangel in der Friedensauer Kapelle nicht alle Geschwister eingeladen werden. Es durften nur die Delegierten zu diesem besonderen Gottesdienst fahren. Unser Bezirk war durch H. Wietrichowski und H. Beier vertreten. Aus dem Ausland waren folgende Prediger zum Dienst nach Friedensau gekommen: J. Zürcher, Generalsekretär der Euro-Afrika-Division (Bern), H. Heinz, Lehrer an der Missionsschule Bogenhofen in Österreich (als Übersetzer), Brd. Sladek, Verbandsvorsteher in der ČSSR, Joachim Hildebrandt, Vorsteher des Süddeutschen Verbandes Stuttgart. Einen ausführlichen Bericht über diese Konferenz bringt die nächste Lichtbild-Serie AIBUT, die ihr am kommenden Sabbat im Gottesdienst sehen und hören könnt. Einen besonderen Einsatz leistete die Gemeinde während unserer Herbstevangelisation im Oktober. Ein besonderer Dank gilt allen Geschwistern, die sich tatkräftig für das Gelingen dieser drei Verkündigungswochen

Vereinigungskonferenz Schwerin 1973
von links: Hanna Beier, M. Schmidt, K. Warkenthin, Brigitte B., B. Weber, Elke Schreiber, ?, Helga Beier, L. Timm, Heidrun Beier, Edith Schreiber, M. Rettkowski, C. Wendler, E. Rettkowski, P. Rettkowski, Hannelore Beier, R. Wietrichowski, ?, Heike Beier, K. Wietrichowski, C. Mietz, O. Petrischkeit, J. & A. Wietrichowski, Ingrid B., I. Petrischkeit, E. Jürß, M. Hermann, H. Wietrichowski, Iduna Zinow, I. Rosenmeyer, Ilse Zinow, G. Petrischkeit, M. Zinow, K.-F. Zinow, R. Wendler

Bruno Schulz 3.11.1973

mit insgesamt 16 Themen eingesetzt haben. Möge der Herr uns auch Frucht aus dieser Arbeit schenken! Einen weiteren Höhepunkt in unserem Gemeindeleben erfuhr die Gemeinde am 27.10. Während des Gottesdienstes wurde Elke Schreiber getauft. Sie ist damit unsere jüngste Glaubensschwester. Nochmals wünschen wir ihr Gottes Segen für ihren weiteren Lebens- und Glaubensweg. Und schon eine Woche später, am 3.11., fand ein weiterer besonderer Gottesdienst statt. In einer Jubelfeierstunde konnten wir auf sieben Jahrzehnte Adventgemeinde Stralsund zurückblicken. Eine große Freude war es für uns, dass Bruno und Inge Schulz aus Westberlin in unserer Mitte sein konnten. Wir sind dankbar für die „Grußworte", die Bruno Schulz während der Feierstunde an die Gemeinde richtete, und für den Lichtbildbericht am Sonntagabend über eine Urlaubsreise durch Italien.

Auch am Ende dieses Jahres möchte ich den Brüdern Heinz Wietrichowski, Jörgen Wendler und Otto Petrischkeit für ihre Einsatzbereitschaft im Predigtdienst in den Gemeinden des Bezirks herzlich danken. Erinnern möchte ich an folgende Brüder, die im Laufe des Jahres innerhalb des Urlaubs oder anlässlich eines Besuches hier eine Predigt hielten: Brd. Weißflog, Laienprediger Freiberg/Sa., Brd. Schieber, pensionierter Prediger und Vorsteher, Gemeinde Blankenburg/Harz, Lothar Schramm, Sekretär der Thüringer-Vereinigung Erfurt, Ernst Filter, ehemaliger Bausoldat, Gemeinde Mühlhausen, Werner Schulz, Leiter der Abteilung Friedensauer Bibellehrbriefe, Manfred Böttcher, Verbandsvorsteher in Berlin, Konrad Edel, Prediger in Schwerin.

Abteilung Jugendseelsorge

Auch in diesem Jahr setzten wir als Stralsunder Jugendgruppe die traditionelle Verbindung zu den Jugendgruppen Greifswald und Demmin fort. Am 20. Januar trafen sich die drei Jugendgruppen in Demmin. Manfred Böttcher hielt die Jugendstunde, und wir sahen Lichtbilder über die große Friedensauer Bibelwoche 1972. Am Donnerstag, dem 10. Mai, fuhren 12 Jugendliche mit der Bahn nach Prag, der Hauptstadt der ČSSR. Wir waren fast die ganze Nacht unterwegs. Den Freitag nutzen wir zur Stadt- und Burgbesichtigung und zu einem Einkaufsbummel. Am Sabbat nahmen wir am Vor- und Nachmittag am Gottesdienst einer Prager Gemeinde teil. Dort trafen wir auch die Jugendlichen der Gemeinde Magdeburg mit ihrem Prediger Joachim Grellmann. In der Nacht zum Sonntag fuhren wir nach Stralsund zurück. Die Themen unserer Jugendevangelisation (18. - 19.5.) lauteten: „Von einem, der mit seinem Leben nicht fertig wurde", „Von einem Vater, der Erwartungen nicht enttäuschte", „Von einem, der den Sinn des Lebens fand".

Jugendliche unserer Gruppe nahmen in diesem Jahr an Sommer- und Winterbibelwochen teil und erlebten frohe Gemeinschaft im größeren Jugendkreis. Elke Schreiber und Heidrun Beier erlebten im Februar in Frauenwald/Rennsteig eine herrliche Bibelwoche bei sehr viel Schnee. Im Sommer waren Jugendliche zu Bibelwochen in Wismar, Neuruppin und auf der Wachtelburg/Werder. Einige Jugendliche waren auch zum Pfingstjugendgottesdienst nach Rostock gefahren. Das Leitwort dieses Jugendtreffens lautete „Jugend für Christus". Lothar Reiche, Jugendsekretär des Verbandes, war aus Berlin gekommen. Am 8. Dezember versammelten sich die Jugendlichen zum „Bunten Abend" des Jahres im Heim von Hanna und Hermann Beier. Für das leibliche Wohl war bestens gesorgt, und auch die Stimmung war bei Spaß und Spiel sehr gut. Solch frohes Beisammensein soll den Gemeinschaftsgeist stärken und Freude für alle vermitteln. Vergessen sei nicht, dass am 14.12. unsere Maritta Hübner geheiratet hat und nun Rosner heißt. Wir wünschen dem jungen Paar für das gemeinsame Leben das Geleit und den Segen Gottes. Leider wird nun bald unsere Jugendgruppe um ein Glied kleiner werden ... (Schluss des Originals fehlt leider).

1974: 2.605 M für die Republik Kongo - Ko-Referate Prediger/Arzt

An den Anfang unserer Jahreschronik über unser Gemeindeleben sei ein Dankeswort an Gott gestellt: Ps. 113, 1-3: „Halleluja, lobet ihr Knechte des Herrn! Lobet den Namen des Herrn von nun an bis in Ewigkeit! Vom Aufgang der Sonne bis zu ihrem Niedergang sei gelobt der Name des Herrn." Wir wollen uns erinnern, was uns das vergangene Jahr im Gemeindeleben gebracht hat. Es gab Höhepunkte durch besondere Gottesdienste an den Sabbaten, es gab ernste und frohe Versammlungen, und es kann gesagt werden, der Herr gab seinen reichen Segen und hat alles wohlgemacht. Natürlich kann diese Chronik keine Auskunft über die persönlichen Glaubenserfahrungen geben, die jeder einzelne von uns gemacht hat. Die Frage nach dem persönlichen Glaubensstand muss jeder selbst stellen, und Antwort wird er erhalten, wenn er ehrlich für sich Bilanz zieht. Unsere Chronik wird von Veranstaltungen berichten, die in der Gemeinde Stralsund bzw. im Seelsorgebezirk stattfanden, dann von solchen, die insbesondere für unsere Kinder und Jugendlichen vorgesehen waren, und von solchen, an denen nur einzelne von uns teilnehmen konnten.

Was hat uns das vergangene Jahr im Gemeindegeschehen gebracht?

1. An drei Wochenenden in den Monaten Januar/Februar fand in Rostock ein besonderer Lehrgang für Missionshelfer statt. Aus unserem Bezirk nahmen Paul Rettkowski, die Brüder Kruse (Vater und Sohn), Jörgen Wendler und Otto Petrischkeit teil. Leider konnte Paul Rettkowski nur am ersten Wochenende dabei sein, denn durch Krankheit war er dann verhindert, weiter teilzunehmen. Dieser Lehrgang wurde im Sommer in Kirchdorf auf der Insel Poel wiederholt, Heinz Wietrichowski mit Familie konnte die schöne Gemeinschaft im Geschwisterkreis erleben. In den Winterferien waren unsere Jungfreunde Christa Mietz, Marlies Rettkowski, Helma Sprenger, Helga und Heidrun Beier zu einer Bibelwoche in Neuruppin. Iduna Zinow und Sieglinde Mietz erlebten in Frauenwald/Thüringer Wald eine Winterbibelwoche.

2. Die gute Beziehung zwischen den Jugendgruppen Demmin und Stralsund wurde auch in diesem Jahr gepflegt. Am 2. und 3. März waren einige aus unserer Jugendgruppe zu Gast in unserem Nachbarbezirk. Mit Bibelstunden, geselligem Beisammensein und einem gemeinsamen Spaziergang füllten wir die Zeit des Beisammenseins aus und lernten uns besser kennen.

3. Während eines festlichen Gottesdienstes wurden unsere Jungfreunde Christa Mietz und Heidrun Beier von der Gemeinde Stralsund sowie Helma Sprenger von der Gemeinde Bergen in die Adventjugend aufgenommen. In einem Gespräch, das vor der Gemeinde geführt wurde, zeigte es sich, dass sie schon ein gutes biblisches Wissen besitzen. Mögen sie weiter Freude am Wort Gottes haben!

4. In diesem Jahr fand unser Bezirksgottesdienst schon Anfang April (5. - 7.4.) statt. Neben den Brüdern der Vereinigung G. Richter und M. Gelke diente uns L. Reiche, Abteilungsleiter für Jugend- und Kinderarbeit im Verband, mit dem Wort Gottes. Besonders den Kindern wird seine Stunde am Sonntagvormittag in guter Erinnerung sein, als er besonders für sie eigene Erlebnisse berichtete, die voll Spannung waren (Messerstich, Hauseinsturz, Glaubensgespräch während einer Bahnfahrt).

5. Am 3.5. einem Freitagabend, fand in Stralsund eine Tauffeier statt. Marion M., jetzt Warkenthin, erlebte durch die Taufe die Wiedergeburt zu einem neuen Leben und wurde dadurch Glied am Leibe Christi.

6. Eine Woche später, am 11. 5., wurden nach dem Sabbatgottesdienst Marion M. und Bernd Warkenthin getraut. Für das Brautpaar wird dieser Tag unvergesslich sein, und auch wir Gemeindeglieder, die wir Zeugen der Trauhandlung waren, erinnern uns gern dieses besonderen Gottesdienstes. Nochmals wünschen wir dem jungen Ehepaar Gottes Segen.

7. Für mich und meine Familie brachte der Monat Mai noch eine besondere Freude. Auf der Wachtelburg, unserem Gemeindehaus bei Potsdam, trafen wir Brüder uns erstmalig - mit unseren Familien - die wir in Friedensau in einem Jahrgang Studenten gewesen waren. Diese zwei Tage des Beisammenseins brachten uns sehr viel Freude. Wir erinnerten uns vieler gemeinsamer Erlebnisse, und der Spaß und das Lachen kamen in keiner Weise zu kurz.

8. Der Juni brachte unseren Kindern zwei Höhepunkte. Der eine war das Frühlingssommerfest mit Liedern, Gedichten und Musikstücken. Der andere war das Kinderfest in Barth bei Inge und Otto Petrischkeit. Dort waren Gedichte und Musikstücke nicht so sehr gefragt, sondern Sport, Wettspiel, Kaffeetrinken und Eisessen. Noch einmal sei Ehepaar Petrischkeit und den Helfern gedankt, dass wir jedes Jahr das Kinderfest bei ihnen durchführen dürfen.

Kinderfest in Barth
von links: Heidrun Beier, ?, Sieglinde und Christa Mietz, ?, ?, Helga Beier, Jörg W., Hannelore Beier, Kathrin W., Gunter Petrischkeit, Heike Beier, Anett W., ?, Ralf Petrischkeit

9. Ende Juni waren die Jugendlichen des Bezirks Demmin-Neubrandenburg mit Joachim Hummel zwei Tage bei uns zu Gast. Am Sonntag fuhren wir zur Insel Hiddensee, und bei sehr gutem Wetter konnten wir ausgiebig baden und uns am Strand aufhalten; auch die Schiffsfahrten waren ein schönes Erlebnis. Alle Beteiligten erinnern sich sicher noch gern dieses Tages.

10. Otto Petrischkeit und Jörgen Wendler hatten aus Friedensau eine Einladung erhalten, an den Jubiläumsfeierlichkeiten anlässlich des 75-jährigen Bestehens

des Missionsseminars teilzunehmen. Am 6.7. fanden Festgottesdienst und Festveranstaltungen statt. Otto Petrischkeit hatte Gelegenheit, dort Filmaufnahmen zu machen, die er uns noch zeigen wird.

11. In den Sommermonaten Juli und August fuhren unsere Kinder, Jugendlichen und Jungfreunde zu den verschiedensten Bibelwochen – nach Grabowhöfe, Schwerin und Wismar. Ich selbst war in Wismar und hatte dort ebenfalls die Verantwortung für eine Bibelwoche.

12. Unsere Gemeinde hatte in diesem Jahr nur einen Schulanfänger. Am ersten Sabbat im September wünschten wir während des Gottesdienstes Kerstin Koblitz Gottes Segen und beteten mit ihr, dass Gott ihr in der Schule helfen möge und dass sie auch im Glauben heranwachsen möge.

13 Der Erntedankgottesdienst stand in diesem Jahr unter dem Gedanken der Fürbitte. Unsere Gaben wollten wir insbesondere für die ärztliche Mission in Afrika darbringen. Wie wir inzwischen erfuhren, ist die Hilfssendung aus der DDR schon im Kongo eingetroffen. Es darf uns dankbar stimmen, dass wir als Stralsunder Gemeinde mit 2.605 M beteiligt sind.

14. Im Stralsunder Seelsorgebezirk fand in diesem Jahr noch eine Hochzeit statt. Am 21.10. wurden in Trent Petra Reichert und Gunthardt Saupe getraut. Es freut uns sehr, dass Gunthardt nun in der Gemeinde Bergen und in der Jugendgruppe fleißig mitarbeitet. Auch diesem jungen Paar wünschen wir für das gemeinsame Eheleben Gottes Segen.

15. Der 16.11. brachte einigen Geschwistern gleich zwei Höhepunkte. Aus unserem Bezirk war eine kleine Abordnung nach Neubrandenburg gefahren, um dort am Sabbatnachmittag an der Einweihungsfeier der neuerbauten Adventkapelle teilzunehmen und unsere Segenswünsche zu überbringen. Am Abend begann dann hier in Stralsund die Herbstevangelisation, die dieses Mal in anderer Weise durchgeführt wurde als sonst. Es war mein Eindruck, dass Gäste und Gemeinde das Gotteswort, von Heinz Wietrichowski und mir gesagt, gerne aufnahmen und Freude an dieser Art der Verkündigung hatten. Sehr herzlich danke ich der Gemeinde vor und während der Evangelisation und Heinz Wietrichowski besonders für seine Mithilfe bei der Verkündigung.

16. Der Monat Dezember brachte noch einmal Höhepunkte für die Gemeinde, die Jugendgruppe und die Kinderschar. Der Taufgottesdienst am 7.12. brachte uns als Gemeinde große Freude: Für Minna Schmidt und Elsa Jürß wird natürlich dieser Tag in besonderer Weise in Erinnerung bleiben. Gottes Segen möge mit ihnen sein!

17. Am 14.12. waren wir zur letzten Jugendstunde in diesem Jahr, die Heinz Wietrichowski hielt, von Gunthardt und Petra Saupe nach Trent eingeladen. Nach

der Jugendstunde fuhren wir noch nicht nach Hause, sondern blieben noch zu einem „Bunten Abend" beisammen. Für das leibliche Wohl war gut gesorgt, und auch die Stimmung war enorm.

18. Das Advent-Kinderfest vor gut einer Woche haben wir sicherlich noch gut in Erinnerung. Wir erinnern uns, wie die Kinder uns durch ihre Darbietungen erfreut und beschenkt haben. Dass das Schenken dann auch von Seiten der Gemeinde erfolgte, war wohl für die Kinder das schönste Erlebnis an diesem Nachmittag. Sehr herzlich danken möchte ich für die sehr gute Kollekte, die der Kinderkasse zufließt.

19. Mein Dank gilt auch den Brüdern Petrischkeit, Wendler und Wietrichowski für ihren Dienst. Sie waren oft bereit, in den Gemeinden des Bezirks die Predigt zu übernehmen. Erinnern möchte ich an folgende Brüder, die im Laufe des Jahres im Rahmen ihres Dienstes oder auch in einem eigenen Urlaub hier eine Predigt gehalten haben: G. Richter, der Vorsteher unserer Vereinigung, M. Gelke, der Abteilungsleiter der Vereinigung, R. Zimmermann, Lehrer am Predigerseminar Friedensau, W. Laue, Schatzmeister in der Sachsen-Anhalt-Vereinigung Magdeburg, J. Mager, Verbandsevangelist, Berlin, E. Hennig, Sekretär des Verbandes Berlin, Brd. Schammer, Prediger in Berlin, zurzeit Bausoldat in Groß Mohrdorf, J. Hummel, Prediger in Demmin, S. Wixwat, Prediger in Pirna.

Auch in diesem Jahr blieb unser Seelsorgebezirk nicht von Todesfällen verschont. Wir trauern um: Berta Görs, Agnes Höwel, Johanna Burwitz, Herrn Eduard Zichel, Irmgard Haß (Barth). Ich bitte die Gemeinde, sich zu erheben, damit wir der Entschlafenen ehrend gedenken.

1975: Jugendstunde in den Heimen - GK-Vizepräsident zu Gast

Es ist Tradition geworden, dass wir zum Jahresende als Gemeinde nochmals zu einer gemeinsamen Andacht zusammenkommen. Bei dieser Gelegenheit schauen wir in Gedanken, durch Lichtbilder und in einem Filmbeitrag auf das vergangene Jahr zurück. Dieser Gemeinde-Chronik möchte ich ein Dankeswort aus der Heiligen Schrift voranstellen (Psalm 98 nach J. Zink).

<u>Fangen wir mit der Abteilung Kinder-Seelsorge an:</u>

Wir sind als Gemeinschaft und als Gemeinde sehr dankbar, dass wir auch in diesem Jahr für unsere Kinder- und Jungfreunde Bibelwochen im Winter und im Sommer durchführen konnten. In Plau und in Neubrandenburg, in unseren neuen Kapellen, wurden insgesamt 14 Plätze von Kindern unseres Bezirkes belegt. Solch eine Bibelwoche dauert jeweils eine Woche. Den Segen, den unsere Kinder von den Bibelwochen mitbringen, können wir nicht in Zahlen ausdrücken.

Am Sonntag, dem 11.5., haben wir mit unserer Kindergruppe einen Ausflug mit der Bahn nach Rostock in den Zoo unternommen. Bei guter Laune und mit viel Freude beobachteten wir die Tiere. An diesem Tag erlebten wir besonders Gottes Segen und seine Hilfe. Als wir in Rostock aus dem Zug stiegen und zur Straßenbahn gingen, regnete es ganz leicht. Während des Zoo-Rundganges und noch, als wir dort zur Straßenbahn gingen, war schönster Sonnenschein. Als wir am Hauptbahnhof aus der Straßenbahn stiegen, fing es stark an zu regnen. Später erfuhren wir, dass es in der Stadt auch am Vormittag geregnet hat. Als Brd. Petrischkeit in Ribnitz-Damgarten mit den Kindern aus Barth und Zingst aus dem Zug stieg, regnete es in Strömen. Auch in diesem Jahr gab es beim Kinderfest in Barth auf dem Grundstück von Inge und Otto Petrischkeit bei Wettspiel, Sporteinlagen, Rätselübungen sowie Mittagessen und bei Kaffee und Kuchen, Eiscreme und anderen Überraschungen viel Freude, Spaß und Lachen. Allen Mithelfern dieses Kinderfestes sei nochmals herzlich

Kinderfest in Barth
Christa u. Sieglinde Mietz, davor Andreas Zilius, ?, Helga Beier, Christiane Allwardt, Werner Jelinek, Heike Beier, ?, Ingrid Berkati, Brd. Kelm, Evelin Jürß, Jörg und Anett W., Katrin Kruse, ?, Ralf Petrischkeit, ?, Hannelore Beier, Gunter Petrischkeit, Heidrun Beier, Kathrin W., Otto Petrischkeit, ?, Hanna Beier, Angela Brünner, Silvia Gipp

gedankt, denn ohne sie wäre es kein gelungenes Fest geworden. Erst vor eineinhalb Wochen haben wir die Advent-Kinderfeier erlebt; sie sei aber in dieser Chronik nicht vergessen. Mit Liebe, Begeisterung und Hingabe bereiteten uns die Kinder mit Liedern, Gedichten, Musikstücken und Textlesungen viel Freude. Sie selbst hatten beim Empfang ihrer Geschenke große Freude. Dass am Sonntagvormittag unsere Kinder im Kindergottesdienst und im Religionsunterricht betreut werden, daran soll hier erinnert werden. Dabei kommen Lichtbilder, Tonband-Aufzeichnungen und Flanellbilder zum Einsatz. Nochmals herzlichen Dank, Onkel Wietrichowski, dass du den Kindern eine Unterrichtsstunde unter dem Thema „Der menschliche Körper und seine Wunder" gehalten hast. Wir sollten auch an die Sabbat-Predigt erinnern, die unsere Kindertante insbesondere den Kindern gehalten hat und ihnen - auch mit Flanell-Bildern - den 23. Psalm erklärt hat. Vielleicht war es auch für die Gemeinde ein besonderer Gottesdienst?

Abteilung Jugendseelsorge

Die Kontakte der Stralsunder Adventjugendgruppe zu den Jugendlichen des Bezirks Demmin- Neubrandenburg haben sich in diesem Jahr vertieft. Davon zeugen die gegenseitigen Besuche und gemeinsamen Jugendstunden. Am 8. und 9.3. waren wir in Neubrandenburg und verlebten gemeinsam schöne Stunden unter dem Wort Gottes und beim Spaziergang zum Tollensesee. Den Gegenbesuch machten die Neubrandenburger im Juni. Am Sabbat, dem 21., waren wir am Nachmittag hier im Raum zur Jugendstunde beisammen. Ich danke den Geschwistern, die unseren Gästen Nachtquartier gaben, denn am Sonntag sind wir dann nach Binz gefahren und verlebten einen sehr schönen Tag am Strand, der allerdings einigen einen Sonnenbrand einbrachte. Leider konnten einige Jugendliche von uns durch widrige Umstände am 6. und 7.12. nicht mit in Neubrandenburg sein. Obwohl wir nur im kleinen Kreis beisammen waren, bildeten wir eine gute Gemeinschaft und vertieften die Kontakte. Durch die Wortbetrachtung und die Tonband-Darbietung „Hallo junger Freund" empfingen wir Glaubensstärkung. Auch die Speise für den Leib war reichlich.

Ende April hatten wir erstmalig eine Jugend-Evangelisation mit einem Gastprediger. Brd. W. Richter, Evangelist der Berlin-Märkischen Vereinigung, behandelte drei Themen speziell für unsere Jugendlichen und hielt auch am Sabbat-Vormittag hier die Predigt. Aus Anlass unserer Jugend-Evangelisation waren auch die Neubrandenburger Jugendlichen unsere Gäste.

Während eines besonderen festlichen Gottesdienstes wurden am Sabbat, dem 23.3., drei Jungfreunde in die Adventjugendgruppe aufgenommen. Es waren Ruth Milkereit von der Gemeinde Bergen, Marlies Rettkowski und Helga Beier von der Gemeinde Stralsund. Auch dieses Mal fand vor der Aufnahme ein Gespräch mit den Jugendlichen statt. Die Gemeinde konnte sich überzeugen, dass unsere drei Mädchen sich in der biblischen Unterweisung gute Kenntnisse angeeignet haben.

Zwar ist eine Tauffeier immer eine Angelegenheit der Gemeinde. Da aber am Freitag, dem 27.6., bei Zingst in der Ostsee drei Jugendliche getauft wurden, möchte ich diesen besonderen Taufgottesdienst schon bei der Jugendabteilung erwähnen. Heidrun Beier, Martin Zinow und Peter Diener, der jetzt in Friedensau auf der Schule ist, waren die Täuflinge. Für sie wird die Taufhandlung kurz nach Sonnenuntergang eine bleibende Erinnerung sein. Hervorzuheben wäre noch, dass über 30 Erwachsene und Kinder, Zeugen dieser außergewöhnlichen Taufhandlung waren. Nochmals sei den Täuflingen Gottes Segen gewünscht.

Im Gegensatz zu den Kindern- und Jungfreunden waren es wenige Jugendliche, die an Winter- und Sommer-Bibelwochen teilnahmen. Insgesamt fuhren in diesem Jahr nur sechs Jugendliche zu Bibelwochen nach Frauenwald, Pirna und Rostock. Als günstig hat es sich erwiesen, dass wir unsere Jugendstunden abwechselnd in den Heimen unserer Jugendlichen durchführen. Es war wohl immer so, dass nach der geistlichen Betreuung durch die Jugendstunden-Thematik dann durch die Gastgeber die leibliche Betreuung erfolgte. Auch für diese Liebe sei herzlich gedankt. Das letzte Beisammensein der Jugend fand am 20.12. statt. Es wurde keine Jugendstunde gehalten, sondern wir hatten unseren „Bunten Abend". Die Stimmung war ausgezeichnet. Was uns besonders erfreute, war, dass wir vollzählig beisammen sein konnten. Sogar unser Bausoldat Gunthardt Saupe war anwesend. Eine Woche vorher hatten wir ausgelost, wer für wen ein Päckchen zu packen hat. Es zeigte sich, dass jeder ein schönes Geschenk bekam, wohl auch jeder zufrieden war: Ein Zeichen dafür, dass alle mit Liebe ausgewählt hatten, um einander Freude zu bereiten.

Als dritter Hauptpunkt seien wieder die Höhepunkte aus dem Gemeindeleben genannt:
Ein besonderes Erlebnis war uns der Gottesdienst gleich zu Anfang des Jahres im Januar. Am 25.1. wurde Paul Rettkowski (Vater) getauft. Wir waren alle mit ganzem Herzen bei der Taufhandlung dabei, und nochmals möchten wir Brd. Rettkowski sen. Gottes reichen Segen wünschen.

100. Geburtstag Schw. Jurewitz mit H. Beier

Obwohl in der letzten Serie „Adventgemeinde in Bild und Ton" schon der 100. Geburtstag von Schw. Jurewitz (Mutter) erwähnt wurde, wollen wir uns jetzt an diesen Jubelgeburtstag unseres ältesten Gemeindegliedes erinnern. Einige von uns konnten am 30.3. mit in Negast sein und der Jubilarin ein Ständchen bringen. Gott weiß, warum er Schw. Jurewitz eine so lange Lebenszeit schenkt. Die Gesprächsrunde,

Geburtstagschor 30. 3.
von links: Heinz W., Renate & Jörgen Wendler, Renate Wietrichowski, Heidrun Beier, Christa Mietz, Hanna Beier, Brigitte B.

auch Diskussionskreis genannt, die sich aus der reiferen Jugend zusammensetzt, kam in diesem Jahr zweimal zusammen, einmal im Haus von Hanna und Hermann Beier, zum anderen Mal bei Inge und Otto Petrischkeit in Barth. Als Thema behandelten wir Fragen der Bibelkritik und „Entmythologisierung" sowie der Erziehung unserer Kinder.

Brd. K. Hölzel, Vorsteher der Thüringer Vereinigung, war unser Gast während des Bezirksgottesdienstes vom 13. - 15.6. Zusätzlich waren auch von unserer Vereinigung die Brüder G. Richter und M. Gelke unsere Gäste.

Sicherlich erlebten wir am Freitag, dem 4.7., den geistlichen Höhepunkt des Jahres 1975 im Gemeindeleben. Von unserer Gemeinschaftsleitung waren die Brd. M. Böttcher und E. Hennig unter uns. Als Gäste brachten sie Brd. Henry und seine Frau mit. Es geschah zum ersten Mal, dass ein farbiger Prediger und

Geschwister Henry (USA), E. Hennig, H. Beier, Geschwister Köhler

zugleich ein Vizepräsident der Generalkonferenz in der Stralsunder Gemeinde eine Grußbotschaft verkünden durfte und Gottes Wort predigte. Unser Raum war gefüllt wie noch nie, und gern denken wir an die lebendige Verkündigung von Brd. Henry, die Brd. Böttcher übersetzte. Für alle verging die „Stunde", die auch zeitmäßig eine Stunde dauerte, wohl zu schnell. Und auch heute noch denken wir gerne an die Begegnung mit diesen besonderen Gästen zurück. Im Januar fand in Wien die Generalkonferenz unserer Weltarbeitsgemeinschaft statt. Als Gemeinde Stralsund sind wir indirekt durch die Berichterstattung von diesem Ereignis durch Brd. Köhler mit Lichtbild und Tonbandaufzeichnungen nachträglich in das Geschehen hineingenommen worden. Im Zusammenhang damit sei erwähnt, dass im Januar der Wechsel in der Vereinigungsleitung stattfand. An die Stelle von Brd. Georg Richter kam Brd. Johannes Köhler nach Rostock, den wir inzwischen schon gut kennengelernt haben. Wir nahmen es als ein Geschenk Gottes, dass am Tage unseres Gemeindeausfluges mit dem Bus am 12.10. nach Reuterstadt Stavenhagen ins Fritz-Reuter-Museum und weiter nach Waren/Müritz und dann zu den Adventkapellen in Neustrelitz und Neubrandenburg der schönste Sonnenschein war. In den Tagen zuvor und danach hatten wir Regenwetter. Sicherlich stärkte diese Ausfahrt unser Zusammengehörigkeitsgefühl.

Herzlich möchte ich allen Gemeindegliedern für die verschieden bewiesene Opferbereitschaft danken, die auch gerade am Erntedanksabbat und am Schluss der Gebetswoche zum Ausdruck kam. Als Gemeinde opferten wir an diesen beiden Sabbattagen insgesamt 3.208 Mark. Ebenso herzlich möchte ich meinen Mithelfern im Predigtdienst Heinz Wietrichowski, Jörgen Wendler und Otto Petrischkeit für ihre Einsatzbereitschaft danken. Ich möchte noch sagen, dass es insgesamt 14 Brüder waren, die in unserer Gemeinde im letzten Jahr die Predigtstunden gehalten haben. Neben den drei genannten Brüdern übernahmen folgende Brüder hier den Predigtdienst: G. Richter, bis Juni unser Vorsteher in Rostock, M. Gelke, Sekretär der Vereinigung, J. Köhler, seit Juli Vorsteher unserer Vereinigung, W. Richter, Evangelist der Berlin-Märkischen Vereinigung, M. Böttcher, unser Verbandsvorsteher, Brd. Taraba, Schatzmeister der Westsächsischen Vereinigung in Karl-Marx-Stadt, Brd. Walter, bis zum Sommer Prediger in Greifswald, J. Hummel, Prediger in Demmin, Brd. Remtisch, Prediger in Berlin, S. Wixwat, Prediger in Pirna - und damit die Angabe von 14 Brüdern stimmt, muss ich mich selbst auch nennen.

Als große Bezirksgemeinde teilen wir mit den glücklichen Eltern die Freude über die Geburt von Matthias Kruse am 23.6., Ralf Warkenthin am 14.10. Mögen beide Kinder den Eltern zur Freude und zur Ehre Gottes heranwachsen! Auch in diesem Jahr blieb unsere Gemeinde nicht von Leid verschont. Wir trauern mit den Hinterbliebenen um unsere lieben Glaubensgeschwister, die entschlafen sind. Ich bitte die Gemeinde sich zu erheben, um der Entschlafenen ehrend zu gedenken. Es wurden beerdigt Brd. Alfred Mietz am 5.5., Schw. Gertrud Stelke am 13.11.

1976: Jugendgruppe in Berlin - Gemeindeausflug nach Stavenhagen

Wie wir es gewohnt sind, so wollen wir als Gemeinde auch in diesem Jahr am Silvesterabend anhand der Jahresgemeinde-Chronik einen Rückblick auf unser Gemeindeleben 1976 halten. Ein Dankeswort aus der Heiligen Schrift stelle ich dieser Chronik voran: Ps. 111. Beim Aufzählen der einzelnen Veranstaltungen sollen uns die Höhepunkte des Gemeindelebens des vergangenen Jahres noch einmal lebendig werden, und möge das Erinnern die Freude wach werden lassen, die wir empfanden, als wir mitten im Geschehen standen. Natürlich können nur die Ereignisse genannt werden, die unser öffentliches Gemeindeleben betreffen. All die persönlichen Erfahrungen, die der Einzelne in seinem Gemeindeleben gemacht hat - und die sicherlich mitunter viel wertvoller als die Gemeindeveranstaltungen sind - können nicht erwähnt werden. Die Chronik und Bilanz des eigenen Glaubenslebens und der Erfahrungen mit Gott muss jeder für sich aufstellen. Wir werden jetzt die Monate des vergangenen Jahres durchgehen, und jeweils erwähnen, was in der Gemeinde bzw. im Seelsorgebezirk geschah.

<u>Januar:</u>

Am Ende dieses Monats begann die Evangelisation, die Manfred Gelke, der Abteilungsleiter unserer Vereinigung, hielt. Die 10 Themen standen unter dem Motto: „Fragen zu deinen Lebensproblemen". Grundlagen seiner Ausführungen waren die Zehn Gebote.

Februar:
Dieser Monat brachte den Kindern die Winterferien; es ist die Zeit der Winterbibelwochen für Jungfreunde und Jugendliche. Christa Mietz und Heidrun Beier verlebten 10 gesegnete Tage in Frauenwald/Thüringen in froher Jugendgemeinschaft; und Marlies, Ruth, Ingrid, Evelin und Helga auf dem Sonnenhof in Dresden.

März:
Am 6.3. einem Sabbat, setzte heftiges Schneetreiben ein. Ich erinnere mich deshalb so genau, weil ich an diesem Tage in Greifswald zum Gottesdienst war und sich am Abend die reifere Jugend in Zingst traf. Eva und Karl-Heinz Kruse waren die Gastgeber. Das Thema der Gesprächsrunde lautete „Die Ehe und einige ihrer Probleme".

Mai:
Dieser schöne Frühlingsmonat brachte uns drei besondere Höhepunkte: vom 7. - 9. fand in Schwerin die Konferenz der Mecklenburger Vereinigung statt. Alle Geschwister, die an dieser großen Versammlung teilnahmen, werden sich gern dieser Tage erinnern: an die Predigten und Stunden unseres Divisionsvorstehers Brd. Ludescher, seine Filmbeiträge aus dem Missionsgebiet in Afrika sowie an die Feierstunde mit der Darbietung des Oratoriums „Paulus" von Mendelssohn-Bartholdy. Lothar Reiche war vom 14. - 16.5. hier in Stralsund zur Jugendevangelisation. Am Sabbat waren auch die Jugendlichen aus Neubrandenburg unter uns. Vom 28. - 30. 5. hatten wir unseren Bezirksgottesdienst. J. Mager, der jetzt Bibellehrer in Friedensau ist, behandelte in seinen Stunden die „Drei-Engel-Botschaften" (siehe Foto).

Frankenstraße 41
von links: Geschw. Lehmann, M. Gelke, Sigurd & Johannes Mager und Frau, Schw. Gelke und Sohn

Juni:
Dieser Monat war noch reicher an besonderen Gemeinde-Ereignissen: Vom 4. -7. 6. über die Pfingstfeiertage, fand in Schwerin der Vereinigungsjugendgottesdienst statt. Am 1.6. wurden in Duvendiek Wolfgang Warkenthin und Jutta Sollmann getraut. Am gleichen Tag fand am Abend in Neubrandenburg in der Kapelle ein besonderer Gottesdienst statt. Brd. Robert H. Pierson, der Präsident der Generalkonferenz, war anwesend. Viele Glaubensgeschwister aus dem östlichen Teil der Vereinigung waren zusammengekommen, auch aus Stralsund. Auch in diesem Jahr besuchten uns an zwei Tagen die Jugendlichen des Bezirks Neubrandenburg mit Brd. Joachim Hummel (am 19./20.6.). Da am Sonntag kein Badewetter war, machten wir einen Ausflug nach Stubbenkammer und wanderten vom Königstuhl nach Saßnitz. Der Freitagabend am 25.6. war wunderschön: Bei Sonnenuntergang und ganz stiller See wurden bei Zingst im Meer Sieglinde und Christa Mietz sowie Helga Beier, Jutta und Wolfgang Warkenthin getauft. Etwa 30 Personen, eine schöne Gemeinde, waren Zeugen dieser Handlung. Der letzte Sonntag im Juni (27.6.) vereinte die Kinder des Bezirks in Barth zum Kinderfest. Das Wetter war zu schön! Vor übergroßer Hitze wagten wir es zunächst fast nicht, Bewegungsspiele zu machen. Aus allen Poren wurde geschwitzt, selbst der Appetit war nur gering, sodass von Mittagessen, Kuchen und Torten allerhand übrig blieb. Dafür wurden Unmengen getrunken.

1.6.1977 von links: R. Pierson und M. Böttcher in Neubrandenburg

Juli/August:
Die Ferienzeit begann. Fast alle Kinder und Jugendlichen waren Teilnehmer an den verschiedenen Bibelwochen, und sie werden sich jetzt an manches Schöne erinnern. Zur Gedächtnishilfe nenne ich einige Bibelwochenorte: Plau, Wachtelburg, Wismar, Rostock, Schwerin. Am 10.7. haben wir hier in Stralsund in einem besonderen Liedgottesdienst unser neues Harmonium eingeweiht.

September:
Die Ferienzeit war vorbei; für unsere Kinder begann ein neues Schuljahr, und für unsere Silvia Rettkowski kam die Schuleinführung und damit der erste Unterrichtstag. Als Gemeinde nahmen wir durch ein besonderes Fürbittegebet Anteil am Beginn ihres neuen Lebensabschnitts. Diese Erinnerung soll uns mahnen, stets für unsere Kinder und Jugendlichen zu beten ...

Oktober:
Über das Wochenende vom 15. - 17. war unsere Jugendgruppe in Berlin und bei der Gemeinde und Jugend von Köpenick zu Gast. Wir nahmen am Gottesdienst und an zwei Jugendevangelisationsabenden teil, besuchten das Bode-Museum mit der

Ägyptischen Abteilung, waren an einem Abend auf dem Fernsehturm und auch im Palast der Republik. Wenn an diesen drei Tagen auch fast nur Regenwetter war, so war doch unsere Stimmung ungetrübt. Der Gemeindeausflug am 10.10. sei nicht vergessen. Obwohl es bei der Abfahrt am Morgen in Stralsund in Strömen regnete, hatten wir dann doch einen sehr schönen Tag. In der Reuterstadt Stavenhagen war der Himmel noch grau in grau, aber es regnete kaum noch; in Klink beim FDGB-Urlauberzentrum brach die Sonne durch die Wolken, und in Plau hatten wir den herrlichsten Sonnenschein. Wer unser dortiges Gemeindehaus noch nicht kannte,

Gemeindeausflug am 10.10.1976, Plau am See
oben v. r.: Heinz u, Renate Wietrichowski, Paul Rettkowski sen., Irma Rosenmeyer, Elidia Rettkowski, Margarete Hermann, ?, Brd. Ahrens, Fritz u. Tina Wietrzichowski, Heidrun Beier, Helga Beier, Elke Schreiber; 2. Reihe v. l.: ?, Schw. Weber, Schw. Ahrens; 3. Reihe v. l.: Frieda Mietz, Hannelore Beier; 4. Reihe von links: Kathrin Wietrichowski, Christa Mietz; unterste Reihe v. l.: ?, ?, Anett Wietrichowski, Edith Schreiber, Heike Beier, ?, Hanna Beier

war vom Gottesdienstraum, den Unterkunftsräumen und dem Speisesaal angenehm überrascht. Am 23.10. begann unsere Herbstevangelisation, die gemeinsam von H. Wietrichowski und H. Beier gehalten wurde. Das Hauptthema sei zur Erinnerung noch einmal genannt: „Fragen an das Christentum". Sicherlich sprach diese Form der Verkündigung - erst Fragen und Einwände und dann Antworten - Gäste, Gemeindeglieder und Jugendliche an.

<u>Dezember:</u>
Die Ereignisse des Monats Dezember sind noch gar nicht zur „Chronik" geworden, sondern noch „Erleben". Ida Gromm konnte am 6.12. nach Friedensau ins Altersheim umsiedeln. Am Nachmittag des 18. hatten wir unsere Kinder-Adventsfeierstunde, und am Abend kam die Jugend zu ihrem Bunten Abend zusammen.

Abschließend möchte ich den Brüdern Wietrichowski, Wendler und Petrischkeit herzlich für ihren Einsatz beim Predigtdienst danken. Neben ihnen hielten hier in Stralsund im vergangenen Jahr noch folgende Brüder eine Predigt: Johannes Köhler, Vorsteher aus Rostock, Manfred Gelke, Abteilungsleiter der Vereinigung, Brd. Lehmann, Prediger in Greifswald, Jonathan Reihsig, Gemeindeleiter in Rostock, Lothar Reiche, bis zum Sommer Sekretär des Verbandes, jetzt Vorsteher, Joachim Hummel, Prediger in Neubrandenburg, Brd. Rinder, Prediger in Arnstadt, Brd. Rudi Fabich, Prediger in Neustadt, Seelsorgebezirk Pirna. Auch in diesem Jahr blieb unsere Gemeinde nicht von Leid verschont. Es wurden zur Ruhe gelegt: Albert Abram am 20.5.76 und Emilie Vogel am 11.11.76.

1977: Taufe an der Wittower Fähre - neuer Gottesdienstort Barth

Da es sich in diesem Jahr so trifft, dass der 31.12. ein Sabbat ist, verzichten wir auf einen zusätzlichen Abendgottesdienst und halten gleich im Rahmen unseres Sabbatgottesdienstes Rückblick auf das vergangene Jahr. Anhand der Jahresgemeindechronik wollen wir uns an besondere Höhepunkte im Gemeindeleben erinnern. Dabei soll nicht so sehr der Gedanke im Vordergrunde stehen: Was wir alles geleistet haben, sondern das Empfinden: Gott hat uns viel Segen und Gnade geschenkt. Darum soll am Anfang der Jahreschronik ein Dankeswort stehen: Ps. 105, 1-3. Wir werden jetzt die Monate des Jahres durchgehen und jeweils erwähnen, was in der Gemeinde bzw. im Seelsorgebezirk geschah.

Januar:

Gleich zu Beginn des Jahres fand ein freudiges Ereignis statt. Am 2.1. wurde Nico Saupe geboren. Als große Bezirksgemeinde teilten wir die Freude mit den glücklichen Eltern. Nochmals wünschen wir, dass der kleine Sohn zur Freude der Eltern und zur Ehre Gottes heranwachsen möge. Ich persönlich erinnere mich gerne des Predigerlehrgangs in Friedensau, der vom 3. - 6.1. stattfand. Das Thema lautete ungefähr: „Die Bedeutung Israels in Bibel und Geschichte" So nebenbei möchte ich erinnern, dass am Sabbat, dem 22.1. nach dem Gottesdienst leichter Regen einsetzte, der sofort gefror. Viele Geschwister hatten Not, nach Hause zu kommen, weil die Verkehrsmittel ausfielen, das Laufen gefährlich wurde, und das eigene Fahrzeug kaum auf der Straße zu halten war. Am Sabbat, dem 29. kam die Gesprächsrunde, die sich aus der reiferen Jugend zusammensetzt, bei Jörgen und Renate Wendler zusammen. Rosi Schmidt zeigte uns Dias von ihrer UdSSR-Reise durch Mittelasien.

Februar:

Am Freitag, dem 11.2., fand in Barth im Gemeindesaal der Baptistengemeinde ein Gespräch zwischen Brüdern der Baptisten- und Adventgemeinde statt. Es ging darum, ob die Barther Adventgemeinde ihre Gottesdienste im Raum der Baptistengemeinde durchführen könne. Es wurde eine für beide Seiten befriedigende Vereinbarung getroffen. Von unserer Seite waren M. Böttcher, J. Köhler, O. Petrischkeit und H. Beier anwesend. Am Tage darauf war M. Böttcher, unser Verbandsvorsteher, hier in Stralsund im Gottesdienst und hielt uns die Predigt.

März:
Auch in diesem Jahr führten wir eine Jugendevangelisation durch. Als Gastprediger war Brd. Lehmann aus Greifswald bei uns. Für Sabbat, den 26.3., hatten wir die Jugendlichen der drei Gemeindebezirke eingeladen. Am Sabbat waren über 30 Jugendliche und am Sonntagvormittag ungefähr 20 Jugendliche gekommen (siehe Foto). Die drei Themen, die als Fragen formuliert waren, lauteten: „Was ist ein junges Leben wert?", „Sind Christen bessere Leute?", „Angst, ein Christ zu werden?".

von links: Jörg Wietrichowski, Thomas Ehmler, Evelyn Jürß, Helga Beier, Ingrid Berkati, Norbert Ehmler, Christa Mietz, Kathrin Wietrichowski, Elke Schreiber, Sieglinde Mietz, Hannelore & Heidrun Beier, Hanni Gatz, Kerstin Retzlaff, ?, Marlies Rettkowski, Gerlinde Ehmler, Edelgard Börner, G. Lehmann, ?, Martin Zinow, Pedro Tiesler, Axel Kayser, ?, Gunthard & Petra Saupe, Karin & Wernfried Rieckmann, Gunter Warkenthin

April:
Seit Beginn des 2. Viertels kann sich die Gemeinde Barth im Saal der dortigen Baptistengemeinde zum Gottesdienst versammeln. Am 2.4. lernten die Geschwister den Saal kennen. Inzwischen fühlen sie sich in diesem Raum wie zu Hause, und es hat sich diese Lösung als sehr günstig erwiesen. Es war auch nicht mehr zumutbar, dass sich im Sommer bis zu 50 Geschwister in der Wohnstube von Otto und Inge Petrischkeit zusammenfanden. Am letzten Sabbat im April fand hier im Gemeindesaal die Aufnahmefeier für drei Jugendliche in den Gemeindejugenddienst statt. In den Kreis der Jugendlichen wurden aufgenommen: Ingrid Berkati und Gunter Warkenthin aus der Gemeinde Stralsund und Evelyn Jürß von der Gemeinde Barth. Wir wünschen ihnen nochmals Gottes Segen.

Mai:
Im schönen Monat Mai fand vom 13. - 15. unser Bezirksgottesdienst statt. Da der vom Verband vorgesehene Gastprediger leider nicht kommen konnte, wurde der Bezirksprediger von Neustrelitz, Brd. R. Rudolph, gebeten, uns mit dem Wort zu dienen. Inzwischen ist Brd. Rudolph nach Plauen im Vogtland versetzt worden. Gleich eine Woche später, am 21.5., hatten wir am Sabbatnachmittag in einer besonderen Versammlung den Leiter der Friedensauer Bibellehrbriefe, Werner Schulz, als Gast in unserer Mitte. Er berichtete von seiner Arbeit und erzählte, wie dieser Zweig unseres Werkes schon vielen Menschen zum Segen geworden ist.

Er zeigte uns auch unsere Verantwortung, Menschen mit der Möglichkeit des Bibelfernstudiums bekanntzumachen. Erinnern wir uns noch seiner Bitte: „Sei so nett und kauf ein Sonett!" (ein Radiogerät mit Kassettenabspielmöglichkeit). Gleich im Anschluss an diese Veranstaltung hatte ich die gute Möglichkeit, von einem Glaubensbruder in seinem Auto nach Ungarn mitgenommen zu werden. So lernte ich den Balaton, Budapest und das Thermalbad Hevez kennen. In diesen vier Tagen in Ungarn bekam ich viel zu sehen; sie sind für mich eine bleibende Erinnerung.

Juni:
Der Monat Juni brachte gleich mehrere Höhepunkte. Am 2.6. wurden hier im Gemeindesaal Karin Warkenthin und Wernfried Rieckmann getraut. Für das Brautpaar wird dieser Tag gewiss unvergesslich sein, und auch wir Gemeindeglieder, die wir zugegen und Zeugen des Ja-Worts der Brautleute waren, erinnern uns noch gern dieser besonderen Feierstunde. Nochmals wünschen wir dem jungen Paar Gottes Segen. In den vergangenen Jahren hatten wir immer schönes Wetter, wenn wir in Barth auf dem Grundstück von Inge und Otto Petrischkeit unser Bezirkskinderfest durchführten. Auch in diesem Jahr schenkte uns Gott günstiges Wetter, sodass wir im Freien unsere Spiele durchführen konnten. Wiederum war auch für das leibliche Wohl bestens gesorgt, und eine Filmvorführung gab es auch. Erschöpft und glücklich fuhren alle Kinder abends nach Hause. Herzlich möchte ich allen Geschwistern danken, die den Jugendlichen der Gemeinde Berlin-Köpenick Quartier boten. Sie kamen am Freitag, dem 17. abends hier an, nahmen am Gottesdienst teil und lernten unsere Stadt kennen. Am Sonntag verlebten Köpenicker und Stralsunder Jugendliche einen wunderschönen Tag am Strand von Binz. Vom 23. - 25. fand in Leipzig unsere Verbandskonferenz statt. Am Donnerstag und Freitag fanden die Konferenzversammlungen und Ausschusssitzungen im Adventhaus statt, und am Sabbat versammelten sich Glaubensgeschwister aus der ganzen Republik zu den verschiedenen Gottesdiensten in der evangelischen Nikolaikirche. M. Böttcher wurde wieder zum Verbandsvorsteher gewählt.

Juli:
Traditionsgemäß fand auch in diesem Jahr ein Treffen der Neubrandenburger und der Stralsunder Jugend statt. Gleich am ersten Wochenende im Juli fand die Begegnung in Binz am Strand statt. Vergessen sei auch nicht, dass wir am ersten Sabbat im Juli hier im Raum einen Taufgottesdienst hatten. Iduna Zinow und Marlies Rettkowski schlossen in der Taufe den Bund eines guten Gewissens mit Gott. Nun gehören sie schon ein halbes Jahr als Schwestern im Glauben zu unserer Gemeinde, und wir wünschen ihnen weiterhin Wachstum im Glauben und in der Heiligung (siehe Foto). Vom 8. - 14.7. war ich in Friedensau zu einer Bibelkonferenz. Dort waren etwa 200 Prediger aus allen sozialistischen Ländern beisammen. Die Themen wurden hauptsächlich von Brüdern der Andrews-Universität gehalten. Mit vier tschechischen Brüdern konnte ich die Heimfahrt von Friedensau antreten, die dann am Sabbat, dem 16.7., hier im Gottesdienst waren.

Taufe 2.7.
von links: H. Beier, Marlies Rettkowski, Lisbeth Timm, Iduna Zinow, A. Wietrichowski, Heike Beier, Schw. Kaßburg, Silvia Gipp, Schw. Weber, Minna Schmidt, Irma Rosenmeyer, Edith und Paul Rettkowski (dazwischen Lotte Straßburg)

<u>August:</u>
In den ersten acht Tagen im August war ich mit meiner ganzen Familie in Neubrandenburg. Meine Frau und ich betreuten dort eine Kinderbibelwoche. Hannelore und Heike waren Teilnehmer, und Heidrun und Helga konnten dort ein paar Ferientage verbringen. In den Monaten Juli und August waren fast alle unsere Kinder und Jugendlichen zu Kinder-, Jungfreunde- und Jugendbibelwochen gefahren. Damit sich die einzelnen an ihren Bibelwochenplatz recht erinnern, nenne ich einige Bibelwochenplätze: Wünschendorf, Wachtelburg, Plau, Neubrandenburg. Mit meiner Frau und den beiden jüngsten Töchtern verlebte ich Ende August sehr schöne Urlaubstage in Karlovy Vary in der ČSSR.

<u>September:</u>
Unser Lars Wendler wird sich bestimmt noch ganz lebhaft erinnern, dass Anfang September mit der Schuleinführung seine Schulzeit begann. Da er am 3.9. leider nicht am Gottesdienst teilnehmen konnte, besuchte ihn am Nachmittag die Jugendgruppe, und wir konnten mit ihm beten und um den Segen Gottes für den neuen Lebensabschnitt bitten. Am letzten Tag des Septembers wurde am Freitagabend bei Wind, klarem Sternenhimmel und Autoscheinwerferlicht unser Axel Kayser aus Bergen an der Wittower Fähre getauft. Erst im Frühjahr hatte er bei der Jugendevangelisation Kontakt zu unserer Gemeinde gefunden. Allen, die bei dieser Taufe zugegen waren, wird dieser Abend noch gut im Gedächtnis sein.

<u>Oktober:</u>
Gleich am ersten Tag des Monats kam die Gesprächsrunde im Heim von Maritta und Siegfried Rosner zusammen. Zuerst hörten wir ein Tonband mit dem Titel:

„Manchmal bete ich auch!" Junge Menschen äußerten sich zum Thema Religion. Dieses Tonband gab uns für unsere Diskussion mancherlei Anregung. Am 22.10. begann in Neubrandenburg eine Evangelisation über zehn Abende, die Heinz Wietrichowski und ich hielten. Wir wiederholten die Reihe, die wir im vergangenen Jahr hier in Stralsund gehalten hatten. Thema war: „Fragen an das Christentum".

November:
Vom November wäre wohl nur zu erwähnen, dass J. Köhler von Rostock mit einer Evangelisation begann. An zehn Abenden waren wir beisammen, hörten Gottes Botschaft an uns und sahen schöne Farblichtbilder.

Dezember:
Am Sabbatnachmittag, dem 17.12., hatten wir unser Adventskinderfest, und am Abend kam die Jugend zu einem besinnlichen und fröhlichen Abend zusammen. Beim Aufzählen der einzelnen Veranstaltungen sollten uns die Höhepunkte des Gemeindelebens des vergangenen Jahres noch einmal lebendig gemacht werden. Sicherlich ist manche Freude wieder wach geworden, die wir empfanden, als wir mitten im Erleben standen. Natürlich konnten nur die Ereignisse genannt werden, die unser öffentliches Gemeindeleben betrafen. Alle persönlichen Erfahrungen, die der Einzelne gemacht hat - und die mögen wertvoller als die Gemeindeveranstaltungen gewesen sein - konnte ich hier nicht erwähnen. Die Chronik und Bilanz des eigenen Glaubenslebens und der zugehörigen Erfahrungen mit Gott muss jeder für sich selbst aufstellen.

Zum Schluss ist es mir ein Bedürfnis, den Brüdern zu danken, die beim Predigtdienst in den Gemeinden des Bezirks mitgeholfen haben: Heinz Wietrichowski, Jörgen Wendler, Wernfried Rieckmann und Otto Petrischkeit. Neben ihnen hielten im vergangenen Jahr auch folgende Brüder in Stralsund eine Predigt: J. Köhler, Vorsteher Vereinigung in Rostock, M. Gelke, Abteilungsleiter Vereinigung, M. Böttcher, Vorsteher des Verbandes Berlin, Brd. Lehmann, Prediger in Greifswald, K. Kästner, Prediger in Neuenhagen bei Berlin, Brd. Drejnar, Schriftleiter des tschechischen Verbandes in Prag, zu nennen ist auch Schw. Felber, Predigtamtshelferin in Burgstädt. Solange ich in Stralsund bin, blieb die Gemeinde in keinem Jahr von Traurigkeit und Leid verschont. Wir trauern mit den Hinterbliebenen um unsere lieben Glaubensgeschwister, die entschlafen sind. Wir haben die selige Hoffnung, die Entschlafenen am Tage der Wiederkunft Jesu bei der ersten Auferstehung wiederzusehen. Ich bitte die Gemeinde, sich zu erheben, dass wir der Verstorbenen ehrend gedenken. Beerdigt wurden: Emma Dose, am 1.9.77, Ida Witteschuß im August 77, Rosina Schmidt am 23.9.77.

1978: Natalie Jurewitz 103 Jahre - 75 Jahre Gemeinde Stralsund

Eine ausführliche Jahreschronik aus Hermann Beiers Hand für 1978 liegt nicht vor. In diesem Jahr feierten wir die 75. Wiederkehr der Gemeindegründung, und die aus diesem Anlass gefertigte und vorgelesene Chronik über die 75 Jahre soll hier auszugsweise wiedergegeben werden: „... 1953 feierte die Gemeinde das 50jährige Jubiläum. Die Festschrift von damals und viele Briefe, die die Gemeinde damals erreichten, sind Grundstock für diese Chronik. Als besonderer Gast war Brd. Minck unter uns (siehe S. 10).

Albertine & Fritz Wietrzichowski (Foto ca. 1975)

Der Nachfolger von Bruno Schulz wurde Berthold Gauger, der 1958 die Verantwortung in unserem Bezirk übernahm. Etwa im Jahre 1955 wurde Fritz Wietrzichowski (1906 - 1995) zum Gemeindeältesten gewählt. 1964 kam Konrad Edel nach Stralsund. Zu seiner Zeit, er wirkte bis 1971 unter uns, wurde das Ältestenamt Ernst Schmidt (1893 - 1991) übertragen. Konrad Edel hat einige Winter hindurch in Bergen mit Hilfe der Gemeinde Vortragsarbeit geleistet. Dennoch konnten sowohl in Bergen als auch in Stralsund die Lücken, die durch vermehrten Wegzug von Geschwistern entstanden waren, nicht geschlossen werden ...

Ernst Schmidt

Seit 1975 ist nun Heinz Wietrichowski Ältester der Gemeinde. Er wurde 1978 ordiniert. Zur Erinnerung für spätere Chronikschreiber seien in diesen Bericht noch einige uns allen bekannte Tatsachen aufgenommen: Heinz Wietrichowski wirkt seit 1963 mit dem Wort unter uns. Langjähriger verdienter Schatzmeister ist Irma Rosenmeyer; Margarete Hermann ist seit dem Weggang von Brd. Wevers in den 50er Jahren Erster Diakon. Jugenddiakone der letzten 15 Jahre waren Heinz Wietrichowski, Maritta Rosner und jetzt Petra Saupe aus Bergen. Die Gruppe der Jugendlichen kommt alle 14 Tage in den Wohnungen von Jugendgruppenmitgliedern zusammen, wobei es immer schöne und segensreiche Stunden gibt. Auch die „ältere Jugend" versammelt sich seit einigen Jahren ca. zweimal im Jahr und diskutiert anstehende Fragen. Die Brüder Beier und Wietrichowski dienten in besonderen Vorträgen, bei denen die Ko-Referat-Form gewählt wurde, in Bergen, Stralsund und Neubrandenburg.

Heinz Wietrichowski zum Jubiläum 1978

Unsere ältesten Geschwister sind Auguste Kaßburg, die in diesem Juni 98 Jahre wurde, und Natalie Jurewitz mit 103 Jahren, wohnhaft in Negast. Die Anzahl der Gemeindeglieder beträgt derzeit 70. In den Jahren von 1903 bis heute hat die Gemeinde 18 Prediger gehabt, dagegen nur sieben Älteste. Von 1963 bis 77 wurden der Gemeinde durch Taufe bzw. Abstimmung 39 Glieder hinzugetan. Zurzeit laufen Verhandlungen mit dem Rat der Stadt zwecks Baues einer neuen würdigen Versammlungsstätte. Von Stralsunder Brüdern betreut werden außer Stralsund die Gemeinden Barth, Bergen und die Gruppe Sassnitz. Hieran beteiligen sich die Brüder Wietrichowski, Petrischkeit, Wendler und neuerdings auch Wernfried Rieckmann aus Greifswald. Sabbatschulleiter ist Paul Rettkowski aus Kummerow-Heide. Die Sabbatschule wird an jedem Sabbat durch eine Helferversammlung vorbereitet und während des Gottesdienstes in 3 - 5 Gruppen durchgesprochen ... (30.9.1978)".

1979: Arbeitseinsätze im Tierpark und in Sellin

Ps. 95,1-3 „Kommt herzu, lasst uns dem Herrn frohlocken und jauchzen dem Hort unseres Heils ..."

Gemeindeereignisse:

Delegiertenkonferenz der Mecklenburger Vereinigung in Rostock am Sonntag, dem 18.3.1979.

Vier Familiengottesdienste haben wir im vergangenen Jahr gehabt. Jedes Mal war unser Raum gut gefüllt, ein Zeichen für die Beliebtheit dieser Zusammenkünfte und für das Bedürfnis nach Gemeinschaft. Diese Gottesdienste fanden statt: 24. März, 23. Juni, 23. September, 8. Dezember...

Der Bezirksgottesdienst fand schon vom 6. - 8.4. statt. Neben den Brüdern von der Vereinigung war Brd. Peter Kortüm vom Predigerseminar Friedensau unser Gastprediger. Er ist dort Lehrer für die Fächer Griechisch, Weltbild und Deutsch. In seinen drei Bibelstunden brachte er uns Ausschnitte aus diesen Fächern. In diesem Jahr waren wir zweimal im Tierpark zu einem Einsatz, am 6.5. und am 23.9. Alle, die dabei waren, erinnern sich bestimmt noch gern dieser Gemeinschaftserlebnisse, und jeder tat etwas für seine Gesundheit. Erinnert sei an die Evangelisation, die Heinz Wietrichowski und Hermann Beier im Mai hielten, und zwar eine ganze Woche hindurch, vom 5. - 12. Das Generalthema lautete „Mit Christus Hilfe zum Leben". Vom 10. - 19.11. hielten beide Brüder eine Evangelisation in Greifswald. Der Vereinigungsgottesdienst fand am 19. und 20.5. in Schwerin statt. Folgende Brüder dienten in der Verkündigung: Brd. Knott von der Division in der Schweiz, M. Böttcher und G. Richter vom Verband und Brd. W. Hartlapp vom Predigerseminar Friedensau.

Aufnahme in die Gemeinde und Taufgottesdienste:

Es war uns eine Freude, dass wir beim Abendmahlsgottesdienst am 12. Mai unsere Ella Schmidt in unsere Gemeinde aufnehmen konnten. Ein Erlebnis für alle Beteiligten war der Taufgottesdienst am Freitagabend, dem 28.9. in Trent und an der Wittower Fähre. Die Jugendlichen Kerstin Retzlaff, Karin Sollmann und Hannelore Beier wurden durch die Taufe der Gemeinde hinzugetan. Allen vier Geschwistern nochmals herzliche Segenswünsche. Da zwischen der Stralsunder und der Greifswalder Gemeinde von Anfang an gute Kontakte bestehen und mitunter beide Gemeinden zu einem gemeinsamen Bezirk gehörten, sei daran erinnert, dass am 30.6. die Geschwister der Nachbargemeinde ihr 75-jähriges Gemeindebestehen festlich begehen konnten.

Als Gastprediger waren die Brüder R. Paul, S. Wixwat und M. Gelke anwesend. Auch Stralsunder Geschwister nahmen am Festgottesdienst statt. Am Sabbat, dem 10.11., fand am Nachmittag in Kummerow-Heide die Trauung von Marlies Rettkowski und Michael Semprich aus Heidenau statt. Wir wünschen dem jungen Paar nochmals Gottes reichsten Segen und viel Glück im gemeinsamen Leben.

Jugendunternehmungen und Kinderbetreuung

Wir erinnern uns, dass der Prediger von Waren/Müritz am 21. und 22. April bei uns in Stralsund zur Jugendevangelisation war. Seine drei Themen lauteten: „Was hat Gott mit mir zu tun?", „Du kannst noch einmal von vorn beginnen.", „... und wie geht es dann weiter?" Im Durchschnitt waren zu jeder Verkündigung 20 Jugendliche erschienen. Sicherlich denkt besonders gern unser Jörg Wietrichowski an den 28. April. Er sowie Angela Brünner und Anett Burmeister wurden an diesem Sabbat in den Kreis der Jugendlichen aufgenommen. Nach dem Erzählen und Schwärmen der Jugendlichen nach dem Pfingstjugendgottesdienst in Rostock war zu schließen, dass dieses Beisammensein der vielen Jugendlichen unserer Vereinigung für alle Beteiligten ein besonderes Erlebnis war. Besonders die Verkündigung von Hartmut Sensenschmidt muss ansprechend gewesen sein.

Dreimal im Jahr fanden außerdem besondere Jugendtreffs statt: in den Winterferien im Februar in Neubrandenburg, und in den Herbstferien in Plau. Jedes Mal kamen die Jugendlichen mit viel Freude und Begeisterung zurück. Drei Jugendausflüge unternahm die Stralsunder Gruppe im vergangenen Jahr. Am Sabbat, dem 16. Juni, waren wir zu Gast in der Gemeinde Szczecin (Volksrepublik Polen), nahmen am Gottesdienst teil und waren in die Wohnungen Stettiner Geschwister eingeladen. Am 16.9. fuhren wir nach Göhren/Rügen und besichtigten zwei Museen. Die besondere Attraktion war die Fahrt mit der Kleinbahn, dem „Rasenden Roland" von Bergen bis Göhren (siehe Foto auf der nächsten Seite). Ende Oktober, am 27., besichtigten wir in der Greifswalder Universität im Dallmann-Institut die Palästina-Ausstellung. Ein besonderes Erlebnis war für mich persönlich die Bibelwoche in Rostock vom 19. - 29.7. Aus dieser guten Gemeinschaft erwuchs dann das Nachfolgetreffen 1. - 3.11. in Neuruppin. An zwei Ökumenischen Jugendgottesdiensten in Stralsund nahm unsere Jugendgruppe teil, am 22.9. im Evangelischen Gemeindezentrum Knieper-West und am 1.12. im Gemeindesaal der Landeskirchlichen Gemeinschaft im Katharinenberg. Beim zweiten Gottesdienst konnte unsere Gruppe durch Lied und ein Anspiel auf die baldige Ankunft Jesu Christi hinweisen. Eine Geste des guten Willens war der Arbeitseinsatz der Jugendgruppen Rostock und Stralsund in Sellin. Die Jugendlichen stellten an diesem Sonntag, 28.10., im Auftrage des Rates der Gemeinde Sellin einen Zaun an einem Grundstück der Ortsgemeinde auf. Viel Freude hatten alle Jugendlichen, die am Bunten Abend, dem 22.12., in die Wohnung von Hanna und Hermann Beier gekommen waren. Achtzehn Jugendliche waren bei Gesang, Spiel, Vorlesung und Geschenkpäckchenverteilung voll dabei; keinen wird es gereut haben, gekommen zu sein. Das alljährliche Kinderfest in Barth auf dem Grundstück von Inge und Otto Petrischkeit konnten wir auch in diesem Jahr wieder bei schönem Wetter durchführen. Dafür danken wir unserem Gott sehr. Am 27.5. hatten wir dieses schöne Fest bei Spiel und Spaß. Natürlich denken wir noch gern an das Advent-Kinderfest in der Gemeinde am 15.12. Das besondere Ereignis in diesem Jahr war wohl das Puppenspiel von Bernd Rahner und seinen Helfern. Aber sicherlich haben auch die Geschenke für die Kinder und Geschwister Freude bereitet.

Soweit der Rückblick auf das vergangene Jahr. Wir haben uns einiger besonderer Höhepunkte im Gemeindeleben erinnert. Jeder von uns hat bestimmt noch persönliche Erfahrungen gemacht, an die er gerne denkt. Für alles, was uns Gott zu unserer Heiligung schickte, wollen wir dankbar sein. Der Dank für die Mithilfe im Predigtdienst in diesem Seelsorgebezirk gilt besonders unseren Brüdern Wietrichowski, Wendler und Petrischkeit. Außerdem dienten folgende Geschwister

Jugendausflug 16.9.1979 Göhren mit der Neubrandenburger Jugendgruppe
1. Reihe unten v. l.: Hannelore Beier, Karin Rieckmann, Helga Beier, Kathrin Wietrichowski
2. Reihe v. l.: Gerlinde Ehmler, Jörg Wietrichowski, Marion Bauch, Wernfried Rieckmann, Ingrid Ehmler, Wolfgang Lexow; 3. Reihe v.l.: Thomas Ehmler, Christa Mietz, Heidrun Beier, Silke Bohnenstengel, Petra Reddien; letzte Reihe: Börner, Norbert Ehmler, Joachim Hummel

der Gemeinde mit einer Predigt: E. Pusch (Pasewalk), Brd. Michelbach (Waren/Müritz), Brd. Vierus (Weißwasser), Brd. O. Schuppan (Mühlhausen), K. Edel, Leiter der Friedensauer Bibellehrbriefe Leipzig, M. Gelke, Vorsteher der Vereinigung, B. Rahner, Abteilungsleiter der Vereinigung.

Auch im Jahr 1979 blieben die Gemeinden nicht von Traurigkeit verschont. Wir trauern mit den Angehörigen. Es wurden beerdigt: Erna Wegner am 12.1. und Herta Springer am 26.10. (Gemeinde Bergen), Gertrud Martens am 19.3. und Anna Wodtke am 26.3. (Gemeinde Stralsund). Als große Bezirksgemeinde teilen wir mit den Eltern die Freude über die Geburt von Jan Petrischkeit am 7.12. Möge der dritte Sohn den Eltern zur Freude und zur Ehre Gottes heranwachsen.

Abschiedsgottesdienst für Hermann und Hanna Beier 30.6.1980

Lied der Gemeinde „Jesu, komm in unsre Mitte" und einleitendes Gebet Otto Petrischkeit
Gemeinde lernt das Lied: „Ein jeder trage"
Anspiel der Jugendgruppe „Endstation"
Lichtbildvortrag „Eine Reise nach Budapest"
Bericht Jörgen Wendler über Jubiläum Gemeinde Bergen (1940-1980)

Laudatio für Hermann und Hanna Beier:

Hermann Beier (1933 - 2017)

„Die Zeit ist gekommen, wo wir unseren Brd. Beier und seine Familie verabschieden müssen. Als Beiers 1971 herkamen, waren die Kinder noch klein; wir alle waren neun Jahre jünger als heute; mancher war noch unter uns, der inzwischen von uns gegangen ist. Neun Jahre sind im Leben eines Menschen schon ein beträchtliches Stück. Neun Jahre in einer Gemeinde zu sein, ist recht lang, ist länger, als für die meisten Prediger eine Wirkungsperiode an einem Ort ist. Wir freuen uns, dass Geschw. Beier so lange bei uns waren, und es ist wohl niemand hier, der es nicht bedauert, dass sie nun gehen müssen. Solch ein Bedauern ist auch ein Dank an euch, liebe Familie Beier. Nicht jeder von uns ist fähig, einen großartigen Dank zu formulieren - ich auch nicht - aber unser Bedauern über euren Weggang soll euch sagen, dass wir dankbar sind. Uns wiederum tut es natürlich auch gut, wenn uns zu Ohren kam, dass ihr gerne noch ein paar Jährchen geblieben wäret. Wir wollen uns nichts vormachen: Nicht überall ist es so. Stralsund ist nach Löbtau, Dresden-Neustadt und Freiberg die vierte Wohnstätte und der vierte Wirkungsort geworden und gewesen. In der Regel pflegen Predigerfamilien mit gemischten Gefühlen nach Mecklenburg zu kommen. Warum eigentlich ist der Norden so unbeliebt? Zugegeben: die Entfernungen sind groß, die Gemeinden sind spärlich gesät und klein, die Pommern und Mecklenburger sind als maulfaul und stur verschrien. Die Entfernung nach Berlin und zu anderen kulturstrotzenden Gegenden des Landes ist groß, und Westfernsehen ist auch nicht überall zu empfangen, aber ob nicht auch andere Gegenden und Gemeinden ihre Nachteile haben? Was mögt ihr, Geschwister Beier wohl empfunden und gesagt haben, als ihr das erste Mal hörtet: Stralsund!? Es wird sicher auch nicht sehr wohlwollend gewesen sein. Was ist schon der Stralsunder Bezirk mit seinen ungefähr 100 Gliedern? Ein kleines Gebiet! Allerdings lebt bei uns fast ein Gemeindeglied auf 1.000 Einwohner, womit wir über dem Durchschnitt Europas liegen und dem Weltdurchschnitt nahekommen. Der Bezirk Stralsund hatte im Jahre 1971 fünf Bedienungsorte: Stralsund, Bergen, Sassnitz, Franzburg und Zingst. Heute sind es nur noch drei: die Gruppe Zingst ist zur

Gemeinde Barth geworden. Die Gruppen Sassnitz und Franzburg bestehen nur noch aus ein oder drei Gliedern und werden nicht mehr bedient. Theoretisch könnte man in Kummerow-Heide Gottesdienst halten, denn dort sind zurzeit acht Glieder wohnhaft. Die Gemeinde Bergen wurde 1940 mit 7 Gliedern gegründet. Bis 1971 waren bei uns Geschw. Edel gewesen. Ich darf sagen, dass wir auch an sie gerne zurückdenken sowie auch an Geschw. Gauger und Geschw. Schulz, die zuvor in Stralsund gearbeitet haben. Konrad Edel war es gelungen, den Wohnungstausch vom Tribseer Damm 67 zum Diebsteig 1 zu vollziehen. Welch ein Name: „Diebsteig"! mögt ihr damals gedacht haben, aber wie gut hat es Gott gefügt, dass dieser Wohnungstausch damals zustande kam. Leider konnte sich Konrad Edel der neuen Wohnung nicht mehr lange erfreuen, da er wenige Wochen nach dem Tausch nach Schwerin versetzt wurde.

Liebe Geschwister, ihr wisst oder wisst auch nicht, dass es bis vor ganz kurzem durchaus noch ungewiss war, ob der Wechsel von Geschw. Beier nach Halle zustande kommt - aber nun dreht sich der Tauschring, und der Möbelwagen rollt. Sicher werdet ihr, Geschw. Beier, für euch längst Bilanz gezogen haben, was die Stralsunder Jahre für euch gewesen sind. Ich glaube sagen zu dürfen, dass wir als Gemeinde unseren Prediger nicht vor allzu große Probleme gestellt haben. Wir haben keine Kräche erlebt, keine Spaltungen und ähnliche unliebsame Dinge. Es ist niemand zu den Bibelforschern übergetreten, und es hat keine Wahlskandale gegeben. Insofern waren es ruhige Jahre. Wenn alles seinen normalen Gang geht, schätzt man das oft nicht. Deshalb wollen wir das einmal in Dankbarkeit vor Gott erwähnen. In den ersten Jahren hat Brd. Ernst Schmidt die Gemeindeleitung innegehabt, dann bin ich an seine Seite getreten. Im Jahre 1978 bin ich durch Brd. Beier zu eurem Ältesten eingesegnet worden. Ich darf sagen, dass die Zusammenarbeit zwischen dem Ältesten, dem Gemeindeausschuss und dem Prediger in all den Jahren stets störungsfrei gewesen ist.

Ich darf auch sagen, dass die menschlich warme Art Brd. Beiers ihm rasch die Herzen aller hier im Bezirk geöffnet hat. Hermann Beier war ein Praktiker, ein Praktiker des Wortes und der Tat, der stets half, wo er konnte: mit einem Rat, mit einem Hinweis, mit seinem Auto und seinem Anhänger und mit mancher Arbeitsstunde bei diesem und jenem. Er konnte in unserer Stadt und in Bergen eine Reihe von gut besuchten Evangelisationen halten. Als Gäste zu Evangelisationen hat er Henry Köhler und M. Gelke gewonnen. Drei Evangelisationen haben Brd. Beier und ich gemeinsam gestaltet. Diese Vortragsform, das Ko-Referat, war ein Experiment. Dieses Experiment hat uns alle, so glaube ich sagen zu dürfen, nicht enttäuscht. Außer bei uns haben wir diese Vortragsfolgen in Bergen, Neubrandenburg und Greifswald gehalten. Brd. Beier durfte in Stralsund eine Reihe von Taufen durchführen. Im Gedächtnis werden besonders den Jugendlichen aber auch den anderen Beteiligten die Taufen in Sellin, Zingst und Schaprode geblieben sein. Hermann Beier hat, wenn meine Statistik stimmt, in Stralsund 20 Taufen und zwei Aufnahmen durchführen können. Unter den Getauften waren auch seine Kinder Heidrun, Helga und Hannelore. 1971 betrug die Gliederzahl der Gemeinde Stralsund 72 und ist heute 70. Damit eine Gemeinde ihre Gliederzahl, also ihren Bestand hält, bedarf es eines ständigen Zuwachses, anderenfalls würde durch Tod und Wegzug von Geschwistern die Zahl rasch zurückgehen. Auch das hat Brd. Beier in diesen 9 Jahren oft tun müssen: liebe Gemeindeglieder zur letzten Ruhe begleiten.

Die Stralsunder Jugend verliert mit Hermann Beier ihren eigentlichen Jugendleiter. Wie zuvor kein anderer Jugendleiter oder Prediger verstand es Brd. Beier, die Jugendlichen zu aktivieren und die Jugendstunden zu beleben. Die von ihm eingeführte Ordnung, die Jugendstunden ringsum in den Familien der Jugendlichen zu veranstalten, hat mit dazu beigetragen, Leben in die Jugendarbeit zu bringen. Die Jugend denkt gerne an so manches schöne Beisammensein in Barth oder Duvendiek, im Diebsteig oder in der Sarnowstraße, in Pantelitz oder in Kummerow-Heide und an anderen Orten - auch in Trent - zurück. Als älterer stiller Beobachter hat man den guten Eindruck, dass die Jugendlichen je länger je mehr zusammengewachsen sind, so mancher Höhepunkt krönte die Jugendarbeit: z. B. die Fahrten nach Prag, Wittenberg oder Stettin, die Pfingstgottesdienste in Rostock und Schwerin. In den vergangenen Jahren wurden auch die Diskussionsabende für die reifere Jugend sowie die Familiengottesdienste eingeführt. Beide Einrichtungen bedeuten für das Gemeindeleben eine Bereicherung.

Ein besonderes Wort des Dankes möchten wir als Stralsunder Gemeinde auch an Schw. Beier richten. Eine Predigerfrau steht oft im Schatten ihres Mannes und leistet Arbeit, die als selbstverständlich hingenommen wird. Allen denen, die Kinder und Enkel haben, dürfte bewusst sein, dass wir in Schw. Beier 9 Jahre hindurch eine ausgezeichnete Kindertante gehabt haben. Schw. Beier ist es zu verdanken, dass in Stralsund wieder ein Chor entstanden ist, der so manche Feierstunde zu verschönern half. Darüber hinaus denken wir an so manche Feierstunde, Kinderadventsfeier oder

Gemeindechor Bezirksgottesdienst 1980
v. l.: Kathrin, Renate, Anett Wietrichowski, Jörgen Wendler, Heike Beier, Siegfried Rosner, Hannelore Beier, Ingrid Berkati, Hanna Beier

Jahresschlussandacht, die Schw. Beier programmiert oder mitveranstaltet hat. Dass sie an solchen Tagen meist furchtbare Migräne hatte und sich hinterher oft ins Bett legen musste, weiß kaum jemand von euch. Manch einer von uns wird auch nicht wissen, dass Schw. Beier vertretungsweise den Saal gereinigt hat und Monate hindurch tägliche Krankenpflege bei Schw. Steinkamp leistete. Brd. Beier ist nicht nur ein guter Prediger und Seelsorger gewesen. Er war auch ein ausgezeichneter Organisator. Einige Jahre hat er im Vereinigungsausschuss mitgearbeitet. Er hat zu allen seinen Predigerkollegen in der Vereinigung einen guten Kontakt gehabt und ist manchen von ihnen durch Rat und Tat zu einer Hilfe geworden. Erst in diesem Frühjahr hat er für die Prediger des Ostteils der Vereinigung eine Studienfahrt zu den Luther-Stätten vorbereitet und durchgeführt. Auf Grund seiner freundlichen und kontaktbereiten Art hat er zu den leitenden Männern anderer Gemeinschaften in Stralsund eine gute Verbindung gehabt. Das Verhältnis zum Baptistenprediger Brd. Günter kann als Beispiel dafür gelten. Brd. Beier hat eine Evangelisation von Brd. Bernd Rahner vor dem Ökumenischen Jugendkreis in Stralsund für dieses Jahr vorbereitet, auf die wir gespannt sein dürfen. Auch mit den Stralsunder Behörden und mit der CDU stand unser Prediger auf gutem Fuß. Frucht dieser guten Beziehungen sind die Vorbereitungen für einen künftigen Kapellenbau in der Frankenstraße 41, die inzwischen soweit gediehen sind, dass als nächster Schritt der Vertragsabschluss zwischen der Stadt und der Gemeinschaft über den Kauf des Grundstückes zu erwarten ist. An dieser Stelle muss auch erwähnt werden, dass es Brd. Beier zu verdanken ist, dass die Adventgemeinde Stralsund einige Male in der Stralsunder Lokalpresse gestanden hat, weil eine Reihe von jüngeren Geschwistern bei insgesamt sechs Arbeitseinsätzen im Tierpark eine sehr gute Arbeit geleistet hat. Diese Tradition wollen wir auf jeden Fall fortsetzen. Wir denken an so manchen gemeindlichen Höhepunkt der vergangenen Jahre zurück. Da waren einige Gemeindeausflüge, da war das 70-jährige Gemeindejubiläum und das 75-jährige. In den Jahreschroniken, die Hermann Beier Jahr für Jahr sorgfältig geführt hat und uns in der Jahresschlussandacht verlesen hat, sind sie alle genannt. Wenn Gott geben will, dass ein weiterer Höhepunkt in den nächsten Jahren eine Kapellenweihe in Stralsund sein sollte, so werden wir euch, liebe Geschw. Beier, ganz sicher eine Einladung schicken. Ob Gott dieser Gemeinde ein 100-jähriges Gemeindejubiläum im Jahre 2003 schenken wird, wissen wir nicht. Man möchte es angesichts der Weltlage fast bezweifeln und auch nicht wünschen. Sollte es aber doch dazu kommen, dann dürfte ein dann bereits im Ruhestand befindlicher Hermann Beier mit seiner Frau auch noch nicht zu alt sein, um einer Einladung nach Stralsund zu folgen. Ganz sicher werden nicht alle, die wir heute in diesem Saal sind, diesen Tag erleben, aber Gott wird wissen, wie viel Zeit er der Welt, dieser Stadt und uns noch zumisst.

Auf unserem diesjährigen Bezirksgottesdienst sahen wir unseren neuen Prediger Helmut Binanzer zum ersten Mal. Brd. Beier ist mit seiner Familie ebenfalls schon in Halle gewesen und hat sich dort bei gleicher Gelegenheit vorgestellt. Ein Predigerwechsel ist eine einschneidende Sache für alle Beteiligten, er bedeutet aber keine Trennung für immer. Wir glauben sicher, dass Geschw. Beier noch in manchem Jahr Sehnsucht nach der Ostsee bekommen und dann auch bei uns wieder einkehren werden. Das wird für uns alle jedes Mal ein erinnerungsfrohes Wiedersehen sein. Jeder Prediger ist ein Diener der Gemeinde. Jeder Verantwortungsträger in der Gemeinde ist eben ein solcher Diener. Christus aber ist der Herr seiner Gemeinde. Niemand in der Gemeinde sollte Sympathien zu Menschen, und seien sie uns noch so lieb, über die Verbindung zu unserem Herrn Jesus Christus stellen. Wir wollen als Stralsunder Gemeinde auch in Zukunft ein Teil der großen Gemeinde Gottes sein, gleichgültig wie der Name des Predigers auch lauten mag. Wir haben Brd. Beier gefragt, ob er noch mit weiteren Versetzungen zu rechnen haben wird. Nun, man kann es sich an den zehn Fingern abzählen, dass ihm vor seiner Pensionierung noch mindestens ein weiterer Gemeindewechsel bevorstehen wird. Da dieser Ort noch nicht feststeht, und die Erde groß und rund ist, möchten wir als Stralsunder Gemeinde schon für die fernere Zukunft eine handgreifliche Wegweisung zur Verfügung stellen. Als Abschiedsgeschenk und als Wegweiser für die Zukunft soll dieser Globus dienen. Er zeigt alle Länder der Welt sowie die wichtigsten Städte dieser Erde und somit eine Reihe von Versetzungsmöglichkeiten. Bei der Ausarbeitung dieser Rede kam es mir vor, als wenn ich einen Nachruf verfasse. In gewissem Sinne tragen wir alle, die wir hier in diesem Raum versammelt sind, 9 vergangene Jahre zu Grabe. Sie sind unwiederbringlich dahin: was die Zukunft bringen mag, weiß Gott allein. Wir können für uns alle nur hoffen, dass Er uns noch einige gnädige Jahre schenken möge. Unsere guten Wünsche sollen euch, Geschw. Beier, nun weiterhin geleiten. Ich möchte mit einem Wort Gottes schließen. In Eph. 6,7.8 heißt es: „Tut euren Dienst mit gutem Willen als dem Herrn und nicht den Menschen, und wisset, was ein jeglicher Gutes tun wird, das wird er von dem Herrn wieder empfangen". (HW)

Andacht: Brd. Beier, Lied: „Ein jeder trage", Lied 443: „Ach bleib mit deiner Gnade", Gebet: Brd. Beier

Bezirksgottesdienst 1980 Familien Beier & Wietrichowski

10.2 Predigerfamilie Helmut & Ute Binanzer (1980 - 1992)

1981: neuer Prediger Helmut Binanzer - Fernkurs „Diener am Wort"

von links: Ehepaar Wietrzichowski sen., Ute und Helmut Binanzer

Das Jahr 1981 stand unter der Losung Röm. 15,7: „Nehmet einander an!" Es war das erste Jahr, in dem Helmut und Ute Binanzer ganzjährig bei uns waren, nachdem sie im Juli 1980 in Stralsund ihren Dienst angetreten hatten. Auch in diesem Jahr sind wir als Land, als Stadt und als Gemeinde von Katastrophen und Kriegsereignissen verschont geblieben. Gott hat uns ein weiteres Jahr Gnadenzeit hinzugefügt. Mögen wir in der Heiligung gewachsen sein und entsprechend der Jahreslosung einander angenommen haben!

Auch in diesem Jahr stand uns die Heilige Schrift zur Verfügung; außerdem hatten wir pünktlich zum Jahresbeginn ein neues Andachtsbuch in Händen. Sein Titel lautete: „Weg hast du aller Wegen". Zu Beginn jeden Quartals hatten wir ein neues Bibelbetrachtungsheft in der Hand. Die Hefte trugen die Titel „Gemeinde Jesu im Dienst an der Welt" I und II; die Hefte 3 und 4 behandelten unsere Glaubenslehren. Es erschienen 1981 auch einige Titel an gemeindeeigenem Schrifttum. „Glück beginnt zu Hause", „Siebenundsiebzig Fragen", „Ich möchte gerne glücklich sein", „Der Eine" und „Ohne Glauben geht es nicht".

An allen Sabbaten im vergangenen Jahr fanden in unserem Gemeindesaal Gottesdienste statt. Wir wollen das nicht als selbstverständlich nehmen, sondern Gott unseren Dank dafür sagen. Fragen wir uns auch, wie wir diese Gelegenheiten genutzt haben. Gott lud uns Woche für Woche zu sich ein - Was machten wir mit seinem Angebot? Wir begannen das Jahr mit einer Gliederzahl von 68. Der durchschnittliche Sabbatschulbesuch lag nach meinen persönlichen Aufzeichnungen bei 40,6 Gliedern (60,6%). Berücksichtigt man diejenigen Gemeindeglieder, die durch Alter, Krankheit oder ... am Gottesdienst nie oder fast nie teilnehmen, so liegt der Prozentsatz etwas günstiger. Interessanterweise ist die Teilnahme an der Predigtstunde etwas besser: nämlich durchschnittlich 49 Glieder (73%).

Mit der Predigt dienten uns Helmut Binanzer 19x, Heinz Wietrichowski 11x, Otto Petrischkeit 6x, Jörgen Wendler 5x, Gunthardt Saupe einmal. Zweimal hörten wir ein Tonband. Als Gäste dienten im Predigtgottesdienst mit dem Wort: Hermann Beier, Konrad Edel, Brd. Fabich, Berthold Gauger, Joachim Hummel, Brd. Hoffmann, Brd. Pape und Heinz Starke.

Unser Bezirksgottesdienst wurde vom 29. - 31.5. abgehalten. Gast war Berthold Gauger aus Neuruppin. Ich erinnere an seine Predigtthemen (Freitagabend: „Aber ich habe ein Kleines wider dich!"; Sabbatvormittag: „Man hat mich zum Wächter über die Weinberge gesetzt, aber meinen eigenen Weinberg habe ich nicht bewahrt!"; Sabbat-Abend: „Nicht ärgern - über den Dingen stehen!"; Sonntagvormittag: „Die unterschiedliche göttliche Gerechtigkeit"). Zum Bezirksgottesdienst waren außerdem die Brüder Manfred Gelke und Bernd Rahner anwesend und dienten mit dem Wort. Am Sabbatnachmittag erlebten wir eine Feierstunde. Die Gemeinde feierte dreimal Abendmahl: 10.1., 11.4., 30.10. Vom 4. bis zum 15.4. hatten wir eine öffentliche Evangelisation, die unter dem Motto „Nutze die Chance - fang neu an!" stand. An 6 Abenden hatten wir insgesamt 55 Gäste (außer unseren ungetauften Jugendlichen). Das sind durchschnittlich 9 gemeindeferne Personen/Abend. Unsere Herbstevangelisation ist uns noch gut im Gedächtnis, zumal sie in das Jahr 1982 hinüberreicht. Wir nannten sie „Stunde der Information und Ratgebung". Sie begann am 15.11. und fand jeweils an den Sonn- und Donnerstagen statt. Gäste hatten wir an 12 Abenden insgesamt 80! Referent war Brd. Binanzer.

Einige besondere Veranstaltungen müssen noch genannt werden: Am 10.1. hatte die Jugend einen besonderen Gast. Im Hause von Geschw. Wietrichowski erzählte uns in einer besonderen Jugendstunde Herr Lembke etwas über das Blindenproblem. Herr Lembke ist selbst blind und verstand es, uns an der Not des blinden Menschen teilnehmen zu lassen. Wir lernten, dass wir behinderten Menschen unbefangen und hilfsbereit entgegentreten sollen. Das besondere Interesse des Themas wird an der Zahl der Anwesenden deutlich: 20 Personen, davon drei gemeindeferne Gäste.

Am 7.2. war der Ehekreis im Heim von Geschw. Binanzer beisammen; wir unterhielten uns über das Thema Kindererziehung. Am 14.2. feierte die Gemeinde am Sabbatnachmittag einen Familiengottesdienst. Das Echo in der Gemeinde ist an der hohen Teilnehmerzahl ersichtlich: 40 Geschwister waren da und 13 Kinder unter 13 Jahren. Am 28.3. lud die Jugend zu einer öffentlichen Jugendstunde ein. Wir sahen die Lichtbilder von der großen Bibelwoche 1980. An diesem Sabbat wurden auch die Gaben für die Kinder- und Jugendarbeit gesammelt: 1.523 M. Am 21.4. war Brd. M. Gelke aus Rostock in Stralsund und besichtigte ein uns interessierendes Grundstück in der Alten Richtenberger Straße, das für einen Kapellenbau in Frage käme. Der Ankauf des Geländes soll betrieben werden. Damit sind die Projekte Frankenstraße 41 und Otto-Voge-Straße endgültig beiseite gelegt. Am 25. - 30.4. renovierten wir unseren Saal. Die Decke wurde tapeziert, die Wände gestrichen, die Vorhänge gewaschen, der Fußboden ausgelegt. Beteiligt bei dieser Arbeit waren Helmut Binanzer, Ute Binanzer, Bernd und Wolfgang Warkenthin, Jörgen Wendler, Carola Binanzer, Frieda Mietz, Anett Burmeister, Waltraud Zichel, Siegfried Rosner sowie Heinz und Renate Wietrichowski mit Kindern. In ca. 70 Arbeitsstunden wurde das Werk vollbracht. Dankbar gedenken wir der Gemeinde Buchholz/Nordheide und unserer Schw. Gertrud Singer, die dort lebend uns zu den Deckentapeten verhalfen. Verbindungsfrau bei dieser Aktion war Schw. Lotte Straßburg. Am 9.5. wurde in einem besonderen Gottesdienst Gunter Petrischkeit in die Jugend aufgenommen. Am 10.5. startete die Jugend ihren 7. Tierparkeinsatz: 12 Jugendliche und Junggebliebene leisteten dabei 50 Arbeitsstunden. Am 9.6. feierte unsere Schw. Kaßburg Ihren 101. Geburtstag. Zu den Gratulanten gehörte auch eine kleine Abordnung der Gemeinde, die ihr eine Reihe von Zionsliedern sang. Am 13.6. hatten wir einen Taufgottesdienst. Schw. Affeldt, jetzt Willmer schloss öffentlich mit Gott ihren Glaubensbund. H.

101. Geburtstag Schw. Kaßburg

Binanzer predigte über das Thema „Wagnis des Glaubens". Am 20.6. wurden in einer besonderen Sammlung Gaben für die Gemeinde-Wohlfahrt gegeben. Es kamen 1.247 M zusammen. Ab 1.9. nahmen aus dem Seelsorgebezirk Stralsund 5 Brüder am Fernkursus „Diener am Wort" teil: Gunthardt Saupe, Axel Kayser, Otto Petrischkeit, Jörgen Wendler und Heinz Wietrichowski. Der 3.10. vereinte eine große Gemeinde zum Erntedankgottesdienst. Es wurden 2.476 M Gaben gegeben. Am Nachmittag dieses Tages fuhr der Stralsunder Chor nach Greifswald und beteiligte sich dort an der Gestaltung eines gelungenen Erntedankfestes in einem überfüllten Saal.

4.10.: 8. Tierpark-Einsatz, 13 Teilnehmer, 60 Arbeitsstunden. Vom 21. - 28.11. fand die diesjährige Gebetswoche statt. An Gebetstagsgaben gingen 2.161 M ein, im Vorjahr waren es 1.529 M.

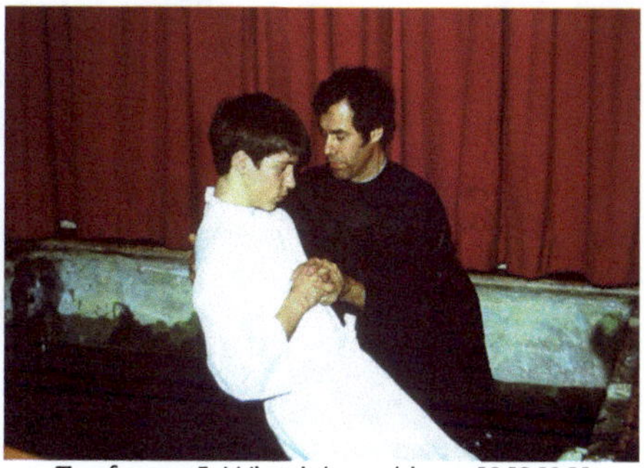

Taufe von J. Wietrichowski am 12.12.1981 durch H. Binanzer

Am 12.12. wurden Anett Burmeister und Jörg Wietrichowski getauft. Wir freuen uns über ihren Entschluss und wünschen Gottes Segen. Am darauffolgenden Sabbat, dem 19.12., fand unsere Gemeindehelferwahl statt. Ältester: Heinz Wietrichowski, Erster Diakon: Siegfried Rosner, Sabbatschulleiter: Jörgen Wendler, Jugend-Diakon: Jörg Wietrichowski, Schatzmeister: Waltraud Zichel. Am Nachmittag dieses 19.12. waren Gemeindeglieder und Gäste zu einer geistlichen Adventsmusik eingeladen. Diese wurde durch den Chor, durch Streicher und Gesang gestaltet. Besonderer Dank sei unseren Bausoldaten aus Göhren gesagt (Brd. Wilfried Scheel und Brd. Wilfried Höhne). Im Rahmen dieser Nachmittagsstunde wurden auch unsere Kinder von der Gemeinde beschenkt (siehe Foto auf der nächsten Seite). Letztmalig war die Gemeinde am 31.12. um 16.00 Uhr zu einer Silvester-Andacht beieinander.

Im Gegensatz zum Jahre 1980, wo aus der Gemeinde Stralsund niemand verstarb, verloren wir in diesem Jahr durch den Tod folgende Geschwister: Schw. Osterode am 25.4., Schw. Kaßburg am 13.8., Schw. Knoll am 8.12., Schw. Kuhlow am 21.8. In der Gemeinde Barth/Zingst verstarb im September Schw. Schmidt. Wir wollen uns im Gedenken an unsere Glaubensgeschwister erheben.

Eine Chronik nennt nur Umrisse, nur das wichtigste. Noch manch ungenannter Dienst wurde im Stillen getan: da übte der Chor, da wurde Unterrichtsarbeit an unseren Kindern geleistet, die Jugend übte, verreiste, feierte und lernte. Besonders herausragende Ereignisse waren hier die Zeltfahrt nach Göhren im August mit musikalischer Feierstunde in der Göhrener Kirche und die Jugend-Adventsfeier im Heim von Karin Sollmann in Niepars. Des Weiteren leisteten die Diakone ihren stillen Dienst, der Gemeindeausschuss tagte etliche Male, einzelne Geschwister fuhren zu verschiedenen Rüsten und Tagungen, der Schaukasten war stets mit einem Plakat bestückt, unser Schrifttum wurde verkauft und abgerechnet, statistische und Schreibarbeiten mussten erledigt, Berichte geschrieben werden, der Saal war stets sauber und mit Blumen geschmückt. Allen Geschwistern, die sich genannt oder

von links: Regina Binanzer, Christoph & Lars Wendler, Silvia Gipp, Nico Saupe, Anett Wietrichowski, Ralf Petrischkeit, Sebastian Warkenthin, Tobias Rosner, Ralf Warkenthin

ungenannt auf diese Weise für die Gemeinde verantwortlich gefühlt haben, möge auf diese Weise unser aller Dank ausgesprochen sein. Zum Schluss sei Gott unser Dank gesagt für seine gnädige Hilfe und Bewahrung. Wir loben und preisen ihn. Wir bitten weiterhin um seinen Beistand für seine Gemeinde an diesem Ort. Wir bitten ihn, dass er uns zahlenmäßig und geistlich auch im neuen Jahr wachsen lassen möge. „Christus unsere Hoffnung" - das ist die Jahreslosung der Gemeinde für 1982. Wir wollen zu dieser Losung alle unser kräftiges Amen sagen.

1982: Teestube beginnt - Gottesdienstverbot 17.4.1982

Am Schluss eines Jahres wollen wir als Gemeinde in gewohnter Weise einen Rückblick auf die vergangenen zwölf Monate tun. Dieser Rückblick soll ein Dank gegen Gott und ein Zeugnis vor allen, die es hören, sein. Gott hat versprochen, seine Gemeinde allzeit zu bauen und dafür zu sorgen, dass die Pforten der Hölle sie nicht überwinden werden. Diese Zusage hat er auch an unserer Ortsgemeinde im Jahr 1982 wahrgemacht. Nicht Organisation und Geld, nicht menschliche Sorge oder günstige äußere Umstände haben bewirkt, dass die Gemeinde Stralsund leben und wirken konnte, sondern Jesus selbst, unser Herr, hat uns getragen und gepflegt. Das Jahr 1982 stand unter der Losung „Christus - unsere Hoffnung". Möge er auch, wenn diese Aussage als Jahresmotto von einer anderen abgelöst wird, weiterhin unsere Hoffnung und unser Ziel bleiben! Das Jahr 1982 war ein Jahr der Ruhe und des Friedens für uns als Staatsbürger, Christen und Glieder der Ortsgemeinde. Daran ändert auch nichts, wenn wir im Frühjahr durch die Maul- und Klauenseuche (MKS) gezwungen waren, uns an einigen Sabbaten staatlichen Anordnungen zu fügen. Am 3.4. war eigentlich schon ein Veranstaltungsverbot erlassen, unser Gottesdienst fand aber noch statt. Am 10.4. war als Ausnahmeregelung von staatlicher Seite wegen des Osterfestes der Gottesdienst möglich. Am 17.4. war uns dann der öffentliche Gottesdienst im Gemeindesaal nicht erlaubt. Wir versammelten uns als Gruppen in den Heimen von Ehepaar Binanzer, Frieda Mietz, Ehepaar Rettkowski, Familie Warkenthin und bei Wietrichowskis. Wir spürten an diesem Sabbat deutlich, dass Gottes Gegenwart nicht von der Räumlichkeit eines Saales oder einer Kapelle abhängt. Wir dachten an viele Christen auf der Welt, die auf Grund von Kriegen oder Katastrophen ebenfalls keine Gottesdienste besuchen können. Ab 24.4. konnten sich zumindest die Stralsunder Geschwister wieder im Saal versammeln, aber unsere auswärtigen Geschwister durften die Stadtkreisgrenze nicht passieren. Erst ab Mai fielen die Reisebeschränkungen.

Auch im vergangenen Jahr stand uns die Bibel zur Verfügung. Pünktlich hatten wir auch ein neues Andachtsbuch in der Hand. Es hieß: „Nur ihn lass tun und walten". Zu Beginn jeden Quartals wurden uns die neuen Bibelschullehrhefte geliefert. Im ersten Quartal hieß unser Heft „Liebe und Gehorsam", im 2. Viertel ging es um den Gedanken der „Herrlichkeit und Verherrlichung Gottes", im 3. Quartal um den „Christen in der Welt" und in den letzten drei Monaten um „Gottes ewigen Bund". An eigenem Schrifttum erschien 1982 das Buch „Der Eine" sowie der Titel „Fang an zu leben". Letzterer ist aber noch nicht in unsere Hände gelangt. Der Bezirksgottesdienst sollte im April stattfinden, fiel jedoch wegen der MKS aus. Gast sollte Manfred Böttcher sein. Auch aus der Verlegung in den Herbst wurde dann nichts mehr. Als wir das neue Jahr begannen, lief unsere öffentliche Vortragsreihe „Stunde der Information und Ratgebung" noch. An vier Abenden im Januar nahmen insgesamt noch einmal 24 Gäste teil. Eine zweite Evangeliumsverkündigung unter dem Hauptthema „Die Bibel gibt Antworten auf die Fragen unseres Lebens" fand an sechs Abenden vom 9. - 14.10. statt. An diesen sechs Abenden waren insgesamt 52 Besucher die Gäste unserer Gemeinde. Ursprünglich sollte die Reihe an den folgenden Mittwochabenden weiterlaufen, es kam aber nur noch zu zwei weiteren Verkündigungen.

Gut besucht war die Jugendevangelisation mit Brd. Schuchardt vom 13. - 15.11. An den drei Abenden waren 19, 38 und 23 Gäste anwesend. Die drei Themen hießen „Popmusik in der Sackgasse", „Weltall, Erde, Affe" und „Du bist nicht mit Gold zu bezahlen!" Die fremden Jugendlichen waren zum Teil auf der Straße angesprochen worden. Mit einem Teil von ihnen hat unsere Jugendgruppe weiterhin guten Kontakt. Bis auf die genannten Ausnahmen im April fanden unsere Gottesdienste regelmäßig statt. Fragen wir uns dennoch, wie wir das Angebot Gottes genutzt haben.

Nach meinen privaten Aufzeichnungen lag der Jahresdurchschnitt bei den Gottesdienstbesuchen, berechnet auf Teilnahme in Bibelschule und Predigt, bei 28 Sabbaten/Mitglied. Dabei ist auch jedes Fehlen im Gottesdienst auf Grund von Krankheit, Bedienung, Bibelwochenteilnahme, MKS u. ä. miteinbezogen worden. Irma Rosenmeyer hat als einzige alle 52 Sabbate des Jahres den Gottesdienst besucht. Um noch etwas bei der Statistik zu bleiben: Wir begannen das Jahr mit 67 Gliedern, verloren ein Glied durch den Tod und hatten zwei Taufen, sodass wir das Jahr mit 68 Gliedern beschließen.

Mit der Predigt dienten uns Helmut Binanzer 17x, Heinz Wietrichowski 9x, Otto Petrischkeit 6x, Jörgen Wendler 5x, Gunthardt Saupe einmal. An einem Sabbat fand der Gottesdienst, wie schon erwähnt, in Gruppen statt, einmal zeigte uns Bernd Warkenthin die Serie „Adventgemeinde in Bild und Ton", an zwei Sabbaten hatten wir die Gebetslesung. An den restlichen Sabbaten dienten folgende Gäste mit dem Wort: Brd. Fritzsching, Brd. Höhne, Brd. Müller (Magdeburg), W. Schulz, H. Beier, Brd. H.-G. Schäfer (Karl-Marx-Stadt), Brd. Krause (Oelsnitz), Rolf Winkler (Lichtenstein), Brd. A. Schuchardt (Neubrandenburg), M. Gelke (Rostock). Dreimal feierten wir das Abendmahl.

Im Folgenden möchte ich einige wichtige Ereignisse bzw. Veranstaltungen aus dem Leben der Gemeinde im vergangenen Jahr in die Erinnerung zurückrufen: Wir begannen das Jahr mit einem Fastensabbat. Zu den stets gut besuchten Familiengottesdiensten waren wir viermal beisammen. Der Ehekreis kam zweimal, und zwar in Trent und Kummerow-Heide zusammen. Am 6.2. hatten wir eine Gemeindehelferstunde. Mit dem anstehenden Stoff wurden wir nicht fertig; eine Fortsetzung steht noch aus. Am 27.3. fand anstelle der wegen MKS ausgefallenen Jugendevangelisation eine öffentliche Jugendstunde statt. An zwei Sonntagvormittagen führten wir wieder einen Tierparkeinsatz durch und leisteten dabei insgesamt 110 Arbeitsstunden.

Zu einem erlebnisreichen Wochenende wurde für eine Gruppe von Ehepaaren der 3. und 4.7., als wir dieses Wochenende im Mitropa-Hotel Sassnitz verbrachten. Die Jugendlichen fuhren am 26. 8. für 5 Tage mit dem Fahrrad nach Göhren (siehe S. 55). Sie zelteten dort, verlebten interessante Stunden bei Wortverkündigung, Diskussionen, Sport und Spiel. Ein besonderer Tag für die Jugendgruppe war auch

Jugendausflug mit dem Fahrrad nach Göhren
von links: Manuela W., Carola Binanzer, Kathrin Wietrichowski, York Dlugokinski, Simone Binanzer, Christa Mietz, Helfried Kopp, Anett Burmeister, Volker Hornung, Anett Wietrichowski

die Vorstellung in der Evangelischen Jugend im Gemeindezentrum Knieper-West. Der Gemeindeausschuss kam 5x zusammen. Der 18.12. ist uns noch in guter Erinnerung. Am Nachmittag dieses Sabbattages kamen wir zu einer Familienadventsfeierstunde zusammen, ließen uns zusammen mit unseren Gästen an das Geschehen in Bethlehem erinnern und beschenkten unsere Kinder. Das nach den allwöchentlichen Gottesdiensten bedeutungsvollste Ereignis war die am Freitag, dem 3.12., erfolgte Taufe unserer Schw. Behling und unseres Brd. Jochen Allwardt. Wir freuen uns über ihren Entschluss und wünschen nochmals Gottes Segen für das fernere Leben.

Leider blieben wir auch 1982 nicht vom Tode verschont. Wir trauern mit ihren Angehörigen um unsere Julie Ertl, die am 30.9. verstarb. Wir glauben an den kommenden Weckruf Jesu Christi, der auch Schw. Ertl aus dem Grabe rufen wird. Zu ihrem Gedenken wollen wir uns erheben.

Jede Jahreschronik nennt nur die markanten Ereignisse. Manch unbenannter Dienst wurde im Stillen getan, den wir erst bei seinem Fehlen merken würden. Ich denke an die biblische Unterweisung unserer Kinder, an die Arbeit unserer Diakone, an die Saalreinigung, an den allwöchentlich vorhandenen Blumenschmuck, an die Arbeit des Chores, an den Dienst des Jugendausschusses, an den Schaukasten, an den Schrifttum-Vertrieb, die statistischen und Abrechnungsarbeiten. Allen Geschwistern, die genannt oder ungenannt hierbei ihren Dienst geleistet haben, sei ebenfalls unser Dank gesagt. Die Rückschau auf ein Jahr Gemeindeleben und Gemeindearbeit macht uns allen ganz gewiss erneut bewusst, wie die Gemeinde uns eine Heimstatt bedeutet, auf die wir nicht verzichten möchten. Die Gemeinde als der uns von Gott gegebene Zufluchtsort auf dieser Erde möge von uns allen auch weiterhin wertgeschätzt und durch unseren Dienst unterstützt werden. Die Gemeinde wirkt fördernd auf das geistliche Leben des Einzelnen, das verkümmern muss, wenn dieser sich absondert und meint, ohne den Bruder neben ihm in der Gemeinde auskommen zu können! Die Gemeinde ist aber auch ein Teil der großen Gemeinde in der Welt. Die Weltgemeinschaft nähert sich mit ihrer Gliederzahl der 4-Millionengrenze. Sie ist in fast allen Ländern der Erde vertreten und erreicht über Prediger, Schrifttum und elektronische Medien bereits die gesamte Weltbevölkerung. Wir freuen uns darüber, helfen wir doch dadurch mit, die Voraussetzungen für Christi zweites Kommen zu schaffen. Am Schluss dieser Chronikverlesung sei es mir gestattet, Euch allen meine persönlichen Glück- und Segenswünsche für das Jahr 1983 auszusprechen. Ich hoffe, dass unsere Gemeinde auch im neuen Jahr zahlenmäßig und geistlich zunehmen wird. Ich habe mir erlaubt, für jeden ein Kärtchen mit zwei Bibelworten vorzubereiten, die ihr als an euch persönlich gerichtet betrachten mögt. Es soll gleichsam Gottes persönliche Botschaft an Dich sein. Die Kärtchen werden vermischt und verdeckt ausgegeben, so dass ich persönlich keinen Anteil an der Auswahl habe. Jeder erste Bibelspruch ist ein Mahn- oder Warnwort Gottes an uns, jeder zweite eine Verheißung oder ein Trostwort. Ich bitte euch, dieses Wort anzunehmen und mit ihm zusammen in das neue Jahr zu gehen. Vielleicht können wir in einer Erfahrungsstunde gegen Ende des Jahres einander einmal mitteilen, ob wir mit diesem Wort Erfahrungen gemacht haben, und wenn ja, welche: Ich persönlich glaube fest daran, dass Gott uns auch heute mit seinem Wort persönlich ansprechen möchte, uns mahnen und ermutigen will, damit wir in unserem Glaubensleben vorankommen können. Die

Jahreslosung für 1983 lautet „Dein Wort ist die Wahrheit": Möge dieses Wort uns in die Zukunft der kommenden zwölf Monate geleiten!

1983: Familiengottesdienste - Jugendgruppe auf Zeltplatz Pepelow

Wieder haben wir eine Jahresschlussandacht erreicht. In diesem Jahr fällt Silvester auf einen Sabbat. Der heutige Sabbat beschließt das Jahr 1983. Neujahr ist ein Sonntag - 1984 wäre ein geeignetes Jahr für eine Kalenderreform. Wir können froh darüber sein, dass es um diese Angelegenheit zur Zeit still ist. Eine Kalenderreform würde den wöchentlichen Sabbat in jedem Jahr auf einen anderen Wochentag rücken. Die damit verbundenen Schwierigkeiten für alle, die es mit der Sabbatruhe ernst nehmen, könnt ihr euch vorstellen. Wir wollen Gott danken, dass uns dies Problem zurzeit nicht drückt. Auch sonst haben wir Grund zur Dankbarkeit gegen unseren Gott. 1983 war trotz einiger begrenzter Kriege in vielen Gegenden der Welt, trotz Raketenstationierungen und wiederholter Kriegsdrohungen für uns ein Jahr des Friedens. Dennoch: Der Frieden scheint bedroht wie niemals zuvor. Wenn Satan könnte, würde er lieber heute als morgen einen neuen Weltenbrand entfachen, aber Gottes Plan scheint noch ein anderer zu sein. Wenn wir auch wissen, dass Gott diese Erde nicht durch einen globalen Atomkrieg zugrunde gehen lassen wird, so kennen wir doch nicht seine Pläne für hier und heute. Mehr als früher wollen wir bedenken, was der Psalmist schreibt: „Herr, lehre uns bedenken, dass wir sterben müssen, auf dass wir klug werden!" Niemand von uns weiß, ob wir in 366 Tagen an dieser Stelle erneut eine Jahresschlussandacht hören werden; und sollte sie denn verlesen werden, so weiß keiner von uns, ob er persönlich dabei sein wird. Wir wollen froh und dankbar sein, dass Gott unsere Gemeinde in dieser Stadt ein weiteres Jahr erhalten und getragen hat. Sie ist ein kleines Licht in einer großen dunklen Stadt. Wir danken Gott, dass er dies Licht nicht erlöschen ließ. Unsere Gemeinde lebte und wirkte auch im vergangenen Jahr.

Wir begannen das Jahr mit 68 Gliedern. Eine Taufe, zwei Wegzüge und zwei Todesfälle ergeben die neue Zahl von 65 Gliedern. Sind wir eine alte Gemeinde? Ein Drittel unserer Glieder ist über 70 Jahre, 13 sind jünger als 40 Jahre, die Jugendgruppe hat 14 Glieder, davon sind 6 getauft; die Kindergruppe ist 8 Kinder stark. Es ist also mehr da als nur ein „geknicktes Rohr oder ein glimmender Docht". Die Gemeinde hat sich auch im Jahre 1983 an unsere Mitmenschen und an die Umwelt gewandt. Wir sind kein Exklusiv-Club mit Eintritt nur auf Mitgliedskarte. Als evangelistische Aktivitäten sollen genannt werden die Vortragsreihe vom 24. - 30.10. mit Kurt Schubert aus Greifswald. An den 7 Abenden waren bis zu 15 Gäste pro Abend in unserem Saal. Viermal luden wir unsere Freunde und Bekannten zu nachmittäglichen Familiengottesdiensten ein. Wie auch in den vergangenen Jahren veranstalteten wir zwei Arbeitseinsätze im Tierpark mit insgesamt 140 Arbeitsstunden. Auch das ist Öffentlichkeitsarbeit. An außenstehende Jugendliche wendet sich die seit über einem Jahr fast ununterbrochen stattfindende Teestube unserer Jugendgruppe. Es gab bisher keinen Montag, an dem nicht außenstehende Jugendliche bei uns zu Gast waren. Im Durchschnitt waren es pro Abend 4; insgesamt waren es 33 interessierte Jugendliche, die mindestens einmal zugegen waren. Für unsere Jugendlichen und alle beteiligten Referenten war es eine froh stimmende, aber auch anstrengende

Arbeit. Dass sie auch über die Sommermonate durchgeführt wurde, erforderte viel Engagement aller Beteiligten. Wir wünschen unserer Jugendgruppe auch für 1984 Gottes Segen zu diesem Dienst und wollen sie als Gemeinde unterstützen. Auch die Zeltfahrt der Jugendgruppe vom 5. - 12.7. nach Pepelow war von den beteiligten Jugendlichen nicht in erster Linie als Badevergnügen gedacht, sondern sollte neben dem Auskosten von Sonne und Wasser auch eine evangelistische Zielrichtung haben. Es blieb nicht nur bei dem Vorsatz. Der Bericht unserer Jugendlichen auf dem Familiengottesdienst am 8.10. ist uns noch in Erinnerung. Wildfremde Jugendliche fanden es „fetzig", mit unseren Jugendlichen zu singen und zu diskutieren. Auch auf diese Weise wird das Wort ausgesät. Ziemlich zum Jahresabschluss, nämlich vom 3. - 5.12., fand die diesjährige Jugend-Evangelisation mit Wolfgang Wurl aus Güstrow statt. An den drei Abenden waren jeweils mehr als 20 fremde Jugendliche anwesend.

Bis jetzt habe ich nur die organisierten evangelistischen Veranstaltungen der Gemeinde genannt. Dass zu den Bemühungen, anderen Menschen etwas vom Heil in Christo zu sagen, auch die Bibelstunden unseres Predigers, so manches Gespräch von Geschwistern mit Freunden und Gästen am Arbeitsplatz, im Heim und im Urlaub gehörten, sei hinzugefügt. Gott möge auch diese Arbeit segnen. Im Folgenden möchte ich in zwangloser Folge Veranstaltungen der Gemeinde nennen, die mehr innergemeindlichen und gottesdienstlichen Charakter trugen. An drei Sabbaten feierten wir Abendmahl. Am 2.4. hatten wir die Jugendaufnahme von Angela Warkenthin, Christiane Allwardt, Ralf Petrischkeit, Simone Binanzer und Anett Wietrichowski. Wir wünschen den jüngsten Mitgliedern der Jugendgruppe viel Freude in der Gemeinschaft und Verantwortungsgefühl für die Arbeit der Gruppe. Am 23.4. fand der diesjährige Bezirksgottesdienst statt. Unser Gast war Brd. M. Böttcher, auf den wir im vergangenen Jahr wegen des Seuchengeschehens vergeblich gewartet hatten. Der Erntedankgottesdienst erbrachte in seiner Gabensammlung die Rekordsumme von 2.915 M. Die mitteljungen Ehepaare waren am 29.1. in Barth und am 1.10. in der Sarnowstraße zum Ehekreis beisammen. Ein besonderer Höhepunkt war die Taufe unserer Kathrin Wietrichowski am 19.11. Wir wünschen unserem jüngsten Gemeindeglied einen gesegneten Eingang in die Gemeinde.

Zu einer besonderen Erfahrung für alle Beteiligten wurden die besonderen Gebetsstunden, die wir für unseren Jochen Allwardt sowie Herrn Helmut Hübner abhielten. Wir dürfen voller Dankbarkeit sagen, dass unsere Gebete erhört worden sind. Der Gemeindeausschuss kam insgesamt 4x zusammen. Die Bibelschulhelfer versammelten sich zu einer besonderen Veranstaltung der Vereinigung am 12 3. in Neubrandenburg. Auf dem Familiengottesdienst am 19.3. sammelte die Gemeinde für die Stralsunder Jugendgruppe 428,90 M, nachdem die Sammlung am Sabbat-Vormittag für die Kinder- und Jugendarbeit der Vereinigung bereits 1.189,50 M erbracht hatte. Von der erstgenannten Summe finanzierte unsere Jugend im Wesentlichen ihre Sommer-Zeltfahrt. Am 8.5. veranstaltete die Jugend zusammen mit der Rostocker Jugendgruppe einen Ausflug nach Sassnitz. Ein besonderes Erlebnis wurden auch der Sabbatnachmittag und Sonntagvormittag, den die Jugendlichen im Heim von Inge und Otto Petrischkeit zubrachten. Den Quartiereltern sei nochmals Dank gesagt. Am 10.12. fand unsere Gemeindehelfer-Wahl statt. Es kam zu Änderungen in der Zusammensetzung des Gemeindeausschusses sowie bei Bibelschullehrern und

Saaldiakonen. Neu geschaffen wurde die Funktion der Schaukastengestaltung, für die sich aber auch schon zuvor Carola Binanzer und Kathrin Wietrichowski verantwortlich gefühlt hatten. Die Benennung des Jugendleiters steht noch aus. Ab 1.9. ist Jörg Wietrichowski Schüler der ersten Prediger-Klasse in Friedensau. Wir betrachten Jörg als von uns delegiert und wollen ihn weiterhin unterstützen. Wir wünschen ihm alles Gute und uns allezeit nur Erfolgsmeldungen aus Friedensau. Ebenfalls verließ die Stralsunder Gemeinde unsere Schw. Doris Willmer, jetzt verehelichte Braatz, die nach Berlin verzog. Wir wünschen dem jungen Paar nochmals Gottes Segen zu seinem Bunde. Leider verloren wir im vergangenen Jahr zwei Geschwister durch den Tod: am 8.4. verstarb 84-jährig unsere Gertrud Steiner und am 13.6. im 25. Lebensjahr unsere Sieglinde Kruse. In ehrendem Gedenken wollen wir uns aus diesem Anlass erheben. Das Jahr 1983 war ein weiteres zusätzliches Jahr des Wartens auf Fortschritte in Richtung Grundstückserwerb und Kapellenbau. Wir hoffen, dass der uns nun bereits mehrfach von der Stadt zugestandene Grundstückskauf bald zustande kommt.

Die Gemeinde möchte sich bei der heutigen Gelegenheit einmal ausdrücklich und ganz herzlich bei Helmut und Ute Binanzer bedanken - und zwar für die Mühen und den Zeiteinsatz beim Wursteinkauf und der Verteilung an die Geschwister. Wir freuen uns über diese Möglichkeit und werden sie auch in Zukunft gerne in Anspruch nehmen.

Seit uns die Zeitung „Adventgemeinde" zur Verfügung steht, ist die Dia-Tonband-Serie „AIBUT" zu einer Seltenheit geworden. Wir sahen sie in diesem Jahr einmal am 5.1. Die diesjährige Gebetswoche fand vom 19. - 26.11. statt. Positiv war die Höhe der Gebetstagsgaben von 1.773 M, negativ zu vermerken ist die geringe Beteiligung der Geschwister bei den in der Woche angesetzten Gebetsstunden im Gemeindesaal. Unsere Gottesdienste fanden an allen 53 Sabbaten des Jahres statt. Der Durchschnittsbesuch der 1. Stunde hat sich mit 41 Besuchern gegenüber den Vorjahren nicht verändert. Der Besuch der Predigt liegt um 3 Glieder höher. Auch 1983 war unsere Schw. Rosenmeyer als einzige an allen Sabbaten des Jahres anwesend gewesen. Unberücksichtigt bleibt bei dieser Feststellung, dass manche Geschwister an manchem Sabbat, an dem sie in Stralsund nicht anwesend waren, dennoch an einem anderen Ort im Gottesdienst gewesen sind. Die Lehrervorbereitung wurde fast immer durchgeführt. Sie fiel an 6 Sabbaten aus. Sie leidet seit Jahren unter Unpünktlichkeit der Lehrer und dem daraus entstehenden Zeitdruck. Die Klassenbetrachtung wurde meist in vier oder fünf Gruppen durchgeführt. Die Bibelschulbetrachtungshefte waren stets pünktlich zur Stelle. Mit der Predigt dienten uns 14x H. Binanzer, 9x H. Wietrichowski, 6x J. Wendler, 5x O. Petrischkeit, 2x A. Kayser, 2x M. Böttcher, darüber hinaus als Gäste 2x W. Schulz sowie D. Pfennighaus, L. Wilhelm (BRD), Brd. Fritzsching, B. Rahner, L. Maier, L. Reiche, H. Beier, G. Gauger und E. Binanzer. An Schrifttum kam durch den Verband in diesem Jahr das Andachtsbuch, das Traktat „Fang an zu leben" und das Heft „Tote Leitung - heißer Draht" in unsere Hände. Das neue Gemeindeliederbuch erwarten wir für den Jahresbeginn.

In dieser Chronik sind manche Dienste, die von beamteten oder nicht beamteten Gemeindegliedern geleistet worden sind, nicht erwähnt. Saalreinigung, Heizung, Blumenschmuck, Diakonie-Besuche, Musikpflege, Kinderbetreuung, Unterricht der Jugendlichen, Vorbereitung von Abendmahl und Taufwasser, Einkauf von Blumen und Geschenken, mancher Hol- und Bringedienst mit oder ohne Auto, manche handfeste Hilfeleistung sollen zumindest mit einem Wort erwähnt werden. Unser Dank sei allen daran Beteiligten gesagt. Unser Gruß gilt auch auf besondere Weise unseren Geschwistern im Friedensauer Altersheim: Lisa Leskin, Gertrud Spaude, Ida Gromm. Wir bitten Gott, sie weiterhin zu segnen und zu leiten. Für das neue Jahr wollen wir Gott erneut Treue und Mitarbeit an seinem Werk auf dieser Erde geloben. Möge er uns alle in der Heiligung Fortschritte machen lassen! Möge er uns das Maß an Gesundheit und Kraft geben, das wir brauchen! Möge er uns in allen Belastungen, die vielleicht kommen, bewahren! Ich wünsche euch persönlich für das neue Jahr Gottes Segen und Beistand.

1984: Neues Liederbuch - Erwerb Alte Richtenberger Straße 39/41

(Dieser Schriftsatz wurde nicht als Chronik verlesen)

07.1. Gebetsgottesdienst: Axel Kayser aus Bergen hielt die Predigt. Es war ein Fasten-Sabbat. 15 Beter beteiligten sich an einer Gebetsgemeinschaft. Karin Sollmann und Anett Burmeister sind heute zur Jugenddiakon-Tagung in Plau am See. Thema des neuen Bibelschul-Vierteljahres „Sie waren gehorsam".

12.1. Ausschusssitzung: der Gemeindeausschuss diskutierte darüber, ob die Teestubenarbeit durchgehalten werden kann. Bislang ist jeden Montag-Abend um 19 Uhr Teestube.

28.1. Im heutigen Gottesdienst wurde erstmals aus dem neuen Liederbuch „Wir loben Gott" gesungen. Nachmittags Gemeindestunde.

03.3. Im heutigen Familiengottesdienst am Nachmittag waren Pierre und Danilo, zwei Jugendliche aus der Teestube, anwesend und berichteten über ihre Erfahrungen ... mit der Stralsunder Teestube.

10.3. Im heutigen Abendmahlsgottesdienst war Danilo zu Gast.

17.3. Gastprediger im Gottesdienst war Brd. Kurt Schubert aus Greifswald.

24.3. Heute sahen und hörten wir AIBUT „Adventgemeinde in Bild und Ton".

07.4. Im neuen Quartal geht die Bibelschule über „Wege zur Gotteserkenntnis". Noch rechtzeitig vor dem Bezirksgottesdienst ist das Klavier repariert und gestimmt worden.

13.4. Bezirksgottesdienst: Gastreferent ist Johannes Köhler. Das Thema seiner Sabbatpredigt lautete: „Im Himmel ist nichts los - der Himmel kann warten". Nachmittags sprach Bernd Rahner über unsere drei Feinde: Satan, die Welt und unser Ich. Die Kinder und Jugendlichen boten eine musikalisch-rezitative Darbietung. Abends zeigte Johannes Köhler Lichtbilder unter dem Thema „2000 Kilometer durch die Alpen". Am Sonntagvormittag hörten wir noch einmal Bernd Rahner zum Thema „Was ist Glück?" sowie Johannes Köhler, der an den Brand von Battle Creek 1902 und den Banken-Krach 1933 in den USA erinnerte, und was das damals für die Gemeinde bedeutet hatte.

Bernd Rahner

21.4. (Ostern) J. Wendler predigte. Gäste waren unter anderem Geschw. Wiedergolt aus der Sowjetunion, F. Mahlhus aus Friedensau, Ehepaar Braatz aus Berlin, Iduna geborene Zinow mit Ehemann sowie Pierre und Danilo aus der Teestube.

19.5. Im heutigen Gottesdienst Jugendaufnahme von Silvia Gipp.

26.5. Heute wurde Brd. Wiedergolt verabschiedet, der nach Semipalatinsk zurückfährt.

27.5. Fünfzehnter Tierpark-Einsatz der Gemeinde Stralsund. Es wurden 75 Stunden geleistet durch Michael und Christina Schubert aus Greifswald, Wernfried und Karin Rieckmann mit zwei Kindern, Helmut Binanzer mit Simone und Regina, Bernd Warkenthin, Erik Warkenthin, Jörn Kindler, Anett Burmeister, Peter Küchler, Heinz, Katrin und Anett Wietrichowski, Volker Hornung, Martin Zinow und Christa Mietz.

30.5. Seit 16.3. gehört uns für 4.000 Mark das Grundstück in der Alten Richtenberger Straße 39/41 mit 1.800 qm; darauf stehen 5 fremdgenutzte Garagen. Laut unserem Architekten sind 4 bis 5 Gemeindebauten je Fünfjahrplan in der DDR möglich. Stralsund soll dazugehören. Die Stadt Stralsund möchte, dass 2 Wohnungen zugleich mit der Kapelle gebaut werden. Ob wir eine Stralsunder Baubrigade gründen, muss erwogen werden. Brd. Münnich, unser Architekt, schlägt ein nach Osten offenes U als Bauform vor mit verglastem Innenhof, einer Kapelle mit 100 Sitzplätzen, einem Heizhaus für Kohlen-Heizung und Räumen für Kinder- und Jugendarbeit.

09.6. Sammlung am Opfer-Tag 1.479 M.

23.6. Im heutigen Gottesdienst hielt H. Beier die Predigt. Paul und Edith Rettkowski aus Kummerow-Heide haben Silberhochzeit. Schw. S., eine Psychopatin von Rügen, suchte heute zusammen mit ihrem Mann wieder die Gemeinde auf.

18.8. Sabbat-Predigt Brd. R. Fabich „Über die Kleinen und die Großen".

25.8. Sabbat-Predigt Wolfgang Wurl „Der hoffnungslose Fall Zachäus".

07.9. Freitagabend: Taufe von Gunter Warkenthin, Ulrike Groß und Gunter Petrischkeit in Zingst. Während der Andacht um 18.00 Uhr im Saal in Barth und bei der Taufhandlung um 20 Uhr in Müggenburg (trübes Wetter, Nieselregen Windstärke 1) waren 36 Gemeindeglieder und Freunde anwesend. Thema der Taufansprache von H. Binanzer „Siehe, ich mache alles neu!"

08.9. Die Predigt im Sabbat-Gottesdienst hielt Christopher Wilde.

22.9. Familien Gottesdienst.

27.9. Ausschusssitzung: Taufgespräch mit Peter Küchler; Taufe am 29.9.; das Kapellengrundstück in der Alten Richtenberger Straße 39/41 ist seit dem 29.8. unser Eigentum; Diskussion über Anfrage von Jugenddiakon Karin Sollmann, ob finanzielle Unterstützung der Greifswalder Jugendlichen möglich ist, die fast ständig zur Teestube nach Stralsund kommen.

29.9. Taufe von Peter Küchler in der Gemeinde Stralsund. Abends Eheabend in Trent/Rügen. Thema: Umgang mit Geld.

6.10. Erntedank-Gottesdienst: Predigt Heinz Wietrichowski „Vom Umgang mit dem Reichtum". Die Kinder hatten einen „Dankesbaum" gebastelt. Die Gabensammlung erbrachte 4.081 M.

10.11. Sabbat-Predigt Bernd Rahner in Vorbereitung der Jugendevangelisation.

17.11. 15.00 Uhr Taufe von Jörn Kindler in Drigge/Rügen.

10.-17.11. Jugendevangelisation mit Bernd Rahner, jeweils Sabbat, Sonntag, Montag. An jedem Abend circa 50 bis 55 Gäste; abends ein Moody-Film, ein 30-Minuten Referat und danach Diskussion in Gruppen; Ende 22 Uhr.

26.11. Erste Teestube nach der Evangelisation: 17 neue Gäste.

01.12. Ende der Gebetswoche. Gabenhöhe: 2.505 M.

22.12. Gemeindehelfer-Wahl. Veränderungen: Karin Sollmann zieht weg. Neuer Jugend-Diakon wird Anett Burmeister. Um 15 Uhr Adventfeierstunde. Voller Raum.

31.12. 15.00 Uhr Jahresschluss-Andacht. Gast ist Kennedy Mwamba aus Sambia.

In diesem Jahr gab es keine Todesfälle in der Gemeinde. Schwer krank sind oder waren Renate Meier, Edith Schreiber, Brigitte Koblitz, Ottilie Plonsky, Ella Schmidt. Die Saalreinigung oblag unserer Schw. Behling. Glieder-Stand: 68, davon sind 22 älter als 74, 22 zwischen 50 und 74 und 24 unter 50 Jahren.

1985: Fürbitte für Ute Binanzer - „Evangelisation im Kreis"

Es ist zu einer Tradition geworden, dass wir als Gemeinde am letzten Abend des Jahres Rückschau halten auf das vergangene Jahr. Ob es ein gutes oder ein weniger gutes Jahr für den einzelnen war, mag jeder für sich selbst beantworten; aber ich möchte sagen, dass es ein gnädiges Jahr war, ein Jahr, in dem wir deutlich den Frieden und die Hilfe Gottes spüren konnten. Immer wieder stellen wir fest, dass die Zeit so rasch läuft. Wir bedauern es, wir betrachten bekümmert den dünner werdenden Kalender und die tiefer werdenden Falten unseres Gesichts, die uns der Spiegel zeigt. Dabei sind doch 365 Tage eigentlich eine lange Zeit! Nur weil wir in einem Augenblick den Beginn und das Ende dieses Zeitraums überblicken können, weil wir das Jahr sozusagen gerafft sehen, erscheint es uns wie ein flüchtiger Moment. Wie lang 365 Tage sind, soll uns unsere Jahreschronik zeigen. Sie soll daran erinnern, wie gnädig Gott gewesen ist, wieviel er für uns getan hat, und wieviel Grund zum Danken wir haben.

1985 war ein Jahr des Friedens. Trotz einer Kriegsgefahr, die wohl nie größer gewesen ist als in den vergangenen Monaten, hatten wir in unserem Land Frieden. Wir sind Gott sehr dankbar dafür, wissen wir doch, dass er dafür sorgt, dass die Winde noch gehalten werden, damit seine Kinder versiegelt und zubereitet werden können auf den Tag der Wiederkunft Jesu. Wir sind auch froh darüber, dass wir im vergangenen Jahr Glaubens- und Gewissensfreiheit und die Möglichkeit unbehinderter Religionsausübung in unserem Land genießen durften. Wir konnten uns an jedem Sabbat in unserem Gemeindesaal versammeln. Niemand behinderte unsere Teestube oder unsere Evangelisationen. Wir bekamen Druckerlaubnisse für Einladungskarten. Wir sind nächst Gott allen zuständigen örtlichen Organen dankbar dafür. Wir freuen uns, dass wir auch im vergangenen Jahr pünktlich unser

Andachtsbuch in Händen halten konnten. Auch für 1986 steht es uns bereits wieder zur Verfügung. Unsere Gemeinde-Zeitschrift kommt Monat für Monat pünktlich in unser Haus. Auch im vergangenen Jahr hatten wir viermal das neue Bibelbetrachtungsheft in Händen. Wir wollen daran denken, dass das in vielen Ländern der Erde nicht so ist. An neuem Schrifttum wurde uns das Traktat über den heiligen Geist und das Heft „Damals in Eden" angeboten. Wir danken Gott für die Fülle gedruckten Schrifttums, die uns zur Verfügung steht. Letztlich gehört auch die „Gute Nachricht" dazu, die seit 1985 als Vollbibel gedruckt wird.

Unsere Gemeinde Stralsund ist mit ihren 68 Gliedern im DDR-Maßstab eine mittelgroße Gemeinde. Wir wünschten uns ein rascheres Wachstum; dennoch haben wir Grund zur Dankbarkeit, wenn wir auf die Gliederbewegung der vergangenen Jahre und auch des letzten Jahres zurückblicken. Es sei erlaubt, einen Vergleich mit dem Beginn des Jahres 1982 zu machen. Damals hatte die Gemeinde 67 Glieder. Von diesen 67 Gliedern verloren wir in den vergangenen vier Jahren vier: Gertrud Steiner, Sieglinde Kruse, Schw. Ertel, Erich Ahrens durch den Tod und weitere vier durch Wegzug: Iduna Zinow, Doris Willmer (jetzt Braatz), Jörg Wietrichowski, Karin Sollmann.

Damit hätte sich ein neuer Stand von 59 Gliedern ergeben. Erfreulicherweise wurden in diesem Zeitraum aber auch neun Geschwister getauft: Jochen Allwardt, Schw. Behling, Kathrin Wietrichowski, Gunter Warkenthin, Ulrike Groß, Peter Küchler, Jörn Kindler, Anett Wietrichowski und Volker Hornung. Die Taufe der beiden Letztgenannten am 14.12. ist uns noch in guter Erinnerung. Wir wünschen als Gemeinde beiden Geschwistern noch einmal Gottes Segen und viel Freude in ihrem Glaubensleben. Wir hoffen und vertrauen darauf, dass Gott dieser Gemeinde auch im kommenden Jahr Menschen hinzufügen wird.

Wir verfügen in Stralsund über ein ausgewogenes Altersverhältnis 15 Geschwister sind unter 35 Jahre als, 29 über 65 und 24 im sogenannten „Mittelalter", der Altersdurchschnitt beträgt 57,5. Die Jugendgruppe hatte in den letzten Jahren und auch im vergangenen Jahr eine gute Entwicklung genommen. Sie verfügt über einen Kern von zehn getauften Jugendlichen und etwa noch einmal so vielen jüngeren ungetauften Jugendlichen. Wir freuen uns über diese Gemeinde von Morgen, auch über ihre Aktivität bei Jugendtreffen, Bibelwochen, Zeltfahrten, Jugendstunden und in der Teestube. Auch Kinder gibt es in unserer Gemeinde. Wenn wir die am 24. 11. geborene Doreen Brünner mit einbeziehen, so besitzen wir eine Kinderschar von acht Kindern (Regina Binanzer, Tobias Rosner, Sebastian Warkenthin, Erik und Ralf Warkenthin, Christoph Wendler, Christian Kruse und Doreen Brünner).

Das vergangene Jahr war für einige Geschwister auch ein Jahr, in welchem sie mit Krankheiten zu kämpfen hatten. Ich nenne hier Anna Ahrens, Jochen Allwardt, Helmut Binanzer, Ute Binanzer, Brigitte Koblitz, Frieda Mietz, Ernst Schmidt, Edith Schreiber, Elfriede und Christina Warkenthin, Schw. Behling. Ich weiß, dass auch andere Geschwister krank gewesen sind, die ich hier nicht genannt habe. Wir freuen uns über Gottes Durchhilfe und die vielen Gebetserhöhungen, die wir auf diesem Gebiet im vergangenen Jahr erlebt haben. Daneben denken wir an unsere betagten und chronisch kranken Geschwister: Ottilie Plonsky, Ella Haß, Ella Schmitt, die nicht oder kaum noch das Haus oder Bett verlassen können. Der Tod nahm mit Gottes

Zulassung am 18.11. unsere Schw. Anna Ahrens aus unseren Reihen. Wir haben mit den Angehörigen, besonders unserem Brd. Ahrens, am Tage der Beisetzung, dem 22.11., getrauert, und glauben an ein Wiedersehen am Auferstehungstage. Ich bitte, dass wir uns im Gedenken an unsere Glaubensschwester erheben.

Die Gemeinde sehnt sich nach einem neuen Heim, nach einer würdigen Anbetungsstätte mit viel Platz für Kinder, Gäste, Freunde, Junge und Alte. Die Baufreiheit auf unserem Grundstück in der Alten Richtenberger Straße ist noch nicht erreicht worden, wie wir uns das für den Herbst 1985 erhofft hatten. Auf einer Ausschusssitzung mit dem Architekten des Verbandes Brd. Münnich legten wir zwar Pläne und konnten auch unsere Vorstellungen als Gemeinde in die Planung einbringen, aber über den Stand des heutigen Tages hinaus sind wir noch nicht. Wir hoffen und bitten zu Gott, dass das neue Jahr uns auch auf diesem Gebiet einen großen Schritt vorwärtsbringen möchte. Solange wir uns mit dem alten Gemeindesaal begnügen müssen, wollen wir ihn uns aber so schön wie möglich machen. Dazu tragen die neuen Nachtspeicheröfen bei, die wir seit dem 14.10. besitzen, und auch das neue Predigtpult nebst Tisch, angefertigt von Gunter Warkenthin, das dem Podium seit dem 9.11. ein freundlicheres Gesicht gibt.

Was erlebte die Gemeinde im letzten Jahr an besonderen Ereignissen? Das Jahr begann mit einem Schneesturm am 5.1., so dass an diesem ersten Sabbat im Jahr nur 16 Personen zum Gottesdienst gekommen waren. Am 10.1. heirateten Kathrin Wietrichowski und Peter Küchler. Die Gemeinde nahm Anteil und war Zeuge der Trauung, die in unserem Gemeindesaal stattfand. Am 12.1. feierten wir das Abendmahl. Am 9.2. verabschiedeten wir Karin Sollmann nach Haldensleben. Der 16.3. vereinte die Gemeinde zu einem besonderen Fürbittegottesdienst für Ute Binanzer. Die Operation, der sie sich unterziehen musste, wurde am 18.3. durchgeführt. Wir sind Gott dankbar, dass er sie gelingen ließ. Am 22 4. war Ute Binanzer wieder unter uns im Gottesdienst. Am 23.3. erlebte die Gemeinde die Aufnahme von Lars Wendler in die Jugendgruppe mit. Am 4.5. feierten wir das zweite Abendmahl des Jahres. Zum Vereinigungsgottesdienst am 11.5. in Schwerin sandten die Gemeinde und die beiden anderen Gemeinden des Bezirks eine Abordnung von 18 Geschwistern. Der Gottesdienst für die Übriggebliebenen wurde von Anett und Jörn Kindler als Erfahrungsstunde gestaltet und blieb den Beteiligten lange in guter Erinnerung. Vom 7. - 9.6. fand unser Bezirksgottesdienst statt. Die Brüder H. Beier und B. Rahner dienten mit dem Wort. Brd. Beier erfreute die Gemeinde mit Lichtbildern aus alten Zeiten. Brd. Rahner hatte einen Film „Versunkene Städte" mitgebracht. Der Sonntagvormittag vereinte 50 Geschwister zu den abschließenden Wortverkündigungen.

Am 26.9. hatte die Gemeinde Gelegenheit, die Trauung von Anett Burmeister und Jörn Kindler mitzuerleben. Wir wünschen auch diesem zweiten Hochzeitspaar des Jahres Gottes Segen für den gemeinsamen Lebensweg. Ab 2.10. begann Helmut Binanzer eine Evangelisation in einer neuen Form: „Evangelisation im Kreis". An jedem Mittwochabend versammelten sich Gemeindeglieder und Freunde zu einem Studium des Markusevangeliums. Wir planen, diese Arbeit im neuen Jahr fortzusetzen.

Auch die Jugendlichen hatten ihre besonderen Veranstaltungen. Am 18., 19. und 20.10. war die Stralsunder Jugend Gastgeber eines Regionaltreffen von Jugendlichen der Gemeinden aus dem Ostteil der Vereinigung. Vom 6. - 8.12. fand die Jugendevangelisation mit Egon Schramm aus Parchim statt. Der Gemeinde brachte er Lichtbilder von seiner Australienreise mit. An fast allen Sabbatnachmittagen um 15 Uhr hatten die Jugendlichen ihre Jugendgottesdienste, an denen auch Freunde aus der Teestube teilnehmen. In besonderer Erinnerung ist allen Jugendlichen noch die Jugendadventsfeier in Barth am 14.12. mit Übernachtung im Hause Petrischkeit; Inge und Otto sagen wir hiermit ein herzliches Dankeschön.

Am 9.11. fand das dritte Abendmahl statt. Vom 23. - 30.11. währte unsere diesjährige Gebetswoche. Wir führten sie auch in der Teestube und im Mittwoch-Evangelisationskreis durch. In frischer Erinnerung ist uns noch die „Lebendige Gemeinde" aus dem Gottesdienst am vergangenen Sabbat. Die Berichte der Geschwister, ihr Lob und Dank, ermutigten alle Anwesenden.

Wir möchten uns auch bei allen Geschwistern bedanken, die im vergangenen Jahr in irgendeiner Weise Dienst in der Gemeinde getan haben. An jedem Sabbat wurde der Raum mit Blumen und Grün geschmückt. Saalreinigung, diakonische Dienste aller Art, Chorüben, Kinderunterricht, Abholdienste mit dem Auto, Ausschussarbeit, Sabbatschulvorbereitung, Schriftenverkauf, Finanzführung - all das wurde von willigen Geschwistern durchgeführt. Wir bedanken uns bei ihnen allen und beziehen auch alle anderen mit ein, deren Dienst jetzt nicht ausdrücklich genannt wurde. Auch alle „Diener am Wort" sollen genannt sein: Helmut Binanzer, Heinz Wietrichowski, Jörgen Wendler, Axel Kayser, Otto Petrischkeit, Gunthardt Saupe, Manfred Gelke, Bernd Rahner, Hermann Beier, Stefan Kaufmann, Brd. Steinchen, Brd. Noack (Crimmitschau), Brd. Michelbach und Egon Schramm.

Auch eine AIBUT-Serie sahen wir im Januar und freuen uns auf die nächste. Mit Gottes Hilfe möchten wir auch das neue Jahr beginnen. Das Jahresmotto 1986 handelt von der Freude im Herrn. Gott schenke sie uns reichlich! Er benutze das Jahr 1986 zur Festigung und zum weiteren Bau seines Volkes in aller Welt aber auch in der Gemeinde unserer Stadt!

1986: Volker Hornung in Friedensau - Baufreiheit Alte Richtenberger Straße 41

Vor 365 Tagen beendeten wir in einer Jahresschlussandacht um 15.00 Uhr - wie heute - das vergangene Jahr. Das jetzt vergangene Jahr 1986 stand unter dem Motto „Fröhlich sein in Gott". Bei der Rückschau auf das verflossene Jahr mischen sich schöne und traurige Erlebnisse und Eindrücke. Von weltlichen Berichterstattungen her sind wir einen gewissen Optimismus gewöhnt.

Auch wir neigen gerne dazu, die Dinge immer etwas freundlicher darzustellen, als sie es sind. Es fällt mir als Chronisten in diesem Jahr schwer, eine unbeschwerte, hoffnungsfrohe und insgesamt positive Bilanz unseres Gemeindelebens zu ziehen. Es sind zu viele Ereignisse und Umstände zu erinnern, die nachdenklich, ja traurig stimmen können. Das „Fröhlich sein in Gott", zu dem uns die Jahreslosung aufrief, fällt nicht immer leicht. Tretet also mit mir in der Erinnerung noch einmal einen Gang durch das Jahr 1986 an und trefft euer eigenes Urteil! Wir begannen das Jahr mit einem Gebets- und Fastensabbat am 4.1. Otto Petrischkeit predigte an diesem Sabbat über die Bedeutung des ersten Gebotes. Auch jetzt werden wir in wenigen Tagen erneut einen Gebets- und Fastensabbat haben. Die Frage sei gestattet, was uns solche Sabbate bedeuten. Wir haben die Fragen Gottes, die er durch seinen Propheten Maleachi damals an sein Volk richtete, aus den Bibelschulgesprächen der letzten Wochen noch im Ohr. Gelten sie auch uns? Sind auch wir zufrieden mit der Einhaltung von Formen und vergessen dabei, dass über allem das Wort Gottes steht: „Ich bin der Herr, dein Gott, ... du sollst keine anderen Götter haben neben mir!"?

Am 18.1. wurde Bernhard Küchler geboren. Wir haben uns mit den Eltern Kathrin und Peter darüber gefreut. Wir wünschen dem Kind Gottes Segen und Gnade bei Gott und den Menschen. Im Januar/Februar wurden in wenigen Tagen mit Hilfe schwerer Technik die Abrissarbeiten an dem Ruinengrundstück in der Alten Richtenberger Straße durchgeführt. Darüber haben wir uns gefreut. Traurig waren wir über die wenig später eintreffende Meldung, dass der Kapellenbau Stralsund bis in den nächsten Fünfjahrplan - das bedeutet: bis nach 1990 - verschoben worden ist. Erfreulich ist, dass aus den Reihen der Gemeinde nach wie vor Spenden auf das Baukonto eingehen, zeigt es doch, dass die Gemeinde an die neue Kapelle denkt.

Grund zu erneuter Traurigkeit gab uns das Ableben unserer Martha Zichel am 22.2. Wenn ihr Tod für sie selbst sicherlich eine Erlösung war, so hat er besonders die älteren Geschwister unter uns, die Martha Zichel aus den vielen Jahrzehnten ihrer Gemeindezugehörigkeit kannten, doch sehr betroffen gemacht. Ein fröhlicher Sabbat war der 22.3., an dem die Jugendgruppe der Gemeinde sowohl die Bibelschule als auch die Predigtstunde gestaltete. Wir dürfen uns über unsere Jugendlichen freuen, die mit Eifer bei der Sache sind, nicht nur, wenn es etwas zu erleben gilt, sondern auch, wenn die Gemeinde in einen Dienst ruft. Erfreulich ist auch das gute Verhältnis zwischen den Generationen in unserer Gemeinde. Wir hatten schon in der vergangenen Chronik festgestellt, dass wir altersmäßig eine gut gemischte Gemeinde sind. Besonders schön aber ist, dass zwischen Jung und Alt Verständnis und Toleranz herrschen, was nicht in allen Gemeinden unseres Landes so ist. Am 12.4. sah die Gemeinde eine Serie von „Adventgemeinde in Bild und Ton". Sie wurde auch in der Teestube gezeigt. Sie vermittelte neben unserer Gemeindezeitschrift, die alle vier Wochen pünktlich erschien, Informationen über das Gemeindeleben in der DDR. Ich hoffe, dass wir unsere Zeitschrift wertschätzen, sie nicht nur überfliegen, sondern sie studieren. Jeder unserer Freunde sei darauf hingewiesen, dass die Deutsche Post Bestellungen auf ein Abonnement jederzeit entgegennimmt.

Um gleich bei den Druckerzeugnissen zu bleiben: Wir sind Gott dankbar, dass wir auch im vergangenen Jahr in jedem Quartal unsere Bibelbetrachtungshefte in Händen halten konnten. Für die Kinder erschien regelmäßig die Kinderbetrachtung und für die Jungfreunde ein anspruchsvolles Bibellernheft mit sinnvollen Anregungen. Das gilt auch für das Andachtsbuch, das Jahreslosungslesezeichen, die Gebetslesungen und für ein Büchlein mit dem Titel „Christopher Jones". Dieses Buch schildert den Lebensweg des Kapitäns der „Mayflower", mit dem die ersten Pilgerväter vor rund 200 Jahren Europa verließen und in die neue Welt gelangten. Die Gestalt dieses aufrechten Mannes, der aus religiöser Überzeugung sein Leben wagte, wird liebenswert gezeichnet, dennoch sei die Frage gestattet, was der eigentliche Sinn dieser Edition gewesen ist.

Zum Bezirksgottesdienst vom 23. - 25.5. dieses Jahres begrüßten wir den Dozenten Dieter Leutert von der Schule in Friedensau als unseren Gastreferenten. Als

Besonderheit beantwortete er uns am Sabbatabend Fragen unter dem Thema „Auch das interessiert die Gemeinde". Der Monat Mai bescherte uns erneut die Geburt eines Kindes. Gunter und Ulrike Warkenthin sind glückliche Eltern einer kleinen Katharina geworden. Auch diesem Kind wünschen wir Gesundheit und Gottes Schutz in seinem künftigen Leben. Mehr aus der Ferne und etwas nebenbei erfuhr die Gemeinde von der Eheschließung unseres Jörg Wietrichowski, die auf dem Waldpark bei Karl-Marx-Stadt am 6.5. stattfand. Die junge Frau ist Tschechin und Predigerstochter und hört auf den Namen Libuše. Wenn Jörg im Jahre 1987 in den Predigtdienst eintritt, wird seine Libuše ihm zur Seite stehen. Wir wünschen dem Paar Gottes Segen für diesen Dienst.

Der Gemeindeausschuss kam dreimal im verflossenen Jahr zusammen. Erfreulich ist, dass in allen anstehenden Fragen stets rasch und brüderlich Einigkeit erzielt wurde. Erfreulich ist weiterhin, dass schwerwiegende Probleme nicht zur Diskussion standen. Traurig stimmt, dass der Gemeindeausschuss keine Tauffragen stellen konnte, und dass auch nicht alle geplanten Vorhaben durchgesetzt wurden. Auf Anregung des Gemeindeausschusses bemühen sich die Bibelschullehrer am Sabbatmorgen um einen pünktlichen Beginn der Helfervorbereitung um 8.45 Uhr, wofür an dieser Stelle auch einmal Dank gesagt werden soll, denn bei den meisten Lehrern müssen die Familienangehörigen um der Helfervorbereitung willen auch eine dreiviertel Stunde früher aufstehen. Die Öffentlichkeitsarbeit der Gemeinde Stralsund im vergangenen Jahr stand unter der Überschrift „Licht und Schatten". Die Serie der Mittwochabendevangelisationen in Form der Gesprächskreise wurde aus dem Jahre 1985 weitergeführt und erst am 14.5. beendet. Waren es 1985/86 22 Geschwister, die sich mindestens einmal beteiligt haben, und 20 Gäste, die erreicht wurden, so besuchten in diesem Jahr bei der Herbstevangelisation, die in gleicher Form durchgeführt wurde, 29 Geschwister die Mittwochabende; 24 Freunde wurden erreicht, von denen acht fast regelmäßig erschienen. An zehn Abenden besprach Helmut Binanzer mit uns das Buch Daniel. Jeder, der dabei war, wird bestätigen, dass es gesegnete Abende waren. Wir planen, solche Abende in der helleren Jahreszeit zu wiederholen, um älteren Geschwistern, die gerne dabei wären, sich aber abends im Dunkeln nicht mehr heraustrauen, die Teilnahme zu erleichtern. So erfreulich, wie es ist, dass eine Reihe von Freunden, insbesondere von Jugendlichen aus der Teestube, die Abende gern besucht haben, so traurig stimmt es andererseits, wenn manche Geschwister sich nicht ein einziges Mal an den ca. 40 Abenden sehen ließen.

Am 14.7. verstarb unsere Ottilie Plonsky, die schon etliche Jahre im Altersheim lebte. Sie war seit 1923 Glied der Gemeinde. Wir hoffen, sie am Auferstehungsmorgen wiederzusehen. Am 2.8. hielt unser Jörg eine Predigt. Er bedankte sich damit für die Unterstützung, die er durch die Gemeinde Stralsund erfährt. Wir hoffen, dass es nicht seine letzte Predigt in Stralsund gewesen ist. Die Jugendgruppe zeltete wie in jedem Jahr eine Woche gemeinsam, dieses Mal in Lietzow. Einige Teestubenfreunde verbrachten die Tage mit unseren Jugendlichen gemeinsam.

Das Angebot eines Dogmatik-Kurses durch Manfred Böttcher, den Leiter des Theologischen Seminars, nehmen aus unserer Gemeinde seit Oktober Bernd Warkenthin und Jörn Kindler wahr. Sie rüsten sich dadurch für den Gemeindedienst zu. Ebenfalls Zurüstung erfährt unser Volker Hornung, der einen einjährigen Diakonlehrgang in Friedensaus belegt hat. Wir freuen uns über seinen Entschluss und wünschen ihm als Gemeinde Gottes Segen und guten Erfolg. Wenn wir unsere Margarete Krüger einbeziehen, die am 6.12. ins Altersheim nach Friedensau gegangen ist, so haben wir dort zurzeit eine ganze Reihe von Stralsundern: Lisa Leskin, Ida Gromm, Margarete Krüger, Volker Hornung sowie Jörg Wietrichowski. Volker Hornung hatte uns am vergangenen Sabbat die Grüße der Genannten übermittelt. Wir gaben ihm ebenfalls wieder unsere Grüße mit. Auch unsere Chronik geben wir Volker mit, damit unsere Geschwister an unserem Gemeindeleben Anteil nehmen können.

Am 18.9. heiratete Carola Binanzer ihren Gunter Anders sowie Christa Mietz einen Peter Schneider aus Annaberg-Buchholz. Leider verlieren wir beide Schwestern durch ihre Eheschließung an andere Gemeinden. Wir wünschen ihnen und ihren Ehegatten für den künftigen Lebensweg Gottes reichen Segen. Am 13.9. hatte die Gemeinde Neubrandenburg alle Gemeindeglieder des Ostteils der Vereinigung zu einem großen Gottesdienst eingeladen. Er fand in einer hübschen Neubrandenburger Kirche statt und war für sieben Autoladungen voller Stralsunder Geschwister ein Erlebnis. Im September des kommenden Jahres soll eine Wiederholung stattfinden. Am 18.9. verstarb nach langer schwerer Krankheit und mehreren Operationen unsere Edith Schreiber. Wer sie in den letzten Wochen vor ihrem Tode besucht hat, weiß, wie tapfer und getrost sie ihrem Sterben entgegengesehen hat. Edith hatte ihre ganze Hoffnung auf ihren Heiland gesetzt und ist uns allen in ihrer Haltung ein Vorbild geworden. Ihr Mann, unser ehemaliger Glaubensbruder Hans Schreiber, besucht seit vielen Wochen unsere Gottesdienste. Gott hat ihm mit dem Leben und Sterben seiner Frau eine Predigt gehalten. Wir hoffen und wünschen, dass unser Hans Schreiber bald wieder ganz zu uns gehört.

Am Erntedanksabbat hatten wir Brd. M. Böttcher aus Friedensau zu Gast. Er hielt uns eine Predigt, in der er uns an den Hunger von Leib und Seele vieler Menschen in der Welt erinnerte. Die Summe unserer Erntedankgaben betrug 3.285 M. Allen Gebern sei dafür gedankt. Es soll auch vermeldet werden, dass unsere Stralsunder Geschwister für den Afrika-Hilfsfond im vergangenen Jahr 2.926 M gespendet haben. Für diejenigen, die möglicher Weise gar nicht wissen, was das ist, soll auf diese Hilfe gegen Hunger und Elend hingewiesen sein.

Ein freudiges Ereignis für Fritz und Albertine Wietrzichowski und ihre Angehörigen war ihre Goldene Hochzeit am 3.10., zu der Helmut Binanzer im Kreis der Familie eine Andacht hielt. Wir möchten dem Jubelpaar noch einmal Gottes Schutz auf seinem Lebensweg wünschen. Für Anett und Jörn Kindler gab es ebenfalls im Oktober einen glücklichen Tag: ihnen wurde am 15. ein Johannes geboren. Wir freuen uns mit ihnen und wünschen der jungen Familie Gottes reichen Segen. Bevor am 25.10. die Herbstevangelisation begann, wurde von Helmut Binanzer und einigen fleißigen Helfern in unserem Vorraum ein neuer Fußbodenbelag gelegt. Damit ist die Saalreinigung wieder ein klein wenig leichter und der Raum etwas ansehnlicher geworden. In den letzten Wochen des Jahres feierten wir noch zweimal einen Familiengottesdienst: einen am 15.11. und den nun schon traditionellen Familiengottesdienst am 20.12., an dem uns unsere Kinder und die Jugendlichen wieder mit weihnachtlichen Beiträgen erfreuten. Die Gemeinde bedankte sich bei den Kindern durch die Finanzierung eines kleinen Geschenkes.

Der Gemeindeausschuss kam in seiner letzten Beratung zu dem Entschluss, in diesem Jahr keine Gemeindehelferwahl durchzuführen, sondern die im Wesentlichen unveränderte Gemeindehelferliste der Gemeinde anfangs des Jahres zur Bestätigung vorzulegen. Wir rechnen mit eurem Verständnis und eurer Zustimmung. Die Gliederbewegung der Gemeinde Stralsund ist seit 1986 so negativ wie schon lange nicht gewesen: Durch den Tod verloren wir Martha Zichel, Ottilie Plonsky und Edith Schreiber. Wir wollen uns an dieser Stelle zu einem ehrenden Gedenken erheben.

Durch Wegzug verloren wir Volker Hornung (zum Glück nur vorübergehend), Carola Anders, Jutta und Wolfgang Warkenthin, Martin Zinow und Margarete Krüger. Durch Zuzug gewannen wir Birgit Kindler. Wir hoffen, dass unsere Schw. Birgit Kindler sich bald bei uns heimisch fühlen wird. Wenn berücksichtigt wird, dass unsere Schw. Krüger in diesem Jahr noch als Stralsunder Gemeindeglied zählt, so haben wir insgesamt ein Minus von sieben Geschwistern, sodass unsere Gliederzahl von 68 auf 61 sinkt. Ich möchte hoffen und wünschen, dass uns diese Zahlen nicht niederdrücken, sondern unruhig machen und wir im neuen Jahr umso mehr für unseren Herrn wirksam werden.

Dank sei allen Geschwistern gesagt, die in irgendeiner Weise in der Gemeinde einen Dienst verrichtet haben. Nicht alles wird von allen bemerkt. Nicht alle Dienste bilden sich in der Gemeindehelferliste ab! Dank sei auch allen Geschwistern gesagt, die im Gebet die Anliegen der Gemeinde auch im vergangenen Jahr getragen haben. Meine persönliche Anerkennung und Hochachtung möchte ich besonders jenen alten Geschwistern zollen, die Sabbat für Sabbat ihren Platz im Gottesdienst einnehmen und damit manch jüngerem Glied ein Vorbild sind! Unverkennbar ist bei einem Teil der Gemeinde ein Trend zum „Einstunden-Gottesdienst". Ist das ein stummer Protest gegen die Bibelschule, oder hängt es mit den Verkehrsbedingungen zusammen? Auch eine zu vermissende Ehrfurcht in unserem Gottesdienstraum sowie manch lautes Verhalten in der Pause sind vielen von uns ein Anlass zur Traurigkeit. Hier müssen besonders unsere älteren Geschwister getadelt werden, während sich viele Jugendliche sehr vorbildlich verhalten.

Ich versprach, Euch in dieser Chronik Licht und Schatten aufzuzeigen. Ich habe es getan. Ob wir es wollen oder nicht: wir gehören zur Endzeitgemeinde Laodizea, die da spricht: Ich bin satt, ich bin reich, ich bedarf nichts! Gebe Gott, dass auch eine Jahreschronik Herzen bewegen und gute Vorsätze wecken wird! Ich persönlich möchte allen Geschwistern Gottes Segen für das neue Jahr wünschen, allen Gemeindehelfern für ihren Einsatz danken und uns allen wünschen, dass am Ende des kommenden Jahres das Licht den Schatten in der Jahreschronik überwiegen möge!

1987: Saalrenovierung - Raucherentwöhnung „Fünf-Tage-Plan"

Wer sich an die Jahreschronik des Silvestertages im vergangenen Jahr erinnert, weiß, dass ich von Licht und Schatten gesprochen hatte. Wir hatten im Jahre 1986 sieben Geschwister durch Tod beziehungsweise Wegzug verloren und keine Taufen gehabt. In diesem Jahr, das nun hinter uns liegt, war es besser. Zu unserer großen Freude und Genugtuung können wir auf zwei Taufgottesdienste zurückblicken. Der erste fand am 11.9. statt. Es nahmen Simone Binanzer, Ralf Petrischkeit, Silvia Gipp, Bernhard Strunck und Frank B. teil. Das zweite Mal, am 5.12., wurden Christian

Kindler, Beate Schneeweiß und Angela Warkenthin getauft. Damit hat die Zahl der Gemeindeglieder wieder die 65 erreicht. Zwei liebe Geschwister verloren wir durch den Tod: Schw. Behling, die am 18.8. plötzlich verstarb, sowie Willy Schmidt, der nach langer Krankheit und Bettlägerigkeit im 91. Lebensjahr verstarb. Er ist in den 50er Jahren Ältester der Gemeinde gewesen. Wir wollen uns zu Ehren der Verstorbenen von den Plätzen erheben. Unsere Schw. Christa Schneider, geb. Mietz, hat uns im Oktober durch Wegzug nach Annaberg/Buchholz verlassen.

Noch ein wenig Statistik: das Durchschnittsalter unserer Gemeinde beträgt 52,9 Jahre. Dabei sind wir aber altersmäßig gut verteilt. Wenn wir drei Gruppen bilden aus den über Siebzigjährigen, denjenigen zwischen 40 und 70 und denjenigen, die jünger als 40 sind, gehören 25 zur Gruppe der ältesten, 20 zur Mittelgruppe und weitere 20 zu den „Jungen". Der durchschnittliche Gottesdienstbesuch beträgt 34 Glieder (52%). Wenn man sechs Glieder abzieht, die wegen Alter, Krankheit oder aus sonstigen Gründen im ganzen Jahr nicht oder fast nicht im Gottesdienst gewesen sind, erhöht sich der Anteil der Gottesdienstteilnahme auf 57%.

Die Jahreslosung des vergangenen Jahres lautete „Christus der Herr". Jesus Christus ist im vergangenen Jahr der Herr unseres Lebens und auch der Herr unserer Gemeinde gewesen. Ob er sich immer über uns freuen konnte, weiß ich nicht. Dennoch ist die Gemeinde bei all ihrer Unvollkommenheit seine Gemeinde, die er zum Ziel führen wird. Er wird sie auch bauen und vervollkommnen. Es liegt an uns, ob wir uns als lebendige Steine benutzen lassen. Ich bin davon überzeugt, dass Gott auch in diesem Bezirk noch ein Werk hat, zu dem er uns braucht. Überlege ein jeder von uns, welche Gabe er in den Dienst der Gemeinde stellen kann! In den letzten Tagen hat der Ernennungsausschuss getagt, und die Vorschläge für die Gemeindeämter sind euch genannt worden. Wer benannt worden ist, möge in Gottes Namen und in Gottes Kraft willig und freudig seinen Dienst antreten. Gott wird niemanden ungesegnet lassen, der für ihn etwas tun will.

Wir sind Gott dankbar, dass wir auch im vergangenen Jahr unseren Gemeindesaal hatten. Nachdem im vorvergangenen Jahr von einigen fleißigen Geschwistern der Fußboden im Vorraum erneuert worden war, ist in diesem Jahr vor dem Bezirksgottesdienst der Vorraum und die Kammer renoviert bzw. aufgeräumt worden. Die alten roten Stühle sind verschwunden, der Vorraum sieht jetzt hell und freundlich aus. Vor einem Jahr sind auch neue Fenster für unseren Saal beantragt beziehungsweise bestellt worden. Sie sind inzwischen fertig und werden demnächst eingebaut. Die Saalreinigung wurde abwechselnd von den verschiedenen Geschwistern und auch von Jugendlichen aus der Teestube geleistet. Allen sei dafür gedankt. Dass es mit einem Kapellenbau erst nach 1990 losgehen wird, habe ich schon in der vergangenen Chronik gesagt. Im letzten Frühjahr haben zehn Jugendliche und „mittelalterliche" Geschwister auf unserem Grundstück in der Alten Richtenberger Straße einen Einsatz gemacht und das Gelände entrümpelt.

Wie zeigt sich das Leben in einer Gemeinde? Es zeigt sich besonders in den Gottesdiensten aber auch in den Sonderveranstaltungen. Gottesdienst wurde an allen 52 Sabbaten gehalten. Das Herzstück unserer Gottesdienste ist das Bibelgespräch in der ersten Stunde. Entgegen manchen anderen Gemeinden, in denen die „Wiederholung" der vorwöchigen Bibelbetrachtung weggelassen worden ist, haben wir beschlossen die „Wiederholung" beizubehalten. Allen Lehrern sei allerdings geraten, diesen Teil der Bibelschule kürzer als bislang zu halten (frontal gehaltene kurze Zusammenfassung der Bibelgespräche des vergangenen Gottesdienstes). Fast an allen Sabbaten konnte die Tagesbetrachtung in fünf Gruppen durchgesprochen werden. Dank sei allen Geschwistern, die hier lebhaft mitgearbeitet haben! Sie haben selbst den Gewinn davon gehabt.

An besonderen Veranstaltungen fanden bei uns im Juni und im September „Evangelisationen im Gesprächskreis" statt. Es ging um Hiob und um den altisraelitischen Festkreis und seine heilsgeschichtliche Bedeutung. An diesen Mittwochabenden waren insgesamt 25 Geschwister zugegen. Es wurden 21 Freunde der Gemeinde erreicht. Eine ständige Sonderveranstaltung ist unsere Teestube. Sie findet seit 1982 an jedem Montagabend statt und erreicht zurzeit allwöchentlich 15 und mehr Teilnehmer. Erfreulich ist, dass sich in letzter Zeit immer mehr Jugendliche an der Gestaltung der Themen beteiligen.

Am 29.9. fand unter Leitung von Christina W. erstmalig ein Handarbeitskreis statt. Er will eine Möglichkeit sein, um mit anderen Menschen ins Gespräch zu kommen und kreative Fähigkeiten zu entdecken helfen. Wer teilnehmen möchte, kann Christina ansprechen. Am 5.9. fand in Neubrandenburg das zweite Regionaltreffen der Gemeinden des Ostteils der Vereinigung statt. Aus unserer Gemeinde und dem Bezirk (Barth und Bergen) waren insgesamt 43 Gemeindeglieder, Freunde und Kinder dabei. Ähnlich groß war die Anteilnahme an der Taufe am 11.9. in Barth/Zingst. 51 Personen waren mit 16 Autos erschienen, um die Taufe von fünf jungen Menschen zu erleben. Am nächsten Sabbat wurden die Täuflinge unter der Anteilnahme der Gemeinde in einem Abendmahlsgottesdienst in die Ortsgemeinde aufgenommen. Im Gegensatz dazu fand die zweite Taufe am 5.12. in unserem Gemeindesaal statt, sodass alle sie miterleben konnten.

Eine Sonderveranstaltung war die Raucherentwöhnungswoche vom 9. - 13.11. Es kamen nur 3 Interessenten, die aber nach der Woche zu Nichtrauchern geworden waren. Für Brd. Binanzer und mich als Durchführende war es ein Test, mit dem wir den sogenannten „Fünftageplan", wie er von der Gemeinschaft zur Raucherentwöhnung entwickelt worden ist, als brauchbar befanden. Weitere besondere Veranstaltungen waren: die Zeltwoche der Jugendlichen in Göhren, an der 13 Jugendliche der Gemeinde und der Teestube teilnahmen, die Jugend-Aufnahme von Erik Warkenthin und Regina Binanzer am 18.4., die Gebetswoche Ende November, die Kinderadventsfeier am 19.12. Dreimal wurde Abendmahl gefeiert, dreimal ein Seniorennachmittag veranstaltet, fünfmal Familiengottesdienst gehalten ...

Es gab einige freudige Familienfeste: am 30.7. wurde Robert Schneider geboren und am 4.10. Margarete Küchler. Kathrin und Peter Küchler konnten ihre neue Wohnung im Boddenweg beziehen, Volker Hornung kehrte im Sommer aus Friedensau zurück; er arbeitet seit September am Gemeindebau in Brüel, für den wir im nächsten Vierteljahr die Sabbatschulgaben sammeln. Zu unserem letzten Bezirksgottesdienst war Brd. Georg Richter als Gast erschienen. Wir kennen ihn noch gut aus seiner Rostocker Vorsteher-Tätigkeit. Auch erwähnt sei, dass Helmut Binanzer und Heinz Wietrichowski als Delegierte der Gemeinde Stralsund an der Verbandskonferenz im Juni in Leipzig teilnahmen. Verspätet kam im Januar das

Andachtsbuch in unsere Hände. In diesem Jahr haben wir es rechtzeitig erhalten. Auch die Bibelbetrachtungshefte kamen einmal verspätet zu uns, ansonsten aber regelmäßig. Mögen diese Hefte für jeden von uns eine Mahnung sein, sich wöchentlich mit der heiligen Schrift zu befassen. Seit einigen Monaten befindet sich unsere Schw. Ella Schmidt im Pflegeheim. Einige andere Geschwister waren zum Teil ernstlich krank, so Jochen Allwardt, Elidia Rettkowski, Fritz Wietrzichowski, Simone Binanzer, Brigitte Koblitz, Frieda Mietz, Christel Mommertz, Paul Rettkowski jun., Willy Schmidt, Ilse Zinow. Einige der Genannten sind wieder genesen, andere noch nicht. Noch andere tragen an der Last des Alters. Wir wollen immer wieder daran denken, dass Krankheit, Leid und Alter dem Menschen gegeben sind, damit er seine Abhängigkeit von Gott erkenne und lerne, sich ganz auf Ihn zu verlassen. Wir möchten Gott bitten, dass ER alle unsere Alten und Kranken weiterhin in seine Pflege nehmen möge.

Mit dem Predigtwort dienten uns in der Reihe der Häufigkeit in den Gottesdiensten H. Binanzer, J. Wendler, H. Wietrichowski, O. Petrischkeit, G. Saupe, B. Rahner mehrmals. Des Weiteren je einmal die Brüder H. Beier, Brd. Schultze (Sangerhausen), G. Richter, W. Höhne, W. Eberhardt, H. Sensenschmidt, Brd. Schultz, K.-H. Fuchs, J. Wietrichowski, A. Kayser und W. Rieckmann. Ihnen allen sei gedankt. Gedankt sei auch allen Sabbatschulhelfern, die Woche für Woche rechtzeitig zur Helfervorbereitung um 8.45 Uhr erschienen und sich für die Gruppengespräche zurüsten ließen. Gedankt sei den Kinder-Tanten, die es sich nicht nehmen ließen, manchmal mit nur einem Kind Kinderstunde zu halten, den Saaldiakonen, die Geschwister begrüßten, ihnen in die Mäntel halfen, Lieder ansteckten und den Saal schmückten. Dank sei auch unserem Prediger und seiner Frau dafür, dass wir alle vier Wochen die Möglichkeit hatten, etwas anderes als Käse oder Marmelade auf die Schnitten zu legen. Dank sei allen gesagt, die beim Kinder-Unterricht, in der Führung von Büchern und Kassen, in diakonischer Tätigkeit, beim Harmoniumspiel, in der Ausschuss-Arbeit und bei mancher sonstigen Tätigkeit ihr Werk verrichteten.

Zum Schluss möchte ich auch im Blick auf das kommende Jahr meiner Hoffnung Ausdruck geben, dass Gott sich weiterhin zu dieser Gemeinde bekennen möge. ER wolle all unser Zu-kurz-Kommen vergeben, ER möge den Frieden in den Familien wiederherstellen, wo ER fehlt, ER möge Herzen zueinander führen, wo sie sich voneinander entfernt haben, ER möge Willigkeit zu mannigfacher Arbeit entfachen, und ER möge unsere Gemeinde auch zahlenmäßig wachsen lassen, damit ihr Licht in dieser Stadt heller scheinen möge. Wir grüßen mit dieser Chronik alle unsere Geschwister im Altersheim in Friedensau: Ida Gromm, Lisa Leskin, Margarete Krüger. Sie werden wie in den letzten Jahren diese Chronik zu lesen bekommen. Wir hoffen, dass Gott uns alle auch im neuen Jahr in Dienst nehmen möchte und uns in der Heiligung voranschreiten lassen möge. Sein Segen und Friede geleite uns alle!

Lisa Leskin, 1989 in Friedensau

1988: Bausoldaten - Gemeindeausflug Zingsthof

Das Jahr 1988 schließt mit einem Sabbattag. Während ich diese Chronik verlese, endet der Tag, endet das Jahr. Wir halten Rückschau und sind wahrscheinlich wie in jedem Jahr ergriffen und bewegt vom Ernst dieser Stunde. Die Unabänderlichkeit der abrollenden Zeit wird uns mit aller Deutlichkeit aufs Neue klar. Als Menschen besitzen wir aber nicht allein den Augenblick, den wir Gegenwart nennen, sondern auch die Vergangenheit gehört zu unserem Leben. Deshalb halten wir Rückschau und wollen das vergangene Jahr betrachten, um uns klar zu werden, was für ein Jahr es gewesen ist, welches Gott unserem Leben hinzugefügt hat. Eine solche Rückschau kann man als Einzelperson, als Ehepaar, als Familie aber auch als Gemeinde tun. Dabei werden wir nicht vermeiden können, subjektive Wertungen und Wichtungen in unsere Rückschau einfließen zu lassen. Ganz sicher hat auch Gott eine Beurteilung des verflossenen Jahres vorgenommen. Gern wüssten wir, wie ER das abgelaufene Jahr im Leben der Gemeinde hier am Ort sieht. Waren wir fromme oder unnütze Knechte? Haben wir unsere Gaben genutzt oder vergraben? Haben wir der Gemeinde Ehre oder Unehre gemacht? Waren wir unserem Bruder und unserer Schwester ein Anreiz zum Guten oder ein Grund zur Traurigkeit? Haben wir dunkle Stellen in unserem Zusammenleben mit Familienmitgliedern aufgearbeitet oder belassen? Haben wir Fortschritte in der persönlichen Heiligung gemacht oder nicht? Haben wir Glauben gehalten? Sind wir festgeblieben oder fest geworden in unserer Heilsgewissheit?

Äußerlich hat die Gemeinde ihre Form gewahrt. Vielleicht ist sie mit ihren 62 Gliedern etwas schlanker geworden. Sie hat ihre Feste und Feiertage gehalten, sie hat ihre Berichte geliefert, sie verfügt über geordnete Finanzen, die Gabenhöhen der Sonderopfer lagen über denen der Vorjahre, alle Gottesdienste wurden abgehalten, auch an solchen Sabbaten, an denen die eigenen Gemeindeglieder zum Großteil ausgeflogen waren. Jugendstunden haben stattgefunden, die Teestuben liefen ab, Abendmahle wurden gefeiert, der Ausschuss kam zusammen und beriet, der Schrifttumsvertrieb funktionierte, Lektionshefte und Andachtsbücher standen zur Verfügung, der Raum hat neue Fenster bekommen.

Ist also alles in Ordnung? Ja, äußerlich ist alles in Ordnung. Wie aber stand es mit dem geistlichen Leben der Gemeinde? Können wir hier auch eine lange Erfolgsliste zitieren, oder müsste Jesus zu uns sagen: „Ich weiß zwar deine Werke, aber ich habe ein kleines wider dich!", oder müsste ER gar urteilen: „Du sprichst, dass du reich bist und weißt nicht, dass du arm bist, jämmerlich, blind und bloß!"?

Es sei dem Chronisten gestattet, den Finger auf wunde Stellen zu legen. Im Februar wurde Schw. Brigitte Kanehl (ehemals Berkati) aus der Gemeinde ausgeschlossen. Wer trug Leid darüber außer Schw. Mietz, ihrer Mutter? Wir verloren Ilse Zinow durch den Tod. Niemand wurde im vergangenen Jahr getauft. Die Anzahl der Gemeindeglieder sank damit um zwei auf die schon genannten 62. Wer von uns war darüber bedrückt? Es fand keine Evangelisation oder Vortragsfolge statt, wenn man von den drei Evangelisationsabenden im Jugendkreis absieht. Wen hat das gestört? Wer hat es vermisst? Wer von uns ist zum Prediger gegangen und hat gefragt, warum das so ist? Unser Gottesdienstdurchschnittsbesuch betrug 42; das entspricht circa 2/3 der Gemeindegliederzahl. Sehr schön, wird mancher denken. Allerdings sind auch Geschwister in dieser Zahl enthalten, die sich an fast jedem Sabbat geistlich gesehen nur von der „Eisernen Ration" der Predigt ernähren. Was Wunder, wenn eine solche Gemeinde in ihrem Wachstum stagniert? Was Wunder, wenn kaum jemand Leid darum trägt - außer die Engel im Himmel? Der Chor sang zum Bezirksgottesdienst sehr schön. Der Chor singt nicht zum Beispiel in Familiengottesdiensten oder zur Silvester-Andacht! Es scheint niemanden zu stören. Sind wir nur noch Konsumenten, die gedankenlos verschlingen, was uns vorgesetzt wird? Wer ist mein Diakon? Ich weiß es nicht, aber es stört mich nicht. Eine Kapelle soll gebaut werden - wann? Irgendwann einmal. Nur sehr selten werde ich von sehr alten Geschwistern gefragt, wann es denn nun endlich losgeht. Ist es die Disziplin des Deutschen, die klaglos hinnimmt, was nicht zu ändern ist, oder ist es der Geist von Laodizea?

Das Gemeindejahr begann mit einem Gebets- und Fastensabbat am 2.1. Am 4.1. verstarb unsere Schw. Ilse Zinow, nachdem sie sich wenige Tage zuvor den Schenkelhals gebrochen hatte. Wir wollen uns ihr zu Ehren von den Plätzen erheben. Am 9.1. fand die Wahl der Amtsträger der Gemeinde Stralsund statt. Es war zum größten Teil eine Wiederwahl, es sollen an dieser Stelle aber die Mitglieder des Gemeindeausschusses genannt werden: Heinz Wietrichowski als Gemeindeältester, Siegfried Rosner als Erster Diakon, Jörgen Wendler als Sabbatschulleiter, Jörn Kindler als Jugenddiakon sowie die Schw. Christina Warkenthin, Edith Rettkowski und Kathrin Küchler.

Am 16.1. während unseres Abendmahles wurden aus der Garderobe im Vorraum die Brieftaschen zweier Gemeindeglieder gestohlen. Der Vorfall war uns Anlass, mehr auf die Sicherheit unseres Raumes während der Gottesdienste und anderer Veranstaltungen zu achten. Wohl oder übel sind wir seitdem eine „geschlossene Veranstaltung". Wer zu spät kommt, muss klopfen.

Der Februar brachte eine Jugendevangelisation mit M. Uhlmann. An drei Abenden wurden 20 Gäste erreicht. Die neuen Fenster wurden in J. Wendlers Betrieb gebaut, auf Helmut Binanzers Bemühungen hin eingeglast und von Volker Hornung und Peter Küchler eingesetzt und gestrichen. Am 21.2. fuhren die Delegierten unsere Gemeinde zur Geschäftssitzung der Vereinigungskonferenz 1988 nach Rostock. Am 27.2. hatten wir einen Familiengottesdienst, in dem Herr Erwin Kindler, der Vater von Jörn Kindler, uns von einer Reise nach Kasachstan berichtete. Am Tag darauf sahen wir den amerikanischen Film „Jony". Helmut Binanzer hatte ihn besorgt. Aus Platzgründen lief er im gut gefüllten Saal der landeskirchlichen Gemeinschaft am Knieperwall.

Am 14.2. wurde Claudia Warkenthin, die Tochter von Gunter und Ulrike Warkenthin geboren. Mit unserem Beifall möchten wir den Eltern und dem Kind noch einmal unsere guten Wünsche bekunden. Im März erlebten wir am 26. die Jugendaufnahme von Christoph Wendler. Christoph ist inzwischen voll in die Jugendgruppe und die Teestube integriert worden. Im März hielt uns Jochen Allwardt eine Predigt über das Thema „Wunder". Wir freuten uns über seinen Dienst und möchten uns noch manche Predigt von ihm wünschen. Ebenfalls im Monat März wurde für die Kinder- und Jugendarbeit geopfert. Die Gesamtsumme betrug 1.824 M. Der April brachte uns den Bezirksgottesdienst, bei dem Hartmut Sensenschmidt aus Berlin zu Gast war. In den ersten beiden Quartalen befassten wir uns in der Bibelschule mit dem 2. und 4. Buch Mose, dem Propheten Hosea und dem Philemonbrief. Im Mai fand der Festgottesdienst der Mecklenburger Vereinigung in Rostock statt, und zwar am

7.5. Unsere Gemeinde war mit 18 Vertretern dabei. Unsere Brüder Peter Küchler und Gunter Warkenthin mussten anfangs Mai zur Armee einrücken. Beide leisten ihren Dienst als Bausoldaten. Wir wünschen ihnen, dass sie segensreiche Erfahrungen machen und in dieser Prüfungszeit charakterlich reifen mögen. Auch ihren Familien wünschen wir viel Kraft und Segen von Gott unserem Vater. Im Juni hatten wir zwei Familiengottesdienste, die sich mit dem Thema Evangelisation und Mission befassten. Sie sollten die Gemeinde für die Arbeit des Zeugendienstes motivieren. Ab Juni befassten wir uns in der Bibelschule mit unseren Glaubenslehren. Die Opfertagsgabe im Juni betrug 2.440 M. In diesem Monat gelang auch die Reinigung beziehungsweise Erneuerung der Stuhlkissen. Für eine künftige Kapelle wurde über die Vereinigung eine kleine Orgel bestellt. Wir hoffen, dass die Kapelle eher fertig ist als die Orgel.

Der Juli war für viele ein angenehmer Monat. Ferienzeit rückte näher. Ein besonderer Tag war der 1.7. für Anett Wietrichowski und Volker Hornung. Die Beiden wurden an diesem Tage im Gemeindesaal unter Anteilnahme der Gemeinde von Helmut Binanzer getraut. Die Braut-Eltern feierten zugleich ihre silberne Hochzeit. Wir wünschen dem Grünen Paar Gottes reichsten Segen auf seinem Lebensweg und unterstreichen diesen Wunsch mit unserem Applaus. Aus dem August weiß der Chronist nichts Besonderes zu berichten. Viele Gemeindeglieder waren verreist, dafür besuchten manche Gäste unsere Gottesdienste. Jörgen Wendler musste an einem Sabbat unvorbereitet den nicht angereisten Manfred Böttcher vertreten. Im September feierte die Gemeinde mit anderen Gemeinden des Ostteils der Vereinigung in Neubrandenburg einen großen Sabbat. Ein Großteil der Gemeindeglieder fuhr dorthin. Die Daheimgebliebenen erlebten einen Gottesdienst im kleinen Kreis, geleitet von Jörn Kindler und Volker Hornung.

Im Oktober gab es wieder Grund zum Feiern. Erntedank bewegte uns alle. Maritta und Siegfried Rosner hatten den Saal geschmückt, aber auch andere Geschwister hatten Blumen, Früchte und andere Gaben mitgebracht, um den Saal auszugestalten. Die Erntedankgabe von 3.672 M brachte unsere Dankbarkeit unserem großen Gott gegenüber zum Ausdruck. Am 12.11. hatten wir einen Familiengottesdienst, in dem uns Wernfried Rieckmann aus Greifswald mit einem interessanten Dia-Vortrag an seiner Australienreise teilnehmen ließ. Die Gebetslesung vereinte die Gemeinde in der Gebetswoche vom 26.11. bis zum 3.12. Die Summe der Gebetstagsgaben betrug 4.400 M. Vom 9. - 11.12. weilten 42 Gemeindeglieder, Kinder und Gäste aus den Gemeinden Stralsund, Barth und Bergen auf dem Zingsthof in Zingst. Es war ein schönes gemeinsames Wochenende. Eine Wiederholung für das Jahr 1989 wurde gewünscht und ist geplant. Am 12.12. waren die Senioren der Gemeinde zu einem geselligen Beisammensein geladen. Am 17.12. feierten wir mit unseren Freunden und unseren Kindern Familien-Gottesdienst im Advent. Die Kinder wurden von der Gemeinde beschenkt und erfreuten uns mit ihren kleinen Beiträgen in Wort und Musik. Für die Erdbebenopfer in Armenien opferten die Gemeinden Bergen und Stralsund 955 M.

Damit schließt sich der Jahreskreis. Vor 366 Tage waren wir auch zu einer solchen Andacht beisammen. Wir schauen trotz der Abstriche, die ich gemacht habe, auf ein gutes Jahr zurück. Dank sei allen gesagt, die der Gemeinde in irgendeiner

Weise gedient haben, besonders den Brüdern, die mit dem Wort dienten, sei es in der Bibelschule oder in der Predigt. Zu letzteren gehörten die Brüder Binanzer, Wietrichowski, Wendler, Petrischkeit, Saupe, Kayser und Allwardt. Als Gastprediger hörten wir die Brüder Manfred Uhlmann (Rostock), Hartmut Sensenschmidt (Berlin), Lentzsch (Dresden), Hermann Beier (Rostock) und Joachim Lang (Rostock). Wir hoffen zu Gott, dass ER uns gnädig auch durch das neue Jahr 1989 führen möge.

1989: Immer noch Teestube - immer noch AIBUT!

Das Jahr 1989 neigt sich seinem Ende zu. Von der Regel abweichend feiern wir den Jahresausklang dieses Mal bereits am Sabbatnachmittag, dem 30.12. Es war ein Jahr, das so begann wie alle anderen auch, aber es schloss nicht so wie alle anderen. Im August kam es zu den Botschaftsbesetzungen in Budapest und Prag durch DDR-Flüchtlinge. Im September setzte die Massenflucht über Ungarn ein. Im Oktober gingen die Menschen auf die Straße, zeigten Transparente und skandierten Parolen. Die Regierung stürzte. Sie hinterließ ein wirtschaftliches und politisches Chaos. Ein Schlammpfuhl von Korruption, Bereicherung und Betrug wurde aufgedeckt. Die regierende Partei gab sich einen neuen Namen und lastete alle Verantwortung für das Gewesene den entmachteten Führern an. Nicht der Sozialismus habe Schuld, sondern sein Zerrbild, der Stalinismus. Inzwischen ist die erste Übergangsregierung unter Krenz auch schon Geschichte. Neue politische Führer probieren das Regieren nach demokratischen Spielregeln. Parteien und Organisationen etablieren sich. Gleichzeitig setzt sich die Massenauswanderung in die Bundesrepublik fort. Man spricht nicht mehr von Flüchtlingen, denn die Grenze ist ja seit dem 9. November offen. Der Massenexodus ist wie eine blutende Wunde, die sich nicht stillen lassen will. Über alledem wird der Ruf nach Wiedervereinigung immer lauter. Andere Stimmen mahnen zur Besonnenheit und rufen dazu auf, das Gute, das der sozialistische Staat gebracht hat, nicht leichtfertig zu verachten, doch niemand ist sich so recht darüber im Klaren, was das sein könnte, weil noch niemand von uns über Jahre im nichtsozialistischen Teil Deutschlands gelebt hat. Wahrscheinlich wird eine Teils-teils-Lösung nicht möglich sein. Wir werden wählen müssen, was wir wollen und nicht erst am 6. Mai. Eigentlich haben wir schon gewählt. Die Jagd nach dem „Begrüßungsgeld" zeigte deutlich, was die Menschen wollen: nämlich genau das, was ihnen bisher immer nur versprochen worden ist: die bestmögliche Befriedigung der materiellen Interessen! Der Ausschnitt erstrebenswerter Güter aus der Werteskala des Lebens wird sehr schmal sein. Er reicht von Woolworth bis Karstadt und von VW Golf bis Teneriffa. Diese Dinge werden sicher für die meisten DDR-Bürger erreichbar werden - womit sie aber bezahlt werden, wissen wir alle noch nicht. Doch - wir wissen es eigentlich, aber wir wollen es nicht wahrhaben. Wir meinen, es wird schon nicht so schlimm werden: 10% Arbeitslosigkeit? Nun, mich wird es schon nicht treffen! Anstieg der Kriminalität? Straftaten hatten wir doch bisher auch schon. Da gehen wir abends eben nicht mehr auf die Straße. Drogenszene und Aids-Erkrankungen, Pornographie und Bordell-Wesen? Wir als Christen sind doch immun gegen so etwas. Da muss eben jeder selbst aufpassen.

Scheinbar haben die Pessimisten wieder recht, die da sagen: wir können es sowieso nicht ändern, es kommt so, wie es kommen muss! Aber es wäre gut, wenn wir Christen nicht in das gleiche Horn stoßen würden, auch wenn es so ähnlich klingt, was wir sagen: Gott sitzt über allem, was geschieht, im Regiment. Er setzt Könige ein und setzt Könige ab. Es geschieht nichts, was er nicht erlaubt. In all dem politischen Durcheinander nun die Gemeinde als kleines Häuflein unbedeutender Menschen! Wer aber zu dieser Gemeinde gehört, nein besser: wer nicht nur zu ihr gehört, sondern wer als bibelkundiger Christ an Gottes Hand durchs Leben geht, ist dennoch wesentlich besser dran als jeder andere. Wie viele sind durch das, was geschehen ist, völlig entwurzelt worden! Das, woran sie glaubten, liegt zerstört am Boden; manch einer begreift, dass es wahrhaftig nicht gut ist, sich auf Menschen und menschliche Ideen zu verlassen. Gott allein ist souverän. Sein Programm mit den Menschen wackelt nicht, es wird nicht - mit irgendeinem „-ismus" versehen - nach einer Generation in die Ecke gestellt werden. Seit 2000 Jahren (eigentlich noch früher) läuft dieses Programm zur Rettung des Menschen ab, und niemand wird Gott das Heft aus der Hand nehmen. Mancher, der heute zum Friedensgebet in die Kirche geht, ahnt etwas von der Kraft des Evangeliums und der Gemeinde. Ob es gut ist, dass sich die Kirche derart politisch engagiert, wie sie es getan hat? Eigentlich ist ihr Auftrag ein anderer, aber andererseits ist der Mut anzuerkennen, mit dem sich Bischöfe und Kirchenzeitungen, Pastoren und andere kirchliche Kräfte für die Veränderung in unserem Land eingesetzt haben. Was lernen wir Christen aus dem Geschehenen? Was haben uns die Dinge zu sagen? Wie ordnen wir sie ein? Die Beunruhigung und Unsicherheit vieler Menschen neben uns sind eine Chance für uns. Mancher ist heute ansprechbar für das Evangelium, mehr als früher. Das Auseinanderbröckeln des kommunistischen Machtblocks ist für uns Christen ein Zeichen dafür, dass wir immer noch in der Zeit von „Eisen und Ton" (Dan. 2) leben. Nichts schien fester gefügt als das sozialistische Lager. Doch zurzeit haben wir das Schauspiel vor Augen, wie ein Machtblock wankt, wie der eiserne Vorhang Risse kriegt und die bislang gültigen Glaubenssätze sich als Lügen offenbaren - Eisen und Ton scheinen eine Weile aneinander zu haften, trennen sich dann aber wieder. Wir Deutschen dürfen froh und dankbar sein, dass uns eine Revolution nach chinesischer oder rumänischer Art erspart geblieben ist. Ausgerechnet wir Deutschen, die wir in den letzten hundert Jahren so ziemlich alles verkehrt gemacht haben, was man politisch und militärisch verkehrt machen kann, haben diesmal ein Meisterstück geleistet: eine unblutige Revolution! Ein großes Stück Arbeit kommt noch auf uns alle zu: Ich meine den Umgang mit der Demokratie und der Freiheit. Ein Staat, in dem die Stasi und eine allmächtige Parteidoktrin das Sagen haben, ist zwar ein unfreier Staat, aber diese Unfreiheit hat auch ihre bequemen Seiten. Der Umgang mit der Freiheit wird uns vielleicht noch sehr schwer werden. Steigender Lebensstandard wird die Menschen satt machen; geistliche Bedürfnisse könnten sinken, Ablenkungen der verschiedensten Art werden die Sinne der Menschen gefangen nehmen. Vielleicht werden wir unsere öffentlichen Vorträge an Litfaßsäulen und in den Tageszeitungen ankündigen dürfen, aber dort werden auch andere Ankündigungen stehen und locken. Vielleicht ist das ganze politische Geschehen, das vor unseren Augen abläuft, ein Versuch dämonischer Mächte, die Evangeliumsverkündigung zu behindern. Die Gliederzahl der Gemeinschaft in der DDR sinkt. Die Ausreisewelle hat ihren Anteil daran. In der Mecklenburger Vereinigung sieht es nicht anders aus. Erfreulich ist, dass aus der Mecklenburger Vereinigung insgesamt 300 Bibellehrbriefteilnehmer die Bibel studieren.

Wie sieht es bei uns in Stralsund aus? Waren wir 1978 zu unserer 75-Jahrfeier noch 75 Glieder (!), so sind wir zurzeit nur noch 59 Glieder. Anfang 1989 waren wir 62. Zwar hatten wir vier Taufen, aber auch 3 Todesfälle und 4 Wegzüge (Simone Thiele, Angela Hartmann, Silvia Schulze-Fabry, Christa Schneider). Dreimal wurde 1989 in Stralsund Hochzeit angesagt: Silvia Gipp verheiratete sich nach Bremen, Angela Warkenthin nach Karl-Marx-Stadt und Simone Binanzer nach Frankfurt/Oder. Wir wünschen den drei jungen Ehefrauen in ihren neuen Heimatgemeinden einen guten Eingang und in ihren Ehen Gottes Segen. Ganz besonders freuen wir uns über die vier Taufen des vergangenen Jahres. Im Februar wurde Matthias Koch getauft, anfangs September Regina Binanzer und Petra Betcher und am 30.9. Rosemarie Schmidt. Wir beglückwünschen unsere neuen Gemeindeglieder noch einmal und wünschen ihnen, dass sie sich unter Gottes Führung in der Stralsunder Gemeinde wohlfühlen mögen. Auch vor Verlusten blieben wir in diesem Jahr nicht bewahrt. Am 14.2. verstarb Erich Ahrens und am 15.9. Marie Jurewitz sowie ihre Schwester Natalie am 4.12. Zu ehrendem Gedenken erheben wir uns von unseren Plätzen.

Aus dem Gang des Jahres möchte ich der Reihe nach einige Ereignisse in unser Gedächtnis rufen: Wir begannen die Reihe unserer Gottesdienste am 7.1. mit einem Gebets- und Fastensabbat. H. Binanzer predigte über den Sinn des Fastens. An diesem Sabbat hatten wir auch das neue Bibellehrheft (Inhalt: 3. Mose) in Händen; auch ein neues Andachtsbuch stand wieder zur Verfügung. Am 28.1. feierten wir Abendmahl, am 18.2. wurde Matthias Koch getauft. Am Wochenende 17. - 19.3. war ein Teil der Gemeinde auf dem Zingsthof. Das Betrachtungsheft des 2. und 3. Quartals kam pünktlich in unsere Hände. Wir befassten uns mit der Offenbarung. Zum Bezirksgottesdienst Mitte April kam Walfried Eberhard aus Berlin vom Verband zu uns als Gast und Verkündiger. Am 20.5. wurden Angela Warkenthin und Jürgen Hartmann in unserem Gemeindesaal getraut, am 21.6. Silvia Gipp und Brd. Schulze-Fabry. Am 8.9. fand in der Ostsee in Zingst die Taufe von Regina Binanzer und Petra Betcher statt. In einer Sondersammlung für den Friedensauer Mensabau opferten wir im Juli 1.385 M.

Am 13.9. begann eine Evangelisation, die Joachim Lang aus Rostock hielt. An acht Abenden wurden ca. 50 Gäste erreicht. Am 16. 9. fuhr ein Großteil der Gemeinde nach Greifswald zu einem großen Gottesdienst der Gemeinden des Ostteils der Vereinigung. Hartmut Sensenschmidt verkündete das Wort. Wir Stralsunder verstärkten den Chor, der den Sabbat dort verschönerte. Ein besonderer Gottesdienst war der 30.9. Am Vormittag wurde Rosi Schmidt getauft, nachmittags feierten wir Erntedank. Die Höhe der Erntedankgaben betrug 5.604 M, was dem Chronisten doch erwähnenswert erscheint. (Zum Vergleich: 1988 waren es 3.672 M). Ab Oktober betrachten wir den Propheten Sacharja in unserem Bibelgesprächen. Wir sind in den letzten Wochen dazu übergegangen, wie andere Gemeinden es auch tun, das Gespräch im Kreis zu führen. Das gegenseitige Verstehen wird dadurch leichter gemacht.

Über die Ereignisse des Herbstes habe ich schon berichtet. Auch unser Gemeindeausschuss machte wunschgemäß Vorschläge betreffend Veränderungen in unserem Land: Dazu gehörten Schaffung eines zivilen Ersatzdienstes, Abschaffung von finanziellen Hindernissen beim Bau von Gemeindehäusern, freie Berufs- und Studienwahl aller Kinder und Jugendlichen unabhängig von politischer und religiöser Anschauung, Fünftage-Schulwoche, Herauslösung von Jugendweihe und Pionierarbeit aus der Schule, Abschaffung jeglicher Presse-Zensur, Möglichkeit des Kaufs von Gesundkost in allen Städten, Auszeichnungspflicht der Inhaltsstoffe aller Nahrungsmittel, Freiheit der Verkündigung der Gemeinschaft auch auf sozialem und gesundheitlichem Gebiet, verfassungsgarantierte Abschaffung aller Feindbilder und praktische Durchsetzung dieses Prinzips bis hinab in die Kindergärten und letztens deutliche Formulierung der Verantwortung der Erziehungsberechtigten bei Fahrten von Minderjährigen ins Ausland. Vom 24. - 26.11. hatten wir erneut ein schönes Wochenende auf dem Zingsthof. Insgesamt waren 40 Teilnehmer aus dem gesamten Seelsorgebezirk gekommen. An diesem Sabbat begann auch die diesjährige Gebetswoche. Die Lesungen befassten sich mit der Frucht des Geistes. Die Höhe der Gebetstagsgaben belief sich auf 3.610 M (1988: 4.400 M). Am 16.12. verkündete der Ernennungsausschuss die Vorschläge für die Ämterwahl der Gemeinde. Sie hängen aus und sind eurer Aufmerksamkeit anempfohlen. Noch in frischer Erinnerung ist uns der Familiengottesdienst im Advent vom 23.12. Die Weihnachtsgeschichte wurde in einer neuen Form erzählt bzw. gespielt, nämlich mittels brennender Kerzen, die die verschiedenen Figuren des Weihnachtsgeschehens symbolisierten. Für alle interessant waren wie jedes Jahr die Beiträge der Kinder. Leider waren die Kinder von Familie Fuchs krank. Der jüngste Teilnehmer der Bescherung, die die Gemeinde für ihre Kinder wie in jedem Jahr vornahm, war Susanne Hornung, die am 27.11. geboren wurde. Wir wünschen den Eltern und der kleinen Susanne Gottes Segen für die Zukunft. Insgesamt war es ein gutes Jahr, zumindest in unseren menschlichen Augen: an allen Sabbaten wurde das Wort verkündigt. Eine Reihe von Sonderveranstaltungen konnte genutzt werden. Die Teestube fand regelmäßig statt und hatte ständig ihre Gäste. Zwar sind es weniger als früher, aber sie kommen regelmäßig. Die Zahl der Jugendlichen, die Themen übernehmen und halten, hat sich stark vergrößert; zu ihnen gehören Jörn Kindler, Christian Kindler, Birgit Kindler, Kathrin Küchler, Volker Hornung, Anett Hornung, Regina Binanzer, Frank Behrendt, Beate Schneeweiß und Gunter Petrischkeit.

Neben den Jugendstunden, die unter der Leitung und Organisation von Jörn Kindler stattfanden, unternahm die Jugendgruppe auch sonst eine ganze Menge. Zu nennen sind Bibelwochen-Teilnahmen, Pfingsttreffen und die Zeltfahrt nach dem Zudar/Rügen. Von dem etwas verregneten Verlauf der letztgenannten Aktion hörte die Gemeinde in einem Familiengottesdienst.

Mit dem Wort der Predigt dienten neben den Brüdern des Bezirkes Jörgen Wendler, Karlheinz Fuchs, Axel Kayser, Heinz Wietrichowski, Otto Petrischkeit, Dr. Jochen Allwardt und Gunthardt Saupe sowie unserem Ortsprediger Helmut Binanzer in unserer Stralsunder Gemeinde Walfried Eberhardt, Fritz Hartmann, Jörg Wietrichowski und Berthold Gauger. Zweimal sahen wir eine AIBUT-Serie.

Neben diesen von allen bemerkten Diensten wurde eine Reihe stiller Einsätze verrichtet. Dazu gehören die Diakonie, die Saalreinigung, die Kinderbetreuung, der Saalschmuck, mancher Transportdienst mit dem Auto, manche Fahrt von Verantwortungsträgern zu Besprechungen und Tagungen, des Weiteren die Arbeit des Gemeinde- und Ernennungsausschusses, die Schaukastenarbeit, die Chorarbeit, die Kassenverwaltung, der Büchertisch, der Literaturverkauf und noch manches andere, was ich jetzt vielleicht vergessen habe. Es ist üblich in einer solchen Chronik, allen Helfern ob genannt oder ungenannt zu danken, aber eigentlich haben wir das nicht nötig: niemand von uns tut einen Dienst um eines Lohnes oder Dankes willen. Wir verstehen uns als von Gott Gerufene, die der Gemeinde und damit Gott dienen. So soll es auch bleiben, auch wenn sich die personelle Zusammensetzung bei der Gemeindewahl am nächsten Sabbat verändern sollte. Ich wünsche uns allen für das kommende Jahr Gottes Kraft und Beistand. Möge er diese Gemeinde wachsen und reifen lassen. Mögen Dienstbereitschaft und Liebe zunehmen! Möge Satan keine Angriffspunkte finden! In diesem Sinne lasst uns an der Hand unseres Herrn vertrauensvoll über die Schwelle des Altjahrsabends gehen.

1990: Erntedankgaben 3.215 DM - Gemeindeausflug Zingsthof

Das Jahr 1990 war politisch gesehen nicht ganz so unruhig wie das vorherige. Dennoch war es ein bedeutsames Jahr. Im Frühjahr regierte der Runde Tisch die Politik und die Aufmerksamkeit der DDR-Bürger, im März wurde gewählt, am 6. Mai noch einmal: die Modrow-Regierung ging, die Regierung von Lothar de Maizière kam. Der 1. Juli brachte das neue Geld. Über Nacht hatten die Läden ein neues Aussehen. Am 3.10. vereinte sich das seit 40 Jahren geteilte Deutschland. War es eine Wiedervereinigung, war es ein Beitritt, ein Anschluss, eine Vereinnahmung? Die Zukunft wird es zeigen.

Auch im Gemeindeleben Stralsund gab es Veränderungen. Am 6.1. fand unsere Gemeindewahl statt: neuer Ältester ist Jörgen Wendler, Erster Diakon ist Heinz Wietrichowski anstelle des aus diesem Amt ausscheidenden Siegfried Rosner, Sabbatschulleiter ist Bernd Warkenthin. Am 18.1. kam der Ausschuss zusammen. Unser Prediger Helmut Binanzer plant vom 19. - 23.2. eine Kinderferienbibelwoche. Acht- bis zwölfjährige Kinder sollen, über eine Zeitungsannonce geworben, einmal in der Woche zwei Stunden lang im Gemeindesaal betreut werden. Wir erfuhren, dass die Gemeinde Kiel unsere Partnergemeinde sein soll.

Am Sabbat, dem 27.1., wurde Jörgen Wendler zum Ältesten ordiniert. Helmut Binanzer leitete den Festgottesdienst. Am 17.2. feierte die Gemeinde das Abendmahl. Im Februar und März hatte Helmut Binanzer einen jungen Predigtamtskandidaten als Helfer. Er ist Jugoslawe und heißt Daniel Pazanin. Er war bei der Ausschusssitzung am 1.3. dabei; wir überlegten im Ausschuss, ob es günstig wäre, statt unseres erworbenen Gemeindegrundstücks eine entsprechende Fläche in der Innenstadt einzutauschen. Der Ausschuss wurde informiert, dass eine Versetzung von Geschwister Binanzer frühestens im Sommer 1991 stattfinden wird.

Im zeitigen Frühjahr 1990 gab es drei Todesfälle: Am 13.1. starb Ella Schmitt, am 13.2. Frida Mietz, die aber zu diesem Zeitpunkt schon in Annaberg bei ihren Kindern lebte. Wenige Tage nach ihrem Einzug ins Altersheim verstarb Edith Kerkau und wurde am 16.3. beerdigt. Am 17.3. fand im Sabbatgottesdienst die Jugendaufnahme von Ralf Warkenthin statt. Das Wochenende vom 6. - 8.4. brachte unseren Bezirksgottesdienst. Gastprediger war Brd. W. Hartlapp von der Schule in Friedensau. Von der Vereinigung in Rostock war J. Lang unter uns. Am Sabbat, dem 5.5., hatten wir nachmittags einen ganz besonderen Anlass des Beisammenseins. Es fand ein innergemeindliches Bibelschulseminar statt. Wir waren über das Abendbrot hinaus bis ca. 20.30 Uhr beisammen und berieten über Probleme der Bibelschule. Was ist gut an unserer Bibelschule? Gut ist, dass sie überhaupt existiert; das Gruppengespräch regt auch den Zögernden und Gehemmten zum Nachdenken und Mitmachen an. Im kleinen Kreis öffnet sich mancher eher als im großen Auditorium. Der Einzelne erkennt, dass die Schwester oder der Bruder neben ihm ähnliche Probleme haben wie er selbst. Was ist schlecht an unserer Bibelschule? Die Enge des Raumes, der dadurch bedingte Geräuschpegel, wenn auch durch das Sitzen im Kreis dieser Mangel etwas geringer erscheint. Am Sabbat, dem 17.5., hatte die Stralsunder Gemeinde ein Erlebnis besonderer Art. Sie nahm Teil an einem großen Festgottesdienst in der Greifswalder Christuskirche. Die Predigt hielt R. Rupp vom NDV. Eine Restgemeinde wurde zu Hause von Jörn Kindler betreut. Ab Sabbat, dem 7.7., wurden die Bibelschulgaben und die Gaben für die Belange der Ortsgemeinde in der neuen Währung DM dargebracht. Für die Stralsunder Gemeinde wichtiger war, dass an diesem Sabbatnachmittag um 15.00 Uhr im Borgwallsee bei Negast die Taufe von Frank Seiffert stattfand. Es war ein wunderschöner Sonnentag, und die Gemeinde war mit etwa 30 - 40 Gliedern zahlreich zugegen. Am 14.7. wurde Brd. Wiedergolt, der aus der Sowjetunion kommend bei uns zu Gast gewesen war, von der Gemeinde verabschiedet. Statt einer Predigt sahen und hörten wir einen Bericht „Adventgemeinde in Bild und Ton". Wird es der letzte gewesen sein? Am 28. 7. wurde Schw. Angela Reinholz, die mit ihrer Familie nach Stralsund gezogen ist, offiziell als Glied der Gemeinde aufgenommen. Ein besonderer Gottesdienst war der 1.9. Die Gemeinde feierte ihn im evangelischen Gemeindezentrum Birkenweg in Knieper-West. Anlass war die Schuleinführung von Tobias Fuchs und die Hochzeit von Birgit Kindler und Frank Seiffert. Besonderes Ereignis an diesem Tag war auch die Bekanntgabe der bereits erfolgten Eheschließung von Waltraud Zichel und Friedrich-Karl Zinow aus der Gemeinde Stralsund. Der Erntedank wurde in diesem Jahr mit einem gemeinsamen Kaffeetrinken der Gemeinde gefeiert. Die Sammlung der Erntedankgaben ergab 3.215 DM (zusammen mit den Gemeinden Barth und Bergen). Jeweils am Freitag, Samstag und Sonntag (5. - 7./ 19. - 21.10.) führte Harald Gäbel aus Chemnitz mit einer Reihe von Ehepaaren des Seelsorgebezirks ein Eheseminar durch. Harald Gäbel ist auf dem Gebiet der Ehe- und Familien-Seelsorge ein geschulter Mann. Die Abende waren sehr interessant. Auch eine Reihe von Ehepaaren, deren Kinder in der allwöchentlichen Betreuung von Helmut Binanzer sind, war mit dabei. Psychologisch sehr interessant war es, wenn die Ehemänner ihre Frauen als Blume und die Ehefrauen den eigenen Mann als Vogel darstellen sollten. Alle Beteiligten haben eine Menge über sich selbst und die Ehe gelernt und freuen sich auf eine Fortsetzung des Ehekurses im Frühjahr.

Taufe von F. Seiffert durch H. Binanzer

Einer traurigen Pflicht hatte der Gemeindeausschuss am 15.11. zu genügen: Helmut Binanzer las einen Brief von Petra Betcher vor, in dem sie uns ihren Austritt aus der Gemeinde bekanntgab. Wichtig aus dieser Gemeindeausschusssitzung war weiterhin der Beschluss über die Beendigung der Jugendstundenarbeit und die Berufung von Grit Gräske zum Leiter der Teestube und neuen Jugenddiakon. Vom 16. - 19.11. erlebte der größte Teil der Stralsunder Gemeinde einen weiteren Höhepunkt, nämlich erneut ein Wochenende auf dem Zingsthof der Evangelischen Kirche in Zingst. Anwesend waren die Ehepaare Binanzer, Wendler, Wietrichowski, Petrischkeit, Hornung, Küchler, Lüdtke, Fuchs, Bühler sowie die Singles Christian Kindler, Lars und Christoph Wendler, Ralf und Gunter Petrischkeit und noch eine Reihe von Kindern der genannten Ehepaare. Wir feierten gemeinsam den Sabbatanfang, waren am Sabbatnachmittag gesellig beisammen, hatten am Sonntagvormittag Gelegenheit, eine Belehrung über das Thema „Erste Hilfe des Autofahrers" zu erhalten - einschließlich der zugehörigen Bescheinigung. Am Sonntagnachmittag verabschiedeten wir uns. Wir hatten das Gefühl, sehr lange beisammen gewesen zu sein. Auch unsere Gäste haben sich sehr wohl unter uns gefühlt.

Der Dezember brachte uns die Gebetslesung, die an zwei Sabbaten und in der Woche in mehreren kleinen Gruppen gehalten wurde (die Höhe der Gebetstagsgaben betrug 3.000 DM) sowie am 9.12. einen Arbeitseinsatz zum Zwecke der Renovierung des Saales. Unter anderem wurde der Fußbodenbelag auf dem Podium erneuert. Am 22.12. gestalteten im Wesentlichen unsere Kinder die Feierstunde im Advent. Diese Veranstaltung leidet Jahr für Jahr unter Platzmangel. Seltsamer Weise ist ganz im Gegensatz dazu unsere Jahresschlussandacht in jedem Jahr nur spärlich besucht, was nachdenklich macht. Brauche ich die Gemeinde nur zur Dekoration meines Lebens? Will ich nur „ein wenig fröhlich sein in Seinem Licht"? Benötige ich keine Wegweisung für das Jahr vor mir?

1991: Patengemeinde Kiel - Gemeinde muss sparen?

Hinter uns liegt das Jahr 1991. Was sich am Anfang eines Jahres als eine schier endlose Reihe von Tagen darstellt, ist, wenn es vorbei ist, scheinbar doch so kurz gewesen! Politisch gesehen brachte das vergangene Jahr den endgültigen Schluss des Kalten Krieges zwischen Ost und West. Die Atomkriegsgefahr, die bislang durch das Gleichgewicht des Schreckens nur mühsam gebannt war, scheint nicht mehr zu bestehen. Dafür taten sich 1991 andere Konflikte und Probleme in der Völker-Welt auf. Der Golfkrieg tobte. Der Freiheitsdrang der baltischen Sowjetrepubliken erzwang die Ablösung ihrer Völker von Moskau. Zwischen Armenien und Georgien kommt es zu keinem Frieden. Beginnende Revolution in Albanien, Bürgerkrieg in Jugoslawien, weiter andauerndes Armenier-Problem im Irak, Furcht vor Hunger und Bürgerkrieg auch in der Sowjetunion! Am 19.8. wurde Europa durch den Putschversuch gegen Gorbatschow in Unruhe gestürzt. Zwar wurde der Putsch niedergeschlagen, aber jeder merkte spätestens jetzt, dass nicht mehr Gorbatschow der mächtige Mann in der Sowjetunion ist, sondern Boris Jelzin, der Präsident Russlands. Die letzten Tage des alten Jahres bestätigten: die mächtige Sowjetunion gibt es nicht mehr! Russland und einige andere ehemalige Republiken der SU haben sich zu einem losen Staatenverbund (GUS) zusammengeschlossen. Was diese politischen Entwicklungen für die Menschheit im Allgemeinen und für die Gemeinde im Besonderen bedeuten, müssen wir abwarten. Im wiedervereinigten Deutschland merken immer mehr

Menschen in den so genannten neuen Bundesländern, dass nicht alles Gold ist, was früher so schön aus dem Westen zu uns herüberglänzte. Es sind immer mehr Menschen arbeitslos, Kriminalität und Verkehrsunfallzahlen nehmen zu, um nur einiges zu nennen. Die Menschen sind verunsichert und unzufrieden. Ob der eine oder andere spürt, dass menschliche und irdische Sicherheiten nicht ausreichen, um im täglichen Leben Stand zu halten? Es wäre zu wünschen, dass wir als Glieder der Gemeinde Stralsund unsere Chance nutzen, um anderen Menschen, die richtungslos geworden sind, eine Perspektive zu zeigen.

Im Folgenden wollen wir noch einmal einen Streifzug durch das vergangene Jahr erleben. Am 26.1. wurde im Gottesdienst die Hochzeit von Dhao und Frank B. gefeiert. Brd. Binanzer traute das junge Paar, die Gemeinde nahm Anteil, gratulierte und hofft, dass beide ihre Ehe unter der Führung Gottes leben mögen. Im Februar hielt Harald Gäbel für diejenigen Ehepaare, die im Herbst 1990 den ersten Teil des Eheseminars mitgemacht haben, die Fortsetzung. Am 16.3. wurden 1.845 DM für die Kinder- und Jugendarbeit dargebracht. Am 1.3. veranstaltete die Gemeinde Kiel in ihrer Kapelle ein Benefizkonzert zugunsten einer Schule für geistig behinderte Kinder in Stralsund; es kam ein Betrag von 4.300 DM ein! Auf der Kieler Veranstaltung wurde ausgemacht, dass am 7.6. der Handglocken-Chor der Gemeinde Hamburg in der Chorruine des Johannis-Klosters Stralsund ein Konzert gibt.

Der diesjährige Bezirksgottesdienst fand vom 5. - 7.4. statt. Zu Gast war Brd. Imhoff aus Bielefeld. Wie im vergangenen Jahr waren wir auch in diesem Jahr wieder zu einem Festgottesdienst nach Greifswald eingeladen. Am 4.5. versammelten sich ca. 200 - 250 Gemeindeglieder aus dem Ostteil der Vereinigung in der Christuskirche in Greifswald. Jan Hinrichs, Vereinigungsvorsteher aus Hamburg, predigte über das Thema „Wiederkunft Jesu". Am 11.5. wurde im Rahmen des Gottesdienstes die Summe von 4.300 DM, die auf dem Benefiz-Konzert in Kiel eingegangen war, an die Stadt Stralsund zugunsten geistig behinderter Kinder übergeben.

Am 8.6. erlebte die Stralsunder Gemeinde und mancher interessierte Stralsunder darüber hinaus den Hand-Glocken Chor der Gemeinde Hamburg. Es war ein Konzert, das nicht alle Tage geboten wird. Der 15.6. war ein besonderer Tag für uns. An diesem Tag wurden Geschwister Lechleitner aus Barth getauft und in die Gemeinde Barth aufgenommen. Beide Eheleute sind für die kleine Gemeinde eine schöne Bereicherung. Es ist etwas Wunderbares mitzuerleben, wie Menschen aus der Orientierungslosigkeit einer zusammengebrochenen Gesellschaftsordnung zu neuen Zielen und einem neuen Lebenssinn gelangen. Auf seiner Sitzung am 27.6. musste sich der Ausschuss unserer Gemeinde erstmals mit Gedanken zu Sparmaßnahmen befassen: Miet- und Heizkosten steigen zurzeit außerordentlich, sodass wir uns gezwungen sehen, künftig auf die kostenlose Zurverfügungstellung von Andachtsbüchern an unsere älteren Geschwister sowie auf die Bezahlung der Saalreinigung und auf Jubiläumsgeschenke für Geburtstagskinder zu verzichten. Helmut Binanzer informierte uns über die geplante Zusammenlegung der Hansa-Vereinigung und der Mecklenburger Vereinigung. Sie wird ab 1.1.1993 Realität.

Am 28.9. feierten wir in einem schön geschmückten Saal den Erntedankgottesdienst dieses Jahres. Die Summe der Gaben betrug 3.472 DM. Vom 27.10. - 11.11. führte Helmut Binanzer in unserem Gemeinderaum ein Jesus-Seminar durch. Der Besuch war unterschiedlich. Die Themen lauteten: „Wer war Jesus von Nazareth?", „Das Reich Gottes ist herbeigekommen", „Das bessere Leben", „Das neue Gottesbild", „Dein Glaube hat dir geholfen" und „Schlechte Nachrichten für Fromme". Insgesamt wurden 16 Gäste und Freunde erreicht. Erstmals wurde das Mitdenken durch die Verwendung eines Overhead-Projektors erleichtert. Bedauerlich war der recht schwache Besuch durch eigene Glieder der Gemeinde.

Am Sonntag, dem 24.11. wurde ein Gemeindeausflug nach Stubbenkammer/Saßnitz gestartet. Er war Ersatz für das ausfallende Zingsthof-Wochenende. Auf dem Zingsthof wird gebaut, und wir hoffen, dass wir im kommenden Jahr dort wieder ein Wochenende erleben können. Der Ausflug nach Stubbenkammer war etwas sehr kurz angekündigt worden, sodass einige Geschwister nicht teilnehmen konnten. Das Wetter blieb trocken, die Stimmung war gut, ein zünftiges Lagerfeuer erfreute besonders die Kinder. Manch gutes Gespräch konnte geführt werden.

Am 7.12. fand nach zwei Jahren wieder eine Gemeindewahl statt. Sie war notwendig geworden, weil Heinz Wietrichowski sich nicht mehr für den Dienst des Ersten Diakons zur Verfügung stellte. Dieses Amt nimmt hinfort Jörgen Wendler wahr. Ältester wird wieder Heinz Wietrichowski (siehe Foto), Sabbatschulleiter bleibt Bernd Warkenthin. Helmut Binanzer informierte auf diesem Gottesdienst gleichzeitig die Gemeinde über einen Besuch leitender Brüder vom Bauverein, die sich unser Grundstück angesehen und unsere Pläne betreffs Gemeindebau zur Kenntnis genommen haben. Einerseits gaben die Brüder zu, dass Stralsund ein dringender Fall ist und die Lage der Dinge durch das vorhandene Grundstück recht günstig, andererseits gibt es viele andere dringende Vorhaben, so dass wir uns noch weiter gedulden müssen. Wir sollten die Wartezeit nutzen, um unseren Baufonds von ca. 20.000 DM weiter aufzustocken.

Fam. Wietrichowski 1981 (Kathrin, Renate, Jörg, Heinz, Anett)

Die diesjährige Gebetswoche wurde wie gewohnt an zwei Sabbaten in der Gemeinde und in der Woche in Gruppen abgehalten. Die Lesungen in Form von Lebensbildern waren ansprechend und zeigten uns, dass auch die Glaubenshelden der Bibel ähnliche Nöte und Probleme wie wir hatten. Sie meisterten sie mit Gottes Hilfe. Am Schluss jedes Jahres stehen zwei besondere Ereignisse an: der Familiengottesdienst im Advent, der am 21.12. stattfand, und die Jahresschlussandacht am 31.12. Die Kinderschar in der Adventsfeierstunde war in diesem Jahr besonders groß. Die Gemeinde erfreute sich an den Gedichten, Musikstücken und der Weihnachtsmotette der Kindergruppe. Zum Schluss brachte die Bescherung der Kinder noch einmal alle Beteiligten in helle Aufregung.

Auch in diesem Jahr blieben wir als Gemeinde Stralsund nicht von Todesfällen verschont. Es verstarben am 20. März Ernst Schmidt im 98. Lebensjahr, am 16.4. Paul Rettkowski - Vater mit 82 Jahren, Ella Hass am 4.9., und Schw. Minna Schmidt am 22.9. Wir wollen uns ihnen zu Ehren von unseren Plätzen erheben. Damit ist die Gemeinde auf eine Gliederzahl von 52 zusammengeschmolzen. Hoffnung gibt uns unsere Kinderschar und der Eifer der Jugendlichen in der Teestube. Gebe Gott, dass die Gemeinde im neuen Jahr nach innen und außen wachsen möge!

10.3 Predigerfamilie Joachim und Annerose Lang (1992 - 2002)

1992: Wir sind Hansa! - Predigerwechsel H. Binanzer/J. Lang

Wieder einmal stehen wir am Ende eines Jahres - persönlich und auch als Gemeinde. Die Gemeinde ist 1903 gegründet worden, sie feiert also im kommenden ihr 90-jähriges Bestehen. Nur wenige Geschwister sind älter als 90 Jahre. Unsere Geschw. Hermann sind am längsten Glied dieser Ortsgemeinde: ihre Taufe fand in den Jahren 1918 und 1919 statt. Die Gemeinde hat so manchen Verkündigungsraum gehabt; am längsten ist sie in der Frankenstraße 41 gewesen (seit 1945). Wir sehnen uns nach einer würdigen und größeren Versammlungsstätte und hoffen für 1993 auf den Baubeginn eines neuen Hauses in der Alten Richtenberger Straße.

Politisch gesehen war das vergangene Jahr für uns recht ruhig. Wir haben uns an die Marktwirtschaft gewöhnt: an höher werdende Mieten, an Arbeitslosigkeit und Vorruhestand, Altersübergangsgeld, Sozialhilfe und Arbeitslosenunterstützung. Jedoch niemand von uns braucht zu hungern oder zu frieren, jeder hat ein Dach überm Kopf. Wir haben allen Grund, Gott zu danken für Schutz und Bewahrung im vergangenen Jahr.

Der Chronist möchte noch einmal durch das vergangene Jahr gehen und an das eine oder andere Geschehen erinnern: Am 4.1. wurde unsere Schw. Grit Gräske für sechs Monate zu einer Ausbildung als Gesundheitshelfer nach Norwegen verabschiedet. Am 11.1. predigte zum ersten Mal Torsten Bretschneider aus Greifswald bei uns. Er sprach zu dem Thema „Warum ich an Gott glaube". Ab sofort findet ein ständiger Austausch von Predigern und Dienern am Wort zwischen den Bezirken Greifswald und Stralsund statt. Am 14.1. verstarb nach kurzer Krankheit unsere Irma Rosenmeyer im 92. Lebensjahr. Ihr folgte schon wenige Tage später am 18.1. Anna Schmidt im 82. Lebensjahr. Schw. Schmidt hatte ein längeres Krankenlager; sie ist in dieser Zeit unter anderem von Schw. Erika Brünner vorbildlich betreut worden. Wir glauben daran, dass beide Schwestern, die viele Jahrzehnte das Bild der Gemeinde bestimmt haben, am Auferstehungsmorgen von ihrem Herrn Jesus Christus zu neuem Leben erweckt werden. Schw. Rosenmeyer war langjährig Erster Diakon, Schatzmeisterin und Harmonium-Spielerin. Zum Gedenken erheben wir uns von unseren Plätzen.

Am 22.2. feierten wir das Abendmahl; Helmut Binanzer diente mit dem Wort. Bei der Austeilung von Brot und Wein helfen abwechselnd die Brüder Jörgen Wendler und Heinz Wietrichowski. Per Abstimmung im Gemeindeausschuss kam dieser für 1992 zu dem Vorschlag, dass Jörgen Wendler Erster Diakon und Heinz Wietrichowski Ältester sein sollen. Am 14.3. sammelte die Gemeinde für die Kinder- und Jugendarbeit 1.817 DM. Den Predigtteil an diesem Sabbat gestaltete die Jugendgruppe.

Der Bezirksgottesdienst erinnerte uns an vergangene Zeiten: Vor Helmut Binanzers Kommen im Jahre 1980 war Konrad Edel unser Ortsprediger gewesen. Er weilte jetzt während des Bezirksgottesdienstes als Gast unter uns. Am 26.4. fand in Darmstadt die Zusammenlegung des Ostdeutschen Verbandes und des Westdeutschen Verbandes zum Norddeutschen Verband mit Sitz in Hannover statt. Verbandsvorsteher ist R. Rupp, Sekretär W. Eberhard (ehemals Ostdeutscher Verband). Als Vertreter Stralsunds waren Helmut Binanzer und Heinz Wietrichowski in Darmstadt dabei.

Am 9.5. erlebte die Gemeinde die Taufe von Frank Frieberg, Andreas Brocks, Dhao B., Erik Warkenthin, Nico Saupe und Alfons Reichert mit. Damit erhöhte sich unsere Gliederzahl von 53 auf 55; die beiden Letztgenannten gehören zur Gemeinde Bergen. Am 17.6. stellte der Gemeindeausschuss fest, dass die Summe des auf dem Baukonto angelegten Geldes 31.000 DM beträgt. Er regte an, eine weitere Erhöhung dieses Eigenanteils anzustreben. Die Summe von 100.000 DM schwebt uns vor. Auch das gibt es: der in Stralsund zur Predigt eingeteilte Otto Petrischkeit aus Barth ist krank. Was tun? Jörgen Wendler ist verreist, Helmut Binanzer in Barth und Heinz Wietrichowski in Bergen eingeteilt. Bernd Warkenthin rettete die Situation und leitete zusammen mit Frank Seiffert den Gottesdienst. Was lernen wir daraus? Es sollten unbedingt zusätzlich Brüder für den Dienst der Wortverkündigung gefunden werden. Ich denke dabei an die Brüder Bernd Warkenthin, Frank Seiffert und Volker Hornung.

Am 25.7. war als besonderer Gast Jan Hinrichs, der Vorsteher der neuen Hansa-Vereinigung (HH, SH, MV) unter uns. Den für den Nachmittag angesetzten Familiengottesdienst mit dem Thema Kapellenbau hatten wir kurzfristig abgesetzt, weil zu viele Geschwister aus Urlaubs- und anderen Gründen gefehlt hätten. Der Vereinigungsvorsteher aber schaute sich am Nachmittag unser Baugrundstück an und zeigte sich unseren Plänen gegenüber sehr aufgeschlossen. Spontan sagte er sein nochmaliges Erscheinen für den 12.9. zu, wenn wir ausführlich über unsere Baupläne sprechen werden. Am 20.8. erlebte die Gemeinde die Schuleinführung von Doreen Brünner und Bernhard Küchler. Dann kam der 12.9. Am Vormittag hielt Siegfried Wittwer, Sekretär der Hansa-Vereinigung, die Predigt, und nachmittags hatten wir dann unter Teilnahme der Brüder Hinrichs, Witt (Schatzmeister) und Wittwer den erwähnten Familiengottesdienst zum Thema Kapellenbau. Wir hatten auch das Ehepaar Lang aus Rostock als Gäste unter uns. Joachim Lang, der bisher Sekretär in der Mecklenburgischen Vereinigung war, wird Helmut Binanzer ablösen und ab Oktober hier in Stralsund die Arbeit übernehmen. Zunächst aber erfuhren wir etwas über den Stand der Vorbereitungen für unseren Kapellenbau. Wir hielten Rückschau über die zehnjährige Planungszeit, die schon unter Brd. Beier begonnen hatte. Unsere Jahreschroniken sind gut geeignet, die einzelnen Etappen nachzuvollziehen. Wir bekamen als Gedankenanregung eine Grundrissidee in die Hand. Unsere Umfrage zum Kapellenbau war ausgewertet worden. Im Ergebnis zeigte sich, dass die weitaus meisten Gemeindeglieder den Kapellenbau begrüßen und auch finanziell unterstützen möchten. Das geht bis zur Bereitschaft, erneut 1.275 DM pro Glied in den Baufonds einzubringen. Von Anett Kindler erfuhren wir dessen aktuelle Höhe: 40.000 DM. Während unseres Beisammenseins an diesem Nachmittag konnten „Aktien" erworben werden mit einem Nennwert von 50, 100 und 250 DM. Mit ihrem Erwerb wollen die Geschwister ihre Bereitschaft anzeigen, etwas in den Baufonds einzubringen. Auch unsere Gäste beteiligten sich, so zum Beispiel Siegfried Wittwer mit 250 DM. Zum Abschluss unseres Beisammenseins an diesem Nachmittag verabschiedeten wir unsere Geschw. Binanzer, die nach zwölfjähriger Dienstzeit schweren Herzens von uns gingen.

Am 10.9. fand in Schwerin der erste Vereinigungsgottesdienst der neu gegründeten Hansa-Vereinigung statt. Gastprediger in der Kongresshalle war Brd. Vandemaker aus Holland. Wir Stralsunder waren mit einem 50-sitzigen Reisebus nach Schwerin gefahren. Mit 24 Stralsundern, den Gliedern aus Bergen und Barth sowie unseren Kindern und Jugendlichen wurde er voll. In Stralsund versammelte sich eine Restgemeinde (8 Glieder), der Jochen Allwardt mit dem Wort diente. Am 26.9. gab es schon wieder einen Höhepunkt, nämlich den Regional-Gottesdienst in Greifswald. Bis auf 14 Gemeindeglieder, die sich in Stralsund versammelten, waren alle nach Greifswald gefahren. Heinz Wietrichowski diente in Stralsund mit Bibelschule und Predigt. Den 3.10. möchte der Chronist ebenfalls erwähnen, auch wenn er nicht direkt etwas mit der Gemeinde Stralsund zu tun hat: An diesem Tag wurde Jörg Wietrichowski in Jena zum Prediger ordiniert. 1983 hatte ihn die Stralsunder Gemeinde nach Friedensau delegiert.

10.10.: Erntedankgottesdienst. Die Brüder J. Wendler und B. Warkenthin hatten den Raum sehr schön geschmückt. Mit dem Wort diente erstmals Joachim Lang, unser neuer Prediger. Leider hat er noch keine passende Wohnung in Stralsund gefunden. Er wird zunächst weiter in Rostock wohnen und sich von dort um die Stralsunder Gemeinde kümmern. Die Höhe der Erntedankgaben betrug 2.400 DM. Am 7.11. weilte das ukrainische Ehepaar Tkatschenko in unserem Gottesdienst. Tkatschenkos waren elf Tage meine persönlichen Gäste. Wir gaben ihnen ein Geldgeschenk in Höhe von 430 DM für die Gemeinde in Tscherkassy mit. Am 14.11. war Brd. Arno Patzke bei uns. Er machte uns mit der „Stimme der Hoffnung" bekannt und gestaltete zum Thema der Rundfunkarbeit einen Nachmittagsgottesdienst. Vom 20. - 22.11. war der größte Teil der Stralsunder Gemeinde in Zingst auf dem Zingsthof. Wir verbrachten dort gemeinsam ein schönes Wochenende. Wir begannen gemeinsam die diesjährige Gebetswoche und erlebten als besonderen Höhepunkt die Taufe von Lars Wendler in der 10° C kalten Ostsee mit. Der Tag war sehr stürmisch, und alle Beteiligten werden das Ereignis wohl in Erinnerung behalten. Am Sabbat waren wir 49 Gemeindeglieder, Freunde der Gemeinde, Jugendliche nebst Kindern. Dazu kamen noch einige Gäste, die nur die Taufe miterleben wollten.

Am 28.11. beendeten wir die Gebetswoche. Jeweils am Mittwoch und Freitag hatten sich Geschwister in verschiedenen Heimen versammelt. Die Summe der Gebetstagsgaben betrug 2.205 DM. In den letzten Wochen wird es immer gewisser, dass wir im Hause Frankenstraße 41 einen zusätzlichen Raum für die Kinderbetreuung gewinnen werden. Was das bedeutet, können wohl alle ermessen. An dieser Stelle möchte ich allen Geschwistern Dank und Anerkennung sagen für ihre Geduld mit unseren Kindern hinter dem Vorhang. Wir hoffen, dass das Provisorium der Kinderstunde auf dem Podium hinterm Vorhang bald zu Ende sein wird. Der 19.12. brachte mit dem Familiengottesdienst im Advent erneut einen von allen gern erlebten Höhepunkt des Jahres. Unsere Kinder rezitierten Gedichte und musizierten. Kathrin Küchler und Jo Lang sei Dank gesagt für die Vorbereitungen, die sie in sehr kurzer Zeit zu treffen hatten.

Damit sind wir am 31.12. angelangt. Wir schauen auf ein Jahr zurück, in dem die Gemeinde Stralsund wieder ein klein wenig gewachsen ist: 53 Glieder am Anfang des Jahres, minus zwei Todesfälle minus drei Geschw. Binanzer plus zwei Geschw. Lang plus 6 Taufen sind 56 Glieder am heutigen Tage. Möge das neue Jahr uns geistliches Wachstum bescheren. Künftiges Gemeindewachstum liegt in Hauskreisarbeit begründet. Auch die Teestube sollte nicht aufgegeben werden. Ich wünsche uns allen ein gesegnetes neues Jahr und Gottes Beistand an allen Tagen, die er schenken wird.

1993: Gebetskreisgründung - Kapellenbauvorbereitung

Zum Jahreswechsel möchte ich wieder versuchen, das vergangene Jahr vor unser geistiges Auge zu malen. Wie jedes Jahr erhofften die Politiker auch für das nun vergangene Jahr Beruhigung der Verhältnisse, Beendigung von Konflikten, Besserung der internationalen Beziehungen. Das Gegenteil geschah. Die politische Weltsituation war krisengeschüttelt. Ich erinnere an die Putschversuche gegen Jelzin in Russland, den immer noch andauernden Bürgerkrieg im ehemaligen Jugoslawien, die Kriegssituation in Somalia, die Bürgerkriege in Aserbaidschan, Georgien und Armenien, die nicht zur Ruhe kommende militärische Auseinandersetzung zwischen Palästinensern und Israelis. Da sind das Ende der Apartheid in Südafrika und der Vertragsabschluss zwischen Arafat und Rabin zu wenig, um entgegen all diesen schlimmen Dingen Optimismus zu verbreiten.

Auch in unserem Land herrscht alles andere als Zufriedenheit. Der Enthusiasmus der Wiedervereinigung ist verflogen. Die Konjunktur stagniert, die Preise steigen, die Arbeitslosigkeit nimmt besonders im Osten rasant zu. Die politischen Parteien versprechen im Vorwahljahr, dass sie in der Lage sind, alles zu verbessern, aber man braucht kein Prophet zu sein, um vorhersagen zu können, dass keine der großen Parteien in der Lage sein wird, Vollbeschäftigung und Lösung aller sozialen Konflikte zu bewirken. Dabei geht es uns in Deutschland immer noch am besten! Wir hatten auch in diesem Jahr satt zu essen. Wir wohnen in gut eingerichteten Wohnungen. In unserem Land herrschte kein Krieg. Naturkatastrophen und Unglücksfälle hielten sich in Grenzen. Wir hatten Glaubens- und Gewissensfreiheit. Unsere Gottesdienste konnten an jedem Sabbat stattfinden. Unser Raum in der Frankenstraße 41 hat noch einmal ein Jahr durchgehalten. Seit Anfang des Jahres konnten wir im Obergeschoss sogar zwei zusätzliche Räume beziehen, die wir für die Kinder- und Jugendarbeit sowie die Sabbatschulvorbereitung nutzen können. Damit ist das Provisorium der Vorbereitung hinter dem Vorhang endlich beseitigt. Das vergangene Jahr stand ganz im Zeichen intensiver Kapellenbauplanung. Dem Ziel des Kapellenbaus diente eine Anzahl von Zusammenkünften von Gemeindeausschuss und Bauausschuss. Beim Durchsehen des Kalenders 1993 staune ich darüber, wie oft wir zu diesem Thema getagt haben. Ich lasse euch im Rückblick noch einmal daran teilhaben:

13.1. Öffentliche Ausschusssitzung mit den Sachverständigen Müller und Salm von der Grundstücksverwaltung Hannover sowie Jan Hinrichs und Siegfried Witt von der Hansa-Vereinigung aus Hamburg. Wir werden informiert, dass der Finanzumfang der geplanten Kapelle Stralsund 1,3 Mio. DM betragen wird. Geplant ist auch eine Predigerwohnung. Eigenleistungen der Stralsunder Gemeindeglieder in einer Höhe von 6.000 Stunden werden erwartet. Brd. Salm legte uns eine Studie vor. Wir wurden informiert, dass die Unterhaltungskosten der künftigen Kapelle ca. 25 DM pro Glied im Monat betragen werden.

2.2. Gemeindestunde: Wir legen fest, dass ab jetzt alles Geld, das wir in Stralsund sammeln, auf einen besonderen Stralsunder Baufonds kommt. Auf diese Weise müssen wir versuchen, ca. 30.000 DM aufzubringen, um die fertiggestellte Kapelle mit Lampen, Instrument, Fußbodenbelag, Stühlen für die Nebenräume und ähnlichem zu versehen. Wir sind einverstanden damit, dass Jo Lang in die Wohnung zieht, die an die Kapelle angebaut wird und gleichzeitig die Hausmeistertätigkeit für die Kapelle übernimmt. Alle in der Gemeindestunde Anwesenden konstituieren sich zum Bauausschuss der Gemeinde Stralsund. Andreas Brooks verspricht, sich um die Brunnenabdeckung auf dem Baugrundstück zu kümmern, was dann auch erfolgt ist.

8.7. Sitzung des Bauausschusses: Gäste sind Reinhold Rupp und Walfried Eberhardt vom NDV, Jan Hinrichs aus Hamburg, Siegfried Witt aus Hamburg, Brd. Hinz aus Rostock. Uns wird mitgeteilt, dass keine Wohnung durch die Gemeinschaft finanziert werden kann. Es soll eine Kapelle mit zwei Nebenräumen in Fertigteilbauweise errichtet werden. Heinz Wietrichowski bietet an, die Hausmeisterwohnung privat zu errichten. Dieser Entschluss wird von den Brüdern von Verband und Vereinigung mit Erleichterung aufgenommen ...

18.8. Bauausschusssitzung: Gäste sind Brd. Salm, Brd. Müller aus Hannover, Siegfried Witt aus Hamburg. Wir bekommen eine Skizze des Kapellen- und Wohnungsbaus vorgelegt. Das Finanzvolumen Kapelle Stralsund plus Kapelle Greifswald plus Wohnung Stralsund wird 1,8 Mio. DM betragen. Der Bauausschuss überlegt, welche Eigenleistungen die Ortsgemeinde erbringen kann. Da Geschw. Buchhammer, die ursprünglich für die Hausmeisterwohnung vorgesehen waren, von Stralsund weggehen werden, wird die Wohnung und die Hausmeisterfunktion Geschw. Küchler angeboten. Diese nehmen an.

17.11. Zusammenkunft mit der Fa. Schwedenhausbau, die als mögliche Baufirma neben der ursprünglich ins Auge gefassten Firma OKAL in Frage kommt, wenn sie günstige Bedingungen bietet. Mit dem Stand von heute kann hierzu gesagt werden, dass wir sowohl Kapelle als auch Wohnung durch die Firma OKAL bauen lassen werden. Mit dem Vertragsabschluss ist im Januar zu rechnen, mit Baubeginn im Sommer, mit Fertigstellung im Herbst 94. Für den 10.1.94, 18:30 Uhr ist erneut eine Sitzung des Bauausschusses geplant. Die Brüder Salm und Müller von der Grundstücksverwaltung Hannover werden wieder da sein. Ich hoffe, dass wir an diesem Tag den genauen Ablaufplan des Baues kennen lernen werden.

Mit dem heutigen Tage sind zirka 26.000 DM an Mitteln durch die Stralsunder Gemeinde aufgebracht worden, mit denen die fertiggestellte Kapelle eingerichtet werden soll. Dieses Geld reicht aber noch nicht aus. Es soll dennoch an dieser Stelle einmal all denen ausdrücklich Dank gesagt werden, die sich für die Bauvorbereitung bisher verantwortlich gefühlt haben, auch finanziell.

Ein Höhepunkt des Gemeindelebens im vergangenen Jahr war die Feier des 90. Jubiläums am 6.11. Wir feierten in der schönen Kapelle der örtlichen Baptistengemeinde in der Fährstraße (siehe Foto auf der rechten Seite). Wir begannen mit einer Freitagabend-Andacht mit Brd. Saß. Der Gottesdienst am Sabbatvormittag verlief in gewohnter Weise. Das Bibelgespräch führten wir in Gesprächsgruppen durch. Die Predigt hielt B. Gauger. Ein gemeinsames Mittagessen in den schönen Nebenräumen der Kapelle erzeugte eine familiäre Atmosphäre. Geschwister aus Greifswald, Bergen und Barth waren gekommen und feierten mit uns. Am Nachmittag erfreuten wir uns an Musik und Gesang von Kindern, Jugendlichen und Gemeinde.

Die Chronik der Stralsunder Gemeinde führte uns bis in das Jahr 1903 zurück. Von den ehemaligen Predigern waren Ehepaar Gauger, Hanna Beier und Ehepaar Binanzer unter uns ... Zu den Gratulanten, die uns am Nachmittag ihre guten Worte sagten, gehörte auch der Kultursenator der Stadt. Erst am Spätnachmittag gingen

Feier zum 90-jährigen Jubiläum am 6.11.1993
erste Reihe v. l.: Jo Lang, Margarete Hermann; hinter ihnen: Edith und Paul Rettkowski, Lisbeth Timm; dahinter: ?, Gertrud Singer, Lottchen Straßburg, Berta Weber erste Reihe rechts: Kurt und Elfriede Warkenthin mit Enkeln Katharina und Claudia; hinter ihnen: Jörgen und Renate Wendler, Gertraude Otte; dahinter: Heinz Warkenthin, Michael und Kerstin Nerlich; dahinter: Heinz Wietrichowski, dahinter Anett Hornung, Brigitte Koblitz, Ute Binanzer

wir auseinander. Wir hoffen, dass wir in Zukunft ähnliche Veranstaltungen in unserer eigenen Kapelle haben können.

Der Ausschuss der Gemeinde Stralsund hat sich in mehreren Sitzungen Gedanken gemacht, wie das geistliche Leben und der geistliche Stand der Gemeinde gefördert werden können. Es kann eingeschätzt werden, dass sich ein Großteil der Glieder aktiv ins Gemeindeleben einbringt. Die Schwerpunkte unserer Arbeit haben sich verlagert. War es über zehn Jahre die Teestube, die ein Mittelpunkt missionarische Arbeit gewesen ist, so sind ab diesem Jahr einige neue Dinge zu nennen, die in unserer Gemeinde in Angriff genommen worden sind. Brd. Lang bemüht sich mit einigen Jugendlichen um den Aufbau einer Pfadfindergruppe. Pfadfinderarbeit kann nicht hoch genug eingeschätzt werden. Sie ist Basisarbeit, da sie Fundamente schafft für Jugendarbeit und Gemeindewachstum.

Gebetskreis 2009
von links: Anett Hornung, Hugo Tornow, Susanne Hornung, Kathrin Küchler, Heinz u. Renate Wietrichowski

Seit April existiert - seit Jahren endlich wieder! - ein Gebetskreis. Er besteht im Wesentlichen aus jüngeren Geschwistern. Schön ist, dass sich ein zweiter Gebetskreis gebildet hat, der besonders von älteren Geschwistern besucht wird. Beide Kreise tragen Woche für Woche die Probleme der Gemeinde vor Gottes Thron. An fast jedem Montag sind beide Kreise beisammen. Hier wird in weichen Sesseln harte Arbeit verrichtet. Es wäre schön, wenn noch weitere Geschwister sich zu diesen Kreisen sammeln würden oder noch besser einen dritten Gebetskreis aufbauen würden.

Seit Ende Oktober haben Frank Seiffert und Jörn Kindler ein „Start-ins-Leben"-Seminar gegründet. Was ist das? Das ist nichts weiter als ein Hauskreis. Was ist ein Hauskreis? Ein Hauskreis ist ein Diskussionskreis, in dem Evangelium verkündet wird. Das Seminar findet in der Wohnung von Jörn und Anett Kindler statt. Es handelt sich um einen geschlossenen Kreis, in dem zwei Ehepaare und zwei Singles Montag für Montag zusammenkommen. Die Gebetskreise unterstützen unter anderem gerade diese Arbeit von Frank und Jörn durch ernstliches Gebet. Ohne Gebet ist eine solche Arbeit nicht zu machen. Im Moment laufen Vorverhandlungen, ob ein zweites „Start-ins-Leben" Seminar unter trockenen Alkoholikern im Samaritas-Heim in der Prohner Straße begonnen werden kann. Wir vertrauen darauf, dass Gott diese Arbeit weiter segnen wird.

Berichtet werden sollen auch einige Äußerlichkeiten des Gemeindelebens. Am 11.12. hatten wir unsere Gemeindewahl. Sie war nach zwei Jahren Amtsperiode der bisherigen Verantwortungsträger notwendig geworden. Ältester blieb Heinz Wietrichowski, Erster Diakon wurde Siegfried Rosner, der dieses Amt früher schon innegehabt hat, Bibelschulleiter blieb Bernd Warkenthin. Die Verantwortung für die Kinder-Arbeit liegt in den Händen von Kathrin Küchler. Eine zu geringe Anzahl von Kindertanten steht ihr zum Einteilen zur Verfügung. Erfreulicherweise hat sich Brd. Peter Küchler als Kinderonkel zur Verfügung gestellt. Die Kindergruppe unserer Gemeinde wurde uns beim Familiengottesdienst im Advent wieder einmal vor Augen gestellt. Wir haben im gesamten Bezirk fast 30 Kinder. Das ist ein Pfund, mit dem wir wuchern sollten. Kinderarbeit ist missionarischer Dienst. Wir sollten sie durch Mittel und unsere Gebete unterstützen. Von den neuen Verantwortungsträgern der Gemeinde sollen noch Bernhard Strunk als Jugendleiter und Anett Kindler als Schatzmeister genannt werden. Nach meiner persönlichen Einschätzung brennt die Jugendarbeit zurzeit ein wenig auf Sparflamme. Möge es auch hier bald wieder einen Aufschwung geben. Wir freuen uns, dass Jo Lang in diesem Sommer in seine neue Wohnung im Carl-Heydemann-Ring einziehen konnte. Leider hat er noch kein Telefon. Wir hoffen, dass er nach Beendigung der umfangreichen Bau- und Renovierungsarbeiten an dieser Wohnung in Zukunft das Leben der Gemeinde sowie ihre Ausstrahlung nach außen wesentlich bestimmen wird.

Erwähnt werden soll auch, dass uns nach wie vor geschwisterliche Bande besonders mit unserer Nachbargemeinde Greifswald verbinden. Unseren diesjährigen Bezirksgottesdienst feierten wir mit Greifswald zusammen in der dortigen Christuskirche. Stralsunder Brüder bedienen in Greifswald, Heringsdorf und Murchin, und umgekehrt kommen Greifswalder Diener am Wort nach Stralsund, Bergen und Barth. Leider sind die Gemeinden Barth und Bergen mittlerweile so klein an Zahl geworden, dass wir am Überlegen sind, wie ihre Zukunft aussehen wird. Der Barther Saal steht uns nur noch für einige Monate zur Verfügung. Dann beginnen in dem Haus, wo er sich befindet, Baumaßnahmen. Was wird dann aus der Gemeinde Barth? Die Rügener Geschwister wollen unter allen Umständen versuchen, unser eigenes Haus in der Calandstraße zu erhalten, auszubauen und zu verschönern. Bergen war in den vergangenen Jahren an jedem Sabbat ein Anlaufpunkt für die zahlreichen adventistischen Urlauber auf der Insel. Es wäre schade, wenn es auf Rügen keinen Gottesdienstort mehr gäbe! Wenn es nach dem Willen der Rügener geht, und wenn Gott diese Pläne segnet, dann wird in Bergen weiterhin Gottes Wort verkündet werden.

Wir freuen uns, dass wir seit Januar deutsch-russische Geschwister unter uns haben. Zuerst war es die Familie Buchhammer, und jetzt haben wir nach dem Weggang von Buchhammers nach Westdeutschland die Familie des leiblichen Bruders von Brd. Buchhammer unter uns. Der Familienname stirbt also nicht aus in unserer Gemeinde. Wir hoffen, dass Geschw. Buchhammer sich immer besser bei uns einleben, und dass sie schließlich auch Arbeit und Wohnung finden. Zurzeit wohnen sie in Obermützkow. Sie kommen Sabbat für Sabbat zum Gottesdienst, und ihre Kinder verstärken die Kindergruppe unserer Gemeinde.

Zwei Kinder wurden uns geboren: am 22.7. kam Markus Hornung zur Welt und am 8.9. Than B.

Unser Sabbatgottesdienst wurde in der ersten Stunde von durchschnittlich 32,4 getauften Gliedern besucht. Dazu kommen dann unsere ungetauften Jugendlichen, unsere Gäste, Glaubensfreunde und einige Geschwister, die grundsätzlich nur zur Predigt kommen. Wenn wir zu besonderen Anlässen, wie zum Beispiel beim Abendmahl 44 getaufte Glieder sind, dann ist unser Raum einfach zu klein. Bei „normalen" Gottesdiensten fällt das nicht so auf. Besonders weh tut es uns, wenn Geschwister seit vielen Monaten gar nicht im Gottesdienst erscheinen. Wir wollen das geistliche Leben eines Gliedes nicht an der Häufigkeit seines Gottesdienstbesuches messen, dennoch ist es schwer vorstellbar, wie geistliches Leben fern von der Gemeinde nur in den eigenen vier Wänden gedeihen sollte.

Wir haben auch eine Reihe alter und kranker Geschwister unter uns. Bei den meisten von ihnen weiß ich genau, dass sie gerne unter uns weilen würden, wenn sie es nur könnten. Allen voran unsere 99-jährige Schw. Hermann. Sie wird am Sabbat und am Sonntag von Gemeindegliedern mit Essen versorgt und freut sich, dass sie über diese Geschwister den Kontakt zur Gemeinde halten kann. Dank sei auch ganz besonders Jörn Kindler gesagt, der sie zu besonderen Anlässen in die Kapelle bringt. Wir denken an dieser Stelle auch an unsere Schw. Krüger aus Franzburg. Ihr Kontakt zur Gemeinde wird gehalten durch Margarete Möller aus Franzburg, der wir dafür an dieser Stelle ausdrücklich danken möchten. Aus gesundheitlichen Gründen schon sehr lange nicht mehr unter uns war auch unsere Schw. Elidia Rettkowski aus Kummerow-Heide. Sie ist ein treues Gemeindeglied, das mit uns fühlt, mit uns betet und an uns denkt. Bisher ständig unter uns war unsere Schw. Berta Weber, die zurzeit im Krankenhaus ist. Jörn Kindler hält die Verbindung zu ihr, und wir hoffen, dass sie das Krankenhaus bald wieder verlassen kann. Auch unsere Geschw. Allwardt haben gesundheitliche Probleme und bedürfen unserer Fürbitte. Häufig krank ist auch unsere Schw. Elfriede Warkenthin. Wir freuen uns aber, dass sie immer wieder auf die Beine kommt, und dass sie ihren Lieben alle Zeit ein Beispiel an Treue zur Gemeinde und Einsatzbereitschaft für andere gegeben hat. Gesundheitliche Sorgen hat auch unsere Brigitte Koblitz. Umso mehr freuen wir uns, wenn sie sich immer wieder aufrafft und dann und wann doch in den Gottesdienst kommen kann. Ich weiß, wieviel Mühe ihr das macht. Ich weiß aber auch, dass sie gerne zu uns kommt und unsere Fürbitte braucht. Auch für Geschw. Wietrichowski-Eltern war es an so manchem Sabbat nicht ganz einfach, den Weg in den Gottesdienst zu schaffen. Das Alter und verschiedene Krankheiten fordern auch bei ihnen ihren Tribut. Wir freuen uns, dass sie dennoch immer wieder unter uns sind. Am vergangenen Dienstag habe ich Christel Mommertz besucht, die mit einem kranken Bein zu Hause liegt und die Gemeinde herzlich grüßen lässt. Sie hat einen Unfall erlitten und wäre gerne unter uns, wenn es der Arzt nicht verboten hätte.

An dieser Stelle wollen wir auch einmal unserer langjährigen Freunde der Gemeinde gedenken, die seit Jahr und Tag das Bild in den Gottesdiensten mitprägen. Ich nenne hier zuallererst Schw. Hübners Ehemann Helmut Hübner, sodann Herrn Th. und das Ehepaar Beyer mit ihren Kindern. Wir wünschen nichts sehnlicher, als wenn unsere Freunde bald einmal unsere lieben Glaubensgeschwister werden würden. Die Gemeinde blieb auch nicht von Leid verschont. Am 8.6. verstarb Paul Hermann nach über 70jähriger Gemeindezugehörigkeit. Zu seinem Gedenken wollen wir uns von unseren Plätzen erheben. Am 23.1. erklärte Brd. Frank Frieberg seinen Austritt aus der Gemeinde. Er hat sich der Elim-Gemeinde angeschlossen, die seit dem 28.4. in unseren Räumen zu Gast ist. Wenn man Geschw. Buchhammer, deren Gemeindebriefe allerdings noch nicht eingetroffen sind, zur Zahl der Glieder dazuzählt, dann sind wir zurzeit 56 Glieder. Ich möchte wünschen, dass wir im neuen Jahr Wachstum in unserer Gemeinde erleben, äußerliches und geistliches.

Zum Schluss sei allen Dank gesagt, die sich für diese Gemeinde eingesetzt haben. Danke für Saalreinigung und Blumenschmuck, für das Heizen des oberen Raumes, für die Veranlassung der Reparatur der Elektroheizung, für die Kinderbetreuung, für das Anstecken der Lieder, für das Geraderücken der Stühle, für das Beherbergen von Gästen, für das Harmonium-Spiel, für das Mitnehmen von Geschwistern im Auto zum Bezirksgottesdienst nach Greifswald, für Arbeiten auf dem Grundstück in der Alten Richtenberger Straße, für das Versorgen von Margarete Hermann mit Mittagessen, für schriftliche Arbeit und Schatzmeisterei, für das Abholen und Fahren älterer Geschwister, für das Besuchen kranker Geschwister, für alle Fürbitte, die geschehen ist und für alle anderen Dienste, die ich nicht nennen kann, weil sie mir nicht gegenwärtig sind. Dank auch allen Brüdern des Bezirks und aus Greifswald, die uns mit dem Wort dienten. Lasst uns das abgelaufene Jahr in die Hände unseres Gottes zurückgeben. Er möge vollkommen machen, was uns nicht gelungen ist! Er möge vergeben, was nicht aus dem Geist Christi geschehen ist, und Er möge uns in ein gutes und gesegnetes neues Jahr führen! Wenn Jesus im nächsten Jahr wiederkommt, so möge Er uns wachend finden; wenn Er uns in diesem Jahr zur Ruhe legt, so mögen wir bereit sein; und wenn Er möchte, dass wir ein weiteres Jahr in seinem Weinberg arbeiten sollen, so wolle Er uns die Kraft dazu geben! Amen.

1994: Einweihung Hausmeisterwohnung - Einweihung Kapelle

Eine Jahreschronik soll erfreuen und erbauen, soll Dankbarkeit gegenüber Gott wecken, soll erinnern und anspornen. Einer Jahreschronik kann es passieren, dass sie nur von wenigen gehört wird. Sie kann nicht alles nennen, was in einem Jahr geschehen ist, und so wird der eine oder andere einiges vermissen. Dafür wird er entschädigt, wenn er auf etwas aufmerksam gemacht wird, wessen er sich vielleicht gar nicht mehr erinnert. Eine Jahreschronik leidet unter der Subjektivität des Chronisten, sie ist nicht unbedingt die Aussage der gesamten Gemeinde, ihr Inhalt ist nicht abgesprochen. Was ich im Laufe eines Jahres gesehen und gehört habe, das berichte ich euch.

Mir ist aufgefallen, dass in jeder Jahreschronik ein ganz bestimmtes Ereignis des Gemeindelebens fehlt; es ist die Jahresschlussandacht. Sie fand beim vergangenen Jahreswechsel am 31.12. um 15.00 Uhr statt - es müsste ein Freitag gewesen sein. Sie war im Gegensatz zu früher recht gut besucht, ca. 35 Glieder, Gäste und Jugendliche versammelten sich in unserem Raum. Nach Ende fuhren unsere Jugendlichen nach Barth in das Heim von Inge und Otto Petrischkeit, um dort im geselligen Kreis das alte Jahr zu verabschieden.

Am Jahresanfang waren Siegfried Rosner und Berta Weber im Krankenhaus. Gott schenkte ihnen Genesung, sodass sie schon bald wieder unter uns sein konnten. Am 10.1. tagte ein wichtiger Bauausschuss. Die Brüder Salm und Müller aus Hannover waren gekommen. Sie teilten uns mit, dass in diesem Jahr In Stralsund und Greifswald durch eine Fertigteil-Firma zwei gleiche Kapellen entstehen würden. Es wurde zu Eigenleistungen durch die Geschwister aufgefordert. Der zeitliche Rahmen des Bauablaufes sieht aus der Sicht dieses 10. Januar so aus: Stellung des Bauantrages im Februar, Genehmigung im Mai, Montage der Bodenplatte im Juni, Bau des Gebäudekörpers im Juli bis September, Rest- und Außenarbeiten im Herbst, Einzug im November oder Dezember. Ihr seht, dass die Realität nicht so ganz entfernt von dieser Planung gewesen ist.

Am 22.1. hatten wir einen besonderen Gast. Es war Reinhard Rupp aus Hannover vom NDV. Es tat uns gut, als er am Nachmittag unter anderem sagte: *„Ich habe diesen Raum zuvor zweimal in leerem Zustand gesehen und heute erstmals im gefüllten. Ich spreche euch meine Hochachtung aus, dass ihr unter diesen schlechten räumlichen Bedingungen bisher in Stralsund Gemeindeleben aufrechterhalten habt. Es ist mir heute einmal mehr klargeworden, dass in Stralsund unbedingt etwas Neues entstehen muss. Ich hoffe, dass ich spätestens zu eurer Einweihungsfeier wieder hier sein werde."* An diesem Sabbat-Nachmittag erzählte uns der NDV-Präsident etwas über die missionarischen Aktivitäten der Brüder Beier, Hinrichs und Uhlmann in Rumänien, der Ukraine und Kasachstan. Danach begründete er den Standpunkt des NDV bezüglich der Gastmitgliedschaft der Gemeinschaft in der ACK. Es ist so, dass der ehemalige ODV den Status der Gastmitgliedschaft in der ACK bereits seit 20 Jahren besaß. Als jetzt auch der SDV und der neu gegründete NDV die Gastmitgliedschaft erhielten, rief das kritische Stimmen in manchen dortigen Gemeinden hervor. Das Hauptgegenargument ist, dass die Gemeinschaft hier ein Bündnis mit einer proökumenischen Bewegung eingehe, welche die Vereinigung aller Kirchen zum Ziel habe. Das aber würde die Gefahr der Notwendigkeit des Aufgebens biblischer Wahrheiten heraufbeschwören. Brd. Rupp betonte, dass die Gastmitgliedschaft keine Vollmitgliedschaft und kein Mitmachen in der Ökumenischen Bewegung ist, sondern eine Möglichkeit darstellt, bei anderen Kirchenleitungen Information und Verständnis für die Adventbotschaft zu verbreiten. Am 30.1. verabschiedeten wir im Gottesdienst unsere Geschw. Buchhammer, die vor einem Jahr aus Kasachstan zu uns kamen und jetzt in Richtung

Westdeutschland weiterziehen. Am 5.2. feierten wir Abendmahl. Anett Kindler war nach einer längeren Mutter-Kind-Kur in Cuxhaven wieder unter uns. Am 19.2. gedachten wir im Gottesdienst im Gebet unseres Vaters Hübner, der zu einer Operation im Krankenhaus war. Nach einer Gallenoperation wieder genesen, war Petra Saupe an diesem Sabbat unter uns. In der Bibelschule dieses Tages ging es um das Thema „Nach Gottes Willen leben". In unserem Lehrhaft standen folgende Sätze, die mich sehr beeindruckten: „Wenn es auch in der Gemeinde Böses gibt und bis zum Ende der Welt geben wird, ist die Gemeinde doch in diesen letzten Tagen dazu bestimmt, das Licht der Welt zu sein, die durch die Sünde befleckt und verdorben ist. Obschon die Gemeinde schwach und unvollkommen ist, obwohl sie der Rüge, der Warnung und der Beratung bedarf, ist sie das Einzige auf Erden, auf das Jesus mit größter Hochachtung schaut."

Am 26.2. wurden in einem besonderen Gottesdienst sieben Pfadfinder von Joachim Lang in die Pfadfindergruppe der Gemeinde Stralsund aufgenommen. Pfadfinder sind Kinder von 8 - 15 Jahren, die sich in einer besonders organisierten Gruppe mit Natur, Sport, Spiel sowie christlichen Normen des Zusammenlebens befassen. Sie wandern, spielen und haben gemeinsame Gruppenstunden. Pfadfinderarbeit war in der DDR verboten. Im Westen gab es sie schon lange. Die Pfadfinder tragen ein besonderes einheitliches Hemd und ein gelbes Halstuch. Sie sind oftmals später an einem Eintritt in die Jugendgruppe der Gemeinde interessiert, und schon manch deutsches Gemeindeglied hat als Pfadfinder die erste Begegnung mit Gott gehabt. Deshalb wollen wir diese Arbeit ebenfalls unterstützen. Jo Lang betreut eine große Gruppe bei uns in Stralsund.

Helmut Hübner und Christel Mommertz waren am 26.2. nach längerer Krankheitspause wieder unter uns. Der 12.3. war ebenfalls ein besonderer Sabbat. Jörn Kindler hielt uns seine erste Predigt, wenn man von einigen Bedienungen vor der Stralsunder Restgemeinde absieht, die er an solchen Sabbaten hielt, an denen das Gros der Gemeinde in Greifswald zu einem Festsabbat weilte. Jörn predigte über das Gleichnis vom Weinstock und den Reben. Es gibt Reben, die sind am Weinstock und bringen Frucht. Es gibt Reben, die sind scheinbar am Weinstock und bringen keine Frucht, und es gibt Reben, die sind fern vom Weinstock und bringen auch keine Frucht! Im Gottesdienst wurde bekanntgegeben, dass bei Langs am 11.3. ein kleiner Martin angekommen ist.

Die Höhe der Gaben für den Stralsunder Kapellenbau am vorigen Sabbat betrug 2.500 DM. Damit waren zu diesem Zeitpunkt auf unserem Baukonto 33.000 DM. Am 31.3. heirateten in unserem Gemeindesaal Annett Kästner und Gunter Petrischkeit, am 2.4. war die Jugendaufnahme von Henrik Lang und Jan Petrischkeit. Der Chronist hofft, dass beide helfen werden, der Jugendgruppe Stralsund etwas mehr Schwung zu geben. Die Gottesdienstversammlung bestand an diesem Sabbat fast überwiegend aus Gästen und Kindern. Kathrin Küchler und Ulrike Warkenthin hatten 23 Kinder zu betreuen! Im April lag Paul Rettkowski mit einem kranken Knie im Krankenhaus. Am 17.4. beging unsere Margarete Hermann ihren 100. Geburtstag. Vormittags war Senator Pagels als Vertreter der Stralsunder Bürgerschaft und des Oberbürgermeisters zu Besuch. Wir hatten ein interessantes Gespräch mit dem Senator, bei dem mir die Rolle des „Übersetzers" zufiel. Margarete Hermann bat

Herrn Pagels um Fürsprache bei den zuständigen Stellen für unseren Bauantrag. Wie wir wissen, hat das der Senator auch getan. Am Nachmittag hielt Jo Lang unserer Schwester eine Andacht, wir sangen ihr zwei Lieder und bekamen Kaffee und Kuchen vorgesetzt. Insgesamt zählte ich 21 Gratulanten. Die Jubilarin spendete alles Geld, das sie an diesem Tag von staatlichen Stellen und sonstigen Gratulanten bekommen hatte, für den Baufonds.

Am 23.4. war die Gemeinde am Vormittag und am Nachmittag beisammen. Das gesellige Beisammensein bei Kaffee und Kuchen tat uns gut. Jo Lang informierte uns in einer kleinen Andacht über die Glieder-Entwicklung in Deutschland und anderen Teilen der Welt. Im Weltmaßstab gehören die Adventisten zu den sehr schnell wachsenden Kirchen. Die Gesamtgliederzahl liegt zurzeit bei über 7 Millionen. In Sao Paulo, einer brasilianischen Großstadt, stieg die Anzahl der Gemeinden im Verlauf von 25 Jahren von 30 auf 400! In Deutschland gab es um 1900 ca. 3.000 Adventisten, im Jahre 1939 ca. 34.000, und heute sind es 32.000. Am 30.4. platzte der Gottesdienstraum fast aus den Nähten. 70 Gemeindeglieder und Gäste konnten erneut eine Pfadfinderaufnahme miterleben. Es wurde uns einmal mehr klar, dass unser Raum zu klein ist und wir etwas Neues brauchen.

Am 14.5. erfuhr die Gemeinde in den Bekanntmachungen, dass die Baugenehmigung erteilt worden ist! Am 4. 6. feierten wir unseren diesjährigen Bezirksgottesdienst, und zwar zusammen mit der Gemeinde Greifswald. Weil wir schon beim 90. Jubiläum die schöne Kapelle der Baptisten hatten nutzen können, hatten wir auch diese Mal um die Räume gebeten, und sie auch erhalten. Am Freitagabend allerdings versammelten wir uns in der Frankenstraße 41 und erlebten eine sehr lebendige Verkündigung von Harald Weigt mit dem Thema: „Dein Wort ist meines Fußes Leuchte“. Auch am Sabbat diente uns Brd. Weigt von der Predigtamtsabteilung des NDV mit dem Wort. Das Thema seiner Predigt lautete „Die Wiederkunft Jesu - das schönste Ereignis deines Lebens“. In der Nachmittagsveranstaltung führten die Kinder unter Leitung von Kathrin Küchler die Passionsgeschichte in Form eines Oratoriums auf. Die Jugendlichen brachten die Gemeinde mit einem Anspiel über die zehn Jungfrauen zum Nachdenken. In den vergangenen Wochen fleißig geübt hatte der Greifswald-Stralsunder Chor, der unter der Leitung von Anja Kaufmann/Greifswald ein kurzes, aber qualitativ hochwertiges Programm darbot. Inhalt des Nachmittags war eine Kindersegnung, die Brd. Weigt durchführte und eine Wortverkündigung von Vorsteher Jan Hinrichs über das Thema „Das neue Haus“. Am 11.6. feierten wir Abendmahl. Am 18.6. hatten wir einen besonderen Gast unter uns. Es war Friedhelm Klingeberg vom Saatkorn-Verlag. Er warb für den Bezug unserer beiden Gemeindezeitschriften. Eigentlich sollte sie jeder Adventist beziehen. Viele Jahre haben wir die Möglichkeit vermisst, eine eigene beziehungsweise gesamtdeutsche Gemeindezeitung lesen zu können. Jetzt haben wir sie und nutzen sie vielleicht nicht.

Am 24.6. erreichte eine mehrwöchige Leidenszeit unserer Glaubensschwester Birgit S. ihren Höhepunkt. Ihr habt im „Küstenfeuer“ ihren bewegenden Bericht gelesen. Auf Bitten unserer Schwester wurden durch Jo Lang und Heinz Wietrichowski im Beisein des Ehemannes Krankensalbung und Fürbitte-Gebet nach Jakobus 5 am Bett der Patientin im Krankenhaus vorgenommen. Vorgeschichte: Nachdem die kleine Laura am 13.6. per Kaiserschnitt zur Welt gebracht worden war und Birgit wenige Tage danach nachoperiert werden musste, stand jetzt eine dritte Operation zur Debatte, um den bedenklichen Zustand unserer Schwester zu verbessern. Gott erhörte unser Gebet. Die Operation wurde nicht notwendig, und Schw. S. wurde eine Woche später entlassen.

Am 2.7. veranstalteten die „mittleren" Ehepaare eine „Fete" (wie man heute sagt) auf der Datsche von Siegfried und Maritta Rosner in Preetz. Alle hatten sich mehr oder weniger kostümiert, und der originellste Einfall wurde prämiiert. Ihn hatte Felix Beyer, der als Berliner Original auftrat und den ersten Preis, ein lebendes Huhn, in Empfang nahm. Das Huhn hatten Gunthardt und Petra Saupe aus Trent in einem Korb mitgebracht und nahmen es abends zur weiteren Spezialbehandlung wieder mit zurück. Inwieweit das Huhn einverstanden war, ist nicht bekannt geworden. Am 26.7. bekam Margarete Hermann im Schwesterheimat-Haus der Evangelischen Kirche in der Großen Parower Straße einen Heimplatz. Viel Kraft kostete das Ausräumen der Wohnung (von Umzug kann man eigentlich nicht sprechen). Allen, die am Sonntag, dem 28.9. dabei mithalfen, sei Dank gesagt. Ende Juli konnte berichtet werden, dass der Kapellenbaufonds für die Inneneinrichtung die Höhe von 40.460 DM hat. Damit ist das Ziel erreicht worden, das ich zu vielen Malen immer wieder genannt habe: Die Gemeinde bringt insgesamt 100.000 DM auf - das ist uns gelungen. Dem Herrn sei Dank! Von den 40.000 DM sollen Orgel, Mikrofon, Kücheneinrichtung, Stühle in den Nebenräumen, Leinwand, Verdunklungsvorrichtung und ähnliches angeschafft werden. In der letzten Juliwoche begannen tatsächlich die Erdarbeiten auf dem Grundstück. Da, wo jetzt eure Füße auf den Fliesen ruhen, fuhr die Planierraupe hin und her und wurde bis zum 23.8. die Bodenplatte betoniert.

Zu einer spontanen Gabensammlung kam es am Sabbat, den 30.7.: die Gemeinde spendete 1.187,50 DM und die Kinder 200 DM für die Gemeinde in Tscherkassy/ Ukraine. Vor zwei Jahren hatten wir den Glaubensgeschwistern schon einmal 430 DM zukommen lassen. Das diesmal gesammelte Geld wurde Geschw. Wietrichowski mitgegeben. Sie waren vom 11. - 18.8. gemeinsam mit ihrem Sohn Jörg Wietrichowski in Tscherkassy und konnten das Geld dort komplikationslos übergeben. Über die Erlebnisse in der Ukraine berichtete Heinz Wietrichowski im Gottesdienst am 27.8.

Voller Bestürzung vernahmen wir, dass Helmut Saß aus dem Predigtamt ausgeschieden ist. Das bedeutete, dass ein neuer Sekretär für die Hansa-Vereinigung benötigt wurde. Wie ihr wisst, ist inzwischen das gesamte Leitungsteam der Vereinigung ausgewechselt worden. Der Kapellenbau, der über Monate sehr zögerlich wirkte, verlief in den letzten Augusttagen rasant. Am 23.8. begann die Firma OKAL mit der Montage der beiden Häuser. Am 30.8. war schon Richtfest! Gott schenkte unserem Glauben jetzt auch das Schauen. Am 6.9. brachte die Ostsee-Zeitung einen Bericht mit dem Titel „Gemeindezentrum wird Wirklichkeit" und zwei Fotos. Zur außerordentlichen Delegiertenversammlung der Hansa-Vereinigung, die sich wegen der genannten Personalveränderungen nötig machte, fuhr als unser Delegierter Brd.

Gemeindebaustelle Sommer 1994

Siegfried Rosner. Auf dieser Versammlung ging es turbulent zu. Jan Hinrichs trat von seinem Amt als Vorsteher zurück, Brd. Kilian aus Rostock bekam ein massives Misstrauensvotum der Delegierten zu spüren. Die Beglaubigung wurde ihm zwar nicht entzogen, aber er verbleibt Prediger unter Vorbehalt. Damit ist er nicht mehr Bezirksältester. Neuer Vereinigungsvorsteher ist H.-E. Gattmann, Abteilungsleiter für Jugend und Kinder M. Knoll. S. Witt bleibt Schatzmeister. Hintergrund für die angedeuteten Turbulenzen sind charismatische Einflüsse, für die sich besonders die Brüder Hinrichs, Kilian und Saß offen gezeigt haben. Das hat besonders in der Gemeinde Rostock zu einer Polarisierung, um nicht zu sagen zu einer Spaltung der Gemeinde geführt. Es ist ein Bruder-Rat gegründet worden, der die Rostocker Situation und speziell die berufliche Zukunft des Ehepaars Kilians aufarbeiten wird. Jo Lang ist bis auf weiteres zum Leiter der Gemeinde Rostock ernannt worden, wodurch die etwas kuriose Situation eingetreten ist, dass Rostock zurzeit zum Seelsorgebezirk Stralsund gehört.

Arbeitseinsatz mit H. Wietrichowski, K. Kücher, B. Warkenthin

Ab Sonntag, dem 25.9., begann die Stralsunder Gemeinde mit allwöchentlichen Arbeitseinsätzen auf dem Baugelände. Wir konzentrierten uns auf die Außenanlagen, hatten wir doch versprochen, diese in Eigenleistung zu erstellen. Dazu mussten zuerst der Urwald auf dem späteren Hof gerodet, eine große Kastanie gefällt, ein Zaun gesetzt, viel Gerümpel entsorgt und diverse Erdbewegungen geleistet werden. Als Einweihungstermin war zunächst der 26.11. festgelegt worden. Im Laufe des Oktobers wurde uns klar, dass dieser Termin nicht zu halten sein würde, wenn wir auch in den Gebetskreisen und in so manchem persönlichen Gebet den lieben Gott gebettelt hatten, es doch möglich zu machen. Der Gesamteindruck, den ich von den 15 ganztägigen Arbeitseinsätzen hatte, ist sehr gut. Es wurde zum größten Teil mit allergrößtem Einsatz bis zum Dunkelwerden gearbeitet. Besonders nennen möchte ich unseren Vater Hübner, der fast an jedem Tag (nicht nur zu den Arbeitseinsätzen) auf dem Bau war und den verschiedenen Firmen auf die Finger sah. Wenn er auftauchte, brach den Arbeitern meistens sofort der Angstschweiß aus, und sie legten im Tempo ein wenig zu. Dank sei auch Otto und Inge Petrischkeit, den Geschwistern von Rügen sowie unserer Jugendgruppe Stralsund gesagt, die sich voll eingesetzt haben. Nach meinen Schätzungen sind ca. 2.500 Arbeitsstunden geleistet worden. Getrübt wurde das Arbeitsklima zu Anfang durch einige Reibereien zwischen den Helfern, weil von manchen geargwöhnt wurde, dass einige sich nicht so einsetzten wie nötig und möglich. Obwohl die Zwistigkeiten einige Tage sehr lebhaft waren, wurden sie doch in brüderlichem Geist völlig ausgeräumt. Das war ein bewegendes Erlebnis, das ich während der Arbeitswochen hatte (siehe S. 30). Interessant war auch, wie die Nachbarn Anteil an unserem Wirken nahmen, die meisten wohlwollend und interessiert, manche auch kritisch. Sogar die Polizei kam und mahnte uns wegen des lauten Mörtelmischers. Das wiederum war uns Anlass und Möglichkeit, alle Nachbarn in ca. 25 Haushalten mit einem Rundbrief über unsere Arbeit zu informieren und sie zur Einweihung einzuladen. Ein Herr S. aus dem Haus gegenüber hat davon Gebrauch gemacht, desgleichen eine weitere Nachbarin. Am 1.10. feierten wir Erntedank. Der Gottesdienstraum war von den Ehepaaren Wendler und Kindler sehr schön ausgestaltet worden. Die Kindergruppe, die am vergangenen Sonntag in Barth ein schönes Kinderfest gefeiert hatte, sang uns Lieder. Gebetstagsgaben in Höhe von 2.140 DM wurden dargebracht.

Am 26.11. hatten wir statt einer Einweihung eine Gemeindestunde. In ihr besprachen wir Fragen des Umgangs mit dem neuen Haus. Wichtigstes Ergebnis: Im Gottesdienstraum herrscht bis zum Gottesdienstbeginn Ruhe, damit jeder sich auf den Gottesdienst vorbereiten kann. Wer sich unterhalten will, kann das draußen im Vorraum tun. Die Gemeinde will gern auch weiterhin Geräuschbelästigung durch unsere Kinder während der Predigt ertragen. Wir wissen, dass unsere Kinder die Gemeinde von Morgen sind, und wir wissen auch, dass die Eltern sich bemühen, ihre Kinder stillzuhalten. Dass das nicht immer völlig gelingt, dafür hat die Gemeinde Verständnis. Am 13.11. hat der Chor schon einmal probehalber in der noch unfertigen Kapelle geprobt. Am 20.11. kam die Orgel, am 7.12. wurden Kapelle und Wohnhaus übergeben, am 10.12. zog Fam. Küchler in die Hausmeisterwohnung ein. In den Tagen danach bis zur Einweihung am 17.12. erlebten wir noch einen schweißtreibenden Krimi bezüglich des Kanalisationsanschlusses. Er wurde erst am 17.12. vormittags fertig. Am 21.12. brachte die OZ wiederum einen Beitrag, diesmal

Das neue Haus ist nur der Anfang

Gemeindezentrum der Siebenten-Tags-Adventisten an Alter Richtenberger Straße 41 eingeweiht

Stralsund. Kaum zu glauben, aber es ist wahr! Nach einer Bauzeit von kaum vier Monaten konnte die Adventgemeide in Stralsund ihr Gemeindezentrum am 17. Dezember einweihen. Die Bemühungen um einen Neubau reichen 24 Jahre zurück. Nach vielen Gesprächen und Verhandlungen konnte 1984 das Grundstück an der Alten Richtenberger Straße 41 erworben werden.

In seinem Grußwort an die Festversammlung beschrieb Wolfgang Fröhling, 2. Stellvertreter des Oberbürgermeisters, die damalige Situation folgendermaßen: „Schon vor der Wende konnte die Gemeinde der Adventisten das Grundstück erwerben – zu damaligen Zeiten eher ungewöhnlich, daß eine christliche Gruppe etwas erreichte. Vielleicht war es ja auch die Ruine, die den damaligen Machthabern den Boden wertlos erscheinen ließ." Knapp ein Jahr dauerte die Vorbereitungsphase. Die Vorstellungen der Gemeinde Stralsund wurden mit den finanziellen und städteplanerischen Rahmenbedingungen in Einklang gebracht. Anfang 1994 erfolgte die Unterzeichnung des Bauvertrages. Als am 28. Juli durch die Firma „Schurig & Sohn" mit den Ausschachtungs- und Betonierarbeiten begonnen wurde, ahnte keiner, daß bereits am 30. August Richtfest gefeiert werden könnte.

Nachdem die Baugerüste im September entfernt waren, legten die Gemeindemitglieder Hand an, um die Außenanlagen zu gestalten. Als zu sehen war, wie es einmal aussehen soll, wuchs die Motivation bei allen zum Weitermachen. An dieser Stelle sei Dank an die Anwohner in der Umgebung ausgesprochen. Bei den ersten Einsätzen stand uns ein Mischer zur Verfügung, bei dessen Betätigung man fürchten mußte, daß die Ziegel von den Dächern fallen. Beschwert hat sich zwar niemand bei uns, aber uns war klar, wie ärgerlich es ist, wenn vor dem Haus sonntags ein solcher Lärm veranstaltet wird.

Die Einweihung war dann der Höhepunkt für unsere Stralsunder Adventgemeinde. Der Wert von etwas mehr als 1 Million DM kam aus Spendenmitteln der Gemeinden aus ganz Deutschland und durch freiwillige Arbeitseinsätze der Ortsgemeinde zur Senkung der Kosten zusammen. Der größte Teil der Inneneinrichtung wurde und wird durch die Gemeinde am Ort finanziert. So war es auch nicht möglich, bis zum Einzug alles mit einem Mal neu einzurichten. Manches wird nachgekauft, wenn die Mittel dafür wieder da sind.

Nach dem Gottesdienst am Vormittag und einem gemeinsamen Mittagessen mit allen Gästen von nah und fern fand am Nachmittag die eigentliche Einweihungsfeier statt. Reinhard Rupp, Vorsteher der Gemeinschaft der Siebenten-Tags-Adventisten in Norddeutschland, machte darauf aufmerksam, daß mit der Fertigstellung des Hauses nicht das Ziel erreicht ist. Einweihung und Übergabe des Gemeindezentrums sind vielmehr ein Anfang. Gemeindesein ist nicht Selbstzweck, sondern Dienst auf verschiedenen Ebenen des alltäglichen Lebens.

Musikalische Beiträge von Kindern, Jugendlichen und Gemeindemitgliedern lockerten das lange Programm auf, sorgten für Freude, Besinnung und Abwechslung. Die Anteilnahme an diesem freudigen Ereignis durch Vertreter verschiedener christlicher Kirchen der Stadt Stralsund, durch Grußworte von Stadt und Land und die Glückwünsche der Gemeindemitglieder aus den Nachbargemeinden rundeten den Nachmittag ab. Gleich am Sonntag darauf trafen sich die „Christlichen Pfadfinder der Adventgemeinde" (CPA genannt), zu einer Weihnachtsfeier im neuen Haus. PASTOR JOACHIM LANG

Der Chor der Advent-Gemeinde singt zur Einweihungsfeier.

Das neue Gotteshaus in der Alten Richtenberger Straße. Fotos: S. Rosner

Artikel aus der Ostsee-Zeitung 21.12.1994

über unsere Einweihung mit dem Titel „Das neue Haus ist nur der Anfang" . Die Einweihungsfeier ist uns noch in guter Erinnerung. Das Haus war übervoll. Besondere Gäste waren R. Rupp aus Hannover, S. Witt von der Vereinigung, die Brüder Salm und Müller von der Grundstücksverwaltung, Herr Pagels vom Senat der Stadt, der es sich nicht nehmen ließ, Schw. Hermann zu begrüßen, weiterhin K. Edel, H. Beier sowie H. Binanzer jeweils mit Ehefrau. Wortverkündigung, Musik, Gesang und viele Blumen und Geschenke erfreuten uns. Überwältigt ist wohl jeder wohlmeinende Besucher von der Gediegenheit, um nicht zu sagen Schönheit des Hauses. Sicher könnte sich der eine oder andere manches noch besser vorstellen, aber wir wollen uns nicht beklagen, sondern dankbar sein, dass alles so gut geworden ist. Für die Fertigstellung der Außenarbeiten haben wir vom Bauordnungsamt Aufschub bis 31.5.1995 bekommen. Im neuen Jahr werden wir weitere Arbeitseinsätze starten, um aus dem Anwesen auch äusserlich ein Schmuckstück zu machen. Am 20.12. fand unsere Kinderadventsfeier mit einem Puppenspiel statt.

Das war in einem Überblick das vergangene Jahr der Gemeinde Stralsund. Ich möchte aus tiefstem Herzen behaupten, dass es ein gesegnetes Jahr war. Wir hatten viele Begegnungen mit Gästen, Freunden, untereinander und nicht zuletzt mit unserem Herrn. Wir durften das neue Haus beziehen. Wir sind vor Todesfällen von Gemeindegliedern bewahrt worden. Wir haben zwar alte und kranke Geschwister unter uns, dennoch dürfen wir froh sein, dass Gott auch ihnen immer die Kraft gegeben hat, die sie brauchten. Wir denken an Schw. Krüger aus Franzburg, die dieser Tage operiert wurde, an Jochen Allwardt, der sich einer belastenden Bestrahlungstherapie unterziehen musste, an Vater Wietrzichowski im Pflegeheim, an Liesbeth Timm, die ebenfalls operiert worden ist und der es jetzt wieder besser geht, an Elidia Rettkowski, an Margarete Hermann. Wir danken all diesen Geschwistern, die auch an uns denken und ganz sicher Fürbitte für uns leisten.

Für die Zukunft habe ich einige Wünsche, die ich Gott im Gebet, aber auch euch sagen möchte. Ich hoffe, dass unser neues Haus in der Woche kein totes Haus ist. Wir haben den Mitmenschen unserer Stadt etwas anzubieten. Wir sollten für sie da sein. Ich hoffe und wünsche, dass unsere Gebetskreise nicht untergehen. Ich weiß nicht, warum die Beteiligung so gering ist. Sicher - es ist alles freiwillig, dennoch würde ich ermutigen wollen, dass mehr Gebrauch von dieser Möglichkeit der Gemeindearbeit gemacht wird. Ich möchte hoffen und wünschen, dass Spaltungen vermieden werden. Es wäre schlimm, wenn wir Rostocker Verhältnisse bei uns bekämen. Wir wünschen unseren Geschwistern in Rostock und auch der neuen Vereinigungsleitung in Hamburg, dass die Verhältnisse geklärt werden und wieder Frieden und Eintracht einkehren. So lasst uns alle an einem Strang ziehen, die Alten und die Jungen, die Kinder und die Erwachsenen, die Schwestern und die Brüder, der Prediger und die Gemeinde. Gott schenke uns allen einen gesegneten Ausgang aus dem vergangenen Jahr und einen glücklichen Eingang in das neue Jahr! Ich persönlich möchte allen, die heute hier sind und allen, die gerne unter uns gewesen wären, Gottes Segen wünschen.

Aus der Bau-Chronik des Hauses Alte Richtenberger Straße 39/41

16.03.1984	Erwerb des Grundstücks Alte Richtenberger Straße 39/41 (1.800 m^2 für 4.000 M);
1985	Planungsentwurf des Architekten M. wird vom Stralsunder Gemeinderat abgelehnt;
1986	Abriss der alten Bebauung (Wohnhaus, Stall);
bis 1990	mehrere vergebliche Bauanträge;
1991	Besuch leitender Verantwortlicher (Rupp, Salm, Müller): Stralsund wird als dringender Fall eingeordnet; die Glieder der Ortsgemeinde planen einen Baufonds von 40.000 DM. Die GVW und der Vorsteher (Hansa-Vgg.) J. Hinrichs übergeben uns eine Grundrissidee. Die Ortsgemeinde stiftet „Bauaktien" im Wert von 50, 100 und 250 DM.
13.01.1993	Gemeinderatssitzung mit Brd. Müller und Brd. Salm (GVW) sowie die Brd. Hinrichs und Witt (Hansa-Vgg.). Der Gemeinde wird eine Studie vorgelegt mit einem Finanzumfang von 1,3 Mio. DM. Erwartet werden 6.000 Arbeitsstunden und ein Eigenanteil von 100.000 DM.
8.07.1993	Entschluss von Dr. Heinz Wietrichowski zum Privatbau einer Hausmeisterwohnung neben der Kapelle, Zustimmung der GVW und der Vgg.-Leitung;
18.08.1993	Vorlage der endgültigen Baupläne durch die Firma OKAL. Das Finanzvolumen wird auf 1,8 Mio. DM erhöht, wodurch der Bau einer Kapelle in Greifswald ermöglicht wird.
19.09.1993	erster Spatenstich;
1.03.1994	Bauantrag bei der Stadt Stralsund wird gestellt;
6.07.1994	Der Eigenanteil der Ortsgemeinde in Höhe von 100.000 DM ist vorhanden.
23.08.1994	Die Montage der beiden Bauten aus Fertigteilen beginnt. Als Einweihungstermin wird der 26.11.1994 geplant.
ab 25.09.1994	wöchentliche Arbeitseinsätze von Freiwilligen, es werden ca. 2.500 Stunden geleistet;
8.11.1994	Einweihung wird auf 17.12.1994 verschoben.
20.11.1994	Aufstellung der Orgel;
7.12.1994	Übergabe der Kapelle und des Wohnhauses durch die Baufirma;
17.12.1994	Einweihungsgottesdienst;

1995: Chor Greifswald/Stralsund - Pfadfinder nach Friedensau

Wie schnell kann man sich an eine gute Sache gewöhnen! Ein Jahr sind wir nun in unserem neuen Haus, und es kommt uns vor, als wäre es schon immer so gewesen. Das hinter uns liegende Jahr war von der politischen Großwetterlage ein eher ruhiges Jahr. In der ganzen Welt fanden allerdings 36 lokale Kriege statt, vier weniger als 1994. Die Schicksale der dort gestorbenen, verhungerten und geschundenen Menschen haben uns nicht berührt. Es war zu weit weg. Wir hatten unsere eigenen Probleme. In der Weltpolitik bewegte sich einiges zögernd in Richtung auf eine friedliche Lösung zu: in Nordirland hat sich die Lage beruhigt. Die sich seit über 25 Jahren bekämpfenden Parteien reden zumindest wieder miteinander. In Palästina findet ebenfalls ein Entspannungsprozess statt. Der israelische Premierminister Rabin musste jedoch seine Friedensbemühungen mit dem Leben bezahlen. Wer weiß, ob es nicht den Vertreter und Führer der Palästinenser Yassir Arafat auch noch einmal trifft. Israel hat endlich begriffen, dass das Programm „Land für Frieden" eine Möglichkeit darstellt, die anstehenden Probleme zu lösen. Die meisten Sorgen machte den Politikern der Bürgerkrieg in Bosnien. Hier hat das Abkommen von Dayton eventuell den Anfang eines Friedensprozesses eingeläutet. Es wurden in dieser Region jedoch schon zu viele Waffenstillstände und Friedensbeteuerungen programmiert, als dass man den jüngsten nun sofort vorbehaltlos Glauben schenken möchte. Interessant ist, dass sich der Welt-Gendarm UNO mit seiner bewaffneten rechten Hand NATO daranmacht, hier nachdrücklich für Ruhe zu sorgen. So sehr man diese Entwicklung begrüßen möchte, so sehr gibt sie auch zum Nachdenken Anlass. Werden zukünftige Weltprobleme oder das, was eine Mehrheit als solche bezeichnet, mit einer solchen Methode gelöst werden? Als konfessionelle Minderheit wissen wir, was das für uns bedeuten könnte.

Auch das Jahr 1995 brachte für viele Menschen Hunger, Seuchen-Katastrophen, Erdbeben und Wirbelstürme. „Sehet zu und erschrecket nicht; das ist noch nicht das Ende - aber erhebet eure Häupter, darum dass sich eure Erlösung naht". Auch auf diesem Gebiet sind wir so vergesslich, dass wir Namen wie Somalia und Kobe rasch vergessen. Zur Erinnerung: Im Januar suchte ein heftiges Erdbeben die japanische Großstadt Kobe heim. Hunderttausende verloren ihr Heim, Tausende das Leben! Japan, das immer stolz war auf seine angeblich erdbebensicher gebauten Städte, war zutiefst ge- und betroffen. In jüngster und deutlicherer Erinnerung ist uns in unserer Region das Hochwasser von Anfang November. Wir leben hier wahrscheinlich in einem statistisch gesehen erdbebensicheren Gebiet, aber ein Hochwasser von einigen Metern oder ein Orkan mit einer erheblich größeren Intensität wie der erlebte könnten auch uns in Gefahr bringen. Stürme und Feuerflammen, Wasser und Erdbeben sind sicherlich die Instrumente Satans, andererseits werden sie auch die Diener Gottes genannt.

Wenn ich an das Jahr 1995, wie wir es als Gemeinde erlebten, zurückdenke, dann habe ich zwiespältige Gefühle. Zusammengefasst würde ich sagen: Wir haben viel gewollt, aber nicht alles ist geworden. Das Bedenkliche an dieser Situation ist meiner Meinung nach, dass sie uns nicht unruhig macht, uns nicht ins Gebet treibt und nicht nachdenklich macht. Ich lasse jetzt das vergangene Jahr vor eurem geistigen Auge ablaufen, wobei ich einigermaßen die Chronologie einhalten werde. Das Gemeindejahr begann mit unserer Jahresschlussandacht, die wir wie heute am 31.12. begingen. Sie war recht gut besucht. Die Jahreslosung des neuen Jahres lautete: „Bleibet im Glauben". Die erste Sabbatpredigt im neuen Jahr am 7.1. hielt uns Jörg Wietrichowski zu dem Thema „Du bist ein Gott, der mich sieht (Schicksal von Hagar, der Mutter Ismaels)."

Am 14.1. kamen die jüngeren Ehepaare zu einem Eheabend zusammen. Thema war die „Wendlersche Farbenlehre", die uns zu interessanten Einsichten führte. Am 29.1. hatten wir ein Orgelkonzert in unserer Kapelle. J. Zschunke und A. Kaufmann sowie der Stralsund-Greifswalder Chor boten gute Musik. Auch Flöte, Geige, Bläser und Sologesang gehörten dazu. Es wäre schön, wenn wir auch in diesem Frühjahr eine ähnliche Veranstaltung planen und durchführen würden.

Am 18.3. hatten es die Sabbatschullehrer gut: die Jugendgruppe gestaltete den gesamten Gottesdienst. In der Bibelschule ging es um die erste der „Drei-Engel-Botschaften" aus Offenbarung 14. Im 2. Teil des Gottesdienstes predigte Jo Lang zum Thema Liebe. Die Jugendlichen stellten uns die Geschichte vom Barmherzigen Samariter in einem Anspiel vor Augen. Am 1.4. war der offizielle Jugendsabbat des NDV. Im Rahmen dieses Gottesdienstes wurden Melanie Kayser und ein Jugendlicher aus Güstrow offiziell in die Jugendgruppe aufgenommen. Als neue Gemeindeglieder wurden an diesem Sabbat die zugezogenen Beate und Friedrich-Wilhelm Fischer mit Sohn Ted aus Zingst in der Gemeinde begrüßt. Zu Gast waren in diesem Gottesdienst ca. 50 Jugendliche aus Nachbargemeinden.

Am 9.4. gestaltete J. Kindler einen Bonhoeffer-Abend. Jörn hatte sich sehr viel Mühe gegeben, um uns an das Leben und Sterben dieses evangelischen Theologen vor 50 Jahre zu erinnern. Merkwürdig ist, dass wir als Adventisten neben einer einzelnen Bonhoeffer-Ehrung in der Evangelischen Bonhoeffer-Kirche die einzigen waren, die in Stralsund dieses Mannes offiziell gedachten. Die Evangelische Kirche hat zu Bonhoeffer seltsamer Weise bis heute kein eindeutig positives Verhältnis. Als Mitglied der Bekennenden Kirche war Bonhoeffer seinerzeit von der offiziellen evangelischen Kirche nicht anerkannt. Vom 13. - 17.4. waren unsere Pfadfinder zu einem Osterlager in Friedensau. Sie tragen den hübschen Namen „Sundläufer". Pfadfinderarbeit ist kein Räuber-und-Gendarm-Spiel, sondern Grundlagenbau für die Gemeinde von übermorgen. Ein besonderer Tag im Leben der Gemeinde und im Leben unseres ältesten Gliedes war der Geburtstag von Schw. Margarete Herrmann am 17.4. Sie wurde 101 Jahre alt. Eine erfreulich große Zahl von Gemeindegliedern gestaltete ihr diesen Tag zu einem kleinen Fest.

Ab dem 9.4. fanden wieder unsere allsonntäglichen Arbeitseinsätze auf dem Kapellenhof statt. Sie waren anfangs durch eine gute Beteiligung der Gemeinde gekennzeichnet und dauerten bis in den September. Dann waren die Pflasterung und Drainierung des Hofes abgeschlossen. Jetzt fehlt noch die Gestaltung einer Sitzgruppe auf dem Hof, das Parkplatztor ist in Arbeit. Die Fertigstellung der Zuwegung am Heuweg einschließlich Fußweg muss nicht durch uns erfolgen, sondern wird durch die Stadt im Rahmen einer Rekonstruktion des Heuwegs vorgenommen.

Vom 2. - 5.5. fuhren unsere Pfadfinder zum diesjährigen Pfingstlager nach Ratzeburg. Am 6.5. wurden Anja Beyer, André Lang und vier Greifswalder Jugendliche in unserer neuen Kapelle getauft. Mittags machte die Gemeinde Potluck, nachmittags Abendmahlsgottesdienst. Am 7.5. war ich mit Jo Lang und Torsten Bretschneider zu einer Ältestentagung in Hamburg. Wichtig zu erwähnen ist, das J. Hinrichs, der ehemalige Vorsteher der Hansa-Vereinigung, als Prediger vom Dienst suspendiert worden ist. Seine Frau ist aus der Gemeinde ausgetreten. Diese Ereignisse sind im Zusammenhang mit Unruhen in der Vereinigung (Gemeinde Rostock) zu sehen. Sie haben etwas mit der Auseinandersetzung mit der sogenannten „Charismatischen Bewegung" zu tun.

Am 17.6. fand unser diesjähriger Bezirksgottesdienst statt. Wir begingen ihn gemeinsam mit der Gemeinde Greifswald. Die Gemeinden waren auch zum Essen sowie zu einer Nachmittagsveranstaltung beisammen. Besonderer Gast von der

Vereinigung war H.-E. Gattmann, der neue Vorsteher der Hansa-Vereinigung, T. Bretschneider von der Gemeinde Greifswald wurde verabschiedet. Er geht in den Bezirk Wismar. Stralsund und Greifswald gehören künftig zu einem gemeinsamen Seelsorgebezirk, für den Jo Lang allein verantwortlich ist.

Am 24.6. wurden erneut zwei junge Geschwister der Gemeinde hinzugetan. Ute und Felix Beyer, die schon lange als Freunde unsere Gottesdienste besuchen, wurden getauft. Neben Freude gibt es auch unangenehme Ereignisse. Ende Juni wurde Erik Warkenthin in Rostock von fremden Personen niedergeschlagen und schwer verletzt. Inzwischen ist er mit Gottes Hilfe wieder völlig hergestellt.

Straßenmusik bei „Impact Utrecht" mit J. Wietrichowski (mit der Gitarre)

Anfang Juli fand in Utrecht unsere Generalkonferenz statt. Aus unserem Gemeindebezirk waren als Gäste die Ehepaare Petrischkeit, Rosner, Beyer, Wietrichowski, Saupe, Kindler sowie Christian Kindler dort. Die Gemeinde übergab bei dieser Gelegenheit unserer „Partnergemeinde" Tscherkassy (Ukraine) eine Spende von 1.300 DM. Parallel dazu fand in Utrecht auch eine Jugendevangelisation statt, an der unser Jörg Wietrichowski teilnahm (siehe Foto), der mittlerweile als Leiter der Adventjugend in Sachsen-Anhalt und Thüringen arbeitet.

Vom 9. - 14.7. fand die diesjährige Kanuwoche der Jugendgruppe Stralsund statt. Sie führte die Jugendlichen mit ihren Booten über den Schweriner See und die Elde bis in die Müritz. Die sommerliche Kanufahrt ist inzwischen zu einer beliebten Tradition der Stralsunder Jugendlichen geworden. Am 5.8. hatten wir einen Gottesdienst anderer Art. Schw. A. Kaufmann, unsere Chorleiterin, gestaltete einen Liedergottesdienst. Er stellte eine angenehme Abwechslung im Vergleich mit unseren sonstigen Gottesdiensten dar. In diesem Zusammenhang soll gesagt werden, dass sich ein Ausschuss junger Geschwister in der Vergangenheit sehr viel Gedanken um eine Neugestaltung und Belebung der Gottesdienste gemacht hat. Die Gemeinde hat diesen Veränderungsbemühungen grünes Licht gegeben. Sehr viel ist jedoch inzwischen nicht passiert. Das liegt sicher einesteils am geistlich-geistigen Beharrungsbedürfnis der Ortsgemeinde, anderenteils auch daran, dass Veränderungen nicht nur durch Ideen, sondern auch mit Kraft, Mitteln und Einsatz durchgesetzt werden müssen. Daran aber scheint es noch sehr zu fehlen.

Am 2.9. hatten wir Siegfried Wittwer von der „Stimme der Hoffnung" als Prediger zu Gast. Er hielt uns nachmittags ein Gemeindeseminar zum Thema „Glücklich sein kann man lernen". Am 9.9. hatten wir einen sehr gut besuchten Eheabend. Es waren 39 Gemeindeglieder, Gäste und Freunde anwesend. Es ging um das Schulsystem, das nach der italienischen Pädagogin Montessori seinen Namen trägt. Herr K. stellte es uns vor. Es ist eine Alternative zum normalen Schulunterricht und vom Prinzip her überlegenswert. Kinder lernen hier durch Erfahrung mit bildlichen und gegenständlichen Lernmitteln. Ihre Kräfte und Auffassungsgabe setzen sie nach eigenem Vermögen ein, sodass sie so viel lernen, wie sie ohne Zwang schaffen können und wollen. Ab 3.10. versuchten H. Wietrichowski und K. Küchler eine evangelistische Gesprächsfolge ins Leben zu rufen mit dem Titel „Bibel zum Kennenlernen". Nach drei Dienstagabenden gaben sie es wieder auf. Insgesamt waren an den drei Abenden zwei Gäste gekommen. Auch die Beteiligung der Gemeinde war gering. An einem Abend gingen wir auf Wunsch noch zu unseren Nachbarn ins Ledigenheim gegenüber und erzählten zwei Mädchen im Lehrlingsalter etwas über Bedeutung und Wert der Bibel. Wir verschenkten zwei Bibeln. Ein Echo ist seitdem von dort nicht gekommen.

Am 7.10. hatten wir unseren diesjährigen Erntedank. Wir waren mit der Gemeinde Greifswald den ganzen Tag über beisammen. Otto und Inge Petrischkeit hatten die Kapelle schön ausgeschmückt. Außer im Gottesdienst waren wir auch zum Mittagessen und am Nachmittag fröhlich beisammen. Auch der 21.10. war ein besonderer Sabbat. Fünfzehn Buchevangelisten aus ganz Deutschland waren gekommen und hatten eine Woche lang auf Rügen Schrifttum unseres Verlages angeboten. Abschließend verbrachten sie den Gottesdienst mit uns und berichteten von ihren Erfahrungen. Am 11.11. wurde in Greifswald Einweihung gefeiert. Ein Großteil der Stralsunder Geschwister war nach Greifswald gefahren und erlebte einen schönen Einweihungsgottesdienst in der neuen Kapelle in der Anklamer Straße mit. Der besondere Gast war R. Rupp vom NDV aus Hannover. Die diesjährige Gebetswoche fand vom 18. - 25.11. statt. Die Themen der Lesungen befassten sich mit der „Frucht des Geistes". Die Höhe der Gebetstagsgaben betrug 2.190 DM.

Am 2.12. fand mit dem uns schon bekannten Buchevangelisten Brd. Fuchs eine Bücher-Party statt. Bei adventlichem Kaffee und Kuchen bot er christliches Schrifttum an. Es wurde erfreulich viel gekauft und bestellt. Am 11.12. hatten unsere Senioren bei Kaffee und Kuchen ihren Nachmittag. Noch in guter Erinnerung ist uns der Familiengottesdienst im Advent, den wir am 16.12. feierten. Unsere Kinder und Jugendlichen hatten tüchtig geübt und wurden mit Beifall bedacht. Angenehm ist es, dass mit Hilfe des Mikrofons alles, was auch der schüchternste Kindermund sagt, laut zu hören ist. Die Kinder betrifft auch, dass die Gemeinde im Obergeschoss für die Kinderarbeit Schränke und Truhen anschaffen konnte. Damit hat unser Mehrzweckraum im Obergeschoss ein neues Gesicht bekommen. Heute am 31.12. findet die letzte Gemeindeveranstaltung dieses Jahres statt. Möge Gott uns allen ein gnädiges neues Jahr schenken.

Wie in jedem Jahr, so auch diesmal noch ein wenig Statistik. Am Jahresende sind wir 57 Glieder. Das Durchschnittsalter beträgt 48,5 Jahre. Wir begannen das Jahr mit 54 Gliedern. Im Gegensatz zu 1994, wo wir überhaupt keine Gliederbewegung hatten, hat sich im vergangenen Jahr eine Menge geändert. Wir erlebten vier Taufen, und drei Glieder zogen zu. Leider verstarben vier Geschwister: es waren Fritz Wietrzichowski am 10.2., Elisabeth Krüger am 25.3., Jochen Allwardt am 13.5. und Waltraud Zichel am 26.7. Ich bitte, dass ihr euch zu Ehren der Genannten von den Plätzen erhebt. Durch dieses Minus von vier Namen sind wir bei 57 geblieben. Der Durchschnittsgottesdienstbesuch betrug 34 Glieder (in der 2. Stunde), das sind 61%. Allerdings muss gesagt werden, dass einige Glieder praktisch überhaupt nicht mehr erscheinen, z. B. Brd. Brocks und Geschw. Behrendt. Andere können aus Krankheits- und Altersgründen nie oder fast nie die Gottesdienste besuchen wie Elidia Rettkowski und Margarete Hermann. Dass Margarete Möller aus Franzburg eine sehr schwierige Busverbindung nach Stralsund hat und dass Christian Kindler als Student nach Friedensau gegangen ist, soll auch gesagt werden. Zusätzlich haben wir an fast jedem Sabbat Glieder, die zur Bedienung von Nachbargemeinden unterwegs sind. Hoffnungsvoll stimmen uns die Kinderschar, die Jugendgruppe und die Pfadfinderarbeit, an der Joachim Lang, Anett Kindler und Lars Wendler engagiert beteiligt sind.

Zum Schluss einer Chronik kommen Dankesworte. Wir danken allen, die an der Wortverkündigung in den Gemeinden des Bezirks beteiligt waren. Wenn man bedenkt, dass Heringsdorf von Stralsund 100 km entfernt liegt, so ahnt man, wie ein solcher Sabbat für denjenigen, der dort den Gottesdienst leitet, aussieht. Dank sei unserem Gemeindeausschuss ausgesprochen, der in einer Reihe von Abenden anstrengende Arbeit geleistet hat. Er hat auch für das neue Jahr schon Pläne gelegt. Dazu gehören die Gestaltung des Zingsthof-Wochenendes, eine Kindermusikwoche, ein Eheseminar mit Manfred Uhlmann, ein Chor-Sabbat und einiges mehr. Dank sei allen freiwilligen Helfern gesagt, die auch in diesem Jahr Hand anlegten und so manchen Sonntag opferten, um unser Haus schön zu machen. Dank sei allen gesagt, die uns musikalisch dienten, allen voran unsere Organisten Annerose Lang, Annett Petrischkeit und Henrik Lang. Auch gehört dazu der Chor, der an so manchem Abend geprobt hat. Dazu gehören aber auch Otto und Inge Petrischkeit, die ihr Klavier als Leihgabe zur Verfügung gestellt haben, damit wir auch vom Podium musikalische Darbietung hören können, des Weiteren auch mehrere Solisten, die ich jetzt nicht alle nennen möchte, weil ich Angst habe, jemanden zu vergessen. Dank sei auch allen anderen Gemeindediensten gesagt, der Diakonie, der Saaldiakonie, den Kindertanten, ganz besonders auch den Geschwistern, die Jugendstunden gehalten haben, den Sabbatschulhelfern, die Sabbat für Sabbat 45 Minuten früher aufstehen als andere und die zum Dank dann manchmal doch nur eine schweigende Gruppe vor sich haben. Dank sei allen Gebern von finanziellen Mitteln gesagt. Noch konnten wir alles bezahlen; im neuen Jahr werden wir wahrscheinlich die Kapellenkosten pro Glied berechnen und euch mitteilen können. Dank sei unserem Hausmeisterehepaar für seinen Dienst. Es hat auch dann den Saal gereinigt, wenn es die eingeteilten Personen vergessen hatten. Selbstverständlich aber auch diesen Geschwistern Dank! Es sollten sich auch alle bisher nicht Beteiligten überlegen, ob sie sich nicht auch zu diesem Dienst bereitfinden können - es ist ja nur etwa einmal in 3 oder 4 Monaten. Dank allen, die alte und gebrechliche Geschwister zum Gottesdienst abgeholt haben. Hier ist vor allem Jörn Kindler zu nennen, der unsere Margarete Hermann viele Male geholt und gebracht hat. Ein besonderer Dank auch an Inge Petrischkeit, die sich vor allen anderen um Saalschmuck und Vorgartenpflege gekümmert hat. Danke auch an Grit Gräske, die die einzige missionarische Veranstaltung ins Leben gerufen und am Leben erhalten hat, die wir 1995 hatten, nämlich den vegetarischen Kochkurs.

Zwei Ereignisse am Rande des Gemeindelebens habe ich vergessen zu erwähnen. Im September wohnte eine pfingstlerische Jugendgruppe aus Skandinavien einige Tage im Nebenraum der Kapelle. Sie bedankte sich mit einem Chorkonzert, das einige von euch gehört haben. Wir hatten auch Gelegenheit, mit diesen jungen Christen zu diskutieren. Am 26.9. gestalteten noch einmal Jugendliche aus Skandinavien einen Abend und berichteten von ihrer Arbeit in einer selbstunterhaltenden Schule in Norwegen. Es ist dieselbe Schule, auf der auch unsere Grit Gräske war. Einen Auslandsbericht gab auch Christian Kindler, der im Mai in Nepal einen freiwilligen Arbeitseinsatz geleistet hat.

Damit bin ich am Ende meiner Chronik 1995. Wenn ich für 1996 drei Wünsche frei hätte, die sich auf das Gemeindeleben beziehen müssten, dann wünschte ich erstens, dass keine zusätzlichen Probleme auf die Gemeinde zukommen mögen, dass zweitens keine Todesfälle unsere Reihen lichten, und das drittens missionarische Aktivitäten aus unseren Reihen das Gemeindeleben anfachen. Ich sagte anfangs, dass mein Gesamteindruck von 1995 zwiespältig ist. Viel wurde gewollt, nicht alles ist gelungen. Bei Erfolgen wollen wir die Ehre unserem himmlischen Vater geben. Bei Misserfolgen wollen wir daran denken, dass nicht alles Misserfolg ist, was uns als solcher erscheint. Möge Gottes Geist diese Gemeinde erhalten, wachsen und stark werden lassen. F. Seiffert hat einen interessanten Neujahrswunsch in unseren Schaukasten gehängt (danke, lieber Frank!). Er lautet: „Allen unseren Kritikern und Beobachtern wünschen wir Gottes Segen zum neuen Jahr." Ich wünsche ebenfalls der ganzen Gemeinde diesen göttlichen Segen, auch all denen, die vielleicht etwas in die innere Emigration gegangen sind. Möge das neue Jahr 1996 ein Jahr des Nachdenkens, Betens und Arbeitens werden!

1996: Erfahrungen mit Jakobus 5 - Adventskonzerte

Die Jahreschronik ist seit Hermann Beiers Zeiten zu einem festen Bestandteil unserer Jahresschlussandacht geworden. Wir verfügen über eine fast lückenlose Folge von Chroniken aus den letzten zwei Jahrzehnten. Vielleicht sollte erwogen werden, diese zu einer Gesamtchronik zusammenzufügen und sie interessierten Geschwistern oder Freunden zur Verfügung zu stellen. Der Chronist ist ob der letzten Chronik getadelt worden, weil sie manchem zu ausführlich gewesen ist. Dazu muss bemerkt werden, dass Erwähnungen, die uns heute überflüssig vorkommen, weil allbekannt, späteren Lesern hochinteressant erscheinen werden. Das Jahr 1996 ist das zweite Jahr gewesen, welches wir in der neuen Kapelle sind. Manch einem mag es vorkommen, als wenn es schon viel länger ist. Es tut gut, sich einmal wieder die kleine Bilder-Collage in unserem Vestibül anzuschauen, die in der Rückschau auf die Zeiten in der Frankenstraße 41 nachdenklich werden lässt. F. Seiffert hat sie geschaffen. Politisch war das Jahr 1996 für uns ein Jahr des Friedens. Wir haben uns an den politisch-militärischen Frieden so gewöhnt, dass wir ihn als Selbstverständlichkeit nehmen. Es ist eine Generation aufgewachsen, die den Krieg nur aus Büchern oder Fernsehfilmen kennt. Dabei war es auch 1996 in der Welt unruhig genug. In Serbien und Bosnien ist zwar der Bürgerkrieg zu Ende, jedoch ist längst keine Ruhe auf dem Balkan eingekehrt. Nordirland schien seinen Bürgerkrieg nach einer 20-jährigen Unruhezeit beendet zu haben; inzwischen sind dort schon wieder Bomben explodiert. Der Konflikt um die Palästinenser-Autonomie in Israel kommt nicht zur Ruhe. Es besteht ein grotesker Widerspruch zwischen der Feindseligkeit des Staates Israel gegen die in seinen Grenzen wohnenden Palästinenser und der Empfindlichkeit der

Juden gegen jede Art von Ablehnung, die irgendwo auf der Welt ihnen gegenüber aufkeimt. Wer für sich das Recht in Anspruch nimmt, tolerant und verständnisvoll behandelt zu werden, der sollte Gleiches auch gegen die eigenen schwächeren Nachbarn üben.

In Afrika spielen sich Flüchtlingsdramen von ungeahntem Ausmaß ab. Flüchtlingsströme von Hunderttausenden pendeln aus Angst vor ethnischen Ausrottungsfeldzügen feindseliger Stimme zwischen Zaire und Ruanda hin und her. Wieder müssen die Völker des reichen Westens und Nordens den Schiedsrichter spielen und hier humanitäre Hilfe gewähren. Es sei einmal als Anregung zum Nachdenken die Frage erlaubt, warum eigentlich stets nur Nationen, die dem christlichen Abendland zuzurechnen sind, sich für Hilfsaktionen verantwortlich fühlen. Oder hat jemand schon einmal etwas von Hilfe aus den reichen islamischen Erdöl-Staaten oder aus dem buddhistischen Japan oder dem heute auch nicht mehr so armen hinduistischen Indien gehört? Heute gehört es zum guten Ton zu behaupten, dass andere Religionen und Weltkulturen genauso wertvoll seien wie das Christentum. Wenn man den genannten Vergleich anstellt, gerät man doch ins Grübeln!

Wer es noch weiß: der Winter 95/96 war sehr kalt. Von Mitte Januar bis zum 15. Februar herrschte scharfer Frost. Temperaturen bis -16° C Grad ließen Wasserrohre und die Küsten der Ostsee einfrieren. Das Tauwetter brachte dann noch viel Schnee und ein damit zusammenhängendes Verkehrschaos zustande. Erst im April erfolgte eine zögernde Erwärmung. Der starke Frost des Winters brachte so manches Naturschauspiel zustande: am 7.2. konnten wir übers Eis nach Altefähr laufen, was schon viele Jahre nicht mehr möglich gewesen ist. Am 11. 2. wanderten wir trockenen Fußes sogar von Lauterbach zu Insel Vilm. Ein weiteres Extrem: am 20.4. waren bei plus 28°C auf der Halbinsel Zudar noch Eisbarrieren am Strand zu sehen, die sich stellenweise bis zu drei Meter Höhe und in der Länge über etliche Kilometer türmten. Gleichzeitig lagen schon Ausflügler mit bloßem Oberkörper in der Frühlingssonne. Der Sommer war verglichen mit unseren verwöhnten Ansprüchen aus den beiden Vorjahren kühl zu nennen. Lediglich der August holte noch etwas Sonne und Wärme nach. Den Herbst und beginnenden Winter habt ihr noch in Erinnerung. Jeder von uns ist froh, dass wir den November und Dezember hinter uns haben.

Was war es nun für ein Jahr für die Gemeinde Stralsund? In der Chronik von 1995 steht der Satz, dass vieles gewollt, aber nicht alles gelungen war. Ich schloss die Chronik 95 mit dem Satz: Möge das Jahr 1996 ein Jahr des Nachdenkens, des Betens und Arbeitens werden! Ihr könnt selbst überlegen, ob ihr nachgedacht, gebetet und gearbeitet habt! Was davon im Gemeindeleben zu merken war, daran möchte ich mich jetzt mit euch zusammen erinnern.

Am 13.1. hatten wir eine Gemeindestunde. Gemeindestunden finden für meine Begriffe zu selten statt. Sie sollten uns zu geistlichen und organisatorischen Problemen ins Gespräch führen. In dieser Gemeindestunde wurde ein Schuldeingeständnis unserer Schw. Anett H. verlesen. Sie selbst war nicht anwesend. Es ist so, dass ihr Ehemann Volker H. seit Dezember nicht mehr bei seiner Frau lebt. Nach einer kontroversen Diskussion wurde dem Antrag stattgegeben, Anett H. unter „korrigierende Seelsorge" zu stellen (früher nannte man das „Gemeindezucht"). Viele Geschwister der Gemeinde beten seitdem für ein Heilwerden der Ehe unserer Geschwister. Im zweiten Teil der Gemeindestunde wurde die Wahl der Verantwortungsträger für die nächsten zwei Jahre vorgenommen. In einer geheimen Abstimmung wurde Heinz Wietrichowski mit 27 Ja- und 9 Nein-Stimmen erneut als Ältester der Gemeinde Stralsund bestätigt. Am 20.1. hörten wir von einer Brandkatastrophe, die ein neu zugezogenes Geschwister-Ehepaar in Greifswald obdachlos gemacht hat. In einer spontanen Aktion kamen 1.300 DM zusammen, die wir Familie Neumann zur Verfügung gestellt haben.

Vom 15. - 17.3. war ein Teil der Gemeinde zu einem gemeinsamen Wochenende auf dem Zingsthof. Es war gleichzeitig Jugend-Sabbat. An Gaben für die Jugend- und Kinderarbeit opferte die Gemeinde 920 DM. Allen Beteiligten wird noch der Ausflug mit der kleinen Touristen-Eisenbahn in Erinnerung sein, der uns bei schneidendem Ostwind nach Pramort führte. Selbst unsere Schw. Wietrzichowski-Mutter mit ihren 85 Jahren war dabei. Erstaunlich war, dass wir während unseres Spazierganges von Pramort zur Hohen Düne bei Minusgraden die Lerche am Himmel trillern hören konnten. An den beiden letzten Wochenenden im März war Manfred Uhlmann, Prediger in Hamburg, und uns aus früheren Rostocker Zeiten gut bekannt, in Stralsund. Er hielt uns am 23. 3. eine Predigt mit dem Titel: „Jesus ist mit im Boot". Brd. Uhlmann war aber nicht nur zur Predigt gekommen. Er hielt uns an sechs Abenden ein Eheseminar, das von den Ehepaaren der Gemeinde aber auch von etlichen Gästen genutzt wurde. Zur Erinnerung einige der besprochenen Themen: „Wie behandelst du deine Frau/deinen Mann?", „Sex ist nicht alles", „Heranwachsende Kinder in sensiblen Lebensphasen" und „Ohne Geld geht nichts". Am 14.4. versuchten wir in einer Nachveranstaltung zum Eheseminar den Schwung dieser Veranstaltungsreihe auszunutzen. Heinz Wietrichowski sprach zum Thema „Familien-Killer Alkohol". Es waren fünf Gäste anwesend, leider aber nur wenige Geschwister aus der Gemeinde. Der 17.4. war zwar kein Sabbat, aber dennoch ein besonderer Tag für unsere Ortsgemeinde. Unsere Margarete Hermann wurde 102 Jahre alt. Die Gemeinde machte ihr diesen Tag zu einem Erlebnis. 37 Gemeindeglieder und Kinder sowie weitere Gäste waren nachmittags mit unserer Schwester bei einem gemeinsamen Kaffeetrinken beisammen. Am 20.4. wurden in einem besonderen Festgottesdienst unsere Jugendlichen Anett Beyer, Christoph Bühler, Kathrin Lang und Johannes Schönke in die Jugendgruppe aufgenommen. Ab 14.4. nahmen wir wieder unsere sonntäglichen Arbeitseinsätze zur Fertigstellung des Hofpflasters auf. Die Beteiligung der Gemeinde war gering. Am 27.4. fand ein Eheabend statt, den Jo Lang thematisch gestaltete. Unsere Eheabende sind zu einer beliebten Einrichtung geworden. Sie bestehen aus Hören auf ein Thema und gemeinsamen Gespräch bei Saft, Gebäck und Obst. Am 3.5. wurde Lisa Petrischkeit geboren. Damit sind unsere Geschw. Otto und Inge Petrischkeit Großeltern geworden. Der glückliche Vater ist Ralf Petrischkeit. Im Mai wurden weiterhin fleißig Arbeitseinsätze auf dem Kapellenhof geleistet, sodass dieser zum Bezirksgottesdienst 31.5./1.6. so ziemlich fertig war. Unser Gast aus dem Vereinigungsbüro in Hamburg war M. Knoll. In seiner Predigt am Sabbat nahm er sich des schwierigen Gleichnisses vom ungerechten Haushalter an. In einer Ausschusssitzung am 5.6. beschlossen wir, der Elim-Gemeinde in unserer Kapelle über den Sommer Gastrecht zur Durchführung ihrer Gottesdienste zu gewähren. Der Beschluss erfolgte nicht einstimmig, weil einigen Ausschussmitgliedern die Art und Weise des Ablaufs der pfingstlerischen Veranstaltung skandinavischer Jugendlicher im vorvergangenen Jahr noch in unangenehmer Erinnerung war.

Die Sommerzeit war wie in jedem Jahr Urlaubszeit. Diese ist für unser Gemeindeleben dadurch gekennzeichnet, dass eigene Geschwister in Urlaub verreist sind, dass jedoch die Reihen wiederum durch Urlaubsgäste gefüllt werden. Für die verbliebenen Verantwortlichen sind solche Sommersabbate stets etwas stressig! Etwas unglücklich lag der Termin 10.8. für unseren Eheabend (hier ein älteres Foto

Ehekreis in Trent bei Fam. Saupe mit S. Rosner, H. Reichert, R. Wietrichowski, I. Petrischkeit, K. Nerlich, K. & P. Küchler

vom 16.3.92). Die Urlaubszeit machte sich auch hier bemerkbar. Nur 4 Ehepaare waren beisammen. Wir erzählten uns unsere Urlaubserlebnisse und aßen das mit viel Liebe von Ehepaar Saupe vorbereitete und mitgebrachte kalte Buffet.

In einer Ausschusssitzung am 14.8. hatten wir das Ehepaar H. zu einer Stellungnahme zum Stand ihrer Ehe gebeten. Beide sagten aus, dass sie für ihre Ehe keine Chance mehr sehen. Der Ausschuss hörte dies mit Betroffenheit. Der Status der sogenannten „korrigierenden Seelsorge" an Anett wurde in einer Gemeindestunde bis zum Jahresende verlängert. Am 6.9. erlebten wir im kleinen Kreis an einem Freitagabend die Taufe unserer neuen Glaubensgeschwister Dietmar und Anna Drews. Wir freuen uns über ihre Entscheidung und hoffen, dass Geschw. Drews sich in der Gemeinde wohlfühlen und sich ihrerseits für die Gemeinde einsetzen werden. Am 14.9. wurde der Gottesdienst in unserer Kapelle von den Brd. F. Seiffert und J. Kindler für einen kleineren Teil der Gemeinde gestaltet. Die anderen waren mit dem Bus nach Hamburg ins Kongresszentrum gefahren, um dort zusammen mit ca. 2.000 Geschwistern aus der gesamten Hansa-Vereinigung einen Vereinigungsgottesdienst zu erleben. Es war ein langer Tag. Der Bus fuhr um 4.30 Uhr los und war abends um 23.00 Uhr mit allen wohlbehalten zurück. Die Auslastung war gewährleistet, weil auch Geschwister aus Bergen, Greifswald, Rostock und Bad Doberan mitfuhren.

Am 21.9. hörten wir im Gottesdienst ein besonderes Zeugnis von F. Frieberg. Frank war im Januar 93 mit einem ähnlichen öffentlichen Bekenntnis vor uns getreten und hatte seinen Austritt aus der Gemeinde erklärt. Er hatte sich der Elim-Gemeinde zugewandt. Dort machte er unterschiedliche Erfahrungen. Frank lebt in der Nähe der Advent-Gemeinde Buchholz bei Hamburg und hat mit dieser Gemeinde Kontakt aufgenommen. Er besucht wieder unsere Gottesdienste, ist inzwischen von einem belastenden gesundheitlichen Problem befreit und fühlt sich in Buchholz wieder beheimatet. Am 5.10. feierte die Gemeinde Stralsund ihren Erntedankgottesdienst. Inge Petrischkeit hatte mit liebevoller Hand und professionellen Kenntnissen für eine wunderschöne Ausgestaltung der Kapelle gesorgt. Das Erntedankopfer wurde öffentlich ausgezählt und belief sich auf 3.640 DM. Die Erntedankgaben, die in Form von Obst und sonstigen Naturalien dargebracht worden waren, wurden an ein Kinderheim verschenkt.

Der Herbst war für viele deutsche Gemeinden mit der Evangelisation „NET '96" gefüllt. An 26 Abenden wurde durch Mark Finlay per Satellit aus Orlando/USA Adventbotschaft in die ganze Welt ausgestrahlt. Der Ausschuss der Gemeinde Stralsund hatte sich entschieden, an „NET '96" nicht teilzunehmen. Wir möchten aber Projektionstechnik für Videokassetten anschaffen und sind am Überlegen, wie man etwas Ähnliches wie eine Fernsehevangelisation auch in Stralsund machen könnte. Am 16.10. veranstalteten einige Kindertanten mit eigenen und Kindern aus der Nachbarschaft ein Kinderfest in unseren Räumen. Erstaunlich war die gute Resonanz der Nachbarkinder. Auch ein Vater war mit seinen Kindern gekommen. Das Beispiel ermutigt zur Wiederholung.

Ab 19.10. üben wir versuchsweise einen andersartigen Abschluss der Bibelschule. Jede Gesprächsgruppe schließt individuell mit Gebet und geht sodann in die Pause. Das gemeinsame Lied und Gebet der Gesamtgemeinde entfallen somit. Wir wollen mit dieser Form Erfahrungen sammeln und bitten die Gemeinde, dem Ausschuss eigene Meinungen zu diesem Thema mitzuteilen. Wir fühlen uns frei, bei überwiegender Kritik wieder die alte Form einzuführen. Am 2.11. wurde an unserer Schw. Albertine Wietrzichowski nach Jakobus 5 gehandelt. Wir glauben, dass das Gebet des Glaubens der Kranken helfen wird, und wer mit unserer Schwester spricht, kann feststellen, dass Gott gewirkt hat (Beendigung einer Depression). Am 9.11. hatten die Ehepaare der Gemeinde ihren letzten Eheabend des Jahres. Gunthardt Saupe sprach über Rentenrecht. Wir spürten, dass er Bescheid wusste. Es war ein gelungener Abend, und wir freuen uns schon auf die nächste ähnliche Veranstaltung im Januar. Ende November hatten wir wie jedes Jahr unsere Gebetswoche. Das Thema der Lesungen war „Jesus - unser Fürsprecher". Der Besuch der kleinen Gebetskreise in der Woche war gering, die Teilnahme an der Gebetsversammlung am letzten Sabbat ebenfalls eher schleppend. Man hat den Eindruck, dass Gebete wie eine geforderte und abverlangte Leistung angesehen werden. Vielleicht wird Gott uns Anlässe geben, dass wir wieder mit Inbrunst und innerem Bedürfnis zu ihm rufen. Unwillkürlich werde ich in diesem Zusammenhang an das Wort Jesu erinnert: „Die Gesunden bedürfen des Arztes nicht, sondern die Kranken."

Am 8.12. wurde erneut eine Handlung nach Jakobus 5 durch die Gemeinde vollzogen, und zwar an der Pflegetochter von Ehepaar Drews, der kleinen 18 Monate alten Monique. Wir vertrauen auch hier auf das Eingreifen unseres himmlischen Vaters, der Krankheit und seelische Belastung wenden kann. Zu berichten ist, dass die Gemeinde seit etwa einem Jahr gebrauchte Kleidung, Spielzeug und Haushaltsgerät für Russland sammelt. Zweimal konnte Brd. Bunkus/Wittenberge einen Lkw voll aus Stralsund abholen. Im Sommer hat er uns in einem Lichtbildervortrag geschildert, wie er selbst im Mai einen solchen Transport bis nach Irkutsk begleitet hat. Auch

Freunde der Gemeinde sammeln zusammen mit uns weiterhin gut erhaltene Kleidungsstücke für Bedürftige in der ehemaligen UdSSR. Mitte Dezember begann die Zeit der Weihnachtsfeiern. Am 14.12. war die Gemeinde Bergen bei Familie Saupe zu einem adventlichen Nachmittag beisammen. Am 15.12. hatten die Pfadfinder ihre Feier, am 16.12. die Senioren, am 17.12. die Kinder der Gemeinde. Abschluss der vorweihnachtlichen Geschehnisse war das Chorkonzert des Stralsund-Greifswalder Chores unter Leitung von A. Kaufmann, das am Sabbat dem 21.12. in unserer Kapelle erklang. Es war gut besucht, auch von Freunden und Gästen. Hinterher gab es Kaffee und Kuchen und jede Menge Gelegenheit zum Gespräch. Eine Wiederholung erfolgte am nächsten Tag in Greifswald. Auch diese Veranstaltung war ein Erfolg. Das Singen hat Sängern und Zuhörern viel Freude gemacht.

Zum Schluss noch ein wenig Statistik. Wir begannen das Kalenderjahr mit einer Gemeindegliederzahl von 64. Es gab Gott sei Dank keine Todesfälle in unseren Reihen, sodass wir aufgrund der Taufe des Ehepaares Drews mit 66 Gliedern das Jahr hätten beschließen können, wenn nicht Andreas Brooks im März mit seinem Einverständnis ausgeschlossen worden wäre und auch Bettina Lechleitner uns nicht im Mai durch Austritt verlassen hätte. Insofern schließen wir das Jahr mit einer unveränderten Gliederzahl von 64. Der durchschnittliche Gottesdienstbesuch lag bei 36,3 getauften Gliedern pro Gottesdienst - das sind 55%. Enthalten sind in dieser Zahl auch die Geschwister, die den Gottesdienst nur in der 2. Stunde besuchen. Unser Durchschnittsalter beträgt 50 Jahre. Das jüngste Gemeindeglied ist mit 18 Jahren André Lang, unser ältestes Glied mit 102,5 Jahren unsere Margarete Hermann. In einer Firma schließt ein Geschäftsjahr buchhalterisch gesehen mit einer Aufrechnung von Soll und Haben. Wie ist das bei uns? Auf der Habenseite stehen unsere schöne neue Kapelle, eine große Kindergruppe von ca. 20 Kindern im Alter von 2 - 14 Jahren, die Jugendgruppe mit etwa zehn ungetauften Jugendlichen, die Pfadfindergruppe mit einer Anzahl von 20 Pfadis. Auf der Habenseite steht die Tatsache, dass wir genügend Diener am Wort besitzen, die an allen Sabbaten die Wortverkündigung gewährleisten. Auf der Habenseite stehen alle die Geschwister, die ehrenamtlich Saalreinigung, Reparaturdienste und Grundstückspflege betreiben. Auf der Habenseite steht die Willigkeit aller Gemeindehelfer, die Gemeindearbeit tun, sei es nun an der Orgel oder in der Bibelschule, in der Diakonie oder in vielen sogenannten kleinen Diensten, die hier nicht alle genannt werden können. Auf der Habenseite stehen einige wenige evangelistische Aktionen der Gemeinde: der vorweihnachtliche Bastelkurs, den Grit Gräske und Anett Kindler veranstaltet haben, das bereits genannte adventliche Kinderfest, die Chorarbeit, eine zaghaft begonnene Hauskreisarbeit im Hause Küchler und das Eheseminar mit versuchter Nacharbeit im Frühjahr. Schon immer lobenswert und auch in diesem Jahr beachtlich war die Opferfreudigkeit der Gemeinde. Einige Zahlen habe ich euch genannt. Auf der Soll-Seite ist ein gewisser Laodizea-Geist der Gemeinde unverkennbar. Er äußert sich in nur zögerlicher Teilnahme an außergottesdienstlichen Veranstaltungen, in schlechter Teilnahme an Gebetsveranstaltungen und Arbeitseinsätzen. Manche Meinungsverschiedenheiten wurden in rechthaberischem und lieblosem Geist ausgetragen. Es herrscht Uneinigkeit in den Zielsetzungen und der Durchführung der Kinderbetreuung. Auch in diesem Jahr fand keine größere evangelistische Aktion statt. Sie ist allerdings für Februar 97 geplant. Desgleichen ist für das kommende Jahr eine Raucherentwöhnungsaktion in unseren Räumen vorgesehen, die J. Lang und H. Wietrichowski durchführen wollen. Sorgen macht uns weiterhin die Ehe unserer Geschw. H. So wechseln Licht und Schatten ab in der Gemeinde Stralsund. Zum Schluss möchte ich allen genannten und ungenannten Helfern und Verantwortlichen der Gemeinde herzlichen Dank für ihren Dienst sagen. Ich möchte einen besonderen Dank auch unserem Predigerehepaar aussprechen. Jo Lang hat mit dem vergrößerten Bezirk ein zusätzliches Arbeitspensum übertragen bekommen. Er trägt es ohne Murren. Einen Großteil seiner Kraft investiert er in der Pfadfinder- und Jugendarbeit. Hier brauchte er dringend Unterstützung. Überlegungen sind angestellt worden.

Zum Schluss sei ganz besonders Dank unserem himmlischen Vater gesagt, der dafür gesorgt hat, dass die Gemeinde Stralsund ein weiteres Jahr in unserer Stadt von seiner Liebe und von seinem Plan der Errettung für alle Menschen zeugen durfte. Jesus hat gesagt: Ihr werdet meine Zeugen sein! Er wird dafür sorgen, dass das auch in dieser Stadt und im neuen Jahr so sein wird. Er wird es durch uns oder ohne uns geschehen lassen. Schenke Er, dass es mit uns, mit dir und mit mir geschehen möge!

1997: Gastmitgliedschaft ACK - Hauskreisarbeit

Wir blicken am Jahresschluss auf die vergangene Zeit von 365 Tagen zurück. Von den äußeren Gegebenheiten können wir als Deutsche zufrieden sein. Wir hatten Frieden im Lande. Jeder von uns hatte eine warme Wohnung und satt zu essen. Wohl keine vergangene Generation hatte so gute materielle Bedingungen wie die unsere. Dessen ungeachtet ist die Unzufriedenheit vieler Bürger außerordentlich groß. Die beiden Hauptprobleme in unserem Land sind die Arbeitslosigkeit von ca. 11% (bei uns in MV sind es mehr) und die wachsende Kriminalität. Keine Woche vergeht ohne Zeitungsmeldungen über ausgeraubte Banken, versuchte Erpressungen, erfolgte Entführungen, schreckliche Kindesmisshandlungen sowie über Gefängnisausbruch, Raub und Mord. Dazu kommt die hohe Anzahl von Verkehrsunfällen, das Problem des Alkoholmissbrauchs sowie eine zunehmende Abkühlung der zwischenmenschlichen Beziehungen. Wer diese Erscheinungen mit der Prophetie der Bibel vergleicht, wird sie als Vorboten des nahenden Endes deuten können. Auf der politischen Ebene streiten sich die Parteien sowie Arbeitgeber und Gewerkschaften über das Wie eines notwendigen konjunkturellen Aufschwungs und den Weg zu einer dringend notwendigen Verringerung der Arbeitslosenzahl. Vor ca. 30 Jahren begann Deutschland damit, Gastarbeiter ins Land zu holen. Die Deutschen waren sich zu fein, schwere körperliche und schmutzige Arbeit zu machen. Das sollten hinfort Türken und Jugoslawien machen. Sie kamen und blieben. Mittlerweile sind es etwa 4 Millionen. Dazu kommt der Ansturm von deutschstämmigen Rückwanderern aus der ehemaligen UdSSR. Verblüffend ist die Übereinstimmung der Zahl der Ausländer in unserem Land mit der Zahl der Arbeitslosen. Auch die Mehrzahl der kriminellen Delikte geht auf das Konto von Ausländern. All das ist geeignet, die Unzufriedenheit der Deutschen gegenüber den genannten Umständen zu steigern. Das demokratische Regierungssystem unseres Landes erscheint angesichts der genannten Probleme zunehmend hilflos. Der beschriebene Trend wird radikale rechte Kräfte unterstützen. Die Demokratie schaufelt selbst an ihrem Grab. Von einem Rechtsruck in der

Gesellschaft dürfte auch die Katholische Kirche profitieren. Das aber könnte zur Einschränkung der Freiheiten führen, die kleine Gemeinschaften wie wir heute noch besitzen. Zum gegenwärtigen Zeitpunkt hat niemand von uns Grund zu jammern. Vielleicht werden wir In Zukunft noch an die ruhigen 90er Jahre zurückdenken. Vielleicht aber beschleunigen solche Entwicklungen auch die Heilsgeschichte.

Der Winter 96/97 war nicht ganz so kalt wie der Winter davor. Der Strelasund war zwar wieder einige Wochen zugefroren, aber er ist nach meinen Beobachtungen nicht von Fußgängern überquert worden. Mitte Februar war das Wasser wieder eisfrei. Von März bis Mai erfreute der Komet Hale Bob alle Sternfreunde. Er stand Abend für Abend mit seinem Doppelschweif am Nordwest-Himmel und predigte, dass ein Gott im Himmel ist, der das Firmament geschaffen hat. Er verließ dann den sichtbaren Teil des Himmels und soll erst in 3280 Jahren wiederkommen. Wenn solche Voraussagen auch mathematisch und meteorologisch exakt sein mögen, so wissen wir doch, dass zuvor unser Herr wiederkommen wird und einen neuen Himmel und eine neue Erde schaffen wird. Am 12.4. sah ich die erste Butterblume blühen. Im Jahr zuvor war es erst am 5.5. Der Sommer ist uns noch durch den sehr warmen August in Erinnerung. Auch der Herbst war relativ trocken und nicht so stürmisch wie schon manchmal. Einige Frosttage im November und Dezember lassen einen kalten Winter ahnen. Zum Schmunzeln nebenbei: der 100-jährige Kalender stimmte in diesem Herbst überhaupt nicht. Habt ihr gehört, dass darüber gesprochen worden ist? Wenn er aber zufällig einmal stimmt, dann wird lautstark darauf hingewiesen. Wer als Christ an Gott glaubt und seinen Verheißungen vertraut, ist auf das Studium von Horoskopen und Hundertjährigen Kalendern nicht angewiesen. Ich hoffe, dass ihr mir zustimmt.

Auch das Gemeindejahr 1997 liegt hinter uns. Was ereignete sich in den vergangenen 12 Monaten in der Gemeinde Stralsund? Das neue Jahr stand unter der Losung: „Der Herr denkt an uns und segnet uns". Die Losungskärtchen wurden in der Jahresschlussandacht an 25 Gemeindeglieder und eine Anzahl von Kindern und Jugendlichen ausgegeben. Im ersten Vierteljahr unterhielten wir uns in den Gesprächsgruppen der ersten Gottesdienststunde über das Thema „Heiliger Geist und Geistesgaben". Am 11.1. stellten wir der Gemeinde eine junge litauische Glaubensschwester vor. Sie heißt Kristina Misiunaite und war in diesem Jahr als Au-Pair-Mädchen im Hause Küchler. Inzwischen haben wir sie alle kennen gelernt. Die von ihr angestrebte Krankenschwesternausbildung in Waldfriede ist ihr für 1998 zugestanden worden. Wir freuen uns mit ihr darüber. Am 25.1. hielt Jo Lang eine Predigt zum Thema des Glaubensgebets über kranke Gemeindeglieder nach Jakobus 5. Die Gemeinde Stralsund verfügt über einige Beispiele, dass Gott auf diese Weise tatsächlich hilft. Es wäre schön, wenn die Gemeinde sich ermutigen ließe, von diesem Dienst mehr Gebrauch zu machen. Am 1.2. hörte die Gemeinde ein Zeugnis von Stefan Blohm. Stefan ist ein junger Mann, der über Fam. Küchler in Kontakt mit der Gemeinde gekommen ist. Er tat seine Absicht kund, sich in der Taufe ganz Gott übergeben zu wollen. Die Taufe fand am 22.2. statt. Hinterher feierte die Taufgemeinde in unserem Mehrzweckraum bei belegten Broten und Getränken den Eintritt von Stefan in die Gemeinde. Schon am nächsten Tag fuhren er und Volker Hornung nach Wernigerode im Harz, wo Stefan sich einer dreimonatigen Therapie unterziehen wird. In der zweiten Februarhälfte hatten wir an drei Wochenenden, jeweils freitags und samstags, eine Evangelisation, in der wir in Großbild-Projektion sechs von uns gewählte Vorträge von Werner Renz zeigten. Die Gemeinde hat sich zum Zweck dieser und ähnlicher Veranstaltungen eine Videoprojektionsanlage angeschafft. Wir dachten dabei auch schon an eine eventuelle Teilnahme an „NET '98". Die Vortragsthemen lauteten „Warum greift Gott nicht ein?", „Wie deutlich ist die Wahrheit?", „Schöpfung oder Entwicklung?", „Das Angebot Gottes für einen Neubeginn", „Der neue Lebensstil" und „Zur Hölle mit der Hölle". Die Gästezahl (außer Gemeindemitgliedern) lag zwischen eins und sechs je Abend.

Am 23.2. fand eine Gemeindestunde statt, in der Anett H. in geheimer Abstimmung aus der Gemeinde ausgeschlossen wurde. Grund ist ihr Verhältnis zu einem verheirateten Mann. Die Ehe von Volker und Anett ist zum jetzigen Zeitpunkt noch nicht geschieden. Am 27.2. wurde Freya-Elisabeth Kindler geboren. Inzwischen ist sie zu einem niedlichen Fast-Kleinkind herangewachsen. Am 15.3. erlebten wir einen interessanten Eheabend. Geschw. Seiffert ermutigten uns, einander zu loben. Wir setzten das praktisch um, indem jeder Ehepartner seinem Partner öffentlich mindestens drei lobende Dinge sagte. Danach konnten auch alle anderen den jeweiligen Kandidaten loben. Uns wurde klar, dass wir uns viel zu selten etwas Nettes sagen. Die Atmosphäre dieses Abends war durch das Thema und infolge der aufgeschlossenen Haltung fast aller Beteiligten sehr locker und angenehm. Der 22.3. war Jugendsabbat. Die Jugendgruppe gestaltete den gesamten Gottesdienst. Die Predigtstunde fand in Form eines Wechselgesprächs statt. Das Thema lautete: „Warum ist die Jugendstunde so lahm?" Im März fand in unseren Räumen eine Jugend-Singewoche statt. Deshalb hielt Brd. J. Hartmann am Sabbat, dem 29.3., die Predigt. Am 5. und 6.4. fand in Darmstadt die Verbandskonferenz des NDV statt. Wichtigstes Beratungsergebnis war, dass die weitere Gastmitgliedschaft im ACK beschlossen wurde. Am 17.4. feierte die Gemeinde mit Schw. Hermann deren 103. Geburtstag. Die Beteiligung der Gemeinde war gut. Bei Kaffee und Kuchen versuchten wir, unserer Jubilarin den Nachmittag so schön wie möglich zu machen. Leider behindert sie ihre zunehmende Schwerhörigkeit doch sehr.

In der Zeit vom 3. - 24.6. veranstalteten J. Lang und H. Wietrichowski ein Raucherentwöhnungsseminar. Leider erschienen von den angemeldeten Teilnehmern nur zwei. Mit beiden führten wir an 9 Abenden das Seminar durch. Erfreulicherweise sind beide Teilnehmer auch jetzt, ein halbes Jahr danach, noch frei von der Zigarette. Am 20. und 21.6. fand unser diesjähriger Bezirksgottesdienst statt. Unser Gast war anstelle des verhinderten J. Gerhard der Lehrer an der Theologischen Hochschule in Friedensau B. Oestreich. Die Gemeinde war am Freitagabend zu einer Verkündigung von Brd. Oestreich eingeladen. Am Sabbat blieben wir über Mittag zusammen. Jeder aß, was alle mitgebracht hatten. Selbstverständlich waren auch die Geschwister aus Greifswald, Heringsdorf und Bergen unter uns. Höhepunkt des Nachmittags war das von Schw. Anja Kaufmann geleitete Chorkonzert. Anfang Juli konnten wir unseren Stefan Blohm wieder in der Gemeinde begrüßen - er hatte seine Therapie erfolgreich absolviert und ist in Wernigerode nebenbei auch Nichtraucher geworden. Im Juli waren 22 adventistische Sänger zwei Wochen in Stralsund beisammen. Sie gaben mehrere Konzerte, unter anderem im Allkauf-Einkaufszentrum und in der Klinikumskirche des Krankenhauses West. Das Besondere war, dass sie nicht Choräle und Kantaten sangen, sondern Gospelmusik. Das Wort Gospel bedeutet Evangelium. Die Gospelmusik ist eine volkstümliche Musik der nordamerikanischen schwarzen Sklaven, die heute professionell gepflegt wird. Seinerzeit jedoch waren diese Lieder die einzige Möglichkeit der Sklaven, Gott ihre Not zu klagen, aber auch gleichzeitig ihren Schrei nach Gerechtigkeit und Erlösung zu artikulieren. Die Melodien und Rhythmen sind für unsere Ohren etwas ungewohnt, dennoch kann man sich in die Seele dieser Menschen hineinhören, zumal wenn man um den geistlichen Hintergrund dieser Lieder weiß. Eindrucksvoll war auch die Predigt von Schw. B. Bagatsch am Sabbat, dem 26.7. Sie ist Theologiestudentin in Friedensau und war Mitglied des Gospel-Chores.

Der Urlaubsmonat August war die Zeit der Gastprediger. W. Wurl, H. Binanzer und noch einmal Brd. Wurl dienten der Gemeinde. Besonders erwähnt werden soll auch die Predigt von J. Wendler, die er am 13.9. hielt. Er stellte die Frage „Enttäuscht von der Gemeinde?", die allen Zuhörern sehr zu denken gab. Wer von der Gemeinde enttäuscht ist, sollte zweierlei bedenken: Habe ich Schwierigkeiten mit unserer Theologie, die mich hindern, ein freudiger Siebenten-Tags-Adventist zu sein? Und: Was tue ich selbst, um die Qualität der Gemeinde zu verbessern? Um Gemeindequalität ging es auch in der Predigt von Joachim Lang am 27.9. Er stellte die These auf, dass man den Gläubigen an seinem Umgang mit Essen, Trinken sowie Zeit und Geld erkennen kann. Am Abend dieses Tages stellte H. Wietrichowski einige Ideen des Theologen Christian Schwarz vor. Sie gipfeln in der These: „Wer möchte, dass die Gemeinde wächst, sollte sich nicht um ihr Wachstum, sondern um ihre Qualität kümmern." Es wurde an diesem Abend der Beschluss gefasst, dass in Fortführung dieser Gedanken der Gemeinde ein Gabentest angeboten sowie ein Qualitätsprofil der Gemeinde erstellt werden soll. Am 3.10. erlebte eine kleine Gemeinde in Grahlefähr bei Wind und herbstlichen Temperaturen die Taufe unseres Tobias Rosner mit. Wir wünschen unserem neuen Gemeindeglied fortan einen gesegneten Lebensweg an Gottes Hand. Am 4.10. begrüßte uns in der Kapelle herrlicher Blumenschmuck. Inge Petrischkeits Hand war wieder einmal zu erkennen gewesen. Am Nachmittag boten die Kinder ein kleines Programm, welches die Kindertanten mit ihnen vorbereitet hatten. Auch Margarete Hermann mit ihren 103,5 Jahren verbrachte diesen Tag zusammen mit uns.

Wir sind es gewohnt, in der Regel qualitativ hochwertige Predigten zu hören. Herausgehoben werden muss jedoch die Predigt von Willie Schulz aus Hamburg, die er uns am 11.10. hielt. Er stellte uns den Gedanken der Lebensvision vor. Jeder Mensch und insbesondere jeder Christ sollte eigentlich eine Lebensvision besitzen. Im Oktober überschlugen sich die Termine: Abendmahl am 25.10, noch einmal 9 Abende Raucherentwöhnung mit diesmal fünf Kandidaten, von denen es wahrscheinlich drei geschafft haben, zweimal Gabentest. Es war für einige eine anstrengende Zeit. Am 22.11. hatten wir im Rahmen einer Gemeindestunde unsere Gemeindewahl. Es wird ab sofort zwei gleichberechtigte Älteste geben: H. Wietrichowski und O. Petrischkeit. Die übrigen Veränderungen haben alle, die anwesend waren, noch im Ohr. Außerdem sind sie am Anschlag im Vorraum zu lesen. An diesem Abend erfuhren wir auch, dass Bernhard Strunck aus der Gemeinde ausgetreten ist. Er wohnt jetzt in Bad Freienwalde und hat eine in der evangelischen Kirche engagierte Frau. Wir wünschen, dass Gott ihm weiterhin nahe sein möge. Die Gebetswoche stand in diesem Jahr unter dem Thema „Die Freude der

Erlösung". Die Gemeinde versammelte sich mehr oder weniger zahlreich zu den Lesungen.

Am 6. und 7.12. fanden in Greifswald und Stralsund wie im vergangenen Jahr zwei weihnachtliche Chorkonzerte statt. Der Chor hatte viele Wochen geübt. Die Resonanz bei den zahlreich erschienenen Gästen war deutlich positiv. Am 24.12. taufte Joachim Lang die beiden Jugendlichen Henrik Lang und Jan Petrischkeit. Die Anteilnahme der Gemeinde an diesem Ereignis war groß, obwohl es ja an einem Mittwochnachmittag und dann noch am Heiligabend war. Wir gratulieren beiden Täuflingen zu ihrem Entschluss. Heute ist wieder der 31.12. Das Jahr 1997 ist vorbei. Wir geben es Gott zurück und erwarten seine gnädige Hand auch im kommenden Jahreslauf.

Ich will in diesem Jahr keine große Bilanz ziehen. Ihr mögt selbst nachdenken, ob ihr näher zu Gott gekommen seid. Ihr dürft für euch selbst auch die Qualität dieser Gemeinde Stralsund bedenken. Die Gemeinde verlor durch den Tod am 27.2. Liesbeth Timm und am 10.8. Anna Zebrowski. Schw. Timm gehörte 35 Jahre der Gemeinde Stralsund an. Sie war von Konrad Edel 1962 getauft worden. Schw. Zebrowski verstarb nach 44-jähriger Gemeinde-Zugehörigkeit im Altersheim in Prerow. Wir erheben uns zu einem ehrenden Gedenken. Wie schon erwähnt, verloren wir durch Ausschluss beziehungsweise Austritt die Geschw. Anett H. und Bernhard Strunck. Demgegenüber stehen die vier genannten Taufen, sodass wir das Jahr 1997 mit einem Gliederstand von 64 abschließen. Der durchschnittliche Gottesdienstbesuch durch getaufte Glieder betrug 35 (1996 36,3). Der Anteil der Geschwister, die erst um 10.30 Uhr erscheinen, nimmt zu.

Schnell noch etwas Erfreuliches. Der Hauskreis der Geschw. Küchler und Seiffert existiert. Er vereinte eine Reihe von vorwiegend jungen Geschwistern und hatte auch viele Male gemeindeferne Gäste. Auch die Anteilnahme durch Gäste beim Bastelkreis, den Grit Gräske und Anett Kindler leiten, war erfreulich. Die Pfadfinderarbeit wurde von Joachim Lang erneut ein ganzes Jahr durchgehalten. Versuche, ihn personell zu entlasten, schlugen bislang fehl. Die Jugendgruppe traf sich regelmäßig. Die Kinderarbeit mit insgesamt ca. 20 Kindern ging ebenfalls weiter. J. Lang hat vor, die Mittelgruppe an den Sabbaten, an denen er anwesend ist, zu betreuen. Auch der Gebetskreis hat, wenn auch nicht lückenlos, an den Montagabenden seinen Dienst getan. Ein Lob allen Helfern, die die Hofgestaltung bis zum Bezirksgottesdienst 1997 beendet hatten. Immer wieder auch ein Lob an Inge Petrischkeit. Das freundliche gärtnerische Drumherum um die Kapelle ist ihr Werk. Erwähnt werden soll auch unser Schaukasten, der von den Passanten gerne wahrgenommen wird. Frank Seiffert sorgt dafür, dass er immer aktuell ist. Einen Dienst im Stillen tun Kathrin und Peter Küchler als unsere Hausmeister. Auch ihnen soll an dieser Stelle Dank ausgesprochen werden. Viele von euch haben auch in diesem Jahr wieder Kleidung für Russland gesammelt. Kurz vor Weihnachten wurden unsere Kammern geleert. Abschließend möchte ich im Namen aller Gemeindehelfer und des Predigerehepaars Lang der Gemeinde danken, dass ihr uns getragen und unterstützt habt. Wir alle sind Glieder am Leib Christi. Er soll auch weiterhin unser Haupt sein.

1998: Satelliten-Evangelisation NET 98 - Hof-Fest und Trödelmarkt

In den 70er Jahren hat Hermann Beier begonnen, jährliche Rückblicke über das Leben der Gemeinde Stralsund zu schreiben und vorzutragen. Seitdem hat sich diese Gewohnheit fortgesetzt. Die Gemeinde Stralsund schaut auf 95 Jahre ihres Bestehens zurück. Wozu diese Chroniken? - so mag mancher denken. Sie sollen in erster Linie Gott verherrlichen, der diese Gemeinde Jahr für Jahr führt und erhält. Der Mensch ist vergesslich, deshalb soll uns einmal im Jahr ein Rückblick helfen, dass wir uns darüber klarwerden, was Gott getan hat, wie ER uns geführt hat, und so ein Anlass zur Dankbarkeit werden. Dass ich mir erlaube, jedes Mal auch ein wenig Zeitgeschichte einfließen zu lassen, möge verziehen werden. Spätere Leser unserer Chroniken - wenn es sie denn geben wird - werden uns dankbar sein, dass wir auch etwas über unsere Zeit, über unser Land, unsere Stadt, unsere Wetter und unsere Sorgen und Freuden festgehalten haben.

Heute vor einem Jahr sprach ich mit Einschränkungen von einem ruhigen Jahr, wenn auch die wirtschaftliche Situation, die steigende Kriminalität und zunehmende Gefahren auf unseren Straßen erwähnt werden mussten. Das ICE-Unglück bei Eschede (Celle) erschütterte in diesem Sommer alle Deutschen, ist heute aber schon wieder fast vergessen. Die Bundestagswahl im September bescherte uns eine neue Regierung. Weltpolitisch war das vergangene Jahr gekennzeichnet durch eine positive Entwicklung der Friedensbemühungen in Nordirland, ein nicht eingehaltenes Abkommen zwischen Israel und den Palästinensern mit Yassir Arafat, was schließlich zum Sturz des israelischen Premiers Netanjahu führte, den Bürgerkrieg zwischen Serben und Kosovo-Albanern auf dem Balkan und die Nadelstich-Politik Saddam Husseins, welche für die USA schließlich Anlass für eine neuerliche viertägige Bombardierung Bagdads wurde. Der Stuhl des mächtigsten Mannes der Welt, des US-Präsidenten Clinton wackelte sehr, aber er fiel bis jetzt nicht um. Das ehemalige zweitmächtigste Reich der Welt, Russland, geht vor den Augen einer ungerührt zuschauenden Welt an Armut, Alkohol und Auslandsschulden zugrunde. Europa und die USA erschraken ob der Bankenuntergänge in Asien.

Ende Mai wurde Afghanistan von einem schrecklichen Erdbeben betroffen, im Oktober Mittelamerika vom Hurricane „Mitch". Die Welt hat ihre Probleme nicht mehr im Griff. Weder UNO noch Weltsicherheitsrat noch Weltbank haben Rezepte parat, wie sie gelöst werden könnten. Im Stillen bereitet die Katholische Kirche sich auf den Millenniumwechsel vor. Der konziliare Prozess, der seit ca. 50 Jahren auf eine ökumenische Weltkirche zielt, ist zwar ins Stocken geraten, dennoch ist eine wiedervereinte Weltkirche, die sich unter der Führung des Papstes anschickt, die drängenden Probleme der Welt zu lösen, eine Denkmöglichkeit. Es ist wahrscheinlich, dass Papst Johannes Paul II. dieses Ziel anstrebt. Es wäre die Krönung seines Pontifikats. Als Adventgläubige sollte es uns nicht wundern, wenn die „Wunde des Tieres" in naher Zukunft völlig geheilt sein würde. Viele Europäer sehen zurzeit der Einführung des Euro mit gemischten Gefühlen entgegen. Im Moment sieht es so aus, als wenn nichts mehr die neue gesamteuropäische Währung aufhalten kann. Ich persönlich sehe in ihrer Einführung noch nicht den Anfang eines vereinten Europas. Sie ist vielmehr einmal mehr ein Versuch, „Eisen und Ton" zu mischen. Wie solche Versuche bisher ausgegangen sind, kann man in jedem Geschichtsbuch nachlesen.

Die Welt-Adventgemeinde erreichte in diesem Jahr einen Mitgliederstand von 10 Millionen. „Als Gemeinde genießen wir ein Maß weltlichen Wohlergehens, das in unserer Geschichte noch nie da gewesen ist, ... Wir haben schöne und neue medizinische und schulische Gebäude, die uns helfen, die gegenwärtige Wahrheit der Welt bekannt zu machen. Viele, die nicht unserem Glauben anhängen, loben unser Erziehungswesen. Prominente Persönlichkeiten kommen in unsere Sanatorien und Krankenhäuser. Das Wachstum unserer Verlagsarbeit ist äußerst ermutigend. Es ist ein strahlendes Zeitalter in unserer Gemeinschaftsgeschichte. Mit einer solchen von Gott gesegneten und immer wachsenden Bewegung verbunden zu sein, ist ein wunderbares Vorrecht. Wir danken Gott für all das was er getan hat und für das positive Licht, in dem unsere Mitmenschen uns heute sehen." (Henry Feyerabend: „Im Dienst II" 1998). Dennoch sollten wir erkennen, dass in einer zunehmenden Beliebtheit eine große Gefahr verborgen liegt. Jesus weist auf die Gefahren hin, die von einer zu engen Verbindung mit der Welt herrühren und davon, dass man sich in der Zustimmung der Welt sonnt. „Wäret ihr von der Welt, so hätte die Welt das Ihre lieb. Weil ihr aber nicht von der Welt seid, sondern ich euch aus der Welt erwählt habe, darum hasst euch die Welt." (Joh. 15,19)

Vielleicht erschrecken wir, wenn wir feststellen, dass wir heute nicht gehasst, sondern von Vielen gelobt werden. Und Lob tut ja so gut. In meinen Augen hat die Gemeinschaft mit der Gastmitgliedschaft in der ACK einen äußersten Schritt getan in Richtung auf Zusammenarbeit mit und Anerkennung durch andere Kirchen. Jeder auch nur geringste weitere „Fortschritt" in dieser Richtung dürfte gefährlich sein. Hoffentlich hat die Gemeinschaft auch die Kraft zum Austritt, falls uns irgendwann Kompromisse angedient werden, zu denen wir unmöglich Ja sagen können.

Kritisch anmerken möchte ich auch ein gesamtgemeindliches Finanzgebaren, das sehr nah an einer Missachtung des Gebotes „Gebet dem Kaiser, was des Kaisers ist!" liegt. Ob in solchen und ähnlichen Dingen die Ursachen für die immensen finanziellen Probleme der Gemeinschaft liegen, die immer stärker beklagt werden müssen? (Gemeint war der Umstand, dass Pastoren persönlich keinen Zehnten zahlen! Dieser wird von der Kirche insgesamt eingezogen. Dieses Verfahren habe finanzielle „Vorteile!"). Die Hansa-Vereinigung arbeitet bei gleichbleibender Gliederzahl mit dem wohl geringsten Prediger-Bestand seit eh und je. Die Höhe der Zehnten in Mecklenburg-Vorpommern hat sich zwar gehalten, diejenigen in Schleswig-Holstein und Hamburg sind jedoch gesunken, so dass die finanzielle Decke in unserer Vereinigung immer dünner wird. Wenn alle Glieder treu Gott den Zehnten gäben, hätte die Gemeinde keine Probleme mit der Finanzierung des Werkes. Wenn Gott manchen Adventisten nur das an Einkommen gäbe, was dem von ihnen entrichteten Zehnten entspricht, würden sie wahrscheinlich verhungern!

Das Jahr 1998 hatte einen milden Winter und einen kühlen Sommer, war also für unsere Verhältnisse völlig normal. Der Januar war mild, der Februar auch. Der Sommer hatte zwar einen 28° Celsius warmen 21. Juli, war aber insgesamt zu kühl und konnte uns auch durch eine sehr schöne erste Septemberhälfte nicht mehr versöhnen. Ende November kam Schnee und blieb verhältnismäßig lange liegen. Am 12. Dezember erfolgte ein Temperatursprung von -10° C bis auf Plusgrade. Normal für unsere Gegend ist auch, dass Weihnachten mal wieder grün statt weiß gewesen ist. Vielleicht hat das auch etwas mit der neuen Regierungskoalition zu tun! (SPD/Bündnis 90-Grüne).

Das Gemeindejahr 4 seit der Kapelleneinweihung begann mit einem Gebets- und Fastensabbat am 10.1. Schon am Freitagabend zuvor versammelte sich eine kleine

Gruppe von sieben Geschwistern in der Kapelle zu einer Gebetsversammlung. In der Predigt dieses Sabbats sprach Jörn Kindler über das Thema „Anpassung". Anpassung ist ein Hilfsmittel im Überlebenskampf der Tiere, geistlich gesehen jedoch ein Gefahren-Moment in der Auseinandersetzung, in der wir als Kinder Gottes in dieser Welt stehen! Ebenfalls an diesem Sabbat verabschiedeten wir Kristina Misiunaite, die ein Jahr im Heim von Peter und Kathrin Küchler gelebt hat. Die Litauerin beginnt ab Oktober in unserem Krankenhaus in Waldfriede/Berlin eine Krankenschwesterausbildung. Am Abend dieses Sabbats setzten wir den im Jahr 1997 begonnenen Gabentest fort. Alle Beteiligten wissen nun, wo ihre Gaben liegen. Nun kommt es darauf an, sich anhand der Gaben das Arbeitsgebiet in der Gemeinde auszusuchen, wo man freudig wirken kann. Am 24.1. hatten wir nach einem gemeinsamen Mittagessen in Form eines Potluck eine Gemeindestunde, in welcher der Gemeindeausschuss das Unternehmen NET 98 vorstellte. Mit einer kleinen Mehrheit entschied die anwesende Gemeinde sich für die Teilnahme an der im Oktober stattfindenden Satellitenevangelisation mit Dwight Nelson.

Im Februar war unsere Kapelle wie schon in früheren Jahren Übungsort für eine Jugendmusizier-Woche. Die Predigt hatte deshalb Musikwart Jörgen Zschunke. Lieder und Instrumentalstücke wurden von den Teilnehmern vorgetragen. Unser erstes Abendmahl im Jahr am 21.2. bot eine Neuerung: wahlweise wurden Einzelkelche angeboten. Dieses Angebot wurde von einigen Gliedern wahrgenommen. Ab Ende Februar begann der Arbeitsausschuss „NET 98" zu tagen und zu arbeiten. Er bestand aus den Gliedern Gunter Petrischkeit, Dietmar Drews, Kathrin Küchler, Heinz Wietrichowski und dem Prediger. In einer Gemeindeausschusssitzung am 1.4. legten wir den Finanzierungsbedarf für „NET 98" fest: es würden ca. 5.000 DM benötigt. Ein bereits eingerichtetes Sonderkonto NET enthielt zu diesem Zeitpunkt erst 1.100 DM. Am 4.4. um 15.00 Uhr trug unsere Kindergruppe das Singspiel „Seht, das Grab ist leer!" vor. Es waren erfreulich viele Zuschauer dabei. Am 17.4. feierten zirka 40 Gemeindeglieder mit unserem ältesten Gemeindeglied Margarete Hermann ihren 104. Geburtstag. Die Kindergruppe trug noch einmal für die Jubilarin und für interessierte Heimbewohner das Ostersingspiel vor. Kaffee und Kuchen rundeten den Tag ab. Am 18.4. wurde Antje Kayser durch Jo Lang in die Jugendgruppe Stralsund aufgenommen. In einer Gemeindestunde am 25.4. begannen wir mit der Erstellung eines Qualitätsprofils der Gemeinde Stralsund.

Einige Stichworte sollen nur kurz erinnern, womit sich der Gemeindeausschuss am 6.5. befasst hat: Auswertung Einzelkelche - Kapellenverdunklung - Vorprogramm „NET 98" - Hundetoilette vor der Kapelle - Setzen eines Mastes für die Satellitenschüssel auf dem Hof - Gemeindebibliothek. In einem Eheabend am 16.5. sahen wir uns einen Mose-Film an. Am 17.5. fand bei bestem Wetter ein Hoffest statt. Ein Trödelmarkt und ein Kuchenbasar lockten die Interessenten. Fünfzehn Gemeindeglieder, darunter auch Geschwister von Rügen, sorgten dafür, dass sich unsere und einige Kinder aus der Nachbarschaft und dem Bastelkreis bei Spielen, Kuchen und Brause wohlfühlen konnten. Ein Puppenspiel rundete den Nachmittag ab. Der Erlös von 514 DM wurde dem Tschernobylhilfe-Verein e.V. Stralsund zur Verfügung gestellt. Es wurde festgelegt, dass die Gemeinde auch in diesem Sommer Kinder aus der Ukraine zu einem Spielenachmittag einlädt. Am 1.6. verstarb unser Brd. Kurt Warkenthin. Er war als Zwanzigjähriger getauft worden und gehörte 62 Jahre der Gemeinde Stralsund an. Ihm zu Ehren wollen wir uns von den Plätzen erheben. Am 6.6. feierte die Gemeinde Abendmahl und erlebte am Nachmittag eine Satellitenübertragung anlässlich des 50-jährigen Bestehens der „Stimme der Hoffnung" aus Darmstadt. Die „Stimme der Hoffnung" ist das deutsche adventistische Radio-Werk. Die Qualität der Übertragung war gut und ließ für „NET 98" hoffen.

Bezirksgottesdienst feierte die Gemeinde am 13.6. Freitagabend sprach der Hansa-Vgg.-Präsident Heinz Ewald Gattmann über das Thema „Freude". Am Sabbatvormittag hielt Wilfried Schulz eine Bibelschule vom Podium aus. Das Thema lautete „Salz der Erde". Wir können uns sicher noch an seine lebhafte Art erinnern. Am Nachmittag blieben die Gemeindeglieder aus Stralsund, Greifswald, Bergen und Heringsdorf zum Essen und zum Nachmittagsprogramm beisammen. Günter Brecht sprach als Schatzmeister der Vereinigung über „Haushalterschaft". Die Kinder wurden von M. Knoll betreut. Auch am Abend war noch eine Restgemeinde beisammen. Willie Schulz sprach über das Thema „Globale Mission - Heimat-Mission". Die Quintessenz seiner Ausführung: „Heimat-Mission" ist keine Aktion, sondern eine Grundeinstellung einer Gemeinde.

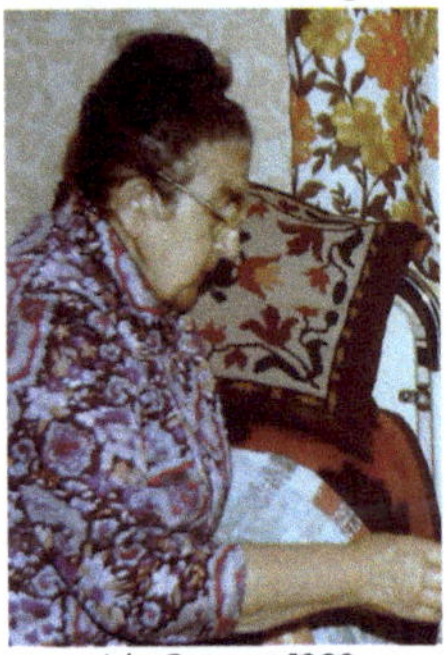
Ida Gromm 1989

Alle, die dabei gewesen sind, erinnern sich noch an die öffentliche Jugendstunde von J. Gerhardt am 20. 6. Sie hatte den Titel „Hilfe, unsere Kinder glauben anders!". Brd. Gerhardt ist Dozent in Friedensau. Am 18.7. verabschiedete die Gemeinde unseren Glaubensbruder Costel Petrea, der ein Jahr in Stralsund war und in dieser Zeit sehr schön Deutsch gelernt hat. Viele von uns werden sich noch an den dunkelhaarigen, schlanken, bescheidenen und fleißigen jungen Mann aus Rumänien erinnern. Im Juli verstarb in Friedensau mit 100 Jahren das Gemeindeglied Schw. Ida Gromm. Sie war eine Säule in der Gemeinde Stralsund und hat so manches Stralsunder Gemeindeglied mit dem Advent-Glauben bekannt gemacht, darunter z. B. unsere Kummerower Geschwister. Schw. Gromm hat es verdient, dass wir auch ihrer ehrend gedenken.

Am 29.8. war Schuleinführungsgottesdienst für Lan Behrendt und Frieder Seiffert. J. Kindler hielt die Predigt. Am 26.9. wurden Petra Voss und Angela Brünner im Rahmen des Gottesdienstes getauft. Wir freuen uns sehr über den Zuwachs in der Adventfamilie der Gemeinde Stralsund und wünschen unseren jüngsten Glaubensgeschwistern ganz besonders Gottes Segen für ihr ferneres Glaubensleben. Am 1.10. fanden sich alle dienstlich an „NET 98" Beteiligten zu einem letzten organisatorischen Treffen zusammen. Am 3.10. feierte die Gemeinde Erntedank. Schw. Petrischkeit hatte die Kapelle wieder sehr schön geschmückt. Es kamen 1.795 DM Erntedankgaben ein.

Am 10.10. war es so weit: der erste Übertragungsabend „NET 98" fand statt. Der offizielle Titel der Abende lautete „Online mit Gott - die Freundschaft hält". Es waren neben 44 Gemeindegliedern und Jugendlichen 16 Gäste anwesend. Die Gäste-Zahl schwankte an allen 27 Abenden (jeweils jeden Abend außer Montag und Donnerstag) zwischen 4 und 16, betrug im Durchschnitt 8,8 Besucher. Diese Zahlen beziehen nicht die eigenen ungetauften Jugendlichen ein. Am 31.10. und am 14.11. predigte der amerikanische Evangelist D. Nelson. Er sprach vormittags im Gottesdienst zu uns von der Leinwand. Es ging ihm um „Liebe und Ehe" und das zweite Mal um „Die Gemeinde der Übrigen". Etwas im Schatten von „NET 98" befand sich unsere diesjährige Gebetswoche vom 21. - 28.11. Noch in guter Erinnerung sind uns die letzten Tage dieses Jahres: Am 5.12. hatten wir nach dem Vormittagsgottesdienst mit J. Lang als Wortverkünder ein gemeinsames Mittagessen (neudeutsch Potluck), um 13.30 Uhr Gemeindestunde mit dem Thema: Auswertung der Evangelisation und nachmittags unser vorweihnachtliches Chorkonzert. Mit insgesamt nur vier Übungsabenden gelang es Schw. A. Kaufmann und dem Stralsund-Greifswalder Chor doch, ein gutes Konzert zu bieten. Es war gut besucht. Danach wurden ca. 80 Personen mit Kaffee und Kuchen beköstigt.

Ein besonderes Ereignis war das Krippenspiel am 24.12. Der Raum war voll, und alle Gäste hatten Freude an der Darbietung der Kinder. An dieser Stelle sollte einmal ein Lob für unsere Kinderbibelschule ausgesprochen werden. Allen Kindertanten ein herzliches Dankeschön für ihren nicht immer leichten Einsatz. Bemerkt werden muss allerdings, dass sich auch einige Brüder in die Kinderbetreuung „eingeschmuggelt" haben, z. B. J. Lang und P. Küchler. Dank und Anerkennung auch an den Bastelkreis, der besonders von Anett Kindler, Birgit Seiffert und Grit Gräske vorbereitet und geleitet wird. Bastelkreis, Seniorennachmittage und die Pfadfinderarbeit waren das ganze Jahr über ein Schaufenster der Gemeinde und eine wichtige missionarische Einrichtung. Während die Hauptlast der Pfadfinderarbeit nach wie vor auf Brd. Lang liegt, haben an der Gestaltung der Seniorennachmittage neben J. Lang besonders Helli Hübner und Bertel Burmeister großen Anteil. Der Hauskreis im Hause Küchler, der in der ersten Jahreshälfte fast regelmäßig zusammenkam, machte nach „NET 98" erneut den Versuch eines Neustarts. Ein weiterer Hauskreis soll im Heim von Familie Ewanian in Kindshagen bei Barth gegründet werden.

Ein Dankeschön soll an alle Bibelschulhelfer gesagt werden, die sich Sabbat für Sabbat in Themenvorbereitung und Bibelgespräch zur Verfügung stellten. Dank sei auch unserer Predigerfamilie gesagt, weiterhin allen, die Kapellenreinigung und die Raumausschmückung besorgten, die die Gartenanlage pflegten, den Gottesdienst durch Musik verschönerten, Ausschussarbeit leisteten, Jugendstunden hielten, Saaldiakonie betrieben und den Schaukasten pflegten. Dank auch an unsere Hausmeisterfamilie, die in der Woche Anlaufpunkt für Gäste und Telefonanrufe ist.

Wir begannen das Jahr mit 64 getauften Gliedern. Durch den Tod verloren wir ein Glied, durch Taufe gewannen wir zwei dazu. Verabschiedet haben sich allerdings Stefan Blohm und Grit Gräske, die beide verzogen sind. Die Gemeinde ist Gottes Augapfel; sie ist in Gottes Augen herrlich und ohne Flecken und Runzel. Gott liebt und führt sie. Darauf lasst uns stolz sein und immer daran denken, dass nichts, was wir haben, unser ist! Es ist alles Gottes Geschenk!

1999: SAT-Evangelisation NET 99 - Auflösung Gemeinde Bergen

Ein Jahr ist wieder zu Ende. Zeit zum Zurückschauen. Ein Jahr? Nein, ein Jahrzehnt! Nein, ein Jahrhundert! Nein, ein Jahrtausend! Nur wenigen Menschen ist es vergönnt, einen Jahrhundert- oder gar einen Jahrtausend-Wechsel zu feiern. Um die magische Zahl 2000 hat sich ein Rummel ohne Grenzen entwickelt. Mit dem Gefühl der Genugtuung, diesen Zeitpunkt überhaupt zu erleben sowie mit einem Gefühl der

Furcht davor, was an Schlimmem passieren könnte, wenn aus der 1999 auf unseren Digitaluhren eine 2000 entsteht, sehen die Menschen diesem Tag entgegen. Wir Christen sollten bei diesem Themas Folgendes bedenken: erstens ist die Weltenuhr eigentlich schon im Jahre 2004, ist doch bei der nachträglichen Umschreibung der Geschichtszahlen im Mittelalter ein Fehler von vier Jahren entstanden, der später nicht mehr korrigiert wurde. Zweitens beginnt das neue Jahrtausend eigentlich nicht mit dem 1.1.2000, sondern mit dem 1.1.2001, weil man für den vorigen Jahrtausend-Wechsel ein Jahr 0 nicht vorgesehen hatte. So begann das erste Jahrtausend theoretisch im Jahre 0001, das nächste im Jahr 1001 und unser drittes beginnt folgerichtig im Jahr 2001. Zum Dritten wissen wir, dass wir in der letzten Zeit der Weltgeschichte leben. Unabhängig von allen Jahreszahlen und all der Aufregung, die heute darum entsteht, kennen wir das Wort Jesu: „Wenn ein Hausvater wüsste, zu welcher Stunde in der Nacht der Dieb kommt, so würde er ja wachen und nicht in sein Haus einbrechen lassen." Jesus setzt fort: „Darum seid auch ihr bereit, denn des Menschen Sohn kommt zu einer Stunde, da ihr's nicht meinet." Lasst uns also nicht beeindruckt sein vom Millennium, sondern von der vorgerückten Stunde auf Gottes Weltenuhr!

Das Jahr 1999 war für jeden von uns wahrscheinlich ein wenig anders. Von der politischen Großwetterlage war es ein ruhiges Jahr, wenn man vom Kosovo-Krieg absieht, der im März und April tausenden Menschen die Heimat und das Leben nahm. Daneben gab es mehrere Erdbeben in der Türkei (August), einen spektakulären Flugzeugabsturz einer ägyptischen Maschine, dessen Ursache bis heute unklar ist. Bill Clinton, der mächtigste Mann der Welt, überwand seine persönliche Krise und gewann das Vertrauen der Amerikaner zurück. Am 11.8. präsentierte uns der Himmel eine partielle Sonnenfinsternis. Der Winter war mild. Wir erlebten ein warmes und sonniges Osterfest. Der Sommer war im Gegensatz zum vorherigen sehr warm. In der ersten Augustwoche hatten wir selbst hier an der Ostsee Temperaturen bis 29°C. Der September war ein zusätzlicher Sommermonat mit Höchsttemperaturen von 26°C am 7.9. Die Herbstmonate Oktober und November waren ebenfalls noch erträglich mild. Zwei heftige Herbststürme richteten allerdings im Dezember Schäden an Bäumen und Dächern an.

Wie lief das Gemeindejahr ab? Am 31.12. um 15.00 Uhr hatten wir unsere Jahresschlussandacht. Sie war von 20 Gemeindegliedern besucht worden. Am 2.1. predigte uns Dwigt Nelson von der Videoleinwand über Daniel 2. Am 23.1. erlebten wir nachmittags in der Kapelle ein Mandolinen- und Gitarren-Konzert, das von Erik Warkenthin und einer Begleiterin dargeboten wurde. Es war gut besucht. Am 20. und 21.2. war der Gemeindeausschuss im „Haus der Stille" in Weitenhagen zu einer Klausurtagung beisammen. Er nahm sich Zeit zur Besprechung von Themen und Problemen, für die in den normalen Ausschusssitzungen zu wenig Zeit bleibt. Im Gottesdienst 6.3. berichtete Wernfried Rieckmann aus Friedensau von Verfolgungen, denen unsere Gemeinde in Usbekistan ausgesetzt ist. Der 20.3. war ein besonderer Sabbat; die Jugendgruppe gestaltete ihn. Er stand unter dem Thema „Aufbruch zu neuen Zielen" und war in der Form recht intergalaktisch. Vom 16. - 18.4. führte Regina Wagner aus Linau bei Hamburg mit den Diakonen und sonstigen Interessenten eine Diakonietagung durch. Sie sprach mehrmals zum Thema „Kommunikation". Um 15.00 Uhr gestaltete die Gemeinde unserer Schw. M. Hermann ihren 105. Geburtstag (siehe S.

184). Das heißt, wir versuchten es. Leider war das Geburtstagskind an diesem Tag recht verwirrt und konnte Gratulationen, ihre Gäste und das gemeinsame Kaffeetrinken nicht mehr so genießen wie in den vergangenen Jahren. Allerdings klarte sie später wieder auf und ließ sich von mir über den Ablauf des Geburtstages berichten.

Am 24.4. predigte Jo Lang über die Stellung der Frau in der Gemeinde. Er führte aus, dass Jesus und die Urgemeinde die Frauen wertgeschätzt, ja aufgewertet haben. Auch heute schätzen wir, dass unsere Schwestern sich besonders um diakonische Aufgaben, um Kinderunterricht und Gestaltung des Gottesdienstraumes und des Kapellenanwesens kümmern. Wir wünschen nichts sehnlicher, als wenn sie sich auch in der Bibelschule, beim Gebet und in der Wortverkündigung noch mehr einbrächten. Aus den Mahnungen des Paulus an einige sehr moderne Frauen seiner Zeit eine eigene Theologie zu machen, dürfte nicht sehr sinnvoll sein. Am 28. und 29.5. hatten wir unseren diesjährigen Bezirksgottesdienst. Unser Gast war Georg Richter. Daneben waren Günter Brecht und Willie Schulz von der Hansa-Vereinigung anwesend. Der Chor hatte geübt und erfreute die Gemeinde mit der Darbietung mehrerer Lieder. Georg Richter predigte am Samstag in seiner tiefsinnigen Art über das Thema „Alle, die ihn anrührten, wurden geheilt". Mittags waren die Gemeinden des Bezirks (Stralsund, Bergen, Heringsdorf, Greifswald) zu einem gemeinsamen Mittagessen beisammen. Um 14.00 Uhr trug die Kindergruppe das Singspiel „Zachäus" vor. Brd. Richter sprach zum Thema „Zukunft fängt heute an". Nicht unerwähnt soll sein, dass die Kinder und Jugendlichen durch Kathrin Küchler, Vera Kaufmann, Jo Lang und Willie Schulz extra betreut wurden.

Schon am 19.6. erlebte die Gemeinde erneut einen besonderen Gottesdienst. In dem schönen Naturschutzgebiet auf der Halbinsel Devin wurde ein Waldgottesdienst abgehalten. Die Bezeichnung ist allerdings etwas hochtrabend, denn Wald gibt es dort kaum. Wir wollten aber nicht von einem Wiesengottesdienst sprechen, sonst hätte vielleicht ein Witzbold noch einen „Wald-und-Wiesen-Gottesdienst" daraus gemacht. Mit Pkw wurden alle, die teilnehmen wollten, zum Ort des Geschehens gefahren. Besondere Gäste waren Schwestern-Schülerinnen aus unserem adventistischen Krankenhaus Berlin-Waldfriede, die hier an der Ostsee einige Tage verbringen wollten. Unser Prediger Joachim Lang predigte über Jeremia. Die Jugend führte uns in Form eines Anspiels vor, wie Bibelschule nicht sein soll.

Am 3.7. waren unter den zahlreichen Gästen des Gottesdienstes auch Geschw. Buchhammer und Schw. Peters anwesend, die uns aus den Jahren 1992 - 94 noch gut in Erinnerung sind. Am 6.7. verstarb unsere Schw. Margarete Hermann im Alter von 105 Jahren. Am 30.7. wurde sie unter zahlreicher Beteiligung der Gemeinde beigesetzt. Sie war 1919 getauft worden und somit 80 Jahre Gemeindeglied gewesen. Wir erheben uns ihr zu Ehren von unseren Plätzen. Am 24.7. predigte uns Helmut Binanzer zum Thema „Zerbrochene Träume". Am 21.8. predigte Jörgen Zschunke über „Das Schiff, das sich Gemeinde nennt". Er war wie schon in den vergangenen Jahren mit einer Jugendmusizierwoche bei uns zu Gast. Abschluss dieser Woche war ein gut besuchtes Konzert in der Evangelischen Kirche in Prohn. Am 4.9. wurde Konrad Küchler in einem besonderen Gottesdienst in die Schule eingeführt. Am 25.9. fuhren 20 Glieder der Gemeinde Stralsund zum Vereinigungsgottesdienst ins Kongress-Zentrum Hamburg. Zwar war der Bus voll, weil er schon von Wolgast und Greifswald kam und auch in Ribnitz noch weitere Geschwister aufnahm; es blieb aber für den einen oder anderen Teilnehmer doch das ungute Gefühl, dass hier Gemeinde geteilt wurde, zumal „zu Hause" keine Gottesdienste durchgeführt wurden. Das sollte in Zukunft unbedingt anders gelöst werden. Der Gottesdienst in Hamburg vereinte nicht so viele Teilnehmer wie der letzte im Jahre 1996. Johann Gerhardt predigte über das Thema „Einen anderen Grund kann niemand legen". Das Thema gefiel offenbar so gut, dass am Ende applaudiert wurde. Über Mittag hatten alle Gelegenheit, sich in dem vor dem CCH gelegenen Park „Planten und Blomen" zu erholen. Der Nachmittag wurde von den Kindern, Jugendlichen sowie Chor und Orchester unter Leitung von Musikwart Jörgen Zschunke gestaltet. Am 25.9. wurde Valerie Antonie Petrischkeit geboren. Wir wünschen den Eltern und Großeltern viel Freude und dem Kind Gedeihen und Gesundheit. Am 2.10. feierte die Gemeinde Erntedank. Der Nachmittag vereinte uns bei Kaffee und Kuchen.

Am 14.10. erklärten Frank und Birgit Seiffert ihren Austritt aus der Gemeinde. Wir sind alle von diesem Schritt sehr betroffen, respektieren jedoch die Entscheidung unserer Geschwister. Am 22. und 23.10. feierte die Gemeinde praktisch einen zweiten, wenn nicht gar einen dritten (wenn man das Diakonie-Wochenende bedenkt) Bezirksgottesdienst. Der Leiter des Saatkorn-Verlages aus Hamburg Eli Diez-Prida war von uns eingeladen worden. Am Freitagabend sprach er zum Thema Gebet. Am Sabbat stellte der gebürtige Spanier uns die Frage „Was ist Gemeinde?" Nachmittags warb er für den Leserkreis des Verlages. Durch diese Einrichtung ist es uns möglich, eine hohe Neuerscheinungsrate eigener Literatur zu ermöglichen. Etliche Zuhörer traten neu in den Leserkreis ein. Um 19.30 Uhr sprach Eli Diez noch einmal zum Thema „Warten worauf?" Ebenfalls am 23.10. wurde die Auflösung der Gemeinde Bergen bekanntgegeben. Wir haben jedoch vor, im Sommer weiterhin in Bergen Gottesdienste anzubieten, weil erfahrungsgemäß Urlauber kommen und diese erwarten. Am 31.10. wurde Svenja Fischer geboren. Sie ist die Tochter unseres Bruders Ted Fischer aus Zingst. Wir wünschen auch diesem Kind sowie Eltern und Großeltern Gottes besonderen Segen.

Am 6.11. begann „NET 99", unsere Satelliten-Evangelisation mit Johann Gerhardt als Referent. Seine zehn Vorträge standen unter dem Gesamtthema „Leben wagen". In unserer Kapelle hatten wir an jedem Abend zwischen 6 und 18 Gäste; der Gesamtdurchschnittsbesuch aller Abende war 46! Im Rahmen der NET-Evangelisation hatten wir einen Bibel-Bus gechartert. Dieser wird vom Bibellese-Bund unterhalten und wurde für die NET-Werbung genutzt. Sein eigentliches Anliegen ist die Werbung für die Bibel. An vier Tagen stand er an unterschiedlichen Stellen in unserer Stadt. Unter anderem gingen einige hundert Schüler durch sein Inneres und konnten sich an Computerplätzen mit der Bibel vertraut machen. Einer der beiden Betreuer, ein Herr Geßler, hielt der Gemeinde am 13.11. die Predigt. Die beiden Betreuer haben sich bei uns sehr wohlgefühlt. Sie waren sowohl von der Organisation der NET-Abende als auch von der ihnen entgegengebrachten Gastfreundschaft und dem Gemeindeklima beeindruckt. Besonders gut gefiel ihnen unser System der Bibelschule, eine Tatsache, die uns zu denken geben sollte!

Die diesjährige Gebetswoche stand ein wenig im Schatten von NET. Das Thema des Lesungsheftes lautete „Eine ganz besondere Familie". In diesen Vorweihnachtstagen hat die Gemeinde besonders an die Familie Ewanian gedacht. Wir erinnern uns sicher noch gut an das armenische Ehepaar und ihre Zwillinge, die viele Monate Gäste unserer Gemeinde gewesen sind. Sie sind inzwischen in Belgien angekommen und haben dort zumindest Brot und Unterkunft, wenn auch noch keine Zukunft. Die Gemeinde hat zwei große Weihnachtspakete, welche aus Einzelspenden bestanden, gepackt und an sie abgesandt. Am 24.12. war eine große Gemeinde Zeuge des Weihnachtssingspiels der Kindergruppe. Es stand unter dem Thema „Eine sonderbare Nacht". Schön war, dass die Kinder der Gemeinde zusammen mit Kindern aus der Nachbarschaft uns und ihren Eltern, die zum Teil anwesend waren, Evangelium sagen konnten. Am Sabbat, dem 18.12., wurde uns bewusst, dass wir an diesem Tage das 5-jährige Jubiläum des Bestehens unserer Kapelle begehen. Am 17.12.94 war es, als die neu erbaute Kapelle eingeweiht worden ist. Ein gut besuchtes Chorkonzert erfreute die Gemeinde am 5.12. Für den Silvestertag, der ein Freitag ist, haben wir zu einem heiter-besinnlichen Zusammensein in die Kapelle eingeladen. Infolge Auflösung der Gemeinde Bergen sind 11 Geschwister von dort in die Gemeindeliste Stralsund gekommen. Gleichzeitig haben wir durch Tod und Austritt 3 Glieder verloren. Das bedeutet, dass wir zahlenmäßig das Jahr mit einer Gliederzahl von 71 verlassen.

Zum Schluss sei allen Verantwortungsträgern der Gemeinde Stralsund dank für allen Einsatz und für alle Bereitschaft zum Dienst gesagt. Vom Prediger angefangen bis zum Saaldiakon haben sich viele Geschwister eingebracht, um das Leben der Gemeinde zu ermöglichen. Die Diener am Wort sind immer wieder bereit gewesen, in den Gemeinden des großen Bezirkes Predigten zu halten. Besonderer Dank sei unserem himmlischen Vater gesagt, der wieder ein Jahr hindurch Geduld mit uns gehabt hat. Möge ER uns ins neue Jahr geleiten!

Margarete Hermann 105 Jahre alt

Allen Freunden, Bekannten und Glaubensgeschwistern, allen Gratulanten!

Zum 105. Geburtstag von Margarete Hermann haben Sie/habt Ihr Glückwünsche, Blumen und Geschenke übersandt. Im Namen der Jubilarin möchte ich dafür herzlichen Dank sagen! Leider ist unser Geburtstagskind in diesem Jahr nicht mehr in der Lage, sich persönlich für das freundliche Gedenken zu bedanken. Sie hat zwar gemeinsam mit über 30 Gratulanten am Nachmittag des 17.4. Kaffee getrunken und mit Appetit zwei Stückchen Torte gegessen, dennoch hat sie in den letzten Wochen geistig nachgelassen. Sie hat jetzt schon Schwierigkeiten, Personen und Namen wiederzuerkennen und einzuordnen. Manchmal spricht sie von und mit ihren verstorbenen Lieben, als ob diese anwesend wären. Die Geburtstagsfeier hat sie noch bewusst erwartet, aber dennoch gleichzeitig kommentiert: „Am liebsten wäre ich dann schon tot!"

Heute am Tage nach dem Geburtstag wirkte sie recht erschöpft und hatte nach einer Beruhigungsmedikation von gestern Abend bis in den Nachmittag hinein geschlafen. Noch vor wenigen Tagen hat sie spontan in meiner Anwesenheit ein Gebet gesprochen und Gott im Himmel gedankt, der ihr allezeit Menschen an die Seite gestellt hatte, die ihr geholfen und beigestanden haben. Seit fünf Jahren ist sie nun hier im Heim. Unsere Tageszeitung sprach von der Möglichkeit, dass sie vielleicht sogar zu den wenigen Menschen auf Erden gehören könnte, die zwei Jahrhundertwechsel erleben. Ich weiß genau, dass sie selbst sich das nicht wünscht. Sie hat Zeit ihres Lebens in der Hoffnung auf eine Auferstehung am Jüngsten Tage gelebt. Sie hat ihr ganzes Leben für ihre Familie und die Gemeinde gelebt, der sie angehörte. Gott hat sie als sein erlöstes Kind angenommen. Am Auferstehungsmorgen wird sie erleben, was sie geglaubt hat! Im Namen der Jubilarin und mit freundlichen Grüßen, Dr. Heinz Wietrichowski und Frau Renate (18.4.1999)

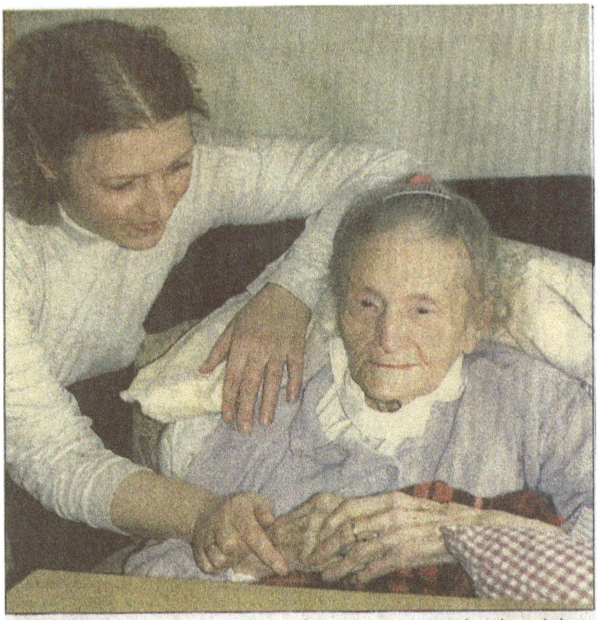

Heute steht sie im Schwesternheimathaus ganz im Mittelpunkt: Jubilarin Margarete Hermann, hier mit Schwester Sybille. OZ-Fotos (2): E. G.

Margarete Hermann begeht 105. Geburtstag

Stralsund. Den wenigsten Menschen ist es vergönnt, zwei Jahrhundertwenden zu erleben. Margarete Hermann könnte zu den Auserwählten gehören. Heute begeht die Bewohnerin des Schwesternheimathauses bei relativ guter Gesundheit ihren 105. Geburtstag. „Sie kommt mit wesentlich weniger Medikamenten aus als mancher 70jährige bei uns", erzählt Schwester Sybille. „Nur mit dem Laufen ist es nichts mehr, und das Gehör hat ziemlich nachgelassen."

Die betagte Dame wurde in Berlin geboren und siedelte 1918 mit Eltern und Geschwistern nach Stralsund über. 1933 heiratete sie den Geigenbauer Paul Hermann, der seine Werkstatt an der Ecke Ossenreyer-/Böttcherstraße hatte. Als dieser 1993 starb, kam sie ein Jahr später, bereits 100jährig, ins Schwesternheimathaus. Ihren Wünschen und ihrem Rezept fürs hohe Alter – Obstsäfte, Sauerkraut und überhaupt viele Vitamine – trug man hier weitgehend Rechnung. Außerdem behielt die Seniorin auch im Heim ihre Gewohnheit mit Warm-/Kaltwaschungen bei.

„Frau Hermann ist eine nette alte Dame, mit der man sehr gut auskommt. Auch unsere jungen Mädchen vom Berufsfindungsjahr gehen gern zu ihr hinein", hebt Schwester Sybille hervor.

Am heutigen Geburtstag bringt der Heimchor der Jubilarin ein Ständchen. Außerdem wird eine festliche Tafel gedeckt, für die sich schon etliche Gäste angesagt haben. So werden neben Vertretern der Stadtverwaltung wieder Mitglieder ihrer Gemeinde, der Siebenten-Tags-Adventisten, dabeisein. Außerdem kommen die einzigen Verwandten, Familie Schilling aus Perleberg, gratulieren. E. GÜNTHER

2000: Tschernobyl-Kindertag - Raucherentwöhnung

2. Mose 17,4: „Schreibe das alles zum Gedächtnis in ein Buch!", sagte Gott zu Mose. Auch am Ende dieses Jahres fühlt der Chronist sich gedrungen, das Leben der Gemeinde Stralsund in den vergangenen zwölf Monaten zu skizzieren. Mögen nachfolgende Generationen ihre Schlüsse aus unserem Erleben ziehen und unsere Fehler nicht wiederholen! Wir Deutschen und damit auch wir als Gemeinde Stralsund erlebten mit dem ersten Jahr des neuen Jahrtausends einen Zeitraum der Ruhe. Am 1.1.2000 blieben die Computer nicht stehen. Die Kraftwerke lieferten weiterhin Strom. Es wurde kein dritter Weltkrieg auf Grund des Millenniumwechsels versehentlich begonnen. Die SPD-Regierung hat sich nach anfänglichen Startschwierigkeiten inzwischen deutlich günstiger positioniert. Dazu hat die Opposition mit ihrem Parteispenden-Skandal kräftig beigetragen. Die Wirtschaft stabilisierte sich ein wenig. Der Dollar-Kurs fiel das ganze Jahr hindurch, zurzeit scheint er sich zu festigen. Auch die Arbeitslosenzahlen sind etwas gesunken. In unserer Stadt beträgt die Quote ca. 19%. Die Autofahrer bezahlen zurzeit für ein Liter Benzin um 2 DM. Also, auf manchen Gebieten geht es doch bergauf! Weltpolitisch verabschiedete sich das alte Jahrhundert mit dem Paukenschlag des Rücktritts von Boris Jelzin am 31.12.1999. Der Tschetschenienkrieg erschütterte anfangs des Jahres den Kaukasus. Der Öltanker „Erika" verursachte im Januar eine Ölkatastrophe an deutschen Nordseestränden. Im März richtete ein gewaltiges Hochwasser in Mozambik unsägliches Elend unter Millionen armer Menschen an. Von Ostern bis in den Juni beschäftigte das Geiseldrama auf den Philippinen die Weltöffentlichkeit. Am 19.8. versank das sowjetische Atom-U-Boot „Kursk" mit 118 Menschen an Bord in der Barentssee. Anfangs Oktober wurde der serbische Diktator Slobodan Milosevic gestürzt. Dennoch kehrt auf dem Balkan keine Ruhe ein. Auch zwischen Palästinensern und Israelis fliegen immer mehr Steine und Gewehrkugeln. Arafat und Mubarak können sich nicht auf Frieden einigen. Droht hier ein großer Konflikt? Amerika, das Musterland der Demokratie, lieferte im November der ganzen Welt eine Lachnummer, als man das Wahlergebnis der Präsidentschaftswahlen erst nach Wochen zu melden in der Lage war! Kaum noch in Erinnerung ist das schreckliche Unglück vom 11.11. in Kaprun/Österreich, bei dem in einer Bergbahn 155 Menschen durch Feuer und Rauch ums Leben kamen.

Eine letzte zeitgeschichtliche Bemerkung will ich noch machen. Angesichts der BSE-Krise wird mir zweierlei klar: 1.) Wie meisterlich hat Satan es verstanden, den Menschen zu verdeutlichen, dass Schweinefleisch gesund und Rindfleisch ungesund ist! 2.) Der Zeitpunkt ist gekommen, wo die Nicht-Vegetarier unter uns ihren Standpunkt überdenken sollten. Auch zu Jesu Zeiten passierten Unglücke. Auch damals waren die Menschen erschüttert und stellten Jesus die Warum-Frage. Jesus antwortete: Wenn ihr nicht Buße tut, so werdet ihr alle auch so umkommen! Wir sollten alle Katastrophen als Mahnung ansehen, uns auf Gott zu besinnen und andererseits dankbar dafür zu sein, wenn Gott uns von Tag zu Tag bewahrt.

Die Winter scheinen immer milder zu werden. Der vergangene jedenfalls brachte bei uns nur spärlich Frost und Schnee. Bis auf den 22.1. mit -8° C habe ich keine richtigen Wintertage registriert. Im April setzte der Frühling mit Macht ein. Am 23.4. zeigte mein Thermometer 28°C im Schatten. Der Mai war heiß, am 17.5. z. B. mit 31°C. Die klugen Leute machten in diesem vergangenen Sommer im Mai oder Juni

Sommerurlaub, denn im Juli war es dann vorbei mit der Wärme. Der Herbst war ebenfalls nicht so warm wie der vorjährige, wenn auch der Oktober noch mehrere Wochen Hochdruckwetter bescherte und der November sehr mild war. Was schon Jahre nicht stattgefunden hat: Weihnachten schneite es!

Das Gemeindejahr lasse ich beginnen mit dem Krippenspiel der Kinder am Heiligabend 1999. Es trug den Titel „Die sonderbare Nacht". Keine sonderbare Nacht, sondern ein Experiment war das Angebot der Gemeinde an alle, die mit uns den Jahreswechsel begehen wollten. Man kann sagen, dass die Resonanz sehr gut war. Dreißig Erwachsene, zusätzlich etliche Kinder, auch ein Gast - wir waren eine frohe Runde. In Form eines liturgischen Gebetes begingen wir um 24.00 Uhr in unserem Gottesdienstraum den direkten Jahreswechsel. Auch Jahreschronik, Essen und Trinken, Spiele mit den Kindern im Mehrzweckraum gehörten dazu. Um ca. 3.00 Uhr war Schluss, denn um 10.00 Uhr waren wir wieder zum Gottesdienst beisammen. Jo Lang machte die Bibelschule zentral vom Podium.

Er predigte über die „1000 Jahre" aus Offenbarung 20. Am 5.2. blieb die Gemeinde nach Gottesdienstende zu einem gemeinsamen Mittagessen beisammen. Nachmittags führten wir unsere Gemeindewahl durch. Wir entschieden durch Abstimmung, dass vorerst auf eine Tür aus dem Kapellenvorraum zum Hof verzichtet werden soll. Weitere Themen, die uns bewegten, waren die Mitarbeit in der Allianz, die Durchführung einer eigenen Evangelisation im Herbst dieses Jahres und der Fragebogen betreffend unserer Zehntentreue. Im Februar schaffte die Gemeinde einen Kopierer an, der auch privat genutzt werden kann. Am 26.2. verabschiedete die Gemeinde Henryk Lang, der als Zivildienstleistender nach Mühlenrahmede geht. Am 18.3. erlebten wir einen Frauensabbat. Die Predigt war die Gemeinschaftsarbeit mehrerer Glaubensschwestern der Gemeinde.

Von Ende März bis zum 11.4. lief an 7 Abenden in den Räumen der Gemeinde ein Raucherentwöhnungsseminar. Leider blieben von der anfänglichen Schar von 8 Teilnehmern nur 3, die bei Kursende alle rauchfrei waren. Inzwischen ist jedoch einer rückfällig geworden.

Für den 21.5. hatten wir zu einem Gemeindeausflug in die Granitz auf Rügen eingeladen. Siebzehn Teilnehmer erlebten an diesem Sonntag Regen und Sonne und belebende Stunden der Gemeinschaft. Auch Volker Hornung war als Gast mit dabei. Vom 1. - 4.4. waren die Pfadfinder zu einem Treffen in Ratzeburg. Auch eine Stralsunder Abordnung von ca. 15 Kindern nahm teil. Die Pfadfinderarbeit in unserer Gemeinde ist weiterhin gefährdet, solange Jo Lang keine personelle Unterstützung erfährt. Wir hoffen immer noch, dass sich jemand findet, der diesen wichtigen Dienst unterstützt. In einem besonderen Gottesdienst wurden am 29.4. Doreen Brünner, Katharina Warkenthin, Claudia Beyer und Bernhard Küchler in die Jugendgruppe aufgenommen. Am 16. und 17.6. hatten wir unseren diesjährigen Bezirksgottesdienst, der die Gemeinden Heringsdorf, Greifswald und Stralsund vereinte. Am Freitagabend sprach Vorsteher H.-E. Gattmann zu uns zum Thema „Die Sache mit Gott - das Herz muss dabei sein". Am Sabbatvormittag erlebten wir im Rahmen des Gottesdienstes ein Chorkonzert, für das die Sänger viele Wochen geübt hatten. Brd. Gattmann predigte über das Thema „Gott gibt sein Wort - wir erleben es". Mittag aßen wir alle gemeinsam. Erst nachmittags hatten wir mit M. Knoll das Bibelgespräch, in dem es um die „Tausend Jahre" ging. Auch die Kinder hatten geübt. Das Kinder-Musical „Jona" erfreute uns. Danach setzten sich die Jugendlichen mit einem Sketch unter dem Titel „Ach du dickes Ei" mit der Glaubenshaltung mancher Gemeindeglieder auseinander. Der Bezirksgottesdienst klang aus mit der Chordarbietung: „Ich lobe meinen Gott" und einer Verkündigung von Vorsteher Gattmann: „Mission? Auch bei uns?"

Am 18.6. hatten wir unseren ersten Gemeindehauskreis, und zwar im Heim von Ehepaar Beyer in Zarrendorf. Den Gemeindehauskreis haben wir ins Leben gerufen als eine Gesprächs- und Verkündigungsplattform für Gemeindemitglieder und Gäste. Sie soll einen offenen Gedankenaustausch ermöglichen. Am 12.7. war der Gemeindeausschuss zusammen. Das geschieht in der Regel alle vier Wochen. Hier einige Programmpunkte: Auswertung des Bezirksgottesdienstes - Vorbereitung Herbstevangelisation - Planung einer Bibelausstellung in der Kapelle - Mitarbeit in der Evangelisation der Allianz - Bettina Lechleitner möchte wieder in die Gemeinde aufgenommen werden - Schulanfängergottesdienst am 9.9. - Gemeinde Wismar möchte uns besuchen - Vorbereitung Erntedankgottesdienst - Werner Renz im kommenden Januar zu Gast - 4 Hinweisschilder „Adventistischer Gottesdienst" sind in der Stadt aufgestellt - gemeindeeigene Internetplattform existiert - Vertrag mit unserem Garagenpächter über Rückgabe einer Garage. Im Juli fand auf zwei Segelbooten unter Leitung von P. Küchler eine Segelbibelwoche mit 10 Kindern im Pfadfinderalter statt. Am 2.8. war die Gemeinde Gastgeber für 30 Gastkinder aus dem Gebiet Tschernobyl. Der Stralsunder Tschernobylhilfe-Verein e.V. hatte wie in jedem Jahr erholungsbedürftige Kinder aus Belorussland nach Stralsund eingeladen. An diesem Mittwochnachmittag gab es in unseren Räumen für sie und ihre Betreuer Kakao und Kuchen. Jedes Kind bekam Buntstifte, Kugelschreiber und eine Tragetasche geschenkt. Danach trugen „unsere" Kinder als Gastgeber noch einmal das Singspiel „Jona" vor. Die weißrussischen Kinder revanchierten sich durch musikalische Beiträge. Anschließend ging es auf den Hof, wo Wettspiele durchgeführt wurden. Als der Nachmittag zu Ende war, begann es zu regnen. Noch in keinem Sommer waren scheinbar so viele Gemeindeglieder verreist wie in diesem. Am Sabbat, dem 26.8. waren wir nur 23 getaufte Glieder im Raum. Mit dem Wort diente Andreas Bochmann aus Berlin-Neuenhagen. Am 9.9. bereitete die Gemeinde unseren Schulanfängern Fränzi Lechleitner, Martin Lang und Markus Hornung ein kleines Fest. Prediger J. Lang gestaltete ihnen eine kindgerechte Predigt. Die Gemeinde gratulierte und beschenkte die Kinder. Am 17.9. fand unser Gemeindehauskreis im Heim von A. Hornung in der Frankenstraße 81 statt. Wir waren 14 Teilnehmer, darunter zwei Gäste. Jo Lang sprach zum Thema „Gott lädt ein zum Festmahl". Am 17.9., einem Sonntag, machten wir mit 22 Kindern einen Ausflug in den Rügenpark nach Gingst. Die Teilnehmer waren Kinder aus dem Pfadfinder- und Bastelgruppenkreis. An dieser Stelle soll noch einmal gesagt werden, dass einige junge Schwestern der Gemeinde (im wesentlichen A. Kindler und K. Küchler) fast lückenlos alle 14 Tage mit Kindern aus der Nachbarschaft einen Bastelnachmittag durchführen, der von ca. 10 Kindern begeistert angenommen wird. In Gingst waren in einem Miniaturen-Park bedeutende Bauwerke der Welt anzusehen. Danach konnte auf nicht alltäglichen karusselartigen Bahnen der eigene Mut erprobt werden.

Vom 21. - 24.9. besuchten 6 Geschwister unserer Gemeinde die belgische Stadt Antwerpen. Hier wohnen seit dem vergangenen Jahr das Ehepaar Ewanian und ihre Zwillinge. J. Lang steuerte seinen Kleinbus mit Geschw. Petrischkeit, Wietrichowski und Kathrin Küchler heil über 900 km nach Belgien. Dort wurden wir in der Fam. Ewanian sowie in der Antwerpener Gemeinde sehr herzlich aufgenommen. Wir hatten den Eindruck, dass Georg und Anna Ewanian es dort gut getroffen haben und möchten gerne ihr geistliches Leben auch weiterhin begleiten. Am 30.9. hatten wir Schw. Wagner zu Gast. Sie betreut in Linau bei Hamburg als Privatperson ein Heim, in dem sie Sozialarbeit leistet. Wir kennen Schw. Wagner aus dem vergangenen Jahr und waren gespannt, was sie uns diesmal bieten würde. Nachdem sie vormittags gepredigt hatte, sahen wir nachmittags ein Video mit dem Titel „Transformation". Es zeigte, wie christliche Gebetsgruppen in Südamerika und Afrika den Kampf gegen Kriminalität und Verbrechen führen und ganze Städte „freibeten". Es entspann sich danach eine kontroverse Diskussion. Die Stimmen dafür: Das ist eine gute Sache. Wenn wir alle im Glauben so beteten, dann würden auch in deutschen Städten Wunder geschehen. Die Gegenstimmen: Statt einen sogenannten „Gebetskampf" nach pfingstlerischem Muster durchzuführen, sollten wir lieber den eigenen Gebetskreis stärken. Der Tag klang aus mit einem Kartoffelsalatessen, einem weiteren Referat und einer Gebetsgemeinschaft.

Am 7.10. feierte die Gemeinde Erntedank. Die Predigt hielt Jo Lang, nachmittags waren wir nach einem mittäglichen Potluck noch fröhlich beisammen. Es wurden die für die Evangelisation geplanten Anspiele probeweise vorgeführt, über den Belgienbesuch bei Ewanians berichtet; Gunthardt Saupe gab ein Resümee der Sommergottesdienste in Bergen, welches samt und sonders positiv ausfiel. Anschließend waren wir noch bei Kaffee und Kuchen beisammen. Der Erntedankschmuck war in diesem Jahr einsame Spitze. Ich glaube, dass eine Steigerung nicht mehr möglich ist. Ganz herzlichen Dank an Petrischkeits, die die Kapelle so schön geschmückt hatten. Die essbaren Erntedankgaben gingen an die „Stralsunder Tafel" und erfüllten dort sicher einen guten Zweck.

Am 20.10. begann unsere diesjährige Herbstevangelisation. Joachim Lang stellte an sieben Abenden verschiedene „Warum"-Fragen, z. B. „Warum bin ich?" oder „Warum nur rackern?" Die schienen zu interessieren. Besucherzahlen zwischen 6 und 12 Gästen bewiesen das. Der Referent hielt die gleiche Themenreihe auch in Greifswald. Er benutzte das technische Hilfsmittel der Videopräsentation, wodurch das Mitgehen mit dem Gesagten deutlich erleichtert wurde.

Eine besondere Attraktion war die in unseren Räumen eingerichtete Bibelausstellung. Sie wurde von einer Reihe von Menschen angesehen. Über eine Zeitungsannonce suchten wir die älteste Bibel Stralsunds in Privatbesitz. Etliche Stralsunder Bürger brachte uns Bibeln, die dies beanspruchten. In der letzten Oktoberwoche fand in unseren Räumen eine Kindersingebibelwoche statt. Kinder aus der Berlin-Brandenburgischen Vereinigung brachten uns am 4.11. im Gottesdienst ein schönes Konzert dar. Der Musikwart Jürgen Hartmann leitete den Gottesdienst.

Ein Wort zur diesjährigen Gebetswoche. Sie ist eine Gepflogenheit aus uralten Tagen. Alle Jahre kommt sie und geht sie. Ich habe den Eindruck, dass sie ein ungeliebtes Kind der Gemeinde ist. Ich schließe das aus der spärlichen Resonanz. Wie wäre diese wohl, wenn wir in einer Kriegs- oder Seuchenzeit lebten? Die Gebetstagsgaben betrugen 1.260 DM für den NDV und 630 DM für die Hansa-Vereinigung. Am 2. und 3.12. fand unser diesjähriges Advent-Singen statt. Die Resonanz auch aus dem Kreis gemeindeferner Menschen ist jedes Jahr sehr gut. Sowohl in Stralsund als auch in Greifswald waren wir nach dem Konzert mit unseren Gästen zu einem gemeinsamen Kaffeetrinken beisammen. Am 9.12. zeigte unser Prediger im Rahmen eines Gemeindebegegnungsabends seine Dias von einer Reise nach Rom. Leider war der Abend schlecht besucht. Am 16.12. predigte als besonderer Gast Jürgen Naumann aus Kiel. Er war bis 1956 Glied der Gemeinde Stralsund. Nachmittags erlebte die Gemeinde ein auf die Adventszeit bezogenes Programm. Die „Bastelkinder" führten etwas vor. Udo Brünner wurde in die Pfadfinder aufgenommen. Auch die Kindergruppe hatte ein kleines Programm eingeübt. Die Gemeinde bedankte sich mit Geschenken an alle Kinder. Danach mussten sich die Erwachsenen bei einem Quiz den anschließenden Kaffee und Kuchen redlich erarbeiten, während Jo Lang im Nebenraum mit allen Kindern eine etwas anspruchsvollere Bastelstunde hatte. Der letzte Sabbat des Jahres fiel auf den 30.12. Er vereinte 45 Gemeindeglieder und 30 Gäste, Freunde, Jugendliche und Kinder. Schon Monate lang war der Raum nicht so voll gewesen!

Ich werfe einen Blick auf unsere Gemeindeliste. Sie beinhaltete anfangs des Jahres 71 Glieder. Schw. Grit Gräske zog nach Dresden. Steffen Altus aus Weißwasser wurde per Brief in die Gemeinde aufgenommen. Unsere Schw. Gerda Hofer aus Sellin starb im Juli. Wir wollen uns ihr zu Ehren von unseren Plätzen erheben. Wir schließen damit das Jahr 2000 mit einer Gliederzahl von 70 Gliedern. Diese Gliederzahl hatten wir auch 1973 zu unserem 70. Jubiläum. Dennoch täuscht diese Zahl, enthält sie doch die Rügener Geschwister, die damals noch extra zählten. Es gibt eine Theorie, die besagt, dass die Anzahl der Adventisten in einer amerikanischen Stadt konstant bleibt - auch wenn die Gesamtbevölkerung wächst - es sei denn, es wird in dieser Stadt die Gründung einer zweiten Gemeinde gewagt! Das dürfte auch für deutsche Verhältnisse gelten. Wir sollten darüber nachdenken!

Zum Schluss möchte ich allen Verantwortungsträgern danken, die in unserer Gemeinde Arbeit geleistet haben, aber auch denen, die für diese Gemeinde gebetet haben. Eine Reihe von Geschwistern stellte sich für die wöchentliche Kapellenreinigung zur Verfügung. Es wurden Woche für Woche Gaben gegeben, mit denen wir die laufenden Ausgaben unseres Hauses bestreiten konnten. Kraft- und zeitaufwendig war und ist die Kinder- und Pfadfinderarbeit. Es wurden Predigten ausgearbeitet und gehalten, Gesprächsgruppen in der Bibelschule geleitet. Zeitaufwendig ist auch alles, was mit Buchhaltung und Finanzen zu tun hat. Die Wortverkündigung wurde nicht nur in Stralsund, sondern auch in Greifswald, Bergen und Heringsdorf aufrechterhalten. Auch die Hausmeisterarbeit und die Pflege und Bedienung der Technik sollen erwähnt werden. Der Schaukasten hatte immer wieder ein neues Gesicht. Die Außenanlagen der Kapelle wurden gepflegt, der Gottesdienstraum mit Blumen geschmückt. Nicht vergessen werden soll die Seniorenarbeit. Vieles geschieht unbemerkt, wie z. B. Krankenbesuche und Diakonarbeit. Wer sich von Euch in dieser Aufzählung nicht wiederfindet, sollte überlegen, wie er sich im neuen Jahr zur Verfügung stellen kann. Ein jeder von uns möge die Worte unseres Herrn hören, wenn er sagen wird: „Ei du treuer Knecht, du bist über wenigem getreu gewesen, ich will dich über viel setzen. Gehe ein zu deines Herrn Freude!"

Ich möchte schließen mit zwei frohmachenden Dingen, die im neuen Jahr auf uns zukommen: am 6.1.2001 wird Kathrin Lang getauft - und ab Sommer bekommt unser Ortsprediger Joachim Lang einen Mitarbeiter an die Seite, der mit Frau und Kind nach Stralsund ziehen wird. Damit ist für den Gebetskreis eine sehnliche Bitte in Erfüllung gegangen. Möge Gott mit uns allen im Neuen Jahr gnädig verfahren! Aus seiner Hand wollen wir die künftige Zeit entgegennehmen.

2001: SAT-Evangelisation „NET 2001" - Anke und Andreas Schmidt

Weihnachten liegt hinter uns, das Fest, das für viele Menschen gleichbedeutend ist mit der Erfüllung lang gehegter Wünsche. Heute am Silvestertag schauen wir zurück und voraus. Wenn es möglich wäre, dann wüsste ich gerne, wie die Welt in 20 oder 30 Jahren aussehen wird, und was man dann noch über unser Jahr 2001 weiß. Wird man dann immer noch vom 11. September sprechen, von dem ruhigen geordneten „Davor" und dem alles verändernden „Danach"? Was nehmen wir mit aus diesem Jahr? Was wird uns begleiten als dauerhafte Erinnerung? Unser Jahresbibelwort hieß „Versteht, was des Herrn Wille ist!". Haben wir verstanden, was ER uns sagen wollte?

„Wie fühlten wir uns in diesem Jahr 2001 - als Spielball der Ereignisse oder als Gesegnete Gottes? In Psalm 5,13 sagt es: Denn du, Herr, segnest die Gerechten. Was meint das, dass Gott die Gerechten segnet? Sicher, wir erinnern uns an Gottes Schutz in einem Unfall oder an seine helfende Hand bei der Suche nach einem Arbeitsplatz, die Wiederherstellung der Gesundheit, das Zustandekommen von Versöhnung und manches andere. Aber was ist mit dem schweren Schicksalsschlag, den ich in diesem Jahr erfahren habe, vielleicht dem viel zu frühen Verlust eines geliebten Menschen, dem Eintreten oder Fortschreiten einer schlimmen Krankheit, dem Ausbleiben einer ersehnten Gebetserhörung? Ist das gleichbedeutend mit dem Ausbleiben des göttlichen Segens? Es fällt uns gleich Paulus schwer, solche Dinge anzunehmen, sich »genügen zu lassen «, wenn man von Sorgen, Problemen und Nöten unmittelbar und existenziell betroffen ist. Aber trotzdem: das Segnen eines Gerechten kann aus der Sicht Gottes durchaus bedeuten, dass er einem Menschen gleich Paulus manches Schwere zutraut. Sind wir also gesegnet worden? Diese Frage ist zu gewichtig, um sie pauschal zu beantworten, sie ist aber auch zu bedeutungsvoll, um ihr aus dem Weg zu gehen. Aber es lohnt, sich gegen den Trend der Zeit ins Bewusstsein zu rufen, wann und wo wir den Segen Gottes ganz deutlich gespürt haben. Es wäre mehr als eine Erinnerung an die gute alte Zeit, wenn wir noch in 20 oder 30 Jahren sagen könnten: Das, was damals geschah, hat sich mir als Segen Gottes erwiesen!" (Habt Ihr die Worte wiedererkannt? Es war der Leitartikel von H.-E. Gattmann in den letzten Hansamitteilungen.)

Das Jahr 2001 begann mit Glatteis am Neujahrstag und dem Wegtauen des Weihnachtsschnees. Der 9.1. brachte eine Mondfinsternis. Der Januar ging mild und trübe vorbei und machte einem frostigen Februar Platz, der kurzzeitig mit Minusgraden und Schnee daherkam. Im Februar und März wussten wir alle, wie BSE geschrieben wird, und dass das Kürzel gleichbedeutend mit dem Verzicht auf Rindfleisch ist. Die BSE-Hysterie wurde im März von Meldungen über die MKS abgelöst. Im April havarierte ein Öltanker in der Ostsee. Nur der günstige Wind bewahrte unsere Strände vor einer Ölpest. Der Mai und Juni waren überwiegend schön. Der Juli begann heiß und bescherte dem Kapellengrundstück eine erhebliche Pappelpflaum-Plage. Ende Juli setzte Regen der Sache ein Ende. Am 21.7. wurde in Rostock ein Erdbeben registriert. Ende des Monats spie der Ätna in Italien glühende Lava aus. Und dann kam der 11. September. Terroristen brachten in den USA vier Passagierflugzeuge zum Absturz, indem sie sie als Selbstmordwerkzeuge benutzten. Beide Türme des World Trade Center in New York stürzten ein. 3.173 Menschen sollen gestorben sein. Im Ergebnis begann der Afghanistan-Krieg. Osama bin Laden, der angebliche Organisator der NYC-Katastrophe, wurde nicht gefunden. Im Nahen Osten weitete sich der Palästina-Konflikt immer mehr aus. Das Schema der Eskalation sieht so aus: Jemand wird getötet. Es erfolgt von der anderen Seite eine Racheaktion. Sie fordert erneut Tote. Der Hass nimmt zu. Neue Aktionen folgen. Eine besonders grausige Steigerung des Geschehens sind die Selbstmordattentate palästinensischer Freischärler. Es fällt schwer zu glauben, dass der Islam eine nichtmilitante Religion sein soll! Andererseits vergisst man in Europa, dass zwei Generationen von Palästinensern ihr gesamtes Leben bislang in Flüchtlingslagern zugebracht haben. Am 14.11. wurde Kabul, die Hauptstadt Afghanistans, eingenommen. Fünf Entwicklungshelfer von der Hilfsorganisation „Shelter Now" wurden befreit.

Pünktlich zum Weihnachtsfest auch in diesem Jahr - zumindest bei uns - Schneefall. Die „weißen Weihnachten", die sich mancher gewünscht hat, hielten bis zum letzten Tag des Jahres an.

Wie erlebte unsere Gemeinde das vergangene Jahr? Die letzte Jahresschlussandacht begann um 18.00 Uhr. 28 Gemeindemitglieder und Freunde einschließlich etlicher Kinder feierten in der Kapelle Silvester. Die Chronik wurde genauso wie heute verlesen. Unser Prediger hielt eine Andacht zum Bibelwort des Jahres „Versteht, was des Herrn Wille ist".

Im ersten Gottesdienst des Jahres, am 6.1., wurde Kathrin Lang getauft. In der darauffolgenden Woche war in Stralsund Allianz-Gebetswoche. Am 10.1. waren wir als Adventgemeinde Gastgeber für betende Stralsunder Christen. Die Woche fand einen feierlichen Abschluss im Theater der Stadt. Ein Theater voller Christen und Sympathisanten, auf der Bühne christliche Inhalte - das hat es in Stralsund noch nicht gegeben! Am 13.1. hörten und sahen wir eine Satelliten-Übertragung aus Chemnitz mit einer Predigt von Brd. M. Müller, dem Verkündiger von „NET 2001". Am 27.1. hatten wir W. Renz aus Darmstadt zu Gast. Sein Generalthema lautete „Heilung der Beziehungen". Anfang Februar war die Gemeindeleitung zu einer Klausurtagung in Weitenhagen beisammen. Sie dauerte vom Sabbatnachmittag bis zum Sonntagmittag. Eines unserer Hauptthemen war unser grundsätzliches Verhältnis zu anderen Kirchen. Das Spektrum der Meinungen reichte von warmer Befürwortung bis zu Anmahnung von Distanz. Unsere „Mitarbeit" in der Stralsunder Allianz sieht so aus, dass Jo Lang sich bereiterklärt hat, bei den Methodisten eine Predigt zu halten, und dass ich selbst am 17.3. bei den Baptisten einen Vortrag halten würde mit der Thematik „Eine kritische Auseinandersetzung mit dem Okkultismus in der Medizin". Darüber hinaus waren wir im September Gastgeber für ein dreitägiges Eheseminar. Am 13.2. verstarb Berta Weber. Sie war am 2.5.1964 durch K. Edel in Stralsund getauft worden und hatte lange Jahre zu den Gemeindegliedern aus Kummerow-Heide gehört. In den letzten Jahren wohnte sie in Stralsund.

Am 7.4. waren Andreas Schmidt und seine Frau Anke in Stralsund zu Gast. Wir lernten sie als unser zukünftiges Jungpredigerehepaar kennen. In diesem Frühling begannen wir, den Dachboden über der Kapelle auszubauen. Zwei Dachflächenfenster waren im April eingebaut worden. Die Einrichtung einer zusätzlichen Kapellentür zum Hof soll nun doch in Angriff genommen werden. Das Projekt liegt in den Händen von Friedrich Fischer. Am 25.4. nahm die Gemeinde Anteil an der Jugendaufnahme von Johannes Kindler. Johannes ist der Gemeinde inzwischen als fleißiger Hornist bekannt. Außerdem beteiligt er sich an der Kinderarbeit in der großen Gruppe. Bestürzt reagierte die Gemeinde, als sie am 5.5. erfuhr, dass Volker Hornung sich einer Hirntumor-Operation würde unterziehen müssen. Diese erfolgte am 9.5. Wir hoffen mit unserem Bruder auf einen günstigen Ausgang, und viele Gemeindeglieder beten für ihn. Bis jetzt geht es Volker gut. Er lebt in Bad Soden. In Vorbereitung von „NET 2001" wurde im Juni beschlossen, dass eine Werbekarte für die Bibellehrbriefe, die sogenannte „Leben-Jesu"-Karte, an 19.632 Haushalte in Stralsund verschickt werden soll. Wir sind gespannt, wie viel Bibellehrbriefanmeldungen daraus erwachsen werden.

Am 30.6. feierte die Gemeinde ihren diesjährigen Bezirkssabbat, früher Bezirksgottesdienst genannt. Brd. M. Müller, der NET-Verkündiger in diesem Herbst, war unser Gast. Der Stralsund-Greifswalder Chor hatte auf diesen Tag hin geübt und präsentierte ein gelungenes Chorkonzert. Am 7.7. war unser ehemaliger Prediger H. Beier als Verkündiger bei uns. Er lebt seit einigen Jahren in Goslar im Ruhestand. Seine Predigt stand unter dem Thema „Was bin ich wert?" Dieser Tage erhielt ich Post von ihm, in der er alle herzlich grüßen lässt. Er musste im November einen leichten Schlaganfall überstehen. Eine Woche später gestaltete die Jugendgruppe einen Jugendgottesdienst. André Lang predigte zum Thema „Zeit haben". Die Bibelschule fand in acht Gesprächsgruppen statt! Am 15.7. fand ein Arbeitseinsatz statt. 10 Gemeindeglieder beteiligten sich. Es ging uns wie den 300 Männern Gideons: Mehr als zehn wären zu viel gewesen! Am 7.10 und 21.10. wurde noch einmal gearbeitet. Hier war die Beteiligung mit zwei bzw. drei Arbeitern nur gering. Dennoch schreitet der Ausbau der Dachspitze auch dank des Engagements unserer Hausmeisterfamilie sowie unserer beiden Prediger so gut voran, dass mit der endgültigen Fertigstellung im Januar gerechnet werden kann. Am 8.8. hatten wir 47 strahlengeschädigte Kinder aus Weißrussland zu Gast. Sie genießen einen mehrwöchigen Urlaub in Deutschland. Träger ist der Tschernobylhilfe-Verein e.V. Stralsund. Die Gemeinde schenkte jedem Kind eine warme Wolldecke und bereitete allen wieder einen schönen Nachmittag mit Spielen, Saft und Kuchen. Die Leitung dieses Tages lag in den Händen von Anett Kindler.

Kennt jemand von Euch Pauline Sophie? Sie wurde am 29.8. geboren und heißt mit Nachnamen Petrischkeit. Wir freuen uns, dass unsere jungen Gemeindeglieder mit ihren Fähigkeiten für die übernächste Adventistengeneration in Stralsund sorgen. Am 1.9. hielt unser Jungprediger A. Schmidt seine erste Predigt in Stralsund. Sie stand unter dem Thema „Christsein - was bringt es mir?" Am Nachmittag dieses Tages war die Gemeinde in die Wohnung von Ehepaar Schmidt nach Brandshagen eingeladen. 23 Geschwister folgten der Einladung. Unter Anteilnahme der Gemeinde feierten Kathleen und Steffen Altus am 8.9. ihre Hochzeit. Die Trauung fand in der Evangelischen Kirche in Altefähr statt. Am 29.9. erfuhren wir, dass das Ehepaar Ewanian, das seit fast zwei Jahren in Antwerpen lebt, das Bleiberecht für Belgien bekommen hat. Vor einem Jahr hatte eine Abordnung der Gemeinde Ewanians in Belgien besucht. Inzwischen sind sie getauft worden, worüber wir uns sehr freuen. Am 6.10. feierte die Gemeinde Erntedank. Die Kapelle war überaus schön geschmückt. Alle dargebrachten Lebensmittel, Obst usw. wurden an die Stralsunder Tafel weitergegeben. Mittags blieb die Gemeinde zu einem Potluck, einer Nachmittagsveranstaltung und einem abschließenden Kaffeetrinken beisammen. Besondere Gäste waren Peer-Mario R. und seine Freundin. Peer-Mario lebt bei Hamburg und war langjähriger Besucher der Stralsunder Teestube.

Anfang Oktober begann für alle, die sich beteiligten, ein heißer Herbst mit sehr vielen Terminen und Veranstaltungen. Ich nenne nur die Chorproben, die wöchentlichen Donnerstageinsätze auf dem Ostkreuz (Straßenkreuzung der Stralsunder Innenstadt) mit Werbung für „NET 2001", die Gebetswoche ab 20.10., die schon erwähnten Arbeitseinsätze in der Kapelle, einen Neuanfang der Jugendarbeit, die NET-Vorträge ab 9.11. viermal in der Woche, die Gemeindeadventfeier am 8.12., das weihnachtliche Chorkonzert in Greifswald und Stralsund am 15. und 16.12., das Üben für das Singspiel der Kinder am Heiligabend, die montäglichen Gebetsstunden, den Gemeindehauskreis am 9.12.

Bei „NET 2001" waren bei 15 Veranstaltungen jeweils zwischen fünf und neun Gäste anwesend. Wir hatten den Kapellenraum mit Tischen bestellt, sodass sich hinterher ein zwangloses Miteinander bei Tee und Gebäck ergab. Ein „harter Kern" von Gemeindegliedern war an allen Abenden mit dabei. Auch die Beteiligung bei den vielfältigen Diensten war lobenswert. Bedauerlich allerdings, dass das adventliche Chorkonzert in diesem Jahr von der Gemeinde nur spärlich besucht wurde. Erfreulich, dass 20 Gäste es sich nicht nehmen ließen, dabei zu sein. Hinterher sang der Chor noch im Pflegeheim Große Parower Straße. Noch in unserer Erinnerung ist die Predigt, die uns H.-E. Gattmann am 15.12. hielt. Er sprach über das Abendmahl und beleuchtete die Gründe, die manche Gemeindeglieder zu haben meinen, wenn sie beim Abendmahl fehlen. Damit habe ich euch in Windeseile einen Rückblick auf das vergangene Gemeindejahr werfen lassen. Unsere Gliederzahl ist infolge des Todes von Schw. Weber sowie der Taufe von Katrin Lang und des Zuzuges von Ehepaar Schmidt bei 72 angelangt.

In den letzten Wochen hat der Ernennungsausschuss der Gemeinde getagt. Zwei Jahre Tätigkeit der bisherigen Gemeindeleitung sind schon wieder vorbei. Die neuen Vorschläge sind an der Infotafel angeschlagen. Traurig ist, dass einige Namen anonym gestrichen worden sind - wahrscheinlich von den Betreffenden selbst. Wenn jemand mit einem Vorschlag nicht einverstanden ist, so möge er einem Leitungsmitglied seine Gründe nennen, nicht aber heimlich Namen ausstreichen. Der Ernennungsausschuss wird erneut tagen müssen. Ein in meinen Augen besorgniserregender Trend ist in unserer Gemeinde zu beobachten: Die allgemeine Kritikbereitschaft nimmt zu. Sie artikuliert sich aber selten konkret. Dabei nimmt die Dienstbereitschaft durchaus nicht ab - jedoch sind es immer dieselben Gemeindeglieder, die von den zunehmenden Pflichten immer mehr in Anspruch genommen werden. Die Gemeinde wird immer mehr eine konsumierende Gemeinde. Ich erinnere an eine Predigt dieses Jahres (war es Matthias Müller?): „Gemeinde ist kein Krankenhaus, sondern eine Werkstatt!" Mögen wir das im neuen Jahr bedenken!

Dank sei allen gesagt, die, beauftragt oder nicht, immer wieder Arbeiten übernommen und ausgeführt haben. Wir sind froh, dass unser Bezirksprediger in der umfangreichen Bezirksarbeit seit August eine Hilfe zur Seite hat. Ich darf verraten, dass das Ehepaar Schmidt insgesamt zwei Jahre bei uns bleiben wird. Das enthebt uns der Sorge, dass im kommenden Herbst beide Predigerfamilien zugleich den Bezirk verlassen werden. Die personelle Aufstockung kommt besonders der Gruppe Heringsdorf zugute, die jetzt jeden Sabbat mit dem Wort der Predigt bedient wird. Aber auch die Pfadfinder- und Jugendarbeit bekommt zurzeit neue Impulse. Es soll ins Gedächtnis gerufen werden, dass auch im vergangenen Sommer Gottesdienste in Bergen abgehalten wurden, was so manchen Rügenurlauber freute. Danke an alle Bibelschullehrer für ihren wöchentlichen Einsatz! Die Beteiligung an der Helfervorbereitung und die Bereitschaft zum Übernehmen von Gesprächsgruppen ist besser geworden. Danke den Diakonen, die die Verbindung zu ihren Diakonkindern gehalten haben! Danke der Saaldiakonie und unserem Hausmeisterehepaar dafür, dass sie die technischen Voraussetzungen für den Gottesdienstablauf schufen! Danke für manchen unbemerkten Dienst in und an unserer Kapelle! Danke für den wunderschönen wöchentlichen Blumenschmuck sowie die geschmückte Kapelle am Erntedank! Für beides sorgten Inge und Otto Petrischkeit. Ein ungesehener Dienst ist derjenige unserer beiden Schatzmeister und der des Schriftführers. Er soll hier ebenfalls erwähnt werden. Danke an Ulrike Warkenthin und Michael Nerlich für die Schriftenverwaltung! Ein besonderer Dank an alle, die sich in der Kinderbetreuung eingebracht haben. Ich bitte alle Eltern zu überlegen, inwieweit sie sich hier beteiligen könnten! Auch bitte ich darum, die Autorität der Kindertanten und -onkel zu stärken. Danke an Maritta Rosner für die Organisation der Stralsunder Frauenarbeit! Unser Schaukasten war das ganze Jahr über gepflegt. Er wird von Passanten und wartenden Busfahrgästen mit freundlicher Aufmerksamkeit bedacht. Achten auch wir als Gemeindeglieder darauf, was er enthält? Dank allen, die sich an der Kapellenreinigung beteiligen. Es ist dies ein freiwilliger Dienst, an dem sich jeder beteiligen kann, wenn er möchte. Ich glaube, dass Gott ihn nicht unbelohnt lassen wird. Dank allen Geschwistern, die sich zu Hause hinsetzen und Predigten ausarbeiten und damit so manche Stunde zubringen. Danke, dass sie sie nicht nur erarbeiteten, sondern auch hielten! Dank, dass sie sie nicht nur hielten, sondern zum Teil auch weite Wege bis zur Predigtstätte zurücklegten! Dank den Geschwistern, die sich im Seniorenkreis, beim Potluck, bei unseren Kaffeetafeln und im Bastelkreis eingebracht haben! Dank für die finanziellen Gaben, die Ihr an jedem Sabbat ins „zweite" Körbchen legt. Ich erwähne hier bewusst die Zehnten nicht. Sie sind eine Angelegenheit zwischen jedem Einzelnen und seinem Gott. Wer meint, hier sparen zu müssen, der spart an Gottes Segen. Danke an Annerose Lang und Annett Petrischkeit, die den Orgeldienst versahen. Die Begleitung der Choräle durch Horn und Posaune empfanden wir als sehr angenehm.

Der durchschnittliche Gottesdienstbesuch lag im vergangenen Jahr bei 36 getauften Gliedern. Die Zahl der Geschwister, die erst zur zweiten Stunde kommen, hat abgenommen. Die Beteiligung der Gemeinde bei Gemeindebegegnungsabenden, dem evangelistisch ausgelegten Gemeindehauskreis und dem wöchentlichen Gebetskreis ist gering. Ich habe den Eindruck, dass für eine kleine Gemeinde wie unsere die Höchstzahl an Terminen und Gemeindeveranstaltungen erreicht ist.

Ihr wüsstet gerne, was uns das Jahr 2002 bringt? Einige Dinge der Zukunft kann ich euch nennen. Das neue Jahr wird uns den Euro bescheren. Unsere Geschw. Lang werden uns verlassen. Im übernächsten Jahr wird die Gemeinde Stralsund 100 Jahre alt. Ab dem neuen Jahr ist die Gemeinde im Internet präsent. Ich wünsche der Gemeinde Stralsund eine arbeitsfähige und motivierte Gemeindeleitung. Und ich wünsche ihr, dass Gott sie auch im neuen Jahr gnädig ansehen möge!

10.4 Predigerfamilie Hugo und Brigitta Tornow (2002 - 2010)

2002: SAT-Evangelisation mit S. Sigg - Predigerwechsel Lang/Tornow

Am heutigen Silvestertag gibt es unter allen Menschen eine Gemeinsamkeit. Ein jeder schaut auf sein eigenes vergangenes Jahr zurück. Auch die Politiker tun es, die Ökonomen, die Wissenschaftler, die Meteorologen. Und da dürfen wohl auch wir als Gemeinde unseren traditionellen Rückblick vornehmen. Vor einigen Sabbaten machten wir uns im Bibelgespräch klar, dass wir die Gemeinde Laodizea sind. Zumindest gehören wir dazu. Diese Gemeinde spricht: „Ich bin reich und habe gar satt." Die Gemeinde Stralsund formuliert das etwas anders, vielleicht so: Es ist schön, dass wir immer noch da sind. Wir hatten zwar im letzten Jahr nur eine Taufe, aber im kommenden Jahr feiern wir immerhin unser 100. Jubiläum. Wir haben eine schöne neue Kapelle. Wir sind von Spaltung und Streit verschont geblieben. Zwar zanken wir uns manchmal, aber wir vertragen uns auch wieder. Unsere Gottesdienste sind schöne Gottesdienste. Alle in der Gemeinde notwendige Arbeit wird verrichtet. Wir sind in der religiösen Landschaft der Stadt bekannt und anerkannt. Wir spenden für die Kinder der Tschernobyl-Region. Lieber Gott, hör dir nur unsere Jahreschronik an, eigentlich kannst du mit uns zufrieden sein! Ich wage nicht, mir die Antwort Gottes an uns auszudenken. Sagt sie euch selbst! Als Chronist ließ ich Jahr für Jahr das Gemeindeleben an eurem geistigen Auge vorbeigehen. Wenn man die Chroniken anhört, dann klingen sie überwiegend positiv. Wir hüllen unsere Zufriedenheit in Worte des Dankes, das klingt besser. Ab und zu ein zerknirschtes, selbstkritisches Wort - das macht sich gut. Oh Herr, wir wissen, dass wir lau sind, und dass uns Buße nottut! In einem Geist der Selbstbesinnung wollen wir unseren Rückblick auf das vergangene Jahr tun. Er soll uns aufrütteln und mahnen.

Das vergangene Jahr war für uns Deutsche ein Jahr, in dem es schick war zu jammern. Grund gibt es genug: die Arbeitslosigkeit steigt weiter; die Politiker raufen sich die Haare angesichts steigender Kosten im Gesundheitswesen und nicht ausreichender Rentenbeiträge. Die rot-grüne Regierung hat es mit einem denkbar knappen Vorsprung geschafft, am Ruder zu bleiben. Die Energiepreise steigen. Dennoch meine ich, haben wir keinen Grund zum Klagen. Noch nie ging es einer Generation in unserem Land so gut wie der heutigen.

Jüngst las ich, dass das vergangene Jahr das zweitwärmste Jahr im vergangenen Jahrhundert gewesen sei. Erwärmt sich tatsächlich unsere Atmosphäre? Kündigt sich eine Klima-Katastrophe an? Zunächst aber begann das Jahr 2002 mit Frost und Schnee. Die letzten Weihnachten waren weiß. Im Januar taute es. Anfangs Februar waren in Deutschland teilweise 20°C, bei uns z. B. am 30.1. 11°C. Über Ostern sah ich die erste Butterblume blühen (29.3.), das Hoch „Jonas" erfreute alle Osterspaziergänger. Einige heftige Stürme suchten uns heim. Der schlimmste war der vom 10.7., der in Norddeutschland die Ursache für sieben Tote und in Stralsund für viele abgeknickte und entwurzelte Bäume war. Im Juli und August kam es zu mehreren heftigen Regenfällen. In Süd- und Mitteldeutschland stiegen die Flusspegel bis zu neun Metern an. Man sprach von der „Jahrhundertflut". Am 5./6. 8. regnete es bei uns 15 Stunden ununterbrochen. Danach blieb es warm und trocken bis zum 17.9. Erstaunlich auch der durchgängige Frost, mit dem die letzten drei Wochen des Jahres uns überraschten. Ich wüsste nicht, wann es so etwas bei uns in den letzten Jahren gegeben hat.

Was hat die Gemeinde erlebt? Die letzte Silvesterandacht wurde von 25 Gemeindegliedern besucht. Anschließend feierten einige Familien in den Nebenräumen der Kapelle den Jahresausklang.

Unsere Geldspenden erfolgten ab 1.1. in einer neuen Währung, denn der Euro war da. Das „Wort des Jahres 2002" lautet „Teuro". Ab dem 1. Quartal lernten wir probeweise unsere wöchentliche Bibelbetrachtung aus einem uns ungewohnten Lehrheft. Inzwischen sind die meisten von uns zur alten, bearbeiteten Ausgabe zurückgekehrt, die ebenfalls weiter angeboten wird. Im Rahmen der Allianzgebetswoche waren wir am 9.1. erneut Gastgeber für Christen der Stadt, die in unseren Räumen beteten. Acht unserer Gemeindeglieder waren mit dabei.

Am 12.1. hörten und sahen wir über Satellit Brd. M. Müller, der bei der NET-Übertragung von 2001 Sprecher gewesen war. Sein Predigtthema war „Nachfolge". Am 13.1. wurde das Singspiel von den drei Bäumchen, mit dem die Kinder uns am Heiligabend 2001 erfreut hatten, noch einmal in Brandshagen aufgeführt. Ca. 33 Personen sahen es. Die Kollekte von 76 € war für Kinder in Ulan Bator bestimmt. Am 19.1. verstarb Albertine Wietrzichowski. Sie wurde 92 Jahre alt. Über 56 Jahre hat sie das Gemeindeleben mitgeprägt. Am 26.1. hatten wir eine Gemeindestunde. Die Gemeindeglieder folgten mehrheitlich dem Vorschlag der Gemeindeleitung, Brd. Stefan Blohm aus der Gemeinde auszuschließen. Außerdem war Gemeindewahl. Die Brd. O. Petrischkeit und H. Wietrichowski wurden in ihren Ämtern als Älteste bestätigt. Am 30.1. wurde Sophie-Charlott Altus geboren. Am 9.2. führte die Vereinigung eine Sabbatschullehrer-Schulung in Stralsund durch. Ab März wurde eine neue Gemeindeveranstaltung eingeführt. Zunächst vierzehntägig, schon bald aber wöchentlich, wurde und wird in der Turnhalle Andershof Sport getrieben. Greifswalder und Stralsunder Kinder, Jugendliche und Gemeindeglieder sind die Teilnehmer. Initiator war Andreas Schmidt.

Ebenfalls im März hat Christina Warkenthin ihren Austritt aus der Gemeinde erklärt. Die häusliche Situation bei Bernd und Christina Warkenthin ist durch die Pflege von Christinas Mutter sehr schwer. Die Gemeinde weiß darum, sieht sich aber kaum in der Lage, hier zu helfen. Brd. Lang versuchte erfolglos ein klärendes Gespräch. Anlässlich eines Frauensabbats am 9.3. predigte Schw. Wittwer zum Thema „Leere Krüge". Im Frühjahr wurde an unserer Garage, aber auch am geplanten Hofausgang der Kapelle gearbeitet. Friedrich Fischer hat die Projektierung gemacht, die Brüder Michael Nerlich und Otto Petrischkeit haben sehr fleißig gearbeitet. Am 11.5. war das Fundament fertig. Am 18.5. hatten wir ein volles Gotteshaus. Es fand die Jugendaufnahme von Kristin Warkenthin, Claudia Warkenthin und Margarete Küchler statt. Jo Lang predigte über die Treue Daniels.

Unsere Baumaßnahmen (Hinterausgang, Garage, Bodentreppe, Bodenausbau) haben ca. 6.000 € verschlungen. Wir planten einen Spendenaufruf an die Gemeinde, der inzwischen stattgefunden hat.

Ab Juni fand ein mehrwöchiger Segelkurs in unseren Räumen statt. Wir sehen nichts Schlechtes darin, unser Gotteshaus auch für solche Zwecke zu öffnen. Damit werden Menschen mit unserem Hause bekannt gemacht, auch wird damit ein guter Zweck erfüllt.

Am 10.6. verstarb unerwartet unser Brd. Friedrich-Karl Zinow. Er wurde in Pantelitz von einem Zug erfasst und war auf der Stelle tot. Zu unserem Bezirksgottesdienst am 15.6. hatten wir einen besonderen Gast eingeladen: Brd. Frikart, der Präsident der Euro-Afrika-Division war unserer Einladung gefolgt. Besonders interessant war für uns sein Blick in das gesamte Feld der Division, welches ja Teile Mittel- und Nordafrikas, des Balkans und Mitteleuropas umfasst.

Die Kindergruppe der Gemeinde samt den Pfadfindern hatte sich am Wochenende um den 22.6. etwas Besonderes vorgenommen. Unter Leitung von Ehepaar Küchler fuhr sie mit vier Segelbooten nach Pramort, verlebte dort einen schönen Sabbat und wollte am Sonntag natürlich wieder zurück. Die Rückfahrt aber wurde zum Albtraum. Der Wind war so stark, dass ein Boot sich im Kubitzer Bodden festsetzte und auch die anderen beiden kleineren Boote Wasser übernahmen. Schließlich aber gelangten alle heil nach Stralsund. Am 29.6. feierte die Gemeinde mit Annerose und Joachim Lang zum letzten Mal gemeinsam Abendmahl. Brd. Lang und seine Ehefrau wurden im feierlichen Rahmen dieses Gottesdienstes verabschiedet. Die Gemeinde schenkte beiden einen Rundflug über Rügen. Wie ich hörte, ist dieses Geschenk allerdings noch nicht eingelöst!

Eine Woche später begrüßten wir unser neues Predigerehepaar. Hugo und Brigitta Tornow taten bislang ihren Dienst in Lübeck und sind ab sofort in unserem Bezirk. Hugo Tornow hielt seine erste Predigt zum Thema „Was ist Segen?". Am 10.7. machte der Sturm, der über weiten Teilen Norddeutschlands tobte, auch auf dem Kapellengrundstück Schaden. Einige Dachziegel kamen herunter. Äste aus den beiden Pappeln stürzten auf den Hof, zerstörten das Gewächshaus unserer Geschw. Küchler und beschädigten zwei Gästeautos und die Garagendächer. Fast eine der ersten Amtshandlungen unseres neuen Predigers war die Beerdigung von Frieda Walleiks, die seit 1938 Glied der Gemeinde Bergen gewesen ist. Sie starb am 19.8. Ihre letzten Lebensjahre verbrachte sie im Pflegeheim. Am 31.8. feierte die Gemeinde die Schuleinführung von Tikva-Nicolle Böser. Andreas Schmidt machte unserer Tikki diesen Gottesdienst zu einem schönen Erlebnis.

Am 7.9. hatte die Gemeinde Stralsund einen besonderen Gast. Prediger Silvain Romain aus Hamburg hielt einen öffentlichen Vortrag zum Thema „Ein Jahr danach: World Trade Center, Bibel und Koran". Der Vortrag fand am Sabbatabend statt und hatte ca. 25 Gäste in unser Haus gelockt. Die Ausführungen konnten allerdings nur Islam-Freunde interessieren. Ich hatte den Eindruck, dass einige unserer Gäste, darunter auch französisch sprechende Asylbewerber, etwas anderes erwartet hatten. Wenn ich auch das Anliegen des Sprechers verstanden habe, so versäumte er es meiner Meinung nach dennoch, diesen Abend missionarisch und zeugnishaft zu gestalten.

Von Ende Juni bis Ende September, also an 13 Sabbaten, haben wir auch in diesem Sommer wieder in Bergen Gottesdienste gefeiert. Sie wurden von 128 Teilnehmern besucht, was einen Durchschnitt von 10 (außer unseren eigenen Geschwistern) bedeutet. Am 5.10. fand am Sabbatabend ein Chorkonzert in der Heilgeistkirche statt. Ein Vereinigungschor von ca. 80 Sängern, darunter auch drei aus Stralsund sowie ein gut besetztes Sinfonieorchester nebst drei Solisten hatten in den Monaten zuvor tüchtig geübt und boten etwa 100 Zuhörern eine musikalisch hochwertige Darbietung.

Am 11.10. begann eine Satellitenübertragung mit Stefan Sigg aus der Schweiz. An drei Wochenenden wurden unter dem Titel „Link2life" (wörtlich: „Verbindung zum Leben") sechs Übertragungen angeboten. Die Botschaft von Brd. Sigg war vom Vortrag und Inhalt ausgezeichnet. Das musikalische Rahmenprogramm sollte jugendgemäß sein, war aber nach meiner Meinung zu schrill und zu lang. Ich konnte nicht feststellen, dass es einen zum Thema hinführenden Charakter gehabt hat. Auf der Plusseite steht, dass einige unserer Jugendlichen unter Leitung von Andreas Schmidt in der Ossenreyer-Straße öffentlich eingeladen hatten, und dass diese Einladungen auch von wildfremden Jugendlichen angenommen worden waren. Wenn diese Gäste sich auch vorrangig für unsere Saftbar und die Nebenräume des Hauses interessierten, so bleibt doch die Hoffnung, dass auch für die Zukunft ein Band zu ihnen geknüpft werden kann.

Am 26.10. weihten wir die neue Hoftür ein. Eine Sondersammlung zur Finanzierung dieses Bauvorhabens erbrachte 527 €. Am 9.11. hörte die Gemeinde einen Brief unseres Brd. Volker Hornung. Er war zu einem Missionseinsatz in Bolivien. Leider wurde er dort krank und musste vorzeitig zurückkehren. Vom 23. - 30.11. vereinte die diesjährige Gebetswoche die Adventgläubigen der ganzen Welt. Erstmalig versuchten wir das Angebot eines Montagvormittagsgebets, das von 10 Geschwistern angenommen wurde. Die Gebetslesungen standen unter dem Gesamtthema „Anbetung". Am 13.11. nahm die Gemeinde Anteil an der Beisetzung von Werner S. Herr S. war ein Jahr lang Besucher des Seniorenkreises gewesen, hatte sich bei uns sehr wohlgefühlt und hier Gott kennengelernt. Bei einem Gemeindebegegnungsabend am 30.11. machten sich 19 Beteiligte Gedanken über die Gestaltung unseres 100. Jubiläums am 4.10.2003. Es wurden viele gute Ideen geäußert und gesammelt.

Am 8.12. hörte die Gemeinde und eine Reihe von Gästen unser diesjähriges vorweihnachtliches Chorkonzert, für das unser Chor unter Leitung von A. Kaufmann fleißig geübt hatte. Anschließend blieben die Sänger und ca. 55 Gäste zu einem Kaffeetrinken beisammen. Noch in Erinnerung ist uns sicher der 21.12. mit Otto Petrischkeits Predigt über das Thema „Anbetung" sowie die Bescherung und das „Dankeschön" der Kinder, das aus Vorführungen von Gedichten, Lesungen, Musik und Gesang bestand. Wir freuen uns über die große Kindergruppe. Mittags war der größte Teil der Gemeinde zu einem gemeinsamen Mittagessen beisammen geblieben. Abends veranstaltete A. Schmidt in der Kapelle eine „Matratzennacht" mit den Pfadfindern und Jugendlichen der Gemeinde. Der Dezember war für unser neues Predigerehepaar zu einem Umzugsmonat geworden. Eine Reihe von Geschwistern half, ihren Umzug aus einer Übergangswohnung in den Rosmarinweg 1 zu bewerkstelligen. Am Heiligabend um 15.00 Uhr hatte die Gemeinde zu einer Christvesper eingeladen. Die Kindergruppe führte, jetzt schon traditionell, ein weihnachtliches Singspiel auf.

Zum Schluss wie in jedem Jahr ein wenig Statistik. Zu Beginn des Jahres waren wir 72 Glieder. Wir verloren durch den Tod 3 Geschwister (Walleiks, Wietrzichowski, Zinow), durch den Wegzug von Ehepaar Lang und Nico Saupe 6 Geschwister, durch Ausschluss ein Glied (Stefan B.) und durch Austritt ein weiteres Glied (Christina W.). Ehepaar Tornow und Gertrud Singer, die aus der Gemeinde Buchholz zuzog, kamen dazu. Das ergibt einen neuen Gliederstand von 64. Der durchschnittliche Gottesdienstbesuch einschließlich der Rügener Geschwister, die im Sommer ja die Gottesdienste in Bergen besuchen, betrug 37 Glieder. Das bedeutet einen leichten

Anstieg gegenüber dem Vorjahr. Auch in dieser Chronik möchte ich viele Dankeschön verteilen. Der Predigerwechsel ist von der Gemeinde angenommen worden. Geschw. Tornow haben sich eingelebt. Wir freuen uns über ihre Einsatzbereitschaft, die vom ersten Tag an zu spüren war. Gleichzeitig denken wir dankbar an die 10 Jahre mit Geschw. Lang zurück. Wir wünschen auch ihnen weiteres Wohlergehen und erfolgreiches Wirken in Hamburg.

Unser Jungpredigerehepaar Schmidt war eine Gebetserhörung. Wir danken beiden für die Impulse, die sie der Gemeindearbeit gegeben haben und für ihren Einsatz. Im kommenden Jahr werden sie wieder gehen. Wir beginnen schon immer mal zu trauern!

Die Pfadfinder- und Jugendarbeit hat einen Generationswechsel erlebt. Die Jugendgruppe besteht im Wesentlichen aus sehr jungen Jugendlichen. Der „Bastelkreis", den Grit Gräske und Anett Kindler seinerzeit initiiert hatte und der einige Jahre mit Nachbarskindern durchgeführt wurde, ist zum Teil von der Pfadfindergruppe aufgenommen worden. Diese hat durch den Einsatz von Jörn Kindler einen deutlichen Auftrieb erlebt. Allen in der Kinder- und Jugendarbeit tätigen Gliedern ein besonderer Dank!

Die Bibelschule hatte genügend Lehrer. Die Durststrecke vergangener Jahre ist offenbar vorbei. Wir müssten in der Lage sein, auch fünf Gesprächsgruppen zu besetzen. Die Diakonie hat ihren meist unmerklichen Dienst getan. Ein Dank an Michael Nerlich und seine Helfer! Ebenfalls fast unsichtbar sind der Einsatz der Saaldiakone, des Hausmeisterehepaars, des Schatzmeisters und Schriftführers. Völlig unsichtbar ist der wöchentliche Dienst des Gebetskreises am Montagabend. Schon etwas mehr ins Auge fallen der Blumenschmuck im Saal, die Pflege der Außenanlagen und die Reinigung der Kapelle - besonders dann, wenn sie einmal ausfallen! Ein Dank an die Kindergruppenleiter, an die Organisation der Frauenarbeit, des Seniorenkreises und an die monatliche Aktualisierung des Schaukastens. Ein Dank an unsere Organisten, an die „Ersatzleute", die sich mal schnell ans Klavier setzen, wenn es fehlt, und an die Hornbegleitung durch Johannes! Ein Dank an alle Diener am Wort, die uns Predigten hielten, Jugendstunden ausarbeiteten und so manchen Kilometer mit dem Pkw unterwegs waren! Ich freue mich, dass die Seniorenarbeit unter Mithilfe von Renate Wendler und unter Leitung von Prediger Tornow nach dem Weggang von Jo Lang nahtlos weitergeführt worden ist. Zwei neue Dienste sind im vergangenen Jahr dazu gekommen. Peter Küchler leitet Woche für Woche die Sportgruppe der Gemeinden Greifswald und Stralsund, und Jan Petrischkeit ist der Verantwortliche der elektronischen Darstellung der Gemeinde im Internet. Wer sie sich ansehen möchte, findet uns unter ***www.sta-stralsund.de***.

Dank an alle, die durch Gaben und Spenden die Ausgaben der Gemeinde finanzierten! Dank an die Gemeindeleitung, die an so manchem Abend beisammensaß und über die Geschicke der Gemeinde beriet! Nicht unerwähnt möchte ich diejenigen Geschwister und Freunde lassen, die über 120 Pakete für Litauens Kinder gepackt haben. Sie sind ein Teil jener insgesamt 30.000 Pakete, die in die ehemalige Sowjetunion gesandt worden sind. Inge Petrischkeit hat diese Arbeit in dankenswerter Weise organisiert.

Ich komme auf das zurück, was ich am Anfang sagte: Sind wir reich, haben gar satt und bedürfen nichts? Aber ihr wisst ja, wie das Bibelwort weitergeht! Im Bilde gesprochen: Das Haus der Welt brennt! Die Gemeinde soll Menschen aus diesem brennenden Haus retten. Tun wir das? Oder helfen wir der Welt beim Tapezieren? Ich wünsche euch und mir ein gesegnetes Jahr 2003! Möge Gott uns auch in Zukunft gnädig ansehen!

2003: 100 Jahre Gemeinde Stralsund

Ihr seid es gewohnt, am Altjahresabend einen Rückblick in das vergangene Jahr zu tun. Ich denke, dass eine solche Rückschau etwas Vernünftiges ist. Sich an etwas zu erinnern, hat mit Denken zu tun. Denken aber führt zu Dankbarkeit. Heute vor einem Jahr hatten wir auch um 16.00 Uhr unsere Jahresschlussandacht. 45 Personen vereinten sich in diesem Raum. Hinterher blieb der überwiegende Teil zu einer gemeinsamen Silvesterparty beisammen. Wie schön, dass unser Haus auch dazu Gelegenheit bietet! In der ersten Stunde des neuen Jahres machten wir bei -10°C einen Spaziergang zum Rosmarin-Weg, damit dort unsere Kinder und Jugendlichen ungestört ihre Raketen steigen lassen konnten. Ein klarer Himmel ließ das Feuerwerk über der Stadt deutlich sichtbar werden. Über 100 Mio. € sollen es gewesen sein, die die Deutschen dem Jahreswechsel zu Ehren verpulverten. Der Schneefall des 1.1. deckte gnädig die verschmutzte Stadt zu. Das vergangene Jahr brachte einen deutlichen Winter zustande. Der Strelasund war zweimal zugefroren, das erste Mal bis zum 18.1. und dann noch einmal von Mitte Februar bis in den März. Im Mai wurde es sehr warm. Bei sehr schönem Wetter filmte ich den Flug von Ehepaar Lang in einem Kleinflugzeug, das in Güttin/Rügen startete und landete. Erst in diesem Jahr hatten sie ihr Stralsunder Abschiedsgeschenk aus dem Jahre 2002 eingelöst. Der Juni war heiß, trocken und stürmisch, der Sommer insgesamt deutlich warm und schön, der Herbst so golden und mild, dass im Oktober einige Sträucher erneut zu blühen begannen. Im Oktober und November wüteten in Kalifornien Waldbrände auf einer Fläche so groß wie das Saarland. Der Winter hatte es im Dezember nicht so eilig wie im vergangenen Jahr. Das Jahr 2003 soll das drittwärmste Jahr, seit gemessen wird, gewesen sein. Die Sommerhitze soll mehr als 20.000 Menschen das Leben gekostet haben. Das Jahr war überaus reich an Stürmen und Unwettern. Weltweit sollen es 250 gewesen sein.

Die große Politik beschäftigte sich mit drei Ländern der Welt: Palästina, Afghanistan und Irak. Im Januar beschloss der Präsident der USA, den Irak mit Krieg zu überziehen, weil dort angeblich Massenvernichtungsmittel produziert würden. Deutschland, Belgien und Frankreich stellten sich gegen diesen Krieg. Bei den im März erfolgten Bombenangriffen auf Bagdad kam die dortige Adventgemeinde nicht zu Schaden. Der Krieg kostete die USA und England bis zur Einnahme Bagdads am 8.4. insgesamt 57 tote Soldaten. Was Amerika damals noch nicht wusste, war, dass nach Kriegsende viele weitere eigene Soldaten umkommen würden. Die Opfer des Iraks fand ich zahlenmäßig nirgends erfasst. Am 14.12. wurde Saddam Hussein gefasst. Inzwischen ist unser Versammlungsort in Bagdad doch durch Raketenbeschuss irgendwelcher Freischärler beschädigt worden. Im Mai bedrohte eine neue Seuche Ostasien und Kanada. 700 Menschen starben an SARS, einer grippeartigen Krankheit. Am 23.5. erschütterte ein Erdbeben Algier und forderte mehr als 2.000 Tote. Im Oktober flog unser Friedrich Fischer beruflich nach Afghanistan. Dieses Land ist nach dem

Krieg 2002 immer noch nicht befriedet! Am 29.11. wurden wie durch ein Wunder 11 verschüttete Bergleute aus einer russischen Kohlengrube gerettet. Im November handelten Regierung und Opposition ein sogenanntes Gesundheits-Strukturgesetz aus. Es wird uns im neuen Jahr die Gesundheit noch teurer machen. Dennoch wollen wir nicht klagen. Wohl einem jeden von uns geht es so gut, dass er eigentlich zufrieden sein müsste.

Im Januar fand wie alljährlich eine Allianzgebetswoche in Stralsund statt. Am 10.1. (Fr) waren wir Gastgeber. 22 Glieder und Jugendliche von uns waren mit dabei. Das Jahr 2003 stand ganz im Zeichen des Jubiläums „100 Jahre Gemeinde Stralsund". Die Planung und Vorbereitung führte die Verantwortungsträger der Gemeinde etliche Male zusammen. Am 22.3. verabschiedeten wir Lars Dahlke, der unsere Stadt nach drei Jahren Fachhochschulbesuch verließ und uns ein Kompliment hinterließ: „Ihr seid eine ziemlich familiäre Gemeinde." Eine Woche später wurde Cornelia Tornow in die Jugendgruppe aufgenommen. Der Nachmittag dieses Tages wird noch vielen von euch in Erinnerung sein. Brd. A. Schmidt erzählte Geschichten aus seiner Wanderzeit als Zimmermannsgeselle und zeigte Dias. Schließlich war er ja bis nach Australien gelangt. Ab März war Brd. Tornow für einige Wochen zur Kur. Seit Mai gilt in unserem Gebiet eine neue Aufteilung der Gemeinden: zum Stralsunder Bezirk gehören künftig Stralsund, Demmin und Teterow, zum Greifswalder Bezirk (A. Schmidt) Greifswald, Eggesin und Heringsdorf. Brd. E. Zücker betreut Neubrandenburg, Neustrelitz, Waren und Plau.

Über Himmelfahrt machten unsere Pfadfinder wieder ein „HiLa" in Ratzeburg. Sie kamen alle heil zurück. Am 4.7. boten wir für Ehepaare der Gemeinde ein Eheabendmahl an. Sechs Paare nahmen das Angebot an. Die Ehepartner wuschen einander die Füße. Es herrschte eine sehr schöne Atmosphäre. Am 11.7. war die Gemeinde Stralsund erneut Gastgeber für 47 Kinder aus dem Raum Tschernobyl. Ein Dank an alle, die die Organisation und die Durchführung dieses Tages sicherten! Am 19.7. gestalteten die Teilnehmer einer Bibelwoche aus Thüringen mit den Predigern Harald Gäbel und Jens Schulz uns den Gottesdienst. Am 2.8. hatten wir einen besonderen Gast im Gottesdienst. Pastor Teubert, der Pressesprecher der Gemeinschaft in Deutschland, hielt uns die Predigt. Sie stand unter dem Thema „Die Gemeinde Jesu - unbefleckt und schön!?" An drei Tagen im August stellte sich Hartmut Behnke, der bei Familie Saupe in Poggenhof/Rügen Urlaub machte, für ein Eheseminar zur Verfügung. Hartmut Behnke ist Fachmann auf dem Gebiet der Ehe- und Familienberatung. Das Seminar fand in den Räumen der Barmer EK in Bergen statt. An jedem der drei Abende hörten ihm 10 - 15 Gäste zu. Am 31.7. ist bei Schmidts in Brandshagen ein Mädchen angekommen. Wir haben uns mit den Eltern gefreut und wünschen der kleinen Laura-Marie Gottes Segen! Am Sabbat, dem 16.8., führte die Gemeinde eine Gabensammlung für die Suppenküche in St. Petersburg durch. Die dortige Suppenküche wird hauptsächlich von der Gemeinde Hamburg finanziert. Siegfried und Maritta Rosner brachten unsere Spende - immerhin 560 € - heil nach Russland. Am 23.8. fand ein Regionalgottesdienst im Weidendom der IGA in Rostock statt. Aus Stralsund nahmen allerdings nur einige wenige Geschwister teil. Am 30.8. wurden Freya Kindler und Andreas, ein Pflegekind von Geschwister Nerlich, in die Schule eingeführt. Die Gemeinde zeigte in einem besonderen Gottesdienst ihre

Anteilnahme. Wen es interessiert: in unserer Gemeinde befinden sich zurzeit fünf Pflegekinder: Tikva bei Drews, Natalie und Andreas bei Nerlichs, Anna bei Gunter und Ulrike Warkenthin und Julia bei Bernd und Christina Warkenthin. Wegen unseres Jubiläums feierten wir Erntedank eine Woche früher als sonst. Der Gottesdienstraum war von Petrischkeits wieder wunderschön geschmückt. Die gespendeten Früchte und Lebensmittel wurden in Form einer Tombola an die Geschwister verteilt. Ich gewann eine Zuckermelone. Die Höhe der Sammlung zum Erntedank betrug 995,10 € + 230 € für den ADRA-Katastrophenfonds.

Vom 3. - 5.10. begingen wir unseren ganz großen Festgottesdienst. Er war gleichzeitig unser diesjähriger Bezirksgottesdienst. Es begann am Freitagabend mit Gratulationen von Gästen, einer Kurzchronik und dem Chorkonzert. Brd.

Jubiläumsgottesdienst 3. - 5.10.2003
v. h. l.: Annerose Lang, ?, Kathrin Küchler, Matthias Höhne, ?, Heinz Wietrichowski, Jörgen Zschunke, André Lang, Michael Nerlich, Andreas Schmidt, Jo Lang, Stefan Kaufmann, Gunter Petrischkeit; 2. Reihe v. h. l.: Kirsten K., Kerstin Nerlich, Konstanze Kaufmann, Susanne Hornung, Ina Heidrich, Anne-Dore Helbig, Ruth Bohnefeld; 3. Reihe v. h. l.: Anja Kaufmann, Anett Hornung, Annett Petrischkeit, Johannes Kindler

Berthold Gauger hielt uns eine Andacht. Die Sabbatpredigt hatte Konrad Edel. Zum Mittagessen waren wir in der Fleischerei Hoheisel in der Alten Rostocker Straße zu Gast. Nachmittags hörten wir die ausführliche Gemeindechronik, Grußworte der Vereinigung und der Nachbargemeinden und eine Kurzverkündigung mit Brd. Gattmann. Danach waren wir noch einmal Gäste im Hause Hoheisel. Kaffee und Kuchen schmeckten vortrefflich! Der Sabbatabend brachte eine Kurzverkündigung von H. Beier, der uns mit bewegenden Worten an unsere Geschw. Weber erinnerte („Wasser ist genug!"), eine gemütliche Erinnerungsrunde mit den anwesenden vier ehemaligen Predigern, die sich von uns nach den alten Zeiten ausfragen ließen. Zum Abschluss gab die neu gegründete Band ein jugendgemäßes Konzert. Der letzte Tag des Festes brachte mit der Taufe von Susanne Hornung und André Hinz noch einen besonderen Höhepunkt. Jo Lang hielt die Taufansprache, Hugo Tornow leitete die Handlung. Wir wünschen den beiden Täuflingen ganz besonders Gottes Segen und allezeit liebevolle Geschwister an der Seite! André Hinz stammt von der Insel Rügen. Er ist der Freund von Nico Saupe, wollte unbedingt in Stralsund getauft werden und bleibt vorerst auch in unserer Gemeindeliste. Die Gebetslesungen lasen wir in diesem Jahr bereits im Oktober. Das Thema lautete „Überströmende Gnade". Der November sollte eigentlich freigehalten werden für eine Satelliten-Evangelisation mit Hans Gerhardt. Die aber fiel wegen Krankheit des Sprechers aus. Vom 14. - 16.11. waren unsere Jugendlichen zu einem Jugendtreffen in Gülzow bei Demmin. Andreas Schmidt und Peter Küchler begleiteten sie. Eine Neuauflage gab es vom 5. - 7.12 in Neubrandenburg. Wie in jedem Jahr hatte der Greifswald-Stralsunder Chor unter Leitung von Schw. A. Kaufmann wieder einige Wochen geübt. Am 6. und 7.12. wurde das Programm in beiden Gemeinden aufgeführt. KMD Prof. Modeß ließ es sich wiederum nicht nehmen, aktiv mit dabei zu sein. An beiden Nachmittagen waren Gäste erschienen, um die Darbietung zu hören. Anschließend blieb eine ganze Reihe von Konzertbesuchern noch bei Kaffee und Kuchen beisammen. Die Gästezahl in Stralsund reichte allerdings nach meiner Beobachtung nicht an die vorjährige heran.

Besonders erwähnen möchte ich die Paketaktion von ADRA, in die sich Glieder unserer Gemeinde, viele fremde Spender und vor allem unsere Geschwister Petrischkeit sehr stark einbrachten. Waren es im vergangenen Jahr 120 gepackte Pakete, so stieg diese Zahl in diesem Jahr auf über 200! Die Gemeinde sah ein Video über die vorjährige Übergabe der Geschenkpakete an Kinder in der ehemaligen UdSSR. Am 8.12. war Seniorenkreis - nicht das einzige Mal in diesem Jahr. Aber als Chronist möchte ich erwähnen, dass immerhin ca. 24 Teilnehmer beisammen waren, davon die Hälfte Gäste! Ein besonderer Sabbat war der 13.12.: Die Gemeinde feierte Abendmahl, blieb zum Potluck beisammen, beschenkte ihre Kinder und hörte einen interessanten Bericht von F. Fischer über Land und Leute von Afghanistan. Seine Bilder zeigten ein zerstörtes und verarmtes Land, gefangen in Analphabetismus, bedroht durch religiösen Fanatismus und die allgegenwärtige Minengefahr. Am Heiligabend erfreute die Kinder- und Jugendgruppe die Gemeinde mit der Darbietung eines Krippenspiels. Wir haben es noch in deutlicher Erinnerung. Es war meines Erachtens das bestgelungene Krippenspiel unserer Kinder in den letzten Jahren! Mit dieser Silvesterandacht und dem heutigen Erinnern ist das Gemeindejahr 2003 vorbei.

Wir sind am Ende dieses Jahre 65 Glieder; die Gemeinde hatte keine Todesfälle zu beklagen. Zwei Geschw. wurden getauft, Geschw. Schmidt gingen per Brief nach Greifswald. Für das neue Jahr stehen Wahlen der Verantwortungsträger an. Der Ernennungsausschuss hat getagt, die Vorschläge hängen aus. Eine Entscheidung über die Art unserer Öffentlichkeitsarbeit im nächsten Jahr steht noch zur Diskussion. Die Zukunft der Gemeindestandorte Bergen und Demmin muss bedacht werden. Die Leitung der Hansa-Vereinigung wünscht mehr Konzentration auf Mission und Evangelisation. Wer wollte schon gegen Mission sein? Dennoch: Eine solche Kräfteverteilung zu Lasten der Gemeindearbeit birgt auch Gefahren in sich. Arbeit nach außen kann nur aus einer Gemeinde geschehen, die in Liebe miteinander umgeht, in der die Seelsorge und die Diakonie stimmen, in der sich Kinder und Jugendliche wohlfühlen und in der die Alten und Randsiedler nicht vergessen werden. Das zu bewirken, kostet Arbeit in und an der Gemeinde. Unsere Hauptzielgruppe in Sachen Mission sollten unsere Kinder und unsere Freunde sein! „Kommt zu uns herein!", kann man nur rufen, wenn es drinnen warm und herzlich ist. Das vielgeschmähte Burgprinzip hat auch positive Seiten.

Zum Schluss das obligatorische Dankeschön an alle, die sich im vergangenen Jahr in der Gemeindearbeit eingebracht haben. Es sind so viele, dass die Gefahr besteht, jemanden zu vergessen. Um euch bewusst zu machen, was selbst in einer nur mittelgroßen Gemeinde wie der unseren an Diensten und Aufgaben angefallen ist, möchte ich sie diesmal ohne Namensnennung nur einmal nennen: seelsorgerliche Besuche, Aussprachen und Telefonate, Arbeitstagungen und -beratungen, Einsatz in der Kinder-, Pfadfinder- und Jugendarbeit, Musikarbeit, Fahrdienste für Alte und Kinder, finanzielle Unterstützung der verschiedenen Gemeindeanliegen, Kuchenbacken, Potluckgestaltung, Pflege von Kapelle, Hof und Vorgarten, Blumenschmuck in der Gemeinde, Saaldiakonie, Paketaktion ADRA, Tschernobylkinder-Betreuung, Hauskreisarbeit, Predigtdienst, Krankenbesuche, Besuche bei Alten und Alleinstehenden, Kapellenreinigung, Seniorenarbeit, Orgeldienst und sonstige musikalische Umrahmung der Gottesdienste, Frauenarbeit, Technikbetreuung, Schatzmeister- und Gemeindeschreiberdienst, Behördengänge, Mitarbeit in der Bibelschule, Pflege des Büchertisches und Schaukastens. Viele von euch werden sich in dieser Aufzählung wiederfinden, und doch habe ich vielleicht irgendeinen Dienst vergessen. Verzeiht mir und seid euch sicher, dass Gott niemanden vergessen hat. Ein ausdrücklicher Dank sei allen gesagt, die unsere Gemeinde in ihren Gebeten im stillen Kämmerlein mittragen! Dabei denke ich ganz besonders auch an unsere alten Geschwister, die die Gottesdienste seit Jahr und Tag nicht mehr besuchen können. Wir sind euch dennoch geschwisterlich verbunden!

Möge Gott auch im neuen Jahr gnädig mit uns umgehen! Mögen wir vor Krieg und Katastrophen bewahrt bleiben, aber auch vor Spaltung und Unfrieden! Ich wünsche allen in ihrem persönlichen Leben Gottes Frieden und seine Bewahrung!

Jubiläumslied von Schw. Erika Brünner (ist Bestandteil der Festschrift 100 Jahre Adventgemeinde Stralsund, nach der Melodie „Ich bete an die Macht der Liebe"):

1. Verletzt und bloß lag ich auf der Erde, doch Jesus hatte Mitleid mit mir.
   Er brachte mich in eine Herberge - sie hat noch heut eine offene Tür
   für arme und verletzte Seelen, denen Glaube, Liebe und Hoffnung fehlen.

2. Dank sag ich Gott für diese Gemeinde. Sie hat auch mir Genesung geschenkt
   und lehrte mich, zu lieben die Feinde, weil Jesu Geist das Herz mir lenkt.
   Sie ruft herein seit hundert Jahren - so hast auch du den Herrn erfahren.

3. Herr Jesus, du bist Herr der Ernte. Wir bitten: Sende Arbeiter aus!
   Ein jeder so, wie er´s von Dir lernte, dass Menschen kommen zu Dir nach Haus,
   bis auch der letzte noch gefunden und glücklich wird in Jesu Wunden.

4. Auch heute baust du noch Gemeinde bei uns und in der ganzen Welt.
   Wir haben dich, das Haupt, zum Freunde. Hilf leben uns, wie´s Dir gefällt.
   Wir wollen Dir entgegen gehen und Dich in Deiner Herrlichkeit sehen!

2004: „Link2Life" - Förderverein Gemeindezentrum Rügen e.V.

Aus dem Blickwinkel eines Silvestertages scheint die Vergangenheit kurz und überschaubar, die Zukunft hingegen lang und unübersichtlich zu sein. Sören Kierkegaard hat gesagt: „Das Leben kann nur in der Schau nach rückwärts verstanden werden, man muss es aber in der Vorausschau leben." Wir wollen ein wenig in dieses Jahr 2004 schauen, und wir werden feststellen, dass es gar nicht so kurz und leicht überschaubar war. Dabei werden wir bei unserem Erinnern nur eine Auswahl treffen können. Unser Nachdenken aber soll uns dankbar stimmen. „Meine Zeit steht in deinen Händen", sagt der Psalm-Schreiber. Das bedeutet, dass unsere Zeit immer zuerst Gottes Zeit ist. So wird es auch mit der Zukunft sein. Gott teilt sie uns zu, Tag für Tag. Aus diesem Grunde wollen wir getrost in das neue Jahr blicken.

Das Jahr 2004 war auch das Jahr der anderen Leute, der Politiker, der Mächtigen dieser Welt, das Jahr der Völker. Fast 7 Mrd. Menschen leben auf der Erde. Jährlich kommt eine Menschenmenge, die der des deutschen Volkes entspricht, hinzu. Im Jahre 2004 gab es auf der Welt 40 Kriege, davon 15 in Asien und 13 in Afrika. Die Menschen sind hungrig und in ihrem Hunger zornig. Eine Minderheit lebt in Sattheit. Dazu gehören wir. Wir Deutschen sind ein Volk von Unzufriedenen geworden. Neid und Ohnmacht beherrschen viele Mitbürger. Neid, weil es immer jemanden gibt, dem es besser geht als uns; Ohnmacht, weil wir spüren, dass wir manipuliert werden, gegängelt, geschoben und beherrscht. Die Unzufriedenheit artikuliert sich in einem sinkenden Beliebtheitswert der regierenden Parteien. Die angedachten und teilweise probierten Reformen nehmen den Reichen nichts weg, aber sie beunruhigen die einfachen Leute. Gesundheit kostet mehr Geld. Sozialhilfe wird ab dem neuen Jahr klebrig (Hartz IV). Die neuen Schlagworte heißen „Ich-AG" und „160 €-Jobs" oder gar „1 €-Jobs". Die Opposition verteilt schon die Posten der zukünftigen Regierung, obwohl sie sie noch gar nicht besitzt. Stärker als nach dem 11.9.2001 begann sich im abgelaufenen Jahr eine antimuslimische Stimmung auszubreiten. Die Parolen lauten: Deutschland soll keine multikulturelle Gesellschaft werden! und: Lernt Deutsch, wenn ihr bei uns leben wollt! Der Begriff „Patriotismus", den man uns Deutschen nach dem letzten Krieg gründlich ausgetrieben hatte, wird wieder zum Schlagwort. Deutet sich ein Rechtsruck in der Gesellschaft an?

Außenpolitisch war das vergangene Jahr das Jahr der Bomben und der Selbstmordattentate. „Der Krieg ist beendet!", sagte Präsident Bush im vergangenen Jahr. Inzwischen zwar wiedergewählt, merkt er, dass der Krieg im Irak noch lange gehen kann. In Afghanistan kehrt ebenfalls keine Ruhe ein, auch nicht in Tschetschenien. In Palästina bauen die Israelis eine Mauer. Wenn die Politik am Ende ist mit ihrem Latein, dann baut sie Mauern. Wir Deutschen kennen das. Andererseits beginnt Israel, den Gaza-Streifen zu räumen. Arafat hat die Gründung eines unabhängigen Palästinenserstaates nicht mehr erlebt. Kommt dieser im Jahre 2005? Zu Jahresbeginn kurvten ferngesteuerte Roboter auf dem Mars herum. Was wird uns das auf der Erde nützen? Vor genau einem Jahr erschütterte ein Erdbeben den Iran und forderte über 30.000 Opfer. Wer denkt noch daran? Zu diesem Weihnachtsfest überschwemmte eine riesige Flutwelle, von einem Erdbeben ausgelöst, die Küsten Südostasiens. Vielleicht ist es die größte Naturkatastrophe seit der Sintflut. Man spricht von 100.000 Toten, darunter viele

Touristen. In seiner Weltendpredigt in Luk. 21,25 sagte Jesus voraus: „... und das Meer und die Wasserwogen werden brausen!"

Die erste Woche des neuen Jahres bescherte Glatteis, dann Tauwetter. Ende Januar gab es noch eine Woche Eis auf den Teichen, danach war Schluss mit dem Winter. Mitte März dann ein plötzlicher Temperaturanstieg von +1°C auf +13°C. Insgesamt war das Frühjahr ein spätes. Der Juli war nicht so schön wie in vergangenen Jahren. Nur der August holte den Sommer noch ein wenig nach. Der Herbst brachte bis auf zwei oder drei kalte Nächte mit Frost nur mildes Wetter.

Wie erlebte die Stralsunder Gemeinde das Jahr? Es begann mit einer großen „Stille". Zumindest lautete so das Thema der Predigt von Gunthardt Saupe am 3.1. Zum Frauensabbat am 6.3. hatten wir mit Sandra Wieschollek einen besonderen Gast. Das Thema ihrer sehr emanzipierten Predigt lautete „Das Leben nicht erleiden, sondern gestalten". Ende April/Anfang Mai hielt Brd. H. Wietrichowski fünf Vorträge unter dem Thema „Glücklichsein - wie macht man das?" Der Besuch durch Freunde und Gäste bewegte sich allabendlich um zehn, dazu eigene Gemeindeglieder und Jugendliche. Ein Jugendwochenende mit Thilo Foth vom 23. - 25.4. wurde von 25 Teilnehmern wahrgenommen. Erfreulich ist, dass ab diesem Datum Jugendliche aus Gülzow und Stralsund viel gemeinsam veranstalten. Brd. Peter Küchler organisiert zusammen mit seiner Frau die Treffen. Nur im Ergebnis dieser Zusammenarbeit konnte die Jugendevangelisation „Link2Life" in Stralsund so erfolgreich sein. An dieser Stelle möchte ich die Jugendlichen ermutigen, so weiterzumachen, und ich möchte mich auch bei Peter Küchler und der Herbergsmutter Kathrin Küchler herzlich bedanken.

Am 17.4. wurden in einem feierlichen Gottesdienst Benjamin Kindler und Susanne Hornung in die Jugendgruppe aufgenommen. Wir hoffen, dass die Jugendgruppe durch ihre Mitarbeit bereichert wird. Am 19.4. feierte Petra Saupe in unserer Kapelle ihren 50. Geburtstag. Die Gemeinde nahm freudigen Anteil. Am 25.5. gründeten 9 Stralsunder Gemeindeglieder den „Förderverein Gemeindezentrum Rügen e. V.". Dieser hat sich vorgenommen, in Bergen ein neues Gemeindehaus zu bauen und zu betreiben. Das Vorhaben ist nur mit Gottes Hilfe und der Unterstützung von vielen Sponsoren und Vereinsmitgliedern zu realisieren. Aus 9 Vereinsmitgliedern am Gründungstag sind mittlerweile ca. 35 geworden. Seit dem Frühjahr besitzt die Gemeinde ein zweites mobiles Sprechpult. Bernd Warkenthin hat es aus Acryl hergestellt. Wir bedanken uns bei ihm dafür. Alle vier Wochen trifft sich der Seniorenkreis jeweils an einem Montagnachmittag. Gemeindeglieder und Senioren aus dem Freundeskreis hören jeweils eine kurze Andacht, trinken Kaffee, essen Kuchen, sind Zuhörer bzw. Zuschauer bei einer Hauptthematik und haben Zeit zum Gedankenaustausch und zur Unterhaltung. Diese Treffen sind meist in der Kapelle, waren aber auch schon in Barth und Demmin. Am 15.5. feierten 120 Gemeindeglieder der Bezirke Stralsund, Greifswald, Waren und Neubrandenburg ihren diesjährigen Bezirkssabbat in Demmin. Das Predigtthema der drei Pastoren E. Zücker, A. Schmidt und H. Tornow lautete: „Mache dich auf, deinem Gott zu begegnen". Der Stralsund-Greifswalder Chor sang. Leider war das Wetter regnerisch und die Atmosphäre in der für uns zu großen Demminer Kirche nicht so günstig.

Am 21.5., an seinem 31. Geburtstag, wurde Christoph Wendler in Zingst in der Ostsee getauft. Die Gemeinde nahm regen Anteil. Von April bis Juni war eine russische Austauschschülerin in der Familie Küchler zu Gast. Sie gehört nicht zur Gemeinde, fühlte sich aber sehr wohl bei uns. Wir gaben Polina Swerewa Grüße und ein Geldgeschenk von 100 € an die Gemeinde in Kasan mit. Am 12.7. um 15.40 Uhr wurde Adrian Louis Petrischkeit geboren. Die Gemeinde freut sich mit den Eltern und Großeltern! Am 11.12. wurde im Rahmen des Gottesdienstes eine Kindersegnung vorgenommen.

Am 14.7. war die Gemeinde Gastgeber für 45 Kinder aus Weißrussland. Wie jedes Jahr hat der Tschernobylhilfe-Verein Stralsund e.V. unter Leitung von Frau Deutscher diese Kinder eingeladen, transportiert und hier betreut. Das Fernsehen am Sund drehte einige Szenen in unserer Kapelle. Nach Spiel und Sport, Essen und Trinken und beschenkt mit einem bunten Geschenkbeutel verabschiedeten sich die Kinder gegen Abend. Sie bedankten sich zuvor mit einem kleinen Kulturprogramm. Dank allen Geschwistern, die bei der Durchführung des Nachmittags mithalfen!

Von Juni bis Ende September machen die Rügener Geschwister ihre eigenen Gottesdienste in Bergen. Diese werden besonders von Urlaubern gut besucht. Am Sabbat, dem 31.7. versammelten sich 40 (!) Gottesdienstteilnehmer in unserem Gemeindehaus Calandstaße 5. Am 20.8., einem Freitag, erlebten 72 Gemeindeglieder und Gäste in Zingst eine Tauffeier. Bernhard Küchler, Johannes Kindler, Margarete Küchler und Katharina Warkenthin wurden getauft. Auch eine Anzahl von Strandwanderern gehörte zu den Zuschauern. Am darauffolgenden Sabbat wurde Daniel Hornke aus Teterow in Stralsund getauft. Cornelia Tornow war bereits am 6.8. in Friedensau getauft worden.

Am 22.8. machten 24 Geschwister einen Gemeindeausflug nach Zislow. Wir lernten die „Arche" kennen. Mancher bekam Lust, dort einmal einen Urlaub zu verbringen. Bei der „Arche" handelt es sich um ein adventistisches Schulungs- und Erholungszentrum, dass privat betrieben wird. Auch der 5.9. war ein besonderer Tag. Der rumänische Panflötenspieler Pan Bogdan gab zusammen mit seiner Pianistin ein Konzert. Eine Panflöte in einem Konzert zu hören, war schon etwas Besonderes. Es kam zu manchem Gespräch mit den Gästen und Künstlern. Am gleichen Wochenende (Fr bis So) führte Brd. S. Wittwer in Bergen eine Evangelisation durch. Sie wurde von vier Rügener Geschwistern, vier Teilnehmern aus Stralsund und vier fremden Gästen besucht. Auch einige STA-Urlauber fanden sich dazu. Am 2.10. feierte die Greifswalder Gemeinde - ein Jahr nach uns - ihr 100-jähriges Jubiläum. Eine Reihe von Stralsunder Geschwistern erlebte es mit. Anfang Oktober konnte die Gemeinde dem bisherigen Besitzer die letzte der drei Fremdgaragen auf unserem Grundstück abkaufen. Brd. S. Rosner mietet eine der Garagen an. Leider mussten wir in einer Gemeindestunde am 9.10. erneut die schlechte Finanzsituation der Gemeinde ansprechen. Alle unsere stillen Reserven sind aufgebraucht. Im Rahmen dieser Gemeindestunde mussten wir den Gemeindeaustritt von Anna und Dietmar Drews zur Kenntnis nehmen. Die diesjährige Gebetswoche fand nach meinem Empfinden in einer guten Atmosphäre statt. Am Heiligabend-Nachmittag erlebten Gemeindeglieder und Gäste eine Christvesper eigener Art mit. Ein besonderes Laienspiel wurde von Gemeindegliedern und Kindern gestaltet. Sein Titel lautete „Weihnachten fällt aus".

Woche für Woche versammelte sich der Gebetskreis (siehe Foto S. 147) am Montagabend in der Kapelle. Nachdem einige neue Teilnehmer dazugestoßen sind, sind wir in den letzten Wochen so viele Beter geworden, dass wir uns in zwei Gruppen teilen. Neu ist in diesem Jahr, dass der Gebetskreis auch Anliegen aus anderen Teilen der Vereinigung mitträgt. Das Team des Vereinigungsbüros Hansa hat uns darum gebeten. Wir haben auch Grund zu sehr viel Dankbarkeit. Gott hat in einigen Fällen Wunder geschehen lassen, wo menschlich gesehen alles aussichtslos schien. Erfreulich ist auch, dass mehrere Hauskreise in diesem Jahr bestanden bzw. sich gründeten. Hauskreisarbeit ist sehr erfrischend. Hugo Tornow betreut einen Hauskreis in Stralsund, einen in Bergen, einen in Demmin und einen in Teterow; Kathrin und Peter Küchler haben einen weiteren Hauskreis auf verwandtschaftlicher Ebene gegründet.

Auch die Musikarbeit der Gemeinde soll lobend erwähnt werden. Unsere Orgel wird bedient von Annett Petrischkeit und Rosi Schmidt. „Gastorganist" war an manchen Sabbaten Sigrun Zinow aus Velgast. Johannes Kindler übt fleißig auf Klavier und Orgel. Auf unserem Adventskonzert am 5.12. sang Siegfried Rosner, wir hörten ein Horn-Solo mit Johannes Kindler, Kammermusik wurde von Anja Kaufmann, Anke Schmidt und Anett Hornung geboten. Der Chor unter Leitung von Anja Kaufmann übt für zwei bis drei jährliche Konzerte. Auch der Nachwuchs ist vorhanden: Freya lernt weiterhin fleißig auf der Geige, Markus Hornung auf dem Klavier und Horn, Konrad und Friedrich Küchler spielen Gitarre. Jüngst hat sich Friedrich entschlossen, Geige zu lernen. Beinahe hätte ich Susanne vergessen, die Gesangsunterricht hat und Proben ihres Könnens auch schon in der Gemeinde gegeben hat. Mit der Band ging es im Laufe des Jahres etwas auf und ab. Jüngst war zum Abschluss von „Link2Life" ein Konzert der Gruppe zu hören, die aus Cornelia Tornow, Steffen und Kathleen Altus, Julia W. sowie Johannes Kindler besteht.

Wie im vergangenen Jahr wurde die Paketaktion „Kinder helfen Kindern" von der Gemeinde Stralsund durchgeführt. Besonders Inge Petrischkeit beteiligte sich vorbildlich. Insgesamt wurden 302 Pakete gepackt sowie noch Kleiderspenden zusammengestellt (145 Bananenkartons). Dank allen Geschwistern und Freunden, die die Aktion durch Geldspenden unterstützten! Jedes Paket verursachte immerhin 5 € Transportkosten. Es soll nicht verschwiegen werden, dass wir auch einigen gewerblichen Trägern unsere Nebenräume zur Verfügung gestellt haben. Dazu gehörten eine Segelschule und ein Unternehmen, das Vertreter für den Vertrieb von Küchenmaschinen schult. Neben der schon erwähnten Vortragsreihe im Frühjahr war „Link2Life" die umfangreichste Evangelisationsarbeit der Gemeinde. An acht Abenden versammelten sich insgesamt 203 Teilnehmer, davon 43 Gäste, das ist ein Schnitt von 25 Teilnehmern je Abend, davon fünf Gäste je Abend. Zum Erfolg der Abende trug auch das gelungene Ambiente im oberen Jugendraum bei. Nur am vorletzten Abend wollte die Übertragung zunächst technisch nicht funktionieren. Eine kleine Gebetsgruppe betete intensiv auf der Empore - und plötzlich war das Bild da!

Die „Diener am Wort" - das sind alle Predigthelfer - hielten Predigten in Stralsund, Greifswald, Heringsdorf, Teterow, Eggesin, Demmin und Gülzow. Die Gemeinde Teterow wurde allerdings vor kurzem aufgelöst. Die Gemeinde Demmin ist diesem

Schicksal bisher entgangen. Wir wollen sie unbedingt am Leben erhalten, genauso wie wir wünschen, dass Bergen wieder Gemeinde wird.

Nicht im Rampenlicht der Öffentlichkeit stehen die vielen fleißigen Kuchenbäcker, die schon so manches Mal auch im vergangenen Jahr dafür gesorgt haben, dass Gemeindeveranstaltungen gelingen konnten. Auch aller Köchinnen soll gedacht werden, die die Potluck-Veranstaltungen ermöglicht haben. Diese erfreuen sich nach meiner Beobachtung immer größerer Wertschätzung. Das ist ein gutes Zeichen. Gemeinde möchte zusammen sein! Ebenso unsichtbar ist die Arbeit des Gemeinderates (früher Ausschuss genannt!) sowie der Kassen- und Bücherverwalter. Ohne sie ginge manches nicht.

Gleichfalls im Stillen arbeiten die Diakone, der Homepagebetreuer, die Kindertanten und -onkel (diese arbeiten allerdings oft gar nicht im Stillen, sondern im Lauten!). Ulrike Warkenthin veranstaltete im Juni ein Kinderfest und im Dezember eine Kinderweihnachtsfeier. Unauffällig wirkten unser Hausmeisterehepaar, alle Geschwister, die sich an der Kapellenreinigung und am Blumenschmuck für die Gottesdienste beteiligten, unsere Techniker, Gunter Petrischkeit bei der monatlichen Herstellung des Gemeinde-Informationsblattes. Der Schaukasten war alle vier Wochen neugestaltet. Ich beobachtete, dass er von vielen Straßenpassanten wahrgenommen wird. Zu Ende gegangen ist die Pfadfinderarbeit, weil Interessenten von außerhalb der Gemeinde nicht mehr vorhanden sind. Vielleicht ergibt sich später erneut die Möglichkeit eines Wiederauflebens dieser Arbeit. Allen Genannten und Ungenannten, die sich für ihre Gemeinde eingebracht haben, möchte ich herzlichen Dank für diesen Einsatz an Zeit und Kraft sagen. Gott segne einen jeden, der sich in Seinem Werk müht!

Ein Wort zur Gliederstatistik. Wir begannen das Jahr mit 65 Gliedern. Wir verloren durch Ausschluss zweier Geschwister (Frank und Dhao B.) und durch Verzug ein Glied (André Hinz). Zu uns kamen durch Taufe 6 Glieder (Christoph Wendler, Johannes Kindler, Bernhard und Margarete Küchler, Katharina Warkenthin, Cornelia Tornow), durch Zuzug vier Geschwister (Evelin und Wolfgang Kopp, Christiana Tornow, Irene Kracht) und durch Wiederaufnahme ein Bruder (Harry Milkereit, Saßnitz). Damit sind wir mit dem Jahresende 73 Glieder. Der durchschnittliche Gottesdienstbesuch betrug 35. Das entspricht einem Satz von 49%. Wenn man die Geschwister aus der Statistik entlässt, die nicht zum Gottesdienst kommen können (z. B. Volker Hornung, Heinz Warkenthin u. ä.), dann ergibt sich ein Durchschnittsbesuch von 55%. Ich möchte an dieser Stelle auch einmal einen Personenkreis besonders nennen, der sonst in keiner Statistik auftaucht. Das sind die „Freunde der Gemeinde". Wir reden sie teilweise mit Sie an, teilweise mit Du. Sie nehmen fast regelmäßig an Gottesdiensten und Gemeindeveranstaltungen teil. Sie unterstützen die Gemeinde durch Gaben und Mitarbeit. Sie beteiligen sich am Bibelgespräch - mehr als manches Gemeindeglied. Sie trennt eigentlich nur noch ein letzter Schritt von uns. Wir möchten ihnen ausdrücklich sagen, dass wir sie liebhaben und dass wir sehnlich wünschen, sie irgendwann Bruder und Schwester nennen zu dürfen.

Ich freue mich, dass wir alte Geschwister in der Gemeinde haben, die wir mit dieser Chronik ganz besonders grüßen wollen. Und ich danke Gott, dass ich euch in dieser Stunde nicht auffordern muss, zum Gedenken eines Verstorbenen aufzustehen!

Protokoll Gemeindestunde 9.10.2004

Am 9.10.2004 um 13.00 Uhr fand in der Kapelle Alte Richtenberger Straße 41 in 18437 Stralsund eine Gemeindestunde (Mitgliederversammlung) statt. Es waren 27 Glieder der Gemeinde Stralsund anwesend. Hugo Tornow, Ortsprediger, eröffnete mit Gebet.

1. Mitteilung über Ablauf und Ergebnisse der Prediger- und Ältestentagung vom 11.09.04: Mit Versetzung von Andreas Schmidt ist zu rechnen. Brd. Gattmann will sich dafür einsetzen, dass die Predigerstelle Greifswald erhalten bleibt. Allerdings soll von den sieben Predigerstellen in MV eine gestrichen werden!
2. Mitteilung, dass das Ehepaar Drews an Brd. Tornow einen Brief geschrieben hat, in dem es seinen Austritt aus der Gemeinde erklärt. Drews´ fühlen sich dem Land Israel und der jüdischen Kultgemeinde mehr verbunden als uns. Ihren Zehnten geben sie ebenfalls seit Jahren nach Israel. Sie haben ein schlechtes Gewissen, weil sie die „Spielregeln" der STA nicht einhalten und erachten es für ehrlich auszutreten. Hugo Tornow las einen Antwortbrief vor, den er persönlich überreichen will. Per Abstimmung (einstimmig) wurde seiner Formulierung zugestimmt.
3. Gunter Petrischkeit gab einen Bericht über die Finanzlage der Gemeinde. An jedem Sabbat müssten in der „zweiten" Sammlung ca. 100 € einkommen. Es kommen aber nur 70 bis 80 € zusammen. Es wurde der Entschluss gefasst, besonders unsere Geschwister, die nicht zum Gottesdienst kommen (können), auf die zweite Sammlung und ihren Beitrag aufmerksam zu machen. Jedes Glied der Stralsunder Gemeinde sollte im Quartal 20 € in diese Gaben geben - dann wären unsere Ausgaben ausgeglichen.
4. Heinz Wietrichowski gab einen Überblick über den Stand der Vereinsgründung „Förderverein Gemeindezentrum Rügen e. V.". Außer dem anvisierten Gebäude in der Stralsunder Chaussee haben sich Hugo Tornow und Heinz Wietrichowski noch andere Objekte angesehen bzw. sind bei der Prüfung dabei. Um gemeinnützig zu sein, muss die Satzung des Vereins verändert werden. Diese Änderung wird am 30.10. in einer außerordentlichen Vereinsversammlung diskutiert werden. Es wurde dazu eingeladen. Jedes Gemeindeglied, das ein Herz für die Gemeinde Rügen hat, sollte Mitglied im Verein werden. Anmeldekarten sind vorhanden. Jeder von uns sollte Werbung machen. Die Versammlung wurde um 14.30 Uhr geschlossen. (Protokollant: H. Wietrichowski)

Schaukasteninhalt Dezember 2004: „Weihnachten fällt aus"

Warum Weihnachten nicht ausfallen darf - das wird in einem kurzen Laienspiel am Heiligabend 15.00 Uhr in dieser Kapelle dargestellt. Es schließt sich eine besinnliche Wortverkündigung an! Hinterher gibt es kein Kaffeetrinken und keinen Kuchen, denn Sie alle wollen ja dann nach Hause: Wohl dem, der Kinder und/oder Enkel hat und nicht nur seine Erinnerungen (und den Fernseher)! Und wenn Sie nicht zu unserer Christvesper kommen, dann wünschen wir Ihnen trotzdem ein schönes Weihnachtsfest und ein gesegnetes Neues Jahr!

2005: neue Gottesdienstzeit 10.00 - 12.00 Uhr - Trinitätsstreit

Die jährliche Chronik ist ein Spiegel des vergangenen Gemeindejahres. Unser Leben erhält seinen Wert zum großen Teil durch Erinnerung. Nur wer sich erinnert, lebt. Unsere Chronik muss verschiedene Schwierigkeiten umgehen. Zum einen sollte sie nicht zu lang sein. Andererseits darf möglichst nichts vergessen werden. Manch Zuhörer achtet darauf, ob auch das von ihm für wichtig Gehaltene erwähnt wird. Ein weiteres Problem ist das der Wahrhaftigkeit. Alles, was erwähnt wird, muss wahr sein. Zu diesem Zweck stützt sich der Chronist auf eigene Aufzeichnungen und Erinnerungen. Diese aber können unvollkommen sein. Schon manches Mal haben aufmerksame Zuhörer mich berichtigt. Dafür möchte ich mich ausdrücklich bedanken. Andererseits muss und kann nicht alles gesagt werden, was geschehen ist. In Offb. 3 hält uns der Heilige Geist einen Spiegel vor: „Du sprichst: Ich bin reich und satt; ich bedarf nichts ..." Könnte es sein, dass unser Reden dazu tendiert, nur unseren Ruhm zu verkünden und zu wenig die Herrlichkeit Gottes zu unterstreichen? Also muss eine Chronik auch bescheiden sein. Dabei jedoch sollte sie nicht entmutigen, sondern möglichst motivieren. Ihr seht, dass viele Fettnäpfchen aufgestellt sind, in die der Chronist hineintreten kann. Ein Jahr ist nur lang, wenn es vor uns steht - in der Rückschau ist es kurz.

Das Jahr, das die Welt bzw. das deutsche Volk erlebte, möchte ich nur ganz kurz kommentieren. Das vergangene Jahresende bereitete der Welt den Schock des Tsunami. Aus den anfänglich vermuteten 100.000 Todesopfern wurde ein Vielfaches! Am 26.1. zählte man allein in Indonesien mehr als 220.000 Tote und Vermisste! Die Welle der Hilfsbereitschaft, die um die Welt lief, ist zwar zu loben, wäre aber kaum so groß gewesen, wenn nicht viele Touristen betroffen gewesen wären! Am 23.4. wurde aus Joseph Ratzinger Papst Benedikt XVI. Der Wechsel auf dem Heiligen Stuhl erzeugte genauso wie der Katholische Weltjugendkongress in Köln einen spektakulären Massentourismus, der von manchen für die Wiederbelebung einer neuen Frömmigkeit gehalten wird ... Am 7.7. erfolgte ein Terroranschlag auf die Londoner U-Bahn: >50 Tote, 700 Verletzte! Ende August setzte der Wirbelsturm „Katrina" die amerikanische Stadt New Orleans unter Wasser. Am 9.10. erfasste ein schweres Erdbeben den Norden Indiens und Pakistans. In Kaschmir werden ca. 41.000 Tote vermutet. Anfangs November erschütterten Jugendkrawalle die großen Städte Frankreichs.

Am 6.9. kostete 1l Super Benzin 1,40.9 €, noch im Jahre 2000 kostete er nur 2 DM! Am 18.9. wählten die Deutschen eine neue Regierung. Da die Wahl praktisch mit einem Patt endete, einigten sich CDU und SPD auf eine große Koalition. Die evangelische Angela Merkel wurde Bundeskanzlerin! Ihren Amtseid bekräftigte sie mit einem „So wahr mir Gott helfe!" Ende November waren Teile von NRW und Niedersachsen infolge eines Schneechaos etliche Tage ohne Strom. Manchem wurde klar, wie anfällig der Einzelne in einer allseits vernetzten Gesellschaft gegenüber Naturkatastrophen geworden ist. Im Dezember ist die Ostseeautobahn A20 fertig geworden. Die neue Strelasund-Brücke wächst zusehends. 2007 soll sie befahrbar sein. Das Jahr 2005 gab all denen Recht, die der Meinung sind, dass es doch wohl immer wärmer wird. Spät, nämlich erst Ende Januar gab es eine geschlossene Schneedecke und etwas Frost. Im Februar schneite es nur gering, die Wasserflächen blieben ohne eine begehbare Eisfläche. Mitte März kam der Frühling. Außer der ersten Augusthälfte war der Sommer warm. Der Herbst war lange sehr schön, der November trocken, sonnig und ohne viel Wind. Wir haben bis jetzt viel an Heizkosten gespart.

Das Gemeindejahr 2005 lasse ich einmal mit der Silvesterandacht am 31.12. 2004 beginnen, zu der immerhin 31 Gemeindeglieder erschienen waren. Das neue Jahr stand unter der Jahreslosung „Von deinem Heil reden wir!" Am 22.1. erlebte die Gemeinde einen Satellitengottesdienst aus Hamburg. Klaus van Treeck und Günter Machel, die Vorsteher der beiden deutschen Verbände, waren die Referenten. In einer Gemeindestunde eine Woche später beschlossen wir die neue Gottesdienstzeit 10.00 - 12.00 Uhr, das neue Schlusslied „Shalom" und empfahlen den Erwerb des Liederbuches „Die Quelle". Am 12.2. boten wir eine Veranstaltung „Gemeinde im Gespräch" zum Thema Trinität an. Zum Gespräch waren 12 Geschwister erschienen, darunter auch Georg N. aus Greifswald. Das Gespräch war sachlich, erbrachte jedoch außer einem Austausch von Standpunkten nichts. Auch wurde keine Fortsetzung angesetzt. Am 19.3. erfolgte die Jugendaufnahme von Friedrich Küchler und Matthias Dyck; ca. 90 Gottesdienstteilnehmer waren dabei. Am 12.4. gab es ein Gespräch zwischen den Brüdern Tornow und Wietrichowski auf der einen und Otto und Inge Petrischkeit auf der anderen Seite. Es konnte jedoch die Austrittsabsicht beider Geschwister aus der Gemeinschaft nicht verhindern. Grund ist die antitrinitarische Auffassung Petrischkeits.

Am 1.6. veranstaltete die Gemeinde in Bergen ein Kinderfest. Am 4.6. hatten wir unseren diesjährigen Bezirkssabbat. Unser Gastprediger war Brd. H. Binanzer, der bei unserer 100-Jahrfeier nicht dabei gewesen ist. Er hielt uns drei Verkündigungen. Höhepunkt des Sabbatnachmittags war ein Konzert des Stralsund-Greifswalder Chores. Wir hatten Gäste aus Demmin, Teterow und Greifswald.

Am 11. 6. waren unsere Jugendlichen mit Gästen aus Wismar mit vier Booten nach Palmer Ort gesegelt (siehe S. 31). Peter Küchler brachte alle Teilnehmer trotz Mastbruch wieder gesund zurück.

Am 23. 7. gestaltete die Gemeinde unserer Glaubensschwester Gertrud Singer ihren 95. Geburtstag in der Gemeinde. Gertrud Singer hat in diesem Jahr auch ihr 80. Taufjubiläum! Leider mussten wir am 29.7. in Stavenhagen unsere Schwester Irene Kracht, die Mutter von Renate Wendler, beerdigen. Sie wurde 85 Jahre alt und führte 71 Jahre lang ein Leben mit ihrem Herrn. Ihr zu Ehren bitte ich, zu einer Schweigeminute aufzustehen.

Traditionell unterstützt die Gemeinde den Stralsunder Tschernobylhilfe-Verein e.V. bei der alljährlichen Sammlung von Alttextilien im Herbst und mit der Durchführung eines Kindernachmittags für ca. 45 weißrussische Kinder. Dieser Tag war in diesem Jahr der 10.8. Die Veranstaltung war wieder gelungen. Alle Kinder bekamen einen Beutel mit Geschenken, konnten sich an einer Kuchentafel sättigen und hatten Spaß bei Spielen, Gesang und Tanz. Im Zuge der Sanierung des Heuweges ist die Pappel neben unseren Garagen gefällt worden. Eine Pflasterung der Garagenauffahrten wurde durch Peter Küchler und seine Söhne im Dezember ausgeführt. Einen besonders schönen Gottesdienst erlebten wir am 20.8. Bei strahlend schönem, sehr warmem Wetter tauften unsere Prediger Tornow und Schmidt insgesamt sechs neue

Gemeindeglieder, darunter Friedrich Küchler, Wolfgang Krüger (Bergen) und Heiko Dyck (Gülzow); über 100 Personen waren dabei, zusätzlich kiebitzten auch Nachbarn von den Gartengrundstücken in Neuhof. In Stralsund hatte eine Restgemeinde einen Gottesdienst gefeiert, der von Bernd Warkenthin geleitet wurde.

Eine Woche später predigte Torsten Hirschlipp aus Fehmarn. Er ist Mitglied im Förderverein Gemeindezentrum Rügen und war zwecks Teilnahme an der Vereinsvollversammlung angereist. Anwesend waren bei dieser in Bergen 29 Personen. Unser Verein mit seinen 61 Mitgliedern hat sich vorgenommen, das Grundstück in Bergen von der Grundstücksverwaltung des Norddeutschen Verbandes zu einem symbolischen Preis von 1 € zu erwerben. Das Gebäude soll so hergerichtet werden, dass dort weiterhin Gottesdienst gefeiert werden kann. Zusätzlich wollen wir Übernachtungen ermöglichen. Im Oktober wurde das Haus allerdings durch Vandalismus leicht beschädigt.

Am 3.9. zeigte uns Angela Brünner im Rahmen einer Gemeindestunde Bilder von ihrem Besuch der Generalkonferenz in St. Louis. Sie war unsere „Vertreterin" auf der Weltvollversammlung der Siebenten-Tags-Adventisten in Amerika gewesen. Vom 22. - 25.9. fand in Bergen eine Evangelisation mit Willie Schulz aus Hamburg statt. Sie wurde durch einige Senioren aus verschiedenen Teilen Deutschlands sowie Geschwister unseres Bezirkes unterstützt. Trotz fleißiger Einladungsarbeit auf der Straße kamen keine völlig fremden Gäste, sondern nur unsere Freunde zu den Abenden.

Am 1.10. feierte die Gemeinde Erntedank. Wir blieben zu einem Potluck beisammen. Nachmittags sahen ca. 20 Gemeindeglieder ein Missions-Spotlight. Es wurden 835 € Erntedank-Gaben und 375 € für den Katastrophenfond gespendet. Vom 3. - 13.11. lud die Gemeinde Demmin zu öffentlichen Vorträgen in ihr renoviertes Gemeindehaus ein. Die von Heinz Wietrichowski dort gehaltenen Referate wurden von bis zu 30 Personen pro Abend, darunter bis zu acht Gästen, besucht. Die Atmosphäre - auch beim anschließenden Gespräch mit den Gästen - war offen und freundschaftlich. Auch Geschwister aus Gülzow unterstützten uns.

Am 5.11. war der Prediger Markus Voß zu einem Jugendwochenende in Stralsund zu Gast. Ca. 20 Teilnehmer aus Stralsund und Gülzow waren beisammen. Unsere Jugendlichen haben einen neuen Anlauf in der Jugendarbeit genommen. Jugendstunden sind jetzt jeden Dienstag um 18.30 Uhr in der Kapelle. Die Jugend lädt auch Gäste ein. Die guten Kontakte zwischen Stralsunder und Gülzower Jugendlichen werden fortgesetzt. Am 19.11. packte eine Reihe von fleißigen Geschwistern im Rahmen der Aktion „Kinder helfen Kindern" 39 Pakete. Einige privat gepackte kamen noch dazu. Dass es im vergangenen Jahr 145 Pakete gewesen sind, geht auf das Konto von Inge Petrischkeit. Sie hat auch in diesem Jahr diese Arbeit weitergeführt. Eine Reihe Stralsunder Geschwister hat sie dabei finanziell unterstützt. Soviel ich weiß, hat Inge in diesem Jahr allein 300 Pakete auf die Reise geschickt!

Die Gebetslesungen in der letzten Novemberwoche wurden diesmal außer am Freitag nur in der Kapelle gehalten. Der Besuch in der Woche lag bei bis zu 13 Geschwistern. Die geistliche Atmosphäre war aus meiner Sicht besser als in den Gebetswochen vergangener Jahre. Es wurden 830 € Gebetstagsgaben gespendet. Am 3.12. sang der Stralsund-Greifswalder Chor; ca. 65 Zuhörer erfreuten sich an den gesanglichen und instrumentalen Darbietungen, darunter mehr als 30% Gäste. Am 17.12. gedachte Hugo Tornow in einem besonderen Gottesdienst unserer Taufjubilare: Gertrud Singer (80), Brigitte Koblitz (55), Schw. Wenzel (55), Gisela Allwardt und Heinz Wietrichowski (50), Helli Hübner (45), Beate Fischer (40), Erika Brünner (35) und Bertel Burmeister (25).

Am 24.12. um 15.00 Uhr erlebte die Gemeinde eine Christvesper. Die Kinder hatten unter Leitung von Anett Kindler geübt und führten ein kleines Krippenspiel auf. Der Stralsunder Restchor sang noch einmal einige Lieder aus dem Chorprogramm. Weiterhin lebendig ist in unserer Gemeinde die Seniorenarbeit. Sie wird von Renate Wendler, Bertel Burmeister, Renate Wietrichowski und Hugo Tornow geleitet. Zu den in der Regel alle vier Wochen stattfindenden Nachmittagen kommen bis zu 25 Personen, darunter bis 50% Gäste.

Unsere Rügener Geschwister erwähnte ich schon im Zusammenhang mit der Arbeit des Vereins und der Evangelisation mit Willie Schulz. Den ganzen Sommer über versammelte sich in Bergen eine durch Urlauber verstärkte Gemeinde. Den Winter über wollen wir einen 14-tägigen Gottesdienst-Rhythmus durchhalten. Der Rügener Hauskreis funktioniert weiterhin. Hauskreisarbeit wird auch in Stralsund und Demmin durchgeführt.

Aus dem Gebetskreis ist zu berichten, dass er an jedem Montag Fürbitte für verschiedene Personen leistet und Probleme der Gemeinde vor Gott ausbreitet. Schon manche Gebetserhörung haben wir erlebt. Um unserer treuen Mitbeterin Gertrud Singer entgegenzukommen, machen wir die Zusammenkünfte seit Herbst in ihrer Wohnung. Ich halte den Gebetskreis für das geistliche Rückgrat der Gemeinde. Er stellt jedoch keinen Exklusiv-Club dar. Jeder ist nach wie vor herzlich eingeladen, dabei zu sein. Die „Diener am Wort", wie wir die Laienprediger der Gemeinde nennen, fuhren nach Greifswald, Demmin, Bergen und Heringsdorf. Andererseits hatten auch wir ab und an einen Gastprediger aus Greifswald. Nach meiner Beobachtung wurde im vergangenen Jahr häufiger Potluck gemacht als früher. Es besteht offenbar ein Bedürfnis nach Gemeinschaft und Austausch. Wir sollten das weiter pflegen.

Ein Dank an alle Kuchenbäcker, an die Kinderdiakone, an alle, die die Jugendgruppe unterstützt haben, an die Diakonie unter Leitung von Siegfried Rosner, an unser Hausmeisterehepaar, an den leider kleiner gewordenen Kreis derer, die bereit sind, sich an der Kapellenreinigung zu beteiligen, an alle, die für den Blumenschmuck in der Kapelle sorgten, an unsere Orgelspieler, an die Techniker, an die Schaukastengestalterin, an die Mitglieder des Gemeinderates, an die Kassenverwalter und alle anderen, die irgendeinen notwendigen Dienst leisteten und die ich möglicherweise vergessen habe. Rein statistisch fällt auf jedes Glied der Gemeinde ein Ehrenamt.

Wir begannen das Jahr mit einem Stand von 71 Gliedern. Durch Taufe kamen zwei hinzu (Wolfgang Krüger, Friedrich Küchler), wir verloren durch Austritt zwei Geschwister (Ehepaar Petrischkeit), durch Wegzug ein Glied (Christoph Wendler) und durch den Tod unsere Irene Kracht. Das bedeutet, dass wir jetzt 69 Glieder sind. Der Durchschnittsbesuch der Gottesdienste zur 1. Stunde betrug 35, das sind 50%. Er ist gegenüber den Vorjahren gleichgeblieben.

Wie ist der geistliche Stand der Gemeinde einzuschätzen? Ich wage es einmal, Schatten und Licht zu nennen. Die Negativseite zuerst: Es kommt immer wieder zu Empfindlichkeiten, Heimlichtuerei, Kritiksucht und Rückzug in selbstgewählte Nischen. Ein Teil der Gemeinde ist inaktiv. Vielleicht sollten wir alle einmal uns selbst überprüfen, ob diese Eigenschaften uns betreffen. Nun das Positive: Es gibt in der Gemeinde Stralsund sehr viel Dienst- und Hilfsbereitschaft, eine sehr große finanzielle Opferwilligkeit, stilles Christentum der Tat und zunehmendes soziales Bewusstsein für die Nöte und Bedürfnisse der Menschen draußen. Die Möglichkeit, die Negativa zu verringern, bestünde in einer verstärkten Hinwendung der Geschwister zueinander und in vermehrter Liebe füreinander. Wie wunderbar wäre es, wenn wir nach dem Jesuswort handelten: „Sündigt aber dein Bruder an dir, so halte es ihm vor unter vier Augen ..."; und nach dem andern: „Wenn du spürst, dass dein Bruder etwas wider dich hat, dann lass deine Opfergabe vor dem Altar und geh hin und versöhne dich mit deinem Bruder!" Ich wünsche einem jeden von Euch und auch mir selbst für das kommende Jahr einen echten Neuanfang! Auch Gott ist dazu bereit - lasst uns ihn wagen!

Tschernobylkindertag 2005

Liebe Kinder! Дорогие дети, дорогие друзья! Wir möchten euch in diesem Hause am heutigen Nachmittag ganz herzlich begrüßen. Dieses Haus ist eine Kirche. Unser Name lautet: Adventisten-Kirche. Jesus hat zu allen Menschen gesagt: Tut Gutes an den Armen, an Hungrigen und Waisen! Wer zu essen hat, der gebe dem, der nichts hat. Deshalb wollen wir heute diesen Nachmittag mit euch verbringen. Wir wollen gemeinsam essen. Wir möchten jedem von euch ein kleines Geschenk überreichen. Wir wollen fröhlich beisammen sein. Wir geben Grüße mit an Eure Eltern oder andere liebe Menschen, zu denen ihr wieder zurückfahren werdet. Wir sind stolz darauf, dass es in unserer Stadt Menschen wie Frau Deutscher gibt. Wir wollen diese Frau und ihre Arbeit weiterhin unterstützen. Wir wünschen euch noch schöne restliche Tage in Deutschland! Jetzt wünschen wir euch allen „Приятного аппетита!" (wurde Satz für Satz übersetzt)

Gertrud Singer 95 Jahre

Am 23.7.2005 wurde Gertrud Singer, geb. Wietrzichowski, 95 Jahre. Schw. Singer hofft, bei guter Gesundheit im September auch das 80. Taufjubiläum zu erleben. Krieg und Flucht trieben die Kriegerwitwe aus Ostpreußen nach Stralsund. Dort arbeitete sie bis zum 60. Lebensjahr als Krankenschwester. Sie besucht jeden Gottesdienst und jeden Montagsgebetskreis. Ihr einziger Kummer: „Ach, ich fange an, so sehr zu vergessen!" Die Gemeinde bereitete ihr einen schönen Geburtstag, den sie sichtlich genoss. Wir alle haben sie lieb und freuen uns, dass unser ältestes Gemeindeglied immer noch da ist!

Kathrin Küchler & Gertrud Singer 1997

2006: Abschied von Andreas Schmidt - Förderverein erwirbt Haus Bergen

Wieder ist ein Jahr vergangen. Wir wollen uns in dieser letzten Stunde des Jahres (um 16.24 Uhr ist heute Sonnenuntergang und damit Jahresende!) erinnern, was für ein Gemeindejahr wir erlebt haben. Seit 103 Jahren wartet die Gemeinde Stralsund auf ihren Herrn. Seit 12 Jahren befindet sie sich in einem neuen schönen Haus. Für letzteres sind wir Gott dankbar. Vor einem Jahr erlebten wir die Jahresschlussandacht an einem Sabbat. Nachdem der Vormittagsgottesdienst am 31.12. noch sehr gut besucht war - zumal in etlichen Familien eine Reihe von Gästen anwesend war - waren am Nachmittag zur Jahresschlussandacht gerade einmal eine Handvoll Gemeindeglieder erschienen. H. Tornow stimmte in seiner Andacht auf das Jahresmotto ein, welches lautete „Suchet der Stadt Bestes". J. Wendler verlas die Chronik des Jahres 2005. Als Jahreslied für 2006 wählten wir aus der „Quelle" das Lied „Mögen sich die Wege vor deinen Füßen ebnen".

12. 1. Unser Haus war Gastgeber für die Allianzgebetswoche. Ungefähr 50 Besucher aus verschiedenen Kirchen und Gemeinschaften waren gekommen.

21. 1. Potluck und Gemeindestunde: Eine Ämterneuwahl stand an. Es änderte sich nicht viel. Zu erwähnen ist die Neubesetzung des Amtes des 1. Diakons mit Renate Wietrichowski und die geänderte Zusammensetzung des Gemeinderates (Hugo und Brigitta Tornow, Gunthardt Saupe, Gunter Petrischkeit, Ulrike Warkenthin, Angela Brünner, Jörgen Wendler, Felix Beyer, Renate Wietrichowski, Kathrin Küchler und Heinz Wietrichowski).

25. 2. Pastor Andreas Schmidt hielt in Stralsund seine Abschiedspredigt. Er wurde nach vier Jahren, in denen er in Brandshagen wohnte und in der Gemeinde Greifswald arbeitete, in die Gemeinde Harburg versetzt. An seiner Stelle kam Markus Voss aus Schwerin in unsere Nachbargemeinde.

25. 3. Auf Vorschlag des Gemeinderats fand eine Nachwahl von zusätzlichen Sabbatschulgesprächsleitern (Brigitta Tornow, Bernd Warkenthin, Peter Küchler) und eines zusätzlichen Diakons (Ute Beyer) statt. Nach einem Potluck sahen wir die Satellitenpredigt zum Thema der Jahreslosung, die die Vorsteher der beiden deutschen Verbände hielten.

8. 4. Brd. Goltz, Schatzmeister des NDV, hielt uns die Predigt und sprach nachmittags zu einer kleinen Zuhörerschaft über die Finanzlage des NDV.

3. 5. Hugo Tornow und Heinz Wietrichowski fuhren nach Hannover und unterschrieben einen Vertrag, durch den der Förderverein GZ Rügen e. V. Eigentümer des Gemeindegrundstücks Bergen wird.

6. 5. Bezirkssabbat - gemeinsam mit den Gemeinden Greifswald, Demmin, Neubrandenburg und Malchin; ca. 120 Teilnehmer hörten die Predigt von Klaus van Treeck zum Thema Vertrauen, die Nachmittagsstunden von Heinz-Ewald Gattmann: „Warum gehen meine Kinder weg?" und „Warum bin ich Adventist?" und das Chorkonzert des Stralsund-Greifswalder Chores.

21. 5. Plötzlich und aus Wohlbefinden heraus verstarb mit fast 96 Jahren unsere Schwester Gertrud Singer. Sie wurde am 1.6. unter zahlreicher Beteiligung der Gemeinde und ihrer Verwandtschaft beigesetzt. Ich nenne an dieser Stelle auch den zweiten Todesfall, der unsere Gemeinde in diesem Jahr betraf. Am 2.8.

verstarb im Pflegeheim Jungfernstieg unser Bruder Heinz Warkenthin im 86. Lebensjahr. Im Gedenken an unsere beiden Verstorbenen erheben wir uns von unseren Plätzen.

4. 6. Erstmals seit Bestehen unseres Hauses war die Kapelle Gastgeber für eine Hochzeit. Das Paar trägt den Namen Beyer und stammt aus Leipzig bzw. Regensburg (es handelte sich nicht um Stralsunder Gemeindeglieder).

20. 6. Unter reger Anteilnahme vieler, die ihn kennen, feierten wir in den Gemeinderäumen den 90. Geburtstag von Alfons Reichert aus Poggenhof/ Rügen.

24. 6. Unsere Jugendlichen machten auf mehreren Segelbooten ein JuWo, bei dem sie nach Hiddensee segelten.

1. 7. „Waldgottesdienst" in Neuhof bei Brandshagen. Dort gibt es zwar keinen Wald, aber der Name deutet an, dass wir einen Open-Air-Gottesdienst abhielten - gemeinsam mit den Geschwistern aus Greifswald, Demmin und Gülzow. Im vergangenen Jahr hatten wir an gleicher Stelle eine Taufe erlebt.

Am 22.7. hatten wir besondere Gäste im Gottesdienst, zum einen die Familie Ewanian aus Antwerpen mit fünf Personen (inzwischen ist ein Sohn geboren worden), zum andern Frank Frieberg, der in der Lüneburger Heide auf eigene Kappe christliche Kinderarbeit betreibt. Er ist in Buchholz/Nordheide Gemeindeglied und der Familie Küchler freundschaftlich verbunden. In diesem Sommer wohnte für einige Wochen Ruben Schreiter in unserem Gemeindehaus in Bergen. Zusammen mit Hugo Tornow versuchte er sich an einer Meinungsumfrage bei Bergener Bürgern, um neue Kontakte zu knüpfen.

Im vergangenen Sommer und Herbst musste die Gemeinde Stralsund gleichermaßen wie die Gruppe Bergen eine äußerliche Behinderung ertragen. Die Alte Richtenberger Straße vor unserem Gemeindehaus sowie die Calandstraße in Bergen werden erneuert, was in beiden Fällen deutliche Zugangshindernisse zu unseren Gemeindehäusern mit sich bringt. Inzwischen ist die Alte Richtenberger Straße vom Carl-Heydemann-Ring bis zum Heuweg fertiggestellt. Unser Anwesen ist dadurch deutlich aufgewertet worden, was sich die Stadt allerdings auch deftig bezahlen lassen wird. In Bergen sind die Straßenbauarbeiten noch im Gange. Nach der Abreise von Ruben Schreiter wurden die Ausbauarbeiten im Haus Calandstraße fortgesetzt. Dort sollen eine Küche und eine Dusche entstehen.

Am 19.8. wurde Helga Lange in Stralsund in unserer Kapelle durch Hugo Tornow getauft. Das Thema seiner Predigt lautete „Weichenstellungen". Am 30.9. feierte die Gemeinde Erntedank. An diesem Tage wurde Doreen Brünner getauft. Die Gemeinde nahm lebhaft Anteil. Bei sehr schönem Wetter saßen wir mit vielen Gästen nachmittags auf der Rasenfläche des Gemeindehofes. Am 12.10. fand die letzte Übungsstunde des Chores mit Anja Kaufmann statt. Zwölf Jahre hat sie den Stralsund-Greifswalder Chor geleitet. Sie verzieht infolge Heirat nach Baden-Württemberg. Matthias Höhne setzt die Chorarbeit fort.

Im Oktober begannen sechs Evangelisationsvorträge in unserer Nachbargemeinde Demmin. Rückblickend können sie als von Gott gesegnet bezeichnet werden. (Auszug aus Autobiografie von H. W.: „Von Mitte Oktober bis anfangs November konnte ich - wie im Jahre 2005 - in Demmin erneut sechs öffentliche Vorträge halten. Die Themen lauteten diesmal: »Was ist notwendig, damit Sexualität und Ehe gelingen?«, »Lebenskrisen und ihre Bewältigung - was sagt Gottes Wort?«, »Das Generationenproblem - echte Krise oder herbeigeredet?«, »Nach dem Tode das ewige Leben - wirklich?«, »Wenn der Haussegen schiefhängt - Wer rückt ihn wieder gerade?«, »Der real existierende Gott - Zweifeln erlaubt?« Dafür, dass in Demmin nur eine kleine Gemeinde mit etwa zwanzig Gliedern existiert, war der Besuch mit bis zu 26 Personen pro Abend recht gut. Hinterher gab es rege Unterhaltung bei Tee und Kuchen.")

Am Sonntag, dem 15.10. wurde in unserer Kapelle durch die vier Gitarristen des Aranjuez-Quartetts aus Lübeck ein anspruchsvolles Gitarrenkonzert aufgeführt. Den Erlös spendeten die Musiker für die Arbeit des Fördervereins Gemeindezentrum Rügen. Vom 27. - 29.10. führte Helga Anton aus Itzehoe ein Gebetsseminar durch. In mehreren Vorträgen berichtete die blinde alte Dame, die in ihrer Heimatgemeinde als „Beterin" angestellt ist (!), von ihren Erfahrungen mit dem Gebet (Sie ist keine Adventistin). Ab 16.11. begannen wir mit wöchentlichen Gesundheitsvorträgen, wobei wir die vom Deutschen Verein für Gesundheitspflege e.V. zur Verfügung gestellten Produktionen verwandten. Bisher waren an jedem Donnerstagabend fünf Gäste unter uns, denen die Abende gut gefielen. Im Januar setzen wir die Serie noch über einige Wochen fort. Die eigene Gemeinde war nur schwach vertreten.

Am 2.12. würdigte die Gemeinde in einem besonderen Gottesdienst diejenigen Geschwister, die in diesem Jahr ein besonderes Taufjubiläum hatten. Es waren: Elfriede Warkenthin (70 Jahre), Lotte Straßburg (40 Jahre), Christel Mommertz (40 Jahre), Margarete Möller (35 Jahre), Brigitta Tornow (35 Jahre), Jutta und Wolfgang Warkenthin (30 Jahre), Anett Kindler (25 Jahre). Am 9.12. erlebten wir ein sehr gut besuchtes Chorkonzert. Schon am Vortag hatte es in Greifswald stattgefunden. In Stralsund waren 39 Gäste und 22 Gemeindeglieder gekommen. Diese Resonanz übertraf die des vergangenen Jahres deutlich. Am 16.12. war die Gemeinde Stralsund Gastgeber für ein sogenanntes „JuWo". Es wurde von Markus Voß aus Greifswald geleitet. Jugendwochenenden finden mehrmals im Jahr in verschiedenen Gemeinden benachbarter Seelsorgebezirke statt. Sie sind eine gute Gelegenheit für unsere Jugendlichen, miteinander und mit Freunden zusammen zu sein. Junge Menschen werden vom Wort Gottes erreicht und haben gute Möglichkeiten, ihr Sozialverhalten zu trainieren.

Am 23.12. war Friedrich-Wilhelm Fischer nach einem mehrmonatigen Auslandseinsatz als Reservist in Afghanistan wieder unter uns. Er richtete ein Grußwort an die Gemeinde und bedankte sich für die Gebetsunterstützung, die ihm und seinem Kirchenbauprojekt in Mazhar-e-Sharif gegolten hat. Gut besucht war wie in jedem Jahr die Christvesper am Heiligabend um 15.00 Uhr. Besonders die musikalischen Beiträge und die rezitatorischen Bemühungen der Kinder erfreuten die Anwesenden.

Ganzjährig betreute unser Ehepaar Küchler die Jugendlichen der Gemeinde. Erfreulich ist, dass an allen Dienstagabenden ca. 10 - 20 Jugendliche beisammen waren, unter ihnen auch Schulfreunde. Die Gruppe Bergen besteht seit der Taufe von Helga Lange wieder aus elf Gliedern. Das bedeutet, dass sich die Gliederzahl seit Gründung des Fördervereins fast verdoppelt hat. Fast ständiger Gast ist Frau

V. aus Saßnitz. Von Juni bis Oktober fanden in Bergen regelmäßig Gottesdienste statt, wobei wieder viele Urlauber unsere Reihen auffüllten. Der Förderverein Gemeindezentrum Rügen hatte am 17.9. seine Jahreshauptversammlung. Anwesend waren 21 Vereinsmitglieder. Der Verein, der mittlerweile fast 70 Mitglieder hat und sich um die Zukunft des Hauses Bergen kümmert, konnte eine positive Bilanz des vergangenen Geschäftsjahres ziehen.

Seit Dezember hat die Gemeinde Stralsund einen „Hofarbeiter". Herr P. muss und will bei uns 600 Stunden unbezahlte Arbeit ableisten. Unter Anleitung des Hausmeisterehepaares arbeitet er an jedem Vormittag auf dem Kapellengrundstück. Er hat schon Fenster geputzt, Regenrinnen gesäubert, Unkraut entsorgt und sogar Buchstaben für ein Schaukastenplakat ausgeschnitten. Die wöchentliche Kapellenreinigung wird seit Jahren freiwillig von Geschwistern der Gemeinde vorgenommen. Bis auf kleine Pannen läuft dieser Dienst gut. Allen Geschwistern, die sich an dieser Arbeit beteiligen, sei dafür ausdrücklich Dank gesagt. Für die einen ist diese Arbeit eine Freude und Genugtuung (Ich darf für meine Gemeinde etwas tun!), anderen mag sie neben all der Berufsarbeit als ein Opfer erscheinen - umso anerkennenswerter erscheint mir ihr Dienst - noch andere beteiligen sich nicht: Mögen sie die Arbeit ihrer Geschwister dennoch wertschätzen! Es gibt auch andere Dienste und Arbeiten, die von manchem gar nicht beachtet und nur dann bemerkt werden, wenn sie nicht geleistet werden: Wir machen uns kaum Gedanken um die wöchentlichen Predigten, die von unseren „Dienern am Wort" und vor allem von Prediger Hugo Tornow ausgearbeitet und gehalten werden. Jede Predigt ist ein mühsam in Handarbeit angefertigtes Einzelstück, gleichsam ein Geschenk, das der Gemeinde dargeboten wird. Könnt ihr verstehen, dass jeder Wortverkünder traurig ist über jeden leeren Stuhl, der ihn am Sabbatmorgen angähnt? Dass die Verkünder an vielen Sabbaten auch noch nach Demmin, Greifswald, Bergen und Heringsdorf fahren, merken wir dann manchmal nur an ihrem Fehlen im eigenen Gottesdienst. Kaum einer macht sich Gedanken, wie eigentlich die wöchentlichen Bibelgespräche organisiert und geleitet werden. Gesprächsleitung ist kein leichter Dienst. Das weiß jeder, der das schon einmal gemacht hat. Inzwischen haben die meisten von uns wahrscheinlich auch vergessen, was für ein Segen es ist, dass neben der Kapelle unser Hausmeisterehepaar wohnt. Es sorgt für Ordnung und Sicherheit, dafür, dass die Heizung richtig programmiert ist und für tausend andere Dinge. Nebenbei kümmern sich Küchlers noch um die Jugendstunden, den Schaukasten, die Kleiderspenden des Tschernobylhilfe-Vereins e.V., die Vorgartenpflege, sind beteiligt an der Bibelschule und vielen andern Dingen. Bis zum Mai pflegte K. Küchler außerdem die hochbetagte Gertrud Singer, die im 1. Stock der Alten Richtenberger Straße 39 wohnte.

Längst nicht alle Gemeinden haben heute noch einen Chor. Das Üben für die jährlichen beiden Chorkonzerte kostet Zeit und Kraft, zumal es abwechselnd in Greifswald und Stralsund stattfindet. Unsere Orgel wird von Annett Petrischkeit und Rosi Schmidt bedient. Zunehmend beteiligen sich auch Friedrich Küchler (Gitarre) und Markus Hornung (Klavier) an der Begleitung des Gemeindegesangs. Unser Gemeinderat kam an acht Abenden zusammen und beriet über Angelegenheiten und Personalien der Gemeinde. Die Beschlüsse des Gemeinderates sind öffentlich und hängen jeweils einige Wochen am Anschlagbrett. Kaum wahrnehmbar arbeiten auch

Michael Nerlich als Schriftenverwalter, Angela Brünner als Gemeindeschreiber, Petra Saupe und Gunter Petrischkeit als Schatzmeister, die Leiterin der Kinderabteilung Ulrike Warkenthin und ihre Helfer; des weiteren unsere Techniker Michael Nerlich, Jan Petrischkeit und Bernd Warkenthin an Mischpult und Beamer; die Frauenbeauftragte Maritta Rosner, die Seniorenkreishelfer Renate Wendler, Bertel Burmeister und Renate Wietrichowski. Dann sind zu nennen die Diakone, die unbemerkt ihre Hausbesuche machen und die Verbindung zu den Alten und Kranken halten, die Bibelschullehrer, deren Dienst ich schon gewürdigt habe, unter der Leitung von Jörgen Wendler und Siegfried Rosner. Nicht vergessen möchte ich die fleißigen ADRA-Paketpacker und die treuen Beter vom Montagabend. Allen Genannten und Ungenannten, die treu ihren Dienst getan haben, soll an dieser Stelle Dank gesagt werden. Gott kennt jeden Einsatz und jede Arbeit, die für Ihn aus einem fröhlichen Herzen geleistet wird, und wird sie belohnen.

Ich bin nicht berechtigt, die geistliche Situation der Gemeinde zu beurteilen. Zuversichtlich stimmt mich das zu beobachtende Zusammengehörigkeitsgefühl der meisten Gemeindeglieder, das sich in Potluck-Teilnahme und gemeinsamen Unternehmungen zeigt. Für den Gemeindeausflug nach Kolberg im kommenden Frühling haben sich ca. 40 Teilnehmer eingetragen. Lobenswert ist auch die Gebefreudigkeit der Gemeindeglieder. Wenn man bedenkt, dass wir uns aus unserer sogenannten „zweiten Sammlung" unterhalten müssen, und ich Euch sage, dass wir nicht im Minus sind, dann stimmt mich das froh und dankbar. Auch die Zehntentreue ist besser geworden. Denken wir immer daran, dass Zehntentreue von Gott mit Segen beantwortet wird! Ganz toll ist auch die Bereitschaft derjenigen von Euch, die bei jedem Potluck und zu jeder öffentlichen Kaffeetafel kochen und backen!

Ein ausdrückliches Lob möchte ich unserem Predigerehepaar aussprechen. Hugo Tornow ist wahrscheinlich einer der fleißigsten Prediger, die je bei uns gearbeitet haben. Ich bewundere ihn, dass er immer ein fröhliches Lied auf den Lippen hat und auch in schwierigen Situationen nie schlechte Laune entwickelt. Dennoch sollten wir uns nicht selbst loben. Das dürfte nur Gott allein. Gleichwohl ist es schön, von Gästen zu hören, dass sie sich bei uns wohl fühlen, und dass sie gerne an die Gemeinde Stralsund denken. Bei dieser Gelegenheit will ich nur leise erwähnen, dass wir für eine Reihe von Urlaubern und Jugendgruppen, für eine Taufe der Elim-Gemeinde, für die schon genannte Hochzeit und auch für gemeindeferne Institutionen unser Haus öffnen konnten. Regelmäßig machen die Firma Thermomix und ein privater Englisch-Kurs in unseren Räumen Unterricht. Auf diese Weise „suchen wir der Stadt Bestes". Andererseits sind manche von uns mit ihren Kräften an die Grenzen des Möglichen gestoßen. Wir müssen überlegen, was wir in Zukunft zu leisten imstande sind. Manche Dienste haben einfach ihre Zeit, die dann auch wieder vorbei ist, wenn ich z. B. an den Bastelkurs für Nachbarskinder, die Pfadfinderarbeit, die wöchentliche Sportstunden vergangener Jahre denke. Das zuzugeben fällt schwer, muss aber erlaubt sein.

Die Gliederstatistik des vergangenen Jahres ist relativ einfach. Wir begannen das Jahr 2006 mit 69 Gliedern, verloren zwei durch Tod und eines durch Wegzug (Steffen Altus), gewannen zwei durch Taufe. Dadurch dass auch Christoph Wendler in der Gemeindeliste Stralsund steht (was ich bisher nicht wusste), sind wir also 69 Glieder geblieben. Der durchschnittliche Gottesdienstbesuch der ersten Stunde betrug 34 (2005: 35). Der Fluch aller Statistik ist: Wenn sie negativ ausfällt, entmutigt sie; wenn sie positiv ausfällt, macht sie stolz. Vielleicht war das der Grund, weshalb Gott David nicht erlaubte, das Volk zu zählen. Wir wollen es deshalb anders halten: Alles was ich an Negativem genannt habe, soll uns demütig stimmen und ins Gebet treiben - alles Positive soll uns Anlass zu Lob und Dank gegen unsern Gott sein. Ich wünsche uns allen ein gesegnetes Gemeindejahr 2007! Mögen wir alle unserem Gott treu bleiben und alle unsere Tage aus seiner Hand nehmen.

Prediger- und Ältestentagung 28. 6. 2006 in Waren

Anwesend: Joachim Miersch (Neubrandenburg), Gerda Dornemann (Demmin), Gudrun Schönig (Waren), Axel Schmidt (Malchow), Jürgen Schmidt (Gemeinde „Lichtblick" Rostock), Dorothea Müller und Ralf Gelke (Rostock), Siegfried Paprotny (Bad Doberan), Stefan Kaufmann und Markus Voß (Greifswald), Hugo Tornow und Heinz Wietrichowski (Stralsund). Von der Hansa-Vereinigung: Heinz Ewald Gattmann, Michael Brunotte, Thilo Foth, Günter Brecht.

Andacht: Benny Brunotte.

Organisatorisches: die von Hansa angebotene Vereinigung mit Niedersachsen wird von Hannover abgelehnt. Lediglich „Kooperationen" werden akzeptiert. Ghana-Gemeinde Hamburg sucht weiterhin Raum für 200 Personen. 500.000 € darf das Objekt kosten - zwei Projekte sind an einer fehlenden Zustimmung der Stadt gescheitert. Gemeinde Rostock will über GVW ihr Haus rekonstruieren/bauen - (Mittel sind also da). Städtische Genehmigung fehlt noch. Gemeinde „Lichtblick" will in Eigenleistung bauen. Die Mittel reichen jedoch noch nicht.

Die Zehntenentwicklung in Hansa: + 0,94% (zweitbester Entwicklungsstand im NDV), Mecklenburg-Vorpommern: - 3%; Hamburg: - 1,8% Schleswig-Holstein: + 12%;

Unter den STA in Hansa gibt es etwas weniger Arbeitslose als bei den Mitgliedern der großen Kirchen. Markus Voß wurde neuer Prediger für Greifswald (kam aus Schwerin). Seit 1994 haben wir erstmals wieder einen echten Jugendabteilungsleiter: Michael Brunotte. Thilo Foth bleibt zuständig für Heimatmission. Michael Brunotte legte ein Konzept der von ihm geplanten Jugendarbeit vor: Er regt „Gebetspatenschaften" für Jugendliche an. Eine DVD über die letzte Aktion „Kinder helfen Kindern" ist vorhanden (Ansprechpartner Susanne Brunotte). „Valuegenesis" ist geplant: Das ist eine wissenschaftliche Umfrage zum besseren Verständnis der Probleme der Adventjugend.

1.4.2007 Delegiertenversammlung NDV in Geseke (Soest-Paderborn). Anträge von Gemeinden können von den Gemeindeausschüssen via Vereinigungsausschuss gestellt werden (20.11.) Der Schlüssel für die Delegiertenwahl wird bis 30.9. bekannt gemacht. Gemeinden haben Vorschlagsrecht. Festlegung der Delegierten-Namen durch den Vereinigungsausschuss im Dezember. Inzwischen haben alle Gemeinden in Hansa eine Homepage (entweder eine selbsterstellte oder eine standardisierte). Wichtig ist: Impressum, Webmaster, Aktualität, Gottesdienstanfangszeit!

Offizielles Emblem: Bibel, Kreuz und Flamme. Alle Gemeinden, die sich an der Gesundheitsevangelisation beteiligen und noch keine Technik besitzen (Beamer), können mit einem Zuschuss von 50% (max. 400 €) durch die Vereinigung rechnen. Die Kosten von Evangelisationen einer Gemeinde, die als Defizit bleiben, werden bis zu 50% bezuschusst.

Protokoll Gemeindestunde 16. 9. 2006

Beginn 14.05 Uhr, anwesend: 21 Gemeindeglieder, 3 Gäste.

Tagesordnung:

Begrüßung H. Wietrichowski, Lied 559, Gebet. Andacht: H. Tornow (Pred. 12,13)
Verlesen des Protokolls der Gemeindestunde 21.1.06; einstimmig angenommen.
Bekanntgabe der Taufentscheidung von Doreen Brünner: Taufe am 30.9.2006
Bericht Prediger- und Ältestentagung 28.8.2006 in Waren durch H. Wietrichowski

Rückblick und Ausblick Gemeinde Stralsund durch H. Tornow:

14.10. Abendmahl, 1.7. Waldgottesdienst, 19.8. Taufe Helga Lange, 2.9. Einschulungsgottesdienst Valerie Petrischkeit, Svenja Fischer, Tod Gertrud Singer und Heinz Warkenthin, Wegzug Steffen Altus nach Schwerin. Geplantes Gebetsseminar Helga Anton 27. - 29.10. Abstimmung: 16 x Ja.

Gebetswoche 4. - 11.11: Sa im Gottesdienst, So. Kapelle 19.00, Mo. 19.30 Gebetskreis, Di. 18.30 Jugendstunde, Mi. 10.00 Kapelle Senioren, Sa. im Gottesdienst; mehrheitlich angenommen.

Gesundheitsevangelisation wird aufgezeichnet und ab 16.11. jeweils Do. 19.30 als öffentliche Bibelstunde abgehalten - bis 14.12. Weiterführung ab 11.1. 2007 geplant. Abstimmung: mehrheitlich angenommen.

Rückblick Gemeinde Bergen:

im Sommer war an jedem Sabbat Gottesdienst; im Winter alle 14 Tage. Bericht über Missionsprojekt Ruben Schreiter.

Gemeindefinanzbericht (Gunter Petrischkeit):

Das Jahr begann mit einem Kassenstand von 1.470,84 € und endet mit 2.278,23 € (Vermietungen!). Jede Gabensammlung im Gottesdienst für die Gemeinde müsste 133,30 € ergeben, (zurzeit 115,74 €). Dank an alle treuen Geber! (Über Zehntenzettel gaben Geschwister weitere 700 € ebenfalls für die Gemeinde).

Vorschlag eines Gemeindeausflugs 27.4. - 1.5.2007 nach Grzybowo/Kolberg. Ab 30.9. liegt Teilnehmerliste aus. Kosten pro Person 17 €/Tag. Weitgehende Zustimmung.

Sonstiges:

Wir brauchen zusätzliche Diener am Wort. Es wurden vorgeschlagen: Gunter Petrischkeit, Bernd Warkenthin, Peter Küchler, Brigitta Tornow, Felix Beyer. Geheime namentliche Abstimmung: Bernd Warkenthin (20 x Ja), Brigitta Tornow (20x Ja) und Peter Küchler (13x Ja). Ende mit Lied 70 und Gebet H. Tornow um 15.29 Uhr.

2007: Gemeindeausflug Grzybowo/Kolberg - Renovierung Bergen

Liebe Glieder und Freunde der Adventgemeinde, es ist mal wieder so weit. Das Jahr 2007, das Gott am 31.12.2006 in unsere Hände legte, ist vergangen. Ich möchte mit Euch gemeinsam einen Rückblick halten und freue mich über jeden, der sich mit mir erinnert und mich auf eventuelle Fehler in der Berichterstattung aufmerksam macht. In einer Welt, in der nach offizieller Beobachtung in 20 Ländern Christenverfolgung herrscht, haben wir erneut ein Jahr völliger persönlicher und religiöser Freiheit erleben dürfen. Wir konnten an allen Sabbaten im Jahr Gottesdienst in unserem schönen Haus abhalten. Wir hatten unser Schrifttum in Händen. Das bedeutet, dass geistliche Speise in jeder Woche zur Verfügung stand. Wer morgens das Kalenderblatt liest, sich eine halbe Stunde in der Woche mit der Bibelbetrachtung befasst, sich am Sabbatvormittag unter das Wort der Predigt stellt, der hat zumindest eine Minimalration dieser Nahrung zu sich genommen. Nahrung wird aufgenommen, um zu wachsen oder zumindest den eigenen Ernährungsstand zu halten. Das Jahresende ist dazu geeignet, darüber nachzudenken, ob ich alle Speise vertragen habe, ob ich „Gewicht" verlor oder ob ich zugenommen habe, ob ich Speise weiterreichte und ob ich Appetit auf weitere Kost bekommen habe.

Ich beginne mit dem vorjährigen Adventssingen, das am 10.12. stattfand. Zu diesem Konzert waren 39 Gäste und 22 Gemeindeglieder erschienen. Das anschließende Kaffeetrinken wurde zu einer Stunde intensiver Begegnung. Unsere Jahresschlussandacht 2006 wurde von 20 Gemeindegliedern besucht. Im ersten Gottesdienst des Jahres hielt Peter Küchler seine erste Predigt. Er sprach das ernste Thema „Unversöhnlichkeit" an und stellte die These auf: Unsere Sünden schaden der Gemeinde. Im Rahmen der Allianzgebetswoche war unsere Kapelle am 8.1. Gastgeber für einen Gebetsabend der Frauen verschiedener Stralsunder Gemeinden. Am 20.1. predigte Markus Voss in Stralsund. Er betreute ein von 19 Teilnehmern gut besuchtes Jugendwochenende.

In der Sitzung vom 22.1. musste sich der Gemeinderat mit dem Austrittsantrag von Jan Petrischkeit befassen. Sein Brief an uns und die Antwort von Prediger Hugo Tornow wurde in der ersten Gemeindestunde des Jahres verlesen. Die Reihe der Gesundheitsvorträge des DVG wurde im neuen Jahr bis Mitte März fortgesetzt. Wir sahen insgesamt neun Videokassetten zu Gesundheitsthemen. Pro Abend waren zwei bis fünf Gäste sowie durchschnittlich zwölf Gemeindeglieder anwesend. Am 1. und 2.4. war ich als Ersatzdelegierter zur Verbandkonferenz des NDV in Geseke bei Hamm. Wichtigstes Ergebnis: Die offizielle Bezeichnung unserer Gemeinschaft lautet jetzt „Freikirche der Siebenten-Tags-Adventisten".

Am 6.2. beerdigten wir unseren Glaubensbruder Harry Milkereit in Putbus. Auf dieser Beerdigung lernten wir Rosemarie Götz und Monika Kelm kennen. Am 8.4. fand die Trauung von Anja Kaufmann im Greifswalder Dom statt. Die Stralsunder Sänger waren dabei und überreichten ihrer scheidenden Chorleiterin als Geschenk ein Gästebuch. Im Winter und Frühjahr hat die Gruppe Bergen, allen voran Petra und Gunthardt, die Renovierung des Gemeindehauses Bergen vorangetrieben und abgeschlossen. Einzelne Mitglieder des „Fördervereins Gemeindezentrum Rügen e.V." unterstützten diese Arbeit, so dass am 21.4. in Bergen mit 22 Teilnehmern erstmalig wieder Gottesdienst gefeiert werden konnte. Hartmut Behnke predigte vom neuen Sprechpult, das Gunter Warkenthin dem Verein gestiftet hat. Die offizielle Einweihung fand am 5.5. statt; ein Tag der offenen Tür folgte am 6. Mai.

Vom 27.4. - 1.5. fand ein Gemeindeausflug (siehe umseitiges Foto) nach Grzybowo bei Kolberg statt. In schöner Gemeinschaft verlebten 45 Teilnehmer, darunter auch

Gemeindeausflug 2007 Polen
Reihe v. o. l.: Felix Beyer, Hugo und Brigitta Tornow, Markus Hornung, Konrad Küchler; 2. Reihe v. o. l.: Heinz Wietrichowski, Ute Beyer, Renate Wietrichowski, Heiko Dyck; 3. Reihe v. o. l.: Karin Engels, ?, Friedrich Küchler, Evi Kopp, Peter Küchler. 4. Reihe v. o. l.: Susanne Hornung, Leonie Krüger, Wolfgang Kopp, Egon Engels; 5. Reihe v. o. l.: Natalia M., Helga Andres, Lotte Straßburg; 6. Reihe v. o. l.: Michael und Kerstin Nerlich, Bertel Burmeister, Rosi Schmidt, Jens Ackermann, Jörgen Wendler; 7. Reihe v. o. l.: Gerda Dornemann, Irmgard B., Anett Hornung, Anja Rothaug mit Lisa, Renate Wendler, Andreas Rothaug mit Florian; Vorne v. l.: Andreas M., Kathrin Küchler, Wilhelm Bohnenstengel, Renate Meier

Gäste und Kinder dort vier wunderschöne Tage. Noch in deutlicher Erinnerung für uns alle ist, wie Gott auf unsere Bitte wegen einer verlorenen Brieftasche reagiert hat (sie wurde dem Verlierer per Post aus Polen nachgeschickt!). Gerda Dornemann stellte eine wunderschöne Erinnerungs-DVD zusammen. Erfreulich ist, dass sich in Stralsund auch am Grzybowo-Sabbat eine Gemeinde von immerhin 32 Teilnehmern versammelte. Dieser Gottesdienst wurde von S. Rosner und B. Warkenthin geleitet.

Der Gast des gemeinsamen Bezirksgottesdienstes von Greifswald und Stralsund war Brd. J. Hartlapp. Am Freitagabend, 12.5. begann der Bezirkssabbat in Greifswald. Am Sabbat setzte Brd. Hartlapp in Stralsund fort. Die Thematik lautete „Adventgemeinde wozu, woher, wohin?" Auch in diesem Sommer machten unsere Rügener an jedem Sabbat ihren eigenen Gottesdienst. Die Teilnehmerzahlen überschritten manchmal die 40.

Am 26.6. gestaltete die Stralsunder Jugendgruppe den Gottesdienst. Daniel Dyck predigte. Unglücklicherweise waren alle leitenden Brüder auswärts eingeteilt, sodass die Jugendlichen völlig auf sich allein gestellt waren. Sie meisterten diese Herausforderung vorbildlich. Am 20.7. war unser Kapellenraum bis auf den letzten

Platz gefüllt, obwohl es kein Sabbat war. Heiko Dyck und Margarete Küchler wurden getraut. 80 Freunde und Verwandte nahmen Anteil.

Am 27.7. verstarb unser Alfons Reichert aus der Gemeinde Bergen/Rügen. Er wurde am 31.7. in Schaprode beerdigt. Am 7. 8. fand unser diesjähriger Tschernobylkindertag statt. Frau Deutscher brachte uns an diesem Dienstagnachmittag ihre 45 Kinder aus Weißrussland, die sich bei Kakao und Kuchen sowie Sport und Spiel wieder recht wohlfühlten. Jedes Kind bekam einen Geschenkbeutel. Am Jahresende 2007 rief Frau Deutscher zu einer Schokoladenaktion für ihre Kinder auf. Ulrike Warkenthin koordinierte die Aktion seitens unserer Gemeinde. Die Kapelle bzw. das Haus Küchler war auch in diesem Herbst wieder Anlaufstelle für Kleiderspenden nach Russland.

Am 24.8. wurden Uwe Degler, Rosemarie Götz und Monika Kelm getauft. Anschließend wurde gemeinsam gefeiert. Am 1.9. wurde im Rahmen des Gottesdienstes der Schulanfänger gedacht. Es handelte sich um Pauline Petrischkeit und Jonathan Waak. An dieser Stelle will ich erwähnen, was vielleicht noch nicht jeder weiß: die Gemeinde hat wieder eine Pfadfindergruppe. Brigitta Tornow und Susanne Hornung möchten mit den Kindern, die ums Einschulungsalter herum sind, neu anfangen. Es handelt sich um Lisann Kopp, Sarah und Jonathan W., Valerie und Pauline Petrischkeit und einen Lucas von außerhalb der Gemeinde. Die Kleinen haben schon zweimal eine Abenteuernacht zugebracht. Im gleichen Gottesdienst wurden Roswitha und Georg Jagusch, die zugezogen sind, sowie Daniel Dyck aus Gülzow in die Gemeinde aufgenommen.

Auf einer Gemeindestunde am 22.9. unterhielten wir uns über Probleme des Gemeindeklimas, Fragen des Gottesdienstablaufs, die Jugendaktionswoche im Oktober, einen eventuellen Gemeindeausflug im Mai 2008 und die Zehntentreue in der Gemeinde. Zehnten wird absolut anonym gegeben, dennoch darf gesagt werden: 76% der getauften Gemeindeglieder geben einen glaubwürdigen Zehnten, 8% geben nur einen teilweisen Zehnten. Wir bestimmten den Ernennungsausschuss für die kommende Gemeindehelferwahl.

Am 6.10. feierte die Gemeinde ihren diesjährigen Erntedank. Hugo Tornow predigte. Die Höhe der Erntedankgaben betrug 867 € + 290 € für den Katastrophenfonds. Am Nachmittag des gleichen Tages wurde Benjamin Kindler in Zingst unter Anteilnahme seiner Familie und der Gemeinde getauft.

Vom 20. - 27.10. fand die lang vorbereitete Jugendwoche Stralsund statt. Die Jugendlichen hatten in der Woche auf der Straße zu den Abenden in die Adventkapelle eingeladen. Obwohl die Resonanz leider gering war, wurde dennoch eine Reihe von Jugendlichen erreicht. Den Abschlussgottesdienst der Woche gestaltete die Jugendgruppe völlig selbständig. Beeindruckend war die Predigt von Willie Schulz „Game over - war´s das?".

Am 10.11. nachmittags wurden Karin und Egon Engels sowie ihr Sohn Peter getauft. Hinterher wurde im Essenraum gefeiert. Am 16./17.11. fand noch einmal ein Jugendsabbat mit Benny Brunotte statt. Zwanzig Jugendliche - und natürlich die Ortsgemeinde - hörten seiner Predigt zu. Die Jugendlichen waren vom Freitag bis zum Sonntagmittag beisammen. Ab November haben Norbert Vierus und Lars Bräunlich in unserem Versammlungsraum in Bergen ein „Philippus-Projekt" begonnen. Die beiden wollen über den Winter auf Rügen evangelistisch wirken. Ebenfalls im November hat Jörgen Wendler ein Seelsorgeseminar, das auf Allianzebene im vergangenen Jahr stattfand, erfolgreich beendet. Damit erwarb er die Befähigung, seelsorgerliche Beratungen durchzuführen. Unsere diesjährige Gebetswoche fand vom 24.11. - 1.12. statt. Die Beteiligung der Geschwister war nach meiner Beobachtung besser als in vergangenen Jahren. Die Höhe der Gebetstagsgaben betrug 400 €, die der Gaben für Heimatmission in der Hansa-Vereinigung 370 €.

Am 8. 12. wurden unsere diesjährigen Taufjubilare geehrt. Es waren Petra Saupe (35), Maritta Rosner (35), Siegfried Rosner (40), Elidia, Edith und Paul Rettkowski (40), Roswitha Jagusch (45), Renate Wietrichowski (45), Georg Jagusch (50). Am 9.12. sang unser Chor sein diesjähriges Adventskonzert. Es war wieder gut besucht. Wie im Vorjahr erschienen wieder genau 39 Gäste, dazu diesmal 26 Gemeindeglieder. Das Kaffeetrinken erfreute Gäste und Gemeinde. Ich möchte noch einmal wiederholen, was ich bereits früher erwähnt habe: das Adventssingen ist die von Gästen bestbesuchte Gemeindeveranstaltung des Jahres. Noch in Erinnerung haben wir die Christvesper der Kinder Heiligabend um 15.00 Uhr. Dank gesagt sei den Jugendlichen, die unter Leitung von Anett Kindler viele Wochen mit den Kleinen geübt haben.

Damit bin ich bei Lob und Dank angelangt, dem Teil der Chronik, der mir am angenehmsten ist. Gleichzeitig werde ich aber auch die Dinge nennen, an denen es noch fehlt. Ich beginne mit der Arbeit des Fördervereins. Dieser hat sich auch im vergangenen Jahr positiv entwickelt. Wir sind im Laufe des letzten Jahres 20 Mitglieder mehr geworden. Die Renovierung des Hauses ist erfolgreich beendet worden. Die Finanzen des Vereins sind dank zahlreicher Vermietungen im vergangenen Sommer ausgeglichen. Helga Lange, Rosemarie Götz und Monika Kelm haben sich vorbildlich um die Urlauber und das Haus gekümmert. Die Anschaffung eines Harmoniums konnte dank vieler Sponsoren und einer großzügigen Spende der Hansa-Vereinigung kurz vor Weihnachten realisiert werden. Das begonnene „Philippus-Projekt" habe ich schon erwähnt. Die Arbeit der beiden Brüder wird bis zum Frühling 2008 fortgesetzt. Die Gruppe Bergen verlor zwei Glieder durch Tod und gewann zwei Glieder durch die Taufe, was nach wie vor unterm Strich 11 ausmacht.

Nachdem unser „Hofarbeiter" Herr P. die gerichtlich verordneten Sozialstunden in unserem Haus im vergangenen Frühjahr vorzeitig beendete, lag die Verantwortung für Kapelle und Grundstück wieder allein auf den Schultern des Hausmeisterehepaares. Es wurde dabei von seinen Kindern und von einzelnen Gemeindegliedern unterstützt.

Wir können Gott dankbar sein, dass unsere Kapelle unbeschädigt geblieben ist, dass sie nicht besprüht wurde. Kleine Reparaturen an Dach, Eingangstür und Heizung sind den meisten von Euch wahrscheinlich gar nicht aufgefallen. Die Sanierung der Alten Richtenberger Straße durch die Stadt hat zu einem besseren Zugang zur Kapelle und zu einem Rückgang der Geräuschbelästigung im Raum geführt. Leider ist das Hundekotproblem vor der Kapelle trotz des vorhandenen Hundeklos nicht gelöst. Der Schaukasten wird von Kathrin Küchler gepflegt. Benutzte Plakate werden für den Schaukasten in Bergen zur Verfügung gestellt. Der Schaukasten gibt unserer Kapelle ein Gesicht. Wir sollten ruhig einmal davor stehen bleiben und uns für seinen Inhalt interessieren. Die Nutzung der linken Garage Heuweg durch einen Fremdmieter wurde im Oktober beendet. Inzwischen ist die Garage aber wieder vermietet. Am Spitzboden der Kapelle, der besonders von Kindern und Jugendlichen genutzt wird, fehlt noch die Erledigung von Restarbeiten. Eine neue Mikrofonanlage kann finanziert werden. Bernd Warkenthin kümmert sich darum.

Die Jugendlichen hätten gerne eine neue Verstärkeranlage für die Bandinstrumente. Das Problem, das wir finanziell nicht hätten schultern können, löste sich, als der Freund der Gemeinde Matthias S. dankenswerterweise seine Anlage der Jugendgruppe schenkte. Die wöchentliche Kapellenreinigung hat bis auf kleine menschlich bedingte Pannen das ganze Jahr hindurch funktioniert. Allen Helfern sei gedankt. Für das neue Jahr hat sich Ulrike Warkenthin vorgenommen, den Reinigungsplan zu erstellen. Es sei daran erinnert, dass sich eigentlich alle Gemeindeglieder innerhalb ihrer persönlichen Möglichkeiten für diesen Dienst zur Verfügung stellen sollten, wobei der Dienst auch finanziell abgegolten werden kann. Im neuen Jahr sollten auch wieder eine oder zwei große Kapellenreinigungsaktionen durchgeführt werden, bei denen einmal alle Fenster, Dachrinnen und finsteren Winkel gesäubert werden könnten.

Dank soll auch den Chorsängern sowie allen anderen Gemeindegliedern und Jugendlichen gesagt werden, die sich musikalisch eingebracht haben. Orgelspiel, Klavier, Gitarren, Band sowie die verschiedenen Gesangssoli haben uns erfreut und manchen Gottesdienst verschönert. Fast an allen Dienstagen haben sich die Jugendlichen zur Jugendstunde versammelt. Geschw. Küchler, Hugo Tornow, Markus Voss/Greifswald aber auch die Jugendlichen selbst haben Jugendstunden geleitet. Im kommenden Jahr wollen die Jugendlichen die Jugendstunden am Freitagabend haben. Das System der Jugendwochenenden und Jugendaktionswochen hat sich etabliert und wurde von den Jugendlichen nicht nur angenommen, sondern auch mit Leben erfüllt. Selbstverständlich wünschte man sich von manchen Jugendlichen noch mehr Aktivität, dennoch lebt die Jugendgruppe und trägt auch zu manchem Höhepunkt in unserem Gemeindeleben bei. Die letzte Jugendaktionswoche ist uns noch in guter Erinnerung.

Die Arbeit des Gemeinderats geschieht mehr im Verborgenen. Die Sitzungen des letzten Jahres waren von einer Atmosphäre der Harmonie gekennzeichnet. Die Beschlüsse des Gemeinderats hingen stets einige Wochen hinterher am Brett und konnten von euch allen eingesehen werden. Zu loben ist die erfolgreiche und reibungslose Arbeit der Diakonie, der Bücher- und Kassenverwaltung, der Techniker, des Seniorenkreises, der Bibelschulhelfer, der Kinderbibelschulhelfer, des Gemeinde-Schreibers und des Gebetskreises.

Einen ausdrücklichen Dank möchte ich an alle Diener am Wort aussprechen, worunter wir alle diejenigen verstehen, die bereit sind, sich hinzusetzen und eine Predigt auszuarbeiten und sich danach hinzustellen und sie zu halten. In ihren Kreis ist seit dem vergangenen Jahr auch Peter Küchler eingetreten. Es könnten noch mehr Helfer sein. Jeder, der hier mithelfen möchte, könnte unseren Prediger jederzeit ansprechen. Je breiter diese Arbeit geschultert wird, je leichter wird sie für den Einzelnen. Dabei soll daran erinnert werden, dass unsere Wortverkündiger auch nach Bergen, Demmin, Greifswald und Heringsdorf fahren.

Auch den Gesprächsleitern der Bibelschule möchte ich herzlich danken für ihre Mühe. Unter der Leitung von Jörgen Wendler und Siegfried Rosner kommen sie an jedem Sabbatmorgen eine dreiviertel Stunde vor Gottesdienstbeginn zusammen und bereiten das Bibelgespräch vor. Wenn sie dann vor Euch in der Gruppe sitzen, hoffen sie auf Eure Mitarbeit. Habt sie dafür lieb! Nicht zuletzt möchte ich mich - ich denke in Euer aller Namen - bei unserem Predigerehepaar ganz herzlich für seinen Dienst und Einsatz in dieser Gemeinde bedanken. Hugo Tornow ist immer zu jeder Arbeit bereit, er besucht die Geschwister vorbildlich, er müht sich um Kinder- und Jugendarbeit, leitet gemeindliche Ausschüsse und fährt zu Predigerversammlungen. Neuerdings führt er einen Bibelkreis, zu dem Freunde der Gemeinde kommen. Einen ähnlichen Kreis leiten auch Kathrin Küchler und Siegfried Rosner. Brigitta Tornow hat im Gemeinderat gute Arbeit geleistet, den Seniorenkreis unterstützt, der Missionsarbeit der Gemeinde Anstöße vermittelt und manche andere Arbeit im Stillen verrichtet. Nicht zu vergessen ist, dass unser Pastor, wenn es seine Zeit erlaubt, auch in Gottesdiensten anderer Denominationen Predigten hält.

Ich finde es schön, wenn Gemeindeglieder am Sabbat mittags zum Essen zusammenbleiben. Das kommt nicht nur den auswärtigen Geschwistern entgegen, sondern es fördert auch das Zusammengehörigkeitsgefühl der Gemeinde. Zu loben sind alle anonymen Kuchenbäcker und Kaffeekocher, die für Potluck, Seniorenkreis, Chorwochenende und andere Anlässe ihre Fähigkeiten zur Verfügung gestellt haben. Manchmal wird einem Gemeindehaus der Vorwurf gemacht, dass es an zu vielen Tagen der Woche ungenutzt steht. Wir haben uns im vergangenen Jahr nach Kräften bemüht, unsere Kapelle auch Urlaubern, fremden Institutionen, anderen Gemeinschaften für besondere Anlässe und auch für Familienfeiern zu öffnen. In der Chronik des vergangenen Jahres habe ich die Frage gestellt, ob nicht manche Dienste, die von uns geleistet werden, auch ihre Zeit überlebt haben. Es gibt Dinge, deren Existenz von manchen Gemeindegliedern für gut befunden werden, um deren Funktionieren sie selbst sich aber nie kümmern würden. Wir haben das Problem, dass zu viele Dienste von zu wenigen Personen geleistet werden. Sicher hat der Ernennungsausschuss, der dieser Tage wieder zusammengesessen hat, sich mit dem gleichen Problem herumschlagen müssen.

Eine Evangelisation haben wir in diesem Jahr in keiner der drei Gemeinden des Seelsorgebezirks gehabt - wenn man von den Gesundheits-Videos anfangs des Jahres absieht. Im kommenden Jahr wird es an vier Wochenenden im Oktober und November je zwei „Link2Life"-Übertragungen geben, die für einen jeden von uns dann erneut zu einer Herausforderung werden können. Wir sollten schon jetzt daran denken, dass zu einer solchen Veranstaltung nicht Leute erscheinen, die einen Zettel im Briefkasten finden, sondern nur solche, die unsere Freunde (geworden) sind.

Einen Dank möchte ich an alle Gäste aussprechen, die bei uns in Stralsund gewesen sind und in unser Gemeindeleben Farbe hineingebracht haben. Die meisten werden von diesem Dank wohl nie etwas erfahren. Manch Gastprediger hat gesprochen. Brüder von der Hansa-Vereinigung sind bei uns gewesen, aber auch Jugendgruppen und einzelne Familien, Urlauberehepaare und Singles haben unsere Gottesdienste besucht. Manch einer von euch hat Mittagsgäste mitgenommen und mit ihnen einen schönen Sabbatnachmittag verlebt. Ich glaube, die Zeiten, wo ein Gast bei uns im Gottesdienst übersehen wird, sind endgültig vorbei. Es freute mich so manches Mal, wenn aus fremdem Mund ein Lob kommt und man zu hören bekommt: „Was habt ihr für eine schöne Gemeinde!", wobei sie nicht nur das Gebäude meinen.

Zum Schluss noch ein wenig Statistik. Wir begannen das Jahr mit 69 Gliedern. Wir verloren durch Tod zwei Glieder, nämlich Harry Milkereit und Alfons Reichert. Zu ihrem Gedenken bitte ich, euch zu erheben. Durch Wegzug verloren wir Margarete Küchler, durch Austritt Jan Petrischkeit. Zugezogen sind Daniel Dyck sowie Georg, Andreas und Roswitha Jagusch. Getauft wurden Roswitha Götz, Monika Kelm, Uwe Degler, Benjamin Kindler sowie Egon, Karin und Peter Engels. Damit beträgt unsere Gliederzahl jetzt 76. Ich denke, wir alle freuen uns über diese Entwicklung und sagen Gott Dank dafür. Schauen wir auf unsere Gottesdienste, so ist festzustellen, dass der Durchschnittsbesuch der ersten Stunde verglichen mit 2006 gleichbleibend 34 Glieder beträgt.

Zum Abschluss meiner Rückschau möchte ich allen Geschwistern und Freunden der Gemeinde, aber auch allen unseren Kindern und Jugendlichen meine persönlichen guten Wünsche zum neuen Jahr aussprechen. Möge niemand fehlen, wenn wir am kommenden Silvesterabend wieder beisammen sind!

2008: Gemeindeausflug Drewoldke - „Philippusprojekt" Bergen

„Liebe Glaubensgeschwister und Freunde der Adventgemeinde, es ist wieder so weit. Das Jahr 2008, das Gott am 31.12. in unsere Hände legte, ist vergangen. Ich möchte mit Euch gemeinsam einen Rückblick halten und freue mich über jeden, der sich mit mir erinnert und mich auf eventuelle Fehler aufmerksam macht." Mit genau diesen Worten begann auch die Gemeindechronik, die ich vor einem Jahr verlesen habe. Ich habe nur aus der Jahreszahl 2007 die Zahl 2008 gemacht. Wer im vergangenen Jahr in der Jahresschlussandacht gewesen ist, und diese Worte heute trotzdem nicht wiedererkannt hat, muss nicht traurig sein. Menschsein heißt, vergesslich zu sein. Eigentlich führen wir lebenslang einen Kampf gegen das Vergessen und das Verlieren. Wer sein Schlüsselbund vermisst, ist dumm dran. Aber wichtige Dinge zu vergessen, ist noch schlimmer. Wer vergisst, verliert den Kampf gegen die enteilende Zeit. Wir haben verschiedene Strategien gegen das Phänomen der enteilenden Zeit entwickelt. Eine ist: Wir kehren gerne an denselben Ort zurück, z. B. an einen Urlaubsort, an dem wir schon einmal waren. Scheinbar holen wir dadurch die Vergangenheit zurück. Dennoch wissen wir alle: „Kein Mensch steigt zweimal in denselben Fluss.", was bedeutet, dass der Fluss schon Sekunden nach unserem ersten Hineinsteigen ein anderer ist. Wir sehen gerne auch Menschen wieder, die unserem Gesichtskreis entschwunden waren. Wiedersehen ist dem Zurückkehren ähnlich. Zum andern: Wir reisen gerne. Reisen hat es mit Ortsveränderung zu tun. Wir lassen unseren Heimatort und scheinbar das Gestern hinter uns zurück. Während einer Bahnfahrt schauen wir aus dem Fenster und sehen in der Ferne unseren Urlaubsort auftauchen und langsam auf uns zukommen. Es dünkt uns, wir könnten in die Zukunft schauen. Jeder Autofahrer steht in der Illusion, dass er mit dem Blick durch die Windschutzscheibe während der Fahrt in die Zukunft schaut. „In einer Minute werde ich dort hinten an der Kreuzung sein", denkt er. Die dritte Strategie gegen die verrinnende Zeit ist das Erinnern. Wer über sein vergangenes Jahr nichts mehr zu sagen weiß, der hat es eigentlich nicht gelebt. Nur das, woran ich mich erinnern kann, gehört mir wirklich. Und das Erinnerte kann mir auch niemand wegnehmen. Ohne Erinnern gäbe es auch keine Dankbarkeit. Gott freut sich, wenn seine Kinder dankbar sind. Wer Gott dankt, indem er sagt: „Danke, o Gott, für alles, was ich im vergangenen Jahr erlebt habe!", aber auf Gottes Nachfrage nichts konkret nennen könnte, wäre nach meinem Dafürhalten in einer peinlichen Situation.

Woran erinnern wir uns als Gemeinde Stralsund am Altjahrsabend? Die erste Predigt im neuen Jahr hielt uns Hugo Tornow. Sie lautete „Gericht - die gute Botschaft". Auf die per Satellit ausgestrahlte Predigt der beiden Verbandsvorsteher verzichteten wir. Sie wurde als Aufzeichnung im Verlauf des Jahres angeboten. Am 26.1. waren fast alle unsere Jugendlichen in Greifswald zu einem JuWo. Das bedeutet für uns als Gemeinde stets eine nur geringe Anwesenheit von Gottesdienstbesuchern. Dagegen waren der Gottesdienst am 2.2. mit 47 getauften Gliedern und die nachmittägliche Gemeindestunde mit 35 Teilnehmern sehr gut besucht. Es fand die fällige Gemeindewahl statt, die aber nur wenige Veränderungen ergab. Unser Vorsteher aus Hamburg Heinz-Ewald Gattmann sprach als Gast zum Thema „Korrigierende Seelsorge". Eine lebhafte Diskussion ergab sich.

Am 10.2. verstarb Hanni Reichert aus der Gemeinde Bergen. Wir werden sie als stille und freundliche Christin in Erinnerung behalten. Am 1.3. predigte Brigitta Tornow über den notwendigen Umzug aus dem „Jammertal" in die „Lobpreisgasse". Die Kinder und Jugendlichen gestalteten diesen Gottesdienst durch Lied- und sonstige Beiträge mit. Am 13.3. hatte ein Hauskreis in Bergen 18 Teilnehmer. Unsere „Philippus-Arbeiter" Norbert Vierus und Lars Bräunlich sowie Hugo Tornow hatten dazu eingeladen. Am 5.4. wurde in Rostock (August-Bebel-Straße) die neue Kapelle eingeweiht. Etliche Stralsunder ließen sich dieses Ereignis nicht entgehen. Unser offizieller Vertreter war Jörgen Wendler. Daniel Dyck hatte eine Skulptur geschnitzt, die er als unser Geschenk überreichte.

Auf einer Gemeinderatssitzung im April wurde beschlossen, dass immer dann, wenn die Rügener Geschwister unter uns sind, in Stralsund Potluck ist - das ist also zwischen Oktober und Juni in jedem zweiten Gottesdienst. Ute Beyer kündigte an, dass ab jetzt alles Schrifttum bei Bestellung vorfinanziert werden muss. Diese Praxis hat sich inzwischen bewährt. Am 19.4. wurden Markus Hornung und Konrad Küchler in die Jugendgruppe aufgenommen. Markus Voß predigte über Psalm 1 „Wohl dem, der nicht wandelt im Rat der Gottlosen". Nachmittags wurde die Biografie beider Jugendlicher in einer Dia-Präsentation gezeigt. Mit einem Gruppenfoto schloss die Jugendaufnahme - für uns Ältere zumindest!

Vom 1. - 4.5. hatten wir zu einem Gemeindeausflug in das Jugenddorf Drewoldke bei Juliusruh eingeladen. Gleichzeitig waren ca. 30 Glieder der Gemeinde Bad Düben aus Sachsen dort anwesend, wo unser Jörg Wietrichowski derzeit als Pastor arbeitet. Am Sabbat waren wir insgesamt 70 Personen. Hugo Tornow predigte im Speisesaal. Das anschließende Bibelgespräch wurde in fünf Gruppen unter freiem Himmel angeboten. In deutlicher Erinnerung sind denen, die dabei waren, der Spaziergang nach Altenkirchen mit der exzellenten Kirchenführung durch Pastor Rüß, der nachdenklich stimmende Rühmann-Film „Die Reise nach Manhattan" und so mancher Strandspaziergang. In Stralsund wurde durch Bernd Warkenthin und Siegfried Rosner die „Gemeinde der Übrigen" betreut.

Der Bezirksgottesdienst am 11. und 12.7. begann am Freitag mit einem offenen Jugendabend, zu dem allerdings nur 17 Personen kamen. Am Sabbat bestand die erste Stunde des Gottesdienstes aus Bekanntmachungen, Bildmeditation,

Textlesungen und Lobpreisliedern sowie einem Anspiel, das die Brüder Thilo Foth, Willie Schulz, Günter Brecht und Benny Brunotte darboten. Es trug den Titel „Ankunft 18.44 Uhr". Heinz-Ewald Gattmann predigte über die Frage „Warum schweigt Gott?". Mittags gab es Kartoffelsalat und Würstchen. Am Sabbatnachmittag wurden drei Workshops angeboten. Mit einer Andacht von Günter Brecht schlossen wir.

Am 22.7. hatten wir erneut 42 Kinder und drei Betreuer aus Weißrussland in unserer Kapelle zu Gast. Der Stralsunder Tschernobylhilfe-Verein e.V. unter Leitung von Frau Deutscher war zum neunten Mal von uns eingeladen. Unsere Gäste wurden durch eine Bildergeschichte, Kuchen, Saft, Spiele, ein Tanzprogramm, Basteln, Sackhüpfen und Zielwerfen erfreut. Jedes Kind bekam einen Geschenkbeutel und ein Kuscheltier.

Der August war der Monat der Hochzeiten. Am 1.8. wurden Claudia Warkenthin und Daniel Dyck von Markus Voß in der Chorruine St. Johannis getraut (sie werden den Namen Warkenthin tragen). Am 20.8. war in Bützow die Eheschließung von Doreen Brünner und Samuel Schmidt. Die Traupredigt hielt Andreas Schmidt. Eine kleine Stralsunder Abordnung war dabei. Am 23.8. schließlich heirateten Christoph Wendler und seine Anja. Hugo Tornow traute sie in unserer Kapelle. Das Paar wohnt in Friedensau. Christoph ist Stralsunder Gemeindeglied.

Am gleichen Tage verstarb unser langjähriges Gemeindeglied Brigitte Koblitz. Brigitte wurde in Rostock beigesetzt. Hugo Tornow hielt die Traueransprache. Am 26.9. (Freitagabend) wurde Christiane Allwardt in unserer Kapelle getauft. Ihre Mutter Gisela Allwardt ließ es sich trotz gesundheitlicher Einschränkung nicht nehmen, dabei zu sein. Am 27.9. feierten wir Erntedank. In jedem Jahr habe ich Sorge, dass es mit dem Gabentisch und dem Erntedankschmuck nicht funktionieren könnte. In jedem Jahr wird mein Kleinglaube beschämt. Wir machten nachmittags bei schönem Wetter einen ausgiebigen Spaziergang und saßen ohne Zeitdruck an einer langen Kaffeetafel auf der Rasenfläche unseres Gemeindehofes.

Am 4.10. wurde auch in Roggentin vor den Toren Rostocks eine neue Kapelle eingeweiht. Hugo Tornow überbrachte Glückwünsche und ein Geschenk der Gemeinde Stralsund. Am 22.10. verstarb unser Volker Hornung in Schmitten-Niederreiffenberg bei Frankfurt/Main. Die letzten Wochen vor seinem Tode wurde er in einem Hospiz betreut. Die Trauerfeier und Beisetzung war in Hofheim. Anett, Susanne und Markus Hornung waren zugegen. Jörg Wietrichowski hielt die Traueransprache. Am 9.11. fand in unserer Kapelle eine gesonderte Trauerfeier statt. Vom 24.10. - 21.11. wurde „Link2Life" übertragen. Die allabendliche Teilnehmerzahl betrug maximal 20. Die diesjährige Gebetswoche fand vom 22. - 29.11. statt. Sehr bereichernd war die Zusammenkunft von ca. zwölf Betern am Mittwochvormittag. Verglichen mit früheren Zeiten leidet die Gebetswoche nach meiner Beobachtung unter einem schwindenden Interesse der Gemeinde. Es geht uns wahrscheinlich zu gut. Hätten wir Verfolgung oder Hunger im Land, Krieg oder Katastrophen, wie sehr würden wir das gemeinsame Gebet suchen! Wie in den vergangenen Jahren war das adventliche Chorkonzert am 7.12. wieder ein Höhepunkt im Gemeindeleben. Das zeigt sich durch eine gestiegene Besucherzahl. Von meinem erhöhten Standpunkt im Chor konnte ich 69 Zuhörer zählen. Auch das anschließende Kaffeetrinken wurde von vielen gerne angenommen. Schon am Sabbat, den 6.12., hatten wir in Greifswald das gleiche Programm gesungen. An diesem Sabbat wurde im Rahmen des Gottesdienstes erneut eine Pfadfindergruppe gegründet. Waren es seinerzeit die „Sundläufer" gewesen, so sind es jetzt die „Kleinen Elche". Zur Gruppe gehören acht Kinder. Brigitta Tornow, Susanne Hornung sowie Peter und Kathrin Küchler haben mit den Pfadfindern schon so manche Aktion durchgeführt.

„Frauen unterm Stern" hieß der Abend im Rosmarinweg 1, zu dem Brigitta Tornow am 17.12. die Schwestern des Gemeindebezirks eingeladen hatte. Am 20.12. ehrten wir sechs Taufjubilare. Es waren Leoni Sprenger (65), Hugo Tornow und Jörgen Wendler (45), Gunthardt Saupe (35), Michael Nehrlich (30) und Kathrin Küchler (25). Am gleichen Tage fand nach dem mittäglichen Potluck die schon lange fällige Diakon-Versammlung statt. Elf Diakone waren beisammen. Es wurde spontan der Wunsch einer regelmäßigen Wiederholung geäußert. Die Christvesper am 24.12. um 15.00 Uhr wurde von 33 Personen besucht. Wer nicht gekommen war, hatte etwas versäumt, denn die musikalischen Beiträge der Kinder waren sehr erfrischend. Wir sahen ein Video mit dem Inhalt „Die Stadt, die Weihnachten vergaß". Der letzte Gottesdienst des Jahres am 27.12. ist uns noch in guter Erinnerung. Peter Küchler predigte über das Problem einer Depression, von dem auch fromme Menschen betroffen sein können.

Wie in jedem Jahr sei es mir als eurem Ältesten erlaubt, zum Schluss Worte des Dankes, der Einschätzung und des Ausblicks zu sagen. Zum Gemeindebezirk Stralsund gehören neben Stralsund auch Bergen und Demmin. Die organisatorische Leitung der Gruppe Bergen hat der „Förderverein Gemeindezentrum Rügen e. V.". Gott hat die Arbeit des Vereins auch im vergangenen Jahr gesegnet. Den ganzen Sommer über hatten wir in unserem renovierten Haus gut besuchte Gottesdienste, wenn die absoluten Zahlen auch etwas geringer waren als 2007. Der Verein steht finanziell auf einer gesunden Grundlage. Im Winterhalbjahr kommen die Rügener Geschwister jeden zweiten Sabbat nach Stralsund. Hier ist dann grundsätzlich immer Potluck. An dieser Stelle sei allen Dank gesagt, die nicht nur gegessen, sondern auch vorbereitet haben. Beim Stichwort Bergen sei gesagt, dass die „Philippusarbeit" der beiden Brüder Vierus und Lars Bräunlich sich ab Sommer dieses Jahres von Rügen in den Bereich Demmin verlagert hat. Dort machten unsere Brüder Haus-zu-Haus-Arbeit. Inzwischen ist das Projekt beendet.

Auch die Gemeinde Demmin gehört zu unserm Bezirk. Die Hauptarbeit in Demmin leistet Gerda Dornemann, der wir noch lange Kraft und gute Gesundheit wünschen. Nach Auflösung der Gemeinde Teterow gehören die dortigen Geschwister dennoch weiterhin zu unserem Bezirk. Hugo Tornow leitet dort einen Hauskreis. Den Seniorenkreis der Gemeinde zeichnen zwei Dinge aus: er wird von mehr Gästen als eigenen Geschwistern besucht. Und er ist im ganzen Jahr nie ausgefallen. Besondere Höhepunkte waren die Nachmittagsveranstaltungen bei Saupes in Poggenhof und bei Engels in Martensdorf. Ganz leise möchte ich daran erinnern, dass manch ein Stralsunder Gemeindeglied noch nicht gemerkt hat, dass es altersmäßig auch schon in diesen Kreis gehört.

Unsere Jugendgruppe lebt. Wir merken es besonders dann, wenn die Jugendlichen im Gottesdienst fehlen. Das ist jetzt nicht Ironie; an diesen Sabbaten sind sie zu Jugendwochenenden oder Bibelwochen gefahren, was wir ihnen von Herzen gönnen. Die wöchentliche Jugendstunde findet statt, wenn auch mit unterschiedlich starker

Beteiligung. „Link2Life" war in diesem Herbst eine Veranstaltung, die besonders unsere eigenen Jugendlichen angesprochen und motiviert hat. Einige Gäste waren an jedem Abend mit dabei. Dank sei Markus Voß gesagt, der die Jugendarbeit zusammen mit der Jugenddiakonie leitet.

Die Tür der Hausmeisterwohnung ist auch im vergangenen Jahr für viele Menschen offen gewesen. Kathrin und Peter Küchler haben nach Kräften Haus und Hof des Kapellengrundstücks in Ordnung gehalten. Das lang entbehrte Hoflicht ist installiert worden. Die Regenwasserableitung von Kapelle und Hausmeisterwohnung wurde im November von der REWA zunächst bemängelt, jedoch nach Einsetzen eines zusätzlichen Kontrollschachtes für gut befunden. Bei den angefallenen Erdarbeiten haben wir Gottes Hilfe deutlich erfahren.

Unsere beiden Techniker Bernd Warkenthin und Michael Nerlich waren im ganzen Jahr bei den Gottesdiensten und sonstigen Veranstaltungen einsatzbereit. Sie sorgten für guten Ton und gutes Licht. Während des Bezirksgottesdienstes wunderte sich Pastor Gattmann darüber, dass wir noch keinen festinstallierten Beamer besitzen. Ich erklärte ihm, dass dafür finanzielle Gründe verantwortlich sind. Der Kopierer hat seit dem Jahre 2000 seinen Dienst getan und muss ausgetauscht werden. Gunter Petrischkeit kümmert sich darum.

Unser Schaukasten ist das Gesicht der Gemeinde nach außen. Kathrin Küchler sorgt für seine Aktualisierung. Die Inhalte werden auch in Bergen genutzt. Dort kümmert sich Petra Saupe um den Schaukasten. Gerne bleiben Leute hier wie dort stehen und lesen. Für die Pflege des Stralsunder Schaukastens wird ein Nachfolger gesucht. Wer möchte diesen Dienst übernehmen? Das ganze Jahr über erfolgte die Kapellenreinigung fast problemlos. Der Plan war dankenswerterweise von Ulrike Warkenthin erstellt worden. Die Generalreinigung im Frühjahr litt an mangelnder Beteiligung und die im Herbst fand nicht statt.

Die Chorarbeit der Stralsunder und Greifswalder Sänger erfreute viele Wochen lang die Sänger - beim Üben; und beim Konzert am 7.12. auch die Gemeinde und ihre Gäste. Matthias Höhne (Greifswald) hat die Arbeit von Anja Kaufmann erfolgreich fortgesetzt. Auch einige Instrumentalisten sorgten im Konzertprogramm für musikalische Farbtupfer.

In der Gemeinde gibt es eine Reihe kleiner Kinder. Sie werden von Kinderdiakonen in jedem Gottesdienst betreut. Die Gründung der Pfadfindergruppe gibt den Kindern die Möglichkeit, Werte kennen zu lernen, Gemeinschaft zu leben und die Nähe und Wertschätzung der Gemeinde intensiv zu erfahren. Bei etlichen Aktionen, darunter auch Segelfahrten und Abenteuerübernachtungen erlebten die Kinder echte Bewährungsproben.

Im Verborgenen arbeitete der Gemeinderat, jedoch nicht konspirativ, sondern effektiv und reibungslos. Seine Beschlüsse standen jeweils aktuell am Anschlagbrett. Der monatliche Gemeinde-Info-Brief wird von Gunter Petrischkeit erstellt. Er sowie auch der Gottesdienstplan von Felix Beyer informieren jedes Gemeindeglied nicht nur über Geburtstage, sondern auch über alle Termine, die anstehen. Die jüngste Diakonie-Versammlung habe ich schon erwähnt. Die Diakone kümmern sich im Rahmen ihrer Möglichkeiten um ihre Schutzbefohlenen. Ich hoffe, dass jedes Gemeindeglied weiß, wer sein Diakon ist! Die Literaturverteilung wird von Ute Beyer am Büchertisch organisiert. Es sollte in Zukunft mehr und mehr zur bargeldlosen Bezahlung übergegangenen werden. Das gilt auch für Zehnten und Gaben.

Die „Bibelschule" ist (noch?) das Herz des Gottesdienstes. Jörgen Wendler und Siegfried Rosner leiten sie und teilen die Bibelschulhelfer ein. An fast allen Sabbaten fanden Bibelgespräche in Gruppen statt. Dass das mit einem zusätzlichen Einsatz von Zeit und Mühe verbunden ist, habe ich in den vergangenen Jahren schon oft erwähnt. Ausdrücklich sei den beiden Leitern und allen Lehrern Dank gesagt. Zu einem wertvollen Teil des Gottesdienstes hat sich die „Lebendige Gemeinde" entwickelt. Die aktuellen Berichte von Geschwistern und Gästen, die im ersten Teil jedes Gottesdienstes spontan gegeben werden, sind stets sehr erfrischend. Ausdrücklich sei unserem Predigerehepaar Dank gesagt. Wir sollten uns dessen bewusst sein, dass Hugo Tornow mit Fleiß und Verantwortungsbewusstsein unsere Gemeinde und den dazugehörigen Bezirk betreut. Er leitet Hauskreise in Stralsund, auf Rügen und in Teterow, er besucht unsere Alten und Kranken, er hält Predigten in Stralsund, Demmin, Bergen, Greifswald, Eggesin und Heringsdorf. Dabei wird er von einer Reihe von Dienern am Wort unterstützt. Auch ihnen sei Dank für ihren Einsatz gesagt.

Zu den verborgenen Diensten gehört der wöchentliche Hauskreis von Kathrin Küchler. Er existiert seit ca. zwei Jahren und vereint konstant bis zu sechs Gäste in ihrem Hause. Sorgen und Trauer bereiteten uns Krankheits- und Todesfälle. Zu unseren Kranken gehörten und gehören: Gisela Allwardt, Beate und Friedrich Fischer, Helli und Helmut Hübner, Bärbel Krüger, Christel Mommertz, Elidia Rettkowski, Maritta Rosner, Petra Saupe, Barbara Schatz, Petra Voß, Elfriede Warkenthin, Wolfgang Warkenthin, Renate Wendler. Verstorben sind Hanni Reichert, Brigitte Koblitz und Volker Hornung. Zu einem ehrenden Gedenken wollen wir uns erheben.

Dank auch an alle, die unseren Gemeindegesang auf Orgel und Klavier begleiteten. Allen Genannten sei ausdrücklich Dank für ihren Einsatz und ihre Mühe gesagt. Wer ungenannt und in dieser Chronik vergessen blieb, wird trotzdem bei Gott nicht übersehen.

Zum Schluss noch die Statistik. Wir begannen das Jahr mit 76 Gliedern. Durch den Tod verloren wir drei Glieder (Volker Hornung, Hanni Reichert, Brigitte Koblitz). Getauft wurde Christiane Allwardt, weggezogen ist Christiana Tornow. Barbara Schatz zog aus dem Rheinland zu und wohnt in Sagard. Das ergibt einen neuen Gliederstand von 74. Der durchschnittliche Gottesdienstbesuch hat sich von 34 auf 35,9 erhöht. Das Minimum erlebten wir am 4.10. mit 19 Gottesdienstbesuchern. An diesem Feiertagswochenende wurden unsere verreisten Glieder jedoch im Gottesdienst durch zahlreiche Gäste ersetzt. In unseren Gemeindestunden sowie in etlichen Gemeinderatssitzungen hatte Gunter Petrischkeit die Möglichkeit, unsere Finanzen darzulegen. Ich bin froh darüber, dass wir als Ortsgemeinde bisher alle unsere Rechnungen bezahlen konnten. Ich bin weiterhin dankbar, dass wir keine Rücklagen besitzen. Unsere Sicherheit sollte nicht die Deutsche Bank, sondern unser Gott sein.

Was Gott in der Zukunft an, mit und für uns tun wird, wissen wir nicht. Im kommenden Jahr finden die Neuwahlen der Verantwortungsträger in der Hansa-Vereinigung statt. Sie werden eine Veränderung von Personalien mit sich bringen; auch Strukturänderungen sind denkbar. Was mir Sorgen macht, ist die zu beobachtende Abnahme der persönlichen Bereitschaft, gemeindliche Dienste zu übernehmen. Wenige Personen tragen den Großteil der Pflichten. Es stimmt auch traurig, wenn manchmal drei Minuten vor Gottesdienstbeginn nur wenige Personen in der Kapelle anwesend sind, wenn Bibelschullehrer unentschuldigt fehlen, wenn sich keiner findet, um ein vakantes Amt zu übernehmen, wenn Gemeindestunden, Bezirksgottesdienst und Gebetswoche nur dünn besucht sind, ganz zu schweigen vom Gebetskreis der Gemeinde. Die einzige evangelistische Veranstaltung im vergangenen Jahr war „Link2Life".

Hoffnungsvoll stimmt mich, dass wir einen konstanten Freundeskreis haben, dass der Seniorenkreis und die Jugendstunden, die Hauskreise und die Diakonie-Arbeit lebendig waren. Dankbar bin ich Gott für die Taufe von Christiane. Zu loben ist die Gebefreudigkeit der Gemeinde. Dankbar bin ich für alle persönliche Gebetsarbeit, die auch von unseren alten und kranken Geschwistern geleistet wird. Wir hatten im vergangenen Jahr keine theologischen Dispute auszufechten. Ich denke, dass das kein Zeichen des Schlafes, sondern ein Symptom von Eintracht ist. Ich hoffe auf Neuaufbruch geistlichen Lebens in der Zukunft. Ich rechne mit Versöhnung, wo Groll herrscht. Ich bitte Gott um eine Intensivierung unseres geistlichen Lebens. Ich wünsche sichtbare Fortschritte in der Heiligung bei mir und in der ganzen Gemeinde. Ich bitte euch um Vergebung für manche Oberflächlichkeit, Lieblosigkeit und manchen übertriebenen Aktionismus meinerseits. Ich wünsche uns allen ein gesegnetes Jahr 2009!

Gemeindeausflug Drewoldke 1.- 4.5.2008

Die Gemeinde Stralsund hat in der Zeit vom 1. - 4.5.2008 ihren diesjährigen Gemeindeausflug nach Drewoldke, ein Jugenddorf an der Nordküste Rügens, durchgeführt. Unser Thema hieß „Unterwegs mit Jesus". Mit Gästen und Kindern waren wir am Sabbat etwa 70 Personen. Gleichzeitig mit uns waren auch Geschwister aus der Gemeinde Bad Düben aus Sachsen (Ortsgemeinde von Jörg Wietrichowski) mit etwa 30 Personen angereist, um ebenfalls freie Tage zu verbringen. So gab es ein Wiedersehen bzw. das Schließen neuer Bekanntschaften über Vereinigungsgrenzen hinweg. Als Versammlungsraum diente der Speisesaal, aber weil das Wetter trocken, warm und sonnig war und der Strand nur etwa 150 m entfernt, spielte sich vieles auch unter freiem Himmel ab. Am Donnerstagabend gab es ein näheres Kennenlernen der beiden Gemeinden im Speisesaal. Mit Lied, Andacht und Bildmeditation beendeten wir den ersten Tag. Am Freitag hatten wir das Thema: „Auftrag, Verantwortung, Zukunft - Gemeinde im 21. Jahrhundert". Am Nachmittag wanderten wir zur ältesten Kirche Rügens, die sich in dem Ort Altenkirchen befindet. Dort hatten wir eine interessante Führung. Mit Heimweg, Abendbrot, Strandspaziergang und Abendandacht endete der zweite Tag. Der Sabbat bildete den Höhepunkt der Tage. Die Lobpreiszeit und die Predigt hatten wir im Speisesaal. Zur Bibelschule gingen wir ins Freigelände zum Grillplatz, zur Feuerstelle, zur Terrasse der Wohnhäuser oder wo sonst noch ungestörter Platz war. Am Nachmittag war Freizeit, die von Kaffee und Kuchenzeit unterbrochen war, so dass wir zum Abendbrot nur geringen Hunger verspürten. Am Abend sahen wir dann den beeindruckenden Film: „Ein Zug nach Manhattan". Mit einigen Liedern klang dann auch der schöne Sabbat aus. In der letzten Morgenandacht, die wie immer am Lagerfeuerplatz, mit noch glimmenden Resten des Vorabends, stattfand, vertiefte Brd. Heinz Wietrichowski den Predigtgedanken: „Bleib auf dem Weg mit Jesus nicht stehen", indem er über den dramatischen Freikauf sudanesischer Christen aus dem Norden, dem Ort ihrer Verschleppung, sprach. Freigekauft, um in die Heimat zu kommen! Jesus kauft frei, der Heimweg steht offen, aber gehen müssen wir. Nach dem Frühstück packten wir unsere Sachen und fuhren wieder in den Alltag, die Bad Dübener blieben noch bis zum Mittag, ehe sie den Heimweg antraten.

Auch an dieser Stelle nochmals herzlichen Dank allen, die an der Vorbereitung, der Durchführung und der Nachbereitung beteiligt waren. Leider haben wir kein Gruppenbild geschossen, aber einen kleinen Eindruck vermitteln auch andere Bilder. Vielleicht entsteht bei manchem Betrachter der Wunsch, mit der eigenen Gemeinde solche Zeit zu erleben.

„Philippusprojekt" auf Rügen 2007/2008

Seit Oktober 2007 läuft auf Rügen ein „Philippusprojekt". Die Brüder Norbert Vierus aus Greiz und Lars Bräunlich aus Leipzig haben sich vorgenommen, Menschen auf der Insel Rügen auf Jesus und den christlichen Glauben hin anzusprechen. Da sie nur zwei Wochen pro Monat arbeiten, haben wir parallel in diesen zwei Missionswochen Begegnungsabende in den Räumen der Adventgemeinde Bergen (der einzigen Gemeinde auf der Insel Rügen) im Angebot. Hier haben wir einen Wechsel zwischen Videoabenden mit Nachgespräch und offenem Gesprächskreis nach einer Einstiegsandacht. Neue Freunde konnten wir allerdings nur selten begrüßen, doch dafür kamen persönlich angesprochene Menschen aus dem Freundeskreis. Von Juni bis September wollen wir mit der Philippusarbeit eine Sommerpause einlegen und dann ab Oktober 2008 ein zweites Jahr anhängen Als Ergebnis der bisherigen Arbeit: Es wurden über 18.000 „Nimm Jesus-Karten" verteilt, etwa 600 Bücher und Schriften weitergegeben, mehr als 320 Personen angesprochen, fünf Personen davon haben einen Bibelfernkurs begonnen. Wir sind auf die Kraft des Geistes Gottes und auf eure Fürbitte angewiesen.

In der Zeit von Juni bis September wird die Gemeinde Demmin unsere „Philippusleute" bitten, dass sie ihren Dienst in Demmin und Umgebung weiterführen. Auch für diesen kurzen Einsatz erbitten wir Weisheit und Geschick, offene Türen und Herzen und auch wieder die Fürbitte vieler Geschwister der Hansa Vereinigung - Danke! (Hugo Tornow, Stralsund, d. 6. Mai 2008)

Beileid an Monika Hornung 14.11.2008

Liebe Monika Hornung, ich erlaube mir, Ihnen einen Bericht von der Trauerfeier für Ihren/unseren Volker zu geben. Gestern um 15.00 Uhr waren in unserer Kapelle (die Örtlichkeit ist zu sehen auf unserer Homepage unter *www.adventisten.de/stralsund*) 42 Personen zur Trauerfeier erschienen. Eine Anzeige in der Tageszeitung hatte auf den Termin aufmerksam gemacht. Nach einem Orgelvorspiel, Grußworten unseres Predigers Hugo Tornow kamen Worte aus Psalm 139, dann das Lied der Trauergemeinde „Befiehl du deine Wege", dann ein Gebet von Hugo Tornow, dann Volkers Lebenslauf, dann Beiträge von Hinterbliebenen (Heinz Wietrichowski, Tochter Susanne Hornung, Schwager Peter Küchler, Anett Hornung). Dieser Teil war sehr zu Herzen gehend, und viele haben Tränen vergossen. Volkers Bild sah uns an. Es war vorne aufgestellt.

Danach hat unser Pastor eine kurze Andacht gehalten über Psalm 139, dann kam ein Orgelstück, dann das Gemeindelied „So nimm denn meine Hände". Danach beteten wir gemeinsam das Vaterunser. Mit einem Segensspruch und einem Orgelstück endete die einstündige Feier. Im Speiseraum der Kapelle hatten wir Tische eingedeckt, und es gab Kaffee und Kuchen und noch eine Menge Gespräch.

Ich hoffe, dass Sie über die schwere Zeit, in der Sie sich jetzt befinden, hinwegkommen. Angesichts eines solchen Verlustes gibt es genau genommen keinen irdischen Trost. Aber es gibt die Auferstehungshoffnung. Jesus, der selbst vom Tode auferstanden ist, hat versprochen: *„In meines Vaters Hause sind viele Wohnungen. Wenn's nicht so wäre, hätte ich dann zu euch gesagt: »Ich gehe hin, euch die Stätte zu bereiten?« Und wenn ich hingehe, euch die Stätte zu bereiten, will ich wiederkommen und euch zu mir nehmen, damit ihr seid, wo ich bin."* (Johannes-Evangelium Kap. 14,2-3) Der Gott, der mich einmal geschaffen hat, der wird mich auch ein zweites Mal ins Leben rufen - Er lügt nicht. Ich freue mich, dass auch Volker das geglaubt hat.

Ich werde Ihnen unseren nächsten „Gemeindebrief", in dem die Trauerfeier erwähnt wird, zusenden. Sie kennen meine Briefe, die ich wöchentlich verfasse. Ich hoffe, dass Volker dadurch stets das Gefühl gehabt hat, mit uns in Stralsund verbunden zu sein. Es grüßen ganz herzlich, Heinz und Renate Wietrichowski (14.11.2008)

2009: Nochmals Drewoldke - Meinungsumfrage

Liebe Gemeindeglieder und Freunde der Advent-Gemeinde des Seelsorgebezirks Stralsund! Auch an diesem Altjahrsabend möchte ich euch Anteil nehmen lassen am Ablauf des vergangenen Gemeindejahres. Beim Verfassen der Chronik verspürte ich auch in diesem Jahr ein gewisses Dilemma: Jede Beschreibung des stattgefunden Gemeindelebens kann wie ein Eigenlob daherkommen, etwa nach dem Motto: „Sieh her, lieber Gott, wie gut wir gewesen sind!" Deshalb möchte ich zuallererst betonen: Alles, was wir tun und getan haben, soll unter der Überschrift stehen: „O Herr, wir sind unnütze Knechte! Wir haben nur getan, was uns aufgetragen war." Schaut also mit mir zurück und gestaltet Euer Miterinnern zu einem Dank an Gott!

Die Silvesterandacht vor 365 Tagen wurde von 30 Personen besucht. Ihr könnt diese Zahl mit der heutigen vergleichen. Mit Anfang des Jahres stand uns ein neues Lehrheft der Bibelschule zur Verfügung. Sein Titel lautete „Die Gabe der Prophetie". Ich erinnere mich an interessante Diskussionen und neu gewonnene Erkenntnisse. Am Sabbat, dem 17.1. um 16.00 Uhr hörten wir ein Konzert, das von zwei Gitarristen vorgetragen wurde. Es war gut besucht. Am 31.1. hatten wir eine Gemeindestunde. Es ging u. a. um die Erfragung der Meinung zu den Themen Gemeindeausflug und Anonymer Fragespiegel. Am 7.2. predigte M. Uhlmann, pensionierter Prediger in Bad Doberan, der Stralsunder Gemeinde. Ronny R., ein Freund der Gemeinde, gab ein bewegendes Zeugnis vor der Gemeinde ab. Er hat eine schwere Bauchoperation hinter sich und sprach vor der Gemeinde ein lautes Dankgebet! Im Bergener Gottesdienst predigte Hugo Tornow vor 24 Zuhörern. Grund für die Anwesenheit etlicher Stralsunder in Bergen war ein Wochenendseminar „Offenbarung - einmal anders", das von Ehepaar Küchler im Heim von Saupes in Poggenhof gehalten wurde.

Am 26.2. hielt Hugo Tornow anlässlich des Ablebens von Helmut Hübner auf dem Knieper-Friedhof die Traueransprache. Helmut Hübner war in der zweiten Lebenshälfte ein „heimlicher Jünger Jesu". Besonders der Seniorenkreis wurde durch seine Anwesenheit bereichert. Im März wurde die Pergola, welche das Kapellengrundstück vom Grundstück Küchler trennt, neu gestrichen. Hieran war auch eine junge Frau beteiligt, die durch Gerichtsbeschluss bei uns gemeinnützige Arbeit leisten musste. Am 14.3. war eine Reihe unserer Schwestern zu einem Frauenwochenende mit Nancy Duske nach Greifswald gefahren. Am 21.3. wurde im Rahmen eines Gottesdienstes an Till Hesemann, dem kleinen Sohn von Nico (geb. Saupe) und Grete Hesemann, eine Kindersegnung vollzogen. Der Titel des Lehrheftes des 2. Quartals lautete „Als Christ leben".

Am 25.4. hörten wir ein Konzert, dargeboten von Pan Bogdan auf seiner Panflöte und einem begleitenden Pianisten. Zur Körperschaftsversammlung der Hansa-Vereinigung am 26.4. in Lübeck fuhr Felix Beyer als unser Delegierter. Er war dort im Ausschuss für Ernennungen tätig. Die Wahl des Vorstehers ergab nichts Neues. Heinz-Ewald Gattmann wurde wiedergewählt. Der eingeladene Gast auf unserem Bezirkssabbat am 9.5. war Hans Gerhardt von der Hochschule Friedensau. Am Freitagabend sprach er über einen Gedanken des Philosophen Sloterdijk: „Information ist nicht das Wichtigste. Das Wichtigste ist Orientierung. Diese aber kommt aus der Religion." Im Sabbatgottesdienst hatten wir sechs Gesprächsgruppen. Hans Gerhardt predigte über das Wort „Einen andern Grund kann niemand legen" und nachmittags nach Potluck und Pause über die Kontroverse von „Form und Inhalt". Er legte den Schwerpunkt auf den Inhalt und gab damit ihm den Vorrang vor der Form, was nach Ende des Gottesdienstes noch Anlass zu mancher Diskussion war.

Am 20.6. verstarb unsere Glaubensschwester Gisela Allwardt. Die Urnenbeisetzung fand unter Anteilnahme der Gemeinde am 7.7. statt. Prediger Hugo Tornow sprach zur Trauergemeinde über den Glauben und die Hoffnung unserer Schwester. Sie hatte 53 Jahre der Stralsunder Gemeinde angehört. In einer Gemeinderatssitzung am 22.6. erfuhren wir von der Geburt des kleinen Joshua Schatz in Sagard. Wir wünschen Mutter und Kind Gottes Segen. Am 29.6. erlebten 19 Senioren bei schönem Wetter eine Dampferfahrt auf dem Barther Bodden. Ausgangs- und Endpunkt war Zingst. Das Bibellehrheft des 3. Quartals bot uns die drei Briefe des Johannes als Studienstoff an.

Der 4.7. ließ die Gemeinde eine Predigt von Günter Brecht, dem Schatzmeister der Hansa-Vereinigung erleben. Vom Nachmittag bis zum nächsten Tag verbrachten 22 Teilnehmer auf sechs Segelbooten ein Jugendwochenende. Sie segelten bei gutem Wetter nach Hiddensee und hatten an Bord eine sehr gute Gemeinschaft. Zum 10. Mal war die Stralsunder Gemeinde am 22.7. Gastgeber für ca. 45 Kinder aus Weißrussland. Erfreulich in meinen Augen war die Teilnahme von ca. 20 Gliedern bzw. Freunden der Gemeinde, die den Kindern wieder eine schöne Kaffeetafel und einen Nachmittag bei Spiel und Sport bereiteten. Frau Deutscher, die Vorsitzende des Tschernobylhilfe-Vereins e.V. aus Stralsund ist in jedem Jahr über unsere Gastfreundschaft und unsere Programmgestaltung begeistert. Seit vielen Jahren fährt sie persönlich mit einem Hilfsgütertransport nach Shlobin (Belarus), sucht vor Ort bedürftige Kinder aus und transportiert sie per Bus nach und von Deutschland. Ihr Engagement nötigt Achtung ab. Einige Gemeindeglieder unterstützen sie finanziell.

Am 30.8. fand die diesjährige Jahreshauptversammlung des „Fördervereins Gemeindezentrum Rügen e. V." statt. Sie stellte fest, dass der Verein auf gesunden Füßen steht. Dank sei allen Mitgliedern und Spendern für Engagement und Hilfe! Eine besondere Prediger- und Ältestentagung fand am 13.9. in Waren statt. Einziges Thema war eine Information über die Neugestaltung der Eigenanteile der Gemeinden bei der Kapellenfinanzierung. Im Klartext gesprochen: Es werden sich ab Mitte 2010 die Kapellennutzungspauschalen (= Mieten) deutlich erhöhen.

Am 26.9. feierte die Gemeinde Stralsund Erntedank und erlebte die Kindersegnung von Joshua Schatz und Leonie K. (Tochter von Bernhard Küchler) mit. Etwa 25 Personen blieben am Nachmittag noch zu einem Video und anschließendem Kaffeetrinken beisammen. Der Gemeindeausflug nach Drewoldke (Rügen) vom 2. - 4.10. war nicht so gut besucht wie der vorjährige (siehe Foto). Die gekommen waren, erlebten jedoch

Gemeindeausflug 2010 Drewoldke
Ingrid Sorge, Rosi und Moni aus Bergen, Hugo Tornow, Friedrich und Bernhard Küchler, Margarete Dyck, Nicole Lochny, Lisann Kopp, Heiko Dyck, Petra Saupe, Markus Hornung, Matthias Dyck, Anett Hornung, Beatrice und Josuha Schatz, Renate Meyer, Susanne Hornung, Renate W., Gunthard Saupe, Gerda Dornemann, Felix Beyer, Saskia Schatz, Ute Beyer, Rosi Schmidt, ?, Barbara Schatz, Heinz W.

eine großartige Gemeinschaft. Das Wetter war am Freitagnachmittag strahlend, am Sabbatvormittag während des Gottesdienstes regnerisch, am Nachmittag beim Ausflug nach Arkona stürmisch, aber trocken. Am Abend sahen wir den Film „Die Kinder des Monsieur Mathieu". Am Sonntagvormittag wurden die Resultate der anonymen Gemeindeumfrage bekannt gegeben und diskutiert. Wir schlossen mit einem gemeinsamen Mittagessen. Die Restgemeinde in Stralsund, immerhin ca. 20 Personen, wurde an diesem Sabbat von Bernd Warkenthin betreut.

Mit Beginn des letzten Viertels wechselte auch unser Gesprächsthema der Bibelschule. Im jetzigen Quartal geht es um „Gottes Volk auf dem Weg" Es wird das 4. Buch Mose besprochen. Die 2. Gemeindestunde des Jahres fand am 17.10. nach einem Potluck statt. Es wurde über die Finanzlage der Gemeinde und das neue Sparkonzept der Hansa-Vereinigung informiert. Die Gemeindegründung

Bergen wurde für den 16.1.2010 angekündigt. Um es dem Ernennungsausschuss (Anfang des Jahres steht wieder Gemeindewahl an!) leichter zu machen, soll eine Wahlvorschlagsliste an alle Gemeindeglieder ausgegeben werden, was inzwischen geschehen ist. Als Mitglieder des Ernennungsausschusses wurden vorgeschlagen: Evi Kopp, Ulrike Warkenthin, Friedrich Küchler, Renate Wendler, Cornelia Tornow (Ersatz Lars Wendler, Daniel Warkenthin). In dieser Gemeindestunde wurden auch die Ergebnisse der Gemeindeumfrage als PowerPoint-Darstellung vor der Gemeinde öffentlich gemacht.

Ab 5.11. öffnet Felix Beyer an jedem Donnerstag von 17.00 - 18.00 Uhr die Kapelle für Besucher. Dieser Versuch soll Neugierigen die Schwellenangst vor unserem Hause nehmen. Alle bisherigen Beinahe-Besucher haben ihre Schwellenangst noch nicht überwunden. Am 7.11. erlebten acht „Kleine Elche" der Pfadfindergruppe Stralsund ein spannendes Wochenende. Es begann mit einem Besuch bei Schwester Thea Großer, der Mutter von Brigitta Tornow, in der Memo-Klinik und endete mit einer zünftigen Matratzennacht in der Kapelle. In diesem Jahr fand unsere Gebetswoche mit den zugehörigen Lesungen vom 22. - 28.11. statt. Die Lesungen standen unter dem Thema „Mission der Hoffnung". Die Eingangslesung gestaltete Kathrin Küchler, die letzte Lesung las Hugo Tornow. Die Beteiligung der Geschwister war besser, als ich sie vom vorigen Jahr in Erinnerung habe. Am 28.11. sang der Stralsund-Greifswalder Chor sein diesjähriges vorweihnachtliches Konzert in Greifswald, am Sonntag, den 29.11. in Stralsund. Es war uns gelungen, Tabea Nestler, die neue Musikbeauftragte für Hansa und Niedersachsen als Chorleiterin zu gewinnen. Erstmals war die Zuhörerzahl in Stralsund geringer als diejenige in Greifswald. Beide Konzerte schlossen mit einem Kaffeetrinken für die Besucher. Tabea Nestler möchte mit unserem Chor auch weiterhin zusammenarbeiten.

Ein besonderer Tag für 24 Frauen aus den Gemeinden Stralsund, Demmin, Greifswald und Bergen war ein Beisammensein „Unterm Stern" im Hause Rosner. Alle Teilnehmerinnen werden sich noch lange an die gelungene Veranstaltung erinnern. Maritta Rosner wird künftig die Frauenarbeit im östlichen Teil der Hansa-Vereinigung aktivieren. Am 11.12. erlebte eine große Gemeinde aus ca. 60 Besuchern (Freitagabend) die Taufe von Udo Brünner und Konrad Küchler. Sie war für die Täuflinge und auch für alle Beteiligten ein bewegendes Ereignis. Der Abend schloss mit einem wunderschönen kalten Buffet. Am Sabbat, dem 12.12. ehrten wir neun Taufjubilare. Es waren dies Renate Wendler (45), Bernd Warkenthin (45), Elsa Jürß (35), Kerstin Nerlich (30), Gunter Warkenthin (25), Jörn Kindler (25), Peter Küchler (25), Ulrike Warkenthin (25) und Gunter Petrischkeit (25). Nachmittags erlebten wir eine sehr schöne Kinderadventsfeier. Unsere Kindergruppe trug Musikstücke, Gedichte und Lieder vor und wurde von Peter Küchler im Namen der Gemeinde beschenkt. In jüngster Erinnerung ist euch die Christvesper am 24.12. sowie der letzte Gottesdienst des Jahres am 26.12.

Damit habe ich im Eiltempo das Gemeindejahr 2009 mit euch durchschritten. Vielleicht erinnert sich der eine oder andere von euch an ein Wort, das ich in der Silvesterandacht 31.12.2008 sagte: „Nur das, wessen wir uns erinnern, gehört wirklich zu unserem Leben!" Ich setze heute hinzu: Nur für das, woran wir uns erinnern, können wir wahrhaft dankbar sein. Wer sich nicht erinnert oder nicht erinnern kann, wird auch nicht dankbar sein. Wofür sollte er dankbar sein?

Stichwort Dank: Ich möchte an dieser Stelle Dank aussprechen an alle, die in dieser Gemeinde Verantwortung tragen bzw. getragen haben. Der künftigen Gemeinde Bergen und ihrem Förderverein möchten wir weiterhin Gottes Segen wünschen. Wir hoffen, Ihr Rügener vergesst uns nicht ganz und besucht uns ab und zu in Stralsund! Den Seniorenkreis habe ich schon am Rande erwähnt. Er hat für 2010 schon seine Terminplanung gemacht und wird weiterhin Teilnehmer aus Demmin, von Rügen und Stralsund vereinen. Danke allen Kaffeekochern, Kuchenbäckern und Themengestaltern! Auch unseren Jugendlichen sei Dank gesagt, besonders den Verantwortungsträgern, dem Team der Band, den Segelbootkapitänen sowie Markus Voß für ihr Engagement in der Jugendarbeit. Dank sei unseren Hausmeistern Kathrin und Peter Küchler gesagt, welche ihre Tür, ihr Telefon und ihr Herz allezeit für Gäste und Freunde öffneten. Am Samstag, dem 12.12. waren an ihrem Frühstückstisch 15 Personen versammelt (wohlgemerkt: es hatte niemand Geburtstag!). Dank sei gesagt an alle, die sich mit Musikinstrumenten, Mikrofonen, Beamer und Mischpult auskennen und sie bedient haben! Ohne euch wäre es manchmal sehr leise gewesen! Dank an Gunter Petrischkeit für den neuen Kopierer, den er herbeigezaubert hat und der uns gute Dienste leistet! Dank an alle, die sich an der Kapellenreinigung beteiligt haben, sei es mit Besen und Wischlappen oder mit einem Geldschein! Wir hoffen, liebe Ulrike, dass du uns weiterhin so schön zur Reinigung einteilst wie bisher.

Mein Aufruf, einen neuen Verantwortlichen für die Schaukastenarbeit zu finden, den ich vor genau einem Jahr an dieser Stelle an alle richtete, hat nicht gefruchtet. Deshalb bitten wir Kathrin Küchler, diese Arbeit noch ein wenig fortzusetzen. Dank an alle, die musikalisch in diesem Hause und in Bergen gewirkt haben - sei es als Organist, Gitarrenspieler, Flötenspieler oder Chorsänger! Was wäre eine Gemeinde ohne Musik? Die Kinder- und Pfadfinderarbeit lebt! Das ist ganz großartig! Dank an alle Verantwortungsträger! Möge aus diesen jungen Menschen die Gemeinde von morgen werden!

Dank an die Gesprächsleiter der Bibelschule, an die Diakone, an die Saaldiakone, an den Gottesdienstleiter, an die Verwaltung des Büchertischs - und nicht zuletzt an unsere beiden Schatzmeister! Seht zu, dass Ihr alle Rechnungen bezahlen könnt, und dass Eure Bilanzen trotzdem immer schwarze Zahlen aufweisen!

Zu unseren Alten und Kranken, die zeitweise oder ständig den Gottesdiensten fernbleiben mussten bzw. müssen, gehören: Beate und Friedrich Fischer, Christel Mommertz, Elidia Rettkowski, Petra Voß, Elfriede Warkenthin, Leonie Sprenger, Elsa Jürß, Karin und Egon Engels. Einige von ihnen sind Gott sei Dank wieder gesund und unter uns! Die anderen wollen wir nicht vergessen und weiterhin für sie Fürbitte leisten. Wir erbitten auch von ihnen Fürbitte für uns. Durch den Tod verloren wir Gisela Allwardt und Helmut Hübner. Wir wollen uns ihnen zu Ehren von den Plätzen erheben. Verborgene Dienste sind die Arbeit der Hauskreise von Kathrin Küchler und von Hugo Tornow in Stralsund und Teterow. Verborgen ist auch der Dienst des Gebetskreises. Am 14.12. waren 10 Teilnehmer beisammen, sodass wir uns in drei Gruppen teilen mussten. Immer wieder wird der Gebetskreis von Dritten angesprochen und um Fürbitte ersucht. Solchen Bitten kommt er gerne nach. Ich habe eine Vision: Die 32 in Stralsund wohnenden Gemeindeglieder bilden vier Gebetskreise!

Im Stillen wirkt auch der Gemeinderat. Alle Beratungen des vergangenen Jahres fanden in einer konstruktiven und wohltuend liebevollen Atmosphäre statt, was keine Selbstverständlichkeit ist. Zum Schluss ein besonderer Dank an unser Predigerehepaar Hugo und Brigitta Tornow. Ihr durchlebt die letzten Monate Eures Predigerlebens in der Gemeinde Stralsund. So etwas hatten wir noch nicht: Alle Eure Vorgänger gingen von hier irgendwohin, aber niemals in den Ruhestand. Du, lieber Hugo, wirst genau das im kommenden Herbst tun. Wir freuen uns, dass Ihr bei uns im Bezirk bleibt. Wir rechnen weiterhin mit Eurer Mitarbeit.

Noch ein wenig Statistik - für die einen völlig überflüssig, für die anderen hochinteressant. Wir begannen das Jahr 2009 mit 74 Gliedern. Wir verloren durch den Tod ein Glied und durch Wegzug weitere zwei (Tobias und Doreen). Wir gewannen durch die Taufe zwei neue Glieder und durch Zuzug (Thea Großer) ein weiteres. Damit beträgt unsere Gliederzahl gemeinsam mit Bergen konstant 74. Der durchschnittliche Gottesdienstbesuch in Stralsund und Bergen lag bei 35,4 (2008: 35,9). Dazu muss gesagt werden, dass auswärts predigende Diener am Wort als nicht anwesend gezählt werden, außer wenn sie in Bergen predigen.

Zum Schluss habe ich Euch in den vergangenen Jahren in meinen Chroniken stets auch manche Sorge genannt, und mich oft auch pessimistisch geäußert. Ich will das diesmal unterlassen und bin fest davon überzeugt, dass Gott für den Fortbestand seiner Gemeinde sorgen wird - ob mit einem neuen Prediger oder ohne ihn! Die etwas strengen Worte, die ich meist am Schluss der Gemeindechronik früher an Euch richtete, werde ich mir diesmal verkneifen. Sie beträfen sowieso nur diejenigen, die nicht erschienen sind. Ich bitte Gott um ein gesegnetes gnädiges Jahr 2010 für die drei Gemeinden Stralsund, Demmin und Bergen. Ich wünsche Euch allen, die ihr dies hört oder lest, ebenfalls im persönlichen Leben Gottes Segen!

Ältestentagung 15.2.2009 Roggentin

Am 15. 2., 15.30 versammelten sich 10 Teilnehmer aus dem Ostteil der Hansa-Vereinigung sowie vier leitende Brüder der Hansa-Vereinigung (Heinz-Ewald Gattmann, Thilo Foth, Benny Brunotte, Gunter Brecht) in Roggentin zur Prediger- und Ältestentagung.

<u>Andacht H.-E. Gattmann </u>(Joh. 16,33: „In der Welt habt ihr Angst" Eine Kindergeschichte von einem Veilchen am Nordpol regte zum Nachdenken an: „Irgendjemand muss doch mit Duften anfangen!" Verbreiten wir trotz „Angst" einen Wohlgeruch inneren Friedens? 1. Kor. 13,13 spricht von Glauben, Hoffnung und Liebe. Hoffnung und Liebe sind für die Zeitgenossen uninteressant, unser Glaube aber kann zum Nachdenken anregen: 1. Petr. 5,7 „Er sorgt für euch", Matth. 22,39 „Liebe deinen Nächsten wie dich selbst!", Joh. 1,12, „Die ihn aufnahmen, denen gab er Macht, Gottes Kinder zu werden."

<u>Infos zur kommenden Delegiertenkonferenz in Lübeck am 10.5.2009:</u> Es wird abgestimmt über den Antrag der Namensänderung (Freikirche!) in den drei Gebietskörperschaften Mecklenburg-Vorpommern, Hamburg und Schleswig-Holstein. Es wird ein Antrag aus dem Norddeutschen Verband zur Diskussion stehen, der vorschlägt, dass die fälligen Beglaubigungen künftig durch einen Beglaubigungsausschuss erfolgen, der grundsätzlich aus dem Vgg.-Ausschuss

und den „Offiziellen" der Vereinigung (soweit nicht bereits darin enthalten) sowie sieben Gemeindegliedern (2 SHS, 2 MV, 3 HH) besteht. Der Antrag der „Basis" (samt Unterschriftensammlung), die Stelle des Musikbeauftragten beizubehalten, wenn Jürgen Zschunke in den Ruhestand geht, hat sich erübrigt (bzw. Erfolg gebracht): Ein Musikbeauftragter ½ für NS und ½ für Hansa bleibt erhalten! (Niedersachsen wollte angeblich keinen Musik-Beauftragten?!) Aus den Worten von H.-E. Gattmann klang Überraschung wegen der erfolgten Unterschriftensammlung! Er stellte das künftige Plänepapier vor. Es soll nicht mehr aus seitenlangem Text bestehen, sondern prägnant und kurz sein. Über allem sollen unsere **Werte** stehen: „Gott anbeten und ehren! - Als Jünger authentisch sein! - Jesus und den Menschen dienen! - Einander vertrauen und ermutigen! - Glauben in gegenseitiger Achtung praktizieren und weitergeben!" Die drei Kernsätze des Plänepapiers: „**1. Christus begegnen!** Wir lernen von A (Abendmahl) bis Z (Zehnten). Wir begreifen, dass wir im Sinne Jesu als Gemeinde Gottes keinen Selbstzweck haben, sondern von Gott Beauftragte sind. Wir nehmen uns wie Jesus gegenseitig in unseren religiösen Vorstellungen und Bedürfnissen an, um im Glauben zu wachsen. **2. Nachfolge leben!** Gedankenaustausch pflegen! Geistliche Partnerschaft anstreben! Sich gegenseitig ermutigen! Unterstützung der Pastoren! Diakonische und soziale Projekte verwirklichen! Gemeindeglieder und Jugendliche ausbilden! Die eigene Arbeit an überprüfbaren Kriterien messen! Bewusste Gemeindekonzepte verwirklichen! Regionalsabbate auf Landesebene durchführen! **3. Menschen begeistern!**"

Benny Brunotte stellte einen weiteren Teil von „Valuegenesis" vor. An dieser Umfrage unter adventistischen Jugendlichen hatten 6.000 Personen, davon 110 aus Hansa teilgenommen. Eine Frage lautete: „Wie sehr bist du bereit, über deinen Glauben zu reden?" Wir diskutierten über mögliche Ursachen, die Jugendliche abhalten könnten, Freunde in unsere Gottesdienste mitzubringen. Ist unser „Niveau" zu hoch?

Die Freikirche propagiert „1year4Jesus". Jugendliche sollen geworben werden, ein Jahr ihres Lebens in den Dienst der Gemeinde zu stellen. Dazu sollen sie sich vorhandenen Projekten zur Verfügung stellen, z. B. „Philippusprojekten" oder Gemeindegründungsideen wie „Sweep", „Knotenpunkt", „Lichtblick" - je zwei Monate im Wechsel mit theoretischer Ausbildung in Friedensau. Benötigt werden 200,- €/Monat, die aus weitergezahltem Kindergeld und Sponsoring bestehen sollen. Manche Projekte dürften auch als freiwilliges soziales Jahr mit Zivildienstcharakter anerkannt werden.

Der Internationale Jugendkongress in München (5. - 9.8.) findet erstmals seit 1955 wieder in Deutschland statt. Es werden 3.000 Jugendliche erwartet. Gebraucht werden Geschwister, die sich für die Quartierbetreuung vor Ort zur Verfügung stellen (ca. 10 Tage).

Thilo Foth warb für eine einheitliche Homepage der Gemeinden. Sie wird von einem adventistischen Software-Unternehmen kostenlos zur Verfügung gestellt und wird besonders solchen Gemeinden empfohlen, die entweder noch keine eigene Seite haben oder mit ihrer nicht zufrieden sind. Am 15.3. bietet er in Hamburg-Grindelberg einen eintägigen Lehrgang an. Mitzubringen ist ein WLAN-fähiger Laptop (Einzelheiten unter *www.netadventist.org*). Die Zusammenkunft schloss mit einer Gebetsgemeinschaft.

Meinungsumfrage 14.3.2009

Auf der Gemeindestunde am 31.1.2009 hat der Gemeinderat den anwesenden Gemeindegliedern den Vorschlag einer Mitgliederbefragung gemacht. Mit Hilfe eines anonymen Fragebogens sollen Verhaltensweisen und Befindlichkeiten der Glieder sowie Probleme und eine Zustandsbeschreibung der Stralsunder Gemeinde erfragt und ausgewertet werden. Ein jedes getaufte Stralsunder Gemeindeglied wird in den nächsten Tagen einen Fragebogen mit 34 Fragen vorfinden. Alle sind herzlich gebeten, den Fragebogen durch Ankreuzen zu beantworten und zur Kapelle zurückzugeben. Dort wird eine Urne bereitstehen, in die er eingesteckt werden kann. Das Ergebnis der Umfrage wird umso aussagekräftiger sein, je mehr Bögen ausgefüllt und zurückgesandt werden. Deshalb ist ein jeder herzlich gebeten, sich an diesem Akt von Basis-Demokratie zu beteiligen. Niemand muss befürchten, dass sein Bogen identifiziert werden kann. Zu einem Stichtag in zwei oder drei Wochen, der noch bekannt gegeben wird, wird die Umfrage geschlossen. Später eingehende Bögen werden nicht mehr in die Auswertung einbezogen. Über die Ergebnisse wird zu gegebener Zeit in angemessener Form berichtet werden.

Es wurden Fragebögen mit 34 Fragen an 72 getaufte Gemeindeglieder ausgegeben. Zurückgegeben wurden 38 (51,4%). Etliche Teilnehmer der Befragung gaben bei manchen Fragen keine Antwort. War es Nachlässigkeit oder Scham? Im Folgenden Kommentierungen zu einigen Antworten:

Frage 17: Unruhe im Gottesdienst stört mich sehr oder nicht oder manchmal. Sieben fühlen sich gestört, 16 nicht, 14 manchmal. Ein Zettel enthielt kein Kreuz bei dieser Frage. Wenn man die Antworten, die sich gestört bzw. manchmal gestört fühlen, addiert, dann ergibt sich ein Prozentsatz von 55,2% der Gemeindeglieder, die mit Unruhe, zumindest manchmal, ein Problem haben. Unruhe ergibt sich in erster Linie durch Kindergeschrei, aber auch durch Flüstern und Rascheln von erwachsenen Gottesdienstbesuchern. 42,1%, das sind 16 Personen, tolerieren Unruhe oder sind so schwerhörig, dass sie sie nicht wahrnehmen. Aus dieser Frage sollten wir alle lernen, dass mehr Rücksichtnahme die Unruhe verringert bzw. es auch ermöglicht, mit ihr umzugehen. Sicher empfinden manche von uns vorhandene Unruhe auch mit den Ohren von Gästen. Was sie selbst möglicherweise noch tolerieren, ist ihnen angesichts von Außenstehenden peinlich.

Frage 18: Die **Pflege des Grundstücks** wird von unserem Hausmeisterehepaar geleistet. Die Reinigung des Gottesdienstraumes hatten wir davon ausdrücklich ausgenommen. Zur Pflege gehören auch kleine Reparaturen am Gemeindeinventar. Die Grundstückspflege wird durch die Hansa-Vereinigung + Ortsgemeinde als Teilarbeitsverhältnis vergütet. 29 Antworten (76,3%) sind der Meinung, dass das Grundstück meist gepflegt sei, acht (21,1%) äußerten sich so, dass der Pflegezustand besser sein könnte. Küchlers wurden in dieser Richtung nie oder kaum angesprochen. Seltsamerweise wurde ich als ihr Vater schon angesprochen. Dieses Verhalten ist leider typisch bzw. häufiger geworden. Ungebeten Hilfe geleistet haben nur ganz wenige Geschwister. Dazu gehört in letzter Zeit Petra Voß. Hilfe durch zu Arbeitsstunden verurteilte Personen (Herr P. bzw. Frau Manja E.) wurde nur wenig geleistet. Niemand sollte denken, dass die Grundstückspflege mit der finanziellen Vergütung an Küchlers aufgewogen werden kann. Sie leisten einen Großteil der Pflege ehrenamtlich. Es wäre schön, wenn diejenigen, die „Pflegezustand könnte besser sein" angekreuzt haben, selbst mal mit Hand anlegen würden.

Frage 19: Die Frage nach dem Pflegezustand des **Schaukasten**s betraf ebenfalls die Arbeit von Kathrin Küchler, die die Schaukastenplakate seit 1994 fast ausschließlich allein erneuert: 33 Antworten (86,8%) waren mit dem Schaukasten zufrieden, niemand äußerte sich negativ, 5 waren so ehrlich anzugeben, dass sie es nicht wüssten bzw. sie gaben keine Antwort, was aufs Gleiche hinausläuft. Fragen wir uns doch einmal, was momentan im Schaukasten drin ist! Ich werte die Beurteilung der Schaukastenarbeit durch die Antworten zu dieser Frage als sehr positiv.

Frage 20: Die Anzahl der **außergottesdienstlichen Veranstaltungen** wird ganz unterschiedlich empfunden: 26 Personen (68,4%) meinten, ihre Zahl reiche aus; 10 Personen (26,3%) meinten, es seien zu wenig. Fakt ist, dass das, was an Konzerten, Gemeindestunden, Gebetskreisen, früher Familiengottesdiensten, Gemeindeausflügen, Silvesterandacht usw. angeboten wird, nur unzureichend genutzt wird. Selbst unser Gottesdienst wird nur von ca. 50% der Gemeindeglieder besucht! Andererseits haben wir vielleicht tatsächlich zu wenig angeboten. Früher fanden im Jahr ein bis zwei öffentliche Vortragsreihen statt. Heute verlassen wir uns auf Internet-Auftritte von berühmten Rednern. Immerhin ist festzustellen: ca. ein drittel aus der Gemeinde würde es gerne etwas lebendiger haben.

Frage 21: Ob wir als STA in der **Evangelischen Allianz christlicher Kirchen** sind, finden 71,1% (27) richtig, nur 2 finden es schlecht, 21% (8) ist es egal (erstaunlich viel). Es wäre gut, wenn die Gemeindeleitung die Gründe für und gegen eine Mitarbeit in der Allianz noch einmal darlegen würde. Auch die Brüder in der Vereinigungsleitung sollten sich hier angesprochen fühlen.

Frage 22: Die **Gastmitgliedschaft in der ACK** empfinden 21 (55,3%) als richtig, einem knappen Drittel ist es egal (8 Personen) oder sie lehnen sie ab (2) oder haben keine Meinung (1). Auch hier täte Information seitens der Gemeindeleitung bzw. der Vereinigung sicherlich not.

Frage 23: Bis jetzt haben **andere Pastoren** bei uns noch keine **Predigten** gehalten. Umgekehrt ist es schon geschehen, dass Prediger Tornow in der Elim-Gemeinde und bei den Baptisten gepredigt hat. Vielleicht kommt es auf uns zu, wenn die Belastung der Diener am Wort in unserer Gemeinde weiter zunimmt. Deshalb die Frage nach der grundsätzlichen Haltung der Gemeinde dazu. 23 (60,5%) dafür + 6 (15,8%), denen es egal ist, allerdings 8 (21,1%) sind dagegen. Die beste Lösung für die Besetzung der Predigtgottesdienste wäre eine Erweiterung des eigenen Verkünder-Kreises und nicht das Einladen fremder Gastredner. Momentan hat bei uns auch niemand derartiges vor. Aber das Augenmerk sollte mit dieser Frage auf den Mangel an eigenen Verkündern gelegt werden.

Frage 24: Die Gemeinde ist der Meinung, dass als **zusätzliche „Diener am Wort"** in Frage kämen: Evi Kopp (22), Jörn Kindler (21), Kathrin Küchler (19), Gunter Petrischkeit (14), Felix Beyer (13), Friedrich Fischer (12), Georg Jagusch (12) Siegfried Rosner (12), Bernd W. (12), Daniel Warkenthin (11), Paul Rettkowski (5). Mit allen Personen wird der Gemeinderat sprechen.

Die folgenden Fragen betreffen die Religiosität der Gemeindeglieder, ihre Einstellung zu STA-typischen Glaubens- und Frömmigkeitsfragen:

Frage 25: Sabbatfreiheit in der Arbeit halten 33 (86%) für wichtig, bedauerlicherweise 5 (13%) für nicht wichtig. Es wurde hier bewusst nach der Bewertung, nicht nach dem eigenen Tun gefragt!

Frage 26: Das **Trinitätsdogma** halten nur 10 (26,3%) für wichtig, aber 17 (44,7%) für entbehrlich und 9 (23,7%) ist es egal, 2 (5,3%) antworteten nicht. Nach dem Austritt von zwei Gliedern aus der Adventgemeinde Stralsund wegen der Trinitätslehre gibt es angesichts bzw. trotz der genannten Polarität offenbar keine Spaltungs- und/oder Austrittsabsichten.

Frage 27: Uneheliche Partnerschaften sollten ausgehalten werden, meinen 26 (68,4%), 11 (28,9%) wollen die Praxis der Gemeindezucht weiter haben, was bedeutet, dass man etwas tun muss, um zu helfen und zu korrigieren. Einer hatte keine Meinung. Wir erinnern uns an die Äußerungen von Vorsteher H.-E. Gattmann, die sehr tolerant klangen. Neben dem Fall von Anett H. gibt es zunehmend auch Fälle junger Pärchen, die längere Zeit unverheiratet zusammenleben. Gilt ihnen auch die Toleranz der meisten Gemeindeglieder?

Frage 28: Die **Speisegrundsätze** (3. Mose 11) beachten 31 (81,6%), Ausnahmen gestatten sich 7 (18,4%). Hier gibt es niemanden, der sich konträr oder unentschieden äußerte.

Frage 29: grundsätzliche **Alkoholabstinenz** bestätigten (nur!) 19 (50,0%), selten genießen Alkohol 16 (42,1%), 1 Antwort bejahte regelmäßigen Genuss, zwei Zettel waren ohne Antwort.

Frage 30: Die **Umbenennung** unserer Gemeinschaft **in „Freikirche"** befürwortet die knappe Hälfte der Befragten (18 = 47,4%), negativ (9) bzw. ohne Meinung (11) waren die andere Hälfte der Glieder. Auch hier sollte seitens der Gemeindeleitung noch besser erklärt werden.

Frage 31: Bin ich **in meiner Umgebung als STA bekannt?** 33 Antworten (86,8%) bejahten dies, nur eine Antwort lautete: wahrscheinlich nicht, 3 (7,9%) zuckten die Achseln, einer gab keine Antwort. Das Ergebnis ist erfreulich. Es wurde hier offengelassen, ob jemand seit wenigen Wochen in einer neuen Schulklasse ist bzw. ob er lebenslang in seiner Straße wohnt. Diese Zeitdauer würde die Antwort selbstverständlich beeinflussen.

Frage 32: Liest du unsere **Morgenandacht** aus dem STA-Kalender? Ja, regelmäßig, antworteten 27 (71,1%), also mehr als zwei drittel. Acht (21,1%) lesen sie ab und zu, einer liest aus einem anderen Andachtsbuch eine Morgenandacht, zwei gaben keine Antwort. Das Ergebnis dieser Frage ist erfreulich, wenn auch steigerbar. Selbstverständlich sagt es nichts aus über die Qualität der persönlichen Morgenandacht. Letztere kann auch intensiv sein ohne Kalenderzettel.

Frage 33: In diese Richtung zielte die Frage nach der **Häufigkeit der persönlichen Andacht** überhaupt. Die Antworten „Täglich" (25 = 65,8%) und „wöchentlich mindestens einmal" (8 = 21,1%) liegen nur gering unter der Positivantwort der Frage nach der Nutzung der STA-Andacht, was eigentlich nicht möglich ist. Traurig stimmt, dass fünf nie eine Andacht machen bzw. diese Frage nicht beantworteten.

Frage 34: Eine **Tätigkeit** eines Gemeindegliedes **als IM der Staatssicherheit** in der DDR-Zeit hält mehr als die Hälfte (22 = 57,9%) für unmöglich, 36,8% (14) für möglich, zwei gaben keine Antwort, was meines Erachtens eher ein Ja ist. Die Ja-Sager sollten den Mut haben, einer Vertrauensperson der Gemeindeleitung zu sagen, worauf sich ihr Verdacht stützt. Ich rate jedem, den das Thema interessiert, eine Anfrage an das Stasi-Archiv zu richten, was kostenlos geschehen kann. Da würdet ihr erfahren, ob euch jemand beschattet hat. Ich habe es getan. Ich bekam zweimal Post und erfuhr einiges Interessantes. Unsere Gemeinde jedoch wurde nicht erwähnt.

Gemeindestunde 17.10.2009

Beginn: 14.00 Uhr; Anwesend 26 Gemeindeglieder, zwei Gäste

Wir begannen mit dem Lied Nr. 108 aus der Quelle und einem Gebet von Gunthardt Saupe. Nach einem guten Wort aus dem 73. Psalm gingen wir auf die Tagesordnungspunkte über.

Top 1: Bestätigung des Protokolls vom 31.1.2009 (A. Brünner)

Das Protokoll über die letzte Gemeindestunde wurde verlesen und einstimmig angenommen.

Top 2: Kassenberichte bis zum III. Quartal 2009 (H. Tornow)

G. Petrischkeit konnte leider nicht anwesend sein, ließ aber durch Hugo Tornow eine positive Einschätzung hinsichtlich der Situation zur Gemeindekasse verlauten. Im Übrigen wäre ein Kassenbericht nach Jahresabschluss sinnvoller. Damit teilte er die Meinung von Petra Saupe, sodass sowohl über die Gemeindekasse als auch über die Zehntenkasse in der nächsten Gemeindestunde berichtet wird.

Top 3: Neues Konzept der Grundstücksverwaltung Hannover (H. Wietrichowski)

Auf der letzten Prediger- und Ältestentagung in Waren erläuterte Brd. Röstel von der Grundstücksverwaltung Hannover, dass der Mietzins für die Gemeindehäuser erhöht werden muss. Beginn der Erhöhung wird Mitte nächsten Jahres sein, damit sich die Gemeinden auf die neue Situation einstellen können. Die bisher gezahlten 1,35 € pro m^2 und Monat reichen für die Erhaltung der Objekte sowie zur Bildung von Rücklagen nicht mehr aus. Angedacht sind 1,90 € pro m^2 und Monat, was einer Erhöhung von rund einem Drittel entspricht. Dazu kommen weiterhin die Betriebskosten. Zwei positive Aspekte: Die Bezugsgröße Mietzins/Zahl der getauften Gemeindeglieder fällt weg, diese war für uns eher negativ; und: die Begleichung von Geringkosten bei Kapellenreparaturen durch die Ortsgemeinde entfällt ebenfalls. Die Grundstücksverwaltung Hannover zahlt künftig sämtliche Reparaturen. Das Geld für den Mietzins kommt ausschließlich aus der „2. Sammlung". Gunter bräuchte 120 € in der Woche, das wären 1,70 € pro Gemeindeglied. Leider kommt dieser Betrag derzeit nicht zusammen. Auf entsprechende Hinweise gab Brd. Röstel folgende Tipps: Nichtzahler motivieren, Untermieter suchen, zu ehrenamtlicher Beteiligung motivieren, denn alle drei Jahre wird der Mietzins durch die Grundstücksverwaltung Hannover angepasst. Der Vorschlag von Brigitta Tornow bezüglich einer zusätzlichen Sammlung wurde vorerst nicht weiter verfolgt.

Top 4: Gründung der Gemeinde Bergen (G. Saupe)

Vielen Dank an den Förderverein Rügen e.V.! Die Gemeinde Bergen entwickelt sich stabil, mit 11 Gliedern und 6 Kindern. Die Vereinigung strebt eine Gründung der Gemeinde Bergen an. Diese ist nicht abgeneigt, wenn denn alles so bleiben kann, wie bisher. Insbesondere müssten die Gemeindeämter weiterhin gemeinsam besetzt bleiben. Die Haushalte würden getrennt, was nur noch die Zehntenkasse beträfe, da die Gemeindekassen schon separat laufen. Diese Rahmenbedingungen sind für die Vereinigung akzeptabel. Erforderlich ist noch die Zustimmung der Gemeindeleitung (ist inzwischen erfolgt). Geplant ist am 16.1.2010 ein Besuch von Vorsteher Heinz-Ewald Gattmann in Bergen, dann könnte dort Gemeinde gegründet werden. Zum Grundstückskauf von der Sana-Klinik laufen weiterhin Verhandlungen. Derzeit wird ein konkretes Kaufangebot erwartet.

Top 5: Wahlvorschlag für die Jahre 2010/2011 (H. Tornow)

Die aktuelle Ämterliste wurde vorgestellt. Jeder Anwesende konnte sich zu einer gewollten Wiederwahl äußern. In Vorarbeit für den Ernennungsausschuss bekommt jedes Gemeindeglied eine aktuelle Ämterliste mit dem Hinweis, ob der bisherige Amtsinhaber zur Wiederwahl steht. Jeder kann seinen Wunschkandidaten für jedes Amt eintragen. Die Auswertung dazu bildet die Arbeitsgrundlage für den Ernennungsausschuss. Die Vorschläge hinsichtlich der Mitglieder für den Ernennungsausschuss sind: Evi Kopp, Renate Wendler, Friedrich Küchler, Cornelia Tornow und Ulrike Warkenthin wurden einstimmig angenommen. Ersatzmitglieder sind Daniel Warkenthin und Lars Wendler.

Top 6: Veranstaltungen bis Jahresende (H. Tornow)

Der Seniorenkreis findet noch zweimal statt. Vom 21. - 28.11. ist Gebetswoche. Am 29.11. ist Adventsingen, am 11.12. die Taufe von Udo Brünner und Konrad Küchler, am 12.12. eine Gemeindeadventsfeier; weiterhin sind angedacht eine Christvesper, ein Jahresschlussgottesdienst sowie ein JuWo zum Jahreswechsel.

Top 7: Sonstiges

(Maritta Rosner) zur Frauenarbeit: zwei drittel der Mitglieder in unserer Freikirche sind weiblich, die Kirche jedoch wird zu 90 % von Männern gelenkt. Maritta wird zukünftig in der Frauenarbeit auf Vereinigungsebene mitarbeiten. Aber auch die Frauenarbeit in unserer Gemeinde soll nicht zu kurz kommen. Es sind Veranstaltungen geplant, wie „Sitzen unter dem Stern" und eine Gebetswoche für Frauen. Für die Veranstaltung am 6.3.2010 wird noch ein geeigneter Referent gesucht.

(Dr. H. Wietrichowski) Auswertung der Umfrage zum Stimmungsbild in der Gemeinde Stralsund: Es gab einen Rücklauf von 53 % der Umfragebögen. Wir konnten die Ergebnisse anhand von Kreisdiagrammen ansehen. Die Auswertung wird für alle zugänglich auch an die Pinnwand geheftet.

(J. Wendler) Abschluss der Bibelschule: Der traditionelle Abschluss der Bibelschule mit dem Gebet von vorn sollte bleiben. Allerdings ist es schwierig, jemanden für dieses Gebet einzuteilen. So kam zur Abstimmung, ob auch dieses Gebet zum Ende der Bibelschule in den Gottesdienstablaufplan mit aufgenommen wird. Von den 22 noch anwesenden Gemeindegliedern stimmten 21 mit Ja und einer mit nein.

(H. Tornow) Ziele der Gemeinde Stralsund: Gründung eines dritten Hauskreises, eines zweiten Gebetskreises und eines wöchentlichen Tages der offenen Tür in unserem Gemeindehaus.

Abschließend drückte Hugo Tornow seine Genugtuung über die positive Resonanz der Umfrage zur Frage 13 (Frauen auf dem Podium) aus: 95% der Gemeinde wünschen sich Frauen auf das Podium.

Top 8: Nächste Gemeindestunde 23.1. oder 6.2.2010

Schlussgebet: Dr. H. Wietrichowski, Ende: 16.05 Uhr (Angela Brünner, Schriftführer)

10.5 Pastor Markus Voß (2010 - 2013)

2010: Neugründung Gemeinde Bergen - Pastorenwechsel H. Tornow/M. Voß

Liebe Geschwister und Freunde der Adventgemeinde! Auch an diesem Altjahrsabend wollen wir uns dankbar dessen erinnern, was wir als Gemeinde im vergangenen Jahr erlebt haben. Ich biete die diesjährige Gemeindechronik nur als sparsame Datensammlung an.

02.01.: Im Bergener Gottesdienst begrüßten wir zwei neue Gemeindeglieder. Karin Neurath und Hildegard Hirsch aus Freiburg sind Mutter und Tochter und wohnen jetzt in Sassnitz.

10.01.: Kathrin und Peter Küchler feierten heute in der Kapelle ihre Silberhochzeit. Die Gemeinde und eine Reihe von Verwandten und Freunden nahmen lebhaften Anteil.

11.01.: Heute wurde in Bergen ein kleiner Toni geboren. Wir freuten uns mit den Eltern Nico und Grete Hesemann.

12.01.: Im Karibik-Staat Haiti hat ein schlimmes Erdbeben stattgefunden. Die Ausmaße übertrafen diejenigen des Tsunami von vor fünf Jahren. 200.000 Tote und 1 Mill. Obdachlose wurden gezählt. ADRA half neben anderen Hilfsorganisationen vor Ort. Im Land leben 335.000 Adventisten in 470 Gemeinden!

Gunthardt Saupe (2008)

16.01.: H.-E. Gattmann, Vorsteher der Hansa-Vgg., war zu Gast im Gottesdienst der Gemeinde Bergen, in dessen Verlauf die Gemeindegründung vorgenommen wurde. G. Saupe (siehe Foto) wurde zum Ältesten eingesegnet. Die Gemeinde Bergen hat 15 Glieder.

19.01.: Der Vorstand des Fördervereins Gemeindezentrum Rügen führte ein Gespräch mit der Sana-Klinik in Bergen. Die Klinikleitung ist bereit, uns das an unser Grundstück in Bergen angrenzende Gelände für 28.000 € zu verkaufen.

30.01.: Wegen Schneechaos kamen an diesem Sabbat nur 13 Gemeindeglieder in die Kapelle. Wir saßen im oberen Raum und erlebten dennoch einen schönen Gottesdienst.

13.02.: Wegen starken Schneefalls fiel der Gottesdienst in Bergen aus.

25.02.: Einmal in der Woche ist Jugendstunde. In der Sarnowstraße 37 fanden sich heute Udo Brüner, Friedrich, Konrad und Bernhard Küchler, Nicole Lochny, Tikki Drews, Susie und Markus Hornung sowie Heiko Dyck zusammen. Sie schrieben eine Grußkarte an Erik, der sich in der JVA Neustrelitz befindet.

Ab 21.02.: übte wieder der Chor. Geplant war ein kleines Chorkonzert am Karfreitag bzw. zum Bezirkssabbat im Mai.

01.03.: Ein sehr starkes Erdbeben erschütterte ein großes Gebiet Chiles. Wieder war die Spendenbereitschaft der Gemeindeglieder gefragt.

15.03.: Im Seniorenkreis waren wir achtzehn Teilnehmer. Gerda Dornemann zeigte eine selbstgefertigte Bildpräsentation.

20.03.: Wir feierten zusammen mit den Rügener Geschwistern das Abendmahl. Gunthardt Saupe und Hugo Tornow teilten Brot und Wein aus.

Ab Ende März legten wir den Beginn des Gebetskreises versuchsweise auf Mo. 17.00 Uhr. Es versammeln sich wöchentlich vier bis acht Teilnehmer.

02.04.: Am heutigen Karfreitag hörte eine kleine Zuhörerschaft in der Kapelle eine abendliche Passionsandacht, die von sieben Chorbeiträgen umrahmt wurde.

03.04.: Unsere Elidia Rettkowski wurde heute 99 Jahre. Sie ist leider bettlägerig. Hugo Tornow hielt ihr im Seniorenheim Jungfernstieg eine kleine Andacht.

10.04.: Der deutsche Verteidigungsminister zu Guttenberg gab zu, dass in Afghanistan doch „Krieg" herrscht. Ein Vulkanausbruch auf Island legte den europäischen Flugverkehr weitgehend lahm. Wie gut geht es uns in MV! Warum sollen wir als Adventgläubige auch Tagesmeldungen zur Kenntnis nehmen? „Wenn ihr dies alles sehet, so erhebet eure Häupter darum, dass sich eure Erlösung naht!"

17.04.: Markus Hornung und Nicole Lochny wurden getauft.

26.04.: Die Vereinigungsleitung teilte auf einer Prediger- und Ältestentagung in Greifswald mit, dass der ausscheidende Hugo Tornow keinen Nachfolger haben wird.

Im Mai kam Brd. Glanert aus Greifswald mit einem Hirntumor ins Krankenhaus.

Taufe 17.4.2010
von links: Markus Hornung, Hugo Tornow, Nicole Lochny

08.05.: Die „Vaterhausgemeinde" von Brendon Green führte in unserer Kapelle um 15.00 Uhr eine Taufe durch.

14.05.: Frau Deutscher, Leiterin des Tschernobylhilfe-Vereins e.V., stellte unseren Jugendlichen ihren Kleinbus für eine Fahrt zu einem Pfadfindertreffen nach Welle in der Lüneburger Heide zur Verfügung.

23.05.: In der Chorruine des St.-Johannis-Klosters fand die Eheschließung von Friedrich Küchler und Nicole Lochny statt. Die Trauansprache hielt Markus Voß.

28.-29.5.: Wir feierten den Bezirkssabbat der Bezirke Stralsund, Greifswald, Waren und Neubrandenburg. Versammlungsort war die Auferstehungskirche in Stralsund/Grünhufe. Gast am Podium war Eli Diez-Prida vom Advent-Verlag. In unserer Erinnerung ist seine Verkündigung mit dem Thema „Meine Gemeinde - mein Zuhause". Ca. 100 Teilnehmer waren gekommen.

05.06.: Es fand ein Segel-JuWo mit zweiundzwanzig Teilnehmern auf sechs Booten statt. Ziel war Palmer Ort. Die Atmosphäre war gut. Alle kehrten wohlbehalten zurück.

11.06.: Unsere Jugendlichen hatten zu einer „Worship-Night" eingeladen. Daniel, Friedrich, Konrad, Markus, Susie, Heiko, Matthias und Udo boten ein jugendgemäßes Konzert.

Im Juni fuhren Angela und Udo Brünner in die USA. Sie machten eine Reise zu den Stätten adventistischer Vergangenheit und besuchten den Abschlussgottesdienst der GK in Atlanta. Dort wurde Ted Wilson zum neuen Präsidenten der Weltkirche gewählt. Auf einer Gemeindestunde im September berichteten Angela und Udo über ihre Reise und zeigten Bilder.

28.07.: Die Gemeinde war Gastgeber für 48 Kinder aus Weißrussland. Wir bereiteten den Kindern und ihren Betreuern einen schönen Nachmittag bei Sport und Spiel und gedeckter Tafel. Alle gingen mit einem Geschenkbeutel nach Hause.

30.07.: Die am 24.7. verstorbene Christel Mommertz wurde auf dem Knieper-Friedhof beigesetzt. Die Traueransprache hielt Pastor Druckrey von der Ev. Kirche.

Im August weißte Ralf Warkenthin unsere drei Garagen im Heuweg.

07.08.: Eine besondere Gebetserhörung erlebten Grete und Nico Hesemann, als Grete erfuhr, dass sie die ersehnte Festanstellung als Lehrerin in Gingst bekommt.

09.08.: Brd. Glanert verstarb an seinem Hirntumor. Er wurde von Hugo Tornow beerdigt. Etliche Stralsunder Geschwister waren zur Beisetzung nach Greifswald gefahren.

29.08.: Zum Landesgottesdienst fuhr eine Abordnung der Stralsunder Gemeinde nach Waren.

04.09.: Friedbert Hartmann, der Abteilungsleiter des NDV, war nach Stralsund gekommen und diente der Gemeinde mit einer Predigt. Ihr Titel lautete „Schmerzgrenze".

05.09.: Nach Beendigung der Sommerpause begann der Chor wieder zu üben. Der Plan von Annett Petrischkeit war die Durchführung eines adventlichen Chorkonzerts in HST und HGW.

11.09.: Vierzig getaufte Glieder, dazu Gäste und Kinder, nahmen am Abendmahl teil. Hugo Tornow und Felix Beyer teilten Brot und Wein aus. Nach dem

Gottesdienst entstand ein Gruppenfoto aller Anwesenden.

25.09.: In Bergen predigte Hartmut Behnke. Er ist Fachmann auf dem Gebiet Eheberatung und hielt in Poggenhof vor 20 Teilnehmern nachmittags und abends zwei Referate zum Thema. Auch Freunde der Gemeinde waren anwesend.

26.09.: Am heutigen Sonntag versammelten sich 18 Mitglieder des „Fördervereins Gemeindezentrum Rügen e. V." zur diesjährigen Vollversammlung (siehe Foto unten). Der Vorstand wurde beauftragt, das Nachbargrundstück zu kaufen. Wir werden die Hansa-Vereinigung bitten, uns finanziell zu unterstützen.

02.10.: Unter freudiger Anteilnahme der Gemeinde wurde Barbara Schulz in der Kapelle getauft. Gleichzeitig begingen wir Erntedank. Hugo Tornow hielt seine letzte Predigt als aktiver Prediger.

04.10.: Im Seniorenkreis waren wir fünfzehn Teilnehmer. Auch aus Demmin hatte der Seniorenkreis in diesem Jahr fast immer Gäste.

10.10.: In einer Feierstunde wurde Hugo Tornow von Heinz-Ewald Gattmann unter lebhafter Anteilnahme der Gemeinde und zahlreicher Gäste in den Ruhestand verabschiedet. Brigitta Tornow hielt Rückschau über ein Predigerleben. Heinz Ottschoffsky sprach Worte der Andacht und des Ausblicks. Abends bot Uwe Pfennighaus ein Konzert. Er sang und begleitete sich mit der Gitarre.

Versammlung vom „Förderverein Gemeindezentrum Rügen e.V." 26.9.2010
v. links: R. Schmidt/Pölitz, H. Tornow, G. & P. Saupe, M. Kelm, R. Götz, H. Lange, R. Wietrichowski, R. Schmidt, E. Schmidt/Pölitz, R. Wendler, E. Kopp, M. Rosner, J. Wendler, S. Rosner, W. & B. Krüger, H. Wietrichowski

18.10.: M. Voß wohnte dem Stralsunder Gebetskreis bei. Ein Punkt unserer Gebetsanliegen war die Bewahrung unseres Hauses vor Schaden und Vandalismus. Der kleine Schaukasten am Heuweg-Tor ist mit Hakenkreuzen geschändet worden. Sein Inhalt wurde herausgerissen.

24.10.: Unsere Jugendgruppe hat durch einige Wegzüge einen deutlichen Aderlass erlitten. U. Brünner studiert seit Oktober Sozialwissenschaften in Friedensau. Dennoch versammelten sich am heutigen Donnerstag sechs

Jugendliche zur Jugendstunde zum Thema: „Wie sympathisch bin ich dem lieben Gott?"

30.10.: Unsere Jugend begann, den Jugendraum zu renovieren. In diesem Oktober jährt sich der Tag der offenen Tür, den F. Beyer an jedem Donnerstag von 17.00 - 18.00 Uhr betreut.

03.11.: In Schmalkalden hat sich heute die Erde aufgetan: ein 30 x 30 m großes Loch verschluckte ein Auto und beschädigte ein Haus. Wenn man so etwas bei Mose liest, sagen die Leute: Das gibt´s doch gar nicht!

11.11.: Heute gestaltete die Jugend den Gottesdienst. In einem kleinen Anspiel wurde der Frage nachgegangen: „Wie identifiziere ich mich mit meiner Gemeinde?" Markus Hornung predigte zum gleichen Thema. Im Rahmen dieses Gottesdienstes erfolgte auch die Aufnahme von Natalia M., Pflegekind von Ehepaar Nerlich, in die Jugendgruppe.

21.11.: Die diesjährige Gebetswoche stand unter dem Thema „Ein Volk der Hoffnung". Die Lesungen an den beiden Sabbaten wurden durch F. Beyer bzw. K. Küchler gehalten. Auch unter der Woche versammelten sich Geschwister, so am Montag, Mittwoch und Donnerstag.

27.11.: Unsere beiden Adventskonzerte (siehe Foto) wurden zu einem vollen Erfolg. In Greifswald hörten 40, in Stralsund 50 Gäste der Darbietung zu. Die Chorarbeit beider Gemeinden wird im kommenden Jahr fortgesetzt.

v. h. l.: Martin Waack, H. Wietrichowski, Markus Hornung, Gunter Petrischkeit, Jörgen Wendler, Stefan Kaufmann; 2. Reihe v. h. l. Bärbel Dürkop, Renate Wietrichowski, Kathrin Küchler, Anett Hornung, Margrit Bösl, Ruth Bohnefeldt, Siegfried Rosner; Vordere Reihe v. l.: Vera Kaufmann, Dani Lüdkte, Susi Hornung, Angela, Margarete Küchler, Renate Glanert; Am Klavier: Annett Petrischkeit.

29.11.: Der letzte diesjährige Seniorennachmittag vereinte 18 Besucher, davon waren die meisten Gäste. Alle bekamen ein kleines Geschenk. Gerda

Dornemann bot eine Präsentation mit meditativen Fotos. Es folgten einige humorige bzw. nachdenkliche Lesungen zum Thema Weihnacht.

04.12.: Unsere Frauen verbrachten wie im Vorjahr einen „Abend unterm Stern". Er fand dieses Mal bei Vera Kaufmann in Greifswald statt und vereinte elf Teilnehmerinnen.

5.-7.12. Hugo und Brigitta Tornow verbrachten ein Wochenende im Resort Linstow. Dieser Aufenthalt war das Abschiedsgeschenk für unser Predigerehepaar, gestiftet von Gliedern der Gemeinden Bergen und Stralsund.

07.12.: Gunthardt Saupe und Heinz Wietrichowski verhandelten mit der Sana-Klinik Bergen, um für den Förderverein Gemeindezentrum Rügen das an der Bergener Kapelle gelegene Nachbargrundstück zu kaufen. Der Kauf zu dem ursprünglich genannten Preis wird zustande kommen. Wir sind Gott von Herzen dankbar.

08.12.: Bei einem von Felix organisierten Bowling-Abend mit anschließendem Imbiss erlebten neun Männer der Gemeinden Stralsund und Bergen eine schöne Gemeinschaft.

31.12.: Im Jugendraum der Kapelle steht eine neue Schrankwand. Zusammen mit den ebenfalls von den Stralsunder Jugendlichen angeschafften neuen Polstermöbeln hat der obere Raum ein neues Gesicht bekommen. Die Gemeinde bedankt sich bei der Jugendgruppe für ihre Initiative.

Ein wenig Statistik: Wir begannen das Jahr mit 75 Gliedern. Durch Taufe kamen hinzu Barbara Schulz, Markus Hornung, Nicole Küchler (Lochny) und Katharina Koch; durch Zuzug gewannen wir Hildegard Hirsch, Karin Neurath, Nico Hesemann, durch den Tod verloren wir Christel Mommertz. Durch Wegzug verloren wir Tobias Rosner, Konrad Küchler, Nicole und Friedrich Küchler. Infolge der Gemeindegründung Bergen zählen fünfzehn Glieder jetzt zur dortigen Gemeinde. Damit ergibt sich für den Jahresbeginn 2011 eine Stralsunder Gliederzahl von 62.

An dieser Stelle bitte ich, dass wir uns im Gedenken an unsere verstorbene Schwester Christel Mommertz von unseren Plätzen erheben.

Damit ist unsere kleine Rückschau beendet. Wir grüßen alle Gemeindeglieder und Freunde der Gemeinde, die heute nicht unter uns sind, aber diese Chronik lesen werden. Ich wünsche mir nichts sehnlicher als ein gesundes Wachstum der beiden Gemeinden Stralsund und Bergen - nicht nur zahlenmäßig, sondern vor allem geistlich. Mögen wir alle am Ende des kommenden Gemeindejahres erneut diese Silvesterandacht miterleben dürfen!

Bekanntmachungen 15.5.2010

Wir begrüßen alle Gemeindeglieder und Freunde am heutigen Sabbatmorgen herzlich in unserem Gottesdienst. Auch unsere Rügener Geschwister sind heute unter uns.

1. Geburtstagskinder: H. Wietrichowski 9.5, Bernd Warkenthin 11.5.
2. Gebetskreis Montag 17.00 Uhr
3. Chor Montag 19.00 Uhr
4. Jugendstunde Donnerstag
5. Stunde der Offenen Tür: jeden Donnerstag 17.00 bis 18.00 Uhr
6. Am 23.5. heiraten Nicole und Friedrich. Trauung am Sonntag um 13.00 Uhr in der Chorruine des Johannis-Klosters. Jeder ist herzlich eingeladen.

7. Unsere Jugendlichen und Pfadfinder sind zu einem Himmelfahrtslager nach Welle gefahren.
8. Hugo Tornow hat bis einschließlich morgen noch Urlaub. Er lässt die Gemeinde grüßen.
9. Am kommenden Sabbat predigt in Stralsund Heinz Wietrichowski.

Vertrag betreffs Fahrzeugtausch 12.5.2010

zwischen Frau Deutscher, Tschernobylhilfe-Verein e.V. Stralsund und der Adventgemeinde Stralsund

1. Der Tschernobylhilfe-Verein e.V., vertreten durch Frau Deutscher, stellt der Adventgemeinde Stralsund für die Zeit vom 12.5. - 17.5.2010 seinen Kleintransporter zur Verfügung.
2. Im Gegenzug erhält Frau Deutscher für dieselbe Zeit einen VW-Polo, (Halter Dr. H. Wietrichowski).
3. Beide Fahrzeuge werden sauber und vollgetankt mit Papieren übergeben und vollgetankt zurückgegeben. Etwaige Vorkommnisse werden dem Vertragspartner gemeldet.

2011: Friedel Warkenthin 90. Geburtstag - Gemeindeausflug Kamminke

(diese Chronik war eine Faktensammlung, die Markus Voß für seine Predigt am 31.12.2011 in Stralsund zur Verfügung gestellt wurde. Eine separate Jahresschlussandacht gab es nicht.)

01.01.: Sa. Die Jugendlichen hatten in der Kapelle gefeiert und waren erst um 5.00 Uhr ins Bett (Kapelle) gegangen, waren aber alle um 10.00 Uhr im Gottesdienst!!

14.01.: Freitagabend war die Gemeinde Gastgeber beim Allianz-Gebetsabend in unserer Kapelle, ca. 40 Teilnehmer waren gekommen, davon 16 von uns.

15.01.: Sa. Um 10.30 Uhr klinkten wir uns in die Übertragung des zentralen Gottesdienstes mit Predigt von G. Machel ein: „Von seiner Fülle haben wir genommen Gnade um Gnade" (Jahreslosung). Die Jugend war zum Jugendsabbat in Greifswald.

17.01.: Mo. Seniorenkreis mit 14 Teilnehmern (siehe Foto rechts).
Thematisch ging es letzterem um die „Grundformen der Angst" (Riemann-Test). Eine Wiederholung des Themas in Greifswald kam nicht zustande. (siehe umseitiges Foto)

22.01.: Sa. Abendmahl, Potluck. Vortrag von Herrn V. über seine Israelreise. Gemeindestunde (Finanzen, Aufnahme von Matthias Dyck, NET-Evangelisation Okt./Dez., Gottesdienstdisziplin, Austrittserklärung Jutta und Wolfgang Warkenthin). Diakon-Versammlung.

31.01.: Tod von Renate Wenzel;

03.03.: Film „Die Schöpfung" in Stralsunder Kapelle. 20 Teilnehmer, am 12.3. Wiederholung;

27.03.: So. Herr V. hat der Gemeinde zwei Briefe geschrieben. Markus Voß beantwortete sie. Danach erschien Herr V. nicht mehr.

30.03.: Mi. 17.00 Uhr Bowling mit 19 Teilnehmern, anschließend Essen in der Kapelle;

02.04.: Sa. Frauensabbat in Greifswald;

von rechts: Bertel Burmeister, Bärbel Dürkop, Erwin Kindler, Barbara Schultz, Lottchen Straßburg, Gerda Dornemann, H. Tornow, Irma Blech, R. Wietrichowski, Gisela Kindler, Rosi Schmidt, Gudrun Petershen, Renate Wendler, H. Wietrichowski

04.04.: Mo. Kathrin und Bernhard Küchler sowie Gabi K. besuchten in Demmin ein Seminar zum Thema „Depression", das Christian Meisel und seine Frau hielten.

09.04.: Pfadfinderwochenende mit Übernachtung in Zelten auf Drigge;

10.04.: So. Moderationstraining in der Greifswalder Kapelle mit Christian Fremy (NDR2) und folgenden Teilnehmer: G. Petrischkeit, U. Brünner, M. Voß, V. Kaufmann, J. Ackermann, C. Meisel, L. Schlatter (AM-Ärztin aus Wien, z. Zt. in Pritzwalk in Praktikum), R. Bohnefeld, H. Dyck, F. Beyer, M. Hornung, H. Wietrichowski. Moderationsbeispiele aller Teilnehmer wurden gefilmt und ausgewertet. Danach Chorprobe mit elf Teilnehmern.

14.04.: Do. Kathrin Küchler übernahm für F. Beyer die „offene Kapelle" (Idee von Felix, seit ca. 1,5 Jahren an jedem Do). 17.00 Uhr Gebetskreis mit sechs Teilnehmern;

13.-15.04.: Ausflug der Ehepaare Tornow, Wendler, Kindler (Freunde der Gemeinde) und Wietrichowski nach Wittenberg. Gottesdienst in Wittenberg. Es predigte Klaus Tilgner. Stadtführung. Mittagessen bei Ehepaar Schroth in Mühlanger.

13.-15.05.: Ausflug der Gemeinden Greifswald und Stralsund nach Kamminke/ Usedom (ca. 35 Teilnehmer);

21.05.: Bezirkssabbat mit Franz Toth als Gast (Thema Offenbarung);

04.06.: Pfadfinderlager in Ratzeburg mit Stralsunder Teilnahme. Tschernobylhilfe-Verein e.V. lieh uns erneut den Transporter!

18.06.: Jugendaufnahme von Freya Kindler. Predigt Markus Hornung;

02.07.: Sa. Nachmittags geselliges Beisammensein bei Beyers in Zarrendorf. Zu achtzehnt saßen wir unterm Zelt, aßen und tauschten uns aus. Felix und Ute hatten alles schön vorbereitet. Anja Rothaug, geb. Beyer, mit Familie aus Leerte, war auch gekommen.

16.07.: Sa. Felix hielt erstmals eine Predigt in Stralsund (Thema: „Die Welt, in der wir leben").

27.07.: Mi. Tschernobyl-Veranstaltung: Ulrike Warkenthin, Markus Voß, Evi Kopp, Susi Hornung, Anett Hornung, Bertel Burmeister, Barbara Schulz, Margit (Gast), Hugo und Brigitta Tornow, Heinz und Renate Wietrichowski. Aus Greifswald kamen Roma Müller und Mann sowie Brd. Busse als Pianist. Kuchen und Getränke, Spiele, Basteln, Sport, gemeinsames Singen. Gespräch mit Frau Deutscher zu Idee: Seniorenthema. Das Wetter war sonnig und mit 21,5° C schön warm.

24.08.: Mi. Heute in Bergen Unterschrift beim Notar (Kauf des Grundstücks durch den Förderverein: 24.700 €);

25.09.: So. Vereinsversammlung (Förderverein Gemeindezentrum Rügen) um 10.00 Uhr (17 Teilnehmer): neuer Vorsitzender wird Hugo Tornow. Der Verein hat 102 Mitglieder.

01.10.: Sa. Predigt Erntedank, Markus Voß. Potluck, Nachmittagsveranstaltung von „Open Doors"; Kaffeetrinken in der Sonne mit etlichen Gemeindegliedern bis 18.00 Uhr;

08.10.: Erste Übertragung von „glauben.einfach" mit 17 Teilnehmern. Das Thema „Krisen" war sehr professionell.

15.10.: Sa. Abendmahl mit Markus Voß. Potluck. Gemeindestunde mit Wahl des Ernennungsausschusses. Abends „glauben.einfach", Moderation: Markus Voß;

30.10.: Mo. Wilhelm Bohnenstengel aus Gülzow ist gestorben! Die Trauerfeier leiteten Rolf Winkler und Brd. Rudi Fabich.

04.11: Sa. Start des Seelsorge-Seminars mit Heinz Ottschoffsky. Stralsunder Teilnehmer: Kathrin Küchler, Peter Küchler, Anett Hornung, Susanne Hornung, Maritta und Siegfried Rosner.

13.11.: So. Zweiundzwanzig Pfadfinder und Erwachsene fuhren zum Königstuhl, stiegen zum Strand ab, fotografierten einen gestrandeten Fischkutter und wanderten wieder zum Parkplatz nach Hagen zurück. Es war ein schöner Tag. Die Temperatur schaffte 7° C.

15.11.: Di. 17.00 Uhr Gemeindebowling mit 17 Personen, hinterher Essen in der Kapelle.

19.-26.11.: Gebetswoche

03.12.: Sa. Predigt von Udo Brünner (Gut!). Potluck. Der Chor war um 13.30 Uhr in Greifswald. Konzert um 15.30 Uhr vor 40 Zuhörern.
Abends letzte Übertragung „glauben.einfach" (10 Teilnehmer); am 28.1.2012, 19.30 Uhr kommt eine 18. Folge.

04.12: So. Der Chor traf sich um 14.00 Uhr. Die Sonne schien. Das Konzert um 15.00 Uhr gelang (55 Zuhörer). Kaffeetrinken wurde von den Gästen gut angenommen.

Statistik 2011: Start mit 62 Gliedern. Austritt: Jutta und Wolfgang Warkenthin; Verzug Katharina Plettner; Tod: Renate Wenzel; Überschreibung nach Bergen: Hugo Tornow, Cornelia Tornow; Aufnahme: Matthias Dyck und Konrad Küchler = 58 Glieder. (Matthias Dyck, Katharina Koch und Barbara Schatz stehen noch auf unserer Liste).

von links: Renate Wietrichowski, Hugo Tornow, Friedel Warkenthin

Laudatio Friedel Warkenthin 90. Geburtstag

Liebe Schw. Friedel Warkenthin, anlässlich Deines 90. Geburtstages möchte Deine Gemeinde ganz herzlich Deiner gedenken und Dir Gottes Segen wünschen! Jahrgang 1921! Da wird man als Jüngerer ganz ehrfürchtig! Als Du geboren wurdest, war der 1. Weltkrieg gerade vorüber! Als Du Schulkind warst, herrschte in Deutschland die Weltwirtschaftskrise. Als Du heiratetest, war die Hitlerzeit.

Du pflegtest Deine Eltern bzw. Schwiegereltern. Ein neuer Krieg drohte bzw. hatte schon begonnen. Dein Kurt musste ins Feld ziehen, aber er kam gesund zurück. Als Deine Kinder klein waren, rackertet ihr Euch auf dem Felde ab, um in den kargen Nachkriegsjahren der Familie das Überleben zu sichern. Dann kamen die Jahre in der LPG. Ganz langsam besserten sich die Lebensverhältnisse. Ihr konntet Euch ein Auto leisten. Eure vier Kinder traten ins Leben. In der Stralsunder Gemeinde hattet Ihr Eure Heimat. Fast an jedem Sabbat wart Ihr im Gottesdienst. Aber zu den üblichen Lasten des Alltags kamen neue: der Schwager wurde pflegebedürftig, und viele Jahre hast Du für ihn gesorgt. Auch die letzten Jahres Deines Kurt waren nicht ganz leicht. Du pflegtest ihn mit aller Deiner Liebe und Kraft. Deine Kinder heirateten. Mit ihren Ehen kamen Freude und Leid in Dein Leben. Manches hättest Du Dir anders gewünscht. Aber Du nahmst aus Gottes Hand, was er Dir zu tragen aufgab. Als betende Mutter und Großmutter begleitetest Du die junge Generation auf ihrem Lebensweg, die einen in Deiner Nähe, die andern in der Ferne. Immer wenn meine Frau und ich bei Dir einen Besuch machten, waren wir beeindruckt von Deiner Zufriedenheit, Deinem unerschütterlichen Glauben, Deiner vorbildlichen Frömmigkeit. Wir haben Dich nie resigniert oder depressiv gesehen, wenn Du auch ganz sicher Deine Tränen im Verborgenen geweint hast.

Nun bist Du 90 Jahre alt geworden. Nach Schw. Elidia Rettkowski, die - so Gott will - im April ihren 100. Geburtstag erreicht, bist Du die Älteste in der Gemeinde. Die biblischen 70 und 80 Jahre hast Du schon erfüllt. Alles, was jetzt noch an Zeit kommt, ist im doppelten Sinne Gnadenzeit.

Da Du mit diesem Geburtstag schon in Dein 91. Jahr trittst, wähle ich den 91. Psalm aus, um Dir mit diesem Gotteswort die Glückwünsche der Gemeinde zu überbringen. Dort heißt es in V. 1.2: „*Wer unter dem Schirm des Höchsten sitzt und unter dem Schatten des Allmächtigen bleibt, der spricht zu dem Herrn: Meine Zuversicht und meine Burg, mein Gott, auf den ich hoffe. V.9ff: Denn der Herr ist deine Zuversicht, der Höchste ist deine Zuflucht. Es wird dir kein Übel begegnen, und keine Plage wird sich deinem Hause nahen. Denn er hat seinen Engeln befohlen, dass sie dich behüten auf allen deinen Wegen, dass sie dich auf Händen tragen und du deinen Fuß nicht an einen Stein stoßest."* In diesem Sinne möchte ich Dich im Auftrage der Gemeinde segnen und Dich der Gnade unseres Gottes anbefehlen! Bleibe noch lange bei uns und allen Deinen Lieben! Wir glauben daran, dass Gott dir und uns dies schenken wird. Amen! (27.2.2011)

2012: Gemeindeältester Felix Beyer - Aktive Pfadfinder

(Ereignis-Zusammenstellung für Silvesterandacht durch Kathrin Küchler)

Unsere Gemeinde besteht aus Erwachsenen, Altgewordenen, Jugendlichen und Kindern. Im Gottesdienst gibt es in der Regel eine Kinderbetreuung in der 1. Stunde des Gottesdienstes, in ein oder zwei Gruppen. Die Pfadfindergruppe, bestehend aus 10 - 15 Kindern, hat etwa 10 - 12 gemeinsame Unternehmungen im Jahr. Die 4 - 8 Jugendlichen kommen am Donnerstagabend zusammen (abwechselnd in den Heimen); der Gebetskreis versammelt sich wöchentlich am Donnerstag um 17.00 Uhr. Der Chor besteht aus 10 - 18 Sängern (verstärkt durch Greifswalder) übt an den Sonntagabenden für ein oder zwei gemeindliche Jahreshöhepunkten (Bezirksgottesdienst und Adventskonzert). Die Frauen kommen anfangs des Jahres zu einem besonderen Frauenwochenende zusammen (gemeinsam mit Greifswaldern). Zweimal im Jahr wird zu einem Bowlingabend eingeladen (10 - 20 Teilnehmer). Die früher sogenannten „Sabbatschulklassen" werden heute Gesprächsgruppen genannt. Wir haben weiterhin in jedem Gottesdienst vor Gottesdienstbeginn eine 45-minütige Gesprächsgruppenleiter-Vorbereitung, in der 1. Stunde dann das Bibelgespräch in drei bis vier Gesprächsgruppen. In jedem Gottesdienst findet das Gottesdienst-Element „Lebendige Gemeinde" anstelle des früheren Missionsberichts statt. Inhalt: spontane Berichte von Gemeindegliedern über Erlebnisse, Erfahrungen und persönliche Probleme. Die Predigten werden vom Pastor des Gemeindebezirks, Markus Voß, (Greifswald, Stralsund, Bergen/Rügen und Heringsdorf) sowie von bis zu sechs Predigthelfern („Diener am Wort") gehalten. Letztere sind Laien. Die Zahl der Gemeindeglieder, die nur zur Predigt erscheinen, ist zurückgegangen - es sind nur noch bis max. 4. Die wöchentliche Reinigung der Kapelle erfolgt durch zwölf freiwillige Zweier-Teams von Gemeindegliedern und/oder Jugendlichen. Jede Gruppe reinigt zwei Wochen hintereinander. Die sonstige Pflege des Kapellengrundstücks leistet das Hausmeisterehepaar. Der Gemeinderat kommt 6 - 7x im Jahr zusammen. Greifswald und Stralsund/Bergen haben je einen eigenen Gemeinderat. Es wird monatlich ein Gemeindeblatt herausgegeben (aktuelle Termine, Gottesdienstablauf, Geburtstage, wichtige Telefon-Nummern), wöchentlich erhalten diejenigen Gemeindeglieder, die wegen Alter, Krankheit oder aus sonstigen Gründen im Gottesdienst fehlen, einen „Gemeindebrief", der über den letzten Gottesdienst informiert.

Die Rügener Geschwister (15) versammeln sich von Oktober bis Mai alternierend Woche um Woche in Bergen und in Stralsund. In Stralsund nehmen sie und andere Gäste am „Gästeessen" teil. Auch wenn die Rügener nicht in Stralsund sind, wird - besonders im Sommer, weil oft Gäste kommen - ein „Gästeessen" angeboten. Die Sommergottesdienste in Bergen finden wöchentlich statt. Das Haus in Bergen wird vom „Förderverein Gemeindezentrum Rügen e.V." in finanzieller und organisatorischer Eigenregie geführt.

Ereignisse

14.01.: Im Gottesdienst wurde die Predigt der Verbandsvorsteher der beiden deutschen Verbände als DVD abgespielt. Thema war die Jahreslosung. Dadurch wurde der Gottesdienst sehr lang. Lottchen Straßburg, 87 J., sagte um 12.30 Uhr: „Ich kann nicht mehr!"

16.01.: Seniorennachmittag mit 15 Teilnehmern. Thema: „Aloe Vera" (Hugo Tornow)

21.01.: Abendmahl. Nach dem Gottesdienst Gemeindestunde mit Gemeindewahl. Die geheime Abstimmung ergab Gemeinde-Ältester Stralsund: Felix Beyer (siehe Foto), Gemeinde-Ältester Bergen: Hugo Tornow. Zusammensetzung des Gemeinderats: Siegfried Rosner, Evi Kopp, Nico Saupe, R. Wietrichowski, Bernd Warkenthin, Hugo Tornow, Markus Voß;

Felix Beyer (2012)

28.01.: In der Kapelle abendlicher Lichtbildervortrag von Ulrich Faust aus der Gemeinde Greifswald über seinen „Gore-Tex Transalpine-Run" im Jahre 2010 (40 Besucher, zumeist Gäste);

04.02.: Jugendgottesdienst, Predigt Benny Brunotte. Anspiel der Jugend: „Jugendstunde Jüngerschaft". Abends Fortsetzung von Übertragung „glauben.einfach" (7 Teilnehmer);

11.02.: Gratulation bei Thea Großers 86. Geburtstag. 11 Personen besuchten sie in der Memo-Klinik. Kaffeetrinken, Spaziergang.

25.02.: 19. Folge „glauben.einfach" (7 Teilnehmer), Beginn der Serie schon Herbst 2011;

24.03: Gäste im Gottesdienst waren Schw. Eichberger mit Tochter (aus Australien) und Mutter (aus Stralsund). Sie waren einige Wochen unsere Gottesdienstgäste, 12.4. Rückflug.

31.03.: letzte Folge „glauben.einfach" (4 Besucher), Thema „Vergebung";

03.04.: Gratulation 101. Geburtstag bei Elidia Rettkowski; acht Gratulanten. Andacht durch Hugo Tornow im St. Josefsheim. Liedersingen im Krankenzimmer. Schw. Rettkowski nahm uns wahr und freute sich.

04.04.: Gemeinde-Bowling mit 25 Teilnehmern, hinterher gemeinsames Essen in der Kapelle;

28.04.: Diakonie-Versammlung

29.04.: Fahrt zur Chorprobe für Regionalgottesdienst Waren nach Demmin;

05.05.: Regionalgottesdienst MV-Ost in Waren (Bürgerhalle) mit Choraufführung, Predigt: B. Brunotte und H.-E. Gattmann „Wovon ich begeistert bin" (mit Gast Bärbel D. aus HST);

19.05.: Besuch von Georg und Anna Ewanian (siehe Foto rechts) im Gottesdienst. Im Jahre 1999 lernten wir sie kennen. Sie wohnen in Antwerpen und gehören zur dortigen Gemeinde. An diesem Wochenende war Pfadfindertreffen in Einhaus bei Ratzeburg. 398 Pfadfinder trafen sich.

04.06.: Seniorenausfahrt mit Motorschiff über die Peene bis zum Kummerower See;

07.06.: Trauerfeier Thea Großer in Putbus (R. Gelke);

23.06.: Wiederaufnahme von A. Hornung in die Gemeinde;

18.07.: Tschernobyl-Nachmittag mit 45 Kindern: Getränke/Kuchen, Geschenkbeutel, Malen, Basteln, Spiele auf dem Hof (gegen Ende einsetzender Regen), Kuscheltiere;

von links: Renate Wietrichowski, Anna, Naira, Georg und Benjamin Ewanian

28.07.: Wochenende mit Heinz Ottschoffsky in Greifswald, Thema: „Seelsorge";
05.08.: „Kirchenasyl" für den obdachlosen Tino P. sowie seine Kinder Dominik und Franziska. Sie wohnten drei Wochen in der Kapelle!
11.-12.08.: Segelfahrt der Pfadfinder nach Palmer Ort;
20.08.: Seniorenfahrt nach Putbus (Garten von Tornows);
26.08.: gefährlicher Sturz unseres Gunthardt Saupe von der Leiter auf dem Bau: zwei Rippen und zwei Lendenwirbel gebrochen. Nur vier Krankenhaustage!
09.08.: Marga Wilk (82) aus Mölln ist nach Stralsund gezogen, Geschw. Tornow kennen sie aus Lübeck.
21.-23.09.: Gemeindeausflug nach Kamminke/Usedom mit 32 Teilnehmern aus Greifswald, Stralsund, Demmin und Rügen + 12 Tagesgäste; M. Voß sprach u. a. über „Alle Dinge dienen Gottes Kindern zum Besten?"
08.10.: Seniorenkreis: Film von Peter Schammer/Greifswald über die Peene-Fahrt vom Juni;
14.10.: Ausfahrt mit Pfadfindern nach Binz (Wanderung zum Jagdschloss Granitz bei gutem Wetter) mit 17 Teilnehmer (mit einigen Erwachsenen); abends erste Chorprobe fürs Adventskonzert;
21.10.: Vereinsjahresversammlung des Fördervereins Gemeindezentrum Rügen (16 Teilnehmer);
07.11.: Gemeindebowling mit anschließendem Essen in der Kapelle.
08.-09.12.: Chorkonzerte in Greifswald und Stralsund mit jeweils ca. 30 Zuhörern;

<u>Statistik:</u> Zuzug von Marga Wilk (noch kein Brief), Wiederaufnahme von Anett Hornung. Tod von Thea Großer und Leonie Sprenger. Gesamtgliederzahl 73 (Stralsund + Bergen) Durchschnittsbesuch 1. Stunde 31,3 Glieder (2011 1. Stunde: 33 Glieder) Jugendstunden: fast regelmäßig an jedem Donnerstagabend mit 3 bis 8 Teilnehmern; Gebetskreis: fast an jedem Donnerstag mit 2 bis 8 Teilnehmern;

10.6 Pastor Ralf Gelke (2013 - 2018)

2013: Seniorensport - Pastorenwechsel M. Voß/R. Gelke

Am Altjahrsabend sind wir es als Stralsunder Gemeinde gewohnt, eine Rückschau auf die vergangenen zwölf Monaten zu halten. Das Jahr 2013 begann mit ziemlicher Kälte. Diese bekamen wir zu spüren, als wir am 12.1. ein völlig kaltes Kapellengebäude betraten. Der Sturm hatte über den Schornstein die Gasbrennerflamme ausgeblasen. Kurz entschlossen stellten wir Stühle in den Essenraum, machten viele Kerzen an, besorgten ein Keyboard und erlebten einen kuscheligen Gottesdienst. Schon bald hatte sich der kleine Raum von 15 auf 22°C erwärmt. Das Thema des Bibelgesprächs wurde mit den 26 Erschienenen in drei Gruppen diskutiert. Das Besondere an diesem Gottesdienst war eine Gebetsgemeinschaft, um die Markus Hornung gebeten hatte. Eine Reihe von Geschwistern beteiligte sich. Unsere Gebete wurden wenig später erhört. Am 2.3. gaben Markus Voß und Markus Hornung im Stralsunder Gottesdienst ein gemeinsames Statement ab, welches auf eine Besserung ihrer gegenseitigen Beziehung hoffen lässt. Am 16.1. war die Gemeinde Gastgeber für einen Gebetsabend im Rahmen der Allianzgebetswoche. 35 Teilnehmer waren beisammen. Am 19.1. erlebten wir einen Satellitenübertragungsgottesdienst. Die Leiter der beiden deutschen Verbände Johannes Naether (NDV) und Günter Machel (SDV) predigten über die Jahreslosung Tit. 2,11 „In Christus ist Gottes Gnade sichtbar geworden". Eine Woche später waren die Frauen aus den Gemeinden Greifswald und Stralsund zu besonderen Veranstaltungen eingeladen worden. Am Sabbat in Greifswald und am Sonntag in Stralsund waren sie beisammen. Am 30.1. fand die erste Seniorensportstunde mit sieben Teilnehmern unter Leitung von Ute Beyer statt. Die

Teilnehmerzahl hat sich inzwischen fast verdoppelt. Auch Gäste aus dem Wohngebiet nehmen teil. Am 27. 3. besuchte eine Reihe von Stralsunder Geschwistern gemeinsam mit unseren Pfadfindern den „Ostergarten" der Baptistengemeinde in der Fährstraße. Dort wurden die Stationen der Leidensgeschichte Christi eindrucksvoll dargestellt.

Zweimal im Jahr (2013 im April und November) sind auf Initiative von Felix Beyer bis zu 20 Teilnehmer aus den Gemeinden Stralsund und Bergen zu einem Bowlingabend im City-Hotel am Bahnhof beisammen. Erfreulich ist, dass auch Freunde der Gemeinde daran teilnehmen. Hinterher werden Preise verteilt, und es wird gemeinsam gegessen. Am 20.4. zeigte Jörn Kindler Fotos von seiner Reise ins Himalaja-Gebirge im Staate Nepal. Er begrüßte uns mit „Namaste" und sagte zum Schluss seines interessanten Berichts „Koshba" (so ist das eben!) Am 27.4. hatten wir zu unserem Regionalgottesdienst Titus Müller eingeladen. Er predigte über den Prinzen und Mörder Mose und führte am Abend eine Lesung aus seinem neuen Buch „Nachtauge" durch. Im Mai machten uns Passanten auf zwei lose Dachziegel aufmerksam, die auf unserem Kapellendach zu sehen waren. Danke, liebe Nachbarn!

Am 1.6. erlebten wir unter der Leitung von Brigitta Tornow einen interessanten Eheabend. Wir sahen den Film „Fireproof" (Feuerprobe), dessen Thema die Rettung einer kaputten Ehe ist. Aus den Seniorenveranstaltungen des vergangenen Jahres ragt der Nachmittag in Tornows Garten in Putbus heraus. Unter den 17 Teilnehmern waren neun Freunde der Gemeinde. Alle, die dabei gewesen sind, werden den Tag in guter Erinnerung behalten. Am 4.7. ehrte Hermann Beier (Prediger in Stralsund 1971 - 1980) in einer öffentlichen Feierstunde das Goldene Paar Heinz und Renate Wietrichowski.

Am 17.7. war die Gemeinde Stralsund zum 14. Mal Gastgeber für Regina Deutscher und 45 Kinder aus Weißrussland. Die Kinder wurden an diesem Mittwochnachmittag bewirtet und mit Sport und Spiel erfreut. Sie bedankten sich mit einem kleinen Kulturprogramm.

Ein besonderes Erlebnis bot der Sabbat, 27.7., in Poggenhof. Bei wunderschönem Sommerwetter waren etwa 60 Teilnehmer auf dem Grundstück von Petra und Gunthardt Saupe die Teilnehmer eines Freiluftgottesdienstes. Zu ihnen gehörte auch unser vormaliges Predigerehepaar Joachim und Annerose Lang. Alle zusammen erlebten wir die Taufe von Grete Hesemann und hörten ihr ergreifendes Zeugnis (siehe Foto).

Taufgottesdienst 27. 7. 2014 mit (von links) H. Tornow, G. Hesemann und M. Voß

Eine außerordentliche Gemeinderatssitzung unter Teilnahme der leitenden Brüder aus der Hansa-Vereinigung (Hamburg) fand am 12.8. statt. Neuer Pastor für Bergen und Stralsund ist ab 1.10. Ralf Gelke. Wir erlebten erstmals einen Pastorenwechsel mit, bei dem die Pastorenfamilien nicht umziehen mussten. Ralf Gelke wohnt weiterhin in der Nähe von Rostock. Wir wünschen ihm Gottes Segen für seinen Dienst in Vorpommern.

Der Kindersachenflohmarkt am 15.9. litt unter schlechtem Wetter. Die Aussteller wichen in die Kapelle aus, waren aber dennoch mit dem Umsatz zufrieden. Das Thema

Erntedank und ein Gedenken an die Gemeindegründung im Jahre 1903 bewegten uns am 28.9.

Gruppenfoto Adventgemeinde Stralsund 15.9.2013
v. o. l.: Lars Wendler, Brd. Schmidt, Bernhard Küchler, Udo Brünner, Egon Engels, Bernd Warkenthin, Markus Hornung, Gunter Petrischkeit, Susanne Hornung, Cornelia Tornow, Jörgen Wendler, Daniel Warkenthin; 2. Reihe v. o. l.: Peter Engels, Karin Engels, Doreen Schmidt, Siegfried Rosner, Paul Rettkowski, Theresa Dahlke, Annett Petrischkeit, Valerie Petrischkeit, Ulrike Warkenthin, Gunter Warkenthin; 3. Reihe v. o. l.: Herr Voigt, Peter Küchler, Heli Hübner, Maritta Rosner, Angela Brünner, Felix Beyer, Lottchen Straßburg, Renate Wendler, Karin Neurath; 4. Reihe v. h. l.: Kathrin und Peter Küchler, Renate Wietrichowski, Barbara Schulz, Edith Rettkowski, Anett Hornung, Ute Beyer, Hugo Tornow, Hildegard Hirsch; vordere Reihe v. l.: ?, Leonie Krüger, Adrian Petrischkeit, Pauline Petrischkeit; unten rechts: H. Wietrichowski

Der Förderverein Gemeindezentrum Rügen e. V. hat mittlerweile 110 Mitglieder. Wir hatten zur Jahresversammlung am 20.10. eingeladen. Der Verein schaut auf neun erfolgreiche Jahre seiner Existenz zurück. Die Gebetswoche fand Mitte November statt. Am Schlusssabbat der Woche predigte uns Brd. Hierzer, der Finanzverantwortliche aus Hamburg.

Die Gemeindestunde vom 30.11. ist uns noch in der Erinnerung, desgleichen das Chorkonzert vom 8.12., das ohne OZ-Werbung etwa 50 Zuhörer angelockt hatte. Das Kaffeetrinken sorgte für Lockerheit und wurde von unseren Gästen wieder gut angenommen.

Ich kann mit Rücksicht auf die Kürze der Zeit nicht auf alle geleisteten Dienste und Gemeindeämter eingehen. Allen, die mit Kapellenreinigung, Diakonie, Kinder- und Jugendarbeit, Musikdienst und Frauenarbeit befasst waren, allen Gemeinderatsmitgliedern, Sabbatschullehrern, Dienern am Wort, den Finanzverwaltern Petra Saupe und Gunter Petrischkeit sowie unserem Hausmeisterehepaar sei herzlich für den Zeit- und Kräfteeinsatz gedankt.

Zu Anfang des Jahres waren wir (mit Bergen) 73 Glieder. Wir verloren durch Austritt (Barbara Schulz) ein Glied, gewannen durch Taufe (Grete Hesemann) eines dazu.

Auch Silke Dyck wohnt jetzt in Stralsund. Verstorben und weggezogen ist niemand. Nach dieser meiner inoffiziellen Zählung dürfte die Gliederzahl konstant geblieben sein. Der durchschnittliche Gottesdienstbesuch zu Beginn des Gottesdienstes betrug 2013: 30,1 getaufte Glieder (zum Vergleich 2011: 33 und 2012: 31,3). Diese Zahlen erzeugen zumindest Nachdenklichkeit, wenn nicht Betroffenheit. Mögen wir sie in unser persönliches Gebet hineinnehmen. Ein Ernennungsausschuss wird sich mit einer Veränderung bei der Personalie des Gemeindeältesten befassen. Felix Beyer rechnet mit beruflichen Veränderungen, die ihn in seiner privaten Zeit beschneiden werden. Wir sollten auch diese Angelegenheit zu einem Gebetsanliegen machen.

Unser schönes Haus ist in diesen Tagen 19 Jahre alt. Wir haben uns daran gewöhnt. Manchmal ist es fast zu klein. Viele Arbeiten und Dienste können nur durchgeführt werden, weil wir dieses Haus besitzen. Danke, unser Gott! Die Herrnhuter Losung des heutigen Tages lautet: „Er dachte an uns, als wir unterdrückt waren, ja seine Güte währet ewiglich." (Ps 136,24) Diese Güte Gottes möge uns weiterhin leiten! Der Chronist wünscht allen Geschwistern und Freunden der Gemeinde ein gesegnetes neues Jahr!

Protokoll der Sitzung des Gemeinderates vom 9.12.2013

Anwesend: Felix Beyer, Ralf, Gelke, Bernd Warkenthin, Siegfried Rosner, Renate Wietrichowski, Evelyn Kopp, Gunter Petrischkeit, Hugo Tornow, Nico Hesemann.

Rückschau Adventssingen 7. und 8.12.2013: Es konnten insgesamt 375 € Spenden gesammelt werden. Der Wechsel von Liedern und Lesung war sehr gelungen ... Es wurde über eine bessere Gästebetreuung am Schluss der Veranstaltung Stralsund diskutiert.

Gemeindestunde 30.11.13: Ein Terminangebot für eine Mediation in der Gemeinde Stralsund durch Heinz-Ewald Gattmann wurde für den 2.2.2014 gemacht. Das Protokoll der Gemeindestunde geht an alle aus dem Leitungskreis.

Terminkoordinierung Jahresplan 2014: Der Entwurf für den Jahresplan beider Gemeinden 2014 wurde überarbeitet bzw. korrigiert. Vorschlag: Ein gemeinsames Gemeindewochenende zusammen mit der Gemeinde Greifswald (in Kamminke?) wird gewünscht. Ein Termin sollte für Ende 2014 oder Anfang 2015 gefunden werden.

Ernennungsausschuss: der Ernennungsausschuss kommt erstmals am 19.12.2013, 19.00 Uhr in Stralsund zusammen.

Anfragen: im ersten Gottesdienst 2014 Stralsund wollen Markus Voß und Markus Hornung gemeinsam sprechen. Der Ablauf des GD sollte angepasst werden. Es wird eine Predigt mit Nachgespräch sein. Das Bibelgespräch kann in der 2. Stunde angeboten werden - Gesprächsleiter? Der nächste Gemeindeleitungskreis tagt am 17.2.2014. Die künftigen Andachten werden in folgender Reihenfolge gehalten: Nico Hesemann - Felix Beyer - Hugo Tornow - Bernd Warkenthin - Gunter Petrischkeit - Ralf Gelke - Renate Wietrichowski - Evelyn Kopp.

2014: Mediation Gemeinde Stralsund - 2. Ökumenischer Kirchentag

Am 31.12.2013 um 15.00 Uhr erlebten wir in der Stralsunder Kapelle eine gut besuchte Jahresschlussandacht. Sie wurde im Wesentlichen von 25 Jugendlichen gestaltet, die im Rahmen eines JuWo beisammen gewesen sind. Felix Beyer hielt eine Andacht, die Chronik des vergangenen Gemeindejahres wurde verlesen, die Jugendlichen erfreuten uns mit einigen musikalischen Beiträgen. Zum Schluss hielten wir uns alle an den Händen und sangen das „Vaterunser". In der Nacht vom 5. zum 6.1. ist unsere Schwester Elidia Rettkowski kurz vor dem Erreichen des 103. Geburtstages im Stralsunder Pflegeheim (Jungfernstieg) verstorben. Ralf Gelke sprach die Worte des Gedenkens am Grabe. Elidia Rettkowski ist 1967 durch Prediger Konrad Edel getauft worden.

Ab Januar 2014 stellt die Gemeinde Stralsund an jedem zweiten Dienstag im Monat ihre Räume für eine Blutkonservengewinnung zur Verfügung. Wir helfen dem DRK aus einer Verlegenheit und erreichen, dass Menschen unsere Schwelle überschreiten, die das sonst kaum tun würden. Im Rahmen der diesjährigen Allianzgebetswoche waren wir am Mittwoch, dem 15.1. Gastgeber eines Gebetsabends, in dem Gert-Dieter Werischong von der Christus-Gemeinde die Verkündigung hielt. Traditionell wurde am dritten Sabbat des Jahres eine Gemeinschaftspredigt unserer Brüder G. Machel (SDV) und J. Naether (NDV) zur Jahreslosung dargeboten. Sie wurde per Satellit gesendet und störungsfrei empfangen. Am 25.1. stimmten die Stralsunder Gemeindeglieder in einer Nachwahl über die Einsetzung eines 2. Ältesten ab. In geheimer Abstimmung wurden 18 Ja-, 4 Nein-Stimmen und eine Enthaltung zum Wahlvorschlag des Ernennungsausschusses abgegeben. Dieser hatte Michael Nerlich vorgeschlagen. Damit ist Michael neben Felix Beier Ältester der Gemeinde Stralsund (siehe Foto).

Michael Nerlich

In der „Lebendigen Gemeinde" am 29.3. gedachten wir an Heinz D., der an diesem Tage nach Nordkorea aufgebrochen ist, wohin er eine Hilfsgütersendung begleitete. Ein Novum war die für den 29.3. anberaumte Mediation mit Schw. Gattmann und Schw. U. Gelke, die am 11.5. fortgesetzt wurde. Ziel beider Veranstaltungen war das Benennen und Ausräumen von zwischenmenschlichen Differenzen innerhalb der Gemeinde. Es wurden Teilerfolge erzielt. Am 3.4. stellte sich die neue Leitung der Hansa-Vereinigung vor. In der Veranstaltung „Vereinigung vor Ort", beantworteten der neue Vorsteher Dennis Meier sowie seine Sekretäre Thilo Foth und Benny Brunotte Fragen der Gemeinde. Auch Vertreter der Gemeinden Bergen, Demmin, Greifswald und Rostock waren dabei.

Der Gottesdienst am 12.4. wurde von den Frauen als besonderer Frauensabbat gestaltet. Er begann mit einem Lobpreisteil. Valerie Petrischkeit bot ein Klaviersolo dar. Das Bibelschulthema wurde von Ruth Bohnefeld und Vera Kaufmann aus Greifswald gestaltet. Die Predigt zum Thema „Erwartungen" hielt Käte Leuwer (Berlin). Maritta und Siegfried Rosner leiteten mit einem Anspiel des bekannten Märchens „Vom Fischer un siner Fru" die Predigt ein. Anwesend waren auch Frauen aus Greifswald und von Rügen. Am 12.5. starteten die Senioren zu einer Ausfahrt in den Vogelpark Marlow (siehe Foto auf der rechten Seite). Bei schönem Wetter war das dortige Erleben gemeinschaftsstärkend und mit seinen Einblicken in sonst nur selten gesehene Bereiche der Tier- und Vogelwelt interessant und informativ.

von links: H. Tornow, Bärbel D., B. Burmeister, H. & R. Wietrichowski, R. Wendler, G. Dornemann, Dieter D., R. Gelke

Einen Höhepunkt des Gemeindelebens stellt jährlich der Regionalsabbat (früher Bezirksgottesdienst) dar. Er vereinte am 17.5. etwa 100 Gemeindeglieder und Freunde aus Greifswald, Demmin, Stralsund, Rügen und Roggenthin (Rostock Ost), die in dem schönen Haus der Evangelischen Johanneskirchgemeinde Greifswald in der Bugenhagenstraße 4 zusammengekommen waren. Unsere besonderen Gäste waren in diesem Jahr die Friedensauer Hochschullehrer Rolf Pöhler und Andreas Bochmann. Sie hatten einige Friedensauer Studenten (darunter auch zwei Farbige aus Nigeria und Kamerun) mitgebracht. Die Stunden des Gottesdienstes und des Nachmittags wurden musikalisch durch Darbietungen des Stralsund-Greifswalder Chores sowie durch Gemeindegesangsbegleitungen der Roggenthiner Band umrahmt. Die Predigt hielt Rolf Pöhler. Ihr Thema lautete „Jom Kippur - wir sind versöhnt". Am Nachmittag gewährten Andreas Bochmann und seine Studenten „Friedensauer Einblicke".

Ein Kindersachenflohmarkt fand am 25.5. von 14.00 bis 17.00 Uhr statt. Vier Aussteller, etliche Käufer, ein sehr großes Kuchenangebot, wunderbarer Sonnenschein und eine zufriedene Regina Deutscher - das waren die Merkmale des Events. Der Erlös kam dem Stralsunder Tschernobylhilfe-Verein e.V. zugute. Pfingsten fiel auf den 6. - 9.6. An diesem langen Wochenende verlebten ca. 25 Pfadfinder mit ihren Betreuern eine schöne Zeit auf mehreren Segelbooten. Zu Gast bei uns waren die „Royal Rangers" (Pfadfindergruppe der Elim-Gemeinden aus Stralsund und Hamburg). Ein Unwetter am Sonntagabend wurde mit Gottes Hilfe schadlos überstanden.

Im Stralsunder Gottesdienst am 28.6. waren Svenja Fischer aus Zingst und Valerie Petrischkeit aus Barth die Hauptpersonen. Sie hatten zu ihrer Jugendaufnahmefeier viele Verwandte und Freunde eingeladen. Ralf Gelke stellte in seiner Predigt die thematische Frage „Wer bin ich?". Musikalische Beiträge von Anett, Susi und Markus

Hornung sowie Jörg Wietrichowski umrahmten die Stunde. Am Nachmittag des 19.7. fand in Poggenhof ein Taufgottesdienst statt. Drei liebe Menschen wurden am Nordstrand von Poggenhof getauft. Es sind dies das Ehepaar Jürgen und Heike Prüfe sowie Peter Schmidt. Etwa 35 Gemeindeglieder und Gäste wohnten dem Geschehen bei. Hinterher wurde unter freiem Himmel auf dem Grundstück von Petra und Gunthardt Saupe getafelt. Am 20.7. verstarb aus der Gemeinde Bergen Hildegard Hirsch (zuletzt wohnhaft in Binz). Sie wurde in Sassnitz beigesetzt. Am 23.7. bereitete die Gemeinde 44 Kindern sowie etlichen Betreuern einen schönen Nachmittag bei Kuchen und Cola, Sport und Spiel. Die Kinder bedankten sich mit musikalischen Beiträgen. Frau Deutscher war mit Kindern aus Weißrussland zum 15. Male bei uns zu Gast.

Unsere Nachbargemeinde in Greifswald wurde in der Nacht zum 29.7. von einem schrecklichen Unglück heimgesucht. Die Adventkapelle in der Anklamer Straße ist durch ein Großfeuer völlig vernichtet worden! Unsere Geschwister versammelten sich zunächst in der Kapelle der Baptisten in der Brüggstraße, inzwischen sind sie jedoch Gäste der FEG in der Marienstraße. Am 2.8. hielt Gerda Dornemann, die Demminer Gemeindeleiterin, uns eine Abschiedspredigt. Gerda verzog aus Altersgründen nach Hamburg. Viele Jahre war Gerda der Gemeinde Stralsund und unserem Seniorenkreis herzlich verbunden. Unsere Orgel war im Sommer eine Zeit lang defekt, aber Bernd Warkenthin konnte sie reparieren. Danke, lieber Bernd!

Ende August segelten 18 Jugendliche und Kinder während eines dreitägigen Wochenendes mit drei Segelbooten nach Hiddensee. Bernd Rahner, der ehemalige Jugend-Sekretär der Mecklenburger Vereinigung, der inzwischen in Roggentin seinen Alterssitz hat, sorgte für die geistliche Betreuung. Das Wetter war gut, und alle erlebten eine wunderbare Gemeinschaft.

Am Wochenende 18. - 21.9. fand in Stralsund der 2. Ökumenische Kirchentag Vorpommern statt, bei dem 2.000 Christen verschiedener Stadtgemeinden miteinander Gottesdienste feierten, Informationsveranstaltungen anboten und musikalische Angebote genossen. Unter dem Motto „Frischer Wind in alten Mauern" wurde den Einwohnern und Touristen der Stadt vor Augen geführt, wie christliche Gemeinschaft offen und fröhlich sein kann. Unser Pastor Ralf Gelke war zu einer Podiumsdiskussion in die Neu-Apostolische Gemeinde Jacobiturmstraße geladen, wo er und ein Bischof der Neuapostolischen Kirche über das eigene Selbstverständnis und zum Ökumene-Gedanken befragt wurden. Ralf Gelke erhielt zweimal spontanen Applaus. Übrigens ist die Hälfte der Spenden des Kirchentages (mehr als 1.000 €) für den Wiederaufbau der Greifswalder Adventkirche bestimmt worden!

Am 27.9. feierten unsere beiden Gemeinden Erntedank. Ein schöner Gabentisch war mit Obst, Feldfrüchten, einer Getreidegarbe, einem Laib Brot und einem Krug Wasser geschmückt worden. In der Predigt sprach Ralf Gelke über die Brotvermehrung nach Joh. 6. Ein zweiter Schwerpunkt des Predigtgottesdienstes war eine Würdigung des Schulbeginns von Leonie, der Tochter von Bernhard Küchler. Nach dem Gottesdienst und Potluck blieben am 11.10. vierzehn Geschwister zu einer Gemeindestunde beisammen. Zuallererst leisteten wir in einer lebendigen Gebetsgemeinschaft Fürbitte für die verfolgten Christen in Syrien und im Nordirak. Wir wurden informiert über künftige strukturelle Änderungen in der Region: Erwin Zücker aus Waren geht in den Ruhestand, bleibt aber teilbeschäftigt für die Gemeinde Neustrelitz zuständig. Markus Voß wird zusätzlich die Verantwortung für die Gemeinde Neubrandenburg übertragen, Ralf Gelke diejenige für Waren und Malchin. Roggentin kommt zu Rostock-Stadt mit Hans-Hagen Zwick. Zu einem Ehekreis am 18.10. hatte Brigitta Tornow in die Kapelle eingeladen. 13 Teilnehmer waren zu einem gemeinsamen Abendessen beisammen und sahen danach einen Film mit dem Titel „Courageous" (Beherzt), in dem gezeigt wurde, wie vier befreundete Polizisten sich vornehmen, künftig bessere Väter zu sein.

Mit dem 15.11. begann unsere diesjährige Gebetswoche. Das Heft mit den Lesungstexten stand unter der Überschrift „Allein die Vorgehensweise Christi". An diesem Sabbat ehrten wir 10 Taufjubilare. Ein besonderes Angebot für Gemeinde und Gäste war auch in diesem Jahr unser Advents-Chorkonzert. Es wurde von etwa 55 Gästen gehört. Bei Kaffee und Kuchen blieben viele der Zuhörer noch zu Gesprächen beisammen. In der Nacht vom 9. zum 10.12. ist in unsere Kapelle eingebrochen worden. Ein Fenster und der Schrank der Bücherverwalterin wurden beschädigt. Die Diebe suchten offenbar Geld, haben aber keines gefunden. An fast jedem Mittwoch des Jahres waren bis zu zehn Senioren aus der Gemeinde und der Nachbarschaft zu einer Sportstunde in unserer Kapelle. Sie wird von Ute Beyer geleitet. Im vergangenen Jahr hat sich das Gästeessen nach dem Sabbatgottesdienst zu einer immer festeren Gewohnheit entwickelt. Es bleibt zu hoffen, dass es nicht nur für unsere Gäste, sondern auch für die eigene Gemeinde immer attraktiver wird. Auch im Jahr 2014 hatte Felix Beyer zu zwei Bowling-Abenden eingeladen. Bei einem anschließenden gemeinsamen Essen saßen am 3.12.15 bis 20 Teilnehmer noch gemütlich beisammen. Der Seniorenkreis ist seit vielen Jahren fest etabliert. Er vereint etwa 10 bis 20 Teilnehmer und kommt etwa 5x im Jahr zusammen. Der Gebetskreis war fast ausnahmslos an jedem Donnerstag um 17.00 Uhr „tätig". Etwa drei bis zehn Beter, darunter auch Freunde der Gemeinde, versammeln sich wöchentlich, um aktuelle Gebetsanliegen zu sammeln und vor Gott zu bringen.

Im vergangenen Jahr waren Felix Beyer, Ute Beyer, Friedrich Fischer, Hildegard Hirsch, Elsa Jürß und Angela Brünner ernsthaft erkrankt. Elidia Rettkowski und Hildegard Hirsch sind in diesem Jahr verstorben (Schweigeminute!). In die Gemeinde Bergen wurden zwei Kinder geboren: Jared Matthias Kopp und Thea Hesemann. Wir freuen uns mit den Eltern über den gesunden Nachwuchs. Die Gemeinde Bergen hat durch Taufe drei und durch Aufnahme weitere zwei Glieder gewonnen. Nach meiner inoffiziellen Zählung liegt unser Gliederstand momentan bei 77 (Stralsund und Bergen). Der durchschnittliche Gottesdienstbesuch beträgt mit 33,5 Personen etwa 43% der getauften Glieder.

Ein Lob möchte ich allen freiwilligen Helfern, die sich an der Kapellenreinigung beteiligen, aussprechen. Ulrike erstellt Jahr für Jahr den Plan. Dafür sei ihr gedankt. Dank sei auch allen anderen ungenannten Helfern und Arbeitern in den beiden Gemeinden gesagt. Gott weiß, was ein jeder tut oder nicht tut. Er möge die beiden Gemeinden Stralsund und Bergen weiterhin segnen und wachsen lassen! Angesichts der politischen Weltlage geht es uns als Christen und Bürgern unseres Landes zurzeit sehr gut. Anderswo ist es anders. In vielen Teilen der Welt sind am heutigen Altjahrsabend Menschen auf der Flucht, leiden um ihres Glaubens willen Verfolgung, werden in Kriegsgebieten getötet oder um Wohnung und Existenz gebracht; sie trauern um verhungerte oder verschleppte Angehörige und sterben an heimtückischen Seuchen. Wir aber vergleichen Benzinpreise und Urlaubsschnäppchen; die meisten Hilfsaufrufe werfen wir in die Papiertonne und tun uns schwer, wenn zu einem ehrenamtlichen Arbeitseinsatz aufgerufen wird. Welche Wege wird Gott künftig mit uns gehen? Wie viel Gnadenzeit misst ER uns noch zu?

Gerda Dornemann

Laudatio Gerda Dornemann 25.8.2014

Liebe Gerda Dornemann,

ich kann nicht genau sagen, wie lange wir uns kennen, aber bewusst bist Du Teil meiner Erinnerung, als Du mit viel Vehemenz und Optimismus den Erhalt und die Renovierung des Demminer Gemeindehauses durchgesetzt hast. Mit Deinem ganzen Herzblut hast Du für die Gemeinde Demmin gelebt: Du hast Harmonium gespielt, Predigten gehalten, die Heizung an- und abgestellt, die Finanzen verwaltet und - wenn es nicht reichte - privat aufgefüllt. Du hast Leute eingeladen, Nachbarn mitgebracht, Predigten in anderen christlichen Versammlungen und Gottesdiensten gehalten, in so mancher Nacht hast Du Deine Bildmeditationen zusammengestellt, Du warst fit beim E-Mail-Schreiben und beim „Facebook-Spionieren". Manche Neuigkeiten aus meiner Verwandtschaft wusstest Du eher als ich. Du hast saubergemacht und Schnee geschoben, und auch der Schaukasten war Deine Sache. Du hast auch getröstet und geschlichtet, Mut gemacht und tatkräftig geholfen, wenn andere nicht weiter wussten. Gerne haben wir Dich in Stralsund als Wortverkündigerin gehört (und die Greifswalder werden das sicher bestätigen). Auch Brd. Polchow wird Dich vermissen (Foto S. 42). Als Du Deine Pläne zu einer künftigen Ortsveränderung erstmals laut werden ließest, hatten wir die Hoffnung, dass Du Dich vielleicht nach Stralsund orientieren könntest; gleichwohl können wir Deine Entscheidung in Richtung Hamburg nachvollziehen. Heute sind wir zum letzten Mal in Deinem schönen Garten und Haus. Die Gastgeberschaft für den Seniorenkreis war ja ebenfalls noch Deine Sache! Apropos Gastgeberschaft: Wenn ich in Demmin die Predigt hatte, wurden wir, meine Frau und ich, regelmäßig eingeladen, um in Deiner Küche Mittag zu essen. Manchmal hieß es am Tag zuvor sogar am Telefon: „Was wollt Ihr essen, lieber Klops oder lieber Fisch?" War das etwa kein Service?

Liebe Gerda, nicht nur Deine Kinder, sondern auch die Gemeinden in der Umgebung Deines künftigen Wohnortes können sich glücklich schätzen, dass Du zu ihnen ziehst. Ich bin mir sicher, dass Du nach kurzer Zeit Leiterin eines Hauskreises sein wirst und schon bald im Hamburger Predigtplan erscheinst. Wir haben den Wunsch und die Bitte an Dich, dass Du uns in guter Erinnerung behältst. Unsere Segenswünsche mögen Dich begleiten. Lass von Dir hören! Wir haben Dich lieb!

2015: Gemeindeausflug Turow - Landesgottesdienst Einhaus

Am heutigen letzten Tag des Jahres möchte ich Euch Anteil nehmen lassen an dem Geschehen des vergangenen Gemeindejahres. Es sind leider in jedem Jahr nur wenige, die sich am Altjahrsabend noch einmal gemeinsam unter das Wort und den Segen Gottes stellen und die Jahreschronik hören.

Im ersten Gottesdienst des Jahres (3.1.) hatten wir mit Steffi G. einen besonderen Gast im Gottesdienst. Die schon damals sterbenskranke Steffi hatte den Wunsch, ihrer Familie die Stätten ihrer Vergangenheit zu zeigen. Eine Reihe von Gemeindegliedern hat sich während des Mittagessens mit ihr und ihrem Mann unterhalten. Steffi wirkte erstaunlich fröhlich. Neben manchen anderen hat sich besonders Beate Fischer in den folgenden Monaten des Jahres sehr um Steffi gekümmert, hat am Telefon mit ihr gebetet und sie immer wieder aufgebaut. Im Juli ist Steffi gestorben. Ebenfalls Anfang des Jahres kam Paul Rettkowski ins Krankenhaus. Er hatte eine immer stärker werdende Demenz entwickelt, an deren Begleiterscheinungen er am 27.4. verstorben ist. Ralf Gelke sprach die Worte des Trostes bei der Trauerfeier in der Nieparser Trauerhalle. Paul war 48 Jahre getauftes Mitglied der Adventgemeinde Stralsund.

Traditionsgemäß fand in der zweiten Januarwoche wieder die Gebetswoche der Allianz statt. Am Donnerstag waren wir die Gastgeber für etwa fünfunddreißig Christen aus verschiedenen Gemeinden der Stadt. Zwölf eigene Gemeindeglieder waren dabei. Die Wortverkündigung - es ging in diesem Jahr um das Vaterunser - machte bei uns wie im vergangenen Jahr Brd. Werischong von der Christus-Gemeinde. Ralf Gelke sprach am Freitag in der Landeskirchlichen Gemeinschaft am Knieperwall zu den dort versammelten Betern. Dort fand auch ein Agape-Mahl statt. Im Januar begann unser Chor wieder zu üben - zunächst für den sommerlichen Regionalgottesdienst, und im Herbst ging es dann weiter für das Adventskonzert.

Der Zustand unserer Elfriede Warkenthin hatte sich im Januar so verschlechtert, dass eine Rückkehr aus dem Krankenhaus in die eigene Häuslichkeit nicht mehr möglich war. Alle waren zunächst froh, als im Pflegeheim in Zingst ein Platz für sie gefunden werden konnte. Dort lag sie mit Elsa Jürß in einem Zimmer. Im April wählte sie allerdings einen Umzug in ein Seniorenheim in Greifswald, wo ihre Tochter Karin Rieckmann sich um sie kümmerte. Am 28.8. ist sie verstorben. Schw. Warkenthin ist 79 Jahre Gemeindeglied gewesen. Hugo Tornow leitete die Trauerfeier.

Am 17.2. klingelte ein Mann an unserer Haustür, der sich als Francesco Arbo Casaponsa vorstellte. Er sei ein spanischer Adventist usw. und er warb zunächst erfolgreich um unser Vertrauen. Wenig später wussten wir, dass er ein Betrüger gewesen ist. Der Regionalgottesdienst am 11.4. in Greifswald vereinte Glieder aus den Gemeinden Greifswald, Stralsund, Bergen und Demmin. Aus Stralsund und Bergen waren siebenundzwanzig Teilnehmer dabei. Matthias Müller aus Hamburg hielt eine Predigt über die anvertrauten Zentner. Bei schönem Sonnenschein hatten wir in der Mittagszeit Gelegenheit zu Begegnung und Gespräch. Margarete und Heiko Dycks kleiner Joel fiel beim Herumtollen in einen Wassergraben und musste daraus gerettet werden!

Ab April verschlechterte sich der gesundheitliche Zustand unserer Bärbel D. aus dem Seniorenkreis. Sie war in den letzten Dezembertagen 2014 an einem Hirntumor operiert worden. Einige Jahre hatte sie an unseren Gottesdiensten teilgenommen und im Chor mitgesungen. Sie verstarb, und am 4.9. wurde ihre Urne auf dem Stralsunder Zentralfriedhof beigesetzt. Am letzten Aprilwochenende hatte uns Gerhard Grau aus Süddeutschland zu zwei Bildberichten über Chile und Argentinien eingeladen. Er hat als freier Journalist viele Länder der Erde besucht, dort viel Interessantes erlebt und schöne Fotos gemacht. Er bot auch ein Buch an mit dem Titel „Meine Erfahrungen mit Gott".

Am 11.5. machten neun Senioren einen Ausflug zur Wasserburg Turow bei Demmin. Ein adventistisches Ehepaar hat das dortige alte Gemäuer gekauft und versucht seit ca. zwei Jahren, daraus etwas zu machen. In Turow finden ab und an auch die Gottesdienste der Gemeinde Demmin statt. Die Burg besitzt Gästezimmer und wird im kommenden Jahr Ziel eines Gemeindeausflugs sein. Am 13.6. fand am Strand von Grahlefähr die Taufe von Katrin Hentschel (siehe Foto) durch Ralf Gelke statt. Etwa 30 Personen erlebten Taufe und Aufnahme in die Gemeinde mit. Anschließend kamen wir bei Kaffee und Kuchen in der Kapelle zusammen.

von links: R. Gelke, Katrin Hentschel

Landesgottesdienst Hansa-Vgg. 20.6.2015

Am 20.6. wurde auf dem Jugendcampingplatz Einhaus bei Ratzeburg für die Gemeinden der Hansa-Vereinigung ein Landesgottesdienst veranstaltet. Wir erlebten ein Mini-Bibelgespräch in den Reihen, hörten eine Predigt unseres Vereinigungsvorstehers Brd. Dennis Meier („Mit dem Herzen hören"), bekamen in der Mittagspause einen schmackhaften Eintopf und feierten am Nachmittag ein Abendmahl mit Fußwaschung im Freien. Im Veranstaltungszelt mögen fast 1.000 Stühle gewesen sein. Neben anderen Sängern bot auch der Greifswald-Stralsunder Chor ein kurzes Programm. Nachmittags wurden persönliche Erfahrungen und Projekte vorgestellt, Thilo Foth und Familie verabschiedet, Jan Kozak als neuer Sekretär der Hansa-Vereinigung vorgestellt.

Am 27.6. hatten Gunter und Annett Petrischkeit die Gemeinde in ihren Garten eingeladen. 18 Personen aus Stralsund, Bergen und Friedensau waren der Einladung gefolgt und erlebten einen schönen Nachmittag. Schon wenige Tage danach, nämlich am 5.7., waren die Senioren der Gemeinde ebenfalls zu einem Nachmittagsaufenthalt in Petrischkeits Garten geladen. Das Wetter war gut. Alle unterhielten sich prächtig und ließen sich Kaffee und Kuchen gut schmecken. Auch Inge Petrischkeit, ehemaliges Gemeindemitglied, gehörte zu den 13 Erschienenen.

Am 29.7. war die Stralsunder Gemeinde zum 16. Mal Gastgeber für 41 Kinder aus Weißrussland. Sie erlebten einen schönen Nachmittag bei Schmaus, Sport und Spiel. Erfreulich war, dass Eugen Meyer, ein junger Prediger aus Waren und seine Frau die Kinder in ihrer Muttersprache anreden konnten. Alle Kinder bekamen einen Geschenkbeutel, und Frau Deutscher vom Tschernobylhilfe-Verein e.V. war wieder sehr dankbar und des Lobes voll.

Das Gemeindehaus in Bergen ist besonders im Sommer an jedem Sabbat bis auf den letzten Platz gefüllt. Am 8.8. waren in Bergen 50 Gottesdienstteilnehmer anwesend. Sie saßen teilweise auf Stühlen auf dem Rasen neben dem Gemeindehaus und hörten über die offenen Fenster zu. (Im Stralsunder Gottesdienst waren wir an diesem Sabbat 20 getaufte Glieder!) Der Förderverein Gemeindezentrum Rügen überlegte auf seiner diesjährigen Vereinsversammlung, wie das Raumproblem der Rügener Geschwister in der Zukunft gelöst werden kann.

Am 26.8. verstarb unsere Elsa Jürß nach 49-jähriger Gemeindezugehörigkeit. Die Worte am Sarg in der Zingster Kirche sprach Hugo Tornow. Am 17.10. hatten Brigitta und Hugo Tornow zu einem Ehe-Abend in die Kapelle eingeladen. Es wurde „One Day" gezeigt, die US-amerikanisch-britische Tragikomödie der dänischen Regisseurin Lone Scherfig aus dem Jahr 2011; das Gesehene wurde diskutiert und anschließend zusammen geschmaust und erzählt. 13 Gemeindeglieder waren dabei.

Am 23.10. fand die Trauerfeier für unser ehemaliges Gemeindeglied Barbara Schulz statt. Einige Gemeindeglieder erwiesen ihr an diesem Tag die letzte Ehre. Zum 24.10. hatte die Gemeinde Greifswald drei fachkundige Gäste, darunter Fritz Neuberg, von ADRA eingeladen, die zur Flüchtlingsproblematik sprachen und unsere Fragen beantworteten. Auch aus Stralsund waren etliche Interessierte anwesend.

Am 3.11. war die Leitungsspitze der Hansa-Vereinigung zu uns nach Stralsund gekommen, um sich vor Ort zu präsentieren und aktuelle Fragen zu beantworten. Unser Vorsteher Dennis Meier berichtete ausführlich über die Generalkonferenz in San Antonio in Texas und das Ergebnis der Abstimmung der Delegierten zur Frage der Frauenordination. Leider waren aus Stralsund und Bergen nur etwa zehn Interessenten der Einladung gefolgt.

Am 25.11. hatte Hugo Tornow zur Feier seines 70. Geburtstages in die Kapelle eingeladen. Es wurde texanisch gegessen. Brigitta berichtete von einer USA-Reise, die sie im Sommer des Jahres gemacht hat, und bei der sie die historischen Stätten der Adventkirche und einige Generalkonferenzsitzungen in San Antonio erlebt hat. Dazu zeigte sie interessante Bilder. Die Gebetslesungen wurden an beiden Sabbaten der Gebetswoche in der Stralsunder und Bergener Kapelle gelesen. Unter der Woche kam eine Reihe Geschwister in den Heimen von Tornows und Wietrichowskis zu Lesung und Gebet zusammen. Leider gibt es keine öffentliche Gebetstagsgaben-Sammlung mehr. Ich persönlich vermisse diese gemeinschaftsverbindende Tradition früherer Zeiten. In einer Gemeindestunde am 7.11. gab Gunter Petrischkeit einen positiven Überblick über die Finanzen der Stralsunder Gemeinde. Allen Geschwistern und Freunden sei an dieser Stelle für ihre Gebefreudigkeit gedankt. Außerdem wurde ein Ernennungsausschuss gewählt.

Abschließender Höhepunkt des Gemeindejahres war unser adventliches Chorkonzert am 6.12., das wieder Gäste und Gemeindeglieder erfreute. Michael und Tabea Nestler waren als Musikbeauftragte des NDV mit etlichen Gast-Instrumentalisten erschienen und hatten damit das Niveau der Darbietung deutlich gehoben. Etwa 50 Zuhörer applaudierten zum Schluss. Kaffee und Kuchen wurden wieder gerne angenommen.

An jedem 2. Dienstag des Monats nahm auch in diesem Jahr das DRK Stralsund in unserer Kapelle Spendern ihr Blut ab (siehe Foto nächste Seite). Im kommenden

Blutspendeaktion des DRK in der Adventkapelle

Jahr wird diese Aktion nur alle zwei Monate sein, weil das DRK wieder eigene Räume bekommen hat. Die Leiterin der Blutspende-Zentrale betonte einmal mehr, wie gerne das Team und auch die Spender aus dem Wohngebiet in unsere Räume kommen. Einige weitere außergemeindliche Fremdnutzungen in unseren Nebenräumen liefen über das Jahr (Englischkurs, „Vorwerk"-Schulungen, Segelkurs). Das ganze Jahr hindurch war im oberen Raum unseres Hauses am Mittwoch eine Stunde Sport für Senioren, den Ute Beyer leitete. Die Senioren kamen außerdem ca. 6 - 7x im Jahr zu einem geselligen Nachmittag zusammen.

An allen Sabbaten des Jahres wurde den Gemeinden in Stralsund und Bergen eine Predigt geboten. Leider fehlen Brüder, die zu Predigten in Nachbargemeinden eingeteilt sind, in der jeweiligen Heimatgemeinde zu den sonstigen Diensten. Das Bibelgespräch wurde in Stralsund fast stets in drei Gruppen durchgeführt. Eine Gesprächsleitervorbereitung gibt es (noch)! Gut organisiert ist die Kapellenreinigung. Sie ist freiwillig. Jeder möge selbst entscheiden, ob er sich künftig wieder zu diesem Dienst einteilen lässt. Das gemeinsame Mittagessen nach dem Gottesdienst wurde über das ganze Jahr von Gästen und Gemeindegliedern gerne wahrgenommen. Es ist nach meiner Einschätzung neben der Einführung der „Lebendigen Gemeinde" eine der segensreichsten Neuerungen der vergangenen Jahre. An jedem Donnerstag kamen drei bis acht Geschwister und Glaubensfreunde zum gemeinsamen Fürbittgebet zusammen. Im Heim von Kathrin und Peter Küchler lief fast ganzjährig ein Hauskreis mit bis zu 6 Gästen, in Buschwitz/Rügen ein ebensolcher, den Hugo Tornow leitet. Möge diese Arbeit für alle Beteiligten weiterhin zum Segen sein! Eine Reihe von Ämtern und Aufgaben wurden auch im vergangenen Jahr von unseren Geschwistern wahrgenommen. Leider sind dabei auch immer wieder Mehrfachbelastungen zu verzeichnen. Ich möchte sie nicht alle aufzählen, will aber dennoch besonders unserem Pastor Ralf Gelke, den Mitgliedern des Gemeinderates, den Gesprächsleitern der Bibelschule, den Diakonen, der Chorleiterin, den Kinderbetreuern und unserem Schatzmeister für die geleisteten Dienste danken.

Ein wenig inoffizielle Statistik: Der Gliederstand (beider Gemeinden) beträgt am Ende des Jahres 74 Personen, damit drei Glieder weniger als vor einem Jahr. Es verstarben in diesem Jahr: Barbara Schulz, Paul Rettkowski, Elsa Jürß und Elfriede Warkenthin, (Schweigeminute). Getauft wurde Kathrin Hentschel, in Bergen aufgenommen Susanne Musser; aus der Gemeinde ausgetreten ist mit Jahresbeginn 2015 Angela Brünner. Der durchschnittliche Gottesdienstbesuch betrug 34,6 Glieder/ beide Gottesdienste. Dazu muss erklärt werden, dass etwa 14 in der Gemeindeliste gezählte Glieder, die aus gesundheitlichen Gründen, wegen des weit entfernten Wohnsitzes oder wegen „innerer Emigration" niemals im Gottesdienst anwesend sind, die Statistik verschlechtern.

Im vorigen Jahr endete der Jahresrückblick der Gemeinde mit folgenden Sätzen: „Angesichts der politischen Weltlage geht es uns als Christen und Bürgern unseres Landes zurzeit sehr gut. Anderswo ist es anders. In vielen Teilen der Welt sind am heutigen Altjahrsabend Menschen auf der Flucht, leiden um ihres Glaubens willen Verfolgung, werden in Kriegsgebieten getötet oder um Wohnung und Existenz gebracht; sie trauern um verhungerte oder verschleppte Angehörige und sterben an heimtückischen Seuchen. Wir aber vergleichen Benzinpreise und Urlaubsschnäppchen; die meisten Hilfsaufrufe werfen wir in die Papiertonne und tun uns schwer, wenn zu einem ehrenamtlichen Arbeitseinsatz aufgerufen wird. Welche Wege wird Gott künftig mit uns gehen? Wie viel Gnadenzeit misst Er uns noch zu?" Seit dem vergangenen Jahr hat die Welt neue Probleme bekommen: ich nenne nur die Schlagworte Terrorismus, Flüchtlingswelle, Abkühlung des Verhältnisses zwischen NATO und Russland, Zunahme der Bedrohung unserer Erde durch den Klimawandel und der Quasi-Kriegszustand mit dem sogenannten „Islamischen Staat". Wir haben allen Grund, unser Heil allein in Christus zu suchen. Lasst uns die Hoffnung auf die neue Welt, die er uns versprochen hat, nicht aufgeben! Ich wünsche uns allen Gottes Bewahrung in dieser Nacht und an allen Tagen des neuen Jahres 2016.

Beendigung der Hausmeistertätigkeit 20.12.2015

An den Gemeinderat der Adventgemeinde Stralsund (Kopie an Freikirche der STA, Gemeinsame Finanzverwaltung der Freikirche der STA im NDV, 73760 Ostfildern, Senefelder Straße 15)

Beendigung des Arbeitsvertrages über Hausmeistertätigkeit

Liebe Geschwister des Gemeinderats Ortsgemeinde STA Stralsund,
aus gegebenem Anlass stelle ich den Antrag auf Beendigung des Vertrages über meine bezahlte Hausmeistertätigkeit. Der von der Finanzverwaltung der Freikirche ab sofort verlangte administrative Aufwand (ständige zeitnahe Stundendokumentation!) steht aus meiner Sicht in keinem Verhältnis zur Höhe des künftigen Vergütungsangebotes von 7,5 h x 8,50 € = 63,75 €. Die Pflege des Gebäudes bzw. Grundstücks erfolgt künftig ehrenamtlich.

Mit freundlichem Gruß, Kathrin Küchler

An alle Blutkonserven-Spender

Sie haben dieses Haus betreten, weil Sie der Bitte des DRK gefolgt sind, Blut für kranke Menschen zu spenden. Sie befinden sich hier in einem kirchlichen Gebäude. Es gehört der Freikirche der Siebenten-Tags-Adventisten und wurde 1994 errichtet. Die Kirche hat ihr Stralsunder Versammlungshaus dem DRK zur Verfügung gestellt, nachdem mit Ende des Jahres 2013 in der bisherigen Dienststelle des DRK neben dem Hubschrauberlandeplatz die Möglichkeit der Spendengewinnung und Spenderbetreuung nicht mehr gegeben war.

Seit Januar 2014 nimmt das DRK an allen Dienstagen des Monats den Blutspendern Stralsunds Blut dezentral ab. (An den anderen Wochentagen ist das DRK im ländlichen Umfeld der Stadt unterwegs und gewinnt dort ebenfalls Blutkonserven). An jedem zweiten Dienstag eines Monats können Spender sich in diesen Räumen ihre Blutkonserve abnehmen lassen. An den anderen Dienstagen ist das im

Krankenhaus Am Sund, im DRK-Dienstgebäude Hafenstraße sowie in Krankenhaus West möglich. Die Registrierung der Spender erfolgt im Foyer dieses Hauses, desgleichen die Austeilung des „Spenderfrühstücks". Die ärztliche Untersuchung wird im Obergeschoss vorgenommen, desgleichen die Blutabnahme. Die Toiletten befinden sich im Erdgeschoss; die Parkplätze im Heuweg (Einbahnstraße!) und in der Alten Richtenberger Straße können benutzt werden.

Im Namen des DRK danken wir allen Spendern für ihre Bereitschaft, kranken oder verletzten Menschen eigenes Blut zur Verfügung zu stellen. Ihre Spendenfreudigkeit kann nicht hoch genug anerkannt werden. Blut ist Leben - diese Aussage hat eine medizinische aber auch eine theologische Bedeutung. Wenn Sie wollen, können Sie darüber nachdenken und nachlesen (Joh. 6,22-59). Wenn Sie mehr über die Freikirche der STA erfahren möchten, nehmen Sie einen der ausliegenden Flyer mit!

2016: Liederbuch „Glauben-Hoffen-Singen" - Lebensschule

(Eine Silvesterandacht mit Chronikverlesung gab es nicht, weil der 31.12. ein Sabbat war. Die Predigt von Jörgen Wendler stand aber unter dem Thema „Rückblick").

Allianzgebetswoche Stralsund, am Di., 11.1. Frauengebetsabend bei uns: drei Teilnehmer von uns.

25.01.: Beginn der Seminar-Reihe „Lebensschule" mit Brd. Ralf Gelke;
Seniorensport: einmal wöchentlich: 5 - 15 Teilnehmer;
Gebetskreis Do, 17.00 Uhr: 2 - 10 Teilnehmer;

ab April: neues Liederbuch „Glauben-Hoffen-Singen";

Mai 2016: in der Kapelle wohnte ein Gast, eine chinesische Christin Huaiying Wang. Sie hoffte auf eine Anstellung in der Jona-Schule, die sie aber nicht bekam.

28.05.: Jugendaufnahme von Lisann Kopp und Pauline Petrischkeit;

04.06.: Abend der Internationalen Vereinigung Christlicher Geschäftsleute in Negast mit M. Müller zum Thema „Schöne gefährliche Medienwelt ...";

22.06.: Informationsabend der Vereinigungsleitung in unserer Kapelle mit 12 Teilnehmern aus Stralsund und Bergen;

03.07.: Gartenfest in Barth mit 16 Teilnehmern, davon 7 Gäste;

10.08.: 17. Tschernobyl-Kindertag mit 41 Kindern, 9 Betreuer und 16 Gemeindeglieder als Gastgeber, daneben auch Irmgard B. und Emma G.;

16.-18.9.: Gemeindeausflug nach Turow mit 15 Teilnehmern aus Stralsund und Bergen;

01.10.: Erntedank Stralsund

15.10.: Beginn der Chorproben für das Adventskonzert;

29.10.: Satellitengottesdienst aus Wittenberg;

06.11.: Abendmahl;

4./5.12.: Chorkonzert Stralsund mit 55 Zuhörern;

12. 12.: 11. Folge der „Lebensschule" mit Ralf Gelke;

Im gesamten Jahr 2016 hatten wir keinen Todesfall zu beklagen. Zu weiteren Blutspenden im Jahr 2016 - angekündigt war alle 2 Monate - ist es nicht gekommen. Das DRK hatte sich zurückgezogen.

2017: „Lebensschule" - Gemeindeältester Gunter Petrischkeit

Traditionell lädt die Ortsgemeinde Stralsund am Silvestertag zu einer

Jahresschlussandacht ein. Weil im vergangenen Jahr der letzte Tag des Jahres auf einen Sabbat fiel, würdigten wir den Jahresabschluss nicht am Nachmittag, sondern im Rahmen des Gottesdienstes. Das Thema von Jörgen Wendlers Predigt am Silvestertag lautete „Rückblick".

Wie im vergangenen Jahr begann im Januar wieder die Reihe der Allianzgebetsabende, an der auch wir Adventisten Stralsunds an einem Abend unser Haus als Ort des gemeinsamen Gebets öffnen. Die Stralsunder Kapelle war Gastgeber für etwa 40 Beter aus verschiedenen Kirchen Stralsunds. Die Leitung des Abends hatte Pfarrerin Gertrud Kurrle von der Landeskirchlichen Gemeindschaft Stralsund. Am 16. 1. begann eine neue Reihe der Lebensschule unter dem Thema „Glück". 15 Teilnehmer, darunter drei Gäste, hörten den Vortrag von Ralf Gelke. Am 20.1. verstarb mit 84 Jahren Hermann Beier, der in Stralsund von 1971 bis 1980 Prediger gewesen ist. Ich habe ihn wenige Monate zuvor noch in seiner Wohnung in Burg besuchen können. Am 6.2. ließen Ehepaar Tornow und ich den Seniorenkreis per Bild an unserer Israelreise 2016 teilhaben. Als Stralsunder nahmen und nehmen wir nach wie vor großen Anteil am Wiederaufbau der Greifswalder Kapelle in der Anklamer Straße. Am 16.3. war in Greifswald Richtfest. Wir stellten die Gesamtsumme von 100 € unserer Gabensammlung vom 22.4. den Greifswalder Geschwistern zur Verfügung. Wie wir inzwischen wissen, ist der ursprünglich für den Herbst vorgesehene Einweihungstermin auf 2018 verschoben worden.

Zweimal im Jahr (März und Oktober) rufen wir zur Beteiligung an einem großen Gemeindeputz auf. Die Anzahl der Helfer hat abgenommen. Am 26.3. waren wir dennoch 13 Beteiligte. Mit viel Farbe und Elan wurden in diesem Frühling auch unsere Zäune, das Hoftor und die Sitzbänke verschönert und für die weitere Zukunft nutzbar gemacht. Gunter Warkenthin ersetzte erneuerungsbedürftige Latten im Hoftor. Am 29.5. veranstaltete der Seniorenkreis für 16 Teilnehmer eine Dampferfahrt mit dem MS „River Star" auf dem Barther Bodden. Wir verbrachten einen schönen Nachmittag auf dem Wasser. Am 2.8. waren zum 18. Mal etwa 40 weißrussische Kinder aus der Tschernobyl-Region in unseren Räumen zu Gast. Es war ein schöner Nachmittag bei gutem Wetter. Einige der weißrussischen Betreuer waren zum wiederholten Male da. Wir möchten Frau Regina Deutscher und ihrem Verein weitere Kraft und Erfolg für diesen Dienst wünschen. Am 12.8. heirateten Konrad Küchler und Deborah Kruse. Die Trauung fand in der Stralsunder St. Marienkirche statt, die Feier in Saalkow auf Rügen. Wir wünschen dem jungen Paar Gottes Segen. Der künftige Wohnort des Ehepaares Kruse(!) wird Rostock sein. Deborah studiert Landwirtschaft, und Konrad beginnt ein Nautik-Studium.

Seit dem Jahre 2013 leitet Ute Beyer eine Seniorensportgruppe in unseren Räumen. Auch im vergangenen Jahr waren vor und nach der Sommerpause bis zu 12 Teilnehmer an jedem Mittwoch beisammen, darunter auch etliche gemeindefremde Gäste. Ganzjährig lief an jedem Donnerstag der 1993 gegründete Gebetskreis. In ihm vereinen sich wöchentlich bis zu acht Geschwister. In den zwei Stunden vor Beginn lädt Felix Beyer zur „Offenen Kirche" ein. Er macht dann Licht an, lässt Musik in unseren Räumen erklingen, kocht Kaffee und bietet Kuchen an. Einige Neugierige haben schon hereingeschaut; es bleibt zu hoffen, dass die Resonanz noch besser wird.

Am 9.9. hielt uns Dr. Johannes Wilde/Leipzig eine interessante Predigt mit dem Titel „Bist du rechtgläubig oder reformiert?" Johannes Wilde jun./Leipzig ist Chirurg und Glied unserer Kirche. Er war als Urlauber in Stralsund. Am 13.9. abends waren Dennis Meier (Präsident der Hansa-Vereinigung), Steffen Entrich (Schatzmeister), Samuel Schmidt (neuer Jugendsekretär), Matthias Müller (zuständig für Medien) und Jan Kozak (Vizepräsident) zu uns nach Stralsund gekommen. Sie nahmen Stellung zu interessierenden Fragen und Problemen. Es zeichnet sich ab, dass der künftige Prediger für unseren Bereich, René Cornelius, wahrscheinlich schon ab dem 1.3.2018 zu uns kommen wird.

Zum wiederholten Male hatten Gunter und Annett Petrischkeit zu einem Gartenfest nach Barth eingeladen. 20 Eingeladene waren erschienen, darunter auch Gäste. Das Wetter und die Stimmung waren prächtig. Die Reihe der Vorträge zur „Lebensschule" endete am 18.9. Am 14.10. fuhren 20 Gemeindeglieder aus Bergen und Stralsund zum Landesgottesdienst nach Rostock. Er stand unter dem Leitthema „Im Herzen das Schöne". Die Zusammenkunft fand im „Christlichen Zentrum" in Rostock-Schmarl statt. Der Stralsunder Chor durfte vor etwa 150 Besuchern singen. Ralf Schönfeld predigte vormittags über Gottes Befehl an Mose, das Volk auszuführen in „ein Land, wo Milch und Honig fließen", nachmittags über das Thema „Aussichtslos ist kein Problem!". Am 15.10. hatte der Förderverein Gemeindezentrum Rügen zu seiner Jahresversammlung eingeladen. Das Hauptergebnis der Beratungen war der Entschluss, auf dem vorhandenen Grundstück in der Bergener Calandstraße ein neues Gotteshaus in Eigenleistung zu errichten. Durch Initiative der Geschwister von der Wasserburg Turow hielt Ronny Schreiber von „Amazing Discoveries" vom 23. - 26.10. vier Vorträge in unserer Kapelle. An jedem Abend waren bis zu 20 Zuhörer, darunter auch einige gemeindefremde Gäste, erschienen. Die 23 Jahre alte Heizungsanlage der Kapelle gab in diesem Jahr ihren Geist auf. Am 2. und 3.11. installierte die Firma Großkopf eine neue.

Zum Schluss sei es mir erlaubt, einige Fakten aufzuzählen, die das Leben der Stralsunder Gemeinde im abgelaufenen Jahr gekennzeichnet haben. Ohne Bergen hat die Gemeinde Stralsund 50 Geschwister. Diese Zahl müsste eigentlich um etwa 12 reduziert werden, weil sie seit Jahren nicht mehr gesehen worden sind. Ursache ist, dass sie entweder nicht mehr in Stralsund wohnen oder dass sie sich in einer Art innerer Emigration befinden. Damit sind nicht Stralsunder Geschwister gemeint, die aus persönlichen Gründen in die Bergener Gottesdienste gehen. Aus gesundheitlichen Gründen fehlen ständig unsere drei ältesten Glieder: Margarete Möller, Marga Wilk und Lottchen Straßburg. Der Stralsunder Gottesdienst-Durchschnittsbesuch ist im Vergleich mit dem Jahr 2016 mit 24 getauften Gliedern gleichbleibend.

Wir haben einige Jugendliche, aber leider keine Jugendgruppe mehr. Es findet kein Religionsunterricht von Kindern im Schulalter statt. Die Betreuung der Kinder in der 1. Stunde des Gottesdienstes ist lobenswert. Im gesamten Jahr kam es nur zu drei Gemeinderatssitzungen. Die Zahl derjenigen Gottesdienstbesucher, die erst zur Predigt im Gottesdienst erscheinen, hat sich im Vergleich zu früher deutlich verringert. Die Gruppengespräche der ersten Stunde sind lebendiger geworden. Die Zahl der völlig inaktiven Gesprächsteilnehmer hat abgenommen. Trotz personeller Schwierigkeiten wurde auch im vergangenen Jahr vor jedem Gottesdienst eine Helfervorbereitung durchgeführt. Die Besetzung der zwei bis drei Gesprächsgruppen mit Leitern ist immer dann schwierig, wenn diese außerhalb zu einer Predigt eingesetzt sind oder aus sonstigen Gründen fehlen. Es gab im Jahr 2017 leider keine Taufe, glücklicherweise auch keinen Todesfall. An jedem Sabbat hörte die Gemeinde eine

Predigt. Das war nur möglich durch den Einsatz von Predigthelfern und Besucher-Gästen. Es kam im ganzen Jahr nur zu zwei Gemeindestunden (Januar und April), was vergleichsweise selten war. Zweimal feierten wir Abendmahl. Die Chorarbeit (in Zusammenarbeit mit Greifswald) unter Leitung von Annett Petrischkeit ist lebendig. Das Chorkonzert am 10.12. wurde von ca. 60 Besuchern gehört, davon war etwa die Hälfte gemeindefremd.

Unser finanzieller Haushalt war ausgeglichen. Zu danken ist das der lobenswerten Opferbereitschaft vieler Geschwister. Auch die Bereitschaft zum Zeugnis in der sogenannten „Lebendigen Gemeinde" war erfreulich. Der Fleiß bei der Vorbereitung des Potlucks sowie beim Kuchenbacken ist lobenswert, desgleichen die liebevolle Gastgeberfunktion am „Tschernobyl-Tag" und beim Chorkonzert im Dezember. Stets wurden unbekannte Besucher unserer Veranstaltungen angesprochen, begrüßt und zum Essen eingeladen. Die Bereitschaft zur Kapellenreinigung ist vorhanden. Die Mitarbeit bei Frühjahrs- und Herbstputz könnte besser sein. Die diakonische Betreuung von Geschwistern ist verbesserungsbedürftig. Durch Zuordnung der Rügener zur Bergener Diakonie (Leitung: Petra Saupe) werden die Stralsunder Diakone entlastet. Eine Diakon-Versammlung erfolgte 2017 nicht. Sie ist notwendig. Die Pflege von Schaukasten und Außenanlagen ist gut. Die Gebetswoche ist nach meiner Beobachtung zunehmend ungeliebt. Zusammenkommen unter der Woche gab es in diesem Jahr nicht mehr (Ausnahme Gebetskreis am Donnerstag). An gemeindlichen Sonderveranstaltungen gab es Erntedank, Gartenfest in Barth und Adventskonzert. Die Besuchsfrequenz bei Lebensschule und Evangelisationsvorträgen lag mit 15 - 20 niedriger als vor Jahren bei ähnlichen Vorträgen.

Gunter Petrischkeit 2017

Ab 2017 ist Gunter Petrischkeit (siehe Foto) unser Gemeindeältester. Felix Beyer musste sich aus beruflichen Gründen zurückziehen. Ein Ernennungsausschuss wurde gewählt und wird anfangs des Jahres über die künftige Leitungsstruktur der Gemeinde beraten. Seit dem zweiten Halbjahr hat die Gemeinde Bergen einen eigenen Leitungskreis und eine eigene Diakonie. Nur die Finanzen und die Schriftenverwaltung werden weiterhin für Bergen und Stralsund gemeinsam geführt. Ein wöchentlicher „Gemeindebrief" erreicht im Gottesdienst fehlende Gemeindeglieder, aber auch etwa 30 interessierte Nicht-Stralsunder, darunter auch Nicht-Adventisten. Auch im vergangenen Jahr kam es vor, dass Obdachlose, die meist zusätzlich psychisch krank sind, in der Kapelle Unterkunft suchten. Solche Begehren stellen besonders für unser Hausmeisterehepaar eine besondere Herausforderung dar. Es sei daran erinnert, dass Frau Anette K. viele Wochen in unserem Hause wohnte. Erst vor einer Woche hat ein Dirk S. die Kapelle wieder verlassen. Unser Pastor Ralf Gelke verlässt den Bezirk im kommenden Jahr. Der künftige Pastor René Cornelius zieht im März nach Greifswald, von wo er die Gemeinden Greifswald, Stralsund, Demmin und Bergen betreuen wird. Wir wünschen ihm einen gesegneten Eingang in den neuen Wirkungsbereich. Das Gemeindejahr schließt mit der heutigen Jahresschlussandacht. Möge Gott uns weiterhin seine Gnade zuwenden, uns unsere Schuld vergeben und seine Gemeinde nicht verlassen!

10.7 Pastor René Cornelius (ab 2018)

2018: Baupläne Bergen - Pastorenwechsel R. Gelke/R. Cornelius

Das Jahr 2018 stand unter der Jahreslosung „Unser tägliches Brot gib uns heute". Im Januar war wieder stadtweite Allianzgebetswoche. Am 15.1. war unsere Kapelle für 40 Beter aus verschiedenen Gemeinden der Stadt Gastgeber. Am 10.2. führten wir im Rahmen einer Gemeindestunde die Wahl der Verantwortungsträger der Gemeinde Stralsund durch. Gemeindeälteste sind Gunter Petrischkeit und Felix Beyer, Sabbatschulleiter weiterhin Jörgen Wendler, erster Diakon weiterhin Renate Wietrichowski. Unser Pastor Ralf Gelke verabschiedete sich in dieser Gemeindestunde von uns. Er ist seit Oktober 2013 unser Ortsprediger gewesen. Sein Nachfolger wurde ab 1.3.2018 René Cornelius.

Ab Februar setzten wir die Reihe der „Lebensschule" fort. Ralf Gelke hatte sie im Januar 2016 begonnen. Die Serie stand unter dem Titel „Gewaltfreie Kommunikation". Der letzte Vortrag fand am 9.4. statt. Anwesend waren 18 Zuhörer, darunter fünf Gäste. Am 24.2. kamen die Diakone zu einer Versammlung zusammen. Die Zuordnung der Diakone zu ihren Schutzbefohlenen wurde neu geordnet, nachdem die Diakonie der Gemeinde Bergen sich verselbständigt hatte. Am 5.3. tagte der Gemeindeleitungskreis erstmalig unter der Leitung unseres neuen Pastors René Cornelius. Das Gremium äußerte sich positiv gegenüber der Bitte der Lutherkirche (ELK), ein Jahr lang einige kirchliche Veranstaltungen (Chorproben, Seniorentreffs) in unserer Kapelle abzuhalten. Außerdem wird die Gruppe der Altlutheraner (SELK) an manchen Sonntagvormittagen bei uns Gottesdienste feiern. Grund sind Baumaßnahmen an der Lutherkirche. René Cornelius hielt am 10.3. seine erste Predigt in Stralsund: „Was brauche ich wirklich zum Leben?" Seine offizielle Einführung in den neuen Arbeitsbereich Greifswald, Stralsund, Demmin und Bergen erfolgte in einem Festgottesdienst in Greifswald am 17.3.; Dennis Meier predigte, der Stralsund-Greifswalder Chor sang.

Im März wurden zwei Stehtische angeschafft. Ebenfalls im März fand eine Kapellenputzaktion statt; die Stimmung war gut, und es wurde viel geschafft. Am 14.3. war Seniorensport-Bowling; am 17.4. hatte Felix Beyer ein Gemeinde-Bowling anberaumt, das junge und alte Geschwister und Freunde der Gemeinde erfreute. Das traditionelle Himmelfahrtspfadfinderlager der Hansa-Vereinigung in Einhaus vereinte etwa 400 Teilnehmer. Wetter und Stimmung waren gut. Allen Helfern, die die Bergen-Stralsunder Gruppe mit insgesamt 16 Teilnehmern betreuten, sei für ihren Dienst gedankt.

Am 19.5. führte René Cornelius in Stralsund eine Kindersegnung an Jannes, einem Enkel von Felix und Ute Beyer, durch. Und zwölf Gemeindeglieder besuchten am 26.5. den überregionalen Vereinigungsgottesdienst in Einhaus bei Ratzeburg, welcher Gemeinden von Mecklenburg-Vorpommern, Hamburg und Schleswig-Holstein vereinte. Sie erlebten dort einen schönen Gottesdienst mit Wortverkündigungen von Stefan Sigg und Dennis Meier. In Stralsund waren immerhin noch 20 Glieder zum Gottesdienst beisammen. Felix Beyer predigte über den Hebräertext „Werfet euer Vertrauen nicht weg!" Am 27.5. machten 14 Teilnehmer der Gemeinden Stralsund und Bergen unter der Leitung von Felix Beyer einen Fahrradausflug von mehreren Stunden. Bei einem Halt in Zarrendorf wurden sie von Ute Beyer beköstigt. Am 28.5. hielt Kezia Deichsel im Seniorenkreis einen Lichtbildervortrag über einen Besuch in einem Kinderheim in Simbabwe, den sie im Januar gemacht hatte.

Am 30.6. wurde Natalie Biedermann in die Gemeinde Stralsund aufgenommen. Sie kommt aus Westdeutschland, ist Ärztin und wird einen mehrjährigen Weiterbildungsabschnitt in Stralsund absolvieren. Zum 15.7. hatten Gunter und Annett Petrischkeit wieder zum Sommerfest in ihren Garten eingeladen. Die Sonne schien, als 25 Teilnehmer fröhlich beisammen waren. Am Mittwoch, den 25.7., war die Stralsunder Gemeinde zum 19. Mal Gastgeber für 40 Kinder nebst etwa fünf Betreuern aus Weißrussland, die bei uns einen schönen Nachmittag verbrachten. Eine ausreichende Zahl von Gemeindegliedern half bei der Betreuung der Gäste. Die Kinder wurden beköstigt und beschenkt - sie konnten sich bei Spiel und Sport vergnügen. Sie bedankten sich mit einigen kulturellen Darbietungen.

Am 24.8. erfreute der adventistische Liedermacher und Pastor Jörg Zacharias aus dem Erzgebirge mit eigenen Liedern und seiner Gitarre etwa 40 Zuhörer. Anlass war der Abschied aus dem Berufsleben von unserer Brigitta T. Das Spendenaufkommen dieses Abends von 400 € wurde dem Förderverein Gemeindezentrum Rügen übergeben. In einer Gemeindestunde im August wurden Vorschläge zur Veränderung des Gottesdienstablaufs gemacht und diskutiert. Versuchsweise sollen im Stralsunder Gottesdienst künftig der Bekanntmachungsteil und die „Lebendige Gemeinde" zusammengelegt werden. Dadurch soll für das Bibelgespräch zusätzlich Zeit gewonnen werden. Außerdem wurden wir über die Handhabung des neuen Datenschutzgesetzes informiert. Es wurde angekündigt, dass Fensterjalousien angeschafft werden, was inzwischen auch geschehen ist.

Am Mittwoch, den 12.9., um 18.30 Uhr besuchte uns die Vereinigungsleitung aus Hamburg. Dennis Meier, Steffen Entrich und Jan Kozak stellten sich unseren Fragen. 13 Teilnehmer aus den Gemeinden Stralsund, Neubrandenburg, Demmin und Bergen waren anwesend. Wir wurden über den Stand der kirchenpolitischen Situation angesichts unterschiedlicher Auffassungen bei der Handhabung der Frauenordination informiert. Unser Schatzmeister Steffen Entrich gab interessante Zahlen zum Thema Zehnten bekannt. Anlässlich der Schuleinführung von Aaron Dyck predigte am 15.9. in Stralsund René Cornelius. Er sprach über den Wert und die Bedeutung des Lernens. Am 6.10. fand ein Gemeindeausflug zur Wasserburg nach Turow statt. 21 Teilnehmer waren dabei. Wir wurden über die Geschichte des Hauses informiert, sahen einen Film von Walter Veith, besichtigten bei gutem Wetter die Umgebung der Burg und wurden mit einem schönen Mittagessen und Kaffeetrinken gestärkt. Am 20.10. wurde Schw. Simone Becker in die Gemeinde Stralsund aufgenommen. Sie ist von Greifswald nach Stralsund verzogen.

Lotte Straßburg (2010)

Die diesjährige Gebetswoche begann am 17.11. mit einem Abendmahl. Für den erkrankten René Cornelius teilte Hugo Tornow Brot und Wein aus. Am 15.11. verstarb im Alter von 93 Jahren unsere Glaubensschwester Lotte Straßburg. Sie hat 52 Jahre der Gemeinde angehört. Bereits am 15.4. verstarb die 88jährige Marga Wilk. Sie wurde am 20.4. in Bergen bestattet. Schwester Wilk war 73 Jahre lang Glied der Gemeinde. In Stralsund lebte sie seit dem Jahre 2011. Wir erheben uns für eine Schweigeminute. Am 1.12. ehrten wir im Gottesdienst sieben Stralsunder Taufjubilare. René Cornelius sprach würdigende Worte und überreichte jedem einen Adventsstern. Das diesjährige Adventssingen fand am 8.12. statt. Etwa 55 Besucher hörten zu. Eine Reihe von Gästen ließ sich hinterher mit Kaffee und Kuchen verwöhnen.

Zum Schluss wieder ein wenig Statistik: Am Ende des Jahres 2018 beträgt die Zahl der Glieder in der Gemeindeliste Stralsund 50 (2017: 50). Diese Zahl müsste eigentlich um 13 reduziert werden. Es sind Personen, die entweder nicht mehr in Stralsund wohnen oder aus gesundheitlichen oder anderen Gründen unsere Gottesdienste nicht mehr aufsuchen. Fünf in Stralsund wohnhafte Geschwister besuchen die Bergener Gottesdienste. Der Durchschnittswert für die Teilnahme am Gottesdienst Stralsund hat sich von 24,1 auf 23,6 je Gottesdienst gering gesenkt (der Wert betrifft ausschließlich getaufte Personen). Eine Jugendgruppe besteht weiterhin in Stralsund nicht. Kinderbetreuung findet in der ersten Gottesdienststunde regelmäßig statt. Viermal kam der Gemeinderat zusammen. Die Aktivität sowohl von Gemeindegliedern als auch Gesprächsleitern in den Bibelgesprächsgruppen war erfreulich. Es fand fast ausnahmslos an jedem Sabbat früh eine Helfervorbereitung statt. Leider hatten wir in Stralsund auch im vergangenen Jahr keine Taufe. Die Zahl von „Freunden der Gemeinde" (früher sagten wir: „Interessierte"), die häufig bis regelmäßig am Gottesdienst teilnehmen, hat sich vergrößert. Im Hause Küchler findet fast ausnahmslos ein wöchentlicher Hauskreis mit bis zu 8 Gästen statt. An jedem Sabbat hörte die Gemeinde eine Predigt. Das war nur möglich durch den Einsatz von Predigthelfern und Gastpredigern. Es kam im ganzen Jahr nur zu zwei Gemeindestunden. Dreimal feierten wir Abendmahl. Die Chorarbeit in Zusammenarbeit mit Greifswald unter Leitung von Annett Petrischkeit war auch im vergangenen Jahr lebendig. Der Chor umrahmte den Begrüßungsgottesdienst für Familie Cornelius am 17.3., den Erntedankgottesdienst am 29.9. in Greifswald und gestaltete am 8.12. wieder ein gut besuchtes Adventssingen.

Der finanzielle Haushalt der Gemeinde ist ausgeglichen. Zu danken ist das der lobenswerten Opferbereitschaft der Geschwister. Die Bereitschaft zum Zeugnis in der sogenannten „Lebendigen Gemeinde" ist erfreulich. Es gab noch nie einen Gottesdienst mit keinem Beitrag! Der Fleiß bei der Vorbereitung des wöchentlich stattfindenden Potlucks sowie beim Kuchenbacken für besondere Anlässe ist lobenswert, desgleichen eine liebevolle Gastgeberfunktion am „Tschernobyl-Tag" und beim Chorkonzert im Dezember. Gäste und unbekannte Besucher der Gottesdienste und anderer Veranstaltungen werden immer begrüßt und zum Mittagessen eingeladen. Die Bereitschaft zur Kapellenreinigung ist tadelsfrei. Bei der Realisierung gab es keine Pannen. Der Frühjahrsputz fand statt, der Herbstputz fiel aus. Die Pflege von Schaukasten und Außenanlagen war gut.

Die Gebetswoche ist nach meiner Beobachtung zunehmend ungeliebt. Entsprechende Gebetstreffen innerhalb der Woche gab es auch in diesem Jahr nicht mehr (Ausnahme Gebetskreis am Donnerstag).

An gemeindlichen Sonderveranstaltungen hatten wir das Sommerfest im Hause Petrischkeit in Barth, das Gemeindebowling im Frühjahr, das Adventssingen und den Liederabend mit Jörg Zacharias.

Der Seniorensport existiert seit Januar 2013. Er wird zunehmend besser besucht als in den Jahren zuvor. Manchmal waren 13 Teilnehmer beisammen, darunter sind stets auch Gäste. Im Frühling und im Herbst waren die Teilnehmer bei einem Bowlingabend fröhlich beisammen. Der wöchentliche Gebetskreis fiel nur selten aus; er vereint leider immer nur einen konstanten Kreis von Teilnehmern. Die Senioren waren an fünf Nachmittagen beisammen. Jedes Mal waren auch hier Gäste dabei. Der geänderte Gottesdienstablauf ist uns immer noch etwas ungewohnt; nach meiner Beobachtung entsteht kein großer Zeitgewinn. Unser Gemeindejahr 2018 endet mit der Jahresschlussandacht am heutigen Silvestertag. Möge Gott uns gnädig in und durch das neue Jahr führen!

2019: Baubeginn Kapelle Bergen - Landesgottesdienst Rostock

Liebe Geschwister und Freunde der Gemeinde Stralsund, seit 1972 hören wir an jedem Jahresende eine Gemeindechronik, die das Erleben der Gemeinde im abgelaufenen Jahr beschreibt. Hermann Beier hatte mit diesem Brauch angefangen, und ich habe ihn fortgesetzt. Wir verfügen also insgesamt über eine Beschreibung von 48 Jahren Gemeindeleben. Die Chroniken aus der Hand von Hermann Beier zeichneten sich durch straffe Gliederung aus. Die von mir verfassten (ab 1980) waren dem einen oder anderen Zuhörer zu ausführlich. Im Laufe der Jahre bin ich zurückhaltender geworden, und auch heute will ich mich nur auf Wichtiges und Interessantes beschränken.

Am Ende des vergangenen Jahres wiederhole ich, was ich an einem Silvestertage schon oft gesagt habe: Niemand von uns hat Grund zu klagen. Die Generation unserer Eltern und Voreltern hatte es nicht so gut wie wir. Wir leben in einem freien Land, genießen Menschen- und Bürgerrechte, wir kennen Kriege nur vom Fernsehbild oder aus der Zeitung. Wir haben seit 1994 unser schönes neues Haus und dürfen zurzeit miterleben, wie auch unsere „Tochtergemeinde" Bergen ein neues Haus bekommt. Gottesdienste und Wortverkündigung geschahen in völliger Freiheit. Wir verfügen über christliche Literatur, über unsere Gemeindezeitschrift, wir können den adventistischen Fernsehsender, den „HopeTV" einschalten, wir bekommen von Vierteljahr zu Vierteljahr unsere Bibelstudienanleitungen und weitere Neuerscheinungen von adventistischer bzw. christlicher Literatur als Angebot. Alles zu lesen, ist kaum noch möglich. Die deutsche und die internationale Politik werden immer mehr bewegt durch Themen, die vor 20 Jahren noch unbekannt waren: war es früher der Ost-West-Konflikt und der bedrohte Weltfrieden, so sind heute die Klimaveränderungen, der Ansturm der Menschen an Europas Südgrenzen, die zunehmende Schärfe im Umgangston der Politiker mit- und untereinander und das Freiheits- und Unabhängigkeitsbegehren der Menschen vieler südlicher Länder die Hauptthemen. So wichtig diese auch erscheinen mögen, so gibt es aus der Sicht eines bibelgläubigen Menschen doch noch Wichtigeres als Klimaschutz, soziale Gerechtigkeit und politischen Interessenausgleich. Sollte nicht unser „Kerngeschäft" die Verkündigung des göttlichen Angebotes der Versöhnung des Menschen mit Gott sein? Ich lasse nun vor eurem inneren Auge das vergangene Jahr im Zeitraffer ablaufen:

13.1.: Angebot eines Gesprächskreises. Es ging um den Lebensbericht von Torsten Hartung, der wegen Mordes 20 Jahre im Gefängnis gesessen hat, sich dort bekehrte und heute als Seelsorger mit Jugendlichen arbeitet, die aus dem Knast entlassen worden sind. Es kamen 11 Interessenten zusammen und nahmen Anteil an dem erschütternden Lebensbericht Torstens.

14.1.: Wie in jedem Jahr war die Stralsunder Gemeinde auch 2019 im Januar eingebunden in die Veranstaltungen der Allianzgebetswoche. Christen der Stadt versammeln sich an jedem Jahresanfang in den Gotteshäusern der Stadt und tragen Gott Dank und Bitten vor. Unsere Kapelle war Gastgeber für die teilnehmenden Frauen. Die Adventgemeinde hatte außerdem das Privileg der Abschlussverkündigung in der Auferstehungskirche Grünhufe.

19.1.: Im heutigen Gottesdienst gedachte die Gemeinde der in Ulm erfolgten Taufe von Lilo Haller, von der sie uns Mitteilung gemacht hat. Wir grüßten Lilo mit einem Foto, das unsere Gottesdienstversammlung mit erhobenen Händen zeigt.

10.2.: Wir hatten erneut zu einem Gesprächskreis eingeladen, der unter dem Thema „Hilfe, die Moslems kommen" immerhin 12 Interessierte vereinte. Es entspann sich eine lebhafte Diskussion, die mit einer Gebetsgemeinschaft abgeschlossen wurde.

17.2.: Die Diakone waren zu einer Zusammenkunft gebeten. Die Zuordnung der „Diakonkinder" wurde überprüft und teilweise angepasst.

23.2.: Am heutigen Sabbat nahm die Gemeinde Bergen Abschied von dem Haus, dass ihr 66 Jahre gedient als Versammlungsstätte gedient hat. Gottesdienste wurden ab sofort im Gemeindehaus der Evangelischen Kirche Billroth-Straße 1 gehalten. Seit der Vereinsversammlung 2018 des Fördervereins stand der Plan, ein neues Haus zu bauen. Aber dafür reichte die eigene Finanzdecke des Vereins nicht aus. Verschiedene

Anträge auf Förderung wurden gestellt und negativ beschieden. Wohlwollend jedoch verhielt sich schließlich die Landesregierung von Mecklenburg-Vorpommern. Sie sagte eine Förderung von 290.000 € zu! Die Zusendung des Bescheides im September war in unseren Augen die göttliche Antwort auf viele intensive Gebete. Ein Vertreter (CDU) der Landesregierung MV sagte im persönlichen Gespräch: „Wir fördern dieses Vorhaben, denn wir möchten, dass auf Rügen Gottes Wort verkündet wird!"

Am 17.3. versuchten wir, die Reihe unserer Gesprächsabende fortzusetzen. Angeboten wurde das Thema „Stellung der Frau in der Gemeinde". Weil nur fünf Personen kamen, setzten wir diese Gesprächsreihe danach nicht fort.

Am 15.5. vereinte ein gemeinsames Bowling-Erlebnis 11 Gemeindeglieder und Freunde der Gemeinde.

30.5.-2.6.: Die Pfadfinder besuchten von Donnerstag bis Sonntag das Himmelfahrts-Pfadfindertreffen in Einhaus bei Ratzeburg. Die Stralsunder Delegation bestand aus 9 Kindern und 9 Helfern. Unter den etwa 600 Teilnehmern herrschte eine Bombenstimmung; das Wetter war gut, das Programm interessant, so dass alle zufrieden waren.

Am 3.6. (Pfingstmontag) wurde in unserer Kapelle die Silberhochzeit von Evi und Wolfgang Kopp (Gemeinde Bergen) gefeiert. Etwa 65 Gäste nahmen Anteil. Die Gemeinde wünscht dem Silberpaar auf seinem weiteren gemeinsamen Weg Gottes Segen.

8.6.: Die Gemeinde erlebte die Jugendaufnahme von Adrian Petrischkeit und das Schulende (Abitur) von Pauline Petrischkeit. Am 22.6. fand in Rostock der Landesgottesdienst Mecklenburg-Vorpommern statt. Aus Stralsund und Bergen fuhren etwa 13 Gemeindeglieder nach Rostock. Für die daheim Gebliebenen fand in Stralsund ein Gottesdienst in kleinem Rahmen statt. Die Predigt hielt uns in Stralsund Felix Beier. Sein Thema war der Auftrag Jesu: „Ihr seid das Salz der Erde!".

Am 7.7., 14.30 Uhr war Gartenfest in Barth. 27 Gemeindeglieder, Freunde und Kinder erlebten an diesem Sonntag einen schönen Nachmittag im Garten von Annett und Gunter Petrischkeit. Am 15.7. wurde Margarete Dyck von einer kleinen Lorna Maribelle entbunden. Das Kind ist gesund, die Mutter, die drei Brüder und der Ehemann stolz und dankbar. Am Mittwoch, 17.7., ab 14.30 Uhr waren wieder 40 weißrussische Kinder Gäste in unserem Gemeindehaus. Wir konnten ihnen mit Getränken und Kuchen, Sport und Spiel einen schönen Tag bereiten. Sie bedankten sich mit einigen musikalischen Beiträgen. Etwa 20 Gemeindeglieder, Freunde und Kinder beteiligten sich als Gastgeber.

24.8.: Die Schuleinführung von Lattika Warkenthin und Joel Dyck fand statt. Wir hörten eine kindgerechte Predigt.

Am Sonntag, den 25.8., leitete Felix Beyer eine Gruppe von Radfahrern der Gemeinde durch die Region zwischen Altefähr und Rambin.

Am 14.9. fand um 14.00 Uhr die Kapelleneinweihung der Gemeinde Greifswald statt. Es predigte Dennis Meier zum Thema „Warten, Hoffen, Warten". Der Stralsund-Greifswalder Chor sang. Die Gemeinde Greifswald stellte ihre Geschichte, die eigenen Aktivitäten und ihr neues Haus vor. Es gab ein sehr schönes Kuchenbuffet. Der Raum war überfüllt, denn es waren Gäste aus Schwerin, Rostock und anderen Nachbargemeinden gekommen, um zu gratulieren.

Am 17.10., 19.00 Uhr, stellte sich die Leitung der Hansa-Vereinigung (Dennis Meier, Steffen Entrich, Eri Dan, Basti Bak, Jan Kozak) in Stralsund unseren Fragen. Sie kündigten die Fusion von Niedersachsen/Bremen mit Hansa an.

Am Sonntag, den 10.11., um 10.00 Uhr fand in unserem Speiseraum in Stralsund die Jahresversammlung des Fördervereins Gemeindezentrum Rügen statt. Voller Freude und Dankbarkeit nahmen wir Kenntnis von den begonnenen Bauarbeiten. Die Bodenplatte wurde am 17.12. gegossen. Eine Vorstellung des Kapellenbauprojekts soll im zentralen Gottesdienst des Jahres über den Hope Channel erfolgen.

13.11.: Die Sportgruppe war zu einem fröhlichen Bowlingabend im City-Hotel zusammen. Die stattgefundene Gebetswoche Ende November sei erwähnt. Der aktuelle Stoff wurde an den beiden Sabbaten im Gottesdienst sowie im Küchlerschen Hauskreis und im Gebetskreis am Donnerstag gelesen. Am 2.12. erlebten 18 Senioren in der Kapelle Stralsund ein schönes adventliches Beisammensein. Die Taufe unseres Freundes Lothar Herzberg am Freitag, dem 13.12. um 17.00 Uhr in Stralsund wurde von etwa 30 Gemeindegliedern und Freunden miterlebt. Wir wünschen unserem Lothar Gottes Segen auf seinem weiteren Lebensweg.

Die beiden adventlichen Konzerte des Stralsund-Greifswalder Chores fanden am 7. und 8.12. statt. Die zahlreiche Besucherschaft lobte die Qualität der Darbietungen. Am 21.12. ehrten wir unsere Taufjubilare und beschenkten die Kinder. Die an diesem Tag erhobene Gesamtkollekte von 170 € stellten wir der Stralsunder OZ-Hilfsaktion zur Verfügung. Der in der Alte Richtenberger Straße neu erbaute Kindernotdienst benötigt Mittel, um einen Spielplatz einzurichten.

Im Anschluss an diesen Jahreskalender jetzt noch einige grundsätzliche Bemerkungen zum Thema Gemeinde Stralsund: Fast selbstverständlich erscheint es uns, dass wir in Stralsund an jedem Sabbat eine Predigt durch einen Prediger oder Diener am Wort hören. Außer unserem Pastor René Cornelius waren Felix Beyer, Hugo Tornow, Heinz Wietrichowski, Peter Schmidt, Stefan Kaufmann, Jörgen Wendler, Kathrin Küchler, Kezia Deichsel, Manfred Gretschel, Gunthardt Saupe, Udo Brünner, Raimund Baum, Gunther Schmidt und Jörg Wietrichowski beteiligt. Die Bibelgesprächsgruppen werden an jedem Sabbat (meistens in drei Gruppen) durchgeführt. Die Beteiligung in den Gruppen ist besser geworden. In jedem Gottesdienst nehmen Geschwister und Freunde der Gemeinde Gelegenheit, im Gottesdienstteil „Lebendige Gemeinde" andere anteilnehmen zu lassen an persönlichen Erfahrungen, Erlebnissen und Kümmernissen. Auch Freunde der Gemeinde wagen oft den Weg ans Sprechpult und berichten.

Seit 2014 bieten wir an jedem Sabbat nach dem Gottesdienst Mittagessen für alle an. Diese Gepflogenheit wird von fast allen Gemeindegliedern sowie Gästen unserer Gottesdienste gerne angenommen. Die Essenvorbereitung geschieht ohne Plan oder Absprache. In jedem Gottesdienst werden die anwesenden Kinder in einer oder zwei Gruppen betreut. Die Kinderdiakone verzichten dabei auf ihre persönliche Teilnahme am Bibelgespräch. Die Disziplin und Aufmerksamkeit der Kinder sind unterschiedlich. Unter der Leitung von Annett Petrischkeit finden sich etwa 10 bis 20 Sänger an vielen Tagen des Jahres zu Chorproben zusammen. Der Chor verschönt durch seinen Dienst die in jedem Dezember stattfindende musikalische Adventsandacht sowie bei Bedarf auch andere Gemeindeveranstaltungen. Etwa fünf Sänger aus Greifswald sind auch stets dabei. An fast allen Donnerstagen versammelt sich um 17.00 Uhr der Gebetskreis. Wir lesen reihum aus dem Wort Gottes und tragen Gebetsanliegen zusammen, die wir anschließend Gott im Gebet nennen.

Leider gibt es keine Jugendstunden mehr in Stralsund. Es wäre zu überlegen, ob die Wiederbelebung eines Kreises „Junge Erwachsene" ein Experiment wert wäre. Seniorensport ist ein wöchentliches Angebot an alle „Volljährigen". Er wird von Ute Beyer geleitet. Fast an jedem Mittwoch sind seit 2013 unter den bis zu 13 Teilnehmern auch Freunde der Gemeinde, die die schöne Atmosphäre loben und genießen. Die Reihe der Seniorennachmittage wurde auch in diesem Jahr fortgesetzt. Sechsmal versammelten sich bis zu 17 Teilnehmer, unter ihnen stets etwa ein Drittel Gäste! Fast ausnahmslos kommt am Montag im Hause Küchler ein Hauskreis zusammen. Bis zu 10 Gemeindeglieder und Freunde der Gemeinde lesen und diskutieren Gottes Wort.

Der Gemeinderat besteht zurzeit aus Pastor René Cornelius, Felix Beyer, Gunter Petrischkeit, Kezia Deichsel, Jörgen Wendler, Matthias Dyck und Renate Wietrichowski. Er tagte 2019 sechsmal. Abendmahl feierte die Gemeinde dreimal, einmal hatten wir eine Gemeindestunde. Im Jahre 1997 entstand die Idee, mit einem wöchentlichen „Gemeindebrief" alle diejenigen zu erreichen, die nicht im Gottesdienst sein können/konnten. Sie sollen spüren, dass die Gemeinde an sie denkt und sie am Gemeindeleben anteilnehmen lassen will. Auch eine Reihe von Freunden der Gemeinde erbittet die Zusendung des Briefs. Der am weitesten entfernte Empfänger ist Friedrich Küchler, der derzeit in der Südsee mit seinem Schiff unterwegs ist. Eine besondere Anerkennung an dieser Stelle sei all denen gesagt, die an fast jedem Sabbat Eberhard H. aus dem Seniorenheim Jungfernstieg zum Gottesdienst abholen. Es sind meistens Simone Becker, Katrin Hentschel und Peter Küchler. Eberhard ist nach Kinderlähmung schwerstbehindert, sitzt im Rollstuhl und kann sich kaum äußern. Jedoch gibt er zu erkennen, dass er gerne bei uns ist.

Nachdem wir der in unserer Straße benachbarten Lutherkirchgemeinde ein Jahr lang unsere Räume geöffnet hatten, ist nun das Bauvorhaben Lutherkirche abgeschlossen. Mit einem sehr freundlichen Brief und einer riesigen Schachtel „Merci" bedankte sich Pastor Haack und der Kirchgemeinderat für unsere Gastfreundschaft. Unsere Kapelle bot auch anderen Institutionen und Privatpersonen ihre Räumlichkeiten zur Fremdnutzung (Pilates-Sportgruppe, Segelkurs, Familienfeiern, Übernachtungen von Einzelpersonen ...).

Die Gemeinde Stralsund besteht am Ende dieses Jahres (ohne Bergen) aus 51 Personen. Tobias Hahn kam zu uns; Natalie Biedermann verzog nach Braunschweig. Lothar Herzberg wurde getauft, Christine Goll wurde auf eigenen Wunsch als getaufter Christ der Gemeindeliste hinzugefügt. Die Stralsunder Gottesdienste wurden von durchschnittlich 24,6 getauften Gemeindegliedern (48%) besucht - das ist gegenüber 2018 ein Plus von 1,5 Gliedern. Dazu kommen Gäste, Freunde und Kinder. Ich verzichte in diesem Jahr absichtlich auf die Aufzählung aller getanen Dienste sowie die zugehörigen Dankesworte. Gott weiß alles, was getan wurde. Wir tun es nicht um Lobes willen, sondern um Gott zu ehren und unserer Gemeinde zu dienen. Mit der Silvesterandacht am heutigen 31.12. endet das Gemeindejahr 2019. Ich wünsche allen Hörern und Lesern dieser Chronik Gottes Segen für das neue Jahr.

Gemeindeleitungskreis 1.Juli 2019 (Mo)

Anwesend: Renate Wietrichowski, Felix Beyer, René Cornelius, Jörgen Wendler, Gunter Petrischkeit, Matthias Dyck;

Beginn: 19:00 Uhr im Adventhaus Stralsund

Tagesordnung: geistlicher Impuls (2. Kor 4,16): Superbatterie, Jesus lädt uns auf. Beim Schöpfer ist Energie ohne Ende. Gebetsgemeinschaft.

Rückblicke:

- Bowling am 14.5. mit 11 Teilnehmer, findet im nächsten Jahr wieder statt;
- Schulausgang/Jugendaufnahme 8.6.:
    - gute Veranstaltung;
    - gelungene Kombination beider Anlässe;
    - Gemeinde wurde als Familie empfunden;
- Landesgottesdienst: gelungene Veranstaltung mit ca. 300 Besuchern;

Jahresplanung:

- Ausflug nach Barth 7.7.:
    - Kaffee und Kuchen 14.30 bis ca. 16:30 Uhr;
    - Mitfahrgelegenheiten möglich;
- Tschernobyl-Tag 17.7.: Mitarbeiter werden zum Umräumen benötigt;
- Sommerloch:
    - 10.8. + 17.8.: Fam. Petrischkeit nicht da;
    - 19.7. - 9.8.: René Cornelius nicht da;
    - 27.7.: Dennis Meier verhindert;
    - 3.8.: kein Prediger vor Ort;
- Seelsorgebedarf;
- Brd. Tobias Hahn: Aufnahme, Kontakt herstellen;
- Taufe Lothar Herzberg, evtl. zusammen mit Eitel Redmer;
- kein Abendmahl im Sommerquartal;
- Waldgottesdienst Greifswald und Taufe in Ludwigsburg 17.8.;
- Schulanfangsgottesdienst am 24.8.;
- Fahrradtour am 25.8. mit 8 Teilnehmern;
- Naturgottesdienst Stralsund fällt aus;
- „Vereinigung vor Ort" am 12.8.;
- Festgottesdienst Greifswald am 14.9., Gottesdienst in Stralsund findet trotzdem statt;
- Erntedank 28.9. findet in Stralsund statt, Gemeinde Greifswald kommt als Gast;
- Billard-Tisch: Transporter kommt aus Greifswald, Termin abstimmen;
- Anfrage Sozialstunden abzuleisten: nicht realisierbar;
- Anschaffung/Reparaturen:
    - Rasentrimmer
    - Pultmikrofon + Pultelektrik, Steckerbox bauen;
    - Treppenlicht (Relais tauschen);
- Gebet/Ende: 21.00 Uhr
- nächster Termin: Montag, 2.9.2019, 19.00 Uhr (Protokollant: Matthias Dyck);

2020: Coronapandemie - Kapellenbau Bergen

Als um die Jahreswende 2019/20 Meldungen über das Auftreten einer neuen virusbedingten Infektionskrankheit durch die Nachrichten gingen, glaubten wohl die wenigsten in Deutschland, dass das neue Virus uns gefährden könnte. Schon einige Jahre zuvor war es die Krankheit SARS gewesen, die ähnliche Aufregung verursacht hatte. Aber das „Covid-Virus" schien aggressiver zu sein als die vorhergehenden. Es forderte die ersten Opfer in der chinesischen Großstadt Wuhan, sprang dann aber sehr rasch nach Europa über, wo besonders Meldungen aus überlasteten italienischen Krankenhäusern und Bilder von Armeelastkraftwagen mit Särgen Schrecken verbreiteten. Urlauber aus Österreich, Italien und anderen Ländern schleppten das Virus nach Deutschland ein. Inzwischen hat Corona sich weltweit verbreitet. Das Wort des Jahres in Deutschland lautet „Coronapandemie". Die höchsten Opferzahlen werden aus den USA und Brasilien gemeldet. Alle zwei Tage infiziert sich weltweit eine Millionen Menschen neu mit dem Virus. Insgesamt hat das Virus 1,7 Millionen Menschen getötet, in Deutschland gab es etwa 26.000 Todesfälle unter 1,5 Millionen Erkrankten (Stand: Dezember 2020).

Alle Staaten der Welt mühen sich, die eigene Bevölkerung zu schützen. Mit Virustests aus Rachenabstrichen, mit Quarantänemaßnahmen, Kontakteinschränkungen, scharfen Hygieneverordnungen (Abstandsregel, antiseptische Maßnahmen, Benutzung von Mund/Nasenmasken) wird versucht, eine Verbreitung des Virus zu verhindern bzw. zumindest zu verlangsamen. Schulen wurden über Monate geschlossen, Betriebe schickten ihr Personal so weit wie möglich nach Hause, Konferenzen werden abgesagt oder per Video durchgeführt, Home-Office war für viele Firmen der Ausweg; Reisewarnungen bremsen die Urlaubswünsche vieler, die Flug- und Schiffsreisen wurden reduziert. Besonders schlimm trifft die Epidemie die armen Länder, die sowieso schon mit Hunger, Dürre, Krieg, Heuschrecken, Wassermangel u. a. zu kämpfen haben. Nachdem die Infektionszahlen bis zum Juni und Juli in Deutschland sanken, stiegen sie im Herbst wieder an. Jetzt am Jahresende hofft die Welt auf die angekündigte Impfung. Bemerkenswert war, dass es schon bald auch Misstrauen gegenüber der offiziellen Berichterstattung gab. Das klang z. B. so: „Damit ist bewiesen, dass das NCoV nicht besonders gefährlich ist. Durchschnittlich gesunde NCoV-Infizierte haben keine oder leichte Symptome, und die NCoV-Infizierten, die schwere Symptome haben, hatten gravierende Vorerkrankungen (Daniel Wachter)." Manche Stimmen meinen, dass die Seuche dem Staat einen willkommenen Grund biete, um auszuprobieren, wieviel Loyalität und Gehorsam er von den Bürgern erwarten könne - nach dem Motto: „Mal sehen, was die Leute so mit sich machen lassen!" Kirchenmitglieder sind gegenüber warnenden Stimmen von Wissenschaftlern und angeordneten Einschränkungen durch den Staat besonders misstrauisch. Es gibt in unserer Gemeinde glücklicherweise nur wenige, die das Maskentragen für unnötig erachten. Sie bleiben den Gottesdiensten fern.

Wie gestaltete sich das Gemeindeleben unserer beiden Gemeinden im vergangenen Jahr? Die regelmäßige Abfolge unserer Gottesdienste wurde empfindlich gestört: Insgesamt fielen auf Rügen 29 und in Stralsund 9 Gottesdienste aus. Die Gemeindeglieder waren gezwungen, auf mediale Angebote zuzugreifen. Ab 16.5. machten wir in Stralsund Freiluftgottesdienste, und auf Rügen wurden Gottesdienste

Freiluftgottesdienst Adventgemeinde Stralsund 6. 6. 2020

in Poggenhof im Garten alle 14 Tage gefeiert, teilweise auch im kirchlichen Mietraum Billrothstraße 1. Ab Mitte Juni verlegten wir in Stralsund die Gottesdienste wieder in die Kapelle. Dabei wurde streng auf die Einhaltung der angeordneten staatlichen Maßnahmen (Gesichtsmasken, Abstandsregel, kein gemeinsames Essen, keine Garderobenbenutzung, Anwesenheitsfeststellung per Liste) geachtet. Völlig weggefallen ist der wöchentliche Gemeindesport. Geplante Vorträge der „Lebensschule" in Stralsund wurden auf unbestimmte Zeit verschoben. Der Gemeindechor übte nicht mehr.

Die durchschnittliche Teilnehmerzahl als Summe beider Gottesdienste sank verglichen mit 2019 von 37,3 auf 31,1. Gemeinderatssitzungen fanden an sechs Abenden in der Kapelle statt. Eine Sitzung wurde am 11.5. als „ZOOM-Konferenz" abgehalten. Auch richtete unser Pastor einen medialen Gebetskreis ein, in dem „Gebetsnetz STA-Stralsund" über WhatsApp angeboten wird. Nur einmal feierten wir das Abendmahl, am 22.2. - ein zweites war für den 19.12. geplant, kam jedoch umständehalber nicht zu Stande. Auch der Seniorenkreis litt unter den angeordneten Einschränkungen. Nur am 20.1. und am 19.10. kamen die Senioren in Stralsund zusammen, am 7.9. nahmen die Stralsunder an einer Seniorenzusammenkunft in Greifswald teil. Für etliche von uns war das eine willkommene Möglichkeit, das neue Greifswalder Haus zu erleben. Am 27.6. wurde Maria Reinholz, die Tochter unserer Glaubensschwester Angela Reinholz, in Lendershagen beerdigt. René Cornelius leitete die Trauerfeier. Die Gemeinde war durch eine Reihe von Trauergästen vertreten. Am 19.9. erlebten wir als Gemeinde Stralsund mit einer Reihe von Gästen aus Bergen und Stralsund die Taufe von Gudrun Neumeister und Eitel Redmer. Wir wünschen beiden Neugetauften, dass sie sich in der Gemeinde wohlfühlen und selbst aktiv einbringen mögen. Am 30.9. war die Hansa-Vereinigung bei uns zu Gast: Steffen Entrich und Eri Dan vom Vereinigungsbüro stellten sich unseren Fragen. Sie kündigten die bevorstehende Zusammenlegung der Niedersachsen/ Bremen-Vereinigung mit der Hansa-Vereinigung an. Am 13.10. verstarb unsere Glaubensschwester Helli Hübner (siehe Foto) im 92. Lebensjahr, nachdem sie kurz zuvor noch zu den Kindern nach Rostock gezogen war. Unser Pastor R. Cornelius sprach

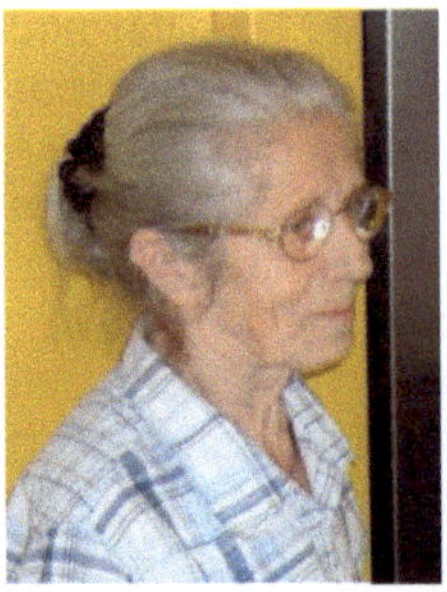

Helli Hübner

die ehrenden Worte am Grabe. Helli war 60 Jahre getauftes Glied der Gemeinde und wird uns allen ein Vorbild an Treue und Freundlichkeit bleiben. Sie war viele Jahre gemeinsam mit ihrem Mann Helmut einer der Organisatoren des Stralsunder Seniorenkreises. Leider befinden sich unsere beiden Gemeindeglieder Bärbel und Wolfgang Krüger seit diesem Herbst in einem Stralsunder Pflegeheim. Wir wollen sie nicht vergessen, denn auch sie denken an uns. Die Gebetswoche war vom 21. bis 28.11. angesetzt. Die vorgegebenen Texte wurden an beiden Sabbaten in den Gottesdiensten Bergen und Stralsund sowie im Stralsunder Gebetskreis am Donnerstag gelesen.

In diesem Jahr wurde begonnen, die Tonanlage in der Stralsunder Kapelle zu erneuern. Die Akustik ist nach einer Neujustierung besonders für die Schwerhörigen unter uns besser geworden. Besonders Felix Beyer und Matthias Dyck kümmerten sich um diese Sache. Adrian Petrischkeit ist unser Techniker in spe. Woche für Woche steht für jeden Computerbesitzer der aktuelle Gemeindebrief zur Verfügung. Gedacht ist er für diejenigen, die aus den verschiedensten Gründen nicht im Gottesdienst sein konnten/können. Aber auch einige Gäste lesen den Brief. Wer keinen Internetzugang hat, erhält den Brief per Briefpost (***www.gemeindebrief-hst.jimdofree.com***). Außerdem hängt er am Anschlagbrett. Seit der zweiten Jahreshälfte haben wir der Stralsunder „Father´s House-Church" in unseren Räumen das Gastrecht eingeräumt. Diese lädt in der Regel an jedem zweiten Sonntag um 10.30 Uhr zu ihrem Gottesdienst ein. Daneben ist alle vier Wochen an einem Sonntagnachmittag die Selbständige Evangelisch-Lutherische Kirche (SELK) Gast bei uns. Am 27.6. hielt Anett Hornung-Behm ihre erste Predigt vor der Gemeinde. Thema war das Leben Abrahams. Wir haben durchaus noch weitere „junge" Gemeindeglieder, die sich in den Gemeindedienst aktiv einbringen könnten.

Noch vor Beginn der Corona-Beschränkungen wurde in Stralsund wie in jedem Januar wieder die Allianz-Gebetswoche begangen. Am 16.1. waren wir die Gastgeber. Etwa 35 Besucher waren gekommen, darunter 11 von uns. Mit viel Interesse haben wohl die meisten von uns den Bau der Bergener Adventkapelle beobachtet. Nachdem 2019 der Abriss des alten Gebäudes erfolgte, begannen 2020 die Bauarbeiten am neuen Haus. Am 6.3. war Grundsteinlegung und am 19.6. „Richtfest" ohne Feier. Es fehlt noch die Lieferung und der Einbau von Innentüren sowie des Personenaufzugs. Was mich traurig stimmt, ist dieses: Der „Förderverein Gemeindezentrum Rügen e. V." hat etwa 110 Mitglieder. Aber nur 29 Gemeindeglieder aus Stralsund und Bergen sind unter ihnen.

Im Gottesdienst 5.12. dachten wir daran, dass ohne Corona an diesem Wochenende in Greifswald und Stralsund unsere Chorkonzerte gesungen worden wären. Möge es im kommenden Jahr wieder möglich sein! Eine unserer letzten offiziellen Amtshandlungen war am 19.12. die Ehrung unserer Taufjubilare: Heiko Dyck (15), Matthias Dyck (15), Ute Beyer (25), Felix Beyer (25), Friedrich Fischer (30), Ted Fischer (30), Annett Petrischkeit (30), Anett Hornung-Behm (35), Bertel Burmeister (40), Erika Brünner (50), Beate Fischer (55), Heinz Wietrichowski (65). An diesem Sabbat wurden auch unsere Kinder von der Gemeinde beschenkt.

Zurzeit gehören 77 Glieder zu unseren beiden Gemeinden. Diese Zahl täuscht, denn eine Bereinigung der Gliederlisten täte not, weil eine Reihe von Geschwistern schon seit Jahren nicht mehr im Gottesdienst erscheint bzw. verzogen ist, jedoch immer noch in den Listen der beiden Gemeinden Stralsund und Bergen steht. Wir freuen uns über den fast regelmäßigen Besuch einer Reihe von Gästen in unseren Gottesdiensten, ich nenne hier besonders Christel S. und den schwerbehinderten Eberhard H. Traurig wird manchen stimmen, dass wir im vergangenen Jahr kein evangelistisches Angebot machen konnten, dass es keine Jugendgruppe mehr gibt, dass kein Religionsunterricht von Jugendlichen stattfindet, dass wir keine Pfadfinder mehr betreuen. Ganzjährig lebte der montägliche Hauskreis im Hause Küchler - wenn auch bedingt in reduziertem Umfang. Auch die Betreuung unserer ganz Kleinen während der ersten Stunde des Gottesdienstes wurde dankenswerterweise durchgehalten. Ganzjährig gaben die Schaukästen in Bergen und Stralsund unseren Gemeinden nach außen ein Gesicht. Unserem Gott gebührt der Dank, dass unser Gemeindeleben, wenn auch unter den genannten Behinderungen, in diesem Jahr überhaupt stattfinden konnte. Niemand ist von uns an COVID-19 erkrankt. Unsere Gottesdienste waren noch nicht verboten. Dennoch werden wir mit Rücksicht auf den neuerlichen Lockdown im Dezember auf die nächsten drei Gottesdienste verzichten.

Unserem Pastor René Cornelius sowie allen gewählten und ehrenamtlichen Diensttuenden sei für alle Arbeit gedankt, die sichtbar oder unsichtbar getan wurde. Auch die finanzielle Opferbereitschaft unserer Glieder war lobenswert, so dass es möglich war, den Unterhalt unseres Hauses und alle sonst anfallenden Ausgaben zu finanzieren. Möge unser Haus in Bergen bald fertig sein! Mögen wir auch in Zukunft vor Unglück, bösen Menschen und bösen Mächten bewahrt bleiben!

Adventkapelle Stralsund mit Hausmeisterwohnung(links) 2021

Bau-Chronik Kapelle Bergen (Stand 20.3.2021)

Die Adventgemeinde Bergen hat eine wechselvolle Geschichte. Im Jahre 1940 als Gemeinde gegründet, versammelten sich die auf der Insel lebenden Glaubensgeschwister zunächst in verschiedenen Orten, bis im Jahre 1953 durch Prediger Siegfried Wixwat in Bergen in der Calandstraße 5 ein altes Bauernhaus erworben werden konnte, in dem fortan die Glieder der Insel Gottesdienste feierten. Im Jahre 1999 verlor Bergen den Gemeindestatus und wurde hinfort nur als Gruppe der Gemeinde Stralsund geführt. Zur Gemeindeneugründung kam es 2010 mit etwa

16 Gliedern. Das Haus in der Calandstraße war 2006 durch den zwei Jahre zuvor gegründeten „Förderverein Gemeindezentrum Rügen e. V." erworben worden. Das Haus war jedoch alt und baufällig. So wurde der Wunsch der Glieder der Gemeinde Bergen sowie des Fördervereins etwa ab 2015 immer stärker, größere Gemeinderäume für die zahlenmäßig gewachsene Gemeinde sowie die Urlaubergäste zu bekommen. Es entstand der Gedanke, das Gemeindehaus zu verkaufen und mit dem Erlös ein besser geeignetes Objekt zu erwerben. Aber alle diesbezüglichen Bemühungen schlugen fehl.

Als Folge dieser Erfahrung reifte der Gedanke, das vorhandene Grundstück für einen Gemeindeneubau zu nutzen. Sowohl für den Gebetskreis in Stralsund als auch für Beter auf Rügen wurde dieser Gedanke zu einem ständigen Anliegen. Nachdem Gunthardt Saupe in der Jahreshauptversammlung des Fördervereins im September 2017 sein Angebot, die Skizze eines neuen Gemeindehauses zu fertigen, eingebracht hatte, erhielt er hierzu den Auftrag. Der Entwurf sollte der Gemeinde im Januar 2018 vorgestellt werden. Absicht war es, ein kostengünstiges Gebäude zu bauen, welches den Anforderungen der Ortsgemeinde genügen würde sowie auch den Urlaubsgästen im Sommer ausreichend Platz bieten könnte. Im April 2018 wurde der Entschluss gefasst, im Vertrauen auf die Hilfe Gottes der Gemeinde die Empfehlung zu geben, einem Neubau auf unserem vorhandenen Grundstück zuzustimmen. Dabei gingen wir bewusst das Wagnis ein, den Neubau als „Förderverein Gemeindezentrum Rügen e. V." durchzuführen, um die Freikirche der Siebenten-Tags-Adventisten nicht mit finanziellen Forderungen zu belasten. Die Finanzierung sollte ausschließlich über Spenden erfolgen, da der Verein selbst nicht kreditwürdig ist und die Gemeinde Bergen auch nicht in der Lage gewesen wäre, die sich ergebenden finanziellen Belastungen zu tragen. Auch sollte es einzelnen Gemeindegliedern nicht zugemutet werden, sich privat über Jahre mit Krediten zu belasten. Eine Entwurfsskizze von G. Saupe wurde einem Bauunternehmen des Vertrauens übergeben. Dieses veranschlagte eine Baukostensumme von ca. 400.000 €. Diesen Betrag empfanden wir als schwindelerregend, aber wir mussten uns eingestehen, dass die Summe durchaus realistisch war.

Am 2.6.2018 beriefen wir in Bergen eine Gemeindestunde ein, in der über das Bauprojekt beschlossen werden sollte. G. Saupe wies darauf hin, dass das Bauprojekt nur erfolgreich umgesetzt werden könne, wenn alle Beteiligten voll dahinterstehen. Die Alternative wäre gewesen, den Standort auf Rügen aufzugeben und sich der Adventgemeinde in Stralsund anzuschließen, was den Nachteil der längeren Fahrtwege mit PKW oder öffentlichen Verkehrsmitteln mit sich gebracht hätte. G. Saupe bat darum, dass jedes Gemeindeglied ein Statement für oder gegen das Bauvorhaben abgibt. Alle Anwesenden sprachen sich für einen Neubau aus. Ziel würde sein, den Gemeinde- und Missionsstandort Rügen zu erhalten und dieses neue Haus durch zusätzliche soziale Projekte mit Leben zu erfüllen. Die Inangriffnahme dieses Planes erforderte von der ganzen Gemeinde finanziellen Einsatz. Es wurde der Vorschlag unterbreitet, dass jeder Anwesende eine verbindliche Spendenzusage auf ausgeteilten Zetteln abgeben sollte. Das Resultat dieser Spendenzusagen durch die an diesem Tage anwesenden sieben Familien ergab einen Betrag in Höhe von 136.500 €! Das war für alle Beteiligten überwältigend und wurde als eine sichere

Zusage Gottes empfunden, dass dieser Gemeindeneubau seinem Willen entspricht. Alle Geschwister gingen gestärkt und zuversichtlich aus der Versammlung. Sie versprachen, um Gottes weitere Führung zu bitten.

G. Saupe erhielt als Baubeauftragter des Fördervereins den Auftrag, sich um die Baugenehmigung zu kümmern. Die Herausforderung bestand darin, eine Firma zu finden, die uns auf dem weiteren Weg begleiten würde. Diese Firma fanden wir im „Wohnungsbau Torsten Reichert" auf der Insel Rügen. Torsten Reichert ist der Neffe von Petra Saupe und kennt die Adventisten noch aus Kindheitstagen. Er ist ein Bauunternehmer, der gemeinsam mit uns darauf vertraut, dass auch die fehlenden finanziellen Mittel aufgebracht werden, um das Projekt zu vollenden. Wir vereinbarten mit ihm, das Bauvorhaben entsprechend den vorhandenen finanziellen Mitteln abschnittsweise umzusetzen. Der erste Auftrag bestand darin, ein Projekt auf der Grundlage der vorhandenen Skizze durch sein Planungsbüro zu erarbeiten. Dieses musste den öffentlich-rechtlichen Anforderungen genügen und behindertengerecht ausgelegt sein. Parallel dazu war der Vorstand des Vereins, bestehend aus dem Vereinsvorsitzenden H. Tornow sowie Dr. H. Wietrichowski und G. Saupe, bemüht, nach weiteren Finanzierungsquellen zu suchen. Alle Vereinsmitglieder wurden durch ein Rundschreiben über die Gemeindeentwicklung auf Rügen sowie über das geplante Bauvorhaben informiert und um Unterstützung gebeten. Unser Vereinsvorsitzender H. Tornow war darüber hinaus bemüht, weitere Spenden einzuwerben. G. Saupe machte es sich zur Aufgabe, bei in Frage kommenden Institutionen und Firmen persönlich um Förderung zu bitten. Siegfried Rosner bastelte ein Spendenhaus als Sparbüchse und stellte unser Bauprojekt Gottesdienstbesuchern und Gästen regelmäßig vor, wodurch einige Tausend Euro an Spenden einkamen. Peter Schmidt warb mit Erfolg bei Bekannten und ehemaligen Geschäftspartnern um eine finanzielle Unterstützung.

Durch Brigitta Tornow kamen wir Ende Juni 2018 mit dem damaligen Finanzminister von Mecklenburg-Vorpommern, Mathias Brodkorb, in Kontakt. Es gelang uns, ihm während einer Vortragsveranstaltung mit dem Thema „Vereinsarbeit" unser Projekt vorzustellen. Zu unserem Erstaunen war er sehr aufgeschlossen, hatte jedoch zunächst erhebliche finanzielle Bedenken. Er sagte uns dennoch seine Unterstützung zu und bat darum, ihm konkrete Unterlagen mit einem entsprechenden Antrag zuzusenden. Inzwischen schritten die Projektierungsarbeiten voran. Aus ursprünglich vorsichtig geschätzten 400.000 € wurden unter Berücksichtigung der allgemeinen DIN-Richtlinien 678.000 €. Ursache dafür war die Vergrößerung des Projektes bedingt durch behindertengerechte Bauweise und Rücksicht auf öffentliche Nutzung. Zu diesem Zeitpunkt kamen uns erstmals Zweifel, ob wir auf dem richtigen Weg sind und das Vorhaben wirklich zu meistern ist. Wir beteten als ganze Gemeinde intensiv darum, dass Gott uns den richtigen Weg zeigen möge.

Im Oktober 2018 erörterten wir diese Situation mit unserem Bauunternehmer Torsten Reichert. Er machte uns daraufhin ein Pauschalangebot von 575.000 €, welches den Abriss des alten Gebäudes und einen schlüsselfertigen Ersatzneubau einschließlich der Gestaltung der Außenanlagen umfassen würde. Wir wussten zwar immer noch nicht, wie wir diese Summe aufbringen sollten, gaben ihm aber den Auftrag, die Baugenehmigung zu beantragen. Mit der Umsetzung des Projektes sollte frühestens begonnen werden, wenn die Finanzierung eines Rohbaus abgesichert wäre. Je nach Finanzlage würden wir danach mit dem Innenausbau fortsetzen. Die Spendenbereitschaft unserer Fördervereinsmitglieder und sonstiger Freunde der Gemeinde Bergen war überwältigend und machte uns gerade in dieser schwierigen Situation wieder neuen Mut. So konnten wir unseren Geschwistern der Gemeinde Bergen Ende des Jahres 2018 einen Kontostand von 210.000 € verkünden. Alle anderen Versuche, finanzielle Unterstützungen zu erlangen, blieben erfolglos. Institutionen und Firmen, die angeschrieben und angesprochen wurden, lehnten eine Förderung sakraler Bauten ab.

Im Dezember 2018 ergab sich bei einem neuerlichen Zusammentreffen mit Finanzminister Brodkorb in Bergen auf Rügen die Gelegenheit, ihn erneut auf sein Unterstützungsangebot anzusprechen, zumal wir ein halbes Jahr nach unserer Antragstellung nichts von ihm gehört hatten. Er gab zu, dass ihm unser Anliegen völlig untergegangen war und entschuldigte sich dafür mit der Bitte, erneut Unterlagen direkt an seine Dienststelle zu senden.

Zu dieser Zeit machte uns ein von G. Saupe gestellter Fördermittelantrag bei „Aktion Mensch" Mut. Ein Gespräch mit der zuständigen Mitarbeiterin in Bonn war sehr aufschlussreich und machte Hoffnung: Bis zu 50% derjenigen Mehrkosten eines Neubaus, die durch behindertengerechte Maßnahmen entstünden, könnten gefördert werden. Eine Herausrechnung dieser Mehrkosten durch das Architekturbüro ergab eine Summe von 144.000 €. Es ging also um eine Fördersumme von ca. 72.000 €. Da eine behindertengerechte Bauweise sowieso gefordert ist, stellte diese Förderung eine echte Hilfe dar. Die Ansprechpartnerin in Bonn war sehr hilfsbereit bei der Antragstellung. Im März 2019 sollte eine Kuratoriumssitzung stattfinden und über unseren Antrag entscheiden.

Im Januar 2019 lag die Bau- und Abrissgenehmigung vor mit der Auflage, den Abriss spätestens bis Ende März zu realisieren. Zuvor sollte eine vom Umweltamt eingesetzte Expertin prüfen, ob in unserem alten Gemeindehaus bzw. im baufälligen ungenutzten Nebengebäude Fledermäuse oder Vögel Quartier genommen haben. Glücklicherweise ergaben sich dafür keinerlei Anhaltspunkte, so dass einem Abriss nichts mehr im Wege stand. Das war für uns ein weiteres Wunder Gottes. Da mit dem Abriss erst begonnen werden durfte, wenn zumindest der Rohbau finanziell abgesichert wäre, ergab sich für uns eine finanzielle Zwangslage. Der Abriss konnte zu diesem Zeitpunkt noch nicht in Auftrag gehen. Wir legten alles Weitere in Gottes Hände.

In dieser Stresssituation schrieb G. Saupe Ende Januar 2019 erneut eine E-Mail an den Finanzminister Brodkorb mit der Frage, ob wir mit der Unterstützung durch die Landesregierung von Mecklenburg-Vorpommern rechnen könnten und schilderte ihm die aktuelle Lage. Bereits am darauffolgenden Tag meldete sich der Minister telefonisch und bat G. Saupe, sich mit dem CDU-Landesschef und Landtagsabgeordneten Vincent Kokert in Verbindung zu setzen. Herr Brodkorb sagte, dass er mit Herrn Kokert alles Weitere abgesprochen habe und er die Situation hoffnungsvoll sehen würde.

Nach mehrmaligen Versuchen erreichte G. Saupe den zuständigen Bürovorsteher der CDU-Fraktion in Schwerin, der ihm entsprechende Antragsformulare für eine finanzielle Förderung zuschickte. Diesen ausgefüllten Antrag wollte er bei nächster Gelegenheit mit Herrn Kokert besprechen und uns das Ergebnis mitteilen.

Nach 14-tägiger Wartezeit rief G. Saupe erneut in Schwerin an und bekam die Mitteilung, dass sich Herr Kokert am nächsten Tag, dem 20.2.2019, persönlich in unserem Bergener Gemeindehaus mit Vertretern des Fördervereins treffen wolle. Damit hatten wir nicht gerechnet, trafen uns eine Stunde vorher zu einer Gebetsgemeinschaft, um Gott zu bitten, die Gespräche positiv zu lenken und alles in Seine Hand zu nehmen. Teilnehmer der Gesprächsrunde waren Herr Kokert, sein Referent, ein Praktikant der Landesregierung, der Landtagsabgeordnete Herr Lenz mit seiner Referentin sowie seitens des Fördervereins Hugo und Brigitta Tornow sowie Gunthardt und Petra Saupe. Herr Kokert bot uns ein Zeitfenster von 30 min, in dem wir unser Anliegen schildern durften. Im Laufe des Gespräches erklärte Herr Kokert, dass er uns eine verbindliche Zusage machen könnte, wenn wir uns mit einer Fördersumme von <300.000 € abfinden würden, da es dafür ein vereinfachtes Genehmigungsverfahren gäbe. G. Saupe hatte zwar eine fehlende Summe von 370.000 € als Förderung beantragt, war aber sofort bereit, dieses großzügige Angebot anzunehmen. Daraufhin gab Herr Kokert den Anwesenden eine verbindliche Förderzusage über knapp 300.000 €. Er äußerte, dass es ihm ein Anliegen sei, dass in diesem neuen Haus „Gottes Wort verkündigt" und beispielsweise kein Kindergarten oder Sonstiges betrieben würde. Mit einem von ihm ins Leben gerufenen Fördertopf sollten Dorfkirchen und andere christliche Gemeindehäuser erhalten und restauriert werden, um dem kirchlichen Leben im Land MV neue Impulse zu geben. Wir konnten unser Glück nach diesem Gespräch kaum fassen und fielen auf die Knie, um unserem Gott für dieses Wunder zu danken. Die Aussage „Gottes Wort zu verkündigen" verstanden wir als einen klaren Auftrag für die Zukunft.

Da aus dem ins Auge gefassten Fördertopf aber nur kirchliche Einrichtungen und keine Vereine gefördert werden konnten, musste umgehend ein neuer Fördermittelantrag als Freikirche der Siebenten-Tags-Adventisten gestellt werden. An dieser Stelle bedanken wir uns herzlich bei der Hansa-Vereinigung in Hamburg und auch beim Norddeutschen Verband in Hannover für wohlwollende Begleitung und Unterstützung. Unser Schatzmeister in Hamburg Steffen Entrich stellte uns binnen 10 min die für den zu ändernden Fördermittelantrag notwendigen Unterlagen zusammen! G. Saupe erhielt von Herrn Kokert die Auflage, alle Sachverhalte, die mit dem Fördermittelantrag bzw. der Fördermittelzusage zu tun haben, nur mit seinem Büroleiter in Schwerin zu besprechen. Nachdem der neue Fördermittelantrag gestellt war, aus Schwerin aber keine Reaktion erfolgte, versuchte G. Saupe mehrmals, diesen Büroleiter zu erreichen, leider ohne Erfolg. Wir wussten aber, dass der Fördermittelantrag im Justizministerium bearbeitet werden sollte.

Da der geplante Baubeginn näher rückte, wollte unser Bauträger natürlich wissen, ob der Bauvertrag noch rechtzeitig unterschrieben würde. In dieser Zwangslage reifte der Gedanke, entgegen der Auflage von Herrn Kokert direkt beim Justizministerium den Stand der Dinge zu erfragen. Das entsprechende Gespräch war sehr informativ, und nach Klärung des Sachverhaltes sollte umgehend ein Rückruf erfolgen. Dieser Rückruf kam dann zu unserem großen Erstaunen nicht vom Justizministerium, sondern von der CDU-Fraktion. Es hatte sich herausgestellt, dass aus dem in

Rede stehenden Fördertopf nur Kirchensanierungen, aber keine Neubauten gefördert werden dürften!! Aber es wurde uns mitgeteilt, dass Schwerin zu der gegebenen Förderzusage stehe, jedoch eine neue Finanzierungsgrundlage gesucht werden müsse. In der darauffolgenden Woche sollte der Haushaltsausschuss der Landesregierung ohnehin tagen und die beabsichtigten Förderungen für das Jahr 2019 beschließen. Dort sollte auch unser Fall besprochen werden. Allerdings müsste unsererseits umgehend ein neuer Fördermittelantrag, nunmehr wieder als Verein, gestellt werden. Das geschah sofort.

Wir empfanden das als ein weiteres Wunder. Gott hatte dafür gesorgt, dass niemandem von der Schweriner Delegation aufgefallen war, dass aus dem Fördertopf keine Neubauten gefördert werden dürfen. Aber die Förderzusage war verbindlich gegeben worden und konnte nicht mehr zurückgenommen werden. Wir sind Gott dankbar, dass er auch dafür sorgte, dass dieser Sachverhalt noch rechtzeitig vor der Tagung des Haushaltsausschusses ans Licht kam, und wir somit noch in die Förderung für 2019 aufgenommen werden konnten.

Nach dieser Zusage waren wir sicher, dass unser Gott auch für die noch fehlenden finanziellen Mittel sorgen würde. Das bestätigte sich, indem wir Ende März 2019 von „Aktion Mensch" informiert wurden, dass die von uns beantragten 72.000 € bewilligt worden seien. Damit war die Finanzierung unseres Bauprojektes weitestgehend abgesichert. Uns wurde klar, dass das alles nur möglich war, weil unser Gott viele Herzen angerührt und zur Spendenbereitschaft ermutigt hat. Der hohe Eigenanteil unseres Fördervereins war eine wesentliche Grundlage für die Förderzusagen. Jedoch eine politische Entscheidung verwaltungstechnisch umzusetzen, ist ein schwieriger Prozess! Diese Erfahrung mussten wir leider in der darauffolgenden Zeit machen und den Beginn des Bauprojekts vom 1.3.2019 verschieben. Laut geltender Förderrichtlinie ist ein Baubeginn erst nach Vorliegen des schriftlichen Fördermittelbescheides erlaubt. Um die Auflagen des Umweltamtes zu erfüllen und den Abriss des alten Gebäudes noch im Frühjahr zu realisieren, konnte G. Saupe mit der Landesregierung eine Sondervereinbarung aushandeln und den Gebäudeabriss als vorbereitende Maßnahme aus dem Gesamtprojekt herauslösen. So konnte der Abriss im April 2019 erfolgen. In einer Gemeinschaftsaktion der Ortsgemeinde, bei der auch unsere Kinder halfen, räumten wir das Gemeindehaus aus. Wir sind sehr dankbar, dass wir die noch brauchbaren Einrichtungsgegenstände bei Wolfgang und Evi Kopp in Sagard einlagern durften. Beim späteren Abriss zeigte sich ein völlig maroder Zustand der Deckenbalken. Als der Greifer des Baggers sie packte, lösten sie sich in Staub auf. Es grenzt an ein Wunder, dass in den Jahren der Gebäudenutzung niemand zu Schaden gekommen ist. Das war für uns eine Bestätigung, dass der eingeschlagene Weg, den Gott uns gezeigt hatte, richtig war.

Im Frühjahr 2019 nahm Brigitta Tornow Kontakt mit der evangelischen Kirchgemeinde in Bergen auf. Im Ergebnis dieser Gespräche durften und dürfen wir seit März 2019 die Gemeinderäume der Evangelischen Kirche in Bergen für die Zeit der Baumaßnahme nutzen, worüber wir sehr glücklich und dankbar sind. Die Kirchgemeinde ist sehr entgegenkommend. Nach vielen weiteren Gesprächen mit der Landesregierung erhielten wir Ende September 2019 endlich den schriftlichen Fördermittelbescheid in Höhe von 298.000 € - allerdings mit der Auflage, unser

Bauprojekt öffentlich auszuschreiben! Das war erneut ein Schock, weil wir ja bereits ein Bauunternehmen mit einer verbindlichen Preiszusage beauftragt hatten! Jetzt galt es, die Landesregierung davon zu überzeugen, dass eine öffentliche Ausschreibung kontraproduktiv sein würde und die finanzielle Absicherung des Gesamtprojektes dadurch gefährdet wäre. G. Saupe konnte sich nach vielen Gesprächen und Verhandlungen mit dem zuständigen Mitarbeiter des Innenministeriums darauf einigen, dass zwei weitere Kostenangebote von Bauunternehmen eingereicht werden würden, was innerhalb kürzester Zeit auch geschah. Dabei blieb unser ursprüngliches Angebot das preiswerteste.

G. Saupe erhielt Mitte Oktober 2019 die Zustimmung der Landesregierung zum verbindlichen Vertragsabschluss mit der Wohnungsbaufirma Torsten Reicherts. Darüber waren wir sehr froh und sind Herrn Reichert dankbar, dass er trotz des großen Zeitverzuges sein ursprüngliches Preisangebot aufrechterhielt. Mitte November 2019 konnte endlich mit den Bodenarbeiten auf unserem Gemeindegrundstück begonnen werden. Am 17.12.2019 wurde die Bodenplatte gegossen. Damit waren die Bauarbeiten für das Jahr 2019 abgeschlossen. Bei offenem und frostfreiem Wetter ging es im Januar 2020 mit dem Hochbau weiter. Die Grundsteinlegung erfolgte am 6.3. (siehe Foto) und das Richtfest am 19.6. (beide Ereignisse waren natürlich pandemiebedingt beeinträchtigt!).

Grundsteinlegung 6. 3. 2020 mit (von links) G. Saupe, P. Schmidt, H. Tornow, R. & H. Wietrichowski

Laut Plan sollte unser neues Gemeindehaus am 31.12.2020 schlüsselfertig übergeben werden, was allerdings nicht ganz gelang. Unserem Vater im Himmel sei Lob, Preis und Dank für die guten Erfahrungen, die wir machen durften! Wir sind als Geschwister der Gemeinde Bergen davon überzeugt, dass Gott uns in der Zukunft die richtigen Gedanken schenkt, dieses neue Haus mit Leben zu erfüllen. Neben der Wortverkündigung, die im Mittelpunkt stehen soll, wird unser

Haus auch ein Treffpunkt für Lebensschule, Pfadfinderaktivitäten, Seniorenkreise, Selbsthilfegruppe für Stomapatienten sowie Asylanten-betreuung sein. Außerdem soll es zur ehrenamtlichen Rentenberatung für Rügener Bürger zur Verfügung stehen. Auch dieser Bedarf ist sehr groß. Wir sind uns sicher, dass Gott die nötige Kraft und Zuversicht für diese Aufgaben schenken wird. Vielen Dank nochmals allen Geschwistern und Freunden für ihre Gebete, finanziellen Zuwendungen und für alle sonstige Unterstützung!

Stand der Bauarbeiten 7.10.2020

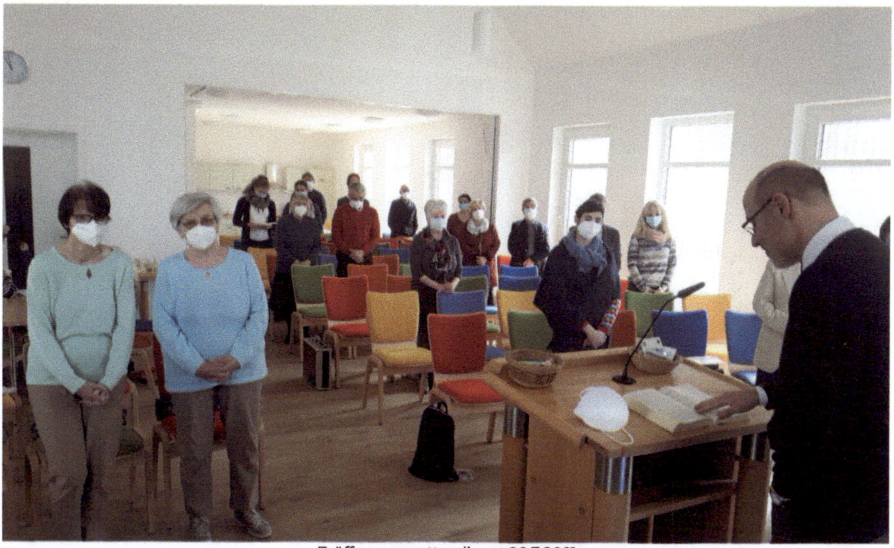

Eröffnungsgottesdienst 20.3.2021

Anhang

I. Versammlungsstätten der Adventemeinde Stralsund

1903 bis 1909:	in verschiedenen Privatwohnungen
1909 bis 1912:	in Privatwohnungen Am Katharinenberg, Fähr- und Mühlenstraße
1912 bis 1919:	Alter Markt 5 (altes Bürgermeisterhaus)
1919 bis 1922:	Marienstraße 5
1922 bis 1940:	Bleistraße Nr. 6 (Raumverlust durch staatliche Maßnahme) Gutemplerloge Mühlenstraße 18 (später Hotel Bismarck bzw. Jugendclubhaus John Schehr, wurde ebenfalls konfisziert)
1939 bis 1949:	parallel in Privatwohnungen: • Mühlenstraße 44 bei Paul und Margarete Hermann; • Tribseer Damm 67 bei Fritz und Lisa Leskin; • Tribseerschulstraße 6a (heute Wolfgang-Heinze-Straße) bei Geschw. Schröder;
1949 bis 1994:	Frankenstraße 41
ab Dez. 1994:	Alte Richtenberger Straße 41

Kirchenkreuz vom Dach der Stralsunder Adventgemeinde, Alte Richtenberger Straße 41 (Foto von Jens Ackermann)

II. Die Ältesten und Ortsprediger der Adventgemeinde Stralsund

Die Bezeichnung Ältester ist im Sinne von Presbyter (also Gemeindeleiter) zu verstehen. Das Ältestenamt ist ein Ehrenamt, das durch Wahl aus der örtlichen Gemeindeversammlung heraus bestimmt wird. Es können auch zwei Personen Gemeindeälteste sein.

	Prediger/Pastoren		**Älteste/-r**
1903 - 1907	Brd. Emil Frauchiger		
1907 - 1909	Brd. Amelung		
1909 - 1910	Brd. Schubert/Erzberger		
1910 - 1911	Brd. Adolf Minck		
1912 - 1913	Brd. Fritz Hambrock	bis 1912	Brd. Gollasch
1913 - 1916	Brd. Selle	1912 - 1920	Brd. Seltrecht
1916 - 1921	Brd. Kapitz	1920 - 1948	Brd. G. F. Schröder
1921 - 1922	Brd. Näther		
1922 - 1928	Brd. W. Derlath		
1928 - 1933	Brd. Emil Jäger		
1933 - 1935	Brd. Brandt		
1934 - 1936	Brd. Helmut Lingel		
1935 - 1939	Brd. Wilhelm Gauger		
1939 - 1952	Brd. Fritz Leskin	1948 - 1954	Brd. Willy Schmidt
1952 - 1958	Brd. Bruno K. Schulz	1954 - 1971	Brd. Fritz Wietrzichowski
1958 - 1964	Brd. Berthold Gauger	1971 - 1975	Brd. Ernst Schmidt
1964 - 1971	Brd. Konrad Edel	1975 - 1991	Brd. Heinz Wietrichowski
1971 - 1980	Brd. Hermann Beier	1991 - 1992	Brd. Jörgen Wendler
1980 - 1992	Brd. Helmut Binanzer	1992 - 2010	Brd. Heinz Wietrichowski
1992 - 2002	Brd. Joachim Lang	2010 - 2011	Brd. F. Beyer/H. Wietrichowski
2002 - 2010	Brd. Hugo Tornow	2011 - 2013	Brd. Felix Beyer
2011 - 2013	Brd. Markus Voß	2014 - 2016	Brd. Felix Beyer/Michael Nerlich
2014 - 2018	Brd. Ralf Gelke	2017 - 2018	Brd. Gunter Petrischkeit
2018 -	Brd. René Cornelius	2018 -	Brd. G. Petrischkeit/F. Beyer

III. Glaubensüberzeugungen der Adventgemeinde (1872 / 2005)

In den ersten Jahrzehnten ihres Bestehens hat sich unsere Freikirche geweigert, schriftliche Glaubensgrundsätze festzulegen. Später hat sie es doch getan. Diese sogenannten „Fundamental Principles" wurden mehrfach geändert. Im Folgenden werden eine sehr frühe Version (1872) und die derzeit aktuelle Fassung von 2005 abgedruckt:

„A Declaration of the Fundamental Principles - Taught and Practiced by the Seventh-Day Adventists" , Battle Creek Michigan, 1872:

Adventisten glauben:

I. Daß es einen Gott gibt, ein persönliches, geistiges Wesen, den Schöpfer aller Dinge, allmächtig, allwissend und ewig, unendlich in Weisheit, Heiligkeit, Gerechtigkeit, Güte, Wahrheit und Barmherzigkeit; unwandelbar und überall gegenwärtig durch seinen Vertreter, den heiligen Geist. (Ps. 139:7)
II. Daß es einen Herrn Jesum Christum gibt, den Sohn des ewigen Vaters, von dem alle Dinge erschaffen sind und durch den sie bestehen; daß er zur Erlösung unseres gefallenen Geschlechtes die Natur des Samens von Abraham annahm; daß er unter Menschen wohnte, voller Gnade und Wahrheit, als unser Vorbild lebte, als Opfer für uns starb, zu unserer Rechtfertigung auferweckt wurde, zum Himmel auffuhr, um unser einziger Vermittler im himmlischen Heiligtum zu werden, wo er mit seinem eigenen Blute Genugtuung leistet für unsere Sünden; welche Genugtuung - anstatt am Kreuze gemacht zu werden, wo bloß die Darbringung des Opfers stattfand, - der letzte Teil seines priesterlichen Werkes ist, gemäß dem Vorbilde des levitischen Priestertums, welches ein Schatten und Vorbild des Priesterdienstes unseres Herrn im Himmel war (siehe 3. Mos. 16; Hebr. 8:4,5; 9:6,7 etc.).
III. Daß die Heiligen Schriften des Alten und neuen Testaments unter göttlicher Eingebung geschrieben wurden, eine volle Offenbarung seines Willens an die Menschen enthalten und die einzige unfehlbare Richtschnur des Glaubens und Wandels sind.
IV. Daß die Taufe eine göttliche Verordnung der christlichen Kirche ist, welcher Glaube und Buße vorangehen muß, Verordnung, durch welche wir die Gedächtnisfeier der Auferstehung Christi begehen, da wir durch diese Handlung unseren Glauben an sein Begräbnis und seine Auferstehung, und dadurch auch an die Auferstehung aller Heiligen am jüngsten Tage bekunden; und daß keine andere Taufweise diese Tatsachen so passend vorstellt, als die durch die hl. Schrift vorgeschriebene Taufe durch Untertauchung. (Röm. 6:3-5; Kol. 2:12)
V. Daß die christliche Wiedergeburt die vollständige Verwandlung in sich schließt, welche notwendig ist, um uns auf das Reich Gottes vorzubereiten, und aus zwei Teilen besteht: Erstens, einer geistigen Verwandlung, bewirkt durch Bekehrung und einen christlichen Lebenswandel, zweitens, einer körperlichen Verwandlung bei der zweiten Ankunft Christi, wobei wir, falls tot, auferstehen werden unverweslich; falls lebendig, plötzlich in einem Augenblick zur Unsterblichkeit verwandelt werden. (Joh. 3:3,5; Luk. 20:36; 1. Kor. 15:51,52)
VI. Wir glauben, daß die Prophezeiung ein Theil der Offenbarung Gottes an die Menschen ist; daß sie enthalten ist in jener Schrift, die nütze ist zur Lehre (2. Tim. 3:16); daß sie für uns und unsere Kinder bestimmt ist (5. Mos. 29:29); daß, weit entfernt ein unergründliches Geheimnis für uns zu sein, sie hauptsächlich das ist, was das Wort Gottes unseres Fußes Leuchte und

ein Licht auf unserem Wege macht, (Ps. 119:105; 2. Petr.1:19); daß ein Segen jenen verheißen ist, welche sie erforschen und beherzigen (Offenb. 1:1-3); und daß sie mithin von dem Volke Gottes genügend verstanden werden kann, um ihm seine Stellung in der Weltgeschichte und die besonderen ihm auferlegten Pflichten klar zu machen.

VII. Daß die Weltgeschichte von bestimmten Zeitpunkten in der Vergangenheit an, das Entstehen und der Untergang von Weltreichen, und die chronologische Aufeinanderfolge von Ereignissen bis zur schließlichen Aufrichtung von Gottes immerwährendem Reiche in zahlreichen großen prophetischen Ketten dargestellt sind; und daß diese Prophezeiungen nun erfüllt sind mit einziger Ausnahme der Schlußszenen.

VIII. Daß die Lehre von der Bekehrung der ganzen Welt und von einem zeitlichen Millennium eine Fabel dieser letzten Tage ist, darauf berechnet, die Menschen in einen Zustand fleischlicher Sicherheit zu wiegen, um von dem großen Tage des Herrn überrascht zu werden wie von einem Diebe in der Nacht; daß die zweite Ankunft Christi dem Millennium vorangehen, nicht ihm nachfolgen wird; denn bis der Herr erscheint, soll die päpstliche Macht mit allen ihren Gräueln fortbestehen, der Weizen und das Unkraut zusammen wachsen, und mit den bösen Menschen und verführerischen wird es je länger je ärger werden, wie das Wort Gottes voraussagt.

IX. Daß der Irrtum der Adventisten im Jahre 1844 sich auf die Natur des stattzufindenden Ereignisses und nicht auf die Zeit bezog; daß keine prophetische Kette in der heiligen Schrift bis zur zweiten Ankunft Christi hinunterreicht, daß aber die längste derselben, die 2300 Tage von Dan. 8:14, in jenem Jahre endete und uns zu einem Ereignis brachte, welches die Rechtfertigung (Weihung, Luther) des Heiligtums genannt wird.

X. Daß das Heiligtum des neuen Bundes die Stiftshütte Gottes im Himmel ist, von welcher Paulus in Hebr. 8 ff. redet, und deren Hohenpriester unser Heiland ist; daß dieses Heiligtum das Vorbild der jüdischen Stiftshütte, und das priesterliche Werk unseres Herrn in Verbindung mit derselben das Vorbild des Dienstes der jüdischen Priester in der alten Bundeszeit ist Hebr. 8:1-5 u.s.w.); daß dieses Heiligtum am Ende der 2300 Tage gerechtfertigt (geweiht, Luther) werden sollte (Dan. 8:14), und was hier seine Rechtfertigung genannt wird, bedeutet wie in dem Gegenbilde einfach den Eintritt des Hohenpriesters in das Allerheiligste, um den damit verbundenen Kreislauf des Dienstes zu vollenden und zwar durch Austilgen und Entfernen der Sünden vom Heiligtum, welche vermittelst des Dienstes in der ersten Abteilung oder dem Heiligen in dasselbe übertragen worden waren. (Hebr. 9:22,23); und daß dieses Werk, das im Jahre 1844 begann, einen kurzen, aber unbestimmten Zeitraum umfaßt, daß nach Ablauf desselben das Werk der Gnade für die Welt beendigt sein und die Wiederkunft Christi stattfinden wird.

XI. Daß Gottes sittliche Anforderungen dieselben sind für alle Menschen in allen Zeitaltern; daß diese kurz gefaßt in den von Jehova am Sinai verkündeten Geboten enthalten sind, die auf die steinernen Tafeln eingegraben und in der Lade niedergelegt wurden, welche deshalb „die Lade des Bundes" oder „die Lade des Testaments" genannt wird (4. Mos. 10:33; Hebr. 9:4 u. s. f.); daß dieses Gesetz unveränderlich und ewig ist, da es eine Abschrift der Tafeln enthält, welche sich in der Lade oder Arche des wahren Heiligtums im Himmel befinden, welch letzteres auch aus dem Grunde die Arche von Gottes Testament genannt wird, denn es wird uns gesagt, daß während dem Erschallen der Posaune des siebenten Engels „der Tempel Gottes ward aufgetan im Himmel, und die Arche seines Testaments ward in seinem Tempel gesehen". (Offenb. 11:19)

XII. Daß das vierte Gebot dieses Gesetzes verlangt, daß wir den siebenten Tag jeder Woche, gewöhnlich Samstag genannt, uns jeder eigenen Arbeit enthalten und uns der Erfüllung heiliger und religiöser Pflichten widmen; daß dies der einzige in der Bibel erwähnte wöchentliche Sabbat ist, nämlich der Tag, der abgesondert wurde, ehe das Paradies verloren ging (1. Mos. 2:2,3) und der auch im wiedergewonnenen Paradies beobachtet werden wird (Jes. 66:22,23); daß die Tatsachen, auf welche die Einrichtung des Sabbats sich gründet, denselben auf den siebenten Tag beschränken, da sie sich auf keinen andern Tag beziehen lassen; und daß die Ausdrücke „jüdischer Sabbat" und „christlicher Sabbat", wie sie mitunter bezüglich des wöchentlichen Ruhetages gebraucht werden, menschlicher Erfindung ihren Ursprung verdanken, tatsächlich schriftwidrig sind, und eine falsche Vorstellung geben.
XIII. Daß, da das Papsttum, der Mensch der Sünde, sich unterstanden hat, Zeit und Gesetz (das Gesetz Gottes) zu ändern (Dan. 7:25), und beinahe die ganze Christenheit bezüglich des vierten Gebotes irregeleitet hat, wir eine Prophezeiung über eine Reform finden, die in dieser Beziehung unter den Gläubigen gerade vor der Wiederkunft Christi stattfinden soll. (Jes. 56:1,2; 1. Petr. 1:5; Offenb. 14:12 u.s.f.)
XIV. Daß, da das natürliche oder fleischliche Herz in Feindschaft zu Gott und seinem Gesetz steht, diese Feindschaft nur durch eine gründliche Umwandlung der Gesinnung, den Austausch unheiliger für heilige Grundsätze zu besiegen ist; daß dieser Umwandlung Buße und Glauben vorangehen müssen, daß dieselbe das besondere Werk des Heiligen Geistes ist und die Wiedergeburt oder Bekehrung ausmacht.
XV. Daß, da alle das Gesetz Gottes übertreten haben und nicht von sich aus seinen gerechten Anforderungen Gehorsam zu leisten vermögen, wir auf Christum angewiesen sind, erstens zur Rechtfertigung für unsere vergangenen Sünden, und zweitens zur Erlangung der Gnade, um in Zukunft seinem heiligen Gesetze wohlgefälligen Gehorsam leisten zu können.
XVI. Daß die Verheißung gegeben wurde, der Geist Gottes werde sich in der Kirche durch gewisse Gaben offenbaren, die besonders in 1. Kor. 12 und Eph. 4 aufgezählt sind; daß diese Gaben nicht bestimmt sind, die Bibel zu ersetzen oder deren Platz einzunehmen - indem die Bibel genügt uns zu unterweisen zur Seligkeit -, ebenso wenig als die Bibel die Stelle des Heiligen Geistes vertreten kann; daß durch die nähere Bezeichnung der verschiedenen Arten seiner Wirksamkeit, der hl. Geist bloß seine Gegenwart bei dem Volke Gottes bis zum Ende der Zeit kundgegeben hat, um zu einem Verständnis des von ihm inspirierten Wortes, zu führen, eine Überzeugung von der Sünde zu erwecken und eine Umwandlung im Herzen und Leben zu bewirken; und daß diejenigen, welche dem Geiste seine Stellung und seine Wirksamkeit absprechen, jenen Theil der Bibel verleugnen, welcher ihm dieses Werk und diese Stellung zuschreibt.
XVII. Daß Gott, im Einklang mit seinem gleichmäßigen Verfahren mit dem Menschengeschlechte, eine Ankündigung von der bevorstehenden zweiten Ankunft Christi aussendet; und daß dieses Werk durch die drei Engelsbotschaften von Offenb. 14 sinnbildlich dargestellt ist, von denen die letzte uns das Werk der Reform mit Rücksicht auf das Gesetz Gottes vorführt, welche bezweckt, sein Volk auf jenes Ereignis vollkommen vorzubereiten.
XVIII. Daß die Zeit der Rechtfertigung (Weihung, Luther) des Heiligtums (siehe Grundsatz X), gleichzeitig mit der Verkündigung der dritten Botschaft stattfindend, eine Zeit des Untersuchungsgerichtes ist, erstens mit Bezug auf die Toten, und, am Ende der Gnadenfrist, mit Bezug auf die Lebenden, um zu entscheiden, welche von den Myriaden, die jetzt im Staube der Erde schlafen, würdig sind, Theil zu nehmen an der ersten Auferstehung, und

welche von den gegenwärtig Lebenden der Entrückung würdig sind - Punkte, welche vor der Ankunft des Herrn festgestellt werden müssen.

XIX. Daß durch das Grab, dem wir alle entgegen gehen, (im Hebräischen scheol und im Griechischen hades genannt) ein Ort der Finsternis bezeichnet wird, in welchem weder Werk, Kunst, Vernunft, noch Weisheit ist. (Pred. 9:10)

XX. Daß der Zustand, in welchen wir durch den Tod versetzt werden, der des Schweigens, der Untätigkeit und gänzlichen Bewußtlosigkeit ist. (Ps. 146:4; Pred. 9:5,6; Dan. 12:2 u. s. f.)

XXI. Daß durch eine körperliche Auferstehung die Menschheit aus diesem Gefängnisse des Grabes hervorkommen wird; daß die Gerechten Theil haben an der ersten Auferstehung, welche bei der Wiederkunft Christi stattfindet, die Gottlosen aber an der zweiten Auferstehung, welche tausend Jahre später erfolgen wird. (Offenb. 20:4-6)

XXII. Daß beim Schall der letzten Posaune die lebenden Gerechten plötzlich in einem Augenblicke verwandelt und mit den auferweckten Gerechten hingerückt werden, dem Herren entgegen in der Luft, um bei dem Herrn zu sein allezeit. (1. Kor. 15:51,52; 1. Thess. 4:15-17)

XXIII. Daß diese nach erlangter Unsterblichkeit dann in den Himmel aufgenommen werden, in das neue Jerusalem, des Vaters Haus, in welchem viele Wohnungen sind (Joh. 14: 1-3), wo sie mit Christo tausend Jahre regieren und die Welt und die gefallenen Engel richten, das heißt die nach den tausend Jahren an ihnen zu vollstreckende Strafe bestimmen. (Offenb. 20,4; 1. Kor. 6:2.3); daß während dieser Zeit die Erde sich in einem wüsten und öden Zustande befindet (Jer. 4:20-27), welcher, wie im Anfange, durch das griechische Wort abyssos Ab-grund (siehe Septuaginta von 1. Mos. 1:2) bezeichnet wird, und daß Satan hier während der tausend Jahre gebunden gehalten (Offenb. 20:1,2) und schließlich vernichtet wird (Offenb. 20:10; Mal. 4:1); so daß der Schauplatz des Elends, das er in dem Weltall verursacht hat, passender Weise während einer Zeit zu seinem düstern Gefängnisse, und dann zum Ort seiner schließlichen Vernichtung wird.

XXIV. Daß am Ende der tausend Jahre der Herr mit seinem Volke und dem neuen Jerusalem herab fahren wird (Offenb. 21:2), daß die gottlosen Toten auferweckt werden und auf die Oberfläche der noch nicht erneuten Erde kommen, das Heerlager der Heiligen und die geliebte Stadt umringen (Offenb. 20:9), und daß Feuer von Gott aus dem Himmel fällt und sie verzehrt. Sie werden dann ausgerottet werden mit Wurzel und Zweig (Mal. 4:1) und werden, als wären sie niemals gewesen. (Obad. 15 und 16) In diesem ewigen Verderben von dem Angesicht des Herrn (2. Thess. 1:9) empfangen die Gottlosen die ihnen angedrohte ewige Pein. (Matth. 25:16) Dies ist die Verdammnis der Gottlosen, und das Feuer, für welches „der Himmel jetzt und die Erde" durch sein Wort gespart werden, in welchem die Elemente sogar vor Hitze verschmelzen werden, und welches die Erde von der durch den Fluch der Sünde verursachten großen Befleckung reinigen wird. (2. Petr. 3:7-12)

XXV. Daß durch die Allmacht Gottes ein neuer Himmel und eine neue Erde aus der Asche hervorgehen werden, und diese erneute Erde mit dem neuen Jerusalem als ihrer Hauptstadt das ewige Erbteil der Heiligen sein wird, der Ort, an welchem die Gerechten ewiglich wohnen werden (2. Petr. 3:13; Ps. 37:11,29; Matth. 5:5)

Die Glaubensüberzeugungen der Siebenten-Tags-Adventisten (Generalkonferenz St. Louis 2005)

Präambel:
Siebenten-Tags-Adventisten anerkennen allein die Bibel als Richtschnur ihres Glaubens und betrachten die folgenden Glaubensüberzeugungen als grundlegende Lehren der Heiligen Schrift. Diese Glaubensaussagen stellen dar, wie die Gemeinde die biblische Lehre versteht und bezeugt. Eine Neufassung ist anlässlich einer Vollversammlung der Generalkonferenz (Weltsynode) dann zu erwarten, wenn die Gemeinde durch den Heiligen Geist zu einem tieferen Verständnis der biblischen Wahrheit gelangt oder bessere Formulierungen findet, um die Lehren des heiligen Gotteswortes auszudrücken.

1. Die Heilige Schrift: Die Heilige Schrift - Altes und Neues Testament - ist das geschriebene Wort Gottes, durch göttliche Inspiration heiligen Menschen anvertraut, die geredet und geschrieben haben, getrieben vom Heiligen Geist. In diesem Wort hat Gott dem Menschen alles mitgeteilt, was zu dessen Errettung nötig ist. Die Heilige Schrift ist die unfehlbare Offenbarung seines Willens. Sie ist der Maßstab für den Charakter und der Prüfstein aller Erfahrungen. Sie ist die maßgebende Offenbarungsquelle aller Lehre und der zuverlässige Bericht von Gottes Handeln in der Geschichte. (2. Ptr. 1,20.21; 2. Tim. 3,16.17; Ps. 119,105; Spr. 30,5.6; Jes. 8,20; Joh. 17,17; 1. Ths. 2,13; Hbr. 4,12)

2. Die Dreieinigkeit: Es ist ein Gott: Vater, Sohn und Heiliger Geist – drei in Einheit verbunden, von Ewigkeit her. Gott ist unsterblich, allmächtig und allwissend; er steht über allem und ist allgegenwärtig. Er ist unendlich und jenseits aller menschlichen Vorstellungskraft. Dennoch kann er erkannt werden, weil er sich selbst offenbart hat. In alle Ewigkeit gebührt ihm Ehre, Anbetung und der Dienst der ganzen Schöpfung. (5. Mo. 6,4; Mt. 28,19; 2. Kor. 13,13; Eph. 4,4-6; 1. Ptr. 1,2; 1. Tim. 1,17; Offb. 14,7)

3. Der Vater: Gott, der ewige Vater, ist Schöpfer, Ursprung, Erhalter und Herr alles Geschaffenen. Er ist gerecht und heilig, barmherzig und gnädig, langmütig und reich an beständiger Liebe und Treue. Die Eigenschaften und die Macht, wie der Sohn und der Heilige Geist sie bekunden, sind gleichermaßen Offenbarungen des Vaters. (1. Mo. 1,1; Offb. 4,11; 1. Kor. 15,28; Joh. 3,16; 1. Joh. 4,8; 1. Tim. 1,17; 2. Mo. 34,6.7; Joh. 14,9)

4. Der Sohn: Gott, der ewige Sohn, wurde Mensch in Jesus Christus. Durch ihn ist alles geschaffen, der Charakter Gottes offenbart, die Erlösung der Menschheit bewirkt und die Welt gerichtet. Ewig wahrer Gott, wurde er auch wahrer Mensch: Jesus Christus. Er wurde gezeugt durch den Heiligen Geist und geboren von der Jungfrau Maria. Er lebte als Mensch, wurde versucht als Mensch und war dennoch die vollkommene Verkörperung der Gerechtigkeit und Liebe Gottes. Seine Wunder bezeugten die Macht Gottes und bestätigten ihn als den von Gott verheißenen Erlöser. Er litt und starb aus freiem Willen für unsere Sünden an unserer statt am Kreuz, wurde von den Toten auferweckt und fuhr gen Himmel, um für uns im himmlischen Heiligtum zu dienen. Er wird wiederkommen in Herrlichkeit zur endgültigen Errettung seines Volkes und zur Wiederherstellung aller Dinge. (Joh. 1,1-3.14; Kol. 1,15-19; Joh. 10,30; 14,9; Röm. 6,23; 2. Kor. 5,17-19; Joh. 5,22.27; Lk. 1,35; Phil. 2,5-11; Hbr. 2,9-18; 1. Kor. 15,3.4; Hbr. 8,1.2; Joh. 14,1-3)

5. Der Heilige Geist: Gott, der ewige Geist, wirkte zusammen mit dem Vater und dem Sohn bei der Schöpfung, bei der Menschwerdung und bei der Erlösung. Er inspirierte die Schreiber der Heiligen Schrift. Er erfüllte Christi Leben mit Kraft. Er zieht die Menschen zu Gott und überführt sie ihrer Sünde. Die sich ihm öffnen, erneuert er und formt sie nach dem Bild Gottes. Gesandt vom Vater und vom Sohn, damit er allezeit bei Gottes Kindern sei, gibt der Heilige Geist der Gemeinde geistliche Gaben, befähigt sie zum Zeugnis für Christus und leitet sie in Übereinstimmung mit der Heiligen Schrift in alle Wahrheit. (1. Mo. 1,1.2; Lk. 1,35; 4,18; Apg. 10,38; 2 Ptr. 1,21; 2. Kor. 3,18; Eph. 4,11.12; Apg. 1,8; Joh. 14,16-18.26; 15,26.27; 16,7-13)

6. Die Schöpfung: Gott ist der Schöpfer aller Dinge. Er hat in der Heiligen Schrift den zuverlässigen Bericht seines schöpferischen Wirkens offenbart. In sechs Tagen schuf der Herr „Himmel und Erde" und alle Lebewesen auf der Erde und ruhte am siebenten Tag dieser ersten Woche. So setzte er den Sabbat ein als eine beständige Erinnerung an sein vollendetes schöpferisches Werk. Der erste Mann und die erste Frau wurden als Krönung der Schöpfung „zum Bilde Gottes" geschaffen. Ihnen wurde die Herrschaft über die Erde übertragen und die Verantwortung, sie zu bewahren. Die Schöpfung war nach ihrer Vollendung „sehr gut" und verkündete die Herrlichkeit Gottes. (1 Mo 1 und 2; 2 Mo 20,8 11; Ps 19,1-7; 33,6.9; 104; Hbr 11,3.)

7. Der Mensch: Mann und Frau wurden nach dem Bild Gottes geschaffen mit dem Vermögen und der Freiheit, als Persönlichkeit zu denken und zu handeln. Der Mensch ist eine unteilbare Einheit aus Leib, Seele und Geist und - obwohl als freies Wesen geschaffen - abhängig von Gott in seinem Leben und in allem, was er zum Leben braucht. Als Adam und Eva, unsere ersten Eltern, Gott ungehorsam wurden, verleugneten sie ihre Abhängigkeit von ihm und verloren dadurch ihre hohe Stellung vor Gott. Das Bild Gottes in ihnen wurde entstellt, und sie wurden der Macht des Todes unterworfen. Seitdem unterliegen alle Menschen der Sünde und ihren Folgen. Sie werden mit Schwachheit und Neigung zum Bösen geboren. Durch Christus aber versöhnte Gott die Welt mit sich selber, und durch den Heiligen Geist wird in sterblichen Menschen, die zur Umkehr bereit sind, das Bild ihres Schöpfers wiederhergestellt. Zur Ehre Gottes geschaffen, sind sie gerufen, ihn und einander zu lieben sowie für ihre Umwelt verantwortlich zu handeln. (1 Mo 1,26-28; 2,7; Ps 8,4 9; Apg 17,24 28; 1 Mo 3; Ps 51,7; Rö 5,12 17; 2 Ko 5,19.20; Ps 51,12; 1 Jo 4,7.8.11.20; 1 Mo 2,15.)

8. Der große Kampf: Die ganze Menschheit ist hineingezogen in eine große Auseinandersetzung zwischen Christus und Satan, bei der es um das Wesen Gottes, sein Gesetz und seine Herrschaft über das Universum geht. Dieser Streit hatte seinen Ursprung im Himmel, als ein geschaffenes Wesen, ausgestattet mit Entscheidungsfreiheit, durch Selbsterhöhung zum Satan, zum Widersacher Gottes wurde. Auch einen Teil der Engel verführte er zum Aufruhr. Als Satan Adam und Eva zur Sünde verleitete, brachte er den Geist des Aufruhrs auch auf unsere Erde. Die Sünde hat das Bild Gottes im Menschen entstellt und die geschaffene Welt in Unordnung gebracht. Sie wurde schließlich durch eine weltweite Flut verwüstet. Unsere Erde ist vor der gesamten Schöpfung zum Austragungsort eines universalen Konfliktes geworden, in dem sich der Gott der Liebe schließlich als rechtmäßiger Sieger erweisen wird. Christus sendet den Heiligen Geist und seine Engel, um seinem Volk in diesem Kampf beizustehen, es zu führen, zu schützen und auf dem Weg des Heils zu bewahren. (Offb 12,3 9; Jes 14,12 14; Hes 28,12 18; 1 Mo 3; Rö 1,19 32; 5,12 21; 8,19 22; 1 Mo 6-8; 2 Pt 3,6; 1 Ko 4,9; Hbr 1,14.)

9. Leben, Tod und Auferstehung Christi: Das Leben Christi im vollkommenen Gehorsam gegenüber dem Willen Gottes, sein Leiden, sein Tod und seine Auferstehung sind das einzige Mittel, die Sünde des Menschen zu sühnen. Wer diese von Gott bewirkte Versöhnung im Glauben annimmt, hat das ewige Leben. Die ganze Schöpfung kann so die unendliche und heilige Liebe des Schöpfers besser verstehen. Diese vollkommene Versöhnung erweist die Gerechtigkeit des Gesetzes Gottes und offenbart Gottes Güte. Dadurch wird unsere Sünde verurteilt und zugleich ein Weg zu ihrer Vergebung geöffnet. Christi stellvertretender Tod hat sühnende, versöhnende und umwandelnde Wirkung. Christi Auferstehung verkündet Gottes Triumph über die Mächte des Bösen und sichert allen, die sich versöhnen lassen, endgültigen Sieg über Sünde und Tod am Ende der Weltzeit zu. In seiner Auferstehung wird offenbar, dass Christus der Herr ist. Vor ihm werden einst alle im Himmel und auf Erden ihre Knie beugen. (Jo 3,16; Jes 53; 1 Pt 2,21.22; 1 Ko 15,3; 4,20-22; 2 Ko 5,14.15.19 21; Rö 1,4; 3,25; 4,25; 8,3.4; 1 Jo 2,2; 4,10; Kol 2,15; Phil 2,6 11.)

10. Die Erfahrung der Erlösung: Gott hat in seiner unendlichen Liebe und Barmherzigkeit Christus, „der von keiner Sünde wusste, für uns zur Sünde gemacht", damit wir durch ihn vor Gott gerecht werden. Durch den Heiligen Geist verspüren wir unsere Not, erkennen unsere Sündhaftigkeit, bereuen unsere Verfehlungen und glauben an Jesus als Herrn und Erretter, der sich stellvertretend für uns hingab und unser Vorbild ist. Dieser Glaube, der zum Heil führt, entsteht durch die Kraft des Wortes Gottes und ist das Geschenk seiner Gnade. Durch Christus sind wir gerechtfertigt, von Gott als Söhne und Töchter angenommen und von der Herrschaft der Sünde befreit. Durch den Geist sind wir wiedergeboren und geheiligt. Der Geist erneuert unser Denken, schreibt Gottes Gesetz der Liebe in unser Herz und gibt uns die Kraft zu einem heiligen Leben. Wer in Christus bleibt, wird Teilhaber der göttlichen Natur und hat die Gewissheit des Heils jetzt und im Gericht. (2 Ko 5,17 21; Jo 3,16; Gal 1,4; 4,4-7; Tit 3,3-7; Jo 16,8; Gal 3,13.14; 1 Pt 2,21.22; Rö 10,17; Lk 17,5; Mk 9,23.24; Eph 2,5 10; Rö 3,21-26; Kol 1,13.14; Rö 8,14-17; Gal 3,26; Jo 3,3 8; 1 Pt 1,23; Rö 12,2; Hbr 8,7 12; Hes 36,25-27; 2 Pt 1,3.4; Rö 8,1-4; 5,6-10.)

11. Wachsen in Christus: Durch seinen Tod am Kreuz triumphierte Jesus über die Macht des Bösen. Er, der während seines irdischen Dienstes die dämonischen Geister unterwarf, hat ihre Macht gebrochen und ihren endgültigen Untergang besiegelt. Jesu Sieg verleiht auch uns den Sieg über die bösen Mächte, die uns immer noch beherrschen wollen. Jetzt können wir mit Jesus in Frieden, Freude und der Zusicherung seiner Liebe leben. Der Heilige Geist wohnt in uns und gibt uns Kraft. In beständiger Beziehung zu Jesus als unserem Retter und Herrn sind wir befreit von der Last vergangener Taten, den dunklen Seiten unseres früheren Lebens, der Angst vor bösen Mächten, von Unwissenheit und Sinnlosigkeit. In dieser neuen Freiheit mit Jesus sind wir berufen, zu wachsen und ihm ähnlicher zu werden. Dies geschieht in der Gemeinschaft mit Gott im Gebet und seinem Wort, in der täglichen Andacht, im Nachdenken über seine göttliche Führung, im Singen von Lobliedern, in der Versammlung im Gottesdienst und der Mitwirkung am Missionsauftrag der Gemeinde.

Während wir unseren Mitmenschen in Liebe dienen und die Erlösung durch Christus bezeugen, verwandelt seine beständige Gegenwart im Geist jeden Augenblick und jede Aufgabe in eine bereichernde Erfahrung mit Gott. (Ps 1,1-2; 23,4; 77,12.13; Kol 1,13-14; 2,6.14-15; Lk 10,17-20; Eph 5,19.20; 6,12-18; 1 Thess 5,23; 2 Pt 2,9; 3,18; 2 Ko 3,17.18; Phil 3,7-14; 1 Thess 5,16-18; Mt 20,25-28; Jo 20,21; Gal 5,22-25; Rö 8,38.39; 1 Jo 4,4; Hbr 10,25.)

12. Die Gemeinde: Die Gemeinde ist die Gemeinschaft von Gläubigen, die Jesus Christus als ihren Herrn und Erlöser bekennen. Wie Gottes Volk zur Zeit des Alten Testaments ist auch die Gemeinde Jesu aus der Welt herausgerufen. Sie vereint sich zur Anbetung, zur Gemeinschaft, zur Unterweisung im Wort, zur Feier des Abendmahls, zum Dienst an den Mitmenschen und zur Verkündigung des Evangeliums in aller Welt. Die Gemeinde erhält ihre Vollmacht von Christus, dem Fleisch gewordenen Wort, und aus der Heiligen Schrift, dem geschriebenen Wort. Die Gemeinde ist die Familie Gottes. Ihre Glieder, von ihm als Kinder angenommen, leben auf der Grundlage des Neuen Bundes. Die Gemeinde ist eine Gemeinschaft des Glaubens, sie ist der Leib Christi, dessen Haupt er ist. Sie ist die Braut, für die Christus starb, damit er sie heilige und reinige. Bei seiner Wiederkunft in Herrlichkeit wird er sie in vollendeter Schönheit vor sich stellen. Es sind die Treuen aller Zeiten, erworben durch sein Blut, ohne Flecken und Falten, heilig und unsträflich. (1 Mo 12,3; Apg 7,38; Eph 4,11 15; 3,8-11; Mt 28,19.20; 16,13-20; 18,18; Eph 2,19-22; 1,22.23; 5,23-27; Kol 1,17.18.)

13. Die Übrigen und ihr Auftrag: Die weltweite Gemeinde setzt sich zusammen aus allen, die wahrhaft an Christus glauben. Doch in der letzten Zeit, einer Zeit weit verbreiteten Abfalls ist eine Schar der Übrigen herausgerufen, um an den Geboten Gottes festzuhalten und den Glauben an Jesus zu bewahren. Diese Übrigen weisen darauf hin, dass die Stunde des Gerichts gekommen ist, predigen, dass es Erlösung durch Christus gibt, und verkündigen das Herannahen seiner Wiederkunft. Die drei Engel in Offenbarung 14 sind Sinnbild dieser Verkündigung. Sie geht einher mit dem Gerichtsgeschehen im Himmel und führt auf Erden zu einer Bewegung der Buße und Erneuerung. Jeder Gläubige ist aufgefordert, sich an diesem weltweiten Zeugnis persönlich zu beteiligen. (Offb 12,17; 14,6 12; 18,1 4; 2 Ko 5,10; Jud 3.14; 1 Pt 1,16-19; 2 Pt 3,10-14; Offb 21,1 14.)

14. Die Einheit der Gemeinde Christi: Die Gemeinde ist ein Leib mit vielen Gliedern, herausgerufen aus allen Nationen, Geschlechtern, Sprachen und Völkern. In Christus sind die Gläubigen eine neue Schöpfung. Rassische, kulturelle, bildungsmäßige, nationale, soziale und gesellschaftliche Unterschiede sowie Unterschiede zwischen Mann und Frau dürfen unter uns nicht trennend wirken. In Christus sind alle gleich, durch einen Geist zur Gemeinschaft mit ihm und untereinander zusammengefügt. Wir sollen einander dienen, ohne Voreingenommenheit und Vorbehalt. Weil sich Jesus Christus in der Schrift offenbart hat, verbinden uns ein Glaube und eine Hoffnung - das bezeugen wir vor allen Menschen. Diese Einheit hat ihren Ursprung im Einssein des dreieinigen Gottes, der uns als seine Kinder angenommen hat. (Rö 12,4; 1 Ko 12,12 14; Mt 28,19.20; Ps 133,1; 2 Ko 5,16.17; Apg 17,26.27; Gal 3, 27.29; Kol 3,10 15; Eph 4,14-16; 4,1-6; Jo 17,20 23.)

15. Die Taufe: Durch die Taufe bekennen wir unseren Glauben an den Tod und die Auferstehung Jesu Christi und geben Zeugnis, dass wir für die Sünde tot sind und entschlossen, ein neues Leben zu führen. Damit erkennen wir Christus als Herrn und Erlöser an, werden seinem Volk hinzugefügt und als Glieder seiner Gemeinde angenommen. Die Taufe ist ein Sinnbild für unsere Gemeinschaft mit Christus, für die Vergebung unserer Sünden und für den Empfang des Heiligen Geistes. Sie wird durch Untertauchen vollzogen auf das Bekenntnis des Glaubens an Jesus Christus und als Zeichen der Reue über die Sünde. Ihr geht Unterweisung in der Heiligen Schrift und Annahme ihrer Lehren voraus. (Rö 6,1 6; Kol 2,12.13; Apg 16,30 33; 22,16; 2,38; Mt 28,19.20.)

16. Das Abendmahl: Beim Abendmahl haben wir Anteil an den Zeichen des Leibes und Blutes Jesu. Wir nehmen Brot und Wein zu uns und bringen so unser Vertrauen in Jesus Christus, unseren Herrn und Erlöser, zum Ausdruck. In diesem Erlebnis der Gemeinschaft ist Christus gegenwärtig, um unter seinem Volk zu sein und es zu stärken. Durch die Teilnahme am Abendmahl verkünden wir voll Freude den Tod des Herrn, bis er wiederkommt. Zur Vorbereitung gehören Selbstprüfung, Reue und Sündenbekenntnis. Der Herr gebot auch den Dienst der Fußwaschung. Die Fußwaschung ist ein Sinnbild erneuter Reinigung, ein Ausdruck der Bereitschaft, einander in Demut zu dienen wie Christus es tat, und soll unsere Herzen in Liebe verbinden. Am Abendmahl können alle gläubigen Christen teilnehmen. (1 Ko 10,16.17; 11,23 30; Mt 26,17 30; Offb 3,20; Jo 6,48 63; 13,1 17.)

17. Geistliche Gaben und Dienste: Gott rüstet die Glieder seiner Gemeinde zu allen Zeiten mit geistlichen Gaben aus. Jedes Glied soll die ihm verliehenen Gaben in liebevollem Dienst zum Nutzen der Gemeinde und der Mitmenschen einsetzen. Diese Gaben, die der Geist nach seinem Ermessen zuteilt, befähigen die Gläubigen zu allen Diensten, die die Gemeinde zur Erfüllung der ihr von Gott gestellten Aufgaben braucht. Gemäß der Schrift gehören dazu: Glaube, Heilung, Weissagung, Verkündigung, Lehre, Verwaltung, Versöhnung, Barmherzigkeit, selbstloser Dienst und Nächstenliebe, damit anderen geholfen wird und sie ermutigt werden. Einige Glieder werden von Gott berufen, vom Heiligen Geist ausgerüstet und von der Gemeinde anerkannt für den Dienst als Seelsorger, Evangelisten, Leiter oder Lehrer. Sie werden besonders gebraucht, die Glieder der Gemeinde für den Dienst auszubilden, die Gemeinde zur geistlichen Reife zu führen sowie die Einheit im Glauben und in der Erkenntnis Gottes zu fördern. Wenn die Gemeindeglieder diese geistlichen Gaben als treue Haushalter der vielfältigen Gnade Gottes einsetzen, bleibt die Gemeinde vor dem zerstörenden Einfluss falscher Lehre bewahrt, wird in der von Gott vorgesehenen Weise wachsen und in Glaube und Liebe gefestigt. (Rö 12,4 8; 1 Ko 12,9 11.27.28; Eph 4,8.11 16; Apg 6,1 7; 1 Tim.3,1 13; 1 Pt 4,10.11.)

18. Die Gabe der Weissagung: Eine der Gaben des Heiligen Geistes ist die Weissagung. Diese Gabe ist ein Kennzeichen der Gemeinde der Übrigen und hat sich im Dienst von Ellen G. White erwiesen. Die Schriften dieser Botin des Herrn sind eine fortwirkende, bevollmächtigte Stimme der Wahrheit und geben der Gemeinde Trost, Führung, Unterweisung und Zurechtweisung. Sie heben auch deutlich hervor, dass die Bibel der Maßstab ist, an dem alle Lehre und Erfahrung geprüft werden muss. (Joel 3,1.2; Apg 2,14 21; Hbr 1,1 3; Offb 12,17; 19,10.)

19. Das Gesetz Gottes: Die grundlegenden Prinzipien des Gesetzes Gottes sind in den Zehn Geboten zusammengefasst und im Leben Jesu Christi beispielhaft dargestellt. In den Geboten kommen Gottes Liebe, sein Wille und seine Absichten für das Leben der Menschen zum Ausdruck - für ihr Verhalten und für die zwischenmenschlichen Beziehungen. Die Zehn Gebote sind bindend für die Menschen aller Zeiten, Grundlage für Gottes Bund mit seinem Volk und Maßstab in Gottes Gericht. Durch das Wirken des Heiligen Geistes decken sie Sünde auf und wecken das Verlangen nach einem Erlöser. Die Erlösung geschieht allein aus Gnade, nicht durch Werke; ihre Frucht jedoch ist Gehorsam gegenüber den Geboten. Dieser Gehorsam trägt dazu bei, einen christlichen Charakter zu entfalten und führt zu innerem Frieden. Er bekundet unsere Liebe zum Herrn und unsere Verantwortung für die Mitmenschen. Im Gehorsam des Glaubens erweist sich Christi Macht, das Leben eines Menschen zu ändern, und bekräftigt so das christliche Zeugnis. (2 Mo 20,1-17; Ps 40,9; Mt 22,36 40; 5 Mo 28,1 14; Mt 5,17-20; Hbr 8,8-10; Jo 15,7-10; Eph 2,8-10; 1 Jo 5,3; Rö 8,3.4; Ps 19,8 12.)

20. Der Sabbat: Nach sechs Schöpfungstagen ruhte Gott, auf unser Wohl bedacht, am siebenten Tag und setzte den Sabbat für alle Menschen zum Gedenken an die Schöpfung ein. Das vierte Gebot in Gottes unwandelbarem Gesetz gebietet die Heiligung des siebenten Tages der Woche als Tag der Ruhe, der Anbetung und des Dienens, so wie es uns Jesus Christus, der Herr des Sabbats, gelehrt und vorgelebt hat. Der Sabbat ist ein Tag froher Gemeinschaft - mit Gott und untereinander. Er ist ein Sinnbild unserer Erlösung durch Christus, ein Zeichen unserer Heiligung, ein Ausdruck unserer Treue und ein Vorgeschmack ewigen Lebens im Reich Gottes. Der Sabbat ist Gottes bleibendes Zeichen seines ewigen Bundes mit seinem Volk. Wer diese heilige Zeit freudig beachtet, von Abend zu Abend, von Sonnenuntergang bis Sonnenuntergang, feiert Gottes schöpferisches und erlösendes Handeln. (1 Mo 2,1 3; 2 Mo 20,8 11; Lk 4,16; Jes 56,1-8; 58,13.14; Mt 12,1-12; 2 Mo 31,12 17; Hes 20,12.20; 5 Mo 5,12 15; Hbr 4,1 11; 3 Mo 23,32; Mk1,32.)

21. Gottes Haushalter: Wir sind Haushalter Gottes. Er hat uns Zeit und Möglichkeiten, Fähigkeiten und Besitz, den Ertrag der Erde und ihre Güter anvertraut. Für einen vernünftigen Umgang damit sind wir Gott verantwortlich. Wir erkennen Gott als Eigentümer an, wenn wir ihm und den Mitmenschen treu dienen, ihm den Zehnten und Gaben darbringen, um die Verkündigung seines Evangeliums und das Wachstum seiner Gemeinde zu fördern. Mit der Haushalterschaft gibt uns Gott eine Möglichkeit, in der Liebe zu wachsen und Selbstsucht und Habgier zu überwinden. Der Haushalter freut sich über den Segen, den andere durch seine Treue empfangen. (1 Mo 1,26 28; 2,15; 1 Chron 29,14; Hag 1,3 11; Mal 3,8 12; 1 Ko 9,9 14; Mt 23,23; 2 Ko 8,1-15; Rö 15,26.27.)

22. Christlicher Lebensstil: Wir sind berufen, ein gottesfürchtiges Volk zu sein, das in Übereinstimmung mit den Grundsätzen des Wortes Gottes denkt, fühlt und handelt. Damit der Heilige Geist in uns einen Christus ähnlichen Charakter ausprägen kann, beschäftigen wir uns bewusst mit dem, was in uns Reinheit, Gesundheit und Freude fördert. Freizeitgestaltung und Unterhaltung sollen dem hohen Anspruch von Geschmack und Schönheit entsprechen, wie sie christlichem Glauben angemessen sind. Während wir durchaus kulturelle Unterschiede berücksichtigen, sind wir darauf bedacht, uns schlicht, anständig und geschmackvoll zu kleiden; denn wahre Schönheit besteht nicht in Äußerlichkeiten, sondern in dem unvergänglichen Schmuck der Freundlichkeit und Herzensgüte. Das schließt auch ein, dass wir für unseren Leib, der ein Tempel des Heiligen Geistes ist, in vernünftiger Weise Sorge tragen. Neben ausreichender körperlicher Bewegung und Ruhe wollen wir uns so gesund wie möglich ernähren und uns der Speisen enthalten, die in der Heiligen Schrift als unrein bezeichnet werden. Wir enthalten uns auch alkoholischer Getränke, des Tabaks, jeglicher Drogen und lehnen den Missbrauch von Medikamenten ab, weil sie schädlich sind. Stattdessen befassen wir uns mit dem, was unsere Gedanken und unseren Körper unter den Einfluss Christi stellt. Er wünscht uns Freude, Gesundheit und Wohlergehen. (Rö 12,1.2; 1 Jo 2,6; Eph 5,1 20; Phil 4,8; 2 Ko 10,5; 6,16–7,1; 1 Pt 3,1 4; 1 Ko 6,19.20; 10,31; 3 Mo 11; 3 Jo 2.)

23. Ehe und Familie: Die Ehe, von Gott im Garten Eden eingesetzt und von Jesus Christus bestätigt, soll eine lebenslange Verbindung zwischen einem Mann und einer Frau in einer von Liebe erfüllten Gemeinschaft sein. Für den Christen gilt das Eheversprechen sowohl Gott als auch dem Ehepartner gegenüber. Eine Ehe sollte nur zwischen Partnern gemeinsamen Glaubens geschlossen werden. Gegenseitige Liebe, Wertschätzung, Achtung und Verantwortung sind die Grundlage der Ehe. Sie soll die Liebe, Heiligkeit, Innigkeit und Beständigkeit der Beziehung zwischen Christus und seiner Gemeinde widerspiegeln. Jesus hat gelehrt, dass Ehebruch begeht, wer sich von seinem Ehepartner scheiden lässt - es sei denn wegen Unzucht - und einen anderen heiratet. Selbst wenn manche ehelichen und familiären Verhältnisse nicht ideal sind, können dennoch Ehepartner, die in Christus zueinander halten, durch die Führung des Heiligen Geistes und den Beistand der Gemeinde ihre Liebe erneuern und miteinander verbunden bleiben. Gott segnet die Familie und möchte, dass die Familienangehörigen auf dem Weg zur völligen Reife einander beistehen. Eltern sollen ihre Kinder so erziehen, dass sie den Herrn lieben lernen und ihm gehorchen. Durch Wort und Vorbild sollen Eltern ihre Kinder zu der Erkenntnis führen, dass Christus ein liebevoller Erzieher ist, voll Güte und Fürsorge, der sie zu Gliedern seines Leibes, der Familie Gottes, machen möchte. Den Zusammenhalt der Familie zu stärken ist ein besonderes Anliegen der Verkündigung des Evangeliums in der Endzeit. (1 Mo 2,18 25; Mt 19,3-9; Jo 2,1 11; 2 Ko 6,14; Eph 5,21 33; Mt 5,31.32; Mk 10,11.12; Lk 16,18; 1 Ko 7,10,11; 2 Mo 20,12; Eph 6,1 4; 5 Mo 6,5 9; Spr 22,6; Mal 3,23.24.)

24. Christi Dienst im himmlischen Heiligtum: Es gibt ein Heiligtum im Himmel, die wahre Stiftshütte, die Gott aufgerichtet hat und nicht ein Mensch. Dort dient Christus für uns und macht den Gläubigen das Angebot seines versöhnenden Opfers, das ein für alle Mal am Kreuz vollbracht wurde, zugänglich. Mit seiner Himmelfahrt wurde er als unser großer Hohepriester eingesetzt und nahm seinen Mittlerdienst auf. Am Ende der prophetischen Zeit der 2300 Tage, im Jahr 1844, begann die zweite und letzte Phase seines Versöhnungsdienstes. Sie leitet das Gericht vor dem zweiten Kommen Christi ein und gehört zur endgültigen Beseitigung der Sünde, wie sie durch die Reinigung des alttestamentlichen Heiligtums am Versöhnungstag vorgebildet war. Das irdische Abbild des himmlischen Heiligtums wurde mit dem Blut von Tieropfern gereinigt; für das wirkliche, das himmlische Heiligtum war ein besseres Opfer nötig: das vollkommene Opfer Jesu Christi. Das Gericht vor der Wiederkunft Jesu offenbart den himmlischen Wesen, wer im Glauben an den Herrn gestorben und durch ihn würdig ist, an der ersten Auferstehung teilzuhaben. Es zeigt auch auf, wer von den Lebenden Gemeinschaft mit Christus hat, an den Geboten Gottes festhält und den Glauben an Jesus bewahrt - also bereit ist für die Umwandlung zum Eingang in Gottes ewiges Reich. Dieses Gericht erweist die Gerechtigkeit Gottes, der alle rettet, die an Jesus Christus glauben. Es bestätigt, dass alle, die Gott treu geblieben sind, das Reich empfangen werden. Wenn Christus diesen Dienst vor seiner Wiederkunft vollendet, ist für die Menschen die Zeit der Gnade abgelaufen. (Hbr 8,1-5; 4;14-16; 9,11 28; 10,19-22; 1,3; 2,16.17; Dan 7,9 27; 8,13.14; 9,24 27; 4 Mo 14,34; Hes 4,6; 3 Mo 16; Offb 14,6.7; 20,12; 14,12; 22,12.)

25. Die Wiederkunft Christi: Das zweite Kommen Christi ist die froh machende Hoffnung der Gemeinde. Mit ihm erreicht die Geschichte ihren Höhepunkt, wie es das Evangelium bezeugt. Der Erlöser wird wirklich, persönlich und weltweit sichtbar erscheinen. Wenn er wiederkommt, werden die verstorbenen Gerechten auferweckt und zusammen mit den lebenden Gerechten verherrlicht in den Himmel aufgenommen; die Ungerechten aber werden sterben. Die Erfüllung der meisten prophetischen Aussagen sowie der gegenwärtige Zustand der Welt weisen darauf hin, dass Christi Kommen nahe bevorsteht. Der Zeitpunkt dieses Ereignisses ist nicht offenbart worden; deshalb sind wir aufgefordert, jederzeit bereit zu sein. (Tit 2,13; Hbr 9,28; Jo 14,1 3; Apg 1,9-11; Mt 24,14; Offb 1,7; Mt 24,43.44; 1 Thess 4,13-18; 1 Ko 15,51 54; 2 Thess 1,7-10; 2,8; Offb 14,14-20; 19,11-21; Mt 24; Mk 13; Lk 21; 2 Tim 3,1 5; 1 Thess 5,1-6.)

26. Tod und Auferstehung: Der Lohn der Sünde ist der Tod. Gott aber, der allein unsterblich ist, schenkt seinen Erlösten ewiges Leben. Bis zu jenem Tag sind alle verstorbenen Menschen in einem Zustand ohne Bewusstsein. Wenn Christus, der unser Leben ist, wiederkommt, werden die auferweckten und lebenden Gerechten verherrlicht und entrückt, um ihrem Herrn zu begegnen. Das ist die erste Auferstehung. Die zweite Auferstehung, die Auferstehung der Ungerechten, geschieht tausend Jahre später. (Rö 6,23; 1 Tim 6,15.16; Pred 9,5.6; Ps 146, 4; Jo 11,11-14; Kol 3,4; 1 Ko 15,51 54; 1 Thess 4,13 17; Jo 5,28.29; Offb 20,1 10.)

27. Das Millennium und das Ende der Sünde: Das Millennium umfasst die tausend Jahre zwischen der ersten und zweiten Auferstehung, in denen Christus mit seinen Heiligen im Himmel herrscht. Während dieser Zeit wird über die nicht erlösten Toten Gericht gehalten. Die Erde befindet sich in einem verwüsteten Zustand; kein Mensch lebt darauf, nur Satan und seine Engel. Am Ende der tausend Jahre kommen Christus und seine Heiligen sowie die Heilige Stadt vom Himmel zur Erde herab. Dann werden die Ungerechten aus dem Tod auferweckt. Mit Satan und seinen Engeln werden sie die Heilige Stadt belagern. Aber Feuer von Gott wird sie verzehren und die Erde reinigen. So wird das Universum auf ewig von Sünde und Sündern befreit. (Offb 20; 1 Ko 6,2.3; Jer 4,23-26; Offb 21,1-5; Mal 3,19; Hes 28,18.19.)

28. Die neue Erde: Auf der neuen Erde, in der es endlich Gerechtigkeit gibt, wird Gott eine ewige Heimat für die Erlösten schaffen, eine vollkommene Welt des ewigen Lebens, der Liebe, der Freude und der wachsenden Erkenntnis in seiner Gegenwart. Gott selbst wird unter seinem Volk wohnen. Leid und Tod werden nicht mehr sein. Der große Kampf ist zu Ende. Nie mehr wird es Sünde geben. Alles, das Belebte und das Unbelebte, wird davon künden, dass Gott Liebe ist. Er wird in Ewigkeit regieren. (2 Pt 3,13; Jes 35; 65,17 25; Mt 5,5; Offb 21,1 7; 22,1 5; 11,15)